Alf Gerlach, Anne-Marie Schlösser und Anne Springer (Hg.)
Psychoanalyse des Glaubens

Die Herausgeber:
Alf Gerlach, Dr. med., Diplom-Soziologe und Arzt.
Psychoanalytiker in eigener Praxis in Saarbrücken. Dozent und Lehranalytiker am Mainzer Psychoanalytischen Institut (DPV) sowie am Saarländischen Institut für Psychoanalyse und Psychotherapie. 2001-2003 Vorsitzender der DGPT.
Alf Gerlach im Psychosozial-Verlag:
Die Tigerkuh. Ethnopsychoanalytische Erkundungen (2000).

Anne-Marie Schlösser, Diplompsychologin, Psychoanalytikerin in eigener Praxis in Göttingen. Dozentin und Lehranalytikerin am Lou-Andreas-Salomé-Institut Göttingen sowie am Institut für Psychoanalyse und Psychotherapie (DPG) Kassel, hier Stellvertretende Vorsitzende von 1994-99. 1997-2001 Vorsitzende der DGPT (Deutsche Gesellschaft für Psychoanalyse, Psychotherapie, Psychosomatik und Tiefenpsychologie).

Anne Springer, Diplompsychologin, Psychoanalytikerin, Lehranalytikerin, Dozentin und seit 2003 Vorsitzende der DGPT.

In der gleichen Reihe sind im Psychosozial-Verlag erschienen:

Karin Bell & Kurt Höhfeld (Hg.): Psychoanalyse im Wandel
Karin Bell & Kurt Höhfeld (Hg.): Aggression und seelische Krankheit
Kurt Höhfeld & Anne-Marie Schlösser (Hg.): Psychoanalyse der Liebe
Anne-Marie Schlösser & Kurt Höhfeld (Hg.): Trauma und Konflikt
Anne-Marie Schlösser & Kurt Höhfeld (Hg.): Trennungen
Anne-Marie Schlösser & Kurt Höhfeld (Hg.): Psychoanalyse als Beruf
Anne-Marie Schlösser & Alf Gerlach (Hg.): Kreativität und Scheitern
Anne-Marie Schlösser & Alf Gerlach (Hg.): Gewalt und Zivilisation
Alf Gerlach, Anne-Marie Schlösser & Anne Springer (Hg.): Psychoanalyse mit und ohne Couch

Alf Gerlach, Anne-Marie Schlösser
und Anne Springer (Hg.)

Psychoanalyse des Glaubens

Psychosozial-Verlag

Die Deutsche Bibliothek - CIP-Einheitsaufnahme

Bibliografische Information der Deutschen Bibliothek
Die Deutsche Bibliothek verzeichnet diese Publikation in der Deutschen Nationalbibliografie; detaillierte bibliografische Daten sind im Internet über <http://dnb.ddb.de> abrufbar.

Deutsche Erstausgabe

Goethestr. 29, D-35390 Gießen,
Tel.: 0641/77819, Fax: 0641/77742
e-mail: info@psychosozial-verlag.de
www.psychosozial-verlag.de

Umschlagabbildung: Peter von Tresckow, »Psychoanalyse des Glaubens«
Umschlaggestaltung: Peter von Tresckow und Christof Röhl
nach Entwürfen des Ateliers Warminski, Büdingen
Lektorat: Daniela Bone
Satz: Till Wirth, Gießen/Amsterdam
Druck: Druckkollektiv, Gießen
ISBN 3-89806-315-1

Inhaltsverzeichnis

Psychoanalytische Religionskritik

Religiöse Erfahrung im therapeutischen Prozess

Der Glaube des Analytikers an die Psychoanalyse

Moslemischer und jüdischer Glaube

Fundamentalismus

Östliche Glaubenstraditionen

Ungewöhnliche Glaubensphänomene

Forum für Kinderanalyse

Forschungsforum

Geschichte der DGPT

Vorwort

Alf Gerlach, Anne-Marie Schlösser, Anne Springer

Im vorliegenden Band veröffentlichen wir die Vorträge des Jahreskongresses 2003 der Deutschen Gesellschaft für Psychoanalyse, Psychotherapie, Psychosomatik und Tiefenpsychologie. Mit der Wahl des Themas knüpfte die DGPT an eine Kultur des Nachdenkens und der kritischen Auseinandersetzung mit Phänomenen des Glaubens, der Religiosität und der religiösen Institutionen unter Psychoanalytikern an, welche die Entwicklung der Psychoanalyse als Wissenschaft vom Unbewussten des Menschen von Anfang an begleitet hat. Die Beiträge zeigen, wie vielfältig bis heute die Verknüpfungspunkte in der täglichen theoretischen und praktischen Arbeit sind und wie unterschiedlich Psychoanalytiker ihre Erfahrungen in ihrem Denken konzeptualisieren. Einigkeit besteht allerdings in der Auffassung, dass individuelle wie kollektive Glaubenssysteme nach wie vor universelle Bestandteile der menschlichen Überich- und Ichideal-Bildung sind und mit vielfältigen unbewussten Konflikten und deren Lösungsversuche in Verbindung stehen.

Für die psychoanalytische Theorie geht es dabei um die Erhellung der Frage, ob Glauben möglicherweise eine innere Notwendigkeit darstellt, der sich kein menschliches Wesen entziehen kann. Dann könnte Glauben ein inneres Phänomen bezeichnen, dessen Ursprung in den frühesten Austauschbeziehungen zwischen Mutter und Kind bzw. zwischen der Welt und dem Kind zu verorten wäre. Glaube wäre dann ein wesentlicher Teil der Kulturfähigkeit des Menschen, zugleich aber auch seines Leidens in dieser Kultur.

In der analytisch-therapeutischen Arbeit dagegen werden individuelle Glaubenssysteme, aber auch die von Individuen getragenen allgemeinen Überich- und Ichideal-Aspekte, die mit Glauben in Verbindung stehen, zum Gegenstand des Überdenkens. Oft genug werden sie allerdings auch zum Ausdruck eines Widerstandes gegen die analytische Arbeit. Auch Psychoanalytiker selbst geben ihr »Nicht-Wissen« zu oft zugunsten eines gläubigen »Wissens« in Bezug auf eine Deutung und deren Wert, in Bezug auf ihre eigenen Theorien und ihre Hintergrundannahmen auf. Dagegen hilft nur ständige Selbstanalyse und kritische Selbstreflektion.

Auf Selbstüberprüfung von Annahmen über die Veränderungsmöglichkeiten durch psychoanalytische Therapie setzen auch die Beiträge des Forschungsforums, in denen in diesem Band zwei psychoanalytische Forschungsprojekte vorgestellt werden.

Unbewusstes, Psychoanalyse und Glauben

»Wo Ich war, soll Es werden«

Versuch einer Einführung in das Tagungsthema

Hermann Lang

Psychoanalyse und Glauben – quasi als Lokalmatador darf ich Sie herzlich im Namen des Instituts für Psychotherapie und Medizinische Psychologie der Universität Würzburg und des Instituts für Psychoanalyse und analytische Psychotherapie, ebenfalls Würzburg, zu diesem Vorabend begrüßen. Die Lokalität, nämlich Würzburg und dieser Toskanasaal, scheinen wie prädestiniert für die Thematik der Jahrestagung der DGPT.

»Psychoanalyse«: Am 11. und 12. Oktober 1924 fand in Würzburg die »Erste deutsche Zusammenkunft für Psychoanalyse« statt. Karl Abraham, Melanie Klein, Franz Alexander, Felix und Helene Deutsch, Sandor Radó, Theodor Reik und viele andere Psychoanalytiker der ersten Stunden waren hier präsent. Heinz Weiß und ich haben anlässlich der 70. Wiederkehr dieser »Ersten deutschen Zusammenkunft für Psychoanalyse« 1994 in einer Tagung daran erinnert. Der Tagungsband (Weiß & Lang 1996) ist leider seit langem vergriffen.

»Toskanasaal«: ein zentraler Teil der fürstbischöflichen Residenz. Würzburg – also nicht nur eine Stadt der Psychoanalyse, sondern zugleich eine des Glaubens, wobei Religion und weltliche Macht hier eins waren. Die Residenz – heute Weltkulturerbe –, gebaut von Balthasar Neumann und ausgestattet mit dem größten Deckengemälde der Welt des genialen Venezianers Tiepolo zeugen von der Pracht dieser Ineinssetzung. Der wohl bekannteste geistliche und zugleich weltliche Herr war Fürstbischof Julius Echter von Mespelbrunn. Sie begegnen ihm in Würzburg als Gründer der Universität und eines heute High-Tech-Krankenhauses, des Juliusspitals, damals von ihm eigens für Arme und Waisen konzipiert, des Juliusspitals, das heute weit über Würzburg hinaus für seine Weine berühmt ist und von dessen Weinberg über der Stadt hinter dem Bahnhof schon Goethe schwärmte: »Schickt mir mehr Würzburger Stein, kein anderer will mir schmecken.« Julius Echter können Sie aber auch in Biergärten begegnen – ich hoffe, dass die Wetterlage dies erlauben wird, denn sein Portrait und Name ziert und steht für das ganz ausgezeichnete Hefeweißbier der Würzburger Hofbräu-Brauerei.

Julius Echter, als fränkischer Statthalter Gottes ein Wohltäter des ganzen Landes; Julius Echter, nicht minder Gottes furchtbare Geißel: Als Speerspitze der Gegenreformation säubert der von Gottes Gnade Berufene auf gnadenlose Weise dieses Land von allen Protestanten, und überall in diesem schönen Lande brannten die Scheiterhaufen, in dem kleinen Ort Gerolzhofen beispielsweise wurden allein im Jahre 1616 99 »Hexen« verbrannt und im folgenden Jahre mit 88 kaum weniger. Julius Echter, ein Egomane, der die eigene Herrschaftsform als Abbild göttlicher Ordnung darstellt und in deren Namen sein Tun rechtfertigt. In dieser Instrumentalisierung ist er zugleich Repräsentant einer »allein seligmachenden Kirche«. Mit diesem Anspruch stehen er und seine vielen Nachfolger indessen nicht allein. In den zwei anderen großen Monotheismen begegnet uns analoger Monopolismus, denken Sie an Vokabeln wie »auserwähltes Volk« oder »Dschihad«, wobei ein islamischer Fundamentalismus einen »Heiligen Krieg« mit Feuer und Schwert zu verbreiten sucht. Wie Sie wissen, haben wir heute den 11. September.

Was begegnet hier: primär narzisstische Systeme des »Willst du nicht mein Bruder sein (...)«. Ein ehemaliger General der Air Force in Ramstein gab dem so Ausdruck: »Wir sind die Guten, die anderen sind die Bösen, nichts ist relativ.« Krieg gegen den Irak auch als Geschenk Gottes, als himmlischer Auftrag, und der Leiter dieser göttlichen Mission bezeichnet sich selbst als Gotteskrieger, nicht anders als die gegnerischen Fundamentalisten.

Psychoanalyse und Glauben: Psychoanalyse wird einen solchen Fundamentalismus, eine solche Egomanie, die den Namen Gottes dazu gebraucht, um in radikaler Ab- und Ausgrenzung anderer, eigene Identität herzustellen, zu denunzieren haben. Und hier begegnen ihr Widerstände. Das sogenannte *Freud-bashing* in den USA hat wohl hier mit seinen Grund. Paul Virilio meinte in einem Artikel für den »Nouvel Observateur«, dass Bush in der Endphase des Krieges immer »weniger wie ein gewählter Präsident, sondern wie ein Guru« auftrete. Der entwickeltste Staat der Welt präsentiere sich quasi als »mächtigste Sekte der Welt«. Wie nahe sich offensichtlich Gewalt und Religiosität kommen können, zeigt sich darin, dass sich diese verhängnisvolle Verbindung keineswegs nur bei den genannten Monotheismen findet. Heinrichs (2003) erwähnt im Kontext des Virilio-Zitats, dass es eine »geradezu unheimliche Allianz zwischen Zen-Buddhismus, Nationalismus und Krieg gebe«. 1939 habe der hoch gepriesene Zen-Meister Harada Sogaku verlautbart: »Wenn befohlen wird zu marschieren: marsch, marsch; wenn befohlen wird zu schießen: peng, peng. Dies ist die Manifestation der höchsten Weisheit der Erleuchtung.«

Hier analytisch in Frage zu stellen, weckt Widerstände, Widerstände auch deshalb, weil man in einer solchen Gruppierung, die das Andere als böse ausgrenzt, sich selbst als gut, besser, erhöht, auserwählt, dazugehörig, geborgen fühlen kann. Schon bei Karl May konnten wir vom guten weißen Vater in Washington hören. Wie Sie wissen, wollte Freud diese infantile Einstellung hinsichtlich des Vaters schlechthin, nämlich Gottes, als Illusion verstanden wissen – was ja gegenüber dem genannten irdischen Vater immer wieder die Indianer erfahren mussten.

Dabei ist wohl, wie analytische Narzissmustheorien nahelegen, die von Freud skizzierte Gestalt eines allumfassend schützenden Vaters eher eine Mutterfigur, wie es ja auch viele Marienlieder nahelegen. »Maria breit den Mantel aus, mach Schirm und Schild für uns daraus ...« etc., leitet uns doch eine lebenslange Sehnsucht nach regressivem Aufgehobensein, in narzisstischer Verschmelzung mit dem Primärobjekt aller schmerzhaften Individuation und Selbstverantwortung, allen Mangels ledig, heil, ganz zu sein. Tannhäuser beispielsweise – Richard Wagner hatte hier in Würzburg seine erste Stelle, damals noch als Chorleiter –, vom »Vaterpapst« zutiefst gekränkt und enttäuscht, macht sich auf die Suche nach dem bergenden Schoß der mütterlichen Venus. Aber keine Frage: Diese Mutter-Imago kann sich auch in Gestalt einer Vaterfigur anbieten. Hören wir die Rede eines solchen »Heilsbringers«, wie er sich an seine Gläubigen wendet:

> »Wie fühlen wir nicht wieder in dieser Stunde das Wunder, das uns zusammenführte! Ihr habt einst die Stimme eines Mannes vernommen, und sie schlug an eure Herzen, sie hat euch geweckt und ihr seid dieser Stimme gefolgt. Ihr seid ihr jahrelang nachgegangen, ohne den Träger der Stimme auch nur gesehen zu haben; ihr habt nur eine Stimme gehört und seid ihr gefolgt. Wenn wir uns hier treffen, dann erfüllt uns alle das Wundersame dieses Zusammenkommens. Nicht jeder von euch sieht mich und nicht jeden von euch sehe ich. Aber ich fühle euch und ihr fühlt mich! (...) Nun sind wir beisammen, sind bei ihm und er bei uns, und wir sind jetzt eins, sind Deutschland!«

Der »Führer« bietet sich in dieser Rede von 1936 an die politischen Leiter der NSDAP als »Verführer« zur dualen Verschmelzung an, das Vaterland wird zum »Mutterland«.

Nicht ohne Grund schlägt Hitler hier Töne des Johannes-Evangeliums an. Denn auch religiöses Erleben kann einer Struktur folgen, die wir als Dyade bezeichnen. Bei den großen Mystikern und vor allem Mystikerinnen, wie Mechthild von Magdeburg, stellt sich die Beziehung zu Gott als »Vermählung«, als »unio mystica« dar. So sprach Mechthild von Gott, der ihre Seele mit voller Macht in dem Bette der Minne »trute«, der zu der minnelustigen Seele in das nächtliche Brautbett gehen wolle, auf dass er sie möchte dauerküssen und mit seinem bloßen Arm umfassen. Die erotisch getönte Brautmystik setzt diese Linie über die Ekstasen mancher Christus-Bräute bis zur alten protestantischen Mystik fort, wie sie beispielsweise in Bach-Kantaten (»Wachet auf, ruft uns die Stimme«, 4. Teil des Weihnachtsoratoriums) Widerhall findet.

Keine Frage, dass viele Menschen gerade in einer solchen regressiven Bewegung religiöse Erfahrungen zu machen suchen, hier Trost, Geborgenheit (vgl. Boothe 2002) und Glücksempfindungen nach Art des ozeanischen Gefühls finden können. Aber keine Frage andererseits, dass diese Art der Suche nach religiöser Erfahrung auch in Gefährdungen, beispielsweise in psychotische Entgrenzungen führen kann, wie ich in einer eigenen Untersuchung (Lang 1980, 1983) Ende der siebziger Jahre über Jugendreligionen erfahren konnte; eine 24jährige Krankenschwester beispielsweise kehrte ekstatisch verzückt aus einem Wochenende in einem Ashram der Bhagwan-Bewegung zurück, wähnte sich als Göttin, die mit dem zum Gott selbst hochkatapultierten Guru Bhagwan vermählt sei. Und keine Frage, dass diese Suche nach unmittelbarer Erfahrung der Begegnung mit Gott und anderen plötzlich in Aggressivität umschlagen kann, wenn sie in ihrem Verschmelzungswunsch gestört wird. Als Rudi Dutschke am Weihnachtsabend 1967 vor den weihnachtlich-regressiv gestimmten Berliner Bürgern in der Gedächtniskirche das Mikrophon des Geistlichen ergatterte, kam er über ein »Liebe Brüder und Schwestern ...« nicht hinaus, denn nur eine schnelle Flucht konnte ihn schon damals vor der Lynchjustiz der Frommen retten.

Psychoanalyse und Glauben – nicht minder als das zuvor skizzierte fundamentalistisch-kriegerische Ego gilt es deshalb, auch dieses zur primär narzisstischen Verschmelzung tendierende Ich in Frage zu stellen. Denn nicht minder als das vorige, kann es sich nur konstituieren (»ein Volk, ein Reich, ein Führer«), wenn alles »Fremde«, Störende nach außen projiziert und dort verfolgt wird. *Wo diese Egos waren, soll Es werden.* Aber welches Es soll an deren Stelle treten, wenn wir jetzt sozusagen Aggressivität eher der narzisstischen Egoität als einem quasi traditionellen Triebpol »Es« zurechnen? In seiner Auseinandersetzung mit Freuds Religionskritik führt Hans Küng (1987) an, dass in allen historischen Untersuchungen deutlich geworden sei, dass in der langen Geschichte der Menschheit kein Volk oder Stamm je ohne irgendwelche Merkmale von Religion gefunden worden sei. Schon dem Neandertaler vor 100 000 Jahren waren offenbar Vorstellungen eines jenseitigen Lebens eigen, wie man an Grabausstattungen sehen kann. So fragt sich Küng, ob nicht analog zur Sexualität auch Religiosität Ausdruck elementarer Es-Wünsche sei. Die charakteristische Neurose unserer Zeit wäre nicht mehr auf verdrängte Sexualität zurückzuführen, sondern auf Orientierungs- und Sinnlosigkeit, auf Gefühle der Leere, und dies könnte mit der Frustration religiöser Bedürfnisse zusammenhängen. Mit Henseler (1995) kann man allerdings an dieser Stelle fragen, ob hier wirklich ein primäres religiöses Es auf Erfüllung dringt oder ob nicht vielmehr Religion Bedürfnisse zu befriedigen sucht, die selbst nicht primär religiös sind, wie Bedürfnisse nach Orientierung und Sicherheit.

»Wo Es war, soll Ich werden«, heißt Freuds berühmte Formel. Auf »Psychoanalyse und Glauben« bezogen hieße dies, dass nach der Entlarvung, Entmystifizierung religiöser Illusion(en) »der Intellekt – der wissenschaftliche Geist, die Vernunft« – die Herrschaft zu übernehmen hat. So Freud im letzten Abschnitt der »Neuen Folge der Vorlesungen zur Einführung in die Psychoanalyse« von 1933. 1933: Hat sich nach Auschwitz neben dem verlorenen Gott nicht auch diese »beste Zukunftshoffnung«, die Freud in der Diktatur des wissenschaftlichen Geistes der Vernunft sah, als Illusion herausgestellt – Illusion eines Ichs, das auf eine Chimäre Rationalität und Aufklärung setzte? Nach Auschwitz noch ein Gedicht schreiben zu wollen, sei barbarisch, meinte Adorno, der heute 100 Jahre alt geworden wäre. Also doch: *Wo Ich war, soll Es werden!*

Vielleicht kann uns hier eine berühmte Bibelstelle weiterhelfen: »Im Anfang war das Wort, und das Wort war bei Gott, und das Wort war Gott. Dieses war im Anfang bei Gott. Alle Dinge sind durch dasselbe geworden, und ohne das Wort ist auch nicht eins geworden, das geworden ist. In ihm war Leben, und das Leben war das Licht für die Menschen.« Ich kann mich natürlich jetzt nicht auf eine Exegese dieses Anfangs des Johannes-Evangeliums einlassen. »Das Wort war Gott« bedeutet wohl, dass es göttlichen Wesens war. Die Frage nach der Gegenwart Gottes ist eine Frage, die die Menschen sicherlich immer bewegt hat; er ist – sonst wäre es keine Frage – indessen nicht präsent. Das Wort, die Sprache, sie ist dagegen da, sie ist gegeben, sie ist – folgen wir der hermeneutischen Philosophie (Heidegger 1959; Gadamer 1960) und Theologie (Fuchs 1965) oder der Psychoanalyse Lacans (1966) – vor unserer aller Anfänge, und ohne sie gäbe es keine Dinge, gäbe es keine Welt. »Kein Ding sei, wo das Wort gebricht«, heißt es ganz analog zur Bibelstelle bei Stefan George. Und sie ist, vergessen wir das nicht, das Medium, innerhalb dessen sich eine Psychoanalyse vollzieht. Wenn Freud das menschliche Subjekt als Triebwesen charakterisiert hat, ist zugleich zu sehen, dass dieses Menschenwesen, um eben diese Triebe zu befriedigen, der

Kommunikation, der sprachlichen Vermittlung bedarf. Ein solch vermittelter Zugang zur Wirklichkeit impliziert indessen einen fundamentalen Verlust an unmittelbarer Präsenz, der eine direkte oder absolute Erfüllung menschlichen Begehrens verunmöglicht. Wenn Sprache, das Symbol, ein Objekt präsentiert, ist dies schon Repräsentation, ist das Objekt als solches, als ganzes selbst nicht mehr präsent. Mit der Einführung des Symbolischen kommt die Erfahrung von Verlust ins Spiel. Nehmen Sie zur Veranschaulichung das berühmte Übergangsobjekt oder das »Fort-Da-Spiel« in »Jenseits des Lustprinzips« (vgl. Lang 2003a). Sobald die Mutter durch den Zipfel einer Decke oder die Spule bzw. die Phoneme »ooo« und »da« symbolisiert wird – und Sprache ist ja nur die umfassende Ausformung dieser symbolischen Dimension –, ist die unmittelbare Präsenz der Mutter nicht mehr gegeben. Sie ist nur noch symbolisch präsent wie, wenn ich jetzt darüber spreche, die Berliner DGP-Tagung vom Mai vergangenen Jahres, die dieses Fort-Da zum Thema hatte. Diese Erfahrung lässt sich mit Hanna Segal (1996), die vor fünf Jahren an diesem Pult sprach, so formulieren: »Ein Symbol ist wie ein Niederschlag der Trauer um das Objekt.« Das totale Befriedigungsobjekt entzieht sich jetzt wie das Kantsche »Ding an sich« (vgl. Lang 2003b). Psychoanalyse als »Sprachanalyse« hat zu vermitteln, dass aufgrund dieser Strukturierung ein höchstes Gut, Vollkommenheit, der Erhalt des »Dings an sich« unmöglich ist.

Eine solche Strukturierung bestimmt indessen nicht nur das menschliche Begehren, sondern menschliches Dasein schlechthin, seine Erkenntnismöglichkeiten hinsichtlich seiner selbst, der Welt überhaupt oder auch hinsichtlich dessen, was wir Wahrheit nennen. Indem Sprache und ihre fundamentale Vieldeutigkeit unser In-der-Welt-Sein strukturiert, bleibt ein radikal Unbestimmtes, bleibt in allem Sinn, den Sprache kreiert, ein letzter »Nicht-Sinn«. Das Subjekt will sich mit dieser limitierenden »Selbst-wie-Objektbestimmung« nicht zufriedengeben. Sein Ziel ist die Fülle des Seins. Die Antwort schlechthinniger Affirmation und Erfüllung heißt dann Gott. Diese Antwort indessen ist nicht weniger befragbar als die ihres Gegenteils, die eines absoluten Atheismus. Wenn überhaupt an dieser Stelle eine Antwort möglich scheint, dann höchstens die Paradoxie negativer Theologie, so beispielsweise bei Derrida (1993), wenn er eine Formulierung von Levinas aufgreift: »Gott, der ist, ohne zu sein, oder Gott, der [ist] jenseits des Seins [über dem Sein]«. Oder bei Angelus Silesius: »Geh hin, wo du nicht kanst; sih, wo du sihest nicht: /Hör wo nichts schallt und klingt, so bistu wo Gott spricht.« Eines scheint sicher: Sofern die Sprache immer etwas offen lässt, immer auch Frage bleibt, wird die Frage nach Gott, solange der Mensch spricht, nicht verstummen.

»Strukturalistisch« analysiert, lässt sich sagen, dass die Sprache, unsere letzte Referenz, selbst nur »funktioniert«, weil ihr als Struktur, wie ich an anderer Stelle dargestellt habe (vgl. Lang 1973, 2000a), eine fundamentale »Leerstelle« inhärent ist, ein Signifikant im System der Signifikanten, der kein Seiendes, gar eine Substanz, keinen Sinn, keine Bedeutung referiert, aber selbst unabdingbar dafür ist, dass die anderen Signifikanten »bedeuten« können. An dieser entscheidenden Stelle findet sich die Frage nach Gott. Käme es hier zu einer absolut affirmativen Antwort, wäre Sprechen nicht mehr möglich, wäre absolute Ruhe, der Mensch quasi zu Hause, ist doch die menschliche Existenz als lebende durch »Unbehaustsein, Unruhe« (Augustinus) charakterisiert; wäre diese Leerstelle gefüllt, wäre sie zu Ende.

Das Ego des Fundamentalisten wie auch das Ego dessen, der das absolut Andere unmittelbar zu erfassen trachtet: Sie versuchen diese Lücke zu stopfen, versuchen eine »abschließende« Antwort zu geben.

Wo diese Ichs waren, sollen sich deren dogmatische Setzungen, deren vermeintlich absolute Wahrheiten an diesen Ort radikaler Fraglichkeit gestellt finden, den wir »Es« nennen können.

Psychoanalyse und Glauben: Die Verfassung des psychoanalytischen Diskurses kann jetzt selbst die Struktur nach der Gottesfrage vorgeben. Wie ich anderenorts (vgl. Lang 2000b) dargestellt habe, vollzieht sich psychotherapeutisches Geschehen in einem *»hermeneutischen Zirkel«*: Wir können jenes, was vom Patienten kommt, nur verstehen, wenn wir es in bestimmten Sinnhorizonten ansiedeln. Diese vorentworfenen Sinnhorizonte sind indessen beständig von dem her, was sich im weiteren Gesprächs- bzw. Therapieverlauf einstellt, zu revidieren. Um die Rede eines Patienten genuin verstehen zu können, ist es entscheidend, »seine« Geschichte und »seine« Traumata nicht im Schematismus von bestimmten psychoanalytischen, verhaltenstherapeutischen oder systemtheoretischen »Dogmen« nach Art eines Kanons zu verrechnen, sondern diese Geschichte, diese Traumata gerade in ihrer Individualität, Andersheit gelten zu lassen, die dann wiederum das »Ganze« korrigieren und erweitern können.

Als Emmy von N. Freuds beständiges Fragen zuviel wurde, forderte sie ihn auf, »nicht immer (zu) fragen, woher das und jenes komme, sondern sie erzählen (zu) lassen, was sie … (ihm) zu sagen habe« (Freud 1895). Es war die Patientin, die Freud auf die »Grundregel« brachte, nämlich das zu erzählen, was ihr durch den Sinn ging. Als er schließlich nicht vermochte, Elisabeth von R. in die bis dato noch geübte Hypnose zu versetzen, verlegte er sich in dieser »Notlage« auf diese Erfahrung der »freien Assoziation«. Der Therapeut hört jetzt auf das, was der Patient sagt, er folgt dessen Rede, die von der Grundregel geleitet ist, nämlich das zu sagen, was ihm gerade durch den Kopf geht. »Dies vom Konventionellen entbundene Artikulieren führt den Patienten dann selbst zu seinen eigenen Konflikten, Engpässen, Sackgassen« (Widmer 1990).

Damit unterscheidet sich der Psychoanalytiker grundsätzlich von einem wissenden, gar allwissenden Therapeuten und Arzt, wie ihn Balint (1976) unter dem Stichwort der »apostolischen Funktion« beschrieben hat: »Es war fast, als ob jeder Arzt eine Offenbarung darüber besäße, was das Rechte für seine Patienten sei, was sie also hoffen sollten, dulden müßten, und als ob es seine, des Arztes, heilige Pflicht sei, die Unwissenden und Ungläubigen unter den Patienten zu diesem, seinem Glauben zu bekehren. Dies nannten wir die ›apostolische Funktion‹.«

Das bedeutet, dass die Frage nach dem »Wesen« des Anderen, des Subjekts, nicht minder Frage zu bleiben hat als die Frage nach Gott. Oder, um mit Fuchs (1965) und Scharfenberg (1971) aus theologischer Perspektive zu formulieren, steht das »Sich-selbst-entzogen-Sein« des Menschen, sein »Sich-selber-verborgen-Sein« in einem Korrespondenzverhältnis zum Geheimnis »Gott«.

In einer Psychoanalyse treffen Subjekte aufeinander, deren Kern, wie ein weiterer Würzburger, mein Vorvorgänger von Gebsattel (1954) sagte, letztlich nicht erfassbar ist oder wie es schon zu Beginn abendländisch-philosophischen Denkens durch Heraklit formuliert worden war: »Der Seele Grenzen kannst du nicht ausfinden, und ob du jegliche Straße abschrittest – einen so tiefen Logos hat sie«. Wenn negative Theologie damit beginnt, dass sich der Mensch kein Bild von Gott machen darf, so gilt ein solches Bilderverbot erst recht für den analytischen Diskurs – und zwar, wie dargestellt, auf die Vorstellung »Gott« bezogen, aber auch hinsichtlich der Beziehung zum anderen Menschen. Denn: »Ein Bild vom Menschen verführt Menschen immer wieder dazu, über ihn zu verfügen, ihn zu gebrauchen, d. h. zu mißbrauchen« (Oelmüller 1999).

Wo »Ich« war, sollen sich dessen dogmatische Setzungen, dessen vermeintlich absolute Wahrheiten in diesen Horizont radikaler Fraglichkeit gestellt finden, den wir hier »Es« nennen können.

Liegt jetzt, auf psychoanalytische Therapie bezogen, nicht hier auch eine Chance? Wo eine fundamentale Fraglichkeit bleibt, auf ein sowohl in voller Fülle befriedigendes Objekt als auch auf volle Selbst- und Fremdbestimmung verzichtet wird, öffnet sich zugleich ein Freiraum, eingefahrene Identifikationen und Fixierungen quasi absoluter Art wieder zu verflüssigen, eröffnen sich Möglichkeiten von Neubeginn. Das ist die andere Seite dessen, dass wir ein »animal symbolicum« sind. Indem, wie beim Übergangsobjekt oder im »Fort-Da-Spiel«, der Andere, hier das Primärobjekt Mutter, symbolisiert wird, ist nicht nur ein Verlust an unmittelbar-totaler Präsenz eingetreten, sondern durch diese Distanzierung ist zugleich in ersten Spuren ein Raum eröffnet, in den hinein eigene Identität sich entfalten kann. Das Symbol, die Sprache gewinnt so eine triangulierende Funktion.

In der Verantwortung des Psychoanalytikers wird es dann Jahre später liegen, diese triangulierende Offenständigkeit zu gewähren, zu garantieren, auszuhalten, sie nicht mit eigenen apostolischen Missionen auszufüllen; diese Stelle macht ihn vielmehr auch zum Platzhalter von Nichtwissen, von Askese, Verzicht auf dogmatische Setzungen, auf Beherrschung und Kontrolle, auf vermeintlich höchste Lust – das ist das Privileg einer Ethik psychoanalytischer Hermeneutik, dass sie auch eine Ethik des Mangels, der Bescheidung und damit der Toleranz ist (vgl. Lang 2004).

Dies zu vermitteln ist für den Psychoanalytiker und die Psychoanalytikerin auch eine politische Aufgabe. Denn dort, wo auf vermeintlich absolutes Wissen, absolute Beherrschung und Kontrolle gesetzt wird, entstehen 12. Oktober und 11. September. Vor einer Woche stand ich in Kuta an der Stelle, wo am 12. Oktober 2002 über 200 Menschen starben. Einer der Bali-Bomber verließ gestern trotz Todesurteil triumphierend den Gerichtssaal mit den Worten auf den Lippen: »Allah ist groß«.

Doch gedenken wir heute nicht nur der Opfer islamischen Terrors, sondern auch eines Terrors, der aus einer christlichen Mittel- und Oberschicht kam und dem der Arzt Salvador Allende, zum Antichrist erklärt, heute vor 30 Jahren zum Opfer fiel. Denken wir dabei an die vielen, die im Anschluss an diesen Mord ihren gewaltsamen Tod fanden, nicht minderer Zahl als heute vor zwei Jahren in New York. Und wie ich bei meinen zahlreichen Vortrags- und Kongressreisen in Chile erfahren konnte, schwieg dabei die Kirche – nicht anders als der »Stellvertreter« in Rom zum Holocaust. »Liebe den Gott deines Nächsten wie deinen eigenen Gott« – das hätte die Losung sein müssen.

Dem kommt jetzt die folgende »GRUPO SAL« nahe, wenn sie ein anderes Lateinamerika vertritt und dabei, wie ich verstanden habe, in einem befreiungstheologischen Horizont Position für eine gerechtere Welt und ein würdevolleres Miteinander bezieht – eine Aufgabe, der auch der analytische Diskurs verpflichtet ist, wenn es ihm um eine Integration bislang gespaltener Ebenen geht, es Selbst- und Weltbilder des »Entweder Gut oder Böse« zu relativieren gilt. Gemäß einem Wort Volkans (2002), das er am Ende seines Vortrags über »Religiösen Fundamentalismus und Gewalt« auf der vorletzten DGPT-Tagung geäußert hat, dürfen wir uns dann als »Wegbereiter einiger dahingehender Vorstellungen« fühlen, dürfen nach der »unglaublichen Tragödie« vom 11. September in New York hoffen, dass »psychologische Erkenntnisse über die Welt, Menschen, Führer, Anhänger etwas systematischer behandelt werden, besser in das diplomatische Denken integriert werden«.

Literatur

Balint, M. (1976): Der Arzt, sein Patient und die Krankheit. Stuttgart (Klett).

Boothe, B. (2002): Das Dasein als Wunder. Die Entfaltung religiösen Erlebens. In: Ruff, W. (Hg.): Religiöses Erleben verstehen. Göttingen (Vandenhoeck & Ruprecht).

Derrida, J. (1993): Sauf le nom. Paris (Éd. Galileé).

Freud, S. (1895): Studien über Hysterie. Gesammelte Werke Bd. I. London 1952 (Imago).

Freud, S. (1933): Neue Folge der Vorlesungen zur Einführung in die Psychoanalyse. Gesammelte Werke Bd. XV. London 1944 (Imago).

Fuchs, E. (1965): Zum hermeneutischen Problem in der Theologie. Tübingen (Mohr).

Gadamer, H. G. (1960): Wahrheit und Methode. Tübingen (Mohr).

Gebsattel, V. E. v. (1954): Prolegomena einer medizinischen Anthropologie. Berlin Göttingen, Heidelberg (Springer).

Heidegger, M. (1959): Unterwegs zur Sprache. Pfullingen (Neske).

Heinrichs, H.-J. (2003): Die gekränkte Supermacht. Amerika auf der Couch. Düsseldorf, Zürich (Artemis & Winkler).

Henseler, H. (1995): Religion – Illusion? Eine psychoanalytische Deutung. Göttingen (Steidl).

Küng, H. (1987): Freud und die Zukunft der Religion. München (Piper).

Lacan, J. (1966): Ecrits. Paris (Seuil); dt.: Schriften I–III. Olten-Freiburg 1973–1980 (Walter).

Lang, H. (1973): Die Sprache und das Unbewußte. 4. Aufl. Frankfurt/Main 1998 (Suhrkamp).

Lang, H. (1980): Zur Frage der Attraktivität und Pathogenität von Jugendsekten. Nervenarzt, 51, 183–187.

Lang, H. (1983): Können Jugendsekten krank machen? In: Karbe, K. G., Müller-Küppers, M. (Hg.): Destruktive Kulte. Göttingen (Vandenhoeck & Ruprecht).

Lang, H. (2000a): Strukturale Psychoanalyse. Frankfurt/Main (Suhrkamp).
Lang, H. (2000b): Das Gespräch als Therapie. Frankfurt/Main (Suhrkamp).
Lang, H. (2003a): Fort-Da. »Ich kann nicht mit ihr leben, und ich kann ohne sie nicht leben« (Franz Kafka). Zum claustro-agoraphobischen Dilemma aus struktural-analytischer Sicht. In: Eith, T., & Wellendorf, F. (Hg.): Fort-Da. Trennen und Verbinden im psychoanalytischen Prozess. Heidelberg (Asanger).
Lang, H. (2003b): Höchste Lust. Zur Problematik menschlichen Begehrens in psychoanalytischer Sicht. In: Rohde-Dachser, C. (Hg.): Unaussprechliches gestalten – Über Psychoanalyse und Kreativität. Göttingen (Vandenhoeck & Ruprecht).
Lang, H. (2004): Ethik und psychoanalytische Hermeneutik. In: Schönherr-Mann, H.-M. (Hg.): Hermeneutik als Ethik. München (Wilhelm Fink Verlag).
Oelmüller, W. (1999): Negative Theologie heute. Die Lage der Menschen vor Gott. München (Wilhelm Fink Verlag).
Scharfenberg, J. (1971): Sigmund Freud und seine Religionskritik als Herausforderung für den wesentlichen Glauben. Göttingen (Vandenhoeck & Rupprecht).
Segal, H. (1996): Traum, Phantasie und Kunst. Stuttgart (Klett-Cotta).
Volkan, V. D. (2002): Religiöser Fundamentalismus und Gewalt. In: Schlösser, A. M., & Gerlach, A. (Hg.): Gewalt und Zivilisation – Erklärungsversuche und Deutungen. Gießen (Psychosozial-Verlag).
Weiß, H., & Lang, H. (1996) (Hg.): Psychoanalyse heute und vor 70 Jahren. Tübingen (edition diskord).
Widmer, P. (1990): Subversion des Begehrens. Frankfurt/Main (Fischer).

Gott und Unbewusstes

Versuch über die gemeinsamen Anliegen und Gefährdungen von Psychoanalyse und Religion

Joachim Küchenhoff

Einleitung

Auf den Tag genau vor 203 Jahren, am 12. 9. 1800, schreibt Heinrich von Kleist aus Würzburg einen Brief über Würzburg:

> »Das Ganze hat ein echt katholisches Ansehen. Neun und dreißig Türme zeigen es, daß hier ein Bischof wohne, wie ehemals die ägyptischen Pyramiden, daß hier ein König begraben sei. Die ganze Stadt wimmelt von Heiligen, Aposteln und Engeln, und wenn man durch die Straßen geht, so glaubt man, man wandle durch den Himmel der Christen. Aber die Täuschung dauert nicht lange.« (zit. n. Janson 1999, S. 16)

Könnte es einen besseren Ort für unsere Tagung geben, auch – oder gerade wenn – die Täuschung nicht lange währt? Sie weicht einer Ent-täuschung, die – auch wenn sie schmerzhaft ist – neue Erfahrungsräume ermöglicht. Die Enttäuschung an der Religion (Kleist fährt fort: »Denn Heere von Pfaffen und Mönchen laufen uns unaufhörlich entgegen und erinnern uns an die gemeinste Erde«), die Enttäuschung an der *praktizierten* Religion eröffnet den Blick auf den Glauben, und es ist ein anderes und ergiebigeres Thema, von der Psychoanalyse des Glaubens, als von der Psychoanalyse der Religion zu reden.

Mit Kleist soll der vorliegende Text vom Himmel auf die »gemeinste Erde« niederkommen, um dort zu fragen, wo noch Auferstehung möglich ist, genauer gesagt: was bleibt vom Himmel nach der psychoanalytischen »Erdung« der Religion? Mit dieser befasst sich der *erste Teil*, der Freuds religionskritischen Haupttext aus einer ungewohnten Perspektive neu betrachtet. Auf der psychoanalytischen Erde angekommen, wird der *zweite Teil* herausarbeiten, was Psychoanalyse und Theologie nach deren Kritik noch verbinden könnte. Sie könnten gemeinsame Grundlagen und gemeinsame Ziele haben – allerdings eine in vielerlei Hinsicht kontrafaktische Option. Der potentielle Einigungspunkt liegt m. E. im Insistieren auf einem Jenseits: einem Jenseits der Vernunft, einem Jenseits der Eigenheitssphäre, einem Jenseits des Selbst. Der metaphorische »Ort« möglicher Begegnung ist die Erinnerung an das Andere oder den Anderen. Alteritätskonzepte, die Frage nach dem Anderen als Mitmensch, und Repräsentationstheorien, die Frage nach dem Anderen meiner selbst und wie es benannt werden kann, konvergieren nicht nur sprachlich, und dieser Verbindung hat sich meine psychoanalytisch-theoretische Arbeit in den letzten Jahren besonders gewidmet. Sie wird heute fruchtbar gemacht für die Ausmessung dieses gemeinsamen Orts, eines Orts, der für den und das Fremde offen ist, eines Orts der Negativität.

Im *dritten Teil* wird begründet, warum zuvor von einer kontrafaktischen Möglichkeit die Rede war. Der beschriebene »Ort« ist meist versperrt oder zerstört, die Offenheit in Religion und Psychoanalyse hat sich immer wieder verengt bis hin zur Selbststrangulierung. Beide können voneinander lernen, wie eine solche Autodestruktion funktioniert – die Mechanismen sind vergleichbar.

Im *vierten und letzten Teil* wird auf den ersten und auf Freud zurückzukommen sein, er handelt von den Bedingungen des Glaubens unter den Vorzeichen von Negativität und Alterität; die eigenen tastenden Gedanken werden für gläubige Christen unter dem Niveau religiöser Möglichkeiten bleiben, für den Psychoanalytiker könnten sie die Frage aufwerfen, ob es nicht auch ohne den Glauben ginge, ob am Ende die Gemeinsamkeiten überhaupt nötig sind. Diese Frage muss – notwendig – unbeantwortet bleiben.

Für alle folgenden Ausführungen soll vorauslaufend eine Einschränkung gemacht werden, ein *dis-claimer*, Verringerung des *claim*, des beanspruchten Feldes, des zu beschreibenden Ortes. Dieser ist in keinem Fall außer- und übergeschichtlich, der Text wird weder von *dem* Gott noch *dem* Unbewussten, auch nicht von *der* Religion und *der* Psychoanalyse handeln. Er will einige Pfade offenlegen, die auf die christliche Religion beschränkt bleiben werden und die in Theologie und Psychoanalyse das Meiste außer Acht lassen. Beschrieben wird nur ein Kreuzungspunkt, ein potentieller Kreuzungspunkt, hier und heute, in unserer Gegenwart – mehr nicht.

I. »Die Zukunft einer Illusion«

Wie läßt sich das Verhältnis von Theologie und Psychoanalyse charakterisieren? Vier ausgearbeitete, differenzierbare Bezüge können unterschieden werden:

1. das Verhältnis wechselseitiger Kritik, bis hin zur Polemik; Religionspsychologie reduziert religiöse Strebungen auf ihre seelischen Motive, die religiösen Übungen z. B. auf Zwang, die Moralität auf den Vatermord, den Glauben auf die infantile Hilflosigkeit. Freuds Schriften (v. a. Freud 1907, 1927) gehören dazu, aber auch die religionspsychologischen zeitgenössischer Autoren, so wenn Henseler (1995) ein Motiv für Religiosität in der Suche nach dem Rückgewinn des Primärnarzissmus sieht oder Julia Kristeva (1985) den Ursprung der Religiosität in der antagonistischen Bewegung der ersten Trennungserfahrungen und ihrer Überbrückung durch Beziehungserfahrungen sieht (auf theologischer Seite vgl. Dietz 2000);
2. das Verhältnis einer interdisziplinär gleichberechtigten Auseinandersetzung, die die jeweils andere Seite ernst nimmt, die Kritik aufgreift und aus ihr Konsequenzen zieht. Es sind v. a. Theologen, die sich um die konstruktive Aufnahme psychoanalytischer Gedanken in die Theologie bemüht haben, nicht umgekehrt (z. B. Wahl 2000; Scharfenberg 1970);
3. das Verhältnis gemeinsamer praktischer Anliegen in der Seelsorge: Wieder sind es v. a. die Theologen gewesen, die von der Psychoanalyse sich haben bereichern lassen, unabhängig von aller theoretischen Kritik (vgl. Raguse 2000). – Hinzu kommt ein vierter Bezug, um den es in dem vorliegenden Beitrag geht:
4. das Verhältnis gemeinsamer Ausgangs- und Zielpunkte. Raguse (2000) hat in einer wunderbaren Arbeit gezeigt, wie *praktische* seelsorgerische und psychoanalytisch-psychotherapeutische Ziele, bei je anderer Perspektive, konvergieren in der Arbeit an der Anerkennung der »facts of life« (der Anerkennung des guten, gleichsam unerschöpflichen Objektes Brust, der Anerkennung des elterlichen Verkehrs als eines schöpferischen Aktes und des Todes). Ich gehe von den *theoretischen* Gemeinsamkeiten hier und heute aus, indem ich nach philosophischen Konzepten suche, die für Theologie und Psychoanalyse als Begründung interessant sein könnten; und ich beschreibe die aus dieser Basis sich ergebenden gemeinsamen Ziele, so dass Theologie und Religion auf der einen Seite, Psychoanalyse auf der anderen nicht nur nicht als Gegner, sondern als Mit-Streiter angesehen werden könnten.

Nun aber zunächst zu Freuds religionskritischem Haupttext, *Die Zukunft einer Illusion*. Die Inhalte sind bekannt: Freud schließt an Feuerbach und an

Nietzsche an, wenn er Religion psychologisch, oder mit eigenen Mitteln, also: psychodynamisch begründet. Religion ist notwendig, um die Not, die Begrenzungen des eigenen Lebens und die eigene Hilflosigkeit zu ertragen. Sie ist kein Irrtum, sondern eine Illusion, d. h. sie lässt sich aus menschlichen Wünschen ableiten. Weil sie kein individuelles, sondern ein kollektives Erzeugnis ist, ist sie ein wunschbestimmter infantiler Rest der ganzen Menschheit, die nur durch eine »Erziehung zur Realität« (Freud 1927, S. 373) Fortschritte machen kann.

Die theologische Kritik war heftig. Freud wurde mangelnde theologische, religionsphilosophische Kenntnis usw. vorgeworfen (z. B. Dietz 2000); Details wurden zu widerlegen versucht. Dennoch scheint mir die große argumentatorische Linie stimmig zu sein und bis heute triftig: die psychologische Reduktion der Religion.

Unbeachtet aber bleibt dabei die Form des Textes, und sie ist ungewöhnlich. Dort, wo die Religionskritik sich verdichtet, führt Freud einen fiktiven Dialogpartner ein, der seine Argumentation »mit Misstrauen verfolgt« und Einwände und Angriffe formuliert: Er führt einen Widersacher, einen Versucher, ein – schon das eine merkwürdige Geste, die eine intertextuelle Verbindung zu religiösen Texten herstellt. Will man sich nicht dem Widerspruch aussetzen, Freud einerseits eine hohe literarische Fähigkeit zuzuschreiben, andererseits ihm Formnaivität zu unterstellen, muss die Form als Aussage ernstgenommen werden: Aus der wissenschaftlichen Analyse wird ein Dialog, ein hermeneutischer Prozess. Dieser Stilwechsel hat Konsequenzen für den Wahrheitsanspruch; nach der Wahrheit wird offensichtlich gesucht, sie wird im Gespräch erzeugt, es gibt sie nicht als vorbestehend und objektiv.

Verfolgen wir den Text weiter: Das literarische Ich Freuds akzentuiert im Verlauf seine Argumentation, es wird immer entschiedener. Folgerichtig kommentiert der Widersacher im entscheidenden 10. Abschnitt: »Ich glaube, wir haben nun die Rollen getauscht; Sie zeigen sich als der Schwärmer, der sich von Illusionen fortreißen läßt, und ich vertrete den Anspruch der Vernunft, das Recht der Skepsis« (Freud 1927, S. 374). Die Emphase des literarischen Ichs Freuds nimmt tatsächlich zu; hatte es anfangs noch zugestanden, dass auch Wissenschaft Illusion sein könnte, nur dass niemand für seinen Unglauben bestraft werde und die Selbstkorrektur zum Verfahren selbst gehöre, nimmt es im vorletzten Sache diese Relativierung zurück: »Nein, unsere Wissenschaft ist keine Illusion!« Kurz zuvor hatte es auch für die Wissenschaft einen Gott, »unser Gott Logos« (Freud 1927, S. 378) eingeführt – der Sprache fehlt der selbstironische Unterton, und doch wird der Einwand des Widersachers durch eben die Wortwahl bestätigt: die Wissenschaft als Religion.

Der Text endet, so klar die inhaltlichen Aussagen sein mögen, in einer durch die Form eingeführten Aporie: je entschiedener die Aussage, um so illusionärer wird sie. Am Ende stellt sich deshalb die Frage, was denn bleibt, wenn mit guten Argumenten die christliche Religion reduziert wird: Ersatz der einen Religion durch die andere? »Wir *glauben* daran, daß es der wissenschaftlichen Arbeit möglich ist, etwas über die Realität der Welt zu erfahren (...) Wenn dieser Glaube eine Illusion ist, dann sind wir in derselben Lage wie Sie (...)« (Freud 1927, S. 379; Hervorhebung von J. K.), so das Freudsche literarische Ich. Die religiöse Illusion wird aufgedeckt, mit guten Gründen – um (möglicherweise) einer neuen zu weichen: Aufklärung, die zu neuen Erkenntnissen verhilft, die ihrerseits in Illusionen münden können. Es geht nicht anders, als an sie wiederum zu glauben. Die Bereitschaft des Glaubens ist nicht mit der Kritik an den Glaubensinhalten aufgehoben, und sie hat offenbar mit dem Dialog, dem Gespräch, der Begegnung zu tun. (Auf diesen Zusammenhang wird der vierte Teil zurückkommen.)

II. Verbindungen zwischen Psychoanalyse und Religion

Der zweite Teil handelt von den Orten möglicher Solidarität in den Zielen und der Gemeinsamkeiten in den Grundlagen von Psychoanalyse und Religion. Ziele und Grundlagen sind miteinander verwoben. Zunächst zu den möglichen gemeinsamen Zielen:

Wichtig ist nicht, ob die beschreibenden Formulierungen für den christlichen Gott und für das psychoanalytische Unbewusste übereinstimmen (Vinnai 1999), sondern die Vergleichbarkeit in der Zielsetzung: Mit beiden Konstrukten (»Gott« und »Unbewusstes«) werden Grenzen beschrieben – Grenzen zum Nichtgewussten, Grenzen in Hinsicht auf die Grundlagen der eigenen Vernunft und auf die Zukunft des eigenen Lebens. Ungeachtet dessen, was hinter den Grenzen vermutet wird, legen Psychoanalyse und Religion Grenzen frei, machen sie sicht- oder spürbar.

Um das Gewicht dieser Grenzsetzungen und der Grenzüberschreitungen für die Gegenwart angemessen würdigen zu können, ist ein – sehr kondensierter – Exkurs notwendig. M. E. sind nach dem »Ende der großen Erzählungen« (Lyotard 1979) keine diskursive Vielfalt und keine kreative Heterogenität der Lebensentwürfe entstanden; vielmehr hat sich eine bestimmte Vernunft oder Rationalität, eine instrumentelle Vernunft durchgesetzt, die auf der alternativlos gewordenen kapitalistischen Produktions-

weise und der Globalisierung der Märkte und Medien basiert. Der Sieg der instrumentellen Vernunft erfasst alle unsere Lebensbereiche. Ich bleibe bei den mir überschaubaren, um nicht zu dilettieren:
– Die psychiatrische Diagnostik redet nicht mehr von Krankheiten, sondern von Störungen; das sollte befreien, die Begrifflichkeit führt aber de facto eine Wertung ein: Eine Defizienz der Vernunft wird beseitigt und nicht ihr Anderes wahrgenommen. Dem Symptom wird das kritische, widerständige, sinnvolle Moment einer unbewussten Aussage, wie leidvoll sie auch sei, abgesprochen.
– Die Fragen nach dem Woher und Wohin menschlichen Lebens werden momentan in die skurrile Verfügung eines medizinisch-naturwissenschaftlichen Dialogs eingeschlossen; die Entstehung des Lebens wird mit Befruchtungstechnik und *genetic engineering* gleichgesetzt. Der Tod verliert seinen Stachel, er scheint zur Definitionsfrage zu werden, zur Frage, wann welche Geräte abzuschalten seien. Oder er wird zur Coping-Aufgabe; die – durchaus ehrenwerte – Hospiz-Bewegung begleitet in aller Freundlichkeit Sterbenskranke, die – durchaus nicht ehrenwerte – Exit-Bewegung, die in der Schweiz den Freitod unterstützt, macht aus dem Sterben einen Entschluss – wo ist der Stachel des Todes, der Schrecken, die Unheimlichkeit des nicht Repräsentierbaren?
– Auch das Töten wird zur Technologie oder es wird ausgeklammert. Die Kriegsberichterstattung im ersten Irakkrieg hat uns die Bilder vorenthalten; im zweiten haben eingebettete Journalisten mit Bild und Kommentar die Kugeln, die den Gegner zerreißen, begleitet, mit gleichem Effekt: was ausgeklammert wird, was aus allzu großer Nähe gezeigt wird, kann nicht repräsentiert werden, es fehlt auch hier ein »belüfteter Raum« (Green) zwischen Separation und Intrusion.
– Die Umgestaltung der Universität, der Wissenschaft überhaupt, zeigt uns die Nivellierungsarbeit der instrumentellen Vernunft; noch ist die Sprache verräterisch: Universitäten werden zu Profitcenters umgebaut, die Bewertungsmaßstäbe orientieren sich an credit points: eine eigentümliche Sprachwurzel, denn *credere* heißt glauben – aber diese Punkte sind der Ersatz des vertrauenden Glaubens in die Leidenschaft des Studierenden durch Zählungen; die credit-Systeme glauben niemandem mehr. Eindruck wird durch »impact factors« ersetzt; eindrucksvoll ist, was am häufigsten zitiert wird; was auf dem Jahrmarkt wissenschaftlicher Eitelkeiten erscheint, ist groß – sonst nichts.

Die herrschende Rationalität erzeugt Abfälle, erzeugt ein Anderes, das sie selbst nicht sehen kann, sie unterdrückt Möglichkeiten, und kann die Folgen dieser Unterdrückung nicht reflektieren. Hier sind Theologie ebenso wie Psychoanalyse gefragt, die sich auf diesen Abfall, diese Abjekte – in der Begrifflichkeit von J. Kristeva (1980) – beziehen und das Andere, das als Anderes der Vernunft erscheint, ernstnehmen. (Erinnern wir immer daran, dass ich von weithin kontrafaktischen Möglichkeiten spreche; die Globalisierung und Rationalisierung der Lebenswelten erfasst natürlich auch die Religionen. Die global multimedial inszenierten Papstreisen ebenso wie die durch die fanatische Abart des Islamismus zu verantwortenden Attentate sind Profiteure der Globalisierung und Medialisierung.) Religion und Psychoanalyse sind nicht nur mit dem durch die Vernunft erzeugten Anderen, dem Verdrängten, Dissoziierten, Verworfenen befasst, sondern auch mit dem immer schon bestehenden Anderen der Vernunft, den Grenzsituationen menschlichen Lebens, der Unverfügbarkeit der Herkunft, der Nichtrepräsentierbarkeit des Endes, und mit den Fragen nach der Ethik eines guten Lebens, die schließlich in die Fragen nach der Verantwortung für das Zusammenleben einmünden. Entscheidend ist nicht, ob sie diese Fragen beantworten können, sondern dass sie offengehalten oder überhaupt eröffnet werden. Dass das »religiöse Begehren« immer neu wiederkehrt, dass es einen Wunsch nach einer Antwort gibt, das ist offensichtlich – das Problem ist wiederum die schnelle, allzu schnelle Antwort oder Scheinbefriedigung, in Sekten ebenso wie in Ratgeberliteratur und in psychologischen Heilsverfahren. Nicht nur das Reagieren auf die Fragen nach dem Anderen der Vernunft, sondern das Offenhalten dieser Fragen ist dringlich.

Um dieses Ziel zu erreichen, das Andere der Vernunft und den Andern als Anderen anzuerkennen und die Fragen nach ihnen offenzuhalten, bedarf es einer Basis, und die Philosophie der Gegenwart stellt eine solche Basis durchaus zur Verfügung, die eine gemeinsame von Theologie und Psychoanalyse sein könnte. Ich sehe zwei Konzepte, die Anwärter auf diese Basis sein könnten: den Dekonstruktivismus (Angehrn 2003), wie er von J. Derrida (z. B. 1972, 1999) konzipiert worden ist, und die Phänomenologie des Fremden, wie sie von B. Waldenfels in den letzten Jahren mit immer sich steigernder Intensität entfaltet worden ist (z. B. Waldenfels 1990, 2002). Wenn ich diese Konzepte als Basis vorschlage, so ist der Vorschlag deshalb überraschend, weil beide philosophischen Entwürfe nicht ohne Psychoanalyse und Theologie denkbar wären; letztere ist v. a. in Form der Religionsphilosophie von E. Lévinas (1987) von beiden rezipiert worden. Aber es entsteht daraus kein circulus vitiosus, vielmehr die Aufforderung, die Philosophen, die die Psychoanalyse ernstnehmen, auch selbst ernstzunehmen und zu re-integrieren.

Beide Konzepte sind aus dem nach-metaphysischen Denken entstanden; insbesondere der Dekonstruktivismus betont, dass es den absoluten Ursprung und das absolute Ziel unseres Seins, unserer Existenz, unseres Erlebens etc. nicht gibt. Ebenso wenig erfüllt sich irgendwann einmal der Sinn: der Sinn des Lebens, die Bedeutung einer Aussage oder eines Textes. An der Stelle des Ursprungs steht das Oxymoron der Ur-Spur: dort, wo der Anfang ist, ist bereits Spur, und jede Spur verweist auf ein vorgängig Anderes: nachträglich nur setzen wir den Anfang. Dort, wo wir über unser Bewusstsein, unsere Sprache etc. noch nicht verfügen, dort ist das ursprüngliche Ereignis eine Annahme; was wir am Ursprung unseres Erlebens, unseres Schmerzes etc. erkennen, das ist nicht mehr Original, sondern Umschrift, nachträglich erst fassbar, so wie Freud die Nachträglichkeit zum Prinzip der Wirkung von Traumata erklärt hat. Was – zumindest aus psychoanalytischer Sicht – für die Entwicklung plausibel erscheint, gilt nicht nur für sie, sondern auch gleichzeitig: Es ist die Vorgängigkeit der Sprache, die uns spricht, mehr als wir sie sprechen; es gelingt nicht, sich sprechend der Ursprünge der Sprache ganz zu versichern, immer bleibt ein Rest, der auf Unerkanntes, Unbewusstes verweist, oder ein Rest, der ausgeschieden, verworfen ist, ein nicht repräsentierbarer Rest, der nach Übersetzung verlangt. So ist das Denken immer in sich verschoben, nie mit sich selbst identisch. So ist Interpretation immer und prinzipiell unabschließbar. Aufschub, Differenz und Spur, auch Übersetzung sind die Grundbegriffe, die an die Stelle von Erfüllung, von Identität, von Gegenwärtigkeit und Evidenz treten.

Dieses Andere meiner Selbst wird nicht von mir selbst hervorgerufen, es ist vom Anderen erzeugt. Bereits hingewiesen wurde auf das Andere der Sprache, das mir vorgängig und Teil einer symbolischen Ordnung ist, der ich mich unterzuordnen habe. Es sind auch die anderen Mitmenschen. Identifikationen prägen die Entwicklung, und sie implizieren, dass ich in meinem Wesen von einem Anderen geprägt bin, dessen ich gar nicht habhaft werden kann – Übernahme von Merkmalen zu einer Zeit, wo ich noch gar nichts übernehmen kann. Das Fremde in mir ist der Fremde, der mich heimsucht, heimgesucht hat.

Und er bleibt mir fremd: der Andere ist der, der mich heimsucht und mich selbst ver-ändert, er ist aber auch der, der immer anders bleibt: Ich begehre ihn, aber nie ist mein Begehren so, dass es den Anderen voll umfasst, immer gibt es eine Differenz – wie Waldenfels (2002) betont – nicht nur des Seins, sondern auch des Begehrens. Nur weil und insofern der Andere sich mir entzieht, wird er begehrt; nur weil die Differenz nicht zu überbrücken ist, deren bestes, aber beileibe nicht einziges Beispiel das sexuelle Begehren ist, wird er begehrt: Das Begehren, so sagt uns schon Platons Liebesmythos, entsteht aus der Differenz. Die Sprache ist so an die signifikative, das Begehren an die affektive Differenz gebunden. Die Differenz zu beseitigen, diesen Wunsch kann ich nicht aufheben; aber immer bleibt diese Bewegung approximativ, immer bleibt der Versuch bestehen, das Begehren zu erfüllen, im Objekt das ersehnte, ultimative Objekt zu finden und in einem Wort das Entscheidende auszusagen, und immer gibt es ein Merkmal, das mir am Anderen entgeht, das meiner Bemächtigung nicht folgt – und sofort zur Quelle neuer Leidenschaft am Anderen wird. So bleibt die Notwendigkeit zu sprechen, zu wünschen, zu begehren.

Das Denken der Differenz, das Aushalten der Fremdheit – beide Anliegen könnten dem genannten gemeinsamen Ziel von Theologie und Psychoanalyse entgegenkommen; Gott und Unbewusstes sind auf je eigene Weise als Platzhalter des Entzugs, als Insistenz einer Frage zu denken. Ich bin mir bewusst, dass ich meine Formulierungen – wie könnte es anders sein? – vom Ort des Psychoanalytikers her gewählt habe (vgl. Küchenhoff 1999). Ich will im Folgenden zu fragen versuchen, welche Theologie in der Lage sein könnte, sich auf diese Negativität zu beschränken bzw. sie auf sich zu nehmen.

Der große Religionsphilosoph Paul Ricoeur (2002) hat betont, wie notwendig Religionskritik für den Glauben ist; er sieht Freuds Leistung darin, zwei psychologische Motivketten, das Motiv der Anklage und das des Trostes, herausgearbeitet zu haben – erst die Kritik der positiven Gottesvorstellungen erlaubt es, auch in der Theologie zu einem Denken der Differenz vorzustoßen. Und es gibt ja Beispiele einer negativen Theologie, die sich dem Denken des ganz Anderen widmet. Paul Tillich, der Lehrer Adornos, der bekannt geworden ist für seine Verbindung zwischen Existenzphilosophie und Theologie, aber auch für seine Arbeiten zum theologischen Symbolbegriff, hat betont, wie die Vergegenständlichung des Göttlichen immer neu abzubauen sei. Er spricht sogar von einem »immanenten Atheismus des religiösen Aktes«: Alle göttlichen Attribute sind menschgemacht, sie charakterisieren Gott nur aus der Perspektive des Menschen, sind daher immer anthropomorph und verfehlen ihren Gegenstand. Über oder hinter den gängigen Gottesbildern, ja jenseits aller Gottesvorstellungen ist der »Gott über Gott«, der nur negativ zu beschreiben ist. Tillich knüpft dabei an die Tradition mystischer Denker an, an Dionysos Aeropagita oder Meister Eckhardt, deren Anliegen es war, alle personalen Gottesvorstellungen aufzuheben. Tillich beschreibt diese negative Gottesvorstellung so:

> »Er ist ohne Namen, ohne Kirche, ohne Kult, ohne Theologie: aber er ist in der Tiefe von ihnen allen wirksam. (...) Wir können uns seiner bewußt werden in der Angst vor Schicksal und Tod, wenn die traditionellen Symbole, die dem Menschen halfen, die Schicksalsfälle und den Schrecken des Todes zu ertragen, ihre Macht verloren haben (...) Der Mut, die Angst vor der Sinnlosigkeit auf sich zu nehmen, ist die Grenze, bis zu der der Mut des Seins gehen kann (...) Der Mut zum Sein gründet in dem Gott, der erscheint, wenn Gott in der Angst des Zweifels untergegangen ist«. (Tillich 1953, zit. n. Wehr 1998, S. 127)

Im hier entscheidenden Punkt geht die Dialektische Theologie von Karl Barth ähnlich vor; Barth radikalisiert seine Religionskritik, er lässt nur die Offenbarung durch das Wort gelten. Die Liebe zu Gott – und hier ist wieder die Negativität wichtig – ist von Nichtwissen getragen: »Wir wissen, daß Gott der ist, den wir nicht wissen, und daß eben dieses Nicht-wissen das Problem und der Ursprung unseren Wissens ist« (Barth 1922, zit. n. Grätzel & Kreiner 1999, S. 106). Die Welt ist für Barth Gottes Spur – bereits 1922 erscheint hier der Spurbegriff, der so zentral im Werk Derridas werden sollte! Für Barth ist Gott der Andere, der Fremde: »Wir sind die Menschen, für die Gott endgültig und auf der ganzen Linie dessen, was wir wissen, der Andere, der Fremde ist« (ebd., S. 107).

Die Linie, die abgekürzt und im Wissen um die Unschärfe des Begriffs negative Theologie heißen soll, ließe sich nach rückwärts zu Kierkegaard, nach vorwärts bis zu E. Lévinas verfolgen. Erinnert sei nur daran, dass Michael Theunissen, einer der bedeutendsten deutschen Philosophen der Gegenwart, die Position der negativen Theologie philosophisch fundieren will, von seinen frühen Texten zum Anderen (1965) angefangen bis zu dem umfangreichen Spätwerk über den vorklassischen Dichter Pindar (als kurze Einführung siehe Theunissen 1998).

Machte es denn Sinn, von einer negativen Psychoanalyse zu sprechen? Ist nicht, wie oben schon beschrieben, jede Psychoanalyse negativ, indem sie dazu auffordert, die übertragungsbedingten Vereinseitigungen zu dekonstruieren, mit Sinn zu erfüllen und gleichzeitig zu ermöglichen, die Übertragung vom Anderen abzulösen, so dass die Differenz zum Andern immer deutlicher wird, aber auch die Möglichkeit, mit dem Andern meiner selbst spielerischer und kreativer umzugehen? Die bereits erwähnte Konzeption der Abjekte (Kristeva 1980) ist vielleicht am hilfreichsten, um zu formulieren, was die negative Psychoanalyse ausmachte. Das sprachlich und symbolisch verfasste Individuum vermag so schlecht, auf das Vorsymbolische zurückzugreifen, auf die – von Kristeva so genannte – semiotische Chora, die anders und vorlogisch repräsentierte, mütterlich-kindliche Erfahrungswelt der Rhythmen, der Gerüche, der Töne etc. Dieser Ort, Chora, ist von der Sprache her nicht zu erreichen, zumal das Sprechen selbst Grenzen erzeugt, einen Ausschluss bewirkt: Bei jeder Benennung wird etwas auch ausgeschlossen und externalisiert. Die Psychoanalyse wäre dann jenes Gespräch, das durch das Gespräch die im Gespräch ausgeschlossenen Erfahrungen umkreist und beglaubigt, und die so Grenzen ebenso relativiert wie bestätigt.

III. Bedingungen der Abschließung

Die Offenheit, die aus der Negativität resultiert, verschließt sich allzu schnell wieder, in der Theologie ebenso wie in der Psychoanalyse. Die eben beschriebenen Gemeinsamkeiten sind eben kontrafaktische Möglichkeiten. In einem nächsten Schritt sind einige Bedingungen zu untersuchen, die zur Abschließung führen.

1. Der Gute Wille

»Der Weg zur Hölle ist mit guten Vorsätzen gepflastert« – vielleicht ist dieses Sprichwort wahrer, als wir dies eingestehen wollen. Wir kennen alle den Wunsch, gut zu sein zu unseren Analysanden, hilfreich beizustehen, aus den eigenen Erfahrungen mitzuteilen. Und so kommen wir dazu, uns zum Vorbild zu machen und dafür das Konzept der andauernden oder permanenten Selbst-Objekt-Beziehung als Veränderungsprinzip zu veranschlagen oder die Alexandersche korrigierende emotionale Neuerfahrung als Anlass zu nehmen, Korrekturen beim Patienten anzubringen. Je pädagogischer aber unsere Technik wird, je wissender wir uns geben, um so weniger haben wir den Mut, der zur Negativität in der Psychoanalyse gehört, uns der Fremdheit in uns selbst, der Andersheit des Anderen zu stellen.

Das führt zur nächsten Bedingung der Ausschließung.

2. Die vereinfachte Theorie

Lacan hat den »Meisterdiskurs« beschrieben und daran erinnert, und man kann es nicht oft genug wiederholen, dass der Analytiker nur das Subjekt ist, dem (bei dem) Wissen unterstellt ist. Bion hat uns vermittelt, mit durchaus theologischen Bezügen, dass es in der Analyse darum geht, das Nichtwissen und die Dunkelheit, die mit ihm einhergeht, auszuhalten, um katastrophisches Erleben nicht zu überblenden. Lacan und Bion gelten als schwierig, und sie sind letztendlich nicht schwierig, weil sie sich nur kompliziert auszudrücken verstanden, sondern weil die Sache komplex ist, die sie vertraten, weil es viel schwieriger ist, sich selbst zurückzunehmen, Raum zu lassen, zurückzutreten, statt pädagogisch zu werden. – Eine andere Vereinfachung der Psychoanalyse liegt in einem unreflektierten Aufklärungsideal. Es macht einen Unterschied für die eigene Praxis, ob wir als Ziel der Kur ansehen, dass das Subjekt sich selbst durchsichtig werde in der vollendeten Selbstreflexion (Habermas 1968) und das Unbewusste ausgetrocknet werden könne (Freud), oder ob es darum geht, die Dynamik des eigenen Begehrens anzuerkennen, so wie Lacan formulierte: »Wo Es war, da soll das Ich hinkommen«.

3. Der Zugang zum Wissen

Die Rezeption von Bion und Lacan soll den folgenden Punkt verdeutlichen. Vor allem von den Nachfolgern Lacans wurde eine Resakralisierung betrieben, die von der Geste des öffentlichen Auftritts bis zum hermetischen Gebrauch der Sprache reicht. Als vielleicht überraschendes Beispiel soll ein zum Thema gehörendes, aktuelles Buch gewählt werden. Das Buch über das »Fragile Absolute« von S. Zizek (2000) ist intelligent und klug geschrieben, es kommt scheinbar disseminativ, kreativ, vielfältig daher, springt von Gott zum Kino, von Diät-Coke zu Inzest und dem Marx'schen Mehrwert, es knüpft die tatsächlich interessantesten Verbindungen – und doch verfliegt der Genuss beim intensiveren Lesen, da fällt erst einmal das scharfe kritische Geschoss auf, hier werden manche Positionen, z. B. die von Derrida, mit leichter, allzu leichter Hand erledigt, der schnelle Schuss weckt den Argwohn, dass hier ein Rechtgläubiger handelt. Gerechtfertigt bleibt allein das wie ein Stufengebet vorgetragene Reden vom Imaginären, Symbolischen und Realen, das erweitert wird durch die erhabenen Konzepte des Dings und des Mehr-Genießens: Was ernsthaften Ringens um Verstehen bedürfte, wird in Interpretationsschablonen gegossen, die dem Eingeweihten allein zugänglich sind, für alle bleiben sie im Ungefähren angesiedelt, aus Worten werden Tabernakel, Aufbewahrungsorte für Heilslehren, an die Stelle der Argumente tritt geistreicher Nebel; der Nichtgläubige könnte in die Knie gehen angesichts der beeindruckenden Wortsalven. Hier wird – gegen die eigenen Intentionen – Ausschluss praktiziert durch die Regelung des Zugangs zu (heiligen) Worten.

4. Die Konkretisierung und Verdinglichung

Konkretisierung und Verdinglichung sind vielleicht nicht zu vermeiden; die Negativität will sich füllen, der Gedanke an Gott sucht nach Bildern, von denen wir alle voll sind, die Imagination füllt das Vakuum aus, und so entstehen die vielen Attribute Gottes und die Heiligen. Aus der unbewussten Dynamik, die in der Sprache und nirgendwo sonst, zwischen den Zeilen und ausschließlich an der psychischen Oberfläche, und zwar als »Erfahrungsentzug« (Waldenfels 2002, S. 300), erscheint, wird ein Ort des Spezialwissens, ein zweites Subjekt, dem eigene unbewusste Symbole zugeschrieben werden (E. Jones), die katalogisiert werden können, etc. Wichtig an diesem wohl unvermeidlichen Prozess ist nur, ob die imaginäre Welt, die als Produkt unserer Anschauungskraft gerinnt, sich wieder verflüssigen darf oder ob sie kanonisiert wird. Das führt zum nächsten Punkt.

5. Die Institutionalisierung

Sollen für diesen entscheidenden Punkt, wie die Institutionalisierung die Erfahrung des Anderen aufhebt, überhaupt Beispiele angeführt werden? Es könnte lächerlich klingen, es gibt zu viele, auf beiden Seiten. Soll die Kirchengeschichte als Beleg dienen? Soll noch einmal davon gesprochen werden, wie die Psychoanalyse durch die Institutionalisierung sich selbst destruiert, durch die Fixierung des psychoanalytischen Heils an die 4. Stunde, durch die exkommunikative Funktion des »Rosters« (wer dort nicht drin steht, ist kein Psychoanalytiker) etc.? Vielleicht ist es besser, an die Stelle dieser vielen möglichen Zeugnisse kleine, persönliche Erfahrungsbeispiele zu setzen. Buchstäblich nahe liegen persönliche Würzburger Erfahrungen, die mir die Religion vermittelt und zugleich wieder ausgetrieben haben. So war die Note im Grundschulreligionsunterricht gebunden an den Besuch des Schülergottesdienstes: Ein guter und aufgeklärter Katholik ist nur der, der in die Kirche geht. So unternahm es, gerade als ich mich fürs Theater begeisterte, der Bischof Josef, den Satan aus dem Stadttheater auszutreiben, indem er sich öffentlich gegen eine Aufführung des Peter Weiß'schen Marat-Stückes wandte – und beinahe wäre es ihm geglückt und das Theater wäre mit ausgetrieben worden. Würzburger Mittelalter der 60er Jahre? Beileibe nicht, wenn wir an jenes Berufsverbot denken, das den Theologen kürzlich ereilte, der beim Kirchentag einen ökumenischen Gottesdienst abhielt – freilich nicht in Würzburg.

Zu zeigen war nur, dass nicht der Satan, sondern der Bezug auf das Andere, das Fremde, das Jenseits, exorziert wird, wenn das Heil an die Folgsamkeit in der Erfüllung bestimmter Grundsätze gebunden ist: Der Katechismus tötet den Glauben. Katecho: das heißt doch »ich halte mich ganz und gar an etwas«. Da, wo die Institution und ihre Macht es nicht zulässt, dass sie selbst verflüssigt wird, da ist kein Platz für die beschriebene Offenheit der Negativität.

IV. »Wo aber bleibt der Glaube?«

Es ist kein attraktives, kein sinnlich überzeugendes Modell, das Modell der Negativität. Es geht gegen das religiöse Bedürfnis, ist gegen die narzisstischen und Geborgenheitsbedürfnisse gerichtet und dadurch anstrengend. Wie soll es da überzeugen, was könnte – außer dem Intellekt – für dieses Modell sprechen? Die unsicher und tastend bleibende Antwort auf diese Frage soll den Text beschließen. Die gleiche Frage lässt sich auch so formulieren: »Wo aber bleibt der Glaube?«. Es ist die Denkbewegung Ricoeurs, auf die ich nun zurückkomme: Die Kritik der Religion ist Voraussetzung für ein Denken in Differenz, und dieses öffnet für den Glauben. Was aber heißt Glauben dann noch? Schauen wir uns auf der Suche nach einer Antwort um.

Ricoeur (2002) hat betont, dass er zu sehr Philosoph sei, um diese Frage beantworten zu wollen; er hat aber gesagt, wo er die Antwort sucht. Und das ist überraschend: Er sucht sie im Gespräch. Das Hören, das Zuhören, eröffnet für Ricoeur, der hier auf Heidegger zurückkommt, ein Zugehörigsein, einen Gehorsam, der sich nicht auf die Erfüllung von Geboten bezieht, sondern vor-ethisch ist: eine Verantwortlichkeit für das Gemeinsame, das aus der Situation des Gesprächs selbst hervorgeht.

Ricoeur bleibt undeutlich; man könnte seinen Gedanken wieder vergessen, wenn man nicht auf das Verhältnis von Glaube und Gespräch immer wieder stieße – zunächst formal an manchen Texten, wie einleitend für Freud gezeigt, die – wo es um Religion und Glauben geht – überraschend oft dialogisch aufgebaut sind; ein anderes Beispiel wäre das ganz in Dialogform, als Briefdialog, verfasste Buch *Le feminin et le sacré* (Clément & Kristeva 1998). Aber auch explizit und inhaltlich finden wir den Gedanken immer wieder: Derrida (2001) hat in einem wunderbaren Text über »Glauben und Wissen« den Zusammenhang ausgearbeitet, ebenfalls von Heidegger her, von dessen Begriff der Zusage und der Bezeugung her kommend. Der Begriff Religion hat für Derrida zwei Bedeutungen: Scheu, Achtung, Skrupel einerseits, Band und Verbindung andererseits. Die Religion fußt auf der Achtung für das Andere, mit dem man sich verbindet. Der Glaube bezieht diese Achtung auf zwei Grundlagen, die Anerkennung der ursprünglichen Differenz, die Anerkennung der nicht hintergehbaren Andersheit und die messianische Erwartung dessen, was sich durch die Verbindung ergeben kann. Die Nähe zwischen Glaube und Gespräch wird jetzt vielleicht ein wenig deutlicher; jedes Gespräch ist ein Glaubensakt: Weil der Beginn jeden Gesprächs die Bereitschaft voraussetzt, die unendliche Aufgabe anzugehen, die bereits beschriebenen konstitutiven Differenzen zu sehen, die nicht willkürlich, sondern notwendig sind, und zugleich eine Brücke zu bauen, angesichts der Differenz, die die Differenz nicht abschafft, aber immer wieder überspannt. Der Glaube ist dann ein ambivalentes Gebilde, Überbrückung einer Differenz, ohne sie aufzulösen, prekäre Hoffnung im Wissen um die nicht zu beseitigende Heterogenität, Verbindung in Ansehung der Differenz, Achtung der Differenz im Angesicht der Bindung. Glauben richtet sich so nicht auf einen Glaubensinhalt, sondern ist ein Moment der Praxis, vielleicht ihr Motor, das Vertrauen in die konstruktive, verändernde Kraft der Andersheit und Negativität.

Theunissen hat wohl Ähnliches im Sinn, er »versteht« – in den Worten von Habermas prägnant zusammengefasst – »jene Mitte des intersubjektiven Raums, den die dialogische Begegung erschließt und der seinerseits die dialogische Selbstwerdung von Ich und Anderem ermöglicht, als ›Reich Gottes‹, das der Sphäre der jeweiligen Subjektivität vorausgeht und zugrunde liegt: ›Es ist zwischen den Menschen, die zu ihm berufen sind, als gegenwärtige Zukunft‹« (Habermas 1992, S. 16).

Natürlich gilt dies nicht für jedes Gespräch, sondern für ein – ich wandle eine Formulierung Lacans ab – »volles Gespräch«. Was wäre nun aber ein volles Gespräch? Eines, das paradoxerweise leer ist, das Platz lässt für Andeℓres, fast möchte man sagen: für die Erscheinung des Anderen. In diesem Sinne ist das Gebet Glauben, sofern es in der Paradoxalität erscheint, wie Tillich es beschreibt: »Sprechen zu jemand, zu dem Du nicht sprechen kannst, da er nicht jemand ist, jemanden bitten, von dem Du nichts bitten kannst, weil er gibt oder nicht gibt, bevor Du fragst.« Der Glaube, der diese Paradoxalität trägt, »ist die Grenzsituation der menschlichen Möglichkeiten. Er ist diese Grenze. Deshalb ist er sowohl der Mut der Verzweiflung wie der Mut in und jenseits jedem Mut« (Tillich 1952, S. 181f, eig. Ü.).

Sicher gehört Bions (1970) Begriff des Glaubens (*faith in O*) hierher, der Bezug zum »unknown«, der Mut, sich aller Gewissheiten zu entschlagen und dennoch zu glauben, damit O, dem Ding, dem Anderen (*other*) zu begegnen. »Faith in O« – das Konzept führt auf den entscheidenden Punkt: Das, was wir suchen, finden wir am ehesten in der besonderen Gesprächssituation der Psychoanalyse, wenn sie denn gelingt, als eine Gesprächssituation, die sich an den Anderen und an das Andere in mir selbst wendet und eine Verandeung, eine Veränderung für möglich hält – wohl wissend, dass diese Hoffnung immer nur punktuell sich erfüllt. Der Ort der Erfahrung, von dem einleitend die Rede war, ist kein Ort der Erleuchtung, sondern ein Weg, den wir sprechend in der Analyse miteinander gehen.

Schluss

Wo sind wir am Ende angekommen? Wir sind zurückgekehrt zur Aporie, auf die uns der Widerspruch zwischen Textform und Inhalt in »Die Zukunft einer Illusion« aufmerksam gemacht hat. Theologie und Psychoanalyse könnten Platzhalter für die Position kritischer Negativität sein, die das Störende nicht als Störung, sondern als Sinn und Aufgabe erlebt, die das Gegebene für begrenzt und damit für überschreitbar hält, ohne aber Heilserwartungen und schnelle Befriedungen zu erhoffen. Sie sind der gleichen Gefahr ausgesetzt, der Verdinglichung, der falschen Positivierung ihrer Werte, die allzu schnell in institutionell abgestützten Dogmatismus mündet. Diese Gefahr hat ein Gegengewicht, das in der intersubjektiven Praxis liegt, sofern sie eine Begegnung mit dem Anderen, mit dem Mitmenschen ebenso sehr wie mit dem Fremden, das wir selber sind, ermöglicht. Sie, die intersubjektive Praxis, kann das dogmatisch Geronnene je wieder verflüssigen. Sie ist der Ort des Glaubens, nicht ein bestimmter Glaubensinhalt. Ob es für diesen in der Begegnung wurzelnden Glauben auch weltliche Alternativen gibt, ob es den christlichen Glauben braucht, ob also z. B. Habermas gegen Theunissen Recht hat, wenn er meint, nicht das Reich Gottes sei im Gespräch präsent, sondern die immanenten Geltungsansprüche, die in jedem Sprechakt erhoben werden, diese Frage bin ich ebenso wenig in der Lage zu beantworten wie ich in der Lage bin, die Enttäuschung über die atheistische Version des Glaubens bei überzeugten Christen aufzufangen. Ich selber meine freilich, dass wir als Psychoanalytiker gut daran tun, das Unabgegoltene, affektiv Intensive, Paradoxe des Glaubensbegriffs ernstzunehmen und neue Wege zwischen Theologie und Psychoanalyse zu suchen – den einen oder anderen ein klein wenig zu bahnen, war das Anliegen dieses Textes.

Literatur

Angehrn, E. (2003): Interpretation und Dekonstruktion. Untersuchungen zur Hermeneutik. Weilerswist (Velbrück).

Barth, K. (1922): Der Römerbrief, 2. Auflage. zit. n. Grätzel und Kreiner 1999.

Bion, W. R. (1970): Attention and interpretation. London (Tavistock Publishers).

Clément, C., & Kristeva, J. (1998): Le féminin et le sacré. Paris (Editions Stock).

Derrida, J. (1972): Die Schrift und die Differenz. Frankfurt (Suhrkamp).

Derrida, J. (1999): Randgänge der Philosophie. 2. Aufl. Wien (Edition Passagen).

Derrida, J. (2001): Glaube und Wissen. Die beiden Quellen der »Religion« und die Grenzen der bloßen Vernunft. In: Derrida, J., & Vattimo, G. (Hg.) (2001): Die Religion. Suhrkamp (Frankfurt), S. 9–106.

Dietz, W. (2000): Zur psychoanalytischen Religionskritik aus theologischer Sicht. In: Bassler, M. (Hg.) (2000): Psychoanalyse und Religion. Stuttgart (Kohlhammer), S. 33–51.

Freud, S. (1907): Zwangshandlungen und Religionsübungen. GW 7, S. 129–139.

Freud, S. (1927): Die Zukunft einer Illusion. GW 14, S. 323–380.

Grätzel, S., & Kreiner, A. (1999): Religionsphilosophie. Stuttgart, Weimar (Metzler).

Habermas, J. (1968): Erkenntnis und Interesse. Frankfurt (Suhrkamp).

Habermas, J. (1992): Kommunikative Freiheit und negative Theologie. In: Angehrn, E., u. a. (Hg.) (1992): Dialektischer Negativismus. Frankfurt (Suhrkamp), S. 15–24.

Henseler, H. (1995): Religion – Illusion? eine psychoanalytische Deutung. Göttingen (Steidl).

Janson, S. (Hg.) (1999): Würzburg – Literarische Reisewege. Frankfurt, Leipzig (Insel).

Kristeva, J. (1980): Pouvoirs de l'horreur. Essai sur l'abject. Paris (Seuil).

Kristeva, J. (1985): Au commencement etait l'amour. Psychanalyse et foi. Paris (Hachette).

Küchenhoff, J. (1999): Verlorenes Objekt, Trennung und Anerkennung. Zur Fundierung psychoanalytischer Therapie und psychoanalytischer Ethik in der Trennungserfahrung. In: Schlösser, A. & Höhfeld, K. (Hg.) (1999): Trennungen. Gießen (Psychosozial Verlag), S. 35–52.

Lévinas, E. (1987): Die Spur des Anderen. Freiburg, München (Alber).

Lyotard, J. F. (1979): La condition postmoderne. Paris (Edition du Minuit).

Raguse, H. (2000): Grenzübertritte zwischen Seelsorge und Psychoanalyse. In: Bassler, M. (Hg.) (2000): Psychoanalyse und Religion. Stuttgart (Kohlhammer), S. 53–65.

Ricoeur, P. (2002): Religion, Atheismus und Glaube. In: McIntyre, A. & Ricoeur, P. (Hg.): Die religiöse Kraft des Atheismus. Freiburg (Alber).
Scharfenberg, J. (1970): Sigmund Freud und seine Religionskritik als Herausforderung für den christlichen Glauben. Göttingen (Vandenhoeck & Ruprecht).
Theunissen, M. (1965): Der Andere. Berlin (de Gruyter).
Theunissen, M. (1998): Vormetaphysisches Denken. In: Wetzel, U. W. (Hg.): Vom Ersten und Letzten. Frankfurt (Fischer), S. 23–46.
Tillich, P. (1952): The courage to be. London and Glasgow (Collins). Dt.: Der Mut zum Sein. Stuttgart (Steingrueben) 1953.
Vinnai, G. (1999): Jesus und Ödipus. Frankfurt (Fischer).
Wahl, H. (2000): Selbst- und objektpsychologische Überlegungen zur Religions- und Pastoralpsychologie. In: Bassler, M. (Hg.): Psychoanalyse und Religion. Stuttgart (Kohlhammer), S. 67–91.
Wehr, G. (1998): Paul Tillich zur Einführung. Hamburg (Junius).
Waldenfels, B. (1990): Der Stachel des Fremden. Frankfurt (Suhrkamp).
Waldenfels, B. (2002): Bruchlinien der Erfahrung. Frankfurt (Suhrkamp).
Zizek, S. (2000): Das fragile Absolute. Warum es sich lohnt, das christliche Erbe zu verteidigen. Berlin (Volk und Welt).

Glaube contra Idolatrie.

Zur Korrektur einer religionswissenschaftlich und psychoanalytisch untriftigen Entgegensetzung

Caroline Neubaur

Es ist eine interessante und auch aktuelle Aufgabe, über den Glauben nachzudenken, da es ja so aussieht, als würde die Mode des allmählich überstrapazierten *iconic turn* durch den *religious turn* abgelöst. Eine schwierige Aufgabe, da mir, streng genommen, das Wort Glaube nichts bedeutet; es gehört nicht zu einem Vokabular, das ich ernst nehmen würde, ich kann es nur historisieren, und wenn ich es systematisiere, dann komme ich aus dem Platonismus nicht heraus: Glauben ist ein weniger als Wissen, Glauben ist mehr ein »je nachdem«. Das ist für eine Religionswissenschaftlerin vielleicht ein peinliches Bekenntnis. Aber nun kam diese Herausforderung, die ich auch deshalb gern annahm, weil ich natürlich immer fand, dass man über die Gegenstände des Glaubens so lange wie möglich diskursiv reden muss. Darum wohl auch meine Distanz zum Glaubensbegriff, der nun einmal anti-diskursiv konnotiert ist. Dass es einen nicht-diskursiven ›Rest‹ gibt, ist klar. Der ›Rest‹ reicht sicher ins Unbewusste – ich würde mit Winnicott sagen, ins *incommunicado* oder in die Anerkenntnis des *deus absconditus* als dessen, was sich niemals theologisch verrechnen lässt. Außer vielen historischen und systematischen Schwierigkeiten kommt noch das Problem des Verhältnisses zwischen dem persönlichen Glauben und dem gesellschaftlichen *system of beliefs* hinzu. Wenn jemand sagt: »Ich glaube an ...«, weiß man nie, ob er die Norm reproduziert oder seine Person zum Ausdruck bringt. Darum ist ›Glaube‹ für sich nicht zu registrieren, egal, ob man ihn als Schichtung von Wahnideen oder von Erleuchtungen bezeichnet. Für eine psychoanalytische Darstellung des Glaubensproblems ist ganz simpel vorgegeben, dass der Glaube die Auseinandersetzung mit inneren Objekten und die ganze Kult- und Ritualseite die Auseinandersetzung mit äußeren Objekten ist, die auf das Konto der Theologie geht. Wie das beides auf einen Nenner gebracht werden kann, wie weit in der Beschäftigung mit den äußeren die inneren nicht verloren gehen und wieweit in der Beschäftigung mit den inneren die äußeren nicht belanglos werden, das wäre das Religionsproblem der Glaubenswahrnehmung. Wer hat den Vorrang? Die äußeren Objekte, die ja auch nach dem Bilde Gottes gemacht sind, und Gott, der das allergrößte und entfernteste äußere Objekt ist, oder die inneren Objekte, die ja ebenfalls nach dem Vorbild Gottes gemacht sind, und Gott, der das allergrößte und entfernteste innere Objekt ist? Das kann man auf Zeit nur fixieren – sei es durch Setzungen des einen anstelle des anderen oder Behauptungen, das eine müsse mit dem anderen identisch sein; der Starrheit der Dogmatik entspräche dann die des Rituals –, oder aber durch Zeiterfahrungen gemäßigte und immer wieder brenzlig werdende Harmonisierungsversuche mäßigen.

Wenn ich von der Etymologie ausgehe, dann verstehe ich, dass in den okzidentalen Sprachen, in denen sich dieser Begriff theologisch später herausgebildet hat, überall etwas ganz Zentrales gemeint sein muss: Glauben hängt mit Lieben und Geliebtwerden zusammen, das Credo hängt mit *Cor* (Herz) zusammen, das *pisteuein* mit dem *foedus* der lateinischen Sprache und griechischen Wörtern, die mehr oder minder untergegangen sind, die Bund, Vertrauensbund und dergleichen bedeuten, und dann ist man schon in der Nähe, die die Übersetzer der Septuaginta ausnützen, zum hebräischen Text der jüdischen Bibel, in der das Wort ›glauben‹ nicht vorkommt – zum christlichen Glaubensbegriff gibt es keine Entsprechung in der jüdischen Religion –, dafür das Wort *emunah* (Bundestreue). Da ist dann ein Hof von unbedingtem Interesse, von zentraler Bedeutung allein schon von diesen Etymologien her, die eine Rolle gespielt haben, als sich Theologen irgendwann entschlossen haben, solche Worte festzulegen.

Glaube ist bei uns dann in immer wieder neuen Schüben eine Rationalisierung gegenüber dem Kult: Ich brauche keinen Kult, weil ich den Glauben habe. Für die Reformierung der alten Verhältnisse, die Reformation, muss man sich eigentlich nur zwei Worte merken, die Luthersche Formel, die Sie alle kennen, mit ihrem Imperialismus: sola fide. Im Kinderglauben und im Glauben der Mystiker, der niemals lutherisch ist, wird auf die Wechselseitigkeit Wert gelegt – diese Blumen für dich, damit du mir bei der Prüfung hilfst, und dergleichen. Wenn man Luther jedoch etwas zugute halten will, dann, dass er ein Dramatiker war, der alle Idyllen getilgt hat, bis auf das häusliche Idyll, in dem er sich am Ende eingerichtet hat.

Zur Vorbereitung auf diese Tagung habe ich ein etwa 600 Seiten dickes Buch durchgelesen, den Band *Glaube* des *Systematischen Handbuchs der Theologie*, den Martin Seils verfasst hat. Nach einigem ehrlichen Bemühen bin ich immer wieder von Salven des Gelächters – meinen eigenen – unterbrochen worden: Wäre ein solches Buch vor 1000 Jahren geschrieben worden, hätte es einen angebbaren Sinn gehabt, nämlich zu zeigen, wie in einer christlich gläubigen Welt die Einzelnen, die behaupten, die Wahrheit zu haben, sich diese Wahrheit streitig machen. Das wäre spannend gewesen. Und dann wäre eine Position wie meine oder die anderer Liberaler aufgetreten mit dem Versuch zu sagen: »Lassen wir diesen Streit hinter uns, es gibt auch einen Glauben, der erst dann erscheint, wenn dieser Streit selber sich totgelaufen hat.« So ungefähr. Heute ist es aber doch so, dass diejenigen, die ein solches Buch verfassen, eigentlich wollen, dass das Glaubensthema dort, wo nicht geglaubt wird, ernst genommen wird, und das kann man nur über eine – sagen wir existentialistische – Übersetzung leisten, in der das Wort ›Glauben‹ gar nicht vorkommt, aber nicht dadurch, dass man versucht, alle möglichen theologischen Kleinbetriebe in ein großes zu bestaunendes cartesianisches Uhrwerk umzufunktionieren – von dem der Autor auch noch erwartet, dass es sich in die Vernunftgedanken der Aufklärung und in die Sinnlosigkeitsgedanken der Moderne als Faktor, Zünglein an der Waage gar, einschaltet. Ein solches Unternehmen ist eine Münchhausiade. Aber es ist auch klar, dass die Münchhausiaden und Reifikationen auf diesem Gebiet nie aufhören werden. Das alte cartesische Problem, dass die Seele einen Ort haben soll, wird heute von den Neurologen, die Gott per Hirnmessung orten wollen, fortgeführt (vgl. Andrew Newberg u. a.: *Der gedachte Gott. Wie Glaube im Gehirn entsteht* mit der Klappentext-Frage: »Sitzt Gott im rechten Schläfenlappen?«).

Freud ist auch nicht sehr hilfreich in Glaubensfragen, wie Sie alle wissen, zum einen, weil er den Religionsbegriff mit Kinderglauben verwechselt, und zum anderen unterliegt die religiöse Qualität dessen, was er gemacht hat, einem Missverständnis der Rezeption. Denn er stellt sich mit seinem großartig aufgeladenen Vernunftbegriff und seiner Denunziation des positiven Glaubens als Illusion in die Nachfolge der Propheten des alten Israel, in die Nähe von Hosea und Amos und gegen die Ursprungskulte all derjenigen, die da sagen: »Wir haben einen richtigen, wahren, guten Glauben.« Wenn Freud in der *Zukunft einer Illusion* schreibt: »Es gibt keine Instanz über der Vernunft«, dann handelt es sich nicht um im 19. Jahrhundert zurückgebliebene Religionskritik, sondern da ist die Vernunft selbst zu einer göttlichen Instanz geworden (Freud spricht an einer Stelle selbst über den »Gott Logos«).

Eine weitere Anregung war mein 13jähriges Patenkind, das sich nicht konfirmieren lassen will, weil es nicht an Gott glaube. Das ist nun Pubertätsstandard. Dennoch kann man ihren Einwand nicht von der Hand weisen, denn was konfirmiert wird, ist ja *fides*, *fides confirmata*. Nun hätte ich ihr antworten können, was da konfirmiert wird, ist auch der Unglaube: Ein

Glaube, der nicht den Unglauben in sich hat, der nicht Zweifel auch am Glauben ist, das ist ein schlechter Glaube. Wer glaubt schon an Gott? Frage mal deinen Pfarrer, ob der an Gott glaubt? Wenn er ehrlich ist, müsste er sagen, nein. Ein Protestant glaubt ohnehin nicht an Gott, aber er wird sagen: »ich lasse mir meinen Herrn Jesus nicht nehmen«, und damit taucht plötzlich die antijudaische Tendenz des frühen Christentums auf, denn der biblische Gott ist ja ein ganz unsicherer Patron, er ist der Gott der Jesusmörder. Aber das alles habe ich nicht gesagt, es war mir zu sophisticated, stattdessen habe ich nach einem theologischen Gombrich für Kinder gesucht – Ernst Gombrich hat eine hinreißende Weltgeschichte für Kinder geschrieben –, und sonderbarerweise gibt es da eine totale Fehlanzeige, obwohl doch Theologen andauernd Kinder in den Glauben einführen, konfirmieren und firmen. Wer Kindern unsere Religion nahebringen will, ist meist auf zeichnerisch und erzählerisch jämmerliche Machwerke angewiesen. Bleibt nur die Literatur, und da wiederum geht das beste Religionsbuch, das ich kenne, *Der Meister und Margarita* von Bulgakow, doch um einiges über den Horizont von 13-, 14jährigen.

Was die Frage an den Pfarrer betrifft, ob er an Gott glaube, so muss ich wohl fairerweise und um nicht ein zu plumpes Gottesverständnis zu unterstellen, sagen, dass es nach der christlichen Metaphysik auch keinen Gott »gibt«. Es wird ja immer streng unterschieden zwischen Dingen und Personen, die es gibt, und Gott, der als *prima causa* nur in einem bestimmten Modus von Reflexion denkbar ist.

Aber das Dreizehnjährige in uns bringt es mit sich, dass wir immer wieder auf der Gretchenfrage beharren, an *Deus sit*. Hier lohnt es sich, auf Thomas von Aquino zu hören: »Videtur quod Deus non sit«. »Denn wenn eines von zwei entgegengesetzten Dingen unendlich wäre, würde das andere vernichtet werden. Aber unter dem Namen Gottes versteht man, dass er ein gutes unendliches Wesen sei. Wäre Gott, gäbe es also nichts Böses. Es gibt aber Böses in der Welt. Also ist Gott nicht« (Summa theologiae 1, qu. 2. art. 3). Damit ist man bei der Metaphysik. Sie nahm Gott als Integral des Bewusstseins, insofern als Grund der Rationalität. Daran hielt Kant fest unter der Bedingung, dass er die Gegenständlichkeit Gottes widerlegte. Die Substantialität Gottes war nicht zu halten, wenn an Gott als Grund des Denkens irgendeiner Substanz festgehalten werden sollte. Dieser ›Grund‹ war und blieb die Spur des Kultes in der Metaphysik, die sich im übrigen vom Kult ablösen wollte, um ihn umgekehrt zu begründen und zu legitimieren. Umfassender als die Metaphysik muss also die Religionswissenschaft nach dem Kult fragen. Warum wollte die Metaphysik sich vom Kult ablösen, wenn sie in ihrer Begründung doch präreflexiv an ihn gebunden blieb? Seit Durkheim nimmt die Religionswissenschaft an, der Kult konstuitiere die Gesellschaft, indem er sie darstelle. Gott ist dann das Gegenbild der Gesellschaft in ihrem Bild von sich selbst; sie kann ohne das Gegenbild nicht zu dem Bild kommen. Die Konzeption eines politischen Raums wäre demnach rein säkular nicht triftig, nicht wirklich sensibel, sondern nur *more theologico*. Rein säkular kann immer nur das sein, was von anderen Räumen freigelegt ist. In dem Augenblick, wo die freigebende Instanz verblasst und nicht mehr sichtbar ist, gibt es neue Götter. Das kann wiederum die Psychoanalyse interessieren. Das Medium der Reflexion der Gesellschaft auf sich selbst kann nur Reverie sein, wenn es gegenüber ihrer Tendenz, sich zu transzendieren, offen ist. (Diese Offenheit könnte man mit Bions ›O‹ erläutern.) Fehlt diese Offenheit, werden die unbewussten, verleugneten Fundamente des Bewusstseins zementiert. Kern des Kultes ist die Wiederholung einer Krise, die die Gesellschaft im ganzen betraf, und die Darstellung der Art, wie sie gelöst wurde. Zwischen der Darstellung der Krise und ihrer Lösung ist immer ein Gedanken-Sprung. Er ist die Disposition der Tendenz, die Krise zu derealisieren, und zugleich der Kritik an dieser Tendenz. – Andererseits: Erklärt man besagte Offenheit wirklich mit Bions »O«, so folgt, dass Theologie ihr Leben verspielt, wenn sie ihre Tendenz, ihren Gegenstand zu überschreiten, verleugnet. Die Dialektik der Entgottung von Meister Ekkehard – im Namen Gottes über Gott hinauskommen – hätte ihn das Leben kosten können. Wenn Gott alles in allem ist, muss man aufhören, ihn von allem zu unterscheiden, außer durch die Art, wie alles sich von sich selbst unterscheidet. Der Gott als Substanz für sich ist nach der Auffassung der Mystik schon ein Götze, ein Idol.

So weit meine Glaubensanregungen. Die Idolatrievoraussetzungen sind für mich als Religionswissenschaftlerin eine Spur verlässlicher. Die moderne Religionswissenschaft ist ein Kind der protestantischen Säkularisierung, in der Idolatrie das Verwerfliche par excellence ist und die Teilhabe am Bildersturm die Mutprobe, die von einem gnädigen Gott belohnt wird. Diese Voraussetzung für die meisten protestantisch affizierten Theorien zu Idolen und Idolatrie hat mein Lehrer, der Religionsphilosoph Klaus Heinrich, nicht mitgemacht. Seine Rechtfertigung für das, was er als Religionsphilosoph gemacht hat, ist die Insistenz darauf, dass Idolatrie, Kulttanz und Tempelbau älter sind als die begrifflichen Distinktionen der Religionsphilosophie und Religionswissenschaft. Die alten Formen leben fort mit dem Anspruch darauf, das Alte immer noch in den modernen Künsten zu erhalten. Das »ästhetische Subjekt« ist eines, das diese archaischen Bindungen nicht weggeschlagen hat, und deshalb kann man aus seinen Widersprüchen in der Moderne mehr lernen als aus gereinigten Begriffsdistinktionen und -explosionen wie in den neueren Systembildungen der Religionsphilosophie. Er ging zunächst davon aus, dass alle Bilder, die festgehalten werden, Idole sind. In dem Augenblick, da die Menschheit etwas bildlich zum Festhalten bestimmt, sei es durch Ritzzeichen, den Abdruck eines Körperteils, eine Skulptur, eine Plastik, ein Hineingesehenes, wie es Picasso mit seinen Nacharbeitungen macht, bis ein kleiner Bär erscheint, sind es Idole. Also mit Idolen beginnt es, nicht mit dem Impressionismus.

So weit erst einmal meine Prolegomena.

Ich stelle Ihnen jetzt eine Legende aus den Apokryphen zu den Evangelien, dem Pseudo-Matthäusevangelium (Kap. 22) vor. Es handelt sich um eine Episode der Heiligen Familie auf der Flucht nach Ägypten:

Als die heilige Familie die Stadt Sotinen besucht hat, fielen 365 Idole von ihren Sockeln.

Plötzlich wurden, noch ehe Jesus die neue Religion begründet hat, 365 Götzenbilder als Idole sichtbar. Die heilige Familie ist sozusagen der Fels des Glaubens für diejenigen, die diese Geschichte so geschrieben haben. Der Autor arbeitet mit Häufung. Auch Freud sieht das so: Das, was oft geschieht, braucht nicht hintereinander zu geschehen, sondern kann, um die zeitliche Häufung zum Ausdruck zu bringen, auch gleichzeitig geschehen. So bringt es die Heilige Familie noch auf der Flucht fertig, durch einen einmaligen Besuch in der Stadt Sotinen das ganze Idolenjahr umzustürzen. Die Pointe dabei: Dieses Sujet wird dann eine der christlichen idolatrischen Darstellungen überhaupt; kein Maler, der auf sich hält, der sich nicht mit diesem Motiv beschäftigt hätte. Aber »auf sich hält« ist falsch ausgedrückt. Was das Motiv so paradigmatisch macht, ist ja die Ruhe *im Sturm*, von denjenigen phantasiert, die alle selbst von den Zeiten der Glaubenskriege an über den 30jährigen Krieg bis in die gegenreformatorischen Auseinandersetzungen im Sturm gemalt haben. In unserer Legende handelt es sich um einen Kampf der Idole miteinander. 365 Idole bedeuten den Jahreskreislauf, und der unterliegt nicht mehr den Göttern, ist also auch kein Kreislauf mehr, sondern jetzt das christliche Festjahr, statt dass 365 Leutchen für je einen Tag zuständig sind. Jetzt geht es um eine Erinnerung an ein einmaliges Ereignis, jetzt werden Erinnerungsfeste begangen und nicht mehr Verehrungsfeste. Was die Sotinengeschichte für diejenigen, für die sie bestimmt war, wichtig gemacht hat, ist, dass das ganze Pantheon inkl. Festkalender vor diesem Ereignis hinfällig wird. Dass ein neuer Fest- und Heilskalender entstehen wird, auf den sich dann auch wieder Verehrungsfeste beziehen, d. h. dass wieder Gegenwart hergestellt wird, ist eine Sache für sich. Wir haben ja ungefähr dreißigtausend Heilige, im offiziellen Missale wird nur eine geringe Zahl davon aufgeführt: Es gibt in den Heiligenkalendern, die im Umlauf sind, so eine Standardzahl von 500, mehr nicht, aber es sind in Wirklichkeit Tausende. Am 9. April, an dem ich mit diesem Gedanken befasst war, war der Tag der Heiligen Ehrentrudis, einer Heiligen aus dem Hennegau, aus der Zeit, in der der Hennegau christianisiert worden ist, und sie stammte aus dessen heiligster Sippe. In zwei Generationen sind 14 ihrer engsten Angehörigen auch heilig gesprochen worden, es gab heilige Schwestern, Brüder, Eltern, Onkel, Tanten. Fast möchte man, was den Erfolg von Idolenaustreibung betrifft – denn es war ja zunächst eine große Erfolgsmeldung, ehe das neue Heil, das die Idole vom Sockel stürzen lässt, selbst wieder als idolatrische Münze vergeben wird –, mit Beckett sagen: »Die Summe des Mankos ist immer gleich.«

Nun wieder zum Glauben. Sieht man ihn anthropologischer, als es die Theologie zu tun pflegt, gibt es mehr Spielräume. Dann ist das Glaubenssystem ein Symbolisationssystem, das im Kontext der Bewusstseinsbildung überhaupt gesehen werden muss, und das heißt, es kann nicht nur individuell gesehen werden. Nachdem der objektive Beweis für das Recht der Religion nicht mehr akzeptabel ist, muss dann nicht gleich von Gott geredet werden, nicht einmal von Glauben. Das 18. Jahrhundert sprach von Einbildungskraft, das klingt schon taktvoller. Der Mensch hat nun eben diese Gefühle – wo soll er damit hin, wenn die Institutionen nicht mehr nachkommen!

Nun sind auch diejenigen, die als Atheisten, Skeptiker oder was immer in der christlichen Tradition aufgewachsen sind, so wie wir, trotzdem von den kollektiven Grundüberzeugungen in einer Weise durchsäuert, die sie sich selten klarmachen. Redete man nicht vom Glauben, sondern von »kollektiven Erfahrungen«, für die es dann kollektiv verbindliche Formulierungen über lange Zeiten hinweg gibt, die sich auch nicht auflösen, wenn der Erfahrungsträger plötzlich unansehnlich wird oder gar ausgeschieden wird, dann entschärft sich die Debatte etwas.

Durch das christliche Unbedingtheitspathos des Glaubens ist – fast hätte ich gesagt, automatisch – seine Nähe zu Todesangst, zu psychotischer Angst begründet. Diese Beobachtung kann jeder machen, der literarische oder autobiographische Textstellen, daraufhin durchgeht, in welcher Weise bei Leuten, die ihren Glauben bekennen, eine Unbedingtheit mitschwingt, hinter der man panische Angst vermuten kann. Gläubt ihr nicht, so bleibt ihr nicht, sagt Luther. Aber es ist natürlich auch ein johanneischer Zungenschlag, Joh. 15,4 – bleibet in mir, und ich in euch. Gleich wie die Rebe kann keine Frucht bringen von sich selber, sie bleibe denn am Weinstock ... Ich bin der

Weinstock, ihr seid die Reben – das sind zwar weniger apodiktische, weichere, dionysische Meditationsformeln, aber das Kultproblem ist auch seltsam abgespalten. Diese Stellen sind signifikant für das prägenitale Faszinosum am Christentum, sein speziell schwebendes Charisma, eine Zone im Christentum, wo alle Bilder verschwimmen, die Imagines sich auflösen und die Zähren rinnen. Das kann süßlich sein, vor allem aber ist fragil, wie sich aus diesem Verschwebenden dann doch wieder der universale Logos heraushebt (oder geradezu daraus speist). Zurück zum härteren: »Gläubt ihr nicht, so bleibt ihr nicht«, d. h. dann löst sich alles auf; ihr fallt, wie Bion sagen würde, in den unendlichen inneren Raum. Gegen dieses Fallen soll der Glaube Halt geben. Da hilft der Bund nicht, das Bild nicht, der Kult nicht, das individuelle Bewusstsein ist sich selbst ausgeliefert. Das klingt sehr lutherisch, fast barthianisch, ist im Prinzip aber im Katholizismus auch nicht anders. Man darf den konfessionellen Unterschied schließlich nicht übertreiben, der Sakramentalkult, den beide haben, ist nicht das gleiche wie ein griechischer Stadtkult, der nie ein Akt der Innerlichkeit war, sondern ein Akt der Polis oder später der Res publica oder noch später des Imperiums.

Die jüdische Religion will zwei Dinge vermeiden:
a) die Distanz zwischen Mensch und Gott aufzuheben. Im Bundesverhältnis behauptet der Mensch seinen Spielraum und hat gleichzeitig Raum für die Irrationalität Gottes.
b) die Distanz zwischen Mensch und Gottheit durch das Bild zu sichern. Auch das Bild verschafft eine Art von Distanz, weil jeder weiß, dass das Bild nicht der Gott ist, sondern er ihm nur auf Zeit einwohnen kann.

Die jüdische Religion besteht darauf, dass nur Gott allein über seine Nähe oder Distanz zu den Menschen entscheidet. Gegen diese beiden Formen der Distanzierung zwischen Gott und Mensch richtet sich der christliche Glaubensbegriff und zielt hin auf Verschmelzung (zu diesem Stichwort später mehr), weil er die Distanz von der Gottheit nicht erträgt. Wem das zu pathologisierend, zu kritisch gegenüber dem Christentum klingt, der hätte insofern Recht, als das Progressive, die Rationalisierungsschübe des universalen Logos damit unterschlagen wären.

Die peinliche Crux des Glaubensbegriffs liegt also darin, dass Glaube (a) die geschriebene ›Verfassung‹ der Institution ist und (b) der freie Ausdruck des menschlichen Gemüts sein soll (so etwa nach der phänomenologischen Konzeption von Schleiermachers »Glaubenslehre«). Sind (a) und (b) wirklich identisch, so sind sie nicht zu vermitteln. Und doch ist die Theologie das Geschäft ihrer Vermittlung. Der ›freie Ausdruck des Gemüts‹ kann in der Theologie nur enthusiastisch konzipiert werden (nach dem Vorbild der

Mysterien: Pistis als Vereinigung mit der Gottheit, die die Formen hinter sich lässt). Aber der Enthusiasmus ist auf eine Praxis angewiesen, die ihn (wieder)herstellt. Diese Praxis ist die Liturgie, die die Mitte hält zwischen (sakramentalem) Opferkult und Meditation. Die in der Antike paradigmatische Meditation war die Ontologie, die jede Notwendigkeit eines Kultes hinter sich lassen wollte. Der für die Urkirche paradigmatische Kult war der jüdische, den es nach der Zerstörung des Tempels nicht mehr gab. Zur Bewältigung dieses Traumas konnte die Urkirche auf eine ihrer ältesten Traditionen zurückgreifen, die darin bestand, das Schicksal Jesu metaphorisch als Opfer zu interpretieren (vgl. Jes. 53). Anders hätte sie das Trauma des Todes Jesu (der Messias hätte nicht sterben können) nicht bewältigt. Mit der Plausibilität der Übertragung dieser Tradition auf Jesus steht und fällt der christliche Kult. ›Glaube‹ ist die Verbindung dieser Tradition mit Meditation.

Besagte Peinlichkeit entsteht, wenn die Spannung in dieser Verbindung und damit ihre Krisenanfälligkeit geleugnet wird – die Spannung zwischen Geschichtsdeutung und von der Geschichte abstrahierender Meditation. Die Kirche neigt als Institution dazu, diese Spannung zu verleugnen, ohne die sie aber ihre Plausibilität und damit ihre *ratio entis* verliert. Das gilt sowohl für die katholische als auch für die evangelische Kirche – *mutatis mutandis*. Denn wenn die evangelische Theologie – wie in prononcierter Weise der Luthersche Theologe Gerhard Ebeling – auf die Freiheit des Glaubens pocht, ist damit ja das Problem der Antinomie zwischen Geschichtssinn und Meditation nicht gelöst, sondern in gewissem Maße sogar verschärft. Ist Freiheit die Ablösung von der Kontinuität der Geschichte (dem »Alpdruck der Geschlechter«), oder ist Freiheit die Ablösung von der rituellen Schematik, wie die Meditation sie voraussetzt? Um diese eigentlich hoffnungslose Frage kreist die Theologie. Ein Theologe wie Paul Tillich hat mit seinem Postulat einer Balance des prophetischen und des priesterlichen Amtes noch am ehesten eine Vermittlungschance, aber bezeichnenderweise wurde er von der evangelischen Kirche in Deutschland, anders als in den USA, kaum rezipiert – da muss die Fremdheit doch empfunden worden sein.

Der grundsätzliche Vorwurf gegen Idolatrie, der die Ost- und Westkirche gespalten hat, ging in christlich ikonoklastischen Epochen immer einher mit der Behauptung, Idolatrie sei unter der Hand die Wiedereinführung des alten Polytheismus, und wer so argumentiert, der nimmt nicht nur in Anspruch, Bescheid zu wissen, was Glaube ist, sondern behauptet für das, was Glaube ist, darüber hinaus Exklusivität. Diejenigen, die auf der Seite der Bilderverehrung standen, mussten in irgendeiner Form plausibilieren, dass sie nicht den alten Polytheismus wieder einführen wollten, und diejenigen, die sie angriffen, sagten, das sei unmöglich. Dieses Contra – Glaube contra Idolatrie – wäre nicht denkbar, wenn man Glaube als Vertrauen fasste. Natürlich vertraue ich Apollon, dass er mich nicht täuschen wird, ich vertraue Artemis, dass sie meine Kinder schützen wird, Sophokles hatte ein Vertrauensverhältnis zu Asklepios, dieser vertraute auf diesen, jene auf jene. Jetzt aber gibt es einen exklusiven Glauben, das exklusive Vertrauen auf Jahve, den dreieinigen Gott, auf Jesus als den Christus. Dieser Glaube behauptet, er sei etwas, was sich mit allen anderen Formen des Vertrauens nicht verträgt, und diese Gottes-Exklusivität greift die kaiserliche Gesellschaft der klassischen Antike an. Die römische Oberschicht hätte gar nichts gegen eine neue Religion gehabt, so wie sie ja auch die jüdische Religion als *religio licita* geduldet hat. Im Mongolenreich beispielsweise gab es viele Götter und die Jesuitenpatres haben es geschickt angefangen und *nicht* auf die Exklusivität gepocht, sondern sich damit begnügt, eine Kirche bauen zu dürfen, vermutlich in der Hoffnung, irgendwann nicht nur hohe Beamte, sondern auch mal den Kaiser taufen zu können, so dass vielleicht ihre Exklusivität doch wieder »durch die Hintertüre« hereinkommen würde, aber sie zwangen es nicht mit der Brechstange. Dieses Denken in weiten Atemräumen funktionierte unmittelbar nach der Zeitenwende nicht, das institutionelle Bekennen bedeutete für die Christen und Juden das Bekennen des exklusiven Gottes und es bedeutete für die Nichtchristen eine Aussonderung, die nicht hingenommen werden durfte. Verständlich auf diesem Hintergrunde, dass in dem Augenblick, wo die Bilderverehrung beginnt, die Bilder der alten Götter wieder hereinzuschlüpfen drohen, was sich ja lange vor der Renaissance ankündigt. Auf eben diesem Hintergrunde sagt das calvinistische Christentum, das gegen die Abgötter und die Götzen antritt, dann verschärft: »Das darf nicht sein«, verwirft die katholische Kirche als Götzendienerin und begreift sich selbst, das protestantische Bekenntnis, als das alte antigötzendienerische Bekenntnis der Frühzeit. In Wirklichkeit geht es nicht so sehr um die Bilder oder um die Form, wie man diesen Bildern begegnet, sondern alles dreht sich um die Angst, dass der Polytheismus, der auf viele vertraut, unter der Hand wiederkehrt.

Ich will hier nicht über die enorme Durchschlagskraft des urchristlichen Glaubens spekulieren. Zweifellos traf er sozial etwas: Wenn die Unteren zu den Oberen werden, wenn das Lamm den Thron besteigt, so bedeutet diese Umkrempelung der Verhältnisse eine Religion für alle. Es gab zwei Weltreligionskonkurrenzen, natürlich bezogen auf die damalige »Welt«. Der Hauptkonkurrent war der Mithraskult, der sich mit den Truppen unglaublich schnell ausgebreitet hatte und eine rein militärische Angelegenheit war. Mithras ist ein Soldatenerlöser. Die andere Konkurrenz waren die gnostischen Lehren, eine Intellektuellenreligion. Dem Manichäismus haftet immer an, dass er aus dem Orient kommt, also eigentlich von den Feinden. Dass dies Odium im Christlichen überschritten wurde, ist das eigentlich Erstaunliche – oder auch wieder nicht so erstaunlich, denn der Manichäismus hat Züge des jüdischen Prophetismus. Aber – noch verblüffender: Wie war es nur möglich, dass dieses *ex oriente lux* zu einer perfekt okzidentalen Einrichtung wurde? Hier muss der Name Paulus fallen, ohne den es das Christentum als Weltreligion nicht gäbe. Das Renegatentum des Paulus ist etwas Unheimliches. Nicht alle Theologen sehen ihn allerdings als Renegaten. Immerhin: Dem Augustinus erklang die Stimme: tolle-lege, Luther hat seinen Blitz gehabt. Aber die Konversion des Paulus übertrifft an Heftigkeit die üblichen Konversionen. Gedankenexperiment: Was wäre aus der Katholischen Kirche geworden, wenn der Heilige Franz Renegat geworden wäre? Paulus war eben kein Christ, bzw. besser ausgedrückt, er war *nur* Christ; der Mann von Nazareth kommt bei ihm überhaupt nicht vor, außer in Anrufungen, und da seine Briefe früher verfasst sind als die Evangelien, wird man annehmen dürfen, dass die Verfassung der Evangelien auch der Versuch ist, der neuen gnostischen Religion des Paulus mit dem Beharren auf Jesus entgegenzutreten.

Paulus kann man wie Herkalit *skoteinos* nennen, den Dunklen. Seine gnostischen Formeln arbeiten so sehr mit Paradoxen, dass sie erst in dem Augenblick, da auch die ganze logos-sarx-egeneto-Tradition der johanneischen Theologie paradoxal formuliert wird, als genuin verständlich angesehen werden können. In dem Augenblick, wo ich sage: »*ho logos sarx egeneto* ist das Paradox der Paradoxe«, sind all die Parmenideischen Paradoxien soz. genuin christlich. Ehe sie jedoch theologisches Schwarzbrot wurden, müssen sie unglaublich provozierend gewirkt haben.

Wer nur das Antiholding-Moment des christlichen Glaubens im Kopf hat, würde allerdings zu sehr vereinfachen, denn Paulus ist eben doch nicht der einzige Vertreter; es gibt ja auch die Evangelien, deren Rolle theologisch völlig unterschätzt wird, weil die Theologie, auch die katholische, immer auf Paulus rekurriert, wenn sie ihn auch anders interpretiert als die evangelische Theologie. Die katholische, auch die orthodoxe Theologie betont an Paulus mehr das Moment der Heiligung: »wir sind die auserwählten Heiligen, das ist eine soziale Bestimmung, die Heiligkeit ist die Sache des corpus Christi, wir sind der Leib Christi.« Diese Spannung muss man auf die paulinische Auseinandersetzung *avant la lettre* mit der Gnosis im 1. Korintherbrief beziehen, wo er sich gegen den gnostischen Spiritualismus oder Enthusiasmus wendet und seinen eigenen Enthusiasmus dagegen setzt, der auf soziale Verwirklichung geht, nämlich corpus Christi. Tillich versucht das in seiner Ontologie noch einmal zusammenzubringen: die spirituelle Intention auf den Logos für die ganze Welt, das neue Sein in Christus und die soziale Verwirklichung.

Die Behauptung, dass Glaube etwas spezifisch Christliches ist – ich rede jetzt nicht von der anthropologischen Vorstellung von Vertrauen –, hat nur Sinn, wenn man zwischen griechisch *pistis* und jüdisch *emeth* differenziert. Die Antithetik von Gesetz und Christusglaube, also das Hauptanliegen des Paulus, das er pointiert im Galaterbrief Kap. 4 vorträgt, ist eine Rückprojektion, denn im Judentum gehören Gesetz und Glaube engstens zusammen, die Promulgation des Gesetzes, der Thora ist zugleich ein Akt von Gnade, und natürlich machen Gesetzeswerke selig, einfach weil sie zur sozialen Integrität beitragen. Dieser Aspekt von Seligkeit als sozialer Integrität, was ja die Uraufgabe von Gesetz und Kult ist, fällt bei Paulus unter den Tisch. Dafür gibt es historische Gründe. In der Zeit des Paulus will die Pharisäerbewegung, eine Laienbewegung, stellvertretend für das Volk durch Gesetzeskonformität die sozialen Differenzen ausgleichen oder vergleichgültigen. Paulus und auch Johannes greifen den falschen Repräsentationsanspruch dieser partikularen Gruppe an und Paulus entwirft dagegen einen Logos für die ganze Welt, den Christus.

Zurück zum Stichwort Exklusivität: Auf diesem Hintergrunde wird dann die romantisch christliche Behauptung stehen – die natürlich einen realistischen Kern hat –, Glaube sei ein personales und nicht ein impersonales Verhältnis. Wenn Sie einen Theologen wie Tillich fragen: »Trifft das zu?«, würde er eine Doppelantwort geben: Natürlich bestehe ein personales Verhältnis, aber zugleich eins, das die Personalität transzendiert, aber diese Möglichkeit zu transzendieren, bestehe nur auf der anderen Seite. Wer dann verwundert meinte, so habe doch das Verhältnis zu allen Göttern ausgesehen, solange wir von Göttern reden, der würde wieder auf die Exklusivität verwiesen: Nur unter ihrem Vorzeichen sei es möglich, ein personales Verhältnis zu haben, das die Personalität transzendiert. Ohne die Exklusivitätsbehauptung fallen christlicher Glaube und sein jüdischer Vaterschoß, wenn ich es mal so androgyn formulieren darf, in sich zusammen.

Damit sind wir wieder bei den Idolen. In Klammern gesagt: Sie werden sowieso finden, dass diese von mir »unterbelichtet« sind. Das war eine Frage der Vortragslänge. Als Hinweis nur dies: Die Religionen der Zeit sind Todesreligionen, die apokalyptisch auf ihr Ende zulaufen und keine Orte mehr gelten lassen. Denken Sie an Bions Containment und Winnicotts Übergangsraum, und Sie haben die Wiedergutmachung am Raum gegenüber der protestantischen Favorisierung der Zeit. Idole sind weiblich, sind Container von Gattungserfahrungen und haben als solche eine Erkenntnisfunktion. Heinrich hat Freuds Arbeitszimmer immer als Gattungshöhle apostrophiert, in dem viele Idole herumstehen. So wird Freuds Zimmer die Bühne für eine private Öffentlichkeit, die sich bis in die Gattungsvorzeit öffnet. Es wäre noch viel zu den Idolen als Geleitern zu sagen, aber zurück zum Glauben. Dass Idole zwar einerseits immer wiederkommen, andererseits immer im Verschwinden begriffen sind, liegt daran, dass der Glaube tendenziell, wie wir sagten, Verschmelzung ist, also weder Distanz, wie der Bund, noch Vermittlung, wie das Bild sie anbietet. Da er sich von den realen Mysterien ablöst und auf radikale Individuation versus konkrete soziale Form setzt, ist er der Gefährdung des Bekenntniszwangs als Denkzwang oder Denkverbot ausgesetzt und der Gefahr der Verdinglichung, um es altmodisch auszudrücken. Paradoxerweise führt nämlich die Individuation zu sozialem Konformismus. Darin spiegelt sich die Urgeschichte des Christentums. Die ursprüngliche Erinnerung an die historische Dynamik als eschatologisches Phänomen wird kultisch vollkommen entspannt. Dadurch kommt es zu der symbolischen Gleichsetzung der Transsubstantiation: »Dies ist *mein* Fleisch, *mein* Blut.« (Den Begriff *symbolische Gleichsetzung* von Hanna Segal muss ich hier nicht erläutern. Als Begriff ist er unglücklich gewählt; gemeint ist: Das Symbolische verschwindet durch faktische Gleichsetzung, und genau das wird dann zur obersten symbolischen Repräsentanz. Das ist unheimlich – das trifft Segal auch, aber sie trifft mit dem Begriff erst das gewordene Werden und nicht das, was als Akt vorausgegangen ist.)

Für die Wanderungen der symbolischen Gleichsetzungen durch die Geschichte ist der Abendmahlsstreit das eindrucksvollste Beispiel dafür, wie lebenswichtig symbolische Gleichsetzungen für das animal symbolans sind. Nur weil an einer Stelle diese Verbotstafel steht: »Hier wird nicht mehr symbolisiert«, kann diese Stelle eine unendliche Macht über alle Symbolisierungsvorgänge ausüben. Diese »Stelle« par excellence ist das Opfer. Wenn ich jemandem den Hals aufschneide oder ihn in lauter Teilchen zerteile, von denen jede Kirche eins für ihren Wunderschatz bekommt, dann ist das das Ende der Symbolisierung. Von dort aus wird nun symbolisiert, denn jetzt sind diese nichtsymbolischen, durch einen Tötungsakt gewonnenen Teilchen unendlich schutzmächtig, und man kann sie zu den gewagtesten Aktionen symbolisch einsetzen. Der rüde Ursprung ist verlorengegangen, denn da, wo nicht symbolisiert wird, ist und bleibt ein Tabu.

Die traditionelle Antithetik von »hier Glaube, da Kult« verstellt den Blick dafür, dass das ganze Problem dieser symbolischen Gleichsetzung auch das Glaubensproblem ist. Im Bekenntniszwang steckt *auch* eine symbolische Gleichsetzung. Da kann ich nämlich mein Denken, mein Bewusstsein entdynamisieren und sie wie einen Block hinsetzen: »So ist das, so war es immer, credo in unum deum, basta.« Also Geist außerhalb der Geschichte von Geist – das ist symbolische Gleichsetzung. Wenn diese symbolische Gleichsetzung des Glaubens mit der des Sakraments verknüpft wird, dann wird das Brot als Geist idolisiert. Bei Katholiken ist die Dynamik des Geistes anders gefasst: nämlich durch die aristotelische Philosophie methodisiert. Dies geregelte Verfahren von Geist wird von Luther aber zugunsten dieses sich selbst erfassenden Glaubens aufgegeben. In der Reformation konkurrieren also zwei Sorten von symbolischer Gleichsetzung: die symbolische Gleichsetzung im Sakrament und die symbolische Gleichsetzung von Glaube. Dieser Konflikt muss so peinigend, so unerträglich gewesen sein, dass er nur noch abgewehrt werden konnte und eine wirkliche Einigung bis heute nicht erzielt worden ist. Der Protestantismus hat den Glauben als Distanzleistung preisgegeben, die das katholische Sakrament gewonnen hatte, womit es der jüdischen Distanztradition näher stand als die evangelische Intimität des sola fide. Der verdinglichte, immunisierte Glaube ist praktisch ein Idol.

Ein Rätsel: Was haben Eros und Glaube gemeinsam? – Sie beziehen sich auf die einzigen symbolischen Gleichsetzungen, die nicht pathogen sind, obwohl die pathogenen Momente selbstverständlich um die Ecke lauern. Der Eros als symbolische Gleichsetzung spricht: *du bist für mich alles*, und der Glaube als quasi auch erotische Gleichsetzung – nur so funktioniert sie ja – sagt das gleiche: *du bist für mich alles.*

Die Todesangst ist auch deshalb in solcher Nähe zum christlichen Glauben, weil der Übergangsraum im Christentum immer gefährdet ist. Das Sakrament hat als symbolische Gleichsetzung immer dann funktioniert, wenn es so etwas wie die therapeutische Alternative des Übergangsraums ermöglichte – um Distanzgewinn einmal anders, mit Winnicott nämlich, zu übersetzen. Es gibt soziale Erfahrungen von Übergangsraum, die am ehesten durch Bilder in den Blick zu bekommen sind – denken Sie an die unglaubliche Dynamisierung der Ikonentradition in der Renaissance. Die Denkzwänge und Krämpfe, die am Glaubensbegriff hängen, setzen die Phobie gegen das Bild voraus. Die Funktion von Holding, die von einem Bild ausgeht, ist etwas anderes als die überhitzte Glaubensdiskussion; das Bild vermittelt eine andere Atmosphäre, da bin ich mehr in Ruhe gelassen: ein Distanzgewinn. Eine Ihnen vielleicht etwas seltsam erscheinende Definition von Idol wäre: Es muss aus dem Verkehr gezogen sein, nur dann kann es ein Idol für alle und nicht einfach Privatfetisch sein (Beispiel Daphne-Apollon).

Der Übergangsraum ist auch aus dem Verkehr gezogen: Ich habe das Szenario gemacht, an das darf niemand rühren. Hier darf ich dann sein und muss nicht in irgendeine imaginäre Zukunft eilen. Idole machen keine Schuldgefühle, die Nähe zur psychotischen Angst ist nicht da. Sie verlangen von Ihnen nicht, dass Sie an sie glauben.

Das nächste Stichwort lautet »Bekennen«. Unser Phantasma von Glauben ist geprägt von dem Zusammenhang von Glauben und Bekenntnis. Das bringt ein Dilemma mit sich, das die ganze Geschichte des Christentums durchzieht. Die institutionelle Seite des exklusiven Glaubens presst das Bekennen in die Formeln des Credo. Wo Sie ein Glaubensbekenntnis lesen, in welcher Religion auch immer, müssen Sie sagen: Hier wird auch der Schritt zur Exklusivität versucht. Martyr ist der Zeuge – ein juristisches Wort –, der Zeugnis ablegt. Zeugen gibt es viele, aber es gehört dazu, dass das Zeugnis *abgelegt* wird. Dazu muss man noch nicht Blutzeuge sein. Die Tatsache, dass sich im Christentum ein Bekenntnisstreit entwickelt hat, führt dazu, dass die Glaubensbekenntnisse sehr heftig umkämpft wurden und dass sie zu abfragbaren Formeln wurden. (Natürlich können Sie auch sagen, theologische Arbeit ist Text-Auslegung und nichts anderes. Das ist eine der Grundannahmen von Kirche. Die bloße Textauslegung ermöglicht der Institution Kirche die Klammer zu bilden: Wenn es mehr wäre als Textauslegung – vgl. Luther –, ist die Institution in Frage gestellt. Der Pferdefuß: dass die Philologiebegeisterung immer von etwas dirigiert ist, das mit Philologie gar nichts zu tun hat.) Wo dieser Streit nicht ist, da können Sie natürlich Bekenntnis ablegen durch Ihren Lebenswandel, durch Ihre Unerschrockenheit, Sie können in die Pestbaracke, zu den Aussätzigen gehen, was auch immer, das kann soweit gehen, dass jemand wie Kierkegaard sagt: »Der eigentliche gläubige Bekenner ist der Unsichtbare.« Kierkegaards Figur des Glaubens macht eine merkwürdige Dissidentenbewegung durch, nämlich weg von dem äußerlich Bekennenden hinein in das absolut verbotene innere Paradox, von dessen Qual einen nichts erlöst. Derjenige, der glaubt, bekennt gerade die Tiefe seines Glaubens durch Nichtbekennen – obwohl Kierkegaards Schriften natürlich bekennerisch sind. Es ist sein Versuch, dem Zwangsapparat des Glaubensbekenntnisses, der für ihn die unerträgliche Landeskirchenzucht darstellt, etwas entgegenzusetzen, und damit haben wir den Existentialismus der Romantik in der Glaubensdebatte und damit eine neue Religion: »Ich bekenne, indem ich nicht bekenne, mein Glaube ist etwas, was ihr mit euren Bekenntnissen nicht erreicht.« Der Streit um die wahre Exklusivität ist immer noch der Streit um die entsprechenden Bekenntnisformeln; dies ist die Wurzel der Theologie, alle Theologie ist Ausfluss dieses Bekenntnisstreites.

Wer da nicht Inquisition wittert, ist naiv. Ich muss meine Sünden Gott oder einem mit der pönitalen universalen Gewalt ausgestatteten Gericht bekennen, das sich als Gottes Stellvertretergericht geriert – darum die Rechtfertigung, mit Foltern aller Art Geständnisse zu erpressen, die offiziell dem Seelenheil der Erpressten zugutekommen sollen. Dagegen dann die großartigen Einsprüche der Künstler, wie Tizians Geißelung in München, die ein enormer Protest gegen die säkularchristlich verbrämte Folterung sind.

Als These möchte ich formulieren: Wenn Kult durch Bekenntnis ersetzt wird, ist das die Geburt des Fundamentalismus. Die Geschichte der Religionen ist keine Geschichte des Religiösen, sondern eine Geschichte der Glaubenskriege gewesen. Darauf gab es immer wieder die typischen romantischen Antworten mit dem Hinweis auf unseren gemeinsamen paradiesischen Ursprung, und die waren, wie bekannt, sehr unrealistisch. Das genau ist es, was die Phänomenologien der Religionen verschleiern, welche die Kriege zur Durchsetzung von Rudeln und Priesterhorden (die sich die Wirklichkeit im Namen der sogenannten Wahrheit untertan machen wollten) zu einem religiösen Naturschutzpark umdichten.

Bekennen heißt ursprünglich, dass ich vor einem Forum bekenne. Für die öffentlichen Bekenntnisse muss ich mich jedesmal durchringen, ich muss meine Zweifel besiegen – wie ein japanischer Philosoph sagte: »den Zweifelskloß in mir« –, und wenn ich dann meine, das richtige Bekenntnis abgelegt zu haben, kann das etwas sein, was in dem Augenblick die Gewissenserforschung gerade ausgeschaltet hat.

Glaube versus Idolatrie – stimmt das überhaupt, vermischen sich beide nicht bis zur Unkenntlichkeit? Nein, denn beide Kirchen sagen in gewissem Sinne: »Wir brauchen keine Idole, deshalb nicht, weil wir das Bekenntnis haben.« Da ist der Gegensatz zwischen Katholiken und Protestanten nicht so groß. Da im Bekenntnis aber ein totalitärer Impuls steckt und die Vermittlung, die in den Idolen möglich wird, weggeschlagen ist, heißt das tatsächlich, destruktive Angriffe an den Anfang zu setzen. Die Confessio ermöglicht oder erzwingt Bilderlosigkeit; ich brauche keine Bilder mehr, die mich anregen oder ein Holding vermitteln, sondern wir haben das Bekenntnis und sprechen mit existentiellem Pathos: Das ist meine Entscheidung, hinter die ich dann nicht mehr zurückkann, in die ich aber – mit Kierkegaard – auch nur hineinspringen, sie nicht diskursiv herbeiführen kann. Wer jetzt dagegenhielte, auch Bekenntnisse könnten ein lebendiger Ausdruck des *animal symbolans* sein, dem wäre entgegenzuhalten, dass das Dumme daran ja nur ist, dass dieses animal symbolans sich »ums Verrecken« auf die Symbole *festlegen* muss, und das heißt: Bekenntnis*zwang*.

Die Engführung in der Verwendung des Wortes Glauben, die Aufladung von *pistis* und *pisteuein* bei Paulus, wurde – wir sagten es – zunächst von der heidnischen staatlichen Umwelt nicht verstanden. Es war ein Prozess, der in Luther kulminierte, aber von vielen Vorgängern formuliert wurde, der die Vertrauensanteile, die den Göttern gewährt worden sind, in einem einzigen Gott zusammenschießen ließ. Nun ging es aber nicht mehr um Vertrauen, sondern dieses wurde in ein einseitiges Bündnisverhältnis umfunktioniert. Dass *dieser* Glaube so selbstverständlich geworden ist, ist keineswegs selbstverständlich. Es handelt sich um einen Prozess, der die frühkindlichen Vertrauensanteile, die den Göttern gewährt worden sind, auf einen einzigen fokussiert hat, der dann nicht mehr Garant für Vertrauen ist, sondern Bezugsperson eines einseitigen Bündnisverhältnisses. Es kommt kein Bündnis mehr zustande mit dem, an den man glaubt, sondern man *muss* an ihn glauben und dann wird dem so zum Glauben Gezwungenen die andere Seite aus Gnade alles geben, ohne dass sie es ihm schuldig ist. Unser Glaubensbegriff weicht also das wechselseitige Vertrauensverhältnis, das sonst in Bündnissen besteht, hoffnungslos nach Art einer progressiven Paralyse auf.

Luthers Konstruktion eines Glaubens gegen das Vertrauen bedingt das Weltlose – »ich frage nicht nach Gut und Geld, sondern habe nur meinen Jesus«. Zumindest ist das ein Zungenschlag, den er vorgibt und der im Barock, kurz vor dem Pietismus, gängig wird. Weltabwendung wird geradezu zum Kriterium des Glaubens als Ortloswerden, Überallseinkönnen. Denkt man die protestantische Diskussion des Glaubens, des *sola fide*, zu Ende, so setzt sich dieser alleinige Glaube geradezu in Gegensatz zum Bekenntnis, denn das *sola* beruht auf der ganz strikten Trennung beider Bereiche: »Die Öffentlichkeit geht's gar nichts an, was du glaubst«. Die frühen Christen sagten allerdings das Gegenteil: Sie wollten die Öffentlichkeit verändern, sie wollten nicht, wie Luther rät, der Obrigkeit untertan sein und für sich glauben. Das Diktum Friedrich des Großen, jeder könne nach seiner Fasson selig werden, sofern er nur dem Staat gibt, was des Staates ist, ist eine späte machiavellistische Konsequenz aus dem Luthertum.

In Klammern gesagt: Es ist keinem Regime gelungen, eine der allerwichtigsten naturrechtlichen Vokabeln in unserem Rechtssystem herauszukatapultieren, nämlich das Vertrauen im Zusammenhang des Vertrauensschutzes. Man hat den Vertrauensschutz im Verwaltungs- und z. T. auch im Prozessrecht immer wieder eliminieren wollen, die Richter jedoch – nicht die Gesetzgeber – haben sich geweigert, dies zu tun. Wer berechtigt zu einer bestimmten Zeit auf etwas, auf jemanden vertrauen durfte, der darf nachher nicht dadurch zum Geschädigten werden, dass die andere Seite des Vertrauensverhältnisses plötzlich umgedacht hat und sagt: »Jetzt bitte ich dich zur Kasse.« Vertrauen zu missbrauchen, Vertrauen nur noch als ein Instrument zu sehen, ist eine Form des Verrats, die kein Nihilismus je hoffähig machen konnte.

Vertrauen ist eine personale Beziehung: Ich kann nur jemandem vertrauen, dem ich Vertrauen schenke. Zuversicht hingegen ist impersonal, ein Schicksalsmodus, ich bin zuversichtlich, dass es so oder so kommen wird.

Das Stichwort *Verschmelzung* ist schon öfter gefallen, nun muss es noch einmal im Zusammenhang mit dem Zusatzstichwort *Pistis*, dem Glauben des Neuen Testaments, thematisiert werden. Der Klassische Philologe Richard Reitzenstein hat gezeigt, dass der Begriff *Pistis* nicht durch die antike Rhetorik oder Philosophie, sondern durch die Mysterienkulte ins Christentum kommt; in diesen, vor allem im Isiskult, wurde der moralische Begriff des Vertrauens in eine mysteriöse Identitätsverschmelzung transformiert. In Römer 6 taucht die Isismysterienfigur auf – wir sind mit Christus in seinen Tod hinein und in seine Auferstehung getauft – als Mysterienformel der Mimesis und Verschmelzung mit der Kultgottheit. Pistis wurde nach Reitzenstein in den Mysterienreligionen – nicht in allen, aber in einigen, vor allem den Isismysterien – gegen den offiziellen Staatskult stilisiert. Diese Mysterienfigur wurde dem Christentum amalgamiert. Sie tritt an die Stelle des Bundesverhältnisses, in dem kein Mensch daran denkt, dass Gott mit dem Menschen verschmilzt. Die Bundesbeziehung wird nicht mehr als Bundesbeziehung festgehalten, sondern in die Identitätsverschmelzung zwischen dem Mysten und seiner Kultgottheit transformiert. Eine innigere Verbindung ist nicht denkbar, als dass ich Blut und Fleisch des Gottes in mich nehme und er Blut von meinem Blut, Fleisch von meinem Fleisch ist und umgekehrt – auf der anderen Seite jedoch bleibt er doch immer der unendlich Ferne. Damit muss das Christentum leben. Glaube ist in dem Maße, in dem er in der christlichen Religion zu einem inneren Akt wird, darauf aus, zu dem, worauf er sich bezieht, ein Innigkeitsverhältnis zu knüpfen, und dieses geht natürlich immer auf Distanzlosigkeit, wie jedes Liebesverhältnis. Ihren historischen Sitz mag Verschmelzung im urchristlichen Enthusiasmos haben. Aber wenn Autoren wie Kierkegaard und Barth den unendlichen qualitativen Unterschied von Mensch und Gott betonen, so zielt auch das letzten Endes auf Verschmelzung, denn der Glaube überbrückt eben gerade die Kluft. Aufgegeben wird die Rationalität, die das Judentum aufgebaut hat, eine Rationalität der Auseinandersetzung mit der Möglichkeit spezieller und allgemeiner Bündnisse. Diese Rationalität hatte nicht versucht, das Ursprungsopfer-Verhältnis zu denken, sondern das Ursprungsbündnis-

Verhältnis. Demgegenüber ist dann der Einbruch der Mysterienkulte die im Christentum realisierte Drohung dem Judentum gegenüber, den Opferursprung neu zu interpretieren. Das kann als eine Einlösung des Bündnisdenkens gelten – das Bündnis gilt jetzt nicht nur für das Volk, sondern für jede einzelne Person –, es kann aber auch als die Auslieferung an einen Vorgang erscheinen, den niemand mehr steuern kann, der zum Glauben ohne Glaubensgewissheit führt, wo eine einfallende Gnade übrigbleibt, die man nicht herbeirufen kann. Der Glaube wird zum »made in gratia«, ein Zertifikat, das man haben muss, um die ganze Welt missionieren zu können. Noch deutlicher als bei Paulus ist diese Identitätsverschmelzung im Johannesevangelium. Unter anderem diese Figur erlaubt ihm, sich von der jüdischen Tradition abzustoßen – eine Abstoßung, die aber auch wieder traumatische Züge hat, die es ihm dann verwehren, sie als Autor reparativ zu bearbeiten. Das Doppeltrauma – zum einen ihre Abkehr vom Judentum, zum anderen die Katastrophe des Judentums nach 71 – ist für die Judenchristen unmöglich reparativ zu bearbeiten, und so kommt in den christlichen Glaubensbegriff das Moment von manischer Abwehr. Bei Markus sind die Töne reparativer. Bei Johannes wird man erwägen müssen, dass es sich, wie Ron Britton das nennt, um *counterbelief* handelt, eine Gegenüberzeugung. Die Traumen, die dem jüdischen Volk zugefügt wurden, arbeiten weiter und werden durch manische Abwehr eingekapselt.

Der Verschmelzungswunsch ist seinerseits natürlich, wenn man so will, ein anthropologischer. Er war bei Platon und Aristoteles auch da, bei diesen Philosophen jedoch nur in einer Art Erstarrung, nicht aber der beidseitigen Hingabe denkbar. Die »beidseitige« Hingabe der Isismysterien hat erst Augustinus wieder möglich gemacht, der mit großem Raffinement das platonische Instrumentarium abwehrt und umdenkt, um an der platonischen Anamnesis das aufnehmen und anerkennen zu können, was nicht weggeworfen werden soll. Augustinus' Passagen in den *Bekenntnissen* – diesem Werk der Subjektivitität, die niemals wieder bis Montaigne und Rousseau erreicht wurde, wobei die *Confessiones* viel welthaltiger sind, als es Rousseau ist, und viel unheimlicher als Montaigne, weil das Dämonische nicht ausgespart wird, weil nichts ausgespart wird – waren und bleiben dadurch unglaublich modern. Die berühmten Gottesanrufungen dort sind nicht naiv entstandene Äußerungen, sondern wohlkalkulierte Responsorien mit starkem Abwehrcharakter gegen den Platonismus, um seine Demonstrationsbegriffe neu bestimmen zu können. Damit sagt Augustinus viel über die Verarbeitung von Glauben: Sie kann nicht reduziert werden auf eine Form – und das ist das in den berühmten Passagen der Gottsuche analytisch eigentlich Bewegende –, in der vieles, was sich dieser Form nicht einpassen lässt, liegenbleibt, nämlich das Formlose. Thomas von Aquino wird als aristotelischer Ontologe formulieren: fides caritate formata, durch die Liebe, aber eben »formata«: die Liebe als Form des Glaubens. Das bedeutet in der praktischen katholischen Lehre, dass zum Glauben ein Habitus gehört. Der Habitus ist die *causa formalis*, deswegen die *caritas* als *causa formalis* des Glaubens. Das nimmt Rücksicht auf Erziehungsprozesse. Augustinus meint mit Freud, man könne nicht mit Verdrängtem leben. Wie figuriert nun bei ihm der Glaube? Durch unendlich viele Zweifel hindurch. Vorgeführt wird er – und das macht ihn auch in diesem Punkt so unglaublich modern – nicht als eine intellektuelle Leistung, was er bei den Aristoteles hörigen Scholastikern ist, sondern in sensualistisch existentialistischen Passagen, die immer von dem berühmten Bekenntnis grundiert sind: *Tu excitas ut laudare te delectet, quia fecisti nos ad te et inquietum cor nostrum, donec requiescat, in te*. Unter Glauben versteht er brennen, schmecken, sehen, hören, in Taumel geraten – alle Sinnesäußerungen gehören mit dazu. Seine offiziellen Verteufelungen der Sexualität ändern nichts an dem Ton der Wärme, den er anschlägt, wenn er in seiner eigenen Geschichte zurückgreift. Vorher hat er überall angefragt: »Wo ist Gott?«, und alle haben ihm immer gesagt: »Wir sind es nicht, aber er hat uns geschaffen«. Dann begibt er sich in die weiten Hallen der Erinnerung – in denen man zum ersten Mal so etwas wie einen architektonischen Aufbau des Unbewussten in der Literatur sehen kann – und sucht dort, und dann kommt er am Ende zu dem Ergebnis, dass er unendlich weit von ihm entfernt und doch zu gleicher Zeit in ihm selbst ist und dass diese Spannung auszuhalten ist. Wir haben die Absage an eine intellektualistische Verengung des Glaubens, an eine götzendienerische Objektivierung des Glaubensbegriffs, und die Eröffnung der Möglichkeit, dass die Meditation selber nicht nur Meditieren ist. Mit diesen Passagen würde er z. B. auch den Chassidim die Möglichkeit eröffnen, so zu beten, wie sie beten, mit dem Schemel und dem Tisch und dem Brot usw. All diese Formen der Gottsuche sind auf dem Hintergrunde des Umgangs mit dem *summum bonum et pulchrum et verum* zu sehen, wie sie die platonische Theologie entwickelt. Dort jedoch ist es die körperlose und farblose Umarmung des Einen und der obersten Idee. Demgegenüber wird hier gesagt: Das ist eine Eindämmung des Umgangs mit Gott, eine Beschneidung des Gläubigen, ihn auf jene Art von Meditation zu trimmen. *Alles* ist Meditation.

Über Augustinus sind wir vom Verschmelzungsbegriff und seiner gefährlichen Brisanz weggekommen. Er ist jedesmal auch eine Todesmetapher, eine Verabschiedung von den Lebensprozessen. Die frühen Christen verarbeiten die erwartete Apokalypse, indem sie einen Zusammenhang zwischen Verschmelzung und dem Zusammenbruch der Wirklichkeit herstellen; die späteren, die über Generationen erlebt haben: sie wird nicht zusammenbrechen, bekommen hier einen Todestrost, bzw. Lebenstrost und Todestrost fallen zusammen: Der Tod ist das, was mich am Leben hält. Es ist ein mystischer Widerruf der Christusnachfolge, denn die ist Passion; das Zusammenfallen von Tod und Leben (das vor allem im 19. Jahrhundert zu einer enormen Schärfung der erotischen Qualitäten von Thanatos bis zur Gleichsetzung von Thanatos und Eros führte) ist das Herauskommen aus der Passion der Welt und also auch aus der Passion dessen, in dessen Nachfolge man steht. Es ist ein Widerrufsmoment, eine bedrohliche Stelle im Christentum, wenn Lebenstrost und Todestrost zusammenfallen.

Diese Selbstaufgabe- und Erlöschensmetapher ist vielleicht die insgeheime Widerrufung ihres Anspruchs für alle Religionen – nicht nur für die christlichen –, die, primitiv gesagt, einen Lebenshalt geben wollen, aber in extremis gilt dieser Widerruf vor allem für die christliche in ihrer protestantischen Spielart. Da käme wieder ins Spiel, was ich pro katholische Religion gegen den Protestantismus zu bedenken bitte: dass nämlich das Ritual inkl. der symbolischen Gleichsetzung etwas ist, was gegen diese Verschmelzung aufgeboten wird, und die Frage stellt sich, ob nicht in dem Augenblick, wo ich sage: »Glaube contra Ritual«, dieser Verschmelzung Tür und Tor geöffnet wird. Ist nicht die Protestenergie des Protestantismus eine, die sich selbst suizidal auffrisst, indem sie in einen solchen Verschmelzungsglauben mündet, und sind nicht auf der anderen Seite die vielfältigen Objektbeziehungen, die das katholische Ritual ausbildet, dagegen ein Damm?

Wie kehrt der Glaubensbegriff in der psychoanalytischen Technik oder ihrer Reflexion wieder? Natürlich kann man unter ›Glauben‹ den Inbegriff der Gedanken verstehen, auf die das Bewusstsein zurückkommt, wenn es sozusagen mit dem Rücken zur Wand steht, mit dem es sich also vor der Gefahr schützt, sich in destruktive Angriffe aufzulösen. Dann wird der Glaubensbegriff rein psychologisch beansprucht. So verfährt Britton mit seinem ›belief‹-Begriff. Dann fragt sich aber, welchen analytischen Sinn dieser Begriff gegenüber den *faits religieux* annehmen kann. Verfolgt man diese Frage, begegnet man sofort dem Begriff des Glaubens auf der Seite der Gegenstände wieder. Jetzt kann man die Hypothese aufstellen, dass der christliche Glaube insgesamt den Charakter eines defensiven Habitus hat. Diese Hypothese wird aber sehr bald durch die religiösen Tatsachen in Frage gestellt. Man kann schlecht leugnen, dass der Glaube – als *pre-conception*, Bionisch gesprochen – auch in psychologisch progressiver Funktion auftritt

– als Erwartung von *mental growth*. Räumt man das ein, so entsteht das Bedürfnis nach Kriterien zur Unterscheidung zwischen der regressiv-fixierenden und der progressiven Funktion des ›Glaubens‹. Der Glaube kann *thought* sein, das sich dem *thinking* widersetzt; er kann aber auch die Bereitschaft zu *thinking* bedeuten. Was fängt man mit dieser Zweideutigkeit an? Welche Funktion jeweils dominiert, kann man nur durch Rücksicht auf den Kontext entscheiden. Und dieser Kontext unterliegt niemals nur psychologischer, sondern immer auch soziologischer Analyse. Religiöse Tatsachen sind immer auch soziale Tatsachen, und deren soziologische Analyse muss auf die Art zurückgreifen, wie die Religion sich immer schon über sich selbst verständigt hat (im Sinne von Max Webers ›verstehender Soziologie‹). Man mag eine Weile mit der Hypothese durchkommen, die religiöse Institution fixiere die regressive Funktion des ›Glaubens‹. Aber irgendwann wird man in ihrer Geschichte den umgekehrten Fall entdecken: den, in dem der Begriff des ›Glaubens‹ progressiv – und anti-institutionell – pointiert wurde. Dann beginnt man damit zu rechnen, dass es der Institution möglich ist, sich gegen die sie legitimierende Tradition zu immunisieren. Sie zahlt dafür à la longue mit Legitimations-, nämlich Bedeutungsverlust. Warum sie aber einmal mit dieser Immunisierung angefangen hat, diese Frage kann nie rein psychologisch beantwortet werden.

Wo oder mit wem fängt die Psychoanalyse an, sich positiv des Glaubensbegriffs zu bedienen? Dafür steht vor allem der Name Bion, der »faith in O« aber nicht mystisch im Sinne der christlichen mystischen Verschmelzung ins Spiel bringt, sondern im Sinne einer Lösung der Übertragungsneurose. Der Patient kann nicht ohne ein inneres Holding gehen. *Faith* ist die *preconception* in progressiver Richtung, so kann man es ganz technisch beantworten, eine Erwartung, die wirklich noch Erwartung ist und nicht regressiv fixiert ist.

Belief, faith und *truth*: alle drei englischen Begriffe müssten mit herangezogen werden, um das deutsche Wortfeld *Glauben* zu besetzen. Die religiöse Dignität liegt bei *faith*.

Bei *counterbelief* liegt ein *belief* ohne psychische Fundamentierung vor, oder mit der falschen, zusammenbruchbedrohten und darum umso mehr betonten. Man glaubt verzweifelt an etwas, an das man nicht glaubt. Ein von Unglauben durchsetzter Glaube, ein Glaubensdesaster sozusagen. *Counterbeliefs* sind nicht so sehr die innere Realität selbst, als vielmehr die Perzeption der Innenwelt, und sie werden, wie Winnicott es darstellt, beispielsweise als Abwehr gegen Allmächtigkeitsphantasien eingesetzt. Dieses Instrumentarium der pathologischen Organisation ist speziell im Fall des Fanatikers interessant, der immer eine Abwehrstruktur hat, die sich gegen eine eigene latent gehaltene Überzeugung richtet. Die generelle politische Frage müsste lauten: Welche gesellschaftlichen Situationen begünstigen diese Karrieren von *counterbeliefs*? Wer übrigens von Fanatikern spricht, begibt sich immer in eine Religionsdiskussion hinein, wer von Psychotikern spricht, braucht diese nicht. Fanatische Äußerungen sind geradezu ein Geigerzähler für Unglauben.

»Worauf du nun (sage ich) Dein Herz hängest und verlässest, das ist eigentlich Dein Gott«, sagt Luther in der Auslegung des Ersten Gebotes im Großen Katechismus. Dieser Gott ist jedoch gerade nicht Gott, sondern das Idol, *belief*. In dieser Formulierung steckt der andere Gott, der nicht dadurch definiert ist, »dass du sein Herz an ihn hängest«, sondern dass er gebietet, immer mit drin. Der Eifer um den wahren Gott überdeckt als Über-Idol bzw. als autoritäres Residuum den offensichtlich idolatrischen Kern des aus dem Großen Katechismus zitierten Gottes. Luther kannte, anders als der Heilige Franz, keine Schuldtransformation, sondern nur die Ritualisierung des *breakdown*. Es ist erhellend, wie sich die Objektbesetzungen als Wirbelpunkte von Angst und Schuld und die Nichtobjekt-Drohungen, die damit verknüpft sind, vom Frühchristentum bis heute verschoben haben. Die Dreiteilung, die Tillich vorgeschlagen hat, trifft etwas: nämlich die Schicksalsangst, die die Menschen in der Antike beherrschte, kulminierend in Todesangst. Die Angst, die das mittelalterliche Christentum beherrschte, nämlich Schuld- und Sündenangst, kulminierend in dem Ein-für-allemal-schuldigsein und Nicht-erlöst-werden-können als größter Bedrohung und dann die Angst der Sinnlosigkeit in der Moderne. Die Befreiung von Sündenangst hat nicht angstfrei gemacht sondern der Angst, nach allen Seiten hin zu stürzen und von nichts gehalten zu werden, der Vergeblichkeit allen Tuns, Platz gemacht. Für Freud ist die Schuldfrage die Transformation der Urschuld des Vatermords durch die Geschichte hindurch, und nur die Religionen zählen für Freud, die Transformationen der Urschuld des Vatermords sind. Die Wiedergutmachungsversuche Melanie Kleins sind etwas anderes als die Pattsituation des Kalten Kriegs, die in der Freudschen Theorie aus der Urvaterszene stehen bleibt.

Wer vor diesem Horizont auf den Idolen insistiert, hat nicht so ganz Unrecht, denn er sieht mit Recht in ihnen eine Gegeninstanz gegen die lineare Schuldkonstruktion von Freud, auch wenn der Idolenfreund diese dann positivieren und fundamentalisieren mag. Schuld und Gewissen gehören zusammen. Jeder kennt die Antithese Glauben-Wissen. Wie ist es möglich, dass ausgerechnet – und das ist psychoanalytisch erheblich und müsste eine moderne Ethik fundieren – der traditionelle Gegenbegriff zu einer Wissenszivilisation, zu einer Dialektik des Wissens, eine Zuspitzung des Wissensbegriffs zu sein scheint, nämlich Gewissen. *Conscientia* heißt alles zugleich wissen oder bewusst machen, *syneidesis* heißt zusammensehen. Gewissen heißt zunächst als Übersetzung dessen nicht, Gewissheit haben, sondern Widersprüchliches wahrnehmen. *Conscientia* ist wie Gewissen ein Erkenntnisbegriff, nämlich: ethisch, moralisch zu handeln heißt nicht, irgendetwas zu machen, weil es angeordnet ist – der Dekalog etwa als eine Vorschriftensammlung –, sondern alles zu gleicher Zeit sich klarzumachen, nichts auszuscheiden, Freudsch gesprochen. Also der Gewissensbegriff ist tatsächlich einer, der einen aus der Gesellschaft des Wissensfortschritts herauskatapultiert: Es muss alles wahrgenommen werden, und in dem Augenblick sind Sie, jetzt paulinisch gesprochen, der Zerrissene mit den Zerrissenen, der Widersprüchliche mit den Widersprüchlichen.

Dies sind Probleme und Widersprüche, die aus der europäischen Wissenschaftsbildung und der europäischen Glaubenstradition erwachsen sind, und in gewisser Weise sind sie Scheinprobleme, denn es ist ja klar, dass der Glaube nicht auf Wissensvermehrung abzielte, alle europäischen Wissenschaften haben aber nun einmal auf Wissensvermehrung abgezielt, und es ist auch klar, dass man in dem Augenblick, da man das im Konkurrenzbegriff bestimmen will, eigentlich wieder in einer Form der polytheistischen Konkurrenz angelangt ist: Wer ist mächtiger, der Glaube oder das Wissen? Wieder einmal haben wir einen Götterkampf zwischen Religionen, die miteinander in Streit liegen – denn auch die Wissenschaftsreligion ist natürlich nur durch eine durch nichts begründete Gläubigkeit zu diesem Triumph gekommen, und umgekehrt hätte die traditionelle Glaubenssystematisierung nicht solange standgehalten, wenn nicht ihre theologischen Arbeiten ganze große Wissenssysteme à la Thomas und Neuthomismus gleich mit aufgebaut hätten.

Was den Wortgebrauch von ›Glauben‹, sofern es nicht lediglich *flatus vocis* ist, betrifft, so möchte ich behaupten: Hätte es nicht eine antike Philosophie gegeben, in der Worte, die später auch mit ›Glauben‹ übersetzt werden, so etwas wie ›Nichtwissen‹, ›niemals Gewissheit haben‹ usw. bedeuten, hätte man später nicht so sehr betont, dass Glauben nicht auf Gewissheit zurückzuführen ist, dass man etwas glauben *muss.*

Und überall dort, wo man sich in Ablehnung der Glaubenswelt freimachte, um wirklich in die platonische Ideenwelt zu kommen, führte das in der christlichen Theologie zu der Umkehrung eines Credo quia absurdum. Da wird das Vertrauen, das in Pistis ursprünglich drinsteckt, die Reziprozität im Tausch des summum bonum, ausgeblendet.

Das von dem misogynen, geburtsfeindlichen Tertullian formulierte Bekenntnis »Credo quia absurdum« ist erst möglich geworden, nachdem die christliche Theologie sich von ihren jüdischen Anfängen getrennt und gewissermaßen gegen sie gestellt hatte. Es kann nur im Mysterienkontext entstehen: Jedes Mysterium hat ein *quia absurdum*. Das Christentum ist nicht ohne diese Entscheidung zur Institution geworden. Diese Entscheidung erlaubt eine doppelte Lektüre. Die ›Absurdität‹ des Glaubens ist einmal ein autoritärer Signifikant der Institution: Ich glaube, weil die Institution so will, und gebe ihr die Realitätsprüfung bis zu einem gewissen Maß preis. Damit wird faktisch das Denkpotential preisgegeben, das in den jüdischen Überlieferungen enthalten ist. Es wird als solches nicht mehr erkannt. Denn man hat sich auf eine metaphysische Rationalität festgelegt, hinter der die spezifische ›Logik‹ der jüdischen Traditionen verschwindet. Diese metaphysische Rationalität ist zum Ausweis der Institution geworden. Sie wird tautologisch affirmiert – Disposition des Bedeutungs- und damit Legitimitätsverlustes. – Sie denken wahrscheinlich, ich sei von der Schuldfrage ganz abgekommen, aber das ist nicht der Fall. Auf Umwegen lande ich bei den Müttern und damit auch bei der zweiten möglichen Lesart des *quia absurdum*.

Das eigentliche Problem in der *Credo quia absurdum*-Formel stellt das *quia* dar, eine, wie man sagen könnte, Begründungs-Metapher, denn so etwas ist sie ja, eine verlautlichte Unterweisung: Sie machen den Mund auf, und was Sie herauslassen, geht schmal los und endet breit, da quillt etwas heraus, ein imitierter Geburtsvorgang. Der kann im Namen des *absurdum* strikt abgelehnt oder gläubig bejaht werden im Namen des Credo. Letzteres tun die Mystiker.

Der geburtsfreundliche Mystiker folgt bei der Formel *Credo quia absurdum*, dieser ersten großen Transzendenzformel des Glaubens, deshalb einer anderen Lesart und zieht aus ihr andere Konsequenzen als die Rationalisten oder Institutionentheoretiker. Ich glaube, weil es etwas ist, was sich mit dem Verstand nicht fassen lässt, es ist nur symbolisch zu fassen: Die Gottheit erscheint in einem Kind – erscheint sie dann nicht in jedem Kind? So ist es: In jedes Menschen Seele wird ununterbrochen ein Kind geboren, in jedem Menschenkind erscheint das Jesuskind. Wenn man so vom Geborenwerden redet, ist die weibliche Göttin die eigentliche Schirmherrin der Mystik, die im Protestantismus eine mehr oder minder unselige Rolle spielt. Man hat nicht gewagt, sie ganz zu zerstören, man hätte ja dann auch gleich die Kirchen-Container abschaffen müssen; um die Bedeutung als Theotokos kam man also nicht herum, aber das war dann eine Adventsfigur für den Protestantismus und nicht eine Person des Dogmas. Für den Mystiker ist sie mehr als eine Person des Dogmas, sie ist das Prinzip, das es möglich macht, zu sagen: *credo quia absurdum*, aber dieses Absurdum erfahren wir ständig, ist das gewöhnliche Absurdum dessen, dass in meiner Seele ständig Gottgeburt stattfindet. Die Mutter betet das Kind an, sie glaubt an ihr Kind wie jede Mutter. Alle diese Formeln, die von der Aufklärung mit Hohn und Spott bedacht wurden, wollen in den Glaubensbegriff eine Sprengkraft, eine Transzendenz, ein Aufbrechen der vernünftigen Weltbezüge, ohne die die vernünftigen Weltbezüge nicht existieren könnten, hineinzaubern bzw. herausdeuten. Wenn jetzt ein Psychoanalytiker von seinen Erfahrungen spricht, ist er nolens volens Mystiker – auch Freud ist trotz aller Abwehr solcher Mystik in dieser Weise Mystiker geblieben – und könnte als ein solcher formulieren: Es gibt in dem analytischen Holding das Holding, das erscheint, wenn das Holding zerbrochen ist. Das ist dann die Tillichsche Formel vom Gott, der erscheint, wenn Gott in der Nacht des Zweifels verschwunden ist, ins Psychoanalytische übersetzt.

Ich habe mich gefragt, warum Bion eigentlich nicht *thinking* genügt, warum noch *faith*? An sich würde *thinking* doch reichen? Aber es gibt nach Bion die *thoughts vor* dem *thinking*, also, wie wir vielleicht eher sagen würden, die gedankenlosen Zustände, mit denen der Säugling sich vor der Einsicht der Frustration (Abwesenheit) abschirmt. Solche Zustände werden in der Religion sowohl fixiert, als auch zur Disposition gestellt. Seit Melanie Kleins Aufsatz über die schizoiden Mechanismen von 1946 arbeitete die psychoanalytische Diskussion an einer analytischeren Behandlung von Freuds frühkindlichem Autismus, immer mit dem Seitenblick darauf, dass die Gesellschaft sich über sich selbst verständigt, als wäre sie ein Säugling.

Mit der Unterscheidung von *thought* und *faith* ist da, wo im Christentum Denken und Glauben oft durcheinander gehen, eine Unterscheidung hineingetrieben, die mehr Verlässlichkeit, mehr Vertrauen, mehr Nüchternheit und Möglichkeit zu *mental growth* verspricht. Glaube ist in der christlichen Dogmatik einerseits habitus, fides caritate formata, andererseits Beziehung zur Formlosigkeit.

Denken und Haltung gehen also durcheinander. Die Psychoanalyse hält zu *thoughts* – plump übersetzt, dem Irrationalen – immer Kontakt, einen fallgeschichtlichen Kontakt, während die dogmatische Vermischung von *thought* und *faith* die geschichtliche Materie zwar auch festhält – dafür ist Augustinus ein gutes Beispiel –, aber um den Preis einer Stagnation des Bewusstseins. Aus dieser Zwickmühle hilft die Psychoanalyse heraus. Deshalb kann sie unbefangener, weniger stagnierend nach den unbewussten Imagines der Gesellschaft, die immer noch durch Ideologie verdeckt werden, fragen. Sie könnte das christliche Knäuel entwirren, dass wir dort für *mental growth* immer den Preis bezahlen müssen, dass das Trauma weitergeschleppt wird. Trauma wäre theologisch formuliert die verinnerlichte apokalyptische Katastrophe. Jedes Individuum soll sich den Luxus leisten, dass in ihm die Welt zusammenbricht. Diese je spezifische Verarbeitung der apokalyptischen Katastrophe in der Seele jedes Einzelnen wird zur Konversionsformel: Ich bin immer schon ein Zusammengebrochener.

Die Ambiguitäten, die sich seit dem ersten großen Ikonoklasmos, der Abwehr der antiken Symbolisierung, ergeben haben und die immer zwischen einem traumatischen und einem progressiven Moment hin und her schwanken, ließen sich als eine christliche Konstante dingfest machen. Sieht man auf die Glaubensneigung zu blinden Absolutsetzungen, die dann der psychotischen Angst nahe sind, die sie gerade abwehren wollen, so möchte man den Bildern die Macht zuschreiben, den blinden Rationalisierungszwang des Glaubens zu korrigieren. Denken Sie zurück an die »Ruhe auf der Flucht«, auch hier wieder die Doppelnatur des Glaubens: Trauma und Progress. Diese Geschichte will den Exodus rückgängig machen, insofern ist sie mehr als signifikant für den ganzen Duktus, den Triumph über das Judentum: Wir brauchen keinen Exodus, wir können sogar nach Ägypten zurückgehen, in Ägypten selbst fallen die Götzen vom Sockel, während die feigen Juden aus Ägypten fliehen mussten. Dieses Moment von Triumphalismus steckt durchaus in der Geschichte, die in unmittelbarem Kontext mit dem Kindermord situiert ist und ein Remake des pharaonischen darstellt, der Tötung der Erstgeburt. Diese bittere Pointe der Geschichte ist mir erst jetzt aufgegangen, für mich war sie mehr ein Exempel für Reverie, nicht für paranoid-schizoide Angst. Und tatsächlich haben solche Motive in der Kunst oft die Tendenz, zu Reverie-Motiven zu werden. Denken Sie an die Schreckensgeschichte des vom Walfisch verschluckten Jonas – auf den Katakombenbildern oder den Aquilejamosaiken liegt ein Mann friedlich in der Laube. Das ist der Sublimierungsmacht der Kunst zu verdanken, hat aber auch etwas vom Floriansprinzip: »Alle trifft es, nur mich nicht.« Ruhe auf der Flucht, als Renaissancemotiv zur devotio moderna gehörig, verweist auf Trauma und Progress: Es wiederholt sich das Liegen in der Krippe, wunderbar beschirmt von Maria, der großen Muttergöttin, es wird der Einzug in Jerusalem vorweggenommen, wenn sie das Kind, auf dem Esel reitend, vor sich hat. Die malerische Energie – denken Sie an die Altdorfer Darstellung (in Berlin) – kommt sicher nicht oder nicht nur aus der paranoiden Angstsituation, sondern aus der – fast hätte ich gesagt, machtgeschützten Innerlichkeit. Die Geschichte lehrt: Nicht mit Idolatrie contra Bündnis, sondern nur mit Idolen, mit denen ich mich verbünden kann, kann ich die Idolatrie überwinden. Eine Dialektik der Idolatrie hat notwendigerweise immer Züge einer negativen Theologie, nichts hilft nämlich so gegen Idolatrisierung wie Idole.

Idolatrie ist also ein Kommunikationsinstrument für den Glauben und nicht das andere des Glaubens. In diese Doppelnatur von Trauma und Progress, Auflösung und Logosuniversalisierung, Bildersturz und Bilderverehrung kann die psychoanalytische Erfahrung eintreten und ihren »einzigen Lichtstrahl« in dieses Dunkel werfen (vgl. Freud: *Totem und Tabu*, S. 154).

»Nichts Feierliches«.

Gleichschwebende Aufmerksamkeit als Unwissen und Wagnis (Faith in O)

Hermann Beland

1. Einführung

Im 1. Kapitel des Zen-Buches Bi-yän-lu (Buchner 1958, S. 134) wird folgendes Gespräch zwischen dem ersten Patriarchen des Zen, Bodhi Dharma, und dem chinesischen Kaiser Wu-ti der Liang-Dynastie überliefert:

> »Der Kaiser fragte den großen Meister: ›Was ist der erste Sinn der heiligen Wahrheit?‹
> Dharma antwortete: ›Weit aufgeräumt. Nichts Heiliges!‹
> Der Kaiser fragte noch: ›Wer ist der, der mir gegenübersteht?‹
> Dharma sagte: ›Ich weiß nicht.‹«

In dieser eindrucksvollen Geschichte sind jene Elemente religiöser Überzeugung enthalten, über die ich im Folgenden sprechen möchte. Da ist die Wahrheitsorientierung der religiösen und politischen Zentralgestalt, des Kaisers, in dessen reichserhaltender Funktion kollektive und individuelle Überzeugungen zusammen kommen und heilige Hierarchien und existentieller Wahrheitsbezug eine zentrale Bedeutung besitzen.

Die Wahrheitsorientierung der Psychoanalyse entspricht diesen Funktionen und Haltungen. Sie ist die der Wissenschaft, aber sie ist es in auszeichnender Weise als therapeutisches Mittel wie als Forschungsmittel, das die unbewussten Irrtümer, neurotische, psychotische, aufzulösen versucht, indem sie die jeweils unbekannten Wege der Heilung zu zweit zu begreifen sucht und dadurch den theoretischen Umfang der Psychoanalyse erweitert. Dass diese Erkenntnis des Unbekannten, Unbewussten möglich ist, ist der Glaube der Psychoanalytiker, könnte man korrekterweise sagen.

Der Kaiser besitzt die zentrale Wahrheit vielleicht nicht, er müsste sie jedoch verkörpern, weil in seinem Reich sonst alles drunter und drüber ginge, und er fragt einen anderen ausgezeichneten Mann, der seinerseits die Wahrheit verkörpert, wenn auch auf eine andere Weise. Der Kaiser fragt innerhalb des Denksystems seiner hierarchischen Religion und Staatsauffassung: Was ist der erste Sinn der heiligen Wahrheit? Eine Religion fragt eine andere, was schon für sich genommen eine unglaubliche Geschichte ist. Er bekommt auch eine Antwort, die einen Teil seiner Religion, die heilige Hierarchie, ja sogar das Hauptphänomen aller Religion, das Heilige, wegwischt, jedoch zuvor mit dem interessanten »weit aufgeräumt« die Angst vor dem Chaos beruhigt, auch wenn der Kaiser das erfreuliche »weit aufgeräumt« erst einmal vermutlich nicht begreift. *Wahrheit* lässt Bodhi Dharma stehen.

Der Ausdruck »Weit aufgeräumt« kann noch auf uns Heutige einen starken Appeal ausüben. Das Verhältnis von kollektiven und individuellen Überzeugungen, von kollektivem Glauben und individuellem Glauben ist in allen Gesellschaften ein, wie ich meine, verborgen »theologisches« Verhältnis, zu dem die Psychoanalyse einiges zu sagen hat. Dem möchte ich nachgehen. Die besten Beiträge der Psychoanalyse zu gesellschaftlichen Prozessen, und unter ihnen zu den Religionen dieser Gesellschaften, stammen aus der Transformation der am Individuum gewonnenen Erkenntnisse auf die Gesellschaft. Andere Beiträge stammen aus der psychoanalytischen Erforschung von Gruppenprozessen (vgl. Beland 2001a). Natürlich geht es dabei immer um die wissenschaftliche Annahme, »dass die Wahrheit eine Bedeutung besitzt, die wichtiger ist als alles andere und dass zu ihrer Erhellung aller Verstand aufgeboten werden sollte« (Bion 1970, S. 100, Übers. von H. B.).

Und schließlich ist da das Verhältnis von Glauben und Wissen. Wenn Bodhi Dharma auf die Frage nach dem Wesen seiner Person antwortet »Ich weiß nicht«, dann kann man wiederum nicht wissen, was er meint, aber seine Antwort erinnert doch auf eine analoge Weise an das zentrale Durchgangsstadium des Analytikers in der Stunde, das tolerierte Nichtwissen, das Bion als säkulare Glaubenshaltung des Analytikers definiert hat. Mein Vortragsthema »Gleichschwebende Aufmerksamkeit als Unwissen und Wagnis (Faith in O)« meint, dass ich vor allem interessiert bin an einer Psychoanalyse des psychoanalytischen Glaubens. Dieser Glaube beweist sich, wie ich im letzten Abschnitt ausführen möchte, in der Gleichschwebenden Aufmerksamkeit gegenüber den Äußerungen des Patienten.

Noch eine letzte einleitende Bemerkung zu der Bestimmung »Nichts Feierliches« im Titel dieses Vortrags. Das Gespräch des Kaisers mit dem Zen-Patriarchen, das ich vom Rückcover einer Zengeschichte aus dem alten China »Der Ochs und sein Hirte« erinnerte, war mir im Sinn, als ich den Vortragstitel für diese Tagung zu formulieren versuchte, lange bevor der Vortrag zu

Ende gedacht und geschrieben war. Dann war der Titel gedruckt, und ich las das eindrucksvolle Gespräch von Neuem, das zwischen dem großen Kaiser des Weltreiches und Bodhi Dharma stattgefunden haben soll. Meine Erinnerung hatte mich getäuscht, es hieß nicht »Nichts Feierliches«, sondern »Weit aufgeräumt. Nichts Heiliges!«

Das kommt davon, könnte man denken, wenn ein Psychoanalytiker auch etwas zum »Ersten Sinn der heiligen Wahrheit«, zum Verhältnis von Psychoanalyse und Glauben zu sagen versucht. Er bleibt schon in den ersten Maschen der Verbindung von Schönheit und Wahrheit hängen. Denn es ist zutreffend (ich wollte schreiben: es ist wahr, aber das kommt mir angesichts des großen Themas der Heiligen Wahrheit unpassend vor), mir ist falsche Feierlichkeit, religiöse Gefühlichkeit, mir sind die ganzen narzisstischen Sentimentalitäten von Erhebungen und schwellenden Orgelklängen und in Gruppen erlebten »religiösen« Aufregungen, jener Teil des gegenwärtigen *religious turn*, den Faust so schön deutlich ausspricht, um Gretchen zu verführen – »Gefühl ist alles, Name ist Schall und Rauch« – ein Graus. Das ist zugegebenermaßen eine mehr ästhetische Reaktion auf falsche religiöse Töne, auf Sentimentalitäten, auf jene religiösen Gefühle eben, die die Selbsterhebung ich-synton durch wunscherfüllende religiöse Narzissmen, Illusionen und Erlebnisherstellungen feiern und unterstützen. Meine Abneigung, die hinter dem Titel »Nichts Feierliches« steht, möchte trotzdem als Teil meiner Bemühung verstanden werden, herauszubekommen, was bei individuellen und kollektiven Zentralüberzeugungen (Glauben) eigentlich der Fall ist. Ich gehe davon aus, dass dort, wo Sentimentalität herrscht, Irrtum und Halbwahrheit herrschen, wenigstens zu 51 Prozent.

Der gegenwärtige »religious turn« mit seinen erstaunlichen synkretistischen Phänomenen, der völlig freiwilligen Annahme fremdartiger religiöser Illusionsversprechungen, dem bedenkenlosen sacrificium intellectus dabei, dem Zulauf zu fundamentalistischen Fanatismen islamischer, christlicher, jüdischer Observanz mit ihren paranoiden Spaltungen, Projektionen, Gewalterlaubnissen und Kriegsnotwendigkeiten beweist, dass die kostbare Freiheit des Denkens überhaupt nicht mehr vor allem durch den Glaubenszwang der Religionsgemeinschaften bedroht wird – sie haben ja zum Glück keine Macht mehr, zum Glauben zu zwingen –, sondern durch die freiwilligen religiösen Bedürfnisse der Einzelnen wie der Gesellschaften selber, etwas zu glauben oder zu verleugnen und dabei ihren wissenschaftlichen Verstand außer Kraft zu setzen. Das will verstanden werden. In diesem Sinne verstehe ich die Aufforderung dieser Tagung, über eine Psychoanalyse des Glaubens nachzudenken.

Ich habe mit den einleitenden Bemerkungen bereits auf meine Auswahl aus dem riesigen Feld der Phänomene hingewiesen. Ich möchte sprechen über die psychoanalytische Theorie zur Einsetzung jener unbewussten individuellen Überzeugungen, denen wir als Neurosen und Psychosen begegnen und die alle Züge grausamer Privatreligionen tragen (Privatreligion ist Freuds Bezeichnung für z. B. Zwangsneurosen); über solche kollektiven Glaubensüberzeugungen, die essentiell religiöse Phänomene darstellen, obwohl sie absolut säkular sind, wie der Glaube an den Kapitalismus, und über den unvermeidlichen psychoanalytischen Theoriemangel ihnen gegenüber; ich möchte sprechen über einen verborgenen Inhalt des christlichen kollektiven Unglaubens an die eigene Erlösung, der sich in der unbewussten Schuldprojektion auf die Juden manifestierte und zum Völkermord führte; und schließlich über die Psychoanalyse als Glaubensüberzeugung von Wirklichkeitserkenntnis, wenn man die Gleichschwebende Aufmerksamkeit säkular-»theologisch« untersucht. Ich werde dazu Gottesbegriffe wie Glaubensbegriffe auf ihren immanenten Erlebniswert und Begriff zurückführen und mich an meine Devise: »Nichts Feierliches« halten, aber leider weit unterhalb der Verfassung des Bodhi Dharma bleiben, »Weit aufgeräumt. Nichts Heiliges«.

2. Freuds Glaube an »unseren Gott Logos«

Freud war sich der enormen Macht und Bedeutung der Religionen im Leben der Völker und für die Menschheit als ganze immer zutiefst bewusst und setzte sein gesamtes psychoanalytisches Wissen daran, den Zweck, die Macht und die Entstehungsgeschichte von Religion zu verstehen. Er wusste, dass das religiöse Gefühl an Sublimierung, Tiefe und Großartigkeit allen anderen Gefühlen überlegen ist. Die »Zukunft einer Illusion« (Freud 1927c, G. W. Bd. 14, S. 323) ist, im Vergleich mit seinen sonstigen Schriften über die Religion, eine relativ fokussierte und dabei sehr zurückhaltende, um nicht zu sagen vorsichtige Aufklärung über die unbewussten Quellen der gewöhnlichen religiösen Hoffnungen und der entsprechenden Dogmen der Kirchen. Es ist gar nicht so leicht, sicher zu erfassen, worauf Freud in diesem Buch eigentlich hinaus wollte. Er selbst hielt nicht sehr viel von ihm. Ferenczi gegenüber setzte er es stark herab. »Jetzt kommt es mir bereits kindisch vor; im Grunde denke ich anders. Analytisch halte ich es für schwach und als Selbstbekenntnis unpassend« (Jones 1984, Bd. 3, S. 168: Brief Freuds an Ferenczi vom 23. 10. 27). Ich werde mich letztlich auf die affektiv am stärksten besetzten Gedanken beziehen.

Zur Erinnerung an den Inhalt: Es seien die beunruhigendsten und quälendsten Zustände des Lebens, besonders des kindlichen Lebens, die »ältesten, stärksten, dringendsten Wünsche der Menschheit« (Freud 1927c, S. 352), die illusionär durch geoffenbarte Wahrheiten beruhigt würden und durch auf ihnen errichtete religiöse Gedankengebäude von fehlerfreier intellektueller Stringenz mit dem übrigen Wissen vermittelt würden. Freuds Definition ist entwaffnend: »Wir heißen also einen Glauben eine Illusion, wenn sich in seiner Motivierung die Wunscherfüllung vordrängt, und sehen dabei von seinem Verhältnis zur Wirklichkeit ab, ebenso wie die Illusion selbst auf ihre [der Wirklichkeit] Beglaubigungen verzichtet« (ebd., S. 354). Freud nahm in diesem Buch zum Wahrheitswert der religiösen Lehren nicht primär Stellung. Ihm genügte es, sie in ihrer psychologischen Natur als Illusionen zu erkennen. »Bringt sie [die Religion] einerseits Zwangseinschränkungen, wie nur eine individuelle Zwangsneurose, so enthält sie andererseits ein System von Wunschillusionen mit Verleugnung der Wirklichkeit, wie wir es isoliert nur bei einer Amentia, einer glückseligen halluzinatorischen Verworrenheit, finden« (ebd., S. 367). »Die religiösen Lehren sind sämtlich Illusionen, unbeweisbar, niemand darf gezwungen werden, sie für wahr zu halten, an sie zu glauben« (ebd., S. 354).

Freud verteidigte in diesem Buch mit Leidenschaft und Besorgnis die Freiheit des Denkens. Er wollte durchaus nicht verletzen, sondern nur vom Glaubenszwang mit seinen intellektuellen und moralischen Schädlichkeiten und vor allem vom Zwang zum falschen Trost befreien. Er war an manchen Stellen durchaus witzig, war immer seinerseits bereit, Irrtümer einzuräumen bzw. einzuräumen, dass er selbst vielleicht einer Illusion hinterher jage, und hatte durchaus Verständnis für die Schwierigkeiten, die seine »Erziehung zur Realität« (ebd., S. 373) bereiten könnte. Freuds Gegnerschaft zu den echten Frommen war dabei geringer als die zu jenen Intellektuellen, die sich einen »gereinigten« Gottesbegriff machen und sich und anderen vorspiegeln, sie hielten noch an der Religion fest, während sie sich längst von ihr abgewandt haben. Freud ist affektiv am heftigsten, wenn er auf die Unaufrichtigkeiten und intellektuellen Unarten jener Zeitgenossen stößt, die sich nicht vom falschen Trost einer Zugehörigkeit zur religiösen Großgruppe scheiden wollen. »Die eigene Willkür in die Lücke eintreten zu lassen und nach persönlichem Ermessen dies oder jenes Stück des religiösen Systems für mehr oder weniger annehmbar zu erklären, wäre frevelhaft. Dafür sind diese Fragen zu bedeutungsvoll, man möchte sagen: zu heilig« (ebd., S. 354). Die Frommen kommen bei Freud besser weg. Ihnen gegenüber sei seine Gegnerschaft nur eine einstweilige, wie er versicherte, und keine unversöhnliche. Er schrieb sogar, »wir erhoffen dasselbe«, um aber doch eine persönliche Deutung an die Adresse des religiösen Narzissmus hinzuzufügen: »Sie sind ungeduldiger, anspruchsvoller und – warum soll ich es nicht sagen? – selbstsüchtiger als ich und die Meinigen. Sie wollen die Seligkeit gleich nach dem Tod beginnen lassen, verlangen von ihr das Unmögliche und wollen den Anspruch der Einzelpersonen nicht aufgeben« (ebd., S. 379). Der falsche Trost sei deshalb so gefährlich, weil er auf Kosten der wichtigsten Denkfunktion, der Urteilsfunktion, gewonnen werde, die sich bei wahr und falsch nicht nach Lust und Unlust richten darf, wenn sie die Wirklichkeit treffen will, den einzigen Trost, den es geben kann.

Es ging Freud in diesem Buch natürlich auch immer um den Wahrheitswert seiner eigenen Anschauungen. Freud beschrieb interessante Teile seines eigenen Glaubens an »unseren Gott Logos« und meinte damit das durchaus fragmentarische wissenschaftliche Wissen, zu dem die Psychoanalyse gehörte, die alles Unwissen als Unwissen festhält, nicht durch Pseudowissen ersetzt und sich gegen den Trost der Verleugnung mit den Mitteln des weiteren Erkennens von psychischer und physischer Welt wehrt. Zu den Teilen seines eigenen Glaubens gehörte, dass man sich der Realität, der Ananke, dem leidvollen Schicksal ehrlicherweise ergeben müsse, was man mit der neu-stoischen Haltung des großen Spinoza in Verbindung bringen kann. Freud bekräftigte andererseits seine Überzeugung, dass der Vernunft und der Erfahrung, d. h. der wissenschaftlichen Erkenntnis einschließlich der Psychoanalyse »auf die Dauer nichts widerstehen« könne (ebd., S. 378) und dass man für die Zukunft der Menschheit optimistisch sein könne, was den Primat des Intellekts über das Triebleben angeht, was also die zukünftige Versöhnung mit den Triebverzichten betrifft, die die Kultur aufbürdet. Freud nahm an, dass dieser Primat des Intellekts »wahrscheinlich nicht in unendlicher Ferne« liegt und sich dann voraussichtlich »dieselben Ziele setzen wird, deren Verwirklichung Sie von Ihrem Gott erwarten ...: *die Menschenliebe und die Einschränkung des Leidens*« (ebd., S. 377, hervorgehoben von H. B.).

Das Götterpaar Logos – Ananke, mit dem Freud ähnlich wie mit dem anderen Götterpaar Eros – Thanatos seine Überzeugungen metaphorisch zusammenfasste, hatte er den Worten des Holländers Multatuli entliehen, eines freigeistigen Philosophen, wie man im 19. Jahrhundert sagte, eines Menschenfreundes und mutigen Schriftstellers, der in seinem Roman *Max Havelaar* die Ausbeutung der Plantagenarbeiter und die Mängel der Kolonialregierung in den ostindischen Kolonien scharf kritisiert hatte. Sein Pseudonym Multatuli, von lateinisch multa tuli »ich habe viel getragen, erlitten«, passt zu der ehrlichen und vernünftigen Übernahme der ganzen Hilflosigkeit gegenüber Schicksalsschlägen und zur Anerkennung der eigenen Geringfügigkeit im Weltganzen, zu der Freuds Realitätserziehung auffordert, weil es keinen Gott (mehr) gibt, der die Einzelnen als erlöste Mittelpunkte der Schöpfung und als Objekt zärtlicher Fürsorge einer gütigen väterlichen Vorsehung erwählt hätte und vor allem Unheil schützte.

Erstaunlich an der *Zukunft einer Illusion* bleibt für uns Heutige Freuds Rationalismus in der Ableitung der Glaubensinhalte allein aus den hilflosen, unwissenden und anarchischen Ängsten der Menschheit und seine Konzentration auf die Schädlichkeit des Glaubenszwanges für die Freiheit des Denkens. Mir scheint, Freud verbarg hinter der Konzentration auf die illusionsbedingte Schädigung des Intellekts durch die Herrschaft der Kirchen die Millionen Scheiterhaufen, Bekehrungskriege, Tötungen, Vertreibungen, Beraubungen der Ungläubigen, der Ketzer, der Hexen, der Juden. Ich glaube, Freud wollte Mitte der zwanziger Jahre den Kampf mit dem kirchlich organisierten Christentum und seiner Vergangenheit noch nicht aufnehmen, um die Psychoanalyse nicht zu gefährden. Er wollte von der *unbewussten* kollektiv-religiösen Destruktivität des real existierenden Christentums zuerst nur die Zerstörung der Denkfreiheit der Erwachsenen, der Kinder, der wissenschaftlichen Forschung, der Denkfreiheit in der Kultur überhaupt ins Zentrum rücken. Die Religionen sind kollektive Denkstörungen, wäre das Ergebnis der Analyse Freuds, ihre Realitätsverleugnung hat wunscherfüllenden Charakter, sie sind Illusionen, kollektive Analogiebildungen zur glückseligen halluzinatorischen Verworrenheit. Freuds spätere Aufsätze über *Das Unbehagen in der Kultur* (Freud 1930a) und über den *Mann Moses und die monotheistische Religion* (Freud 1939a) erfassten wesentlich rückhaltloser die Probleme der Religionsbildung aus dem kollektiven unbewussten Schuldgefühl, das, je nachdem ob es kollektiv akzeptiert wurde und schöpferisch werden konnte oder, weil unerträglich, auf die Feinde der Kirche projiziert wurde, im Laufe der Geschichte die schlimmsten Verfolgungen von Millionen von unschuldigen Menschen erzwang. Er sah in den Zeitströmungen und in der sich formierenden destruktiv-politischen Gewalt der Nationalsozialisten die genetische Verbindung zum Antijudaismus der Kirche. Es gab ja in der Mitte der zwanziger Jahre ebenfalls einen *religious turn* in der Form von radikalen politischen Weltanschauungen, die alle Wesensmerkmale einer Religion trugen und deren Herkunft aus religiösen Traditionen deutlich genug zu erkennen war.

Zum Primat des Intellekts und dem alleinigen Festhalten an der wissenschaftlichen Wahrheitssuche, und zur Religion als kollektiver Denkstörung mit wunscherfüllender Realitätsverleugnung gibt es einen Kommentar Bions in Form einer Fabel über den »Trost der Lügner«, sozusagen eine kritische Paraphrase zu Freuds *Zukunft einer Illusion*, die einen ergänzenden Gesichtspunkt hinzufügt:

> »Die Lügner bewiesen Mut und Entschlossenheit gegen die Wissenschaftler, die in ihren bösartigen Doktrinen schworen, noch den Dümmsten jeden Fetzen von Selbsttäuschung weg zu reißen. Beim Zusammenprall mit der Wahrheit ließen die Wissenschaftler jene ohne jeden natürlichen Schutz, den sie für die Erhaltung ihrer geistigen Gesundheit gebraucht hätten. Man kann gar nicht genug betonen, wie sehr die menschliche Rasse einer kleinen Bande begabter Lügner ihre Rettung verdankt. Unter den Lügnern gab es einige, die im vollen Bewußtsein des Risikos ihr Leben für den Beweis ihrer Lügen ließen. Sie gewannen durch die Inbrunst ihrer Überzeugungen die Schwachen und Zweifelnden für die absurdesten Behauptungen. Sie waren angesichts absolut zweifelfreier Tatsachen bereit, an der Unwahrheit festzuhalten. Sogar der Tod wurde verleugnet. Die genialsten Argumente wurden für offensichtlich lächerliche Behauptungen aufgeboten, wie die, die Toten würden in Glückseligkeit weiterleben. Diese Märtyrer der Unwahrheit waren oft einfache Leute, deren Name verloren ging. Durch sie und ihre Aufrichtigkeit wurde bezeugt, daß die menschliche Rasse unter der Wahrheitslast zugrunde gehen müsse. Sie tragen die Moral der Welt auf ihren Schultern, weil sie ihr Leben hingegeben haben. Ihr Leben und das Leben ihrer Nachfolger war der Ausarbeitung von Gedankengebäuden von großer Schönheit und Komplexität gewidmet, deren logische Struktur durch schärfsten Verstand und fehlerfreies Denken erhalten wurde. Das schwache Bild, das umgekehrt die Wissenschaftler abgaben, wenn sie wieder und wieder ihre Hypothesen zu stützen versuchten, machte es den Lügnern leicht, die Hohlheit ihrer Hypothesen als Hohlheit von Emporkömmlingen zu demonstrieren. So verzögerten oder verhinderten sie die Ausbreitung wissenschaftlicher Doktrinen, deren Wirkung ja nur hätten sein können, daß die Lügner und ihre Wohltäter sich unwichtig und hilflos gefühlt hätten.« (Bion 1970, S. 99)

3. Glaubensbegriffe und Gottesbegriffe als Absolutsetzung seelischer Tatsachen und das Prinzip der Struktursetzung als regulatives Prinzip des Psychischen

Anknüpfend an Freuds Primat des Intellekts für den Einzelnen in der Gegenwart wie für die Menschheit in ferner Zukunft möchte ich einen Sprung machen zu einer Definition von Glaubensbegriffen und dazugehörenden Gottesbegriffen, wie man sie beide aus der anthropologischen Denktradition der Theologie ableiten und unter den Primat des Intellekts stellen kann. Wenn Freud in seinem konsequent geschichtlichen Denken den individuellen Wahnvorstellungen wie den religiösen Illusionen, die, wie er immer betonte, den Charakter eines Wahns tragen, einen historischen Wahrheitskern supponierte, ohne den diese Wahne keinen Glauben finden könnten, dann kann man für die Jahrtausende alten theologischen Denkstrukturen ebenso nach einem entsprechenden kollektiven wie individuellen psychischen Substrat fragen, aus dem sie entsprungen sein könnten. In dem folgenden Versuch verwende ich drei Beispiele aus der Dogmengeschichte, um die Sache, um die es psychoanalytisch geht, begrifflich einzukreisen und um die geliehenen Begriffe dann für eine »Psychoanalyse des Glaubens« zu nutzen.

Das erste Beispiel stammt aus der Bergpredigt des Matthäusevangeliums:

> »Niemand kann zwei Herren dienen. Entweder er wird den einen hassen und den anderen lieben; oder er wird dem einen anhängen oder den anderen verachten. Ihr könnt nicht Gott dienen und dem Mammon«. (Matth. 6,24)

Ich lasse das theologische Problem des Kapitalismus jetzt ganz beiseite, werde aber später auf die psychoanalytischen Probleme mit gesellschaftlichen Überzeugungen zurückkommen, die säkulare Religionsbedeutung haben. Mammon kann jedenfalls zu Gott werden. Ja, man kann aus diesem gut rabbinischen Jesuswort folgern, dass der häufigere Fall von Gottesdienst den vielen Mammons, den menschlichen Hauptsicherheiten und Hauptwichtigkeiten gilt. Man kann sehen, dass jeder Gottesbegriff, besonders auch der falsche, ein Primatbegriff ist und dass der richtige Gottesdienst häufig von einem Antiprimatbegriff ausgeht. Man kann jedenfalls festhalten: Was jemand über alle Dinge fürchtet, liebt, vertraut (Glaube), ist der Gott dieses Menschen oder dieser Gruppe, auch wenn es ein schlechter, ein Leben und Kultur zerstörender Gott sein sollte.

Das zweite Beispiel aus dieser theologischen Denktradition, den Gottesbegriff anthropologisch und empirisch religionspsychologisch zu bestimmen, stammt aus Luthers Erklärung des ersten Gebots im Großen Katechismus und beginnt mit folgenden Worten:

> »Was heißt einen Gott haben oder was ist Gott? Antwort: Ein Gott heißt das, von dem man alles Gute erwarten und Zuflucht in allen Nöten haben soll. Also daß einen Gott haben nichts anderes ist, als ihm von Herzen trauen und glauben, wie ich oft gesagt habe, daß alleine das Trauen und Glauben des Herzens beide macht, Gott und Abgott. Ist der Glaube und Vertrauen recht, so ist auch dein Gott recht und wiederum, wo das Vertrauen falsch und unrecht ist, da ist auch der rechte Gott nicht. Denn die zwei gehören zusammen, Glaube und Gott. Worauf du nun (sage ich) Dein Herz hängst und verläßt, das ist eigentlich dein Gott.« (Bekenntnisschriften der ev.-luth. Kirche, 2. Auflage 1956, S. 560)

Der letzte Satz definiert Gott als das, was für das Individuum oder seine Gesellschaft als das empirisch und faktisch Wichtigste gilt, seien es Sicherheit und Ordnung, Staat, Liebesbeziehung, Familie, Beruf, Geld, Sucht, Macht über Andere, Krankheit. Glaube ist der Relationsbegriff für die tatsächliche Beziehung zu dem unbewusst und/oder bewusst Wichtigstem, das unbedingt gestützt und in Geltung gehalten werden muss. Psychoanalytisch kann man dann die Frage stellen, ob das fundamentum in re für diese kollektive und individuelle Wichtigkeitsrelation ein zentrales strukturelles Prinzip des Psychischen ist, ein Entwicklungsprinzip, das normale Strukturen oder pathologische Strukturen als herrschende unbewusste Überzeugung einsetzt.

Den dritten Begriff, der die protestantische Theologie des 19. und 20. Jahrhunderts geprägt hat wie kein anderer theologischer Begriff, hat der größte Theologe des 19. Jahrhunderts, Friedrich Daniel Ernst Schleiermacher, in seiner Glaubenslehre von 1821 formuliert. Es heißt dort im

> »§ 4: Das gemeinsame aller noch so verschiedenen Äußerungen der Frömmigkeit, wodurch diese sich zugleich von allen anderen Gefühlen unterscheiden, also das sich selbst gleiche Wesen der Frömmigkeit ist dieses, dass wir uns unserer selbst als schlechthin abhängig, oder was dasselbe sagen will, als in Beziehung mit Gott bewusst sind«. (Schleiermacher 1889, S. 87)

Gott ist nach dieser Definition also das Woher des Gefühls schlechthinniger Abhängigkeit. Für das Verständnis des Begriffs ist es wichtig, dass Schleiermacher den Ausdruck »Gefühl schlechthinniger Abhängigkeit« ersetzen kann durch »Bewusstsein schlechthinniger Abhängigkeit«. Beide Begriffe sollen kritisch so verstanden werden, dass die unbedingte Abhängigkeit nicht von der Welt als ganzer oder von einem Teil der Welt empfunden oder bewusst werden darf, weil wir damit wieder ein verkehrtes Gottesverständnis gebildet hätten. Von der Welt als ganzer oder von einem Teil, also, psychoanalytisch übersetzt, von einer guten Brust, von einem wahnhaften Introjekt oder einer pathologischen Organisation sollte es, entsprechend Schleiermachers absolutem Glaubensbegriff, keine schlechthinnige Abhängigkeit geben, sondern nur eine bedingte.

Auch hier finden wir wieder dasselbe theologische Muster wie in den beiden Beispielen zuvor: dass die theologische Formulierung eine unüberbietbare Idealisierung von etwas real Gutem schafft, dem in der psychoanalytischen Empirie die ausreichend guten bedingten Abhängigkeiten von einer ausreichend guten Brust, einem ausreichend guten Penis, einer ausreichend guten Vagina, einem ausreichend guten elterlichen Geschlechtsleben zu Grunde liegen. Money-Kyrle hat einmal bemerkt, dass die Bildung der unbewussten guten Zentralkonzepte, Brust, Penis, Vagina, Urszene, innerer Mentor, die das Gottesvorbild liefern, aus mehreren Gründen gestört sein kann, dass aber die Bildung der entsprechenden Negativkonzepte immer »gelingt«, also im Unbewussten und im Vorbewussten immer anzutreffen ist (Money-Kyrle 1968, S. 421). »Der liebe Gott muss immer ziehen, dem Teufel fällt's von selber zu!« Es ist interessant, dass die psychoanalytische Empirie schlechthinnige Abhängigkeit oder Unabhängigkeit nur pathologisch kennt. Wenn die Therapie eines pathologischen Falles gelingt, verwandelt sich jedenfalls eine falsch geglaubte und konzipierte *schlechthinnige Unabhängigkeit*, wie bei einem unbewussten und abgekapselten destruktiv-narzisstischen Identitäts- und Größenwahn, in eine bedingte Abhängigkeit. Eine unbewusste Allmachtsüberzeugung, eine wahnhaft unabhängige Identität wird als unbewusster Irrtum, als unbewusster Glaube in befreites Denken übergeführt.

Man kann, finde ich, gut verstehen, dass Schleiermachers Konzept sich als ein theologischer Volltreffer erwies, weil er eine Realerfahrung, die für jeden Menschen zentral und vertraut ist, in den Himmel hob. Obwohl seine Diskussion der tatsächlichen Abhängigkeitsgefühle in den folgenden Paragraphen der Glaubenslehre beweist, dass Schleiermacher die enorme Unkenntnis über die Mentalität von Säuglingen teilte, die in seiner Zeit herrschte – eine Unkenntnis, die sich schließlich erst in unseren Tagen dank Melanie Klein und der universitären Säuglingsbeobachtung lichtet –, hat er einen jedermann zugänglichen Teil der Erfahrung, die primäre Abhängigkeit von der Brust, theologisch umformuliert und als schlechthinnige Abhängigkeit religiös ins Zentrum und absolut gestellt.

Schleiermachers Position unterstützt, so könnte man die obige Frage nach einem Wichtigkeitsprinzip der Psyche aufnehmen, das Realitätsprinzip als objektbeziehungsabhängige Relation und räumt überhaupt der Objektbeziehung, wie wir sie verstehen, als dem Woher der notwendigen Abhängigkeit den psychologischen Primat ein. Wir meinen ja zu wissen, dass der nichtpathologische Realitätsbezug als Verstehen, Vernunftherrschaft und wissenschaftliche Haltung in Gang gesetzt wird in der von außen richtig beschriebenen *absoluten* Abhängigkeit des Neugeborenen von seiner Mutter, die als »gut genug mütterlich« definiert wird. Von innen beobachtet gibt es jedoch keine schlechthinnige Abhängigkeit oder nur eine als eine vernichtende negative Erfahrung. Im Gegenteil: Das Baby muss unbedingt die Erfahrung machen, dass es fähig ist, den Himmel zu erreichen und die Hölle zu besiegen. Fähig zu sein zur Wunscherfüllung wie zur Unlustvermeidung sind die ersten narzisstischen Ziele, die in den gelingenden projektiven Identifizierungen subjektiver Erfolg werden müssen und die Grundlage der Selbstachtung bilden (Beland 1971, S. 129).

Wir stoßen damit auf das Allmachtsproblem in der psychoanalytischen Theorie. Allmacht ist ein theologischer Begriff, der ursprünglich zur Lehre von den Eigenschaften Gottes gehörte. In der psychoanalytischen Allmachtstheorie ist die Empirie des Allmachtsdenkens immer schon als entmythologisierter theologischer Begriff zur Anwendung gekommen. Gott ist danach erst in zweiter Linie eine Projektion eines allmächtig gefühlten Vaters, primär jedoch die Projektion eines sich selbst allmächtig fühlenden Säuglings. Aus entwicklungspsychologischen Gründen wie aus Gründen der theoretischen Genauigkeit plädiere ich allerdings in diesen Zusammenhängen dafür, das Allmachtsdenken den unglücklich verlaufenden Entwicklungen vorzubehalten, also zu den frühesten Erscheinungsformen des pathologischen Narzissmus zu rechnen und für die von Winnicott beschriebenen Anfänge der befriedigenden Objektbeziehung einen anderen Begriff als »Allmacht« zu wählen. (vgl. Beland 1995, 1996, 2003.)

Ich möchte jetzt die theologischen Relationsbegriffe vom Muster der Formulierung Luthers (»Worauf du nun dein Herz hängst und verlässt, das ist eigentlich dein Gott«), wie schon angedeutet, für eine Näherbestimmung der psychoanalytischen Theorie zurück transformieren, bzw. formulieren, welches vermutliche psychische Prinzip bei der Religionsbildung psychologisch und soziologisch Verwendung findet und als »religiöses« psychisches

Prinzip bezeichnet werden könnte. Es ist das Wichtigkeitsprinzip, nach dem die Psyche sich ontogenetisch bildet und umbildet, wie es in positiver Version in Freuds Entwicklungsbegriff des Primats wie beim Genitalprimat oder beim Primat des Intellekts auftaucht. Genauer gesagt ist es das Strukturbildungsprinzip der Psyche, nach dem unbewusste Überzeugungen als herrschende und alle Elemente des Systems durchdringende Überzeugungen gesetzt werden. Das geschieht angeborenerweise als Resultante von Entwicklungskonflikten, die in die Identitäts- und Charakterbildung münden, oder pathologisch als Antwort auf Unerträglichkeit von extremer Angst und intolerablem seelischem Schmerz.

Mir ist natürlich bewusst, dass Freud dem illusionären religiösen Monotheismus und den philosophischen Nachbildungen des Monotheismus in den idealistischen Systemen keinen begrifflichen Nachfolger in seiner Metapsychologie einrichten wollte. Das dynamische Unbewusste, das Es stand dagegen, aber auch das Überich. Es gibt nicht eine Instanz in der Persönlichkeit, sondern drei Instanzen oder Provinzen, deren Dynamik den Selbstbegriff praktisch und theoretisch immer gleich wieder zerfallen lassen, wenn es ernst wird. Das Strukturbildungsprinzip ist aber auch nicht als Vorbild des Gottesbegriffs, beziehungsweise als sein psychologisches fundamentum in re zu verstehen. Dieses Prinzip beweist vielmehr, dass jeder monotheistische Gottesbegriff unrealistisch, eigentlich idolatrisch gebildet ist. Er erhebt etwas Bedingtes aus dem Weltganzen ins Unbedingte. Und wie Freud in *Die Zukunft einer Illusion* erklärt: Als illusionäre Bildung erhebt der religiöse Glaube das Lust-Unlustprinzip über das Realitätsprinzip. Das ist das eigentlich Schädliche.

Nein, das Strukturbildungsprinzip gehört auf die Ebene der von Max Schur (1984) so genannten regulativen Prinzipien des Psychischen, deren zwei wichtigste Freud in den *Formulierungen über die zwei Prinzipien des psychischen Geschehens* 1911 ausgezeichnet hat: das Lust-Unlustprinzip und das Realitätsprinzip. Ein Strukturbildungsprinzip ist theoretisch sinnvoll, weil es die Ergebnisse des Kampfes dieser beiden Prinzipien beschreibt und zu beleuchten versucht, auf welche Weise diese Ergebnisse als unbewusst herrschende Überzeugungen, als Strukturen eben, eingesetzt werden. Sind diese Ergebnisse pathologisch, benehmen sich die psychotischen und neurotischen Überzeugungen als individuelle Religion, als Glaube an das Wichtigste, das unbedingt gegen die größte seelische Gefahr festgehalten und als unbedingte Wahrheit durchgesetzt werden muss. Innerhalb dieser Privatreligion glaubt das Ich mit Wahnstärke bestimmte unbewusst festgehaltene Überzeugungen, die als Staat im Staate solange hingenommen werden müssen, bis sie als Misskonzepte aufgelöst werden können. Das Strukturbildungsprinzip macht also die Religionsbildung als kollektives Analogon verständlicher. Es gibt die Einsetzung des Wichtigsten als Wichtigstes wirklich. Es ist wahr oder falsch, lebensnotwendig und – normal; für jedes kleine Kind wie für jeden schwer traumatisierten Erwachsenen.

Wir wissen allerdings immer noch nicht im Einzelnen, *wie* eine unbewusste Überzeugung als nie zu verändernde Überzeugung mit psychosomatischer Regulierungskraft und mit Handlungszwang inthronisiert wird. Vielleicht können die Neurowissenschaftler uns in 100 Jahren das Wie beschreiben. Aber unsere Unkenntnis über das Wie ändert nichts daran, dass ein derartiges Strukturbildungsprinzip existiert und jede Normalität und jede seelische Krankheit organisiert. Was wir wissen, ist, dass die stärksten Befriedigungen und die stärksten Ängste/Schmerzen zur Einsetzung herrschender Überzeugungen, d. h. zur Einsetzung von seelischen Strukturen führen.

Lassen Sie mich derartige unbewusste Überzeugungen formulieren, die als zentrale Verhaltensanweisungen unbewusster Strukturbedeutungen die Funktion realisieren, unerträgliche Angst und intolerablen seelischen Schmerz zu vermeiden und die unbewusst als negative Privatreligion, als unbedingt zu befolgende Überzeugungen herrschen.

- Auf keinen Fall seelisch in die Nähe eines anderen kommen und dann psychotisch hinschmelzen müssen.
- Alles Eigene wird ständig von neuem geraubt, weil und wenn es eigen ist: Zeit, Neigung, Verarbeitung, Durchdenken, Sex. Man darf nichts davon merken lassen, dass man hiervon überzeugt ist und darf nichts dagegen tun.
- Alle starren. Ich vergehe in öffentlich enthüllter totaler Verkehrtheit. Wenn ich dies überlebt habe, muss ich unbedingt vermeiden, dass es sich wiederholt. Aber ich kann genau das nicht.
- Wenn ich mich wehre, werde ich umgebracht oder zerstöre den Anderen.
- Empörtes Wissen und Zorn müssen sofort projiziert werden, die entstehenden Löcher im Denken und in der eigenen Person sind besser als getötet werden und töten.
- Verwirrt sein in Bezug auf Intention und Gut und Böse ist besser als überlegt Handeln, Erfolg haben und Genießen von Wechselseitigkeit.
- In der leeren Kapsel aus Wänden von Unbewusstheit ist es erträglicher als in Schuld und Vernichtung. Kein Eintritt und Ausweg darf gedacht werden.

- Alle Autoritäten sind verrückt, beleidigt und wollen vernichtend kritisieren. Man muss sich unterwerfen und so tun, als wüsste man von nichts, um sie nicht zu reizen und um zu überleben.
- Ich muss mit dem Auto gegen eine Betonwand rasen, weil meine Mutter mich nur liebt, wenn ich tot bin. Das ist die einzig realistische Therapie.

Alle diese Formeln sind vorläufige, aber man kann in der vorliegenden Fassung erkennen, dass sie neben projektiven Verzerrungen auch realitätstreu zu sein versuchen, d. h. treu der Essenz negativer Erfahrung mit den primordialen Objekten. Sie waren vor Beginn der Therapie alle unbewusst und steuerten das Verhalten mit diesen unbewussten Überzeugungen. Sie waren alle aus unerträglichen Ängsten oder seelischen Schmerzen entstanden. Diese Überzeugungen waren seelische Strukturen geworden, d. h. sie waren durch die strukturbildende Funktion in den Rang von *herrschenden Überzeugungen* gehoben, die alle Persönlichkeitsbereiche und alles Verhalten bestimmen sollten. In komplexberührenden Situationen bestimmten sie das Verhalten tatsächlich. Sie hatten den Primat. Sie hatten, religiös gesprochen, den Status des Credos und des Gottesbegriffs, durften nicht bezweifelt werden, wurden mit Wahnstärke geglaubt, waren die wichtigste Wahrheit über das Leben, von der Leben und Tod abhing, betrafen also eine Art Gottesidee, die mit Unbewusstheit geschützt war. Bewusstheit ist deshalb der Anfang vom Ende solcher Herrschaften und vom Beginn der Wiedereinsetzung lebensfördernder Konfliktlösungen (Strukturen).

Alle Gruppen werden analog von herrschenden Bedeutungen getragen, orientiert, strukturiert und integriert. Freud hat dieses Strukturverhältnis an den Großgruppen Heer, Kirche, Aristokratie analysiert und die Struktur der Gruppe in dem gleichen Inhalt des Ichideals aller Gruppenmitglieder gesehen. Er hat dieselben Systemstrukturen in der Entwicklungsgeschichte der Religionen im Totem des Totemismus, im Mana des Animismus, in den Göttern des Polytheismus und in dem Gottesbild des Mose im Monotheismus beschrieben. Emile Durkheims Untersuchung über die elementaren Formen des religiösen Lebens (Durkheim 1981) endet ganz entsprechend bei den herrschenden religiösen Vorstellungen einer Gesellschaft als der Synthese und universalen Idealisierung aller sozialen Kräfte, Kollektivgefühle, Kollektivideen, der Kategorien und Anschauungsformen der Gesellschaft selbst, die ihr als Konzentration ihrer selbst gegenüber tritt. Bions unbewusste Grundannahmen jeder menschlichen Gruppe schließlich (Bion 2001) waren die Entdeckung jener dynamischen Strukturbedeutungen (Abhängigkeit, Kampf-Flucht, Paarbildung), die Freuds Untersuchung von Kirche, Heer und Aristokratie mit den entsprechenden unbewussten gruppendynamischen Triebkräften und Triebzielen versahen.

4. Die Verleugnung des Unglaubens an die eigene Erlösung in der Schuldprojektion des Christentums und in der Moral des Kapitalismus

4.1. Antisemitismus als Religion

»Glaube ist Narzissmus«, definiert der alte Grunberger lapidar in seinem mit Pierre Dessuant zusammen verfassten Buch über *Narzißmus, Christentum und Antisemitismus* (Grunberger & Dessuant 2000, S. 44/45) und meint damit den narzisstisch organisierten christlichen Glauben bei den Einzelnen, bei den ersten judenchristlichen Gemeinden und bei den späteren Kirchen. Die beiden Autoren verstehen diesen Glauben, indem sie ihn an seinen Früchten messen, vor allem als narzisstische Projektion eines enormen Schuldgefühls auf die Juden von Anfang an und als unaufhörlichen Hass in der Nachfolge dieser Projektion. Das Rätsel, wie es sein kann, dass am Anfang des »anubischen« Hasses auf die Juden der Prediger der Liebe selber steht, löst sich ihnen psychoanalytisch auf, wenn die narzisstisch-christliche Aufhebung des väterlichen Prinzips bei Jesus, die sie behaupten, der Glaube an die Allmacht der Gedanken und an die Vergöttlichung des Menschen auf die anti-ödipale Reinheitsillusion des anal-perversen Narzissmus zurückgeführt wird. Scheitert die Entwicklung des intrauterin wurzelnden Narzissmus am ödipalen Konflikt, dann verbinden sich leicht Analität und destruktiver Narzissmus zu einem absolut destruktiven Triumph über das Objekt, »das auf den Zustand des Abfalls degradiert und reduziert werden muß, der keine Existenz hat« (ebd., S. 65). Das sei beim Christentum der Fall gewesen. Auschwitz war kein Zufall, sondern das Ende eines langen Prozesses und im Wesentlichen das Ergebnis einer unbewussten christlichen Tendenz.

Wenn eine kritische Psychoanalyse des Christentums wie die von Grunberger und Dessuant weitere groß angelegte und methodisch bessere Nachfolger bekäme, die mit anderen psychoanalytischen Mitteln zu demselben Ergebnis kämen, dann würde verständlich werden, weshalb sich das Christentum von der Auschwitzschuld nicht erholen kann, es sei denn, die Christen würden wirklich zu Christen.

Eine »Psychoanalyse des Glaubens« kommt an dem Schock dieses Buches nicht vorbei. Das Buch hat zwar viele methodische Mängel, die die Wucht des Arguments unnötig verringern. Ich will die Kritikpunkte jedoch nicht besprechen, sondern auf ein Element der Analyse des Christentums eingehen, das bei einer Psychoanalyse des Glaubens berücksichtigt werden muss: die Existenz eines *unbewussten* Credos neben dem offiziellen, mit der Bedeutung eines kollektiven Selbstbetrugs und mit der Wirkung einer tiefen kollektiven, objektiven Heuchelei. Ich meine die durch die Herrschaft der christlichen Lehre enorm vertiefte Überzeugung einer dunklen Schuld, eigentlich einer Mordschuld, die geglaubt wurde, an deren Vergebung jedoch nicht geglaubt wurde, für die aber kirchlicherseits seit den ersten kanonischen Schriften die Juden als Projektionsopfer angeboten wurden, z. B. im Johannesevangelium. Von der Lehre der Erlösung durch den Kreuzestod Christi wurde unbewusst immer nur der erste Teil erfasst, das »um unserer Sünden willen gestorben«. In der Fassung »durch unsere Sünden gestorben«, also »von uns getötet« wurde genau diese Schuld, weil unerträglich, auf die Juden projiziert. »Den Juden mit dieser ihrer Schuld beladen, als Herrscher verhöhnt, schlagen sie ans Kreuz, endlos das Opfer wiederholend, an dessen Kraft sie nicht glauben können« (Horkheimer & Adorno 1969, S. 177). Horkheimer und Adorno hatten diesen Satz in ihren *Elementen des Antisemitismus* von den Völkischen geschrieben. Seit dem Buch von Grunberger & Dessuant gilt er für das real existierende Christentum.

Wie kann man kollektive Überzeugungen in der Geschichte verifizieren? Z. B. aus ihren Folgen, wie es Grunberger & Dessuant gut historisch mit einer ihrer Methoden tun. Eine andere Methode wird durch die von Bion maßgeblich mitgestalteten Gruppenkonferenzen nach dem Tavistockmodell angeboten. In den Nazareth-Konferenzen hat sich die Anerkennung einer deutschen unbewussten Kollektivphantasie aufgenötigt, die die deutsche Identität bezogen auf das Kollektiv der Weltvölker betrifft, und die in jedem einzelnen Deutschen z. B. im Ausland zu einem handlungsbestimmenden Gefühl werden kann (vgl. Beland 2001b). Es gibt unbewusste kollektive Überzeugungen in Deutschland, die man einen Glauben nennen kann, der sich auf Auschwitz bezieht und z. B. das Beurteiltwerden der Deutschen als Kollektiv durch die anderen Völker enthält, auf unbestimmbare Zeit als Volk der Todeslager und des Völkermords an den Juden angesehen zu werden und kein gleichwertiges Mitglied der Völkerfamilie mehr zu sein. Die Auflösung dieser unbewussten Kollektivüberzeugung liegt in einer unbekannten Zukunft und benötigt eine Befreiung aller Einzelnen zum Unglücklichsein über den Inhalt dieses Glaubens und zum Mitgefühl mit den Umgebrachten und den Überlebenden und ihren Angehörigen.

4.2. Kapitalismus als Religion

Es gibt andere kollektive Überzeugungen, die die Stelle des früheren Gottesbegriffs samt Glaubensbekenntnis einnehmen, wie z. B. der Glaube der Gesellschaft an die Selbstregulierung des Marktes oder an die Notwendigkeit von Wirtschaftswachstum in der westlichen Gesellschaft. Eine Psychoanalyse auch dieser Glaubensüberzeugungen wäre zu leisten. Ich hoffe, dass aus dem Vorangehenden deutlich geworden ist, dass der Status einer Religion nicht daran hängt, ob eine zweite, transzendente Welt bevölkert wird oder nicht. Alles Gute der früheren Transzendenz kann, wenn man es recht bedenkt, in die Immanenz zurückgeholt werden, woher es doch stammte. Kant ist diesen Weg auf kritische Weise gegangen (Synthetische Urteile Apriori), Wittgenstein ging ihn noch zurückhaltender: »Wenn man sich nicht bemüht, das Unaussprechliche auszusprechen, so geht *nichts* verloren. Sondern das Unaussprechliche ist, – unaussprechlich – in dem Ausgesprochenen *enthalten*« (Wittgenstein, Brief 78 von 1917, zitiert nach Bezzell 1988, S. 91). Das Problem der falsch ausgesprochenen, der falsch verschwiegenen, der »falschen« Glaubensüberzeugungen, das Problem des Irrglaubens bleibt auch dann bestehen. Es stellt sich neu. Hitlers Reichsparteitage waren die Rituale einer Religion, der Bolschewismus war eine Religion, der Kapitalismus ist eine Religion oder kann in dieser Weise interpretiert werden. Weltanschauungen, die alle Lebensbereiche und Gesinnungen bestimmen wollen, wollen sein, was unbedingt angeht, sind entsprechend der Differentialdefinition Religionen. »Kapitalismus als Religion« lautet der Titel eines jüngst erschienenen Buches. Herausgegeben von Dirk Baecker interpretieren elf Wissenschaftler, Soziologen, Medienwissenschaftler, Literaturwissenschaftler, Wirtschaftswissenschaftler, Theologen/Philosophen einen Entwurf von Walter Benjamin mit dem Titel *Kapitalismus als Religion*, der 1921 geschrieben, aber nie ausgeführt wurde. Gemäß Benjamins radikaler These entsühnt der »Kult« des Kapitalismus (mit Kult des Kapitalismus ist seine pausenlose Praxis gemeint) nicht, sondern verschuldet. »Ein ungeheures Schuldbewusstsein, das sich nicht zu entsühnen weiß, greift zum Kultus, um in ihm diese Schuld nicht zu sühnen, sondern universal zu machen« (Benjamin 2003 [1921], S. 15–16). Die Frage danach, ob der Kapitalismus als eine Religion zu verstehen sei, treffe gegenwärtig auf eine Situation, in der man kaum zögern werde, sie umstandslos zu bejahen, behauptet der erste Satz der Einleitung von Dirk Baecker. Legt man das Buch aus der Hand, ist man zwar enorm bereichert um exzellent vertiefte Problemstellungen und ihre historische Entwicklung, aber ratlos und desorientiert wie zuvor, und sieht sich als betroffener Teil jener Öffentlichkeit, die glaubt, dass der Kapitalismus ihr Schicksal ist, von dem sie (schlechthin) abhängig ist, obwohl sie ihn nicht wirklich versteht. Verheimlichen, um undurchschaubar zu sein, scheint eine Absicht der selbstverheimlichten kapitalistischen Einstellung zu sein. Die Selbstverheimlichung des Kapitalismus ist auch bei Benjamin ein essentielles Charakteristikum.

Das Folgende ist eine witzige Parodie geglaubter Wirtschaftstheorien, die sich über die Wahrheitsfrage in der Ökonomie, über nationale Vorurteile und über eine Sammlung von kollektiven ökonomischen Haltungen und im Dunkeln gehaltenen Überzeugungen erstrecken, die man als verschiedene Ausdrucksformen eines Glaubens gern psychoanalytisch erhellen würde. Der satirische »Grundkurs in Ökonomie« macht aufmerksam auf ein zentrales Problem des »Kapitalismus als Religion«, das moralischer Natur zu sein scheint. Die Freudsche Diagnose der Religion als »Kollektive Denkstörung mit Wunscherfüllender Realitätsverleugnung«, angewendet auf die Theorie des Kapitalismus, scheint vor allem eine moralische Realitätsverleugnung, eine objektive Heuchelei zu betreffen. Die Freiheit (*Liberty*) des Strebens nach Gewinn und Macht soll ohne jede Einschränkung des Gewissens oder des Staates für die Eigentümer des großen Kapitals das absolut Wichtigste sein und soll als Hauptmotiv des wirtschaftlichen Handelns nur durch den (illusionär miss-verstandenen) Marktmechanismus selbst kontrolliert werden dürfen. Die gesuchte wunscherfüllende Realitätsverleugnung der kapitalistischen Religion scheint in der »glückseligen halluzinatorischen Verworrenheit« der frühen Marktdefinition von Adam Smith zu liegen, die die uneingeschränkte Rücksichtslosigkeit des wirtschaftlichen Handelns mit einem illusionär guten Gewissen versah. Die Freiheit der Wirtschaft sollte nicht der demokratisch verstandenen Verantwortung für alle Menschen unterworfen gedacht werden, obwohl genau dies dann über dreihundert Jahre in Antwort auf die kapitalistische Freiheitsideologie versucht und teilweise realisiert wurde.

Kühe. Grundkurs in Ökonomie

(Der Autor der Satire ist nicht zu ermitteln. Die Satire gibt sich als Nachmittagsvergnügen für Kollegen (Wirtschafts-, Finanzwissenschaftler). Meine Quelle ist eine E-Mail-Kette von Weiterleitungen.) Ich werde nur kurze Kommentare in den Text der Satire einfügen und möchte vor allem Fragen zum religiös Wichtigsten, das unbedingt angeht und zur moralischen Realitätsverleugnung als Wunscherfüllung stellen.

Sie sind *Christdemokrat*
Sie besitzen zwei Kühe. Ihr Nachbar besitzt keine. Sie behalten eine und schenken ihrem armen Nachbarn die andere. Danach bereuen Sie es.
Kommentar: Das Schwanken zwischen der Beruhigung durch mehr Besitz oder durch Gott und der Grundsatz *Safety first* in Verbindung mit der antisozialen Egozentrik des Eigentums war der gewissenprägende Stoff der prophetischen Predigt. Das »kapitalistische« Verlangen nach Ambivalenzfreiheit und Überichfreiheit – kann man es psychoanalytisch anders als ein Verlangen nach manischer Abwehr (bestehend aus Herrschsucht, Verachtung, Verleugnung von Schuld und Angst) interpretieren?

Sie sind *Sozialist*
Sie besitzen zwei Kühe. Ihr Nachbar besitzt keine. Die Regierung nimmt Ihnen eine ab und gibt diese Ihrem Nachbarn. Sie werden gezwungen, eine Genossenschaft zu gründen, um Ihrem Nachbarn bei der Tierhaltung zu helfen.
Kommentar: Der ethische Konflikt kann und muss durch politischen Zwang geregelt werden, weil es keine freiwillige Selbstkontrolle der Industrie gibt. Damit wird jedoch Liberty in beiden amerikanischen Bedeutungen verdorben, als persönliche Freiheit von staatlichem Zwang und als die Freiheit zu freiem Handel. Der sozialistische Glaube bekämpft den kapitalistischen und umgekehrt. Was sind wirtschaftstheoretische Glaubenskriege psychoanalytisch? Drehen sie sich um die moralische Verleugnung innerhalb der Grundannahmen des wissenschaftlich-industriellen Komplexes?

Sie sind *Sozialdemokrat*
Sie besitzen zwei Kühe. Ihr Nachbar besitzt keine. Sie fühlen sich schuldig, weil Sie erfolgreich arbeiten. Sie wählen Leute in die Regierung, die Ihre Kühe besteuern. Das zwingt Sie, eine Kuh zu verkaufen, um die Steuern bezahlen zu können. Die Leute, die Sie gewählt haben, nehmen dieses Geld, kaufen eine Kuh und geben diese Ihrem Nachbarn. Sie fühlen sich rechtschaffen. Udo Lindenberg singt für Sie.
Kommentar: Man kann hier mit Vergnügen sehen, dass Wirtschaftspolitik als kollektive Form der Schuldgefühlsregulierung fungiert. Das scheint das Problem der moralischen Verleugnung im kapitalistischen System zu bestätigen.

Sie sind *Freidemokrat*
Sie besitzen zwei Kühe. Ihr Nachbar besitzt keine. Na und?
Kommentar: Manische Schuldgefühlsverleugnung und ein Hass auf die Vorherrschaft von Verantwortung scheint eine psychologische Basis der

(früh?)kapitalistischen Einstellung gewesen zu sein. Die christlichen Kirchen haben keine Großgruppenethik geschaffen, und erst Adam Smith, Professor für Logik und Moral in Glasgow, hat 1776 die Illusion einer quasi moralfreien Rechtfertigung für eine liberale Wirtschaft formuliert. Den Gegensatz von Eigennutz und Gemeinwohl sah er durch den harmonischen Übergang verbürgt, der sich, »wie von unsichtbarer Hand geführt«, in fortschrittlicher Wirtschaftsentwicklung realisiert. Interessant ist, dass Smith den Antrieb zum wirtschaftlich richtigen Verhalten in einem »Betrug der Natur« sah, nämlich in der *Illusion,* dass Eigentumsvergrößerung notwendig Glücksvermehrung bedeute. Die Zukunft dieser Illusion wirkte siegreich strukturauflösend und grandios einflussreich. Sie war (und ist?) die Zukunft der Religion unserer Gesellschaft, des Wichtigsten, das alle unbedingt angehen muss.

Sie sind *Kommunist*
Sie besitzen zwei Kühe. Ihr Nachbar besitzt keine. Die Regierung beschlagnahmt beide Kühe und verkauft Ihnen die Milch. Sie stehen stundenlang für die Milch an. Sie ist sauer.
Kommentar: Hier redet ein Glaube: Planwirtschaft verdirbt alles Schöpferische am moralischen Konflikt. Die Wechselwirkung aller freien Egoismen aufeinander soll die einzig ehrliche, wenn auch zynische Regelung sein. Nur freie, gewinnstrebende Egoismen Einzelner wie diejenigen ökonomischer Organisationen, die sich um die abhängigen Schicksale von Klassen und Kontinenten nicht zu kümmern brauchen, regulieren sich am Markt selbst und sind schöpferisch. Wie würde eine Psychoanalyse dieses Glaubens lauten?

Kapitalismus pur
Sie besitzen zwei Kühe. Sie verkaufen eine und kaufen einen Bullen, um eine Herde zu züchten.
Kommentar: Das ist ein interessanter Perspektivenwechsel. Geld gebiert. Das war die Verleugnungsideologie des freien Marktes, nachdem die Zinswirtschaft aus dem kirchlichen Verbot entlassen wurde (Keine Wucherzinsen vom religiösen Bruder). Die Juden wurden vom Beruf der personzerstörenden Wucherzins-Wirtschaft nicht entlastet, als die Christen sich jetzt (nach Adam Smith) selbst damit belasteten, d. h. sich per Markttheorie vom Gewissen befreiten. Aber diese Befreiung vom Wucherzinsverbot hatte enorme Folgen: Manische Schuldverleugnung will den Staat nur als Diener der freien Wirtschaft. Die erlaubte Ausbeutung von Bevölkerungen und Welt wurde für Jahrhunderte faktische Norm. Hier gibt es tiefensoziologi-

sche Querverbindungen zum unbewussten Unglauben der christlichen Völker an die Erlösungsbotschaft. Man sieht auch, dass eine Psychoanalyse derartiger unbewusster und kollektiver Ideengeschichte gegenwärtig noch nicht realisierbar ist. Sie hat die wissenschaftlichen Mittel nicht, die etwas Derartiges evident machen könnte.

EU Bürokratie
Sie besitzen zwei Kühe. Die EU nimmt ihnen beide ab, tötet eine, melkt die andere, bezahlt Ihnen eine Entschädigung aus dem Verkaufserlös der Milch und schüttet diese dann in die Nordsee.
Kommentar: Die EU-Regelungspolitik könnte zwar alle ökonomischen Einzelinitiativen einschränken und sich selbst bürokratisch ausregeln, aber sie erreicht nichts gegen die international agierenden Multis. Hohn und Spott über die Ausgleichsidee der sozialen Marktwirtschaft auf kontinentaler Ebene.

Amerikanisches Unternehmen
Sie besitzen zwei Kühe. Sie verkaufen eine und leasen sie zurück. Sie gründen eine Aktiengesellschaft. Sie zwingen die beiden Kühe, das Vierfache an Milch zu geben. Sie wundern sich, als eine tot umfällt. Sie geben eine Presseerklärung heraus, in der Sie erklären, Sie hätten Ihre Kosten um 50% gesenkt. Ihre Aktien steigen.
Kommentar: Die Verleugnungsstrategie, das Verbergen, Verschleiern, Verdrehen durch Behauptung des Gegenteils (Propaganda) wird als Beweis für die zynische Verantwortungslosigkeit des Verlangens nach mehr Geld um jeden Preis, die verheimlicht werden muss, bloßgelegt. Hier haben wir die operational eingesetzte Selbstverborgenheit, die sich, die hässliche Wahrheit verschleiernd, immer wohlanständig und erfolgreich stilisieren muss und auch auf diese Weise den moralischen Konflikt realisiert, während sie ihn verleugnet. Auf der anderen Seite: Ein Rieseneinsatz von Wissenschaft und technischer und organisatorischer Intelligenz und ein Rieseneinsatz von auf diese Weise abgeschöpftem Geld ermöglicht dem wissenschaftlich-industriellen Wirtschaftssystem ungeahnte Fortschritte – auf Kosten derer, aber teilweise auch zum Nutzen derer, die einen entsprechenden Rieseneinsatz nicht aufbieten können. Interessant ist der Hinweis auf die erfolgreiche Manipulation der Börse. Die Börse ist die Konkretion des Marktes als Selbstoffenbarung, die irrational-rationale Begegnungsmöglichkeit mit dem Geist des Kapitalismus als Religion.

Französisches Unternehmen
Sie besitzen zwei Kühe. Sie streiken, weil Sie drei Kühe haben wollen. Sie gehen Mittagessen. Das Leben ist schön.
Kommentar: Savoir vivre statt Kapitalismus, das ist aus deutscher Sicht ein besserer Gott, aus französischer vielleicht eine Erinnerung des Erfolges der Revolution gegen die feudale Ausbeutung, deren Erbe der Staat wurde, der den Kapitalismus schützt. »Was mir fehlt, hat mir der Staat gestohlen.«

Japanisches Unternehmen
Sie besitzen zwei Kühe. Mittels modernster Gentechnik werden die Tiere auf ein Zehntel ihrer ursprünglichen Größe gezüchtet und geben das Zwanzigfache der Milch.
Kommentar: Bewunderung und neidische Überschätzung der fremden Zauberlehrlinge. Idealisierung erhöht die Ambivalenz, die sie abwehrt.

Deutsches Unternehmen
Sie besitzen zwei Kühe. Mittels modernster Gentechnik werden die Tiere »redesigned«, so dass sie alle blond sind, eine Menge Bier saufen, Milch von höchster Qualität geben und 160 km/h laufen können. Leider fordern die Kühe 13 Wochen Urlaub im Jahr.
Der Wohlfahrtsstaat?

Italienisches Unternehmen
Sie besitzen zwei Kühe, aber Sie wissen nicht, wo sie sind. Während Sie sie suchen, sehen Sie eine schöne Frau. Sie machen Mittagspause. Das Leben ist schön.
Kommentar: siehe Frankreich. Die nicht-calvinistischen Kapitalismussünder, die Katholiken, haben es besser! Ihre Religion erlaubt es ihnen, die kapitalistische Religion in derselben Weise wie die eigene lax zu praktizieren und als Kapitalismus-Ketzer beneidenswert askesefrei zu leben.

Britisches Unternehmen
Sie haben drei Kühe. Eine steht in der Küche, die beiden anderen auf der Weide. Alle drei verhalten sich äußerst merkwürdig. Im übrigen sind Sie fest davon überzeugt, dass BSE keine Krankheit, sondern eine deutsche Erfindung ist.
Kommentar: Kapitalistische Schuldprojektion am ausgedachten Beispiel.

Nationale Besonderheiten, aus dem Blickwinkel der anderen Nationen liebenswerte Verschrobenheiten, die jedes Wirtschaftswachstum eigentlich undenkbar machen, und undurchsichtige Manipulationen oder Ideologien –

wie der Glaube an die Selbstregulierungskraft des Marktes, an die Sozialisierung der Produktionskräfte oder an die Selbstvermehrung des Kapitals – tauchen in der Satire auf, nicht jedoch das neuerlich manische Pathos für die Propagierung von Handelsfreiheit in der Globalisierungsdebatte und der Hass auf die geforderte Ausrichtung der Wirtschaftsentscheidungen auf höherrangige Zukunftsverantwortung oder auf die Einschränkungen durch das staatlich durchgesetzte Verursacherprinzip bei Umweltverschmutzung. Die Verantwortungsabstinenz der Atomenergiewirtschaft taucht nicht auf, nicht die fehlende Berücksichtigung der zukünftigen Generationen und nicht die Verbindung von wirtschaftlicher Expansion, Verarmung und Kriegsbereitschaft. Die Satire unterstützt die Vermutung, dass die Verleugnung der moralischen Dimension der Realität sich auf die Ethik auf Gruppenebene bezieht. Indem wir in der Satire etwas von der Kontrolle der reinen Marktwirtschaft durch den demokratischen Staat, durch die Gewerkschaften und die nichtorganisierte öffentliche Meinung erfahren, wird auch deutlich, dass die illusionäre Selbstverborgenheit der kapitalistischen Einstellung eine operationale Strategie ist, die von der betroffenen Öffentlichkeit teilweise durchschaut wird.

Ich finde es in diesem Zusammenhang interessant, dass die Psychoanalyse sich bisher spröde gegenüber einem eigenen Beitrag zur Begründung einer Weltethik verhalten hat. Freud würde wohl auf die allgemeine Vernunft verwiesen haben, die in Wirklichkeit alle ethischen Selbstregulierungen der Völker je erfunden und im Laufe der Zeit demokratisierend verbessert hat (entsprechend der Goldenen Regel Jesu). Freud hat jedenfalls den Kirchen aufgrund ihrer Geschichte von Irrtum und Gewalt die Berechtigung abgesprochen, moralische Autorität zu beanspruchen. Es ist weiter interessant, dass Freud die Quelle aller positiven Ethik im Mitleid der Großen mit den Neugeborenen sah. Freud prägte in den Briefen an Fließ den Begriff vom »*Mitleidswert* [der] Wahrnehmung« und formulierte genauer als jemals später, dass das Mitleid mit der »anfängliche[n] Hilflosigkeit ... die *Urquelle* aller *moralischen Motive*« sei (Freud 1950a, S. 339 und S. 326, im Original hervorgehoben). Diese Idee könnte überzeugen und einen psychoanalytischen Beitrag zu einer Sozialethik wie zu einer Weltwirtschaftsethik geben.

5. Gleichschwebende Aufmerksamkeit als säkulare Mystik, d. h. als wissenschaftlicher Akt des Glaubens

Ich möchte in diesem letzten Abschnitt einen weiteren Versuch machen, eine Psychoanalyse des Glaubens durchzuführen, und zwar an der theologischen Lehre vom Offenbarungsempfang. Die Rückführung der schlechthinnigen Abhängigkeit des Gläubigen auf die Abhängigkeit des Säuglings sowie die Rückführung der Setzungen dogmatischer Glaubenswahrheiten auf die Setzungen des regulativen Strukturbildungsprinzips soll ein drittes Mal versucht werden als Vergleich der Wahrheitsorientierung der religiösen Offenbarung mit der Wahrheitsorientierung der Gleichschwebenden Aufmerksamkeit als wissenschaftlichem Erkenntnisverfahren. Die psychoanalytische Askese der Abstinenzregel beschreibt die Gleichschwebende Aufmerksamkeit als eine areligiöse mystische Methode, als einen wissenschaftlichen Akt des Glaubens, wie Bion (1970) ihn in *Attention and Interpretation* formulierte. Bions Auffassung der Gleichschwebenden Aufmerksamkeit ermöglicht einen Vergleich mit Paul Tillichs Systematischer Theologie. Die dort entwickelte Theorie des Offenbarungsempfangs erlaubt es, das »mystische Apriori« aller Dogmatik (Tillich 1956, ST I, S. 54) mit dem analytischen Erkenntnisverfahren zu vergleichen. Es ist bekannt, dass nur Wilfred Bion die Kühnheit besaß, Freuds Beschreibung der analytischen Arbeit als eine säkulare Glaubenshaltung, als Glauben an O zu definieren, wobei O das Unbekannte in der Stunde, aber auch die absolute Wahrheit, die letzte Wirklichkeit, »Gott« sein kann. Psychoanalytischer Glaube kann in diesem Sinne als realitätsgestützte Hoffnung auf zutreffende Wirklichkeitsentdeckung (von unbewussten Zusammenhängen, von Wahrheit) verstanden werden.

Als Ausgangspunkt wähle ich die psychoanalytische Erkenntnistheorie der Erfassung unbewusster Prozesse, besonders der Neurosen bildenden und Psychosen bildenden Prozesse. Freuds erkenntnistheoretische Auffassung, um nicht zu sagen sein Glaube, dass das Unbewusste des Analytikers das Unbewusste des Patienten erfassen könne, ist die Grundlage aller psychoanalytischen Schulen und Theorien geblieben. Ich wiederhole die berühmten Zeilen aus Freuds Brief an Lou Andreas Salomé:

> »Ich weiß, dass ich mich bei der Arbeit künstlich abgeblendet habe, um alles Licht auf die eine dunkle Stelle zu sammeln, auf Zusammenhang, Harmonie,

> Erhebung und alles, was Sie das Symbolische heißen, verzichtend, geschreckt durch die Erfahrung, dass jeder solche Anspruch, jede Erwartung die Gefahr mit sich bringt, das zu Erkennende verzerrt zu sehen, wenn auch verschönert«. (E. + L. Freud 1960, Brief vom 25. 5. 1916, S. 327/28)

Bion hat die Abstinenzregel auf jenen schwierigsten Voraussetzungspunkt der analytischen Erkenntnis bezogen, an dem das Lust-Unlustprinzip vom Realitätsprinzip abhängig wird, auf die Toleranz für Trennungsangst (vgl. Bion 1992, Kap. 4). Wiederum zeigt es sich, dass die psychoanalytische Erkenntniskritik sich gegen die Überordnung des Lust-Unlustprinzips über das Realitätsprinzip richtet, dieses Mal kritisch nicht nur gegen Religionen und religionsähnliche Weltanschauungen gerichtet, sondern auch gegen andere psychotherapeutische Haltungen. Der Analytiker muss in jeder Stunde tolerant für die eigene Trennungsangst sein. Hinter Freuds Verzicht auf Zusammenhang, Harmonie, Erhebung und das Symbolische steht Freuds Toleranz für Trennungsangst ebenso wie hinter Bions Übersetzung von Freuds Verzicht als »No memory, No desire, Not knowing«. Trennungstolerant, getrennt von sicherndem Wissen, kann »der durchdringende Strahl der Dunkelheit auf die dunklen Erscheinungen der analytischen Situation gerichtet werden« (Bions Paraphrase der obigen Beschreibung Freuds, Bion 1970, S. 57), bis eine Gestalt auftaucht, das O dieser Stunde.

Die heute existierenden Auffassungen von der Wechselwirkung von Gegenübertragung, Übertragung und Abstinenz, Objektbeziehung und Intersubjektivität, Objektivität und Subjektivität der Erkenntnis unterscheiden sich untereinander zwar ziemlich stark, aber es ist mit diesen Unterschieden doch sehr ähnlich wie mit der Fortpflanzungsfähigkeit aller Menschenrassen untereinander: Alle psychoanalytischen Theorien gehen davon aus, dass Freuds Erkenntnistheorie zutrifft, dass ein Vorbewusstes ein anderes Vorbewusstes zu erkennen vermag.

Bions Auffassungen hingegen werden nicht allgemein geteilt. Ich wähle sie, weil sich Paul Tillichs Theologie des Offenbarungsempfangs zu Bions Auffassung der Abstinenztheorie in Beziehung setzen lässt. Ich zitiere Paul Tillich: »Das Organ, mit dem wir den Inhalt des Glaubens aufnehmen, ist die Vernunft in allen ihren Strukturen. Das Erlebnis, in dem dies geschieht, kann Ekstase der Vernunft genannt werden. Vernunft in Ekstase ist Vernunft, die ergriffen wird von dem, was uns unbedingt angeht« (Tillich 1956, S. 66). Ganz ähnlich wie Schleiermacher definiert Tillich über eine Personkategorie Gott als dasjenige, was uns unbedingt angeht. Der Mensch sei in seiner Struktur daraufhin angelegt, das Unbedingt-Angehende im Bedingten erfahren zu können. Tillich nennt die grundlegende religiöse Erfahrung, von der jede Theologie ausgehen muss, *mystisches Apriori.* Diese Erfahrung wird näher bestimmt als eine »die Existenz radikal treffende und erschütternde Erfahrung ihres [der Existenz] Grundes« (Track 1975, S. 89), »ein unmittelbares Teilhaben an der religiösen Wirklichkeit« (Tillich 1956, S. 54). Was macht nun der systematische Theologe mit einer solchen Erfahrung? Er hat, wie es heißt, über das mystische Apriori hinausgehend eine existentielle Entscheidung getroffen, das mystische Apriori mit der tradierten Lehre gleichzusetzen. Er sieht sich in einer Tradition religiöser Erfahrungen stehen, versteht diese Erfahrungen als die Offenbarung seiner Religion und also als das, was ihn unbedingt angeht.

Das ist die entscheidende Stelle. Tatsächliche mystische Erfahrungen sind erschütternde Wahrheitserfahrungen, aber ohne anderen Inhalt als den des Wahrheitserlebnisses als solchem. Die Eintragung tradierter Lehren in diese Erfahrung ist ein zusätzlicher Schritt von Interpretation, zu dem sich ein Theologe entschließen mag, aber das Erlebnis selbst autorisiert keine Eintragung. William James hat in seinem Klassiker über *Die religiöse Erfahrung in ihrer Mannigfaltigkeit* (1914) vier charakteristische Merkmale zusammengefasst, die derartige Erlebnisse nach Überprüfung der Berichte aller Zeiten und Orte auszeichnen: Unbeschreiblichkeit, Wahrheitscharakter, Unbeständigkeit und Passivität. Man müsste noch hinzufügen, dass diese Erfahrungen einen versöhnlichen Charakter haben, eher optimistisch als pessimistisch sind. James beschreibt seine eigenen mystischen Erfahrungen, hervorgerufen bzw. ermöglicht durch Einatmen von verdünntem Lachgas.

Eine Psychoanalyse derartiger Wahrheitserfahrungen ohne Inhalt existiert nicht, und es kann sie nicht geben. Die Unsagbarkeit macht auch beim Korrespondenzbegriff der psychoanalytischen Wahrheit keine Ausnahme. Man kann nur, festhaltend an der Immanenz aller Erfahrung, diese und jene Hypothese zum mystischen Phänomen bilden, wie etwa die, dass in solchen Erlebnissen die genkodierte, übergeordnete Wahrheitsausrichtung von Mensch und Menschheit als solche erlebbar wird (Evidenz). Man könnte dann zu der klärenden Sprachregelung kommen, das Wort mystisch in »mystische Erfahrung« überhaupt ganz zu streichen und zu ersetzen durch *Wahrheitserfahrung als solche.* Ein derartiges Verhältnis von Noesis und Gefühl würde zur psychoanalytischen Affekttheorie passen, bzw. sie würde sie begründen, während sie sie enthielte (vgl. Beland 1992). Religionspsychologisch gesprochen würde es sich um eine Verbindung des ersten und zweiten Gebotes handeln: »Ich bin der Herr, dein Gott. Du sollst keine anderen Götter haben«, d. h. übergeordnete Wahrheitserfahrung als solche, plus

»Du sollst dir kein Bild noch Gleichnis machen«, d. h. diese Erfahrung ist undenkbar, unsagbar, alles Sagbare von Wahrheit immer wieder katastrophisch sprengend.

Ich breche diese Vermutungserwägung ab. Eher kommt Wittgenstein mit seinem harten Bestehen auf den engen Kreis des Sagbaren und Denkbaren und Wissbaren an einen Sinn des Mystischen als dem Unaussprechbaren, das es ja nun wirklich ist, heran. Chris Bezzel weist in seiner Wittgensteineinführung darauf hin, dass der Tractatus nur dreimal das Adjektiv »mystisch« enthält. Eine Bemerkung Wittgensteins lautet: »Die Anschauung der Welt sub specie aeterni ist ihre Anschauung als – begrenztes – Ganzes. Das Gefühl der Welt als begrenztes Ganzes ist das Mystische« (Wittgenstein T 6. 45). Auch eine Bemerkung Freuds in *Die Zukunft einer Illusion* scheint sich auf derartige Erlebnisse zu beziehen, die doch interessant genug ist, um sie hier einzufügen:

> »Es ist wiederum eine Illusion, wenn man von der Intuition und der Selbstversenkung etwas erwartet; sie kann uns nichts geben, als – schwer deutbare – Aufschlüsse über unser eigenes Seelenleben, niemals Auskunft über die Fragen, deren Beantwortung der religiösen Lehre so leicht wird. Die eigene Willkür in die Lücke eintreten zu lassen und nach persönlichem Ermessen dies oder jenes Stück des religiösen Systems für mehr oder weniger annehmbar zu erklären, wäre frevelhaft. Dafür sind diese Fragen zu bedeutungsvoll, man möchte sagen: zu heilig«. (Freud 1927c, S. 354)

Dies wäre auch Freuds kritische Ablehnung einer Systematischen Theologie entsprechend der Begründung der Tillichschen Systematik. Auch sie fällt unter die Illusionsanalyse. Man darf in die mystische Wahrheitserschütterung nichts eintragen, schon gar keine dogmatisierten Illusionen. Das mystische Erlebnis beglaubigt nichts, außer dass die Wahrheit die Wahrheit ist, erschütternd wichtig. Immerhin, wenn derartige Aufschlüsse über das eigene Seelenleben zu haben wären, könnte man doch alle die verstehen, die von der Intuition und der Selbstversenkung genau dieses Erlebnis erhoffen.

Ich bin Ihnen jetzt noch schuldig, was Bion und die Gleichschwebende Aufmerksamkeit mit der Mystik zu tun haben, und ich hoffe, ich habe die Diskussion dieser Frage jetzt einigermaßen vorbereitet. Bion interessiert sich nicht zuerst für das mystische Erlebnis, und schon gar nicht für die existierenden religiösen Füllungen dieses Erlebnisses, sondern für die Tatsache, dass die Mystiker alles daran gesetzt haben und daran setzen, sich durch eine bestimmte methodische Vorbereitung an den Rand der Ermöglichung dieser

Wahrheitserfahrung als solcher zu bringen. Bion ist der Meinung, wenn ich ihn an dieser Stelle richtig interpretiere, dass diese Haltung gegenüber der Wahrheit diejenige ist, die von eigentlich jedem Wissenschaftler eingenommen wird, dass aber jeder Analytiker in jeder Sitzung eine entsprechende methodische Vorbereitung braucht, wenn er sich dem noch nie Verstandenen, noch nie zur Sprache gekommenen Seelischen des Patienten nähert. Bion hat in der Toleranz für Trennungsangst eine Erkenntnismöglichkeit entdeckt, die für psychotische Denkstörungen und für seelisches Wachstum kongenial ist und die der vorbereitenden Methodik von Mystikern entspricht, seelische Sicherheiten des Erinnerns, Wünschens und Denkens loszulassen. Der Analytiker konzentriert sich in der methodischen Unsicherheit des Nichtwissens auf die genial zerstörten Denkverhältnisse des Psychotikers in der empirisch gestützten Hoffnung der Psychoanalyse, dass Wahrheit gefunden werden kann und heilt. Das nennt Bion einen wissenschaftlichen Akt des Glaubens. Praktisch heißt das, dass der Analytiker im Material für jene Aspekte aufmerksam ist, die, auch wenn sie noch so vertraut sind, für ihn wie für den Patienten unbekannt sind. Dieser ungemütliche Zustand des Nichtwissens soll solange ohne Greifen nach Fakten und Logik ausgehalten werden, bis ein Muster auftaucht, das sich als Deutung formulieren lässt (vgl. Bion 1970, S. 124). Die Validierung der Deutung, d. h. ihre Übereinstimmung mit der seelischen Wirklichkeit, geschieht präzise in der Reaktion des Patienten, also durch den Patienten.

Damit soll der Weg dieses Vortrags an sein Ziel gekommen sein. Ich habe versucht, den Glaubens- und Gottesbegriff in Beziehung zu seinem individuellen Vorbild zu setzen, der normalen wie der neurotischen bzw. psychotischen unbewussten Überzeugung und ihrer »Dogmatisierung« durch das regulative Prinzip der Struktureinsetzung. Ebenso wollte ich die Lehre vom mystischen Apriori und vom Offenbarungsempfang auf den wissenschaftlichen Akt des Glaubens in der Gleichschwebenden Aufmerksamkeit des Analytikers zurück transformieren. Die Besprechung des Buches von Grunberger und Dessuant und des »Grundkurses in Ökonomie« war ein Versuch, eine Psychoanalyse von kollektiven Aspekten säkularer Religionsformen zu beginnen. Weit aufräumen können wir mit unseren wissenschaftlichen Mitteln nicht, um an Bodhi Dharma wieder anzuknüpfen, aber wenn ich mit meinen subjektiven Verständnissen in Bezug auf die religiösen Zentralbegriffe ein wenig Ordnung gemacht und aufgeräumt habe, dann kann die Frage nach der Wirklichkeit in Glaubensdingen vielleicht auch etwas aufgeräumter betrachtet werden.

Literatur

Baecker, D. (Hg.) (2003): Kapitalismus als Religion. Berlin (Kadmos).

Bekenntnisschriften der evangelisch-lutherischen Kirche. Göttingen (Vandenhoeck und Ruprecht), 2. Auflage 1956.

Beland, H. (1971): Bemerkungen zum Selbstgefühl. In: Bannach, H.-J. & Maetze, G. (Hg.) (1971): Psychoanalyse in Berlin. Meisenheim (A. Hain), S. 126–140.

Beland, H. (1992): Die zweifache Wurzel des Gefühls. Jahrbuch Psychoanalyse, 29, 63–91.

Beland, H. (1995): Stabilität und Veränderbarkeit psychischer Strukturen – Systemregulierendes Denken als Realitätstreue oder als Verleugnung (Allmacht). In: Schneider, G. &Seidler, G. H. (Hg.) (1995): Internalisierung und Strukturbildung. Opladen (Westdeutscher Verlag), S. 44–70.

Beland, H. (1996): Von der Allmacht der Gedanken (Freud) zur Allmacht über das Denken (Klein). Luzifer-Amor, 17, 134–166.

Beland, H. (2001a): Vorwort zur 3. Auflage von Bion, W. R. (1961): Erfahrungen in Gruppen und andere Schriften. Stuttgart (Klett-Cotta).

Beland, H. (2001b): Gestillt mit Tränen – vergiftet mit Milch. Bericht von den Nazareth-Gruppenkonferenzen »Germans and Israelis – The Past in the Present«. In: Bohleber, W. & Drews, S. (Hg.) (2001): Die Gegenwart der Psychoanalyse – die Psychoanalyse der Gegenwart. Stuttgart (Klett-Cotta), S. 120–127.

Beland, H. (2003): Zum Mechanismus der kritischen Einsetzung herrschender Bedeutungen (Strukturen). Jahrbuch der Psychoanalyse 47, S. 33–64).

Benjamin, W. (2003 [1921]): Kapitalismus als Religion. Abgedruckt in: Baecker, D. (Hg.) (2003): Kapitalismus als Religion. Berlin (Kadmos), S. 15–18.

Bezzell, C. (1988): Wittgenstein zur Einführung. Hamburg (Junius).

Bion, W. R. (1992): Elemente der Psychoanalyse. Frankfurt (Suhrkamp).

Bion, W. R. (1970): Attention and Interpretation. London, Sydney, Toronto, Wellington (Tavistock).

Bion, W. R. (2001): Erfahrungen in Gruppen und andere Schriften. Stuttgart (Klett-Cotta), 3. Auflage.

Buchner, H. (Hg.) (1958): Der Ochs und sein Hirte. Eine altchinesische Zen-Geschichte. Pfullingen (G. Neske), 4. Auflage 1981.

Durkheim, E. (1981): Die elementaren Formen des religiösen Lebens. Frankfurt am Main (Suhrkamp).

Freud, E. & Freud, L. (Hg.) (1960): Sigmund Freud. Briefe 1873–1939. Frankfurt (S. Fischer), 1968.

Freud, S. (1911b): Formulierungen über die zwei Prinzipien des psychischen Geschehens. G.W., Bd. 8, S. 229.

Freud, S. (1927c): Die Zukunft einer Illusion. G. W., Bd. 14, S. 287.
Freud, S. (1930a): Das Unbehagen in der Kultur. G.W., Bd. 14, S. 419.
Freud, S. (1939a [1934–38]): Der Mann Moses und die monotheistische Religion. G. W., Bd. 16, S. 101.
Freud, S. (1950): Aus den Anfängen der Psychoanalyse. Briefe an Wilhelm Fließ. Abhandlungen und Notizen aus den Jahren 1887–1902. Frankfurt am Main (S. Fischer).
Grunberger, B. & Dessuant, P. (2000 [1997]): Narzißmus, Christentum, Antisemitismus. Stuttgart (Klett-Cotta).
Horkheimer, M. & Adorno, T.W. (1969): Dialektik der Aufklärung. Frankfurt am Main (Fischer).
James, W. (1914): Die religiöse Erfahrung in ihrer Mannigfaltigkeit. Leipzig (J. C. Hinrich'sche Buchhandlung).
Jones, E. (1984 [1957]): Sigmund Freud. Leben und Werk. München (DTV), Bd. 3.
Money-Kyrle, R. (1968): Cognitive Development. In: Meltzer, D. & O'Shaughnessy, E. (Hg.) (1978): The Collected Papers of Roger Money-Kyrle. Strath Tay, Perthshire (Cluny Press), S. 416–436.
Schleiermacher, F. (1889 [1821]): Der christliche Glaube nach den Grundsätzen der evangelischen Kirche. 1. Teil. Bibliothek theologischer Klassiker, Band 13. Gotha (F. A. Perthes).
Schur, M. (1984): Das Es und die Regulationsprinzipien des psychischen Geschehens. Frankfurt am Main (Fischer).
Tillich, P. (1956): Systematische Theologie, Band 1. Stuttgart, 2. Aufl. (Evangelisches Verlagswerk).
Track, J. (1975): Der theologische Ansatz Paul Tillichs. Göttingen (Vandenhoeck & Ruprecht).

Glaube und Begehren: Zur Psychoanalyse der spirituellen Suche

Sudhir Kakar

In den Weltreligionen ist der Heilige eine archetypische Figur des Glaubens. Anders als der Priester, der die Beengtheit des Glaubens mit ihrer Starrheit und ihrem Festhalten an Dogmen verkörpert, verbildlicht der Heilige die Möglichkeiten menschlicher Freiheit. Ob nun der Heilige Franziskus von Assisi oder Theresa von Avila in der christlichen, Milarepa in der buddhistischen oder Mira Bai in der hinduistischen Tradition, der Heilige offenbart das andere Gesicht des Glaubens – der Glaube als Quelle der Freude, der Wunder und der Ehrfurcht. Trotz seiner Mängel und eigenartigen Verhaltensweisen, die häufig an das Bizarre grenzen, ist der Heilige der Erweiterung des menschlichen Potentials verpflichtet. Daher verdient er die genaue Aufmerksamkeit und sogar die Bewunderung des Analytikers. Von besonderem Interesse ist der Konflikt des Heiligen mit dem Begehren, ein Konflikt, der uns allen gemeinsam ist. Bei den Heiligen nimmt dieser Konflikt jedoch eine ganz besondere Intensität an und eine Resonanz, die für seine spirituelle Entwicklung unerlässlich ist. Der Konflikt des Heiligen mit dem Begehren und dessen Verbindung mit seinem spirituellen Leben ist das Thema dieses Vortrags.

Im Jahr 1480 n. Chr. kehrte ein junger Mann, in der gesamten Himalaya-Region als Drukpa Kunley bekannt, nach Jahren beschwerlicher, mönchischer Ausbildung nach Hause zurück. Er war 25 Jahre alt.

In den Jahren seiner Ausbildung hatte der stets frühreife Kunley sämtliche Doktrinen seiner Schule gemeistert und folgte ihnen gewissenhaft. Nach seiner Erleuchtung legte er seine mönchischen Roben ab, gab systematisches Yoga und Meditation auf und entschied sich, das Wander-Leben eines umherziehenden Bettlers zu führen. Es ist dieses Leben, voller sexueller Abenteuer, Lebenslust, Magie und dem Erwachen von Menschen, die ihm auf seinen Reisen begegneten, die Kunley zum Kulturhelden Bhutans und zu einem der populärsten Heiligen Tibets machten. Er wird von den Völkern des Himalaya nicht nur mit Ehrfurcht, sondern ebenso mit Sympathie und Zuneigung bedacht.

Bevor Kunley seine Reise als Wander-Bettler begann, berichtet seine Legende von einer einzigartigen Begegnung mit seiner Mutter, die ich im Folgenden näher erläutern will. Bei dieser Begegnung handelt es sich um eine sogenannte ›unfertige Angelegenheit‹, die erst abgeschlossen werden musste, bevor er als ein ›verrückter Heiliger‹ sein weltliches Leben ganz aufgeben konnte.

Als Kunley nach seiner Ausbildung nach Hause zurück kam, gab ihm seine Mutter unaufgefordert einige mütterliche Ratschläge, ohne sich im Klaren über seine geheime Identität zu sein, nämlich seine Erleuchtung zum buddhistischen Lama. Sie wies ihn zurecht: »Wenn du entscheidest, als heiliger Mann auf Erden zu weilen, musst du ein reines, spirituelles Leben führen, das stets im Dienste anderer steht. Falls du aber entscheidest, lieber das Leben eines Laien zu führen, dann solltest du dir eine Frau nehmen, die deiner alten Mutter im Haushalt helfen wird« (Dowman & Paljor 1998, S. 7). Kunley antwortete seiner Mutter, dass er sich eine Frau suchen werde. Er wählte auf dem Marktplatz eine zahnlose, alte Hexe aus und trug sie auf dem Rücken nach Hause. Seine entsetzte Mutter bestand darauf, dass er die Alte sofort zum Marktplatz zurückbringe, mit den Worten: »ich könnte ihre Arbeit besser verrichten.« In derselben Nacht kam Kunley mit seiner Decke zum Bett der Mutter.

»Was willst du?«, fragte die Mutter.

»Heute Morgen hast du gesagt, du würdest die Pflichten einer Ehefrau auf dich nehmen, nicht wahr?«, antwortete Kunley.

»Du schamlose Kreatur«, erwiderte seine Mutter. »Ich sprach von der Hausarbeit. Jetzt benimm dich nicht dümmerlich und gehe zu Bett.«

»Du hättest heute morgen sagen müssen, was du meintest«, sagte der Lama und legte sich zu ihr. »Jetzt ist es zu spät, wir werden miteinander schlafen.«

»Halt den Mund und verschwinde, du elender Hund«, fluchte sie.

»Mein Knie schmerzt und ich kann nicht aufstehen. Du findest dich besser damit ab«, drängte er.

»Auch wenn du ohne Scham bist«, sagte sie, »was werden die anderen Leute denken? Stell dir den Klatsch bloß vor!«

»Wenn du Angst vor dem Klatsch hast, können wir es geheim halten«, versprach er. Schließlich, ohne weitere Argumente der Abweisung zu finden, sagte sie, »du musst nicht auf mich hören, aber erzähle es niemandem. Also, mach es, wenn du willst.«

Als er diese Worte aus dem Mund seiner Mutter hörte, sprang Kunley entsetzt auf und ließ sie allein. Am folgenden Morgen ging er zum Marktplatz und rief: »He, ihr Leute, hört! Wenn ihr darauf besteht, könnt ihr sogar eure eigene Mutter verführen« (Dowman & Paljor 1998, S. 8–9). Indem er das Geheimnis seiner Mutter öffentlich machte, wurden, der Legende nach, alle ihre Fehler getilgt und sie lebte bis zum hohen Alter von 130 Jahren. Kurz nach diesem Vorfall entschloss Kunley sich, das Leben eines Heiligen zu führen.

Eine tibetisch-buddhistische Lesform dieser Legende würde wahrscheinlich die folgenden drei Punkte hervorheben, um die tiefere Bedeutung der Geschichte zu erläutern:

Erstens, Kunley ist kein asketischer Mönch, sondern ein geheimer Tantriker. Tantra ist nicht nur berüchtigt für den Gebrauch der Sexualität beim spirituellen Streben, sondern auch charakterisiert durch zutiefst subversive Absichten. Der fast vollzogene Mutter-Sohn-Inzest in der Kunley-Geschichte ist nicht nur irgendein Tabu, das gebrochen wird, sondern das Tabu schlechthin. Mit anderen Worten, ein Tantriker vermag – wenn er es will – jegliche Grenzen zu überschreiten.

Zweitens, Kunley ist ein ›verrückter Heiliger‹ in der Tradition der 84 Mahasiddhas – »die großen Vollendeten« – die zwischen dem 8. und 12. Jahrhundert in Nordindien lebten und zu denen beispielsweise auch der bekannte tibetische Heilige Milarepa zählt. Wie dieser Lehrer ›verrückter Weisheit‹, belehrt auch Kunley mit Parabeln, Liedern und Handlungen, die offen skandalös sind. Diese skandalösen Handlungen sollen dazu dienen, die Zuhörer oder Betrachter aus ihrer konventionellen Vorstellungswelt aufzurütteln – die Möbel im Haus sozusagen neu zu arrangieren –, damit Türen im Geist geöffnet werden, um ungewöhnliche spirituelle Gäste empfangen zu können. Das inzestuöse Angebot des Lamas gegenüber seiner Mutter ist dann lediglich einer seiner unerhörten Schocker, die dazu dienen, den Weg zur Buddhaschaft für andere zu ebnen. Weitere schockierende Handlungen dieser Art sind das Bepinkeln eines heiligen Mandala-Thankas oder Kunleys derber Spott über die Selbstzufriedenheit religiöser Würdenträger. So erlaubte sich Kunley beispielsweise einmal, einige Mönche in ihren metaphysischen Diskussionen zu unterbrechen mit den Worten: »Ich weiß auch ein wenig über Metaphysik Bescheid«, wobei er sich eine Handvoll seines eigenen Furzes griff, es den Mönchen unter die Nase hielt und unschuldig fragte: »Was war zuerst da, die Luft oder der Geruch?« (Dowman & Paljor 1998, S. 33).

Drittens, die Geschichte mit seiner Mutter wird weder als ein Teil von Kunleys historischer Biographie noch als ein Teil seiner spirituellen Biographie betrachtet. Vielmehr gehören derartige Geschichten zu einem dritten Genre, das die Tibeter ›geheime Biographie‹ nennen. In einer geheimen Biographie, erklärt der Tibeter Choegyal Gyamtso Tulku, wird zwischen externer und interner Welt, also zwischen Realität und Imagination, nicht unterschieden (Dowman & Paljor 1998, S. xxvi). Ihr Ziel ist, andere Menschen zu erleuchten.

Als Analytiker würde ich jedoch noch einen anderen Sinn als diesen Sinn anbieten. Die Geschichte Kunleys mit dem ›dritten Ohr‹ des Analytikers anzuhören und psychoanalytisch zu deuten, erschafft eine andere Form ›geheimer Biographie‹, die sich mehr Freud und den Nach-Freudianern verpflichtet sieht, als dem Buddha und tantrischen Meistern. Die psychoanalytische geheime Biographie will den Zuhörer ebenfalls anleiten und hoffentlich auch unterhalten, wobei ihre Lesart komplementär zu der buddhistischen Lesart ist. Mit anderen Worten, obgleich sie anders verfährt, spricht auch sie grundlegende, universell gültige menschliche Begierden und Dilemmas an.

Mit meiner hier angewandten Lesart wird Kunleys Geschichte nicht als eine Biographie im konventionellen, westlichen Sinne betrachtet, bei der der Fokus ausschließlich auf die Individualität des Subjekts und auf intime Details des persönlichen Lebens gerichtet ist. Anders als in der westlichen Biographie werden in Kunleys Geschichte Raster einer idealisierten buddhistischen Hagiographie wiederholt, auch wenn die originelle Persönlichkeit des Heiligen klar heraus tritt. Typische Züge buddhistischer Hagiographien, die auch in Kunleys Biographie Gewicht haben, sind beispielsweise die gehobene spirituelle Herkunft, Frühreife, ein früher Verzicht auf das weltliche Leben aufgrund von Desillusionierung, sowie eine langjährige Phase des Lernens und der meditativen Praxis (vgl. Gyatso 1985). Einige der Gespräche, die in Kunleys Geschichte überliefert sind, sind selbst in den Biographien anderer tibetisch-buddhistischer Meister zu finden. So beispielsweise Kunleys Antwort an fünf Mädchen, die er auf einer seiner Wanderungen trifft und die ihn fragen, woher er komme und wohin er gehe. »Ich komme von hinten und ich gehe nach vorne«, sagte er. Dieselbe Konversation in genau den gleichen Worten, findet sich auch in der biographischen Aufzeichnung des buddhistischen Lamas Patrul Rinpoche, mit dem Unterschied, dass der Gesprächspartner dort ein Einsiedler ist (Trungpa 1985, S. 85).

Obgleich einige der Vorfälle, die in Kunleys Geschichte erzählt werden, durchaus eine historische Basis haben können, ist es für die psychoanalytische Lesart das Beste, die Geschichten als Folklore statt als Teil einer realen Lebensgeschichte zu betrachten. Der Fokus einer solchen Lesart verschiebt sich dann von der Biographie des Helden auf die Psyche des Publikums. Mit anderen Worten, solche Geschichten, die mit anderen geteilt und über Generationen wiederholt und verbreitet werden, ermöglichen uns einen Einblick, was im tibetischen Kulturkreis als Hindernis und Dilemma auf dem Weg zur spirituellen Erleuchtung betrachtet wird. Außerdem ist Kunley für die tibetischen Betrachter wie ein ›reflektierender Spiegel‹, der ihnen ermöglicht, sowohl ihre eigenen versteckten Bedürfnisse und Konflikte als auch ihr spirituelles Potential zu erkennen.

Bei einer solchen Lesart muss die Einstellung des Analytikers gegenüber dem Held und seinen Heldentaten nicht unbedingt von der eines traditionellen Tibeters abweichen, der seinen Geist wach halten und in respektvoller Haltung, mit klarem Verstand, entspannt zuhören soll.

Für mich ist die Begegnung Kunleys mit seiner Mutter eine einfallsreiche Inszenierung aus dem Drama des menschlichen sexuellen Begehrens. Psychoanalytisch ausgedrückt, ist die Begegnung mit seiner Mutter eine unbewusste Phantasie, die sich aus den halluzinatorischen Ressourcen des Begehrens selbst schöpft. Phantasie natürlich ist die bevorzugte Verkleidung des Begehrens, um sich selbst zu repräsentieren. Sie übt, wie wir alle wissen, im Verlauf des Lebens eine zähe Faszination aus. Indem das Begehren Phantasien entwickelt und Bilder hervorruft, die fast, aber nicht ganz existieren, indem sie symbolisch Befriedigungen wiederholt, die nie ein Ende finden, will sie nicht nur Lust gewinnen oder Ängste abwehren, sondern auch das Unbewusste für Bedeutungen öffnen, die für die Herausbildung, Stärkung und Integration des Selbst unerlässlich sind.

In der hier beschriebenen Phantasie ist Kunley der Held der phallischen Phase in der frühen Kindheit – die Verkörperung phallischer Großartigkeit, die der kleine Junge ersehnt.

Kinder, die Kunley an eine Wand pinkeln sehen, rufen erstaunt: »Was für einen enormen Schwanz und was für große Eier er hat!« Kunleys Gabe der Vorhersehung, seine magischen Kräfte und seine Fähigkeit, Körperformen beliebig zu wechseln, ist der Stoff, aus dem sich die Vorstellungswelt kleiner Jungen zusammensetzt. Sie erlauben dem Kind, Initiative zu ergreifen – was Erik Erikson (1952) die Phase der›Initiative‹ gegen ›Schuld‹ nannte – und sich in einer Welt zu behaupten, in der die Erwachsenen mit so unverhältnismäßig viel Macht ausgestattet sind. Der Besitz einer ›geheimen Identität‹ – der Buddhaschaft –, die Menschen in Staunen und Ehrfurcht versetzen würde, wären sie sich ihrer nur bewusst, ist vergleichbar mit den omnipotenten Phantasien eines kleinen Jungen als weiterer Versuch, die Diskrepanzen zwischen der Innen- und Außenwelt aufzulösen. Es ist der Versuch, die Kluft dazwischen, wie sich das Kind oft selbst wahrnimmt und wie es von den Erwachsenen wahrgenommen wird, zu überbrücken – ein Thema, das sich in dieser Lebensphase in der Phantasiewelt des Begehrens groß abzeichnet.

Kunley ist auch ein Fruchtbarkeits-Heiliger, dessen Segen von vielen kinderlosen Frauen begehrt wird, die das Chime Lhakong Kloster, das Kunley im frühen 16. Jahrhundert in Bhutan gründete, besuchen. Dabei handelt es sich nicht nur um Frauen aus Bhutan, sondern ebenso aus den USA und Japan. Falls irgendwelche Zweifel an Kunleys magischem und majestätischem Organ bestehen – sein »Donnerkeil der flammenden Weisheit«, wie die Texte es benennen – dann wird dieser Zweifel schnellstens zerstreut, wenn man hört, was er mit seinem Organ alles zu bewirken vermag. So beispielsweise in Kämpfen mit Dämonen, ganz abgesehen von seinen Begegnungen mit Jungfrauen. Mehr als einmal wird sein Penis als Hammer eingesetzt, um die Zähne männlicher Dämonen zu zerschlagen, um sie damit – wie wir auch aus der psychoanalytischen Sprache der Träume wissen – ihrer Potenz zu berauben. Eine Dämonin setzt Kunley außer Gefecht, indem er sie in seine Vorhaut einwickelt. Eine dieser Legenden lautet wie folgt: Als Kunley einmal das Territorium des Dämons von Wong betrat, traf er nur eine alte Frau an, da der Dämon alle anderen Einwohner bereits gefressen hatte (Dowman & Paljor 1998, S. 90–91). Kunley legte sich, nachdem er sich selbst eine enorme Erektion verschafft hatte, nackt auf den Boden, was den Dämon und seine Gehilfen sehr nervös werden ließ. Sie entschieden, von ihm abzulassen und statt dessen die alte Frau zu fressen. Rasch eilte der Lama daraufhin zum Haus der alten Frau und versprach, sie vor dem Dämon zu schützen. Als dieser mit seinen Gehilfen kam, um die Alte zu fressen, schlug er ihn mit seinem Phallus zu Boden. Der Dämon ergab sich und versprach, von nun an dem Weg des Buddha zu folgen.

Kunleys Phallus entmannt nicht nur gewaltsam die Monster der kindlichen Vorstellungswelt, die das Begehren des Kindes bedrohen. Als Donnerkeil der Erleuchtung verwandelt er, wie die Geschichte zeigt, auch Bösewichte in Beschützer der Wahrheit des Buddha.

Kunley ist wahrscheinlich der einzige Heilige in den Weltreligionen, der ausschließlich mit dem Phallus und dessen schöpferischer Kraft identifiziert wird. Die Außenwände vieler bhutanesischer Häuser sind bis heute mit der unverhohlenen Darstellung seines erigierten Organs bemalt. Selbst in Thankas – den heiligen, tibetischen Rollbildern – wird er traditionell mit einem Stock, der einen Peniskopf hat, dargestellt. Sein Phallus ist, wie wir gesehen haben, nicht nur die kindliche Imagination von Macht und Potenz, sondern auch Ausdruck ›flammender Weisheit‹, die die Dämonen der Unkenntnis und Verblendung vernichtet und den Menschen zu seiner wirklichen Buddha-Natur erweckt. Letzteres ist ein Aspekt eines möglichen, idealen Zustands spiritueller Vollkommenheit – das Lacanische Reale. Wie gewöhnlich nutzt Religion hier den gleichen Stoff, der sich auch in den Werkstätten des Begehrens findet; die Formen, die dort gestaltet werden, sind oft lediglich Transformationen menschlichen Begehrens. Der phallische Donnerkeil, ein tibetisch-buddhistisches Symbol für die Erfüllung spiritueller Bestrebungen im Menschen, ist gleichzeitig Beschützer des Begehrens.

Im Donnerkeil vereinen sich symbolisch Begehren und Spiritualität. Obwohl beide den gleichen Ursprung haben und eng miteinander verbunden sind, laufen sie, wie die Gleise eines Zuges, parallel zueinander. Nur selten berühren sie sich im leeren Raum, der sich ewig zwischen ihnen dehnt. Erst wenn sich der Bühnenvorhang schließt und sich das Repertoire der Theatervorführungen des Begehrens erschöpft hat, scheint der Auftakt zur mystischen Erleuchtung gegeben zu sein. Für die meisten von uns tritt das Zuziehen des Vorhangs – das Ende des Begehrens – mit dem physischen Tod ein, dem Ende des Körpers. Das gilt nicht für den Mystiker, der mit der Anwendung verschiedener spiritueller Praktiken die Gespenster und Illusionen des Begehrens zu vernichten versucht. Er ist empfindlicher oder poröser gegenüber dem Spirituellen, das sich in ihm zu manifestieren versucht, indem es die Grenzen, die es mit dem Begehren teilt, durchbricht.

Ein erleuchteter Mystiker entwickelt – um Winfred Bions Formulierung in einem anderen Kontext zu verwenden – einen ›intensiven Strahl der Dunkelheit‹, der die innere Topographie des Spirituellen beleuchtet – eine Landschaft, die nicht von Lust- und Realitätsprinzipien beherrscht wird. Während dieses mystischen Erlebnisses überflutet das Spirituelle das Gelände des Begehrens, wobei die vertrauten, wenn auch beunruhigenden Züge des Begehrens für eine Weile untertauchen.

Kunleys inzestuöse Begegnung mit seiner Mutter ist eine Navigation durch eine spätere, aber entscheidende Szene im Drama des Begehrens. Die erste Szene dieses Dramas wurzelt bekanntlich in den Anfängen der Mutter-Kind-Beziehung, während welcher dem Säugling die Substanz des Begehrens mit der Muttermilch sozusagen injiziert wird. Hier finden die hartnäckigsten Illusionen des Begehrens ihren Anfang – Phantasien, die vom Mystiker, der über die Grenzen des Begehrens hinauslangen will, verscheucht werden müssen.

In der phallischen Phase, in der Kunley sich befindet, kreist das Begehren um das universelle Tabu des Mutter-Sohn-Inzests. Der kleine Junge kämpft gegen die Erkenntnis seiner sexuellen Unzulänglichkeit in bezug auf die ausgewachsenen Genitalien der Mutter, während er verzweifelt versucht, den Ärger seiner ödipalen Niederlage einzustecken. In Kunleys Wiederholungsdrama dieser frühen Szene ist die Hilflosigkeit nicht die des Jungen, sondern die der Frau; der sexuelle Angreifer ist hier der Sohn, nicht die Mutter. Kunleys Verführung der Mutter ist der Versuch, ein Trauma zu meistern, indem er das, was passiv geduldet wurde, in ein aktives Unternehmen umwandelt, um so der überwältigenden, traumatischen und doch zutiefst verführerischen Gegenwart der frühen Mutter zu entfliehen. Der beunruhigende Teil dieser Geschichte ist die Enthüllung des Begehrens der Mutter, das sich sorgfältig hinter einer gewissenhaft konstruierten illusorischen Struktur der Mutter-Sohn-Beziehung verbirgt. In ihrer Fügsamkeit gegenüber Kunleys sexuellen Forderungen ist die Mutter stärker darüber beunruhigt, dass der Inzest öffentlich werden könnte, als über unerträgliche Schuldgefühle oder ihr eigenes Entsetzen darüber, dieses Tabu brechen zu wollen.

Die Geschichte ist also eine vergessene und dennoch unvergessliche Szene sexuellen Begehrens in der Mutter-Sohn-Beziehung. Um eine erinnerungswürdige Formulierung Adam Phillips (1994, S. 22) über den psychoanalytischen Prozess in unseren Kontext zu betten, muss der Lama ›auf eine Art und Weise erinnern, die ihn befreit zu vergessen.‹ Dies gelingt, indem Kunley das ursprüngliche Dilemma des Begehrens neu erschafft, um es aufzugeben und so seine spirituelle Reise fortzusetzen.

Der am wenigstens annehmbare Teil – das Begehren der Mutter – ist gleichzeitig auch die unerwartete Störung in der dramatischen Wiederbelebung der Kindheitsszene. Dennoch wird die Therapie für beide, Mutter und Sohn, erfolgreich beendet. Indem die geheimen inzestuösen Wünsche der Mutter öffentlich werden, werden – wie die Legende besagt – ›ihre Fehler getilgt, ihre Sünden gesühnt und ihre Trübsal beseitigt‹ (Dowman and Paljor 1998, S. 9). Der Sohn hingegen, gelöst von seinem ödipalen Begehren und befreit von dem, was ich woanders als ›mütterliche Fesselung‹ umschrieben habe (Kakar 1997, S. 74), kann nun als reifer Mensch seine sexuelle und spirituelle Reise antreten.

Ich komme nun zum zweiten Fall, dem bekannten hinduistischen Guru Swami Muktananda, der in den 70er Jahren auch in westlichen Kreisen zur Berühmtheit gelangte. Muktanandas spirituelle Autobiographie ist das Beispiel eines weiteren Heiligen, der die wiederkehrenden inzestuösen Konflikte und sein Begehren bewusst meistert. Der zweite Teil der Autobiographie Muktanandas, die von seinen spirituellen Fortschritten handelt, ist ein bemerkenswertes Dokument, in dem seine meditativen Erfahrungen über mehrere Monate in pedantischer Genauigkeit festgehalten sind. Während er verschiedene Bewusstseinsstadien durchläuft, gibt Muktananda uns faszinierende Beschreibungen seiner vielen Visionen – sowohl glückselige als auch entsetzliche. Er berichtet von körperlichen Veränderungen und emotionalen Achterbahnfahrten, von ekstatischen Höhen und mentalen Zusammenbrüchen, die seine Meditationen begleitet haben. Und dann, im Verlauf dieser spirituellen Reise, ereignet sich etwas, das die Reise zu bedrohen scheint, bevor das Ziel erreicht ist.

Während einer geraumen Zeit war seine meditative Siddha-Yoga-Praxis, ausgerichtet auf die vollkommene Verschmelzung mit dem Guru, glatt verlaufen. Ein ›göttliches rotes Licht‹, begleitet von intensivsten Gefühlen der Freude und des stillen Glücks, war in dieser Zeit stets gegenwärtig (Muktananda 1994). Dann jedoch beschreibt Muktananda (1994, S. 104), wie er von einer machtvollen sexuellen Begierde erfasst wurde und dabei die Fähigkeit verlor, seinen Guru zu verehren und seine Mantren zu rezitieren. Er war erstaunt über die »unkontrollierbare Kraft meines sexuellen Organs« und sein Körper kochte vor Begehren (ebd., S. 105). Wenn er seine Augen schloss, sah er »ein wunderschönes, nacktes Mädchen« und konnte nicht weiter meditieren. An einer Stelle beschreibt Muktananda »mein Penis riss meinen Lendenschurz entzwei und grub sich gewaltsam in meinen Nabel, wo er für einige Zeit verharrte. Wer vergewaltigt mich so?«. Schließlich realisierte er, dass das, was ihm passierte, »der Weg zur spirituellen Erleuchtung war« (ebd., S. 108). Ein großer Mystiker eröffnete ihm, dass die nackte Frau, die ihm in seinen Visionen erschien, die Muttergottheit Kundalini ist. Sie erschien, damit er sich seiner sexuellen Gelüste gewahr wird, sie überwindet und von Begehren befreit wird. Der Mystiker fuhr fort, dass die Muttergöttin alle möglichen Formen – nackt oder bekleidet – annehmen kann und dass er an sie hätte denken sollen, als er die nackte Frau in seinen Visionen sah. Nach dieser Krise machte Muktananda große Fortschritte in seiner spirituellen Praxis.

Wenn ich an diesen Bericht Muktanandas denke, komme ich nicht umhin, mich an eine Passage von Freud zu erinnert, in der er schreibt:

> »Der Mensch (...) fühlt sich souverän in seiner eigenen Seele. (...) In gewissen Krankheiten (...) tauchen plötzlich Gedanken auf, von denen man nicht weiß, woher sie kommen; man kann auch nichts dazu tun, sie zu vertreiben. Diese fremden Gäste scheinen selbst mächtiger zu sein als die dem Ich unterworfenen. (...) Oder es kommen Impulse, die wie die eines Fremden sind, so daß das Ich sie verleugnet, aber es muß sich doch vor ihnen fürchten und Vorsichtsmaßnahmen gegen sie treffen. Das Ich sagt sich, das ist eine Krankheit, eine fremde Invasion. (...) Die Psychoanalyse unternimmt es, diese unheimlichen Krankheitsfälle aufzuklären (...), und kann dem Ich endlich sagen: ›Es ist nichts Fremdes in dich gefahren; ein Teil von deinem eigenen Seelenleben hat sich deiner Kenntnis und der Herrschaft deines Willens entzogen‹«. (Freud 1917, GW 12, S. 8–10)

Muktanandas meditative Bewusstseinsstufe ist keine Krankheit und seine Visionen sind nicht unheimliche Störungen. Dennoch, der essentiellen Wahrheit von Freuds Beobachtungen zustimmend, ist ein Psychoanalytiker – selbst einer wie ich, der Respekt hat gegenüber dem spirituellen Leben und Bestrebungen eines Menschen – dazu gezwungen, sich zu fragen, ob die Visionen Muktanandas von der Muttergöttin nicht auch die Wiederauferstehung einer anderen, mehr psychologischen als spirituellen Begegnung sind – nämlich die des Kindes mit seiner irdischen Mutter.

Die Vision bezieht die überraschende Begegnung des Sohnes mit der echten Mutter ein, deren Bild nun durch seine Phantasie verwischt, retuschiert und reproduziert wird. Die nächste Frage ist: Welche Mutter? Obgleich die nackte Muttergöttin dem meditierenden Heiligen anfänglich ein Rätsel aufgibt, ist sie offensichtlich keine Dämonin der infantilen Phantasie, noch ist sie die monströse Sphinx oder die Medusa, die ihre Betrachter versteinert.

Der Schlüssel zur Identität der Göttin – eine Identität, die in den frühen Jahren der Lebensgeschichte des Heiligen vergraben ist – liegt in ihrer verzaubernden Schönheit und den Auswirkungen, die sie auf den Penis unseres Helden hat. Sie ist die Mutter seiner frühen Kindheit – psychoanalytisch gesprochen, die ödipale Mutter – aus einem Zeitraum, der mit dem Beginn der Bewusstwerdung und Identität assoziiert wird. Nämlich, wenn die Entdeckung des Penis und die exquisiten, beunruhigenden Empfindungen, die er hervorruft, zusammenfällt mit der Faszination und dem Glanz der Mutter. Ihre Schönheit belebt, aber entflammt auch die Sinne des Jungen, dessen Selbstbeherrschung bedroht wird. Die Vision der Göttin ist dann eine Deckerinnerung, hinter der sich ein Haufen Erinnerungen aus einer Zeit versteckt halten, in der Klein-Muktanandas Liebesbeziehung zu seiner Mutter – die unbestrittene Göttin seiner inneren Welt – sich auf ihrem Höhepunkt befand und dem Sohn – in voller Blüte seines Begehrens – von der Mutter eine großartige Zukunft versprochen wurde. Die Behauptung, dass die Vision der Mutter Kundalini ihren Ursprung in Muktanandas psychischem Substrat hat und ihr durch die inzestuös aufgeladene Darstellung seiner wirklichen Mutter Form verliehen wird, ist keine einschränkende Lesart seines spirituellen Dramas. Ich habe keinerlei Absicht, die Visionen der nackten Göttin auf Halluzinationen oder hypnagogische Fata Morganen zu reduzieren. Die Kraft eines religiös-spirituellen Zeichens – in diesem Fall die Göttin Kundalini – ist notwendig, damit einer imaginären Form die Dichte des Fleisches verliehen werden kann. Muktanandas glühende Überzeugung von der Realität der Göttin ist unablässlich – auch wenn sie nackt und in schamloser Weise in sein Bewusstsein dringt –, um ihr eine sichtbare, plastische Existenz zu geben. Und obwohl sowohl neurotische Halluzinationen als auch mystische Visionen in ähnlicher Art und Weise verlaufen, nämlich indem sich Gedanken in imaginierte Formen verwandeln, so besteht dennoch ein grundlegender Unterschied zwischen beiden. Wie Antoine Vergote (1988, S. 182) bemerkt, wird im Mystiker – und das gilt, wie wir gesehen haben, auch für Muktanandas Visionen der Göttin Kundalini – die Faszination, die das imaginierte Bild hervorruft, durch einen Strom bewusster Gedanken kontrolliert. Damit wird verhindert, dass das Bewusstsein von dem imaginierten Bild total vereinnahmt wird

Wie geht Muktananda mit der ihn verzaubernden Mutter um? Anders als Kunley, der die Rollen von Mutter und Sohn in der Inszenierung der Verführungs-Phantasie umkehrt, wählt Muktananda eine gänzlich andere Strategie. Er kämpft anfangs dagegen an, in den Strudel sexuellen Begehrens gezogen zu werden, indem er seinen Guru Nityananda anruft. Diese Anrufung ist ein Versuch, seine Identität mit dem Guru wiederherzustellen und zu erhalten. In der passenden, wenn auch uneleganten Sprache der Psychoanalyse versucht Muktananda mit der Anrufung des Gurus, sich den omnipotenten, väterlichen Phallus zu holen, um sich gegen das überwältigende mütterliche Bildnis und das gefährliche Verlangen der Verschmelzung zu schützen.

Mit der Unterstützung des Phallus des Guru kann Muktananda den nächsten Schritt machen, nämlich, das Objekt der Begierde durch einen Prozess der Idealisierung zu modifizieren. Die zutiefst schockierende und beunruhigende Sexualität der Mutter wird verklärt und ihre Person zur Göttin transformiert, die Schutz und spirituelle Größe verspricht. Diese Idealisierung von Müttern im allgemeinen sowie seiner eigenen Mutter im besonderen wird in der Widmung von Muktanandas spiritueller Biographie ausgeführt. Nachdem er Reue zum Ausdruck brachte, sein Elternhaus im Alter von fünfzehn Jahren verlassen zu haben, um seine spirituelle Suche zu beginnen, und damit seiner Mutter viel Schmerz und Kummer bereitet zu haben, schreibt Muktananda (1994, S. 7):

> »Kinder tragen gegenüber ihren Müttern eine große Schuld. Mütter nähren die Kinder mit ihrem Lebenssäften; sie geben ihr eigenes Glück zugunsten der Kinder auf. Was hat meine Mutter für ihren lieben Sohn nicht alles getan! Was für Vorstellungen und Pläne sie für mich gehabt haben muss! Wie viele Götter und Göttinnen sie zugunsten meines Glücks besänftigt haben muss.«

Bedeutet die Auslöschung der Zeichen des Begehrens im Antlitz von Mutter und Sohn, die in den spirituellen Disziplinen so dramatisch inszeniert wird, dass der Mystiker sich erfolgreich und permanent von aller sexueller Begierde befreit hat? Oder ist Muktanandas Idealisierung der Mutter bloß eine List mit dem Ziel der Verdrängung, statt eine echte Sublimierung? Muktananda würde wahrscheinlich letzteres beanspruchen. Er würde versichern, dass nach einem so radikalen Einschnitt des Begehrens sein scheinbar sexuelles Verhalten frei von jeglichen sexuellen Intentionen ist und ganz andere Ziele verfolgt, als der unerleuchtete Zuschauer annimmt. Mein Anliegen hier ist jedoch nicht, diese Behauptung Muktanandas auf sein späteres Leben zu beziehen, insbesondere seine sexuellen Experimente im Alter,[1] sondern ich möchte hier die Rolle erläutern, die die Verführung in der Erschaffung eines Heiligen spielt.

Wie wir oben gesehen haben, ist die Verführung – bei beiden, Kunley und Muktananda – ein bedeutendes Hindernis, das vom Begehren auf dem Weg des spirituellen Fortschritts aufgestellt wird. Verführung ist eine der Ur-Phantasien, von denen Freud (1915) annahm, dass sie die Grundlage des psychischen Lebens bilden, unabhängig von den spezifischen, persönlichen Erfahrungen verschiedener Individuen. Entsprechend müssen diese Ur-Phantasien auch von einem aufstrebenden Mystiker, der eine radikale Neustrukturierung seiner Psyche anstrebt, irgendwie verarbeitet werden. Dies gilt insbesondere für die Verführung, die vielleicht eine vorrangige Position unter den Ur-Phantasien einnimmt – zumindest bei einigen Yoga-Schulen, wie dem Siddha-Yoga. Aufbauend auf Freuds Behauptung, dass die Mutter nicht nur eine nährende Funktion hat, sondern ebenso die Grundzüge des Erogenen übermittelt, hebt Jean Laplanche (1995) hervor, dass die psychische Realität der Verführung eine gemeinsame Schöpfung von Eltern und Kind ist. Mit anderen Worten, das verführerische Verhalten der Mutter in der Mutter-Sohn-Beziehung, die das Gleichgewicht eines selbst hoch entwickelten Heiligen stören kann, ist weder die Konsequenz einer wirklichen, konkreten Verführung noch die lustvolle, wunscherfüllende und gleichzeitig grauenerregende Phantasie des Sohnes. Die Allgegenwart der Verführung gründet sich vielmehr auf der Präsenz eines sexuellen Unbewussten im Erwachsenen. Dieses sexuelle Unbewusste – in diesem Fall das der Mutter – wird mit ihrer physischen Umsorgung an das Kind vermittelt. So schreibt beispielsweise Laplanche, dass sowohl Freuds Vorstellung kindlicher Befriedigung an der Brust der Mutter, als auch die Kleiniane Konstruktion der Brust als ›gutes‹ oder ›schlechtes‹ Objekt übersehen, dass die Brust

[1] Manche seiner Jünger haben gegen den älteren Muktananda Vorwürfe erhoben bezüglich einer Ausbeutung von Abhängigen im sexuellen und finanziellen Bereich.

für die Mutter primär sexuell ist, nämlich eine erogene Zone als Teil ihres sexuellen Lebens (Laplanche 1995, S. 659–660). Als solche schickt die Brust eine Mitteilung an das Kind – und diese Mitteilung ist in erster Linie sexuell, was jedoch sowohl für den Empfänger als auch den Übermittler häufig unklar oder undurchsichtig ist. Laplanche (1995) vergleicht ihre Realität mit der der Parapraxis, des Versprechers. Vereinfacht gesagt, findet in der Mutter-Kind-Interaktion sehr viel mehr Verführung statt, als von Mutter oder Kind wahrgenommen wird. Es muss jedoch daran erinnert werden, dass die Verführung in der Mutter-Sohn-Beziehung stets asymmetrisch ist, denn die sexuelle Mitteilung stammt vom Erwachsenen, auch wenn sie ein Versprecher, ein ›slip of the tongue‹, ist. Wir würden uns dabei aber irreleiten lassen, wenn wir die Verführung lediglich als Wunschvorstellung des Sohnes oder als tatsächlichen Missbrauch der Mutter deuteten.

Ich sollte an diesem Punkt hervorheben, dass die Wiederholung der mütterlichen Verführung auf dem spirituellen Weg eines Heiligen ein Drama ist, das real sein könnte, es aber nie war. In Fällen tatsächlicher inzestuöser Verführung des Sohnes sind hypnoide Zustände während der psychoanalytischen Behandlung nicht ungewöhnlich. Dieser veränderte Bewusstseinszustand ist in seinem Wesen vergleichbar einem hysterischen Symptom – ein Erinnern, ohne zu erinnern. Der Patient hält gewöhnlich an diesem Zustand mit großer Beharrlichkeit fest und hat einen deutlichen Widerwillen, die symbiotische Verbindung mit der verführenden Mutter aufzugeben.

Erinnerungen an eine tatsächliche Verführung durch die Mutter tauchen während der Analyse als isolierte Bruchstücke, nie als kohärente Erzählung, auf. Einer meiner Patienten, den ich hier Pran nennen will, hat mit und gegen das Auftauchen solcher inzestuösen Erinnerungen in Hunderten von Analysestunden gekämpft und wir sind uns noch immer im Unklaren über die Details und das Ausmaß der Verführung in seiner Kindheit (Kakar 1995). Was wir haben, sind klarere Erinnerungen aus seiner frühen Jugend. Dabei handelt es sich um Ereignisse während des täglichen Nachmittagsschläfchens, das Mutter und Sohn stets gemeinsam abhielten. Pran erinnert mit äußerster Genauigkeit die Sommerhitze, den charakteristischen Schweißgeruch der Mutter, ihre leichte Bekleidung – sie trug gewöhnlich nur eine Bluse und einen losen Unterrock, der stets über ihre Hüften nach oben rutschte, während sie nahe beieinander lagen. Er erinnert auch, wie sein Körper an ihren Rücken geschmiegt lag, mit einem Arm um ihre Brust. In einer Mischung aus Furcht und Aufregung erinnert er, dass sie ihre Hüften gegen sein Geschlecht drückte, während er versuchte, seinen erigierten Penis in die Nähe ihrer Vagina zu manövrieren – dieser verbotensten Berührung –, obgleich er nie in sie eingedrungen ist. Er erinnert das Geräusch ihres schnellen Atems, sowie die Scham und die überwältigende Erleichterung, die er während seiner seltenen Ejakulationen fühlte, während sowohl Mutter als auch Sohn so taten, als würden sie schlafen. Während sie ihren alltäglichen Aktivitäten nachgingen, wurden die Ereignisse der Nachmittagsschläfchen von beiden komplett ignoriert und nicht einmal durch einen einzigen komplizenhaften Blick preisgegeben. In den Analysestunden, die fast ausschließlich von dem obsessiven Grübeln über seine Mutter dominiert wurden, schlüpfte Pran immer wieder kurzzeitig in einen veränderten Bewusstseinszustand, aus dem er nach einigen Sekunden erfrischt und gestärkt wieder auftauchte. Es wurde für uns beide offensichtlich, dass einer der stärksten Faktoren in der Weiterführung seiner langjährigen Analyse das Erleben dieses Zwischenzustands unter dem väterlichen Schutz seines Guru-Analytikers war. Er hatte einen überwältigenden, unbewussten Widerstand, diesen Zustand durch Erinnern aufzugeben.

Der veränderte Bewusstseinszustand, den ein Opfer tatsächlicher inzestuöser Verführung erlebt, ist verwandt mit Muktanandas Visonen der Göttin. Er ist jedoch nur ein schwacher Abglanz der Visionen – vergleichbar mit der verschwommenen schwarz-weiß-Photographie eines Gemäldes gegenüber dem vor Farbigkeit spritzenden Original. Zusammenfassend lässt sich sagen, dass wir in den Berichten der spirituellen Entwicklung eines mittelalterlichen buddhistischen Lamas und eines modernen hinduistischen Gurus gesehen haben, dass die Wiederkehr und Auflösung ihres Konflikts, der durch die Wiederauflebung der Verführung in der frühen Mutter-Sohn-Beziehung herbeigeführt wurde, für ihren spirituellen Fortschritt unerlässlich war. Zumindest einige, wenn nicht alle Heiligen müssen durch das Tal des Begehrens gehen, in dem der längste Schatten von der verzaubernden Mutter der Erinnerung geworfen wird. Die Symbole, die dem Heiligen helfen, aus der Dunkelheit herauszutreten – im Falle Kunleys der Donnerkeil, im Falle Muktanandas die Göttin Kundalini –, sind gleichzeitig sexuell und spirituell, im Gegensatz zu uns normal Sterblichen, die im Reich des Begehrens gefangen bleiben.

Literatur

Dowman, K., & Paljor, S. (1998): The Divine Madman: The Sublime Life and Songs of Drukpa Kunley. Middletown, CA (Dawn Horse Press).

Erikson, E. H. (1952): Childhood and Society. New York (Norton).

Freud, S. (1915): Mitteilung eines der psychoanalytischen Theorie wiedersprechenden Falles von Paranoia. In: Freud, S.: Gesammelte Werke, Bd. X. Frankfurt (Fischer).

Freud, S. (1917): Eine Schwierigkeit der Psychoanalyse. In: Freud, S.: Gesammelte Werke, Bd. XII. Frankfurt (Fischer).

Gyatso, J. (1998): Apparitions of the Self: The Secret Autobiographies of a Tibetan Visionary. Princeton (Princeton University Press).

Kakar, S. (1995): Clinical work and cultural imagination. Psychoanalytic Quarterly 64, 265–281.

Kakar, S. (1997): Culture and Psyche: Selected Essays. Delhi (Oxford University Press).

Laplanche, J. (1995): Seduction, persecution, revelation. Internat. J. Psycho-Anal. 76, 663–682.

Muktananda, S.(1994): Play of Consciousness: A Spiritual Autobiography. South Fallsburg, NY (Syda Foundation).

Phillips, A. (1994): On Flirtation. Cambridge (Harvard University Press).

Trungpa, C. (1985): Born in Tibet. London (Allen & Unwin).

Vergote, A. (1988): Guilt and Desire. New Haven, CT (Yale University Press).

Psychoanalyse und Glauben

Horst-Eberhard Richter

Lassen Sie mich zunächst erklären, warum ich mein Referat lieber unter den Titel Psychoanalyse *und* Glauben anstatt Psychoanalyse des Glaubens stelle. Diese Vorsicht scheint mir aus mehreren Gründen geboten. In Freuds Menschenbild verbirgt sich ein mehrfacher Glaube, nämlich erstens in seiner Meinung, die Wissenschaft sei dazu bestimmt, den Glauben zu ersetzen; zweitens in seiner Rollenaufteilung für Mann und Frau im Kulturprozess; drittens in seinem rationalistischen Konzept von der Eroberung des Es durch das Ich. Innerhalb der psychoanalytischen Gemeinschaft verraten sich Glaubensanteile wiederholt darin, dass Weiterentwicklungen immer wieder die Angst vor Abweichungen und Verunreinigungen auslösen. Bekanntlich hat Otto F. Kernberg, Ex-Präsident der IPV, von der Tendenz mancher psychoanalytischen Institute gesprochen, sich in Religionsschulen zu verwandeln.

Ich werde in meinem Referat indessen zu zeigen versuchen, dass die Psychoanalyse mit ihren Erkenntnissen wesentlich dazu beisteuern kann, den modernen narzisstischen Ersatzglauben kritisch zu analysieren und zu erschüttern, der sich am Vorbild eines männlichen Allmachtsgottes orientiert, und dass sie weiterhin die Arbeit an dem Widerstand unterstützen kann, der intraindividuell wie gesellschaftlich die Re-Integration der sozialen Sensibilität behindert.

Zunächst einige Bemerkungen zur historischen Position Freuds. Für ihn stand fest: Unaufhaltsam führe die Bereicherung des Wissens zum Abfall des Glaubens. Wenn die Frauen in der Regel noch häufiger als die Männer an religiösen Vorstellungen hafteten, dann wegen der ihnen in der Erziehung noch stärker auferlegten Denkverbote. Entwicklungspsychologisch leitete Freud die Suche nach Glaubensströstung von Relikten kindlicher Vater-Idealisierung her. Er fand einige Parallelen zwischen religiösen und psychotisch wahnhaften sowie zwangsneurotischen Vorstellungen. Nicht weniger als 55 Seiten verwendete er in dem Text *Die Zukunft einer Illusion* darauf, für die Überwindung der Glaubens-Illusion zu plädieren – mit der Einschränkung, dass man die Religion vielen Trostsuchenden genauso wenig abrupt entziehen könne wie ein jahrelang konsumiertes Narkotikum.

Indem Freud wie selbstverständlich den wissenschaftlichen Erkenntnisdrang als glaubensfreien Gipfel der geistigen Entwicklung der Menschheit darstellte, klang darin allerdings ebenfalls ein Denkverbot an, nämlich nach dem Glauben zu fragen, der sich hinter dem scheinbar nur neutralen Wissensdrang verbirgt.

* * *

In der griechischen Antike war das Erkenntnisstreben eingebunden in den Glauben, dass sich der Makrokosmos vollständig im Mikrokosmos des Menschen abbilde. Es bestand ein Grundgefühl des Vertrauens in die Vollkommenheit des Kosmos. Dessen Harmonie besser zu verstehen, um sie der menschlichen Anschauung verfügbar zu machen, das war die Sehnsucht der Pythagoräer. Dieses Motiv findet sich noch tausend Jahre später bei Johannes Kepler wieder. Nämlich in dessen Glauben an eine göttliche Ordnung, deren Gesetzlichkeit mathematisch-wissenschaftliche Arbeit sichtbar machen könne. *Harmonices mundi* (›die Harmonie der Welt‹) nannte er entsprechend sein Hauptwerk.

Ganz deutlich fließt hier das Erkennen aus einer Glaubensgewissheit. Eine solche Grundhaltung lässt sich noch bei einer Reihe späterer großer Forscher wieder erkennen – über Pascal, Spinoza, Newton bis hin zu Einstein. Einstein beschreibt seine eigene Position als *»kosmische Religiosität«*. Seine diesbezügliche innere Verfassung erläutert er so:

> »Das Individuum fühlt die Nichtigkeit menschlicher Wünsche und Ziele und die Erhabenheit und wunderbare Ordnung, welche sich in der Natur sowie in der Welt des Gedankens offenbart. Er will … die Gesamtheit des Seienden als ein Einheitliches und Sinnvolles erleben«.

Man erkennt die geistige Nähe Einsteins zu den Pythagoräern und zu Kepler. Für Einstein ist Naturwissenschaft ohne Religion lahm und Religion ohne Naturwissenschaft blind. 1953 hat er in dem Aufsatz »Religion und Wissenschaft« etwas gesagt, was die Sichtweise Freuds genau umkehrt, indem er es als seine Überzeugung nennt, wörtlich: *»dass die kosmische Religiosität die stärkste und edelste Triebfeder wissenschaftlicher Forschung ist«*. Kepler und Newton hätten die Himmelsmechanik nie entwirren können, hätte sie bei ihren Untersuchungen nicht ein tiefer Glaube an die Vernunft des Weltenbaues beseelt. Also nicht Wissenschaft statt Glauben, sondern dieser als Triebkraft für jene. Während Freud an einer Stelle eher beiläufig den Wisstrieb als einen Abkömmling des Bemächtigungstriebes bezeichnet, setzt Einstein dagegen das Bedürfnis, in Ehrfurcht und Hingabe den gesetzlichen Zusammenhang des Ganzen zu begreifen.

Freud muss dieser Gedanke Einsteins fremd bleiben, da er die religiöse Grunderfahrung nicht kennt, die Einstein als »kosmische Religiosität« beschreibt. Freud konnte auch Romain Rolland nicht folgen, als dieser ihn fragte, ob ihm nicht irgendwann die Einheit mit dem Ganzen gewärtig sei. Er beharrte dagegen auf der strikten Abgegrenztheit des individuellen Ich, die doch die sicherste aller Erfahrungen sei. Freuds kategorische Zurückweisung der Rolland'schen Frage verrät eine Spur von Unwillen, verständlich von seiner Entschiedenheit her, die Überwindung des Religiösen als intellektuelle Befreiung von einer traditionellen Illusion zu begreifen. Mit dieser Auffassung befindet sich Freud allerdings auf der Hauptstraße des überwiegenden westlichen Denkens, die einst im 17. Jahrhundert von Francis Bacon und René Descartes betreten wurde und uns heute überwiegend als selbstverständlicher Fortschrittsweg erscheint, obwohl sie uns inzwischen der Gefahr gemeinsamer Selbstzerstörung ausliefert.

* * *

Ich habe diese geistige Entwicklung in meinem Buch *Der Gotteskomplex* zu erläutern und zu interpretieren versucht. Hier kann ich nur stichwortartig diesen Versuch beschreiben, der sich allerdings einseitig auf die Hauptströmung der neuzeitlichen Kulturentwicklung bezieht und beiseite lässt, dass daneben jene andere Linie existiert, die durch Versöhnung von Glauben und Wissen, von gläubiger Ehrfurcht und sozialem Verantwortungssinn gekennzeichnet ist. Die Hauptströmung hingegen lässt sich seit der Renaissance als eine Dynamik verfolgen, in der zwei Prozesse laufend unlösbar ineinander greifen: Die Auflehnung gegen die als Entmündigung erlebte mittelalterliche Gotteskindschaft war stets von der Angst begleitet, Halt und Geborgenheit zu verlieren. Gegen diese Angst erhob und erhebt sich immer noch ein narzisstischer Bemächtigungswille des Ich, das sich die Kräfte verfügbar machen will, denen es sich bislang in der lenkenden Hand Gottes anvertraut hatte. Diese überkompensatorische Abwehr von Ohnmachtsangst durch ein dranghaftes Allmachtsstreben habe ich als »Gotteskomplex« bezeichnet. So hat sich seit langem eine zirkuläre Dynamik eingespielt, in welcher der Machtwille und die Ohnmachtsangst sich wechselseitig verstärken. Die Naturwissenschaft erwies sich als das geeignete Instrument, die Identifizierung mit den Merkmalen des männlichen Allmachtsgottes voranzutreiben und damit die Hoffnung auf eine fortschreitende Unabhängigkeit zu stärken. Der Preis für die Ablösung war die schwindende Sicherheit, sich geborgen, gehalten, geliebt zu fühlen, also eine heimliche Angst vor Verlorenheit, die wiederum nur unterdrückt werden konnte durch die Hoffnung, alle Gefahren, die mit Leiden und Ohnmacht bedrohen, durch Eroberung immer neuer Machtmittel zu bannen. So bildete sich der Ersatzglaube des narzisstischen Ich, sich schrittweise dem Ideal einer unabhängigen und leidfreien Stärke und Omnipotenz annähern zu können, stets aber begleitet von der Angst, in Schwäche und unerträgliches Leiden zurückzufallen.

Versucht man sich den Prozess als Verinnerlichung des Gottesbildes klarzumachen, so ist leicht zu erkennen, dass einseitig die Merkmale eines *männlichen Allmachtsgottes* introjiziert worden sind – zu Lasten der anderen Seite des Gottes der Liebe, der Güte, der Barmherzigkeit und der Versöhnung. Die darauf gerichteten Bedürfnisse verfielen der Unterdrückung, weil sie wieder hinabzuziehen drohten in mittelalterliche Ergebenheit und Schwäche. Da diese andere Seite aber einen unentrinnbaren Anteil des seelischen Ganzen bildet, blieb nur die Lösung übrig, sie abzuspalten und quasi zu ghettoisieren. Man behielt die Kirche bei, aber nicht mehr als echte Autorität, sondern als verfügbare Ressource für Notfälle, für Trostbedarf der Schwachen, Alten und Sterbenden. Man zitierte sie auch gern weiterhin herbei, wenn es darum ging, die grausamen Auswucherungen des narzisstischen Machtwillens christlich zu tarnen.

Unter krassen aktuellen Beispielen wäre z. B. die christliche Einsegnung des Kampfflugzeuges zu nennen, das am 6. August 1945 die Hiroshima-Bombe abwarf, die 200.000 Menschen tötete und weitere Tausende krank machte. Eines ihrer Atom-U-Boote, dessen Bewaffnung ausreicht, eine Fläche von der Größe Europas unbewohnbar zu machen, tauften die Amerikaner auf den Namen Corpus Christi.

Ich selbst erinnere mich daran, wie ich als 19jähriger vor der großen deutschen Russland-Offensive 1942 einen unvergesslichen Feldgottesdienst erlebte. Der Divisionspfarrer, mit einem großen versilberten Kreuz auf der Uniformbrust ausgestattet, wusste uns Soldaten in seiner Predigt nichts anderes zu sagen, als dass wir den Kampf gegen die atheistischen bolschewistischen Russen als eine große christliche Aufgabe zu begreifen hätten. Vermutlich wurden jüngst die amerikanischen Bomben- und Raketenschützen mit der gleichen Segnung zum Töten in den Irak geschickt.

Die Dienstbarmachung der Kirche zur moralischen Tarnung staatlicher Gewalt ist *eine* Sache. Eine *andere* ist die allmähliche Verschiebung der Glaubensbedürfnisse auf Naturwissenschaft und Technik selbst und deren Anbetung als Kirche neuer Art. Diese Einschmelzung des Religiösen hatte schon im 17. Jahrhundert begonnen, als Descartes in seinem berühmten Gottesbeweis die Existenz Gottes dem naturwissenschaftlichen kausalen Gesetz unterwarf: Es müsse Gott geben, weil nur er die Ursache der Vollkommenheit sein könne, deren Idee nicht von unserer menschlichen Unvollkommenheit verursacht sein könne. Scheinheilig versicherte Descartes, eingedenk seiner Schwachheit alle seine Erkenntnisse der Autorität der katholischen Kirche zu unterwerfen. Anderseits scheute er sich nicht vor dem umstürzlerischen Gedanken, er sehe nicht, wie die menschliche Erkenntnis daran gehindert werden könne, bis zum Erreichen göttlicher Vollkommenheit zu wachsen. Von da an war es freilich noch ein sehr weiter Weg bis zu der schleichenden Übertragung der kirchlichen Autorität an Naturwissenschaft und Technik selbst.

Lassen Sie mich zu diesem Prozess meinen verehrten Freund Joseph Weizenbaum zitieren:

> »Eines ist sicher, die Naturwissenschaft ist die neue nachhaltig vorherrschende Weltreligion! Es gibt Novizen, das sind zum Beispiel die Studenten, es gibt Priester und Bischöfe, sogar Kardinäle: die Nobelpreisträger. Es gibt Kirchen, ja sogar Kathedralen. Ich behaupte, dass die berühmten Technischen Universitäten – darunter das Massachusetts Institute of Technology (MIT) – wissenschaftliche Kathedralen sind. Auch die notwendigen Rituale fehlen nicht – es gibt Sekten, Ketzerei, Exkommunikation und vieles mehr. Das sicherste Zeichen, dass die Wissenschaft zu einer Religion – man könnte auch sagen ›Ideologie‹ geworden ist, ist die Wissenschaftsgläubigkeit der meisten Menschen. Ihr Glaube an die Aussagen der Naturwissenschaftler, qua Priester, ist unbedingt, blind und unbegrenzt.«

Freud selbst gehörte lange zu diesen Gläubigen. Noch in seinem Text *Das Unbehagen in der Kultur* schwärmte er fast, der Einzelne könne ein Stück seines persönlichen Glücksstrebens mit den Zielen der Gesellschaft verbinden, indem er – nun wörtlich: *»als Mitglied der menschlichen Gemeinschaft mit Hilfe der von der Wissenschaft geleiteten Technik zum Angriff auf die Natur übergeht und sie menschlichem Willen unterwirft. Man arbeitet dann mit allen am Glück aller.«* Allerdings überfiel Freud am Ende der gleichen Arbeit eine schreckliche Entdeckung, nämlich dass die Menschen mit diesem Angriff auf die Natur nunmehr Kräfte zu entfesseln in der Lage seien, durch die sie das eigene Geschlecht total ausrotten könnten. Das wüssten die Menschen, und das erfülle sie mit Angst und Unruhe und mache sie unglücklich.

Wiederum wird hier die zitierte Eigendynamik des von mir so genannten Gotteskomplexes erkennbar. Zuerst wird der naturwissenschaftliche Bemächtigungswille – die Unterwerfung der Natur – als Glücksbringer gefeiert. Aber im gleichen Atemzug schlägt der Triumph in die Angst vor der tödlichen Selbstbedrohung mit den eroberten Mitteln um. – Und wie ging es weiter? Das, wovor die Angst aufgestiegen ist, produziert man automatisch vervielfacht und verschlimmert weiter, weil das Rivalitätssystem scheinbar demjenigen am Ende die befreiende Allmacht verspricht, der alle anderen – wie es heute heißt – tot rüsten kann. Aber diese Allmacht gibt es nicht. Von dem Ex-Oberkommandierenden der US-Nuklearstreitkräfte General Lee Butler haben wir inzwischen zu hören bekommen, dass die Menschen im Kalten Krieg vor einem nuklearen Holocaust – so seine Formulierung – wohl eher durch himmlische Gnade als durch menschliche Vorsicht bewahrt worden seien. Zuletzt hat der 11. September alle Unverwundbarkeits-Hoffnungen durch noch so überlegene Rüstung zerstört. Kein Raketenschutzschild, kein weltweit operierender Geheimdienst können terroristische Selbstmordanschläge verhüten. Dennoch scheut man sich, diese Einsicht zuzulassen. Jedenfalls wird sie vom derzeit mächtigsten Mann der Welt verworfen, der unlängst bekannt hat, er werde so lange Krieg machen – ich zitiere: *»ehe nicht jede weltweit operierende Terrorgruppe entdeckt, ausgeschaltet und besiegt ist«.* Ein Vorhaben, das mit Sicherheit immer wieder neuen Terror durch die Gewalt produziert, mit der er ausgelöscht werden soll – das heißt: neue Ohnmacht durch blinden egomanischen Allmachtswahn.

* * *

Aber neben der Angst vor Ohnmacht ist auch eine andere im Spiel, die mit großer Anstrengung unterdrückt wird. Das ist die Angst vor unerträglichen Schuldgefühlen. Seitdem man die Instanz abgebaut bzw. verloren hat, die versöhnen kann – was sprachgeschichtlich von versüenen und entsündigen herkommt –, ist die Tragfähigkeit für Leiden und speziell gerade für das Leiden an Schuld geschrumpft. Der Machtwille hat ja seinen fragwürdigen Erfolg nicht zuletzt der Empfindsamkeit des Gewissens abgerungen – im Zuge der zitierten inneren Abspaltung und Ghettoisierung. Er hat eine Art von gewissensblinder Selbstgerechtigkeit produziert, ohne welche die seit dem 20. Jahrhundert voranschreitende *Ausrottungsmentalität* nicht möglich gewesen wäre. Die Verdrängung der Schuldangst wurde nur möglich durch Projektion des innerlich verfolgenden Bösen auf äußere Verfolger. Auch hier ist wieder eine sich selbst verstärkende Eigendynamik zu erkennen: Mit der Verschlimmerung der produzierten Ausrottungswaffen geht der Zwang einher, anvisierte Feinde zu dehumanisieren und sich selbst zu idealisieren. So wurden vor Hiroshima die Japaner in den US-Medien zu Affen, Ratten und sonstigen Tieren entmenschlicht, während das eigene nukleare Verbrechen zu einer heroischen Ruhmestat verklärt wurde.

* * *

Dass die letzte Präsidentenwahl in den USA auf George W. Bush fiel, hatte mancherlei Gründe, aber es war gewiss auch kein Zufall, dass sie einen Mann traf, der sich unmittelbar von Gott betraut glaubt, für das gesegnete Land Amerika das Böse aus der Welt zu schaffen. Der 11. September gab ihm dann das Stichwort für seine Kreuzritter-Rolle. Man weiß aus seinem eigenen Mund, wie sein Berufungsglaube aus einem Erweckungserlebnis geboren wurde, das ihn von einem chronischen Alkohol-Problem befreite. Dies wäre als seine private Angelegenheit zu belassen, wäre es nicht zugleich eine unerlässliche Verständnishilfe für seine Weltreinigungs- und Rettungsideologie in der Fixierung an schurkische Monster, die sich an die Stelle der inneren Plage gesetzt haben. So verfügte die Nation nach dem 11. September anscheinend über den passenden patriotischen Erlöser aus der unerträglichen Kränkung.

Inzwischen ist das erhoffte heroische Siegesdrama indessen völlig daneben gegangen. Der Weltfeind im Irak hat sich als ein militärisch zahnloser Gegner entpuppt. Der heilige Ritter Georg konnte keinen feuerspeienden Drachen zur Strecke bringen. Die Massenvernichtungswaffen drohen nicht aus dem Irak, sondern nach wie vor am gefährlichsten von dort, wo sie schon vorher waren, nämlich in der Obhut des Angreifers, des scheinbar Verfolgten, der jetzt als der eigentliche Verfolger vor der Weltöffentlichkeit entblößt ist.

Jetzt wäre der passende Augenblick für ein kritisches Nachdenken, das nicht bei den erlogenen Kriegsbegründungen von Bush und Blair verweilt, sondern in deren Pleite ein Desaster erkennt, das für eine Verirrung des westlichen Denkens schlechthin symptomatisch ist. Es ist ein Punkt erreicht, da der Bemächtigungswille sich nicht mehr hinter der Fassade von High-Noon-Szenarien verstecken kann. Er kann nicht mehr heroisch siegen, sondern nur noch unterdrücken. Aber er kann auch nicht mehr ohne terroristische Gegengewalt unterdrücken. Es gilt die Wahrheit zu beherzigen, die der amerikanische Politikwissenschaftler Samuel Barber in einen einzigen Satz gefasst hat, den er in einem Brief an Präsident Bush formuliert hat: *»Der Terrorismus ist nur die verzerrte und negative Seite der wechselseitigen Abhängigkeit, die wir in der positiven und nützlichen Form nicht anzuerkennen bereit sind.«*

Überall dort, wo das narzisstische Allmachtsstreben die Gebundenheit an ein Netzwerk des wechselseitigen Aufeinander-Angewiesen-Seins verkennt und durch Unterdrückung oder Nichtachtung das Prinzip der Gegenseitigkeit und der Gerechtigkeit verletzt, erzeugt er eine Gegengewalt, die aus dem Zustand von Schwäche, Erniedrigung und Entwürdigung hervorbricht und mehr oder minder terroristische Formen annimmt.

Vor einiger Zeit hat der prominente II. Weltkriegs-General Omar Bradley, Zeuge der Bombardierungsfolgen von Hiroshima und Nagasaki, bei seiner Pensionierung folgende kritische bzw. selbstkritische Thesen formuliert:

> »Wir leben im Zeitalter der nuklearen Riesen und der ethischen Zwerge, in einer Welt, die Brillanz ohne Weisheit, Macht ohne Gewissen erreicht hat. Wir haben die Geheimnisse des Atoms entschleiert und die Bergpredigt vergessen. Wir wissen mehr über den Krieg als über den Frieden und mehr über das Sterben als über das Leben.«

Das Bild der nuklearen Riesen und der ethischen Zwerge enthüllt so prägnant wie nur denkbar die moralische Selbstentmündigung, die in der Hörigkeit gegenüber der Massenvernichtungstechnologie liegt. Man mache sich klar, was die neue *»Nationale Sicherheitsstrategie der Vereinigten Staaten«* besagt: Sie bedroht ganz offiziell jeden, der die nukleare Überlegenheit der USA rivalisierend antastet, mit einem präventiven Angriffskrieg. Das heißt: Wir haben statt einer Kultur des Friedens die Unkultur nuklearer Erpressung erreicht, nunmehr einseitig und nicht mehr wechselseitig wie im Kalten Krieg. Aber das Prinzip ist das gleiche geblieben. Auch in der mächtigsten Nation sind die Menschen zu Zwergen geschrumpft, gefesselt an die überlegene Bedrohungsmacht der Nuklearwaffen, die durch bloßes Vorhandensein ein System erzwingen, das auf Argwohn und Hass anstatt auf Vertrauen und Mutualität gebaut ist. Der antiautoritäre Aufstand gegen die mittelalterliche Bevormundung ist in die Auslieferung an eine ganz andere bevormundende Autorität eingemündet, nämlich die der nuklearen Riesen. Wenn der Bürgermeister Hiroshimas Tadatoshi Akiba unlängst feststellte, dass die Amerikaner ihren Atombomben wie einem Gott huldigten, so traf er damit genau das Dilemma einer psychischen Verfassung, nämlich die Glaubensbindung an die materielle Repräsentanz einer Allmacht ohne Gnade und Gewissen, verbunden mit einer Selbstgerechtigkeit ohnegleichen.

Als der amerikanische General Thomas Farrel 1945 den Einschlag der Hiroshima-Bombe beobachtete, fiel ihm dazu die Strafe des Jüngsten Gerichtes ein, *nunmehr ausgeübt von Menschenhand und mit Kräften, die bis dahin dem Allmächtigen vorbehalten gewesen seien*: Bis dahin und von jetzt ab nicht mehr. Die Geschichte hat aber noch eine Fortsetzung. 50 Jahre nach diesem phantasierten vollzogenen Jüngsten Gericht regte sich im Lande der Täter das Bedürfnis, sich doch einmal mit dem Hiroshima-Inferno zu konfrontieren. Man plante eine große Ausstellung im Smithsonian-Museum in Washington. Als der Termin näher rückte, meldeten sich indessen immer mehr Gruppen mit der Sorge, die zu erwartenden Schreckensbilder könnten den nationalen Stolz verletzen. Die Proteste formierten sich zu einer regelrechten Kampagne. Die Veranstalter mühten sich, das Gesicht der Ausstellung so patriotisch wie nur möglich herzurichten. Aber keine Nachbesserung konnte die Opposition besänftigen, die es am Ende erreichte, die ganze Veranstaltung rundweg verbieten zu lassen. Noch nach einem halben Jahrhundert behielt die Verdrängung also die Oberhand.

Soweit der Umgang Amerikas mit Hiroshima. Aber der hier offenbarte Widerstand ist zugleich ein symptomatischer Ausdruck für den Grundkonflikt, der weit über Amerika hinausreicht. In erweitertem Blickwinkel geht es *um das Problem der Re-Integration der abgespaltenen Kehrseite des Bemächtigungswillens. Die Kehrseite, das ist das als Schwäche stigmatisierte Mitgefühl, es ist die als Gutmenschlichkeit missachtete Empfindsamkeit, es ist die Akzeptanz von Schuld und Scham.* Die Aufgabe heißt, die von der narzisstischen Egomanie überschattete eigentliche Humanität zu befreien, durch welche erst die Verbundenheit und die Gegenseitigkeit allen menschlichen Seins erfahrbar ist.

Sie werden bemerkt haben, liebe Kolleginnen und Kollegen, dass diese wie auch manche frühere Feststellungen in meinem Referat eine Glaubensentscheidung enthalten, nämlich den Glauben an die Notwendigkeit der Re-Integration der sozialen Sensibilität als Gegenkraft gegen den ausgeuferten narzisstischen Machtwillen, und zwar nicht im Sinne der Freud'schen Eroberung des Es durch das Ich, sondern ohne diese hierarchische Unterordnung. Was ich meine, finde ich in dem Satz des amerikanischen Philosophen Richard Rorty wieder: *»Der moralische Fortschritt ist davon abhängig, dass die Reichweite des Mitgefühls immer umfassender wird. Er ist nicht davon abhängig, dass man sich über die Empfindsamkeit erhebt und zur Vernunft vordringt.«*

* * *

Lassen Sie mich noch kurz ein paar Beispiele erwähnen, die diese These von Rorty, die ich beinahe gleichlautend 1979 im *Gotteskomplex* ausgeführt habe, bekräftigen und die zugleich belegen, dass hier nicht nur eine realitätsferne Hoffnung gemeint ist, sondern eine im Politischen praktisch wirksame

Triebkraft. Ich könnte dazu einiges über Gandhi und Martin Luther King sagen, möchte stattdessen allein Nelson Mandela kurz skizzieren lassen, wie sich in seinem Innern die moralische Kraft für seine durchschlagende Versöhnungspolitik entwickelt hat:

27 Jahre hat Mandela, einst Anführer des u. a. auch terroristisch aktiven ANC, im Gefängnis zugebracht. Er schreibt: »Ich wusste immer, dass tief in jedem menschlichen Herzen Gnade und Großmut zu finden sind. Selbst in den schlimmsten Zeiten im Gefängnis, als meine Kameraden und ich an unsere Grenzen getrieben wurden, sah ich einen Schimmer von Humanität, bei einem der Wärter, vielleicht nur für eine Sekunde, doch das war genug, um mich wieder sicher zu machen und mich weiterleben zu lassen.«

Dabei wurde Mandela bewusst, dass nicht nur Opfer, sondern auch Täter leiden: die Opfer an ihrem Elend, die Täter an ihrer Selbsterniedrigung und an der Fesselung durch Hass. So gelte es, *beide* von ihrem Leiden zu befreien. Es war diese Einsicht – man könnte auch von Glauben sprechen –, die ihn zusammen mit seinen Häuptlingsfreunden und Bischof Tutu die Kraft verlieh, eine in ihrer Art beispielhafte Versöhnungspolitik zu wagen und zum Erfolg zu führen.

Als weiteres Beispiel möchte ich noch kurz die eigene Erfahrung mit manchen Menschen aus der globalisierungskritischen Bewegung *attac* nennen. Es sind Menschen, die an das Motto glauben, unter dem sie ihren Gründungskongress in Deutschland abgehalten haben. Es heißt: *»Eine andere Welt ist möglich!«* Sie glauben an eine schrittweise gemeinsame Selbstbefreiung aus der zerstörerischen Kluft zwischen Macht und Ohnmacht, zwischen reich und arm. Sie fühlen sich nur als Menschen vollständig, wenn sie sich für eine gerechtere Weltordnung einsetzen. So pilgern sie – im eigentlichen Wortsinn – zu Abertausenden zu den Weltsozial- und Weltwirtschaftsgipfeln, um dort Zeichen zu setzen und um Reformen für eine solidarischere Globalisierung anzumahnen. Viele von ihnen haben sich mit der Friedensbewegung verbündet, in der ebenfalls überwiegend ein neuer Geist waltet. Weniger Verbitterung, weniger Anti-Amerikanismus. Überhaupt weniger Anti. Stattdessen mehr davon, was Hans Jonas als Verantwortung definiert hat, nämlich die als Pflicht erkannte Sorge für bedrohtes anderes Sein. Ein Bewusstsein, das sich dem narzisstischen machtorientierten Selbstverständnis entgegenstellt. Unter den Millionen, die am 15. Februar in allen Erdteilen auf die Straße gingen, überwog das Gefühl der Unerträglichkeit, dass einem durch Sanktionen jahrelang geschwächten und verarmten Volk stellvertretend für seinen üblen Präsidenten ein neues unbegründetes Leiden zugemutet werden sollte. Es war ein Aufstand für die Menschlichkeit in klarer moralischer Selbstgewissheit, deshalb auch weltweit ohne jede Gewaltbereitschaft. Es erscheint mir zulässig, in diesen Gefühlen psychologische Merkmale von Religiosität zu erkennen, ohne dass diese oft bewusst wird.

Wolf Lepenies zitiert Umfragen aus allen Ländern Europas mit dem Resultat: Die Menschen wollen an etwas glauben – sie wollen dies aber nicht notwendigerweise unter kirchlicher Anleitung tun. Sie wollen das am allerwenigsten unter Anleitung eines Präsidenten tun, der seine Kriege im Namen Gottes führt. Sie scheuen sich, ihre Religiosität in Worte zu fassen. Es ist eine innere Gewissheit, zu Ehrfurcht vor dem Leben aufgerufen zu sein, wie es Albert Schweitzer genannt hat, und Verantwortung für das Ganze zu tragen. Wenn die *attac*-Leute sagen: »Eine andere Welt ist möglich«, dann empfinden sie darin eine unmittelbare Verpflichtung, sich für eine solidarischere Globalisierung persönlich einzusetzen. Viele sind mit der Bergpredigt nicht vertraut, aber spüren etwas von ihrer Botschaft aus dem eigenen Inneren heraus.

Jedenfalls fehlt es nicht an Zeichen für die Lebendigkeit eines tief wurzelnden Vertrauens in die Möglichkeit, im Inneren wie im Zusammenleben die genannte psychologische Gespaltenheit zu überwinden. Andererseits ist der Widerstand gegen diese alternative Strömung noch unverkennbar. Dieser ist nur zu erklärlich, denn schließlich wird damit jener kulturell verfestigte narzisstische Machtwille bedroht, an den sich immer noch falsche egomanische Befreiungsphantasien knüpfen. Noch geistert der Traum von der Annäherung an das Vorbild des männlichen Allmachtsgottes in vielen Köpfen – und nährt die Angst vor den Gefühlen, die Nelson Mandela den Durchbruch durch die Verkettung durch Hass und Gewalt möglich gemacht haben.

Als Frankreichs Außenminister Villepin seinem amerikanischen Amtskollegen Powell klarmachte, dass Frankreich und er persönlich den Irak-Krieg ablehnten, konnte dieser sich anschließend nicht verkneifen, dem Franzosen spöttisch weibische Weichlichkeit nachzusagen. Die Angst vor Schwäche nötigt dazu, den Friedenspolitiker als kläglichen Gutmenschen, als weinerlichen Softi niederzumachen. Nun aber ist aus der Powellschen pubertär männlichen Heldengeschichte ein klägliches Debakel geworden. Anstelle eines kühnen männlichen Selbstbeweises ein moralisches Fiasko.

* * *

Eric Homburger Erikson hat einmal gesagt, dass Psychoanalyse einen wirksamen Beitrag zum Verstehen leisten könne, wenn sich ein geistiger Wandel in der Gesellschaft schon vorbereitet habe, jedoch noch durch Widerstand gehemmt werde. Dann biete sich die Chance, an diesem Widerstand aufhellend mitzuarbeiten. Wenn ich es richtig sehe, könnten wir jetzt vielleicht in eine solche Phase eintreten, da der sich berufen glaubende Anführer im Kampf gegen das Böse sich selbst als den feuerspeienden Drachen demaskiert, den er als Phantom gejagt hat und ewig weiter jagen will. Entsprechend hieße es, der Powell-Partei zu helfen, die eigene Angst vor Schwäche zu verstehen und auf der anderen Seite die Villepin-Partei in der Rechtfertigung ihres Standhaltens zu unterstützen. Letztlich geht es darum, an der Erschütterung des westlichen Ersatzglaubens an die Allmacht des Menschen unerschrocken aufklärend mitzuwirken.

Der Wille zum Glauben

Rüdiger Safranski

In der westlichen Welt erleben wir nach dem Zusammenbruch der politisch-ideologischen Ersatzreligionen – Faschismus, Nationalsozialismus, Kommunismus (wovon noch die Rede sein wird) – einen neuerlichen Gestaltwandel der Religionen und ihrer Surrogate. Sie sind dabei, sich in die privaten Nischen, in Innerlichkeiten jeglicher Couleur, zurückzuziehen. Dort wird, wenn überhaupt, den Fragen nachgegangen, die eine verantwortungsbewusste Wissenschaft nicht beantworten kann, den Fragen nämlich: Was sollen wir tun? Wie sollen wir leben? Wozu das Ganze? In welcher Konstellation bewegen wir uns, woran haben wir uns im säkularisierten Westen, jedenfalls im Alten Europa, gewöhnt? Der Grundriss dieser Situation ließe sich so skizzieren:

Die zivilisatorische Macht der Wissenschaften kann nicht darüber hinwegtäuschen, dass unsere grundlegenden Stellungnahmen zum Leben nicht wissenschaftlicher Natur sind, sondern aus Moral, Religion, Lebensgefühl gespeist werden. Jeder findet, hat der große Soziologe Max Weber einmal gesagt, früher oder später seinen eigenen *Dämon*, der *seines Lebens Faden hält*. Für das friedliche Zusammenleben in der Gesellschaft aber kommt es darauf an, dass diese *Dämonen* nicht zu Tyrannen werden. Die pluralistisch-demokratische Gesellschaft ist gegen diese Gefahr einstweilen noch ganz gut abgesichert. Auch die religiösen ›Wahrheiten‹ haben inzwischen Bescheidenheit und die Kränkung ertragen gelernt, dass sie auf offenem Markte als bloße ›Meinungen‹ oder ›Gesinnungen‹ gehandelt werden. Eine päpstliche Enzyklika konkurriert mit den do-it-yourself-Lebenshilfen und die Bibel mit den übrigen Esoterica. Wir sind eingetreten in das Zeitalter eines säkularisierten Polytheismus. In der pluralistischen Gesellschaft gibt es viele Götter, viele Wertorientierungen, eine Vielzahl von religiösen und halbreligösen Sinnbestimmungen. Der eine Gott, der einmal den geistigen Zusammenhang der abendländischen Gesellschaft verbürgte, ist zersprungen in die vielen kleinen Hausgötter. Die großen Kirchen leeren sich, aber das Angebot für den religiösen Hobbykeller wächst.

Wo aber die Kirchen öffentlich agieren, tun sie es in der Regel als durch Steuergelder finanzierte Verantwortungsträger, die das gesellschaftliche Guthaben an Spiritualität bewirtschaftet. Sie legitimieren sich von den gesellschaftlich wünschenwerten Effekten der Religion her: Religion mache bescheiden, fundamentiere sittliche Werte, biete geistige Kompensation für möglicherweise schwindendes Konsumglück usw.

Wenn die großen Kirchen heute um gesellschaftliche Akzeptanz werben – beispielsweise auch mithilfe von Werbeagenturen –, dann kann Zweifel aufkommen, ob es hier überhaupt noch um Religion geht. Das Ganze erweckt eher den Eindruck, dass eine gesellschaftlich alimentierte Einrichtung sich die passende gesellschaftliche Funktionslücke sucht mit Hinweis auf ihre Kompetenz zur Sozialarbeit, Sinnbeschaffung, Feiertagsgestaltung und Konsensbewahrung.

Das offizielle Christentum ist in der Regel von einem ›heißen‹ zu einem ›kalten‹ Religionsprojekt geworden. Was verstehe ich unter ›heißer‹ Religion in diesem Zusammenhang? Eine ›heiße‹ Religion will ich eine solche nennen, die auf eine *Erlösung von dieser Welt* setzt. Sie ist für diese Welt, erklärt aber von sich selbst, dass sie nicht *von dieser Welt* ist. Erlösung also ist das ›heiße‹ Herzstück solcher Religion, wie sie das Christentum über lange Zeit gewesen ist.

Paulus, der eigentliche Begründer des Christentums als Weltreligion, hat dieses Herzstück so formuliert: *Ist aber Christus nicht auferstanden, so ist unsere Predigt vergeblich, so ist auch euer Glaube vergeblich* (1 Kor. 15,14). Paulus mutet dem Gläubigen allerhand zu; das ist nicht der milde Glaube an die Liebe, die Versöhnung und an die Moral der ausgleichenden Gerechtigkeit, der heutzutage in der Regel vom christlichen Glauben übrig geblieben ist. Die Paulinische Glaubenszumutung setzt alles auf eine Karte: auf die Karte der Auferstehung Christi von den Toten. Da Christus von den Toten auferstanden ist, so heißt es, werden auch wir von den Toten auferstehen können, vorausgesetzt, wir glauben daran. Um zu ermessen, welche Glaubenszumutung das ursprüngliche Christentum darstellt, muss man sich klar machen, dass die Paulinischen Glaubenssätze vom Gottesopfer,Tod und Auferstehung nicht symbolisch, psychologisch oder sonstwie ›verdünnt‹ gemeint waren. Es sind für Paulus wirkliche Ereignisse und wirkliche Versprechungen. Die für das Christentum – und die anderen Erlösungsreligionen – charakteristische Sehnsucht ist: aus diesem Leben zu einem anderen Leben erlöst zu werden. Dieses andere Leben ist ebenso wirklich wie dieses: Es hat seinen anderen Ort, seine andere Zeit. Dieses Anderswo, Anderswann ist jenseitig – aber in einer auf andere Weise wirklichen Welt und nicht nur in der inneren Welt des Transzendierens oder Phantasierens. Und es kommt alles darauf an, diese andere Wirklichkeit zu erreichen oder von ihr eingeholt, heimgeholt zu werden. Das ›Hier‹ ist nur ein Provisorium, ein Transit-Raum. Diese Haltung verändert auch die Moral. Es geht jetzt nur noch darum, ›rein‹ zu bleiben bis zur Erlösung, bis zur Apokalypse. Eine Moral, welche das Überleben einer Gesellschaft über einen längeren Zeitraum gewährleistet, ist nicht nötig. Eine ›heiße‹ Religion ist in ihrem Selbstverständnis keine Einrichtung zur Stabilisierung irgendwelcher gesellschaftlicher Ordnungen: »Mein Reich ist nicht von dieser Welt«.

Das ist eine ›heiße‹ Religion. Auch das Christentum war einmal in diesem Sinne heiß: ekstatisch und apokalyptisch. Dies ist vorbei. Aus dem Christentum ist weitgehend das ›kalte‹ Projekt der Zivilreligion geworden – spiritueller Flankenschutz bei der Bewältigung innerweltlicher Probleme, vor allem Moral und Kontingenz (= Schicksal) betreffend, die sich zur Not auch ohne solche Hilfe lösen lassen würden. Die ›kalte‹ Religion kommt ohne ernsthafte Transzendenz aus. Sie ist immanent gerichtet, pragmatisch, caritativ, rhetorisch. Die Glaubenswelt ist so weit psychologisiert und soziologisiert, dass daraus ein Gemisch wird aus Sozialethik, institutionellem Machtdenken, Psychotherapie, Meditationstechnik, Museumsdienst, Kulturmanagement, Sozialarbeit. Hoffnungen auf Erlösung haben sich, wo es sie noch gibt, von der äußeren auf die innere Bühne verlagert. Diese Verinnerlichung, Psychologisierung, Therapeutisierung hängt bekanntlich mit dem abendländischen Tiefenereignis der »Trennung der Wertsphären« (Max Weber) zusammen. Die Seele und ihre Ausdrucksformen galt fortan als Sphäre neben anderen Sphären: der Politik, der Wirtschaft, der Wissenschaft – bis dann auch die »Seele« selbst suspekt wurde und man lieber von Psyche, Affekt, Emotionalität usw. sprach – damit erst gar nicht der Verdacht aufkomme, dass die »Seele« ein Kanal zum Absoluten und Transzendenten sein könnte. Die Privatisierung und Intimisierung ist ein Effekt jener Trennung der Wertsphären; besonders bedeutsam war die Trennung der Religion von der Wissenschaft, der nun das Monopol der Wahrheit zugesprochen wurde, und die Trennung von Staat und Politik. Diese Trennungen und Einhegungen haben aus der ›heißen‹ Religion ein ›kaltes‹ Projekt gemacht. Die Vorgeschichte ist bekannt: Die große Abkühlung der Religion begann mit dem Aufstieg der modernen Wissenschaft und mit der politischen Neutralisierung der Religion nach den blutigen religiösen Bürgerkriegen des 16. und 17. Jahrhunderts. Seitdem hat sich, wenn auch nicht konfliktfrei, jenes »Zweikammersystem« der Kultur etabliert, das Nietzsche so beschrieben hat: Eine höhere Kultur, sagt er, müsse dem Menschen »gleichsam zwei Hirnkammern geben, einmal um Wissenschaft, sodann um Nichtwissenschaft zu empfinden: neben einander liegend, ohne Verwirrung, trennbar, abschließbar; es ist dies eine Forderung der Gesundheit. In einem Bereich liegt die Kraftquelle, im anderen der Regulator: mit Illusionen, Einseitigkeiten, Leidenschaften muss geheizt werden, mit Hülfe der erkennenden Wissenschaft muss den bösartigen und gefährlichen Folgen einer Überheizung vorgebeugt werden«. ›Kalte‹ Religionen sind solche, die dieses Wechselspiel von Überhitzung und Abkühlung nicht nur äußerlich, sondern innerlich akzeptiert haben, die vernünftig geworden sind, die sich auf das Gesellschaftsdienliche herunterkühlen lassen. Mit einem Wort: *die von dieser Welt und allein für diese Welt sein wollen.*

Anders die ›heiße‹ Religion: Ihre Wahrheit will das Ganze des Lebens erfassen und verwandeln; hier gibt es keine Trennung der Wertsphären. Ihr geht es ums Ganze und sie greift nach dem ganzen Menschen. Sie will ihn von dieser Welt erlösen. Sie lockert die Weltbindung und löst sie vielleicht sogar ganz auf, entweder sanft und mystisch oder terroristisch und zerstörerisch.

Inzwischen wissen wir, dass wir den islamischen Fundamentalismus ins Auge fassen müssen, wenn wir eine ›heiße‹ Religion in Aktion sehen wollen. Hier kommt wieder, wie einst im Christentum, der ekstatische und apokalyptische Aspekt zum Vorschein. Diejenigen, die in die Türme von New York geflogen sind, waren gewiss Apokalyptiker, im wörtlichen Sinne ein Himmelfahrtskommando. Sie verachten die westliche, dekadente, heidnische Kultur, so wie Christen einst die Heiden verachtet haben. Jetzt aber sind wir, die Angehörigen der säkularisierten westlichen Kultur, die Heiden. Der Anschlag vom 11. September war, neben vielem anderem, ein Rachegericht von religiösen Apokalyptikern über eine in ihren Augen nihilistische, dekadente Zivilisation.

Zur Zeit der Taliban-Herrschaft in Afghanistan berichtete ein deutscher Journalist von dem Gespräch mit dem »Außenminister« der Taliban, der auf die Frage, weshalb das Regime keine Anstrengungen unternehme, das zerstörte Land wieder aufzubauen, mit einem Gleichnis antwortete. Wenn Sie, sagte er, bei einem Rückflug nach Deutschland in einem unwirtlichen Land abstürzen, jedoch überleben und die Gewissheit haben, dass Sie in absehbarer Zeit zurückgeholt werden – dann würden Sie doch auch nicht damit anfangen, an dem Absturzort etwas aufzubauen. Das, so sagte der Außenminister, sei die Lage der Taliban: Sie werden bald ins Himmelreich eingehen. Es lohnt nicht, an diesem hiesigen Elend noch etwas zu ändern. Das ist exakt jenes Transitraum- und Warteraumbewusstsein, das uns noch bekannt sein müsste aus der ›heißen‹ Phase des Christentums.

Das ist die barbarische Version der Entschlossenheit zur Transzendenz. Selbstverständlich gibt es für das religiöse Warte- und Transitraumgefühl auch eine sanfte, milde innerweltliche Ausdrucks- und Handlungsform: Man denke an die schon erwähnte Bergpredigt mit ihrer Ethik des Reinbleibens.

Das säkularisierte Bewusstsein glaubt an seine Überlegenheit über solchen Transzendentalismus im guten wie im bösen Sinne. Sein Standort ist der vermeintlich höhere – als könne man von dort aus sehen, was ›hinter‹ oder ›unter‹ dem religiösen Bewusstsein liegt. Maßgeblich ist der reduktive Ansatz. Man entdeckt dann darin alles mögliche – Rationalisierungen, Machtdenken usw., nur eben nicht diesen ›heißen‹ religiösen Kern. Er entzieht sich einem rationalen Bewusstsein, das nur die eine Welt ohne Transzendenz kennt. *Dieses Bewusstsein sieht den Glauben von außen und kann deshalb den religiösen Zirkel nicht akzeptieren, bei dem die Kraft des Glaubens aus der Kraft des Geglaubten stammt.* Wenn für den Glaubenden die Kraft des Glaubens ein Zufluss ist, der vom Gegenstand des Glaubens herabströmt, dann befindet er sich in dem religiösen Zirkel. Wie kommt man in den Zirkel? Entweder ist man in ihn hineingeboren, eine mächtige, kollektiv gelebte Tradition hält einen darin fest. Wenn man lebensweltlich oder individualgeschichtlich ins Außerhalb geraten ist, dann kommt man nur durch den berühmten Kierkegaardschen »Sprung« wieder hinein, durch Bekehrung, durch Umwandlung des inneren Menschen. Ist man Innen, ist es das Geglaubte selbst, das einem die Kraft gibt, daran zu glauben. Das Prinzip der Aufklärung besteht demgegenüber in dem Verdacht, dass es andere Kräfte als die des Geglaubten sind, die den Gläubigen glauben lassen.

Die aufgeklärte Religionskritik der letzten Jahrhunderte gibt da reichliche Auskunft: psychologische, soziologische, anthropologische usw. Da wird dann beispielsweise erklärt, dass der Glaube an Gottvater aus einer gestörten Beziehung zum wirklichen Vater herrührt; dass der Glaube an das Kreuz eine Neigung zum Masochismus, vielleicht sogar Sadismus verrate; dass es einen »Gotteskomplex« gibt; dass Religionen sozialpsychologische Hilfskonstruktionen für die Moral sind oder aus alten Opferriten und Naturmagie hervorgegangen sind. Solche in der Regel glaubensernüchternden Erklärungen und Behauptungen sind inzwischen – im Westen – ins allgemeine Bewusstsein vorgedrungen. In den Angelegenheiten des Glaubens gibt es kaum mehr einen Aufgeklärtheitsvorsprung der Intellektuellen.

Sigmund Freud hat sich noch 1927 in seiner religionskritischen Schrift *Die Zukunft einer Illusion* ernsthaft die Frage vorgelegt, ob er seine psychologische Kritik der *religiösen Märchen* – und als solche galten ihm die christlichen Lehren – unter die Leute bringen dürfe. Ist nicht die Religion angesichts der *erdrückenden Übermacht der Natur* und der *peinlich verspürten Unvollkommenheit der Kultur* eine wohltätige Illusion, die den Menschen das Gefühl einer Behaustheit verschafft und darüberhinaus die Moral kräftigt? Ist es deshalb vielleicht nicht besser, die religiöse Desillusionierung nicht allzu weit zu treiben? Eine Frage, die sich vor Freud auch schon der große Aufklärungsphilosoph Immanuel Kant gestellt hatte. Von ihm, der philosophisch an die Stelle Gottes die sittliche Vernunft gesetzt hatte, sagte man, dass er seinem Hausdiener Lampe zuliebe die in der Vernunft begründeten sittlichen Pflichten schließlich doch als göttliche Gebote auftreten ließ. Sigmund Freud jedenfalls blieb, anders als Kant, ein konsequenter antireligiöser Aufklärer. Gegen den schonenden Umgang mit der Religion aus Gründen der Moralverstärkung führt Freud bekanntlich das Ethos der Mündigkeit ins Feld. Der Mensch müsse den Mut aufbringen, erwachsen zu werden, sagte er, auch wenn das zu der schmerzlichen Einsicht führe, dass im Ganzen von Welt und Natur das Glück des Menschen eigentlich nicht vorgesehen sei. Freud – und mit ihm viele, die heute ähnlich denken – konnte diese Position einnehmen, weil die Hoffnung im Spiel blieb, dass der Verlust religiöser Illusionen kompensiert werden könnte durch Wissenschaft und Technik. Je mehr Naturerkenntnis und damit einhergehende Naturbeherrschung und kultureller Komfort, um so weniger religiöser Halt ist nötig, vorausgesetzt allerdings, es kommt eine Portion stoische Gelassenheit hinzu. An diese Formel aus Aufklärung, Zivilisationskomfort und Stoizismus glaubte Freud.

Es ist anders gekommen, und Freud selbst musste noch erleben, dass es anders kam. Das religiöse Bedürfnis, in welcher Gestalt auch immer, war und ist noch längst nicht verschwunden.

Wie lässt es sich definieren?

Dieses Bedürfnis ist gewiss weiter zu fassen als jene starke Erlösungssehnsucht, die im Zusammenhang der ›heißen‹ Religion thematisiert worden ist. Das religiöse Bedürfnis ist das Verlangen, nicht von dieser Welt erlöst zu werden, sondern in einen innerweltlichen, aber doch spirituellen Lebens- und Erfahrungshorizont hineinzukommen.

Und was ist ein solcher religiöser Lebens- und Erfahrungshorizont?

Vielleicht lässt er sich definieren als das durch Rituale, Institutionen, Symbole stabilisierte Gefühl der Zugehörigkeit zu einem übergreifenden und tragenden Sinnzusammenhang; es geht um authentische Beziehungserfahrung, Kontingenzbewältigung, Lebensorientierung. Man will in einem seelisch-geistigen Sinne zu Hause sein. Dieses Verlangen nach umfassender Sinnerfüllung ist wahrscheinlich grundlegend. Es kann unterschiedlich befriedigt werden. Und – was das wichtigste dabei ist – dieses Verlangen nach Sinn und Zugehörigkeit kann auch auf perverse Weise befriedigt werden.

Religionen können pervertieren – man spricht dann von ›Ersatzreligionen‹ oder Ideologien. Der Nationalsozialismus war neben vielem, was er sonst noch war, auch eine solche Ersatzreligion, ein aus religiösen Motiven gespeister Aufstand gegen die Zumutung einer säkularisierten, pluralistischen Moderne. Carl Friedrich von Weizsäcker schrieb kurz nach dem Ende der Naziherrschaft: *Der Nationalsozialismus war eine Religion. Glaubenssehnsucht, die die Kirche nicht mehr erfüllte, Glaubenskraft, die die Kirche nicht mehr band, sind in ihn eingeflossen.*

Wie lassen sich pervertierte und authentische Formen des Religiösen unterscheiden? Ich versuche es mit der folgenden Unterscheidung.

Eine authentische Religion erzieht zur Ehrfurcht vor der Unerklärlichkeit der Welt. Im Lichte des Glaubens wird die Welt ›größer‹, denn sie behält ihr Geheimnis und der Mensch versteht sich als Teil davon. Er bleibt sich selbst ungewiss. Für die Ersatzreligion schrumpft die Welt. Ihr Anhänger findet in allem und jedem Ding nur noch die Bestätigung seiner Meinung, die er mit der Inbrunst des Glaubens verteidigt gegen den Rest der Welt und gegen die eigenen Zweifel. Besonders gefährlich wird es, wenn diese Monomanie ins Politische durchschlägt und zur Methode wird, die Welt aus einem einzigen Punkt gewaltsam zu kurieren.

Die totalitären Ideologien unseres Jahrhunderts – Nationalsozialismus ebenso wie der ›Kommunismus‹ – haben sich in diesem Sinne also als perverse Religionen erwiesen. Ihre Weltbilder beanspruchen, das wahre Wesen von Natur und Geschichte erkannt zu haben. Sie geben vor zu wissen, was die Welt zuinnerst zusammenhält. Sie wollen das Ganze begreifen und greifen nach dem ganzen Menschen. Sie geben ihnen die Geborgenheit einer Festung mit Sehschlitz und Schießscharte. Sie kalkulieren mit der Angst vor dem offenen Lebensgelände, vor dem Risiko der menschlichen Freiheit, die stets auch bedeutet: Ungeborgenheit, Alleinstehen, Ungewissheit. Sie wollen den Menschen von seiner schwierigen Freiheit, ein Einzelner zu sein, befreien und in ein Kollektiv eingliedern: dort darf er sich zugehörig fühlen – im verfeindenden Gegensatz zu denen, die nicht dazugehören. Dieser Gegensatz ist von elementarer Bedeutung: Das Gefühl dieser Art Zugehörigkeit ist, genau besehen, nichts anderes als die Abgrenzung von den Feinden und dem Fremden. Die totalitären Ideologien als Religionsersatz wollen den Menschen von der Freiheit, die immer auch das Gefühl des Fremdseins und der Einsamkeit einschließt, befreien. Fremdsein und Einsamkeit sind verbunden mit der Erfahrung eines schwer definierbaren Mangels, von dem es in Georg Büchners Danton heißt: *Es wurde ein Fehler gemacht, wie wir geschaffen wurden; es fehlt uns etwas, ich habe keinen Namen dafür – aber wir werden es einander nicht aus den Eingeweiden herauswühlen, was sollen wir uns drum die Leiber aufbrechen?*

Bei anderen suchen, was man bei sich nicht findet, oder es dort zerstören, weil man es bei sich vermisst – das sind tatsächlich Quellen der Verfeindung zwischen den Menschen. Von außen gesehen könnte man die menschenfreundlichen Religionen interpretieren als geniale kulturelle Erfindungen, mit deren Hilfe die horizontale Suchbewegung der Menschen in die Vertikale, nach oben also, gelenkt wird. Wenn es einen Gott gibt, sind die Menschen davon entlastet, füreinander alles sein zu müssen. Sie können damit aufhören, ihren Mangel an Sein aufeinander abzuwälzen und sich wechselseitig dafür haftbar zu machen, wenn sie sich fremd in der Welt fühlen. Sie brauchen auch nicht mehr so ängstlich um ihre Identität zu kämpfen, weil sie glauben dürfen, dass nur Gott sie wirklich kennt. Solche Religionen erinnern den Menschen daran, dass er hier nur zu Gast ist, mit ›beschränkter Aufenthaltsgenehmigung‹. Mit den Religionen muten sich die Menschen das Eingeständnis ihrer Ohnmacht, ihrer Endlichkeit, Fehlbarkeit und Schuldfähigkeit zu. Sie machen aber dieses Eingeständnis lebbar. Die Ersatzreligionen indes setzen auf die Selbstmächtigkeit des Menschen und versprechen das Paradies auf Erden.

Ich habe soeben Religion von Ersatzreligionen und Ideologien unterschieden, und Sie werden sich fragen, von welcher Religion ich denn eigentlich gesprochen habe. Ich habe eine Art Suchbild der Religion skizziert, das sich aus Komponenten der real existierenden Weltreligionen zusammensetzt; ein Suchbild, ein Phantom also. Weil die Religionen selbst immer wieder in die Gefahr geraten, zur Ersatzreligion, zur Ideologie und zum Machtinstrument zu werden, decken sich die institutionellen Religionen nicht einfach mit dem Religiösen. Nicht alles an den Religionen ist religiös. Religionen sind, wie alle Angelegenheiten des Menschen, von Verfall, Versteinerung und Missbrauch geprägt. Ich habe also weniger eine bestimmte Religion als System oder gar als Institution meinen Überlegungen zugrunde gelegt, sondern eine *religiöse Erfahrung* zu skizzieren versucht, die ich zusammenfassend so charakterisieren kann: Es handelt sich dabei um jene Erfahrung, die im Leben und dem Sein insgesamt ein letztlich unauflösbares Geheimnis und einen unerschöpflichen Reichtum sieht – und die von diesem Umgreifenden angerührt ist. Diese Erfahrung gibt es in unterschiedlichen Graden von Intensität. Größere Intensität bedeutet: Die Berührung mit dem Umgreifenden wird zu einem Energiezentrum im eigenen Selbst; es ist, als würde man Teil eines größeren Selbst, das ins eigene bisher vertraute Selbst hineinreicht. Religiöse Erfahrungen sind sicherlich auch in Termini energetischer Vorgänge beschreibbar. In ihnen manifestieren sich schöpferische Kräfte des Menschen, der damit *auf das Geheimnis des Seins, zu dem er gehört, antwortet.*

Mit der religiösen Erfahrung gerät man in einen belebenden Zirkel hinein: Man wird belebt und entfaltet Kräfte der Belebung – bis hin zur Begeisterung.

Religiöse Erfahrung in diesem Sinne ist nicht etwas, woran man glauben müsste. Es gibt sie mit aller nötigen Selbstevidenz. Nur – nicht jeder macht sie. Max Weber hat auf seine unnachahmlich lakonische Art erklärt, mit der religiösen Erfahrung verhalte es sich wie mit der Musikalität: nicht jeder komme in ihren Genuss. Er zum Beispiel sei religiös unmusikalisch. Eine ähnliche Bemerkung gibt es auch von Sigmund Freud, als er gestand, dass ihm das sogenannte »ozeanische Gefühl«, wie Romaind Rolland die religiöse Erfahrung genannt hat, fremd geblieben sei. Wenn diese Erfahrung auch nicht jedem zugänglich ist, so liegt doch eine universalisierende Tendenz darin. Denn diese Erfahrung impliziert eine Art Ergriffenheit vom Ganzen, weshalb der Gedanke nicht fern liegt, dass sie auch alle angeht oder doch angehen sollte. Aber gerade darum ist das, was daraus folgt, auch so sehr korrumpierbar durch Intransingenz und Dogmatismus. Geschichte und Gegenwart zeigen es.

Wenn man also die Zukunft des Glaubens ins Auge zu fassen versucht, wird man erstens hierzulande mit einem weiteren Rückgang der Bedeutung der großen Kirchen rechnen müssen. In anderen Regionen der Welt wird zweitens der religiöse Fundamentalismus als Opposition einer ›heißen‹ gegen eine ›erkaltete‹ Kultur wachsen (und es ist nicht auszuschließen, dass sich auch hierzulande solche fundamentalistischen Enklaven ausdehnen); drittens aber, und darauf werde ich jetzt zu sprechen kommen, wird etwas wachsen, was William James einst den Willen zum Glauben genannt hat; er wird wachsen in jener privatisierten, vielfältigen, kleinteiligen Form, als private Esoterik und individuelle Befriedigung des metaphysisches Bedürfnisses – einerseits; andererseits wird dieser Wille zum Glauben ein geradezu staatspolitisches, moralisches Anliegen.

Zeiten, in denen der Glaube schwindet, geben sich gerne der Vorstellung hin, früher sei stärker und unangefochtener geglaubt worden. Deshalb hätte es damals »Glaube« und nicht etwa »Wille zum Glauben« gegeben. Dieser Wille zum Glauben, man kann ihn auch »Sehnsucht nach Religion« nennen, gilt als ein Phänomen der aufgeklärten Spätzeit, in der die religiösen Lichter allmählich ausgehen und dem raffinierter gewordenen und von seiner eigenen Aufgeklärtheit überanstrengten Bewusstsein in Glaubensdingen nichts anderes mehr übrig bleibt als – der Wille zum Glauben. Diesen Ausdruck hat der amerikanische Philosoph William James Anfang dieses Jahrhunderts geprägt. Er bezeichnet die Art, wie man sich Glauben und Religion heutzutage vielleicht doch wieder intellektuell ›leisten‹ kann.

Unter zwei Aspekten will ich dem Willen zum Glauben nachgehen: Zum einen in bezug auf Moral und Moralbegründung im öffentlichen also zivilreligiösen Raum. Zum anderen in Bezug auf den ästhetischen Bereich.

Was die Moral und Zivilreligion betrifft:

Wir befinden uns in einer Situation, in der die Einsicht wächst, dass wir für den gesellschaftlichen Zusammenhalt und die Wertorientierung ganz gut wieder eine Religion brauchen könnten, zugleich aber wissen wir oder sollten es doch wissen, dass aus dieser Einsicht allein noch nichts Religiöses folgt, sondern eben nur – der Wille zum Glauben. Dieser Wille zum Glauben ist das Bedürfnis nach moralischer Letztbegründung. Nehmen wir beispielsweise den ›Wert‹ der Menschenwürde: »Alle Menschen sind frei und an Würde und Rechten gleich geboren«, verkündet der Artikel 1 der Allgemeinen Erklärung der Menschenrechte. Aber wird der Mensch tatsächlich mit Würde so wie mit Gliedmaßen ausgestattet geboren? Selbstverständlich nicht. Die ›Würde‹ wird zuerkannt, aber durch welche Instanz? Die säkularisierte Antwort: durch die Gesellschaft. Die Religion aber sagt: durch Gott. Mit Recht aber empfindet man die Gründung der Menschenwürde in einer gesellschaftlichen Übereinkunft als ziemlich schwach, denn sie lässt diese ›Würde‹ auf dem Treibsand von Übereinkünften und wechselnden Mehrheiten gründen. Beim Hitlerismus hat es sich ja gezeigt, dass es möglich ist, Mehrheiten zu gewinnen für ein Projekt der systematischen Zerstörung von Menschenwürde. Dashalb kommt es zu dem paradoxen Versuch, die Würde in der demokratischen Entscheidung zu verankern, sie aber doch als Wert von dieser Entscheidung unabhängig zu machen. Das Grundgesetz der Bundesrepublik bietet ein Beispiel dieser Paradoxie. Dort wird die Würde des Menschen *unantastbar* genannt: Keine Mehrheit darf die aus der ›Würde‹ des Menschen abgeleitete Grundrechte antasten. Das ist aber nichts anderes als der Versuch, in einer säkularen Welt ein heiliges Tabu zu errichten. Eine gesellschaftliche Entscheidung wird in eine Angelegenheit umgewandelt, die in Zukunft der gesellschaftlichen Entscheidung entzogen bleiben soll. Dabei lässt man die ›Würde‹ nicht nur in einer gesellschaftlichen Entscheidung begründet sein, sondern in etwas Absolutem, in Gott oder dem, was von ihm übrig geblieben ist: eine Instanz der moralischen Letztbegründung. Es war Nietzsche, der solche moralische Letztbegründung als *Begriffs-Halluzination* angesehen hat, die nur gilt, wenn man an sie glaubt. Wer aber, so Nietzsche, bemerkt, dass er dasjenige selbst hervorgebracht hat, woran er glaubt – also Gott oder die Moral –, der wird nicht mehr daran glauben können. Der von Nietzsche beschworene »Tod Gottes« bedeutet deshalb: Wenn man aufhört an Gott zu glauben, bleibt nichts anderes mehr übrig, als an den Menschen zu glauben. Dabei kann man die überraschende Entdeckung machen, dass der Glaube an den Menschen womöglich leichter war, als man noch den Umweg über Gott nahm.

Warum?

Weil der Mensch die Moral, die Entscheidung über Gut und Böse also, in einem Fundament verankert sehen möchte, das tiefer und umfassender ist als er selbst. Eine Moral, von der man weiß, dass man ihr Erfinder ist, hat nicht dieselbe unbedingte, transzendierende Bedeutung. Der Blick in die Geschichte der Religionen bestätigt diesen Willen zur moralischen Transzendenz. Gott hat Moses die Gesetzestafeln übergeben. Und auch Mohammed empfing seine Lebensvorschriften von Allah. Selbst in säkularisierter Zeit bleibt der Wille zur moralischen Transzendenz erhalten, da man immer noch versucht, das Gute und das Böse in der außermenschlichen Natur zu verankern, sei es dass man, wie Rousseau, auf die Güte der Natur als Orientierung hinweist oder, wie der Sozialdarwinismus, dem Recht des Stärkeren eine biologische Begründung gibt. Der wohlgeordnete Kosmos, die Natur, Gott oder eine absolute Vernunft – das sind die großen Formen der moralischen Transzendenz. Es gibt also, diese Schlussfolgerung lässt sich ziehen, das Verlangen nach moralischer Transzendenz, weil der Mensch sich selbst nicht über den Weg traut: »Was ich selbst erfunden habe, kann nicht so viel Wert haben.« Deshalb das Verlangen nach göttlicher Sanktionierung.

Aber machen wir uns nichts vor: Der zivilreligiöse Gott wird zum Placebo-Effekt. Gott kann, sagte einmal Robert Spaermann, nur solange eine anthropologische Funktion erfüllen, als er nicht von dieser Funktion her verstanden wird. Für den moralischen und anthropologischen Gott ist Aufklärung ebenso das Ende wie für einen Placebo, ein Scheinmedikament, das gerade so lange wirkt, wie der Patient nicht durchschaut, dass nur sein Glaube es war, der die Wirkung hervorbrachte.

Über dieses Verfahren, die Religion von ihren wünschenswerten Effekten her wiederherstellen zu wollen, hat Paul Tillich schon vor einigen Jahrzehnten das Notwendige gesagt: es sei der Versuch, *vom Sohn her die Mutter zu schaffen und den Vater aus dem Nichts zu rufen.*

Aber ganz aussichtslos ist dieses zivilreligiöse Unterfangen doch nicht.

Manche von Ihnen kennen vielleicht den Kultfilm der 70er Jahre, Antonionis »Blow up«. Darin gibt es die folgende Szene, ziemlich am Ende des Films: Der Protagonist, ein Fotograf, kommt nach einer Nacht voll turbulenter Ereignisse am Morgen zu einem umgitterten Platz. Dort spielen zwei Leute hingebungsvoll Tennis. Das heißt, wir sehen, dass die Spieler die entsprechenden Bewegungen machen, aber wir sehen keinen Ball. Auch der Fotograf sieht keinen Ball, denn entgeistert bleibt er vor dem Gitter stehen und schaut zu. Und wir Zuschauer schauen auch zu, denn die Kamera verfolgt nach einer Weile mit ihren Schwenks die Flugbahn des imaginären

Balles. Immer wirklicher wird das Unwirkliche an diesem grauen Morgen. Jetzt hören wir auf einmal den Ball, zuerst leise, vom Wind übertönt, dann immer lauter das Geräusch der Ballschläge, und der Fotograf draußen vor dem Gitter bewegt den Kopf im Rhythmus des Ballwechsels. Jetzt hat ein Spieler zu stark geschlagen. Der Ball, den noch keiner gesehen hat, fliegt über das Gitter und fällt offenbar dem Fotografen vor die Füße. Die Spieler blicken bittend hinüber zu ihm. Er zögert, doch dann beugt er sich nieder, und hebt etwas auf, das nicht da ist, und wirft es hinüber. Die Spieler bedanken sich und setzen ihr Spiel fort.

Über den Ball lässt sich ebensowenig sagen wie über Gott, denn er ist nicht da. Aber das Spiel ist da und seine Dynamik verwandelt die Zuschauer, auch uns, in Mitspieler. Das heißt: Fangt an zu spielen, und dann werdet ihr merken wie wirklich der Ball ist. Wenn ihr vorher wissen wollt, ob der Ball da ist, dann werdet ihr nie anfangen. Dann wird es niemals ein Spiel geben.

Zivilreligion ist das Spiel ohne Ball, genauer: ein Spiel, das seine Voraussetzung erst im Spiel selbst hervorbringt. Beim Spiel ohne Ball sind die Effekte das Balls da, auch wenn es ihn möglicherweise gar nicht gibt.

Mit diesem »Nichts«, aus dem der Gott der Zivilreligion allein seines wünschenwerten Effektes wegen gerufen wird, tut sich der Gott des Ästhetischen nicht so schwer. Er ist ja erklärtermaßen eng verbunden mit der Einbildungskraft, die ihre Welt aus dem Nichts schafft und erfindet. Zum Ästhetischen gehört die Undeutlichkeit, ob ein Gott gefunden oder erfunden wurde. Schon Heine bemerkte, wie in der Moderne die Götter im Ästhetischen ihr Exil gefunden haben. Und heute beginnt man wieder zu begreifen, dass die Kunst in ihren besten Augenblicken stets eine intime Verbindung zum Erlebnis des Heiligen unterhielt. Nabokov, eigentlich kein religiöser Mensch, aber eben ein Künstler, sagte: *Ein Werk der Erfindung existiert für mich überhaupt nur, soweit es mir (...) die Empfindung verschafft, irgendwie, irgendwo, mit anderen Seinszuständen zusammenzugehören.* Nabokov formuliert hier etwas, das schwer zu fassen ist und deshalb häufig in geronnener Ideologie wie der vom ›l'art pour l'art‹ weitergereicht wird. Es ist die ekstatische Dimension der Kunst, ihre heimliche metaphysische Obsession, ihr Vorbehalt gegen die Welt, jenseits aller Politik. Dichtung gibt es bekanntlich, weil die Menschen ›nicht ganz dicht‹ sind und deshalb ins Imaginäre entweichen. Das ekstatische Moment der Kunst ist ein Ingredienz, eine Beimischung. Wir werden die Kunst, am allerwenigsten die gegenwärtige, nicht als eine Art Dauerekstase definieren dürfen. Denn mit vielen ihrer Antrieben ist sie ins realitätstüchtige politische und moralische Geschäft verwickelt. Und doch steckt in ihr ein Mehrwert, der über alle diese Bereiche hinausweist. Am deutlichsten wird man das wohl in der Musik spüren. Es wird vermutlich kaum jemanden geben, der bei der Bachschen Matthäuspassion nicht einen religösen Funken bei sich entdeckt, egal wie man dieses Spurenelement dann nennt. Der gegenwärtige Papst hatte schon recht, als er sagte: *Man nehme aus der Kunstgeschichte in Europa und in Deutschland alles weg, was mit religiöser und christlicher Inspiration zusammenhängt, und man wird sehen, wieviel, das heißt wie wenig übrigbleibt.*

Aber auch das bemerken wir: Nicht nur bei den offiziellen Religionen, auch in der Kunst machen sich die Folgen der Säkularisierung bemerkbar. Die große Entzauberung hat auch hier eingesetzt. Welcher unserer heutigen Literaten würde noch, wie Kafka beispielsweise, sagen können, Schreiben sei eine *Art des Gebetes*, ein *Ansturm gegen die letzten irdischen Grenzen*? Aber man will doch nicht ganz die Fühlung zu diesen ästhetisch-spirituellen Kraftquellen verlieren. Deshalb die Flut von Kommentaren und Interpretationen. Es gibt ein ständiges Kreisen um die Zonen des ästhetisch Allerheiligsten.

Ich komme zum Schluss: Mögen sich auch die Kirchen leeren, es wächst gleichwohl diffus und im einzelnen schwer greifbar der Wille zum Glauben – ästhetisch und moralisch. Aber er ist gebrochen, mit den Wassern der Aufklärung gewaschen, heikel, prätentiös, oft mehr Wille zum Willen als Wille. Vielleicht lassen sich die drei Grundhaltungen, die Schiller in der modernen, reflexiv gebrochenen und ihrer sinnhaft (›naiven‹) Sinneinheit verlustig gegangenen Kunst ausgemacht hat, auch für das moderne Verhältnis zur Religion geltend machen.

Die drei Grundhaltungen sind: Elegisch, Idyllisch, Satirisch.

Es gibt die Elegie: die Klage über den Verlust der Religion und der Versuch, auf indirekte Weise – museal, touristisch, kulturwissenschaftlich, ethnologisch, psychoanalytisch, mythologisch usw. – mit der entschwundenen oder entschwunden geglaubten Religion in Fühlung zu bleiben. Man ist ein durchaus aufgeklärter Mensch, möchte aber doch auch Zaungast des religiösen Vorkommens sein.

Es gibt die Idylle: Das sind die absichtsvollen, kleinformatigen Wiederverzauberungen. Die Ekstasen für ein Wochenende in der Toskana; allerlei gurulogische Experimente.

Es gibt die Satire. Das ist das indirekte Festhalten an einem religiösen Impuls, der zwar nicht kraftvoll genug ist, um zum Leben genutzt zu werden, aber stark genug, um die sogenannte »entfremdete Welt« zu kritisieren.

Wie dem auch sei: Die schöpferischen religiösen Kräfte, welche sich in der Menschheitsgeschichte manifestieren und die Kulturen geformt haben, dieses Kräfte gibt es in uns – nach wie vor. Der Mensch ist ein Wesen, das transzendieren, das heißt: über sich hinausgehen kann; ein Wesen, zu dem es gehört, dass es sich nicht selbst gehört. Für dieses transzendierende Vermögen gibt es unendlich viele Formulierungen; die vielleicht schönste haben Goethe und Schelling gefunden, als sie erklärten: Der Mensch ist Natur; aber im Menschen schlägt die Natur ihre Augen auf und bemerkt, dass sie da ist. Im Menschen ist die Natur gesteigert zur Selbstsichtbarkeit und damit zur Selbsttranszendenz. Daraus erwächst das große Staunen darüber, dass es das Sein gibt und nicht das Nichts. Aus diesem Spielraum des Transzendierens erwächst Kultur und Wissenschaft und die große Verantwortung für das Leben insgesamt und nicht nur für das eigene Ich. Aus diesem Spielraum des Transzendierens sind auch die Religionen erwachsen. Sie sind Versuche, der Transzendenz, auf die hin wir transzendieren können, ein bestimmtes Gesicht zu geben. Die kulturelle Verbindlichkeit dieses christlich-abendländischen Gottesbildes scheint erschöpft – der Ort der Transzendenz ist deshalb im gewissen Sinne leer, einstweilen. Das muss nicht schlimm sein, vorausgesetzt, man hält an seinem transzendierenden Vermögen fest, bewahrt die Offenheit und wehrt sich dagegen, zum eindimensionalen Wesen zu verkümmern. Unter dieser Voraussetzung erfüllt die ›leere‹ Transzendenz ironischerweise sogar das alte Gebot:

›Du sollst dir kein Bildnis machen!‹.

Grundüberlegungen

Subjektivität und Transzendenz

Roman Lesmeister

Das Thema meines Beitrags verbindet zwei Ausdrücke, für die gleich zu Beginn eine kurze Klärung angebracht erscheint. »Subjektivität« meint all die Phänomene, die zum Subjektsein gehören, das Subjekt- oder Selbstsein ausmachen. In einer vertrauteren Sprache könnten wir dafür auch die innere Welt, die psychische Realität einer Person einsetzen. Der Ausdruck »Transzendenz« steht nach herkömmlichem Verständnis für diejenigen Bestimmungen, die über das empirisch Gegebene oder Erfahrbare hinausgehen, dieses überschreiten. Mit Blick auf die traditionelle Philosophie handelt es sich dabei um solche Bestimmungen, die man gemeinhin als metaphysische bezeichnet (gleichwohl es in der neueren Philosophie, etwa bei Sartre, auch anderslautende Deutungen von Transzendenz gibt). Nach Kants kritischer Grenzziehung sind metaphysische Bestimmungen solche, von denen wir im strengen Sinne nicht wissen, an die wir aber aus mehr oder weniger guten Gründen glauben können. Das Verhältnis von Subjektivität und Transzendenz zu untersuchen, heißt im Kontext meines Vorhabens, der Frage nachzugehen, ob sich Subjektivität, also die innere Realität der Person, auf etwas Transzendentes, also »Jenseitiges«, hin überschreiten lässt und – weitergehend – ob sich Subjektivität in Transzendentem gar begründen lässt.

Ich werde mit einem ›Nein‹ auf diese Frage beginnen und zunächst darlegen, wie ein Verständnis von Subjektivität *ohne* Transzendenz heute aussehen kann (es wird sich um *eine mögliche* Deutung handeln) und welche allgemeinen Konsequenzen sich aus einem transzendenzbereinigten Verständnis von Subjektivität für die analytische Praxis ergeben. Dagegen absetzen werde ich eine bejahende Version der Antwort und am Beispiel der psychoanalytischen Metaphysik Wilfred Bions aufzeigen, wohin ein psychologisches Konzept von Subjektivität, das in Transzendenz gründet, führt und wie sich einige ausgewählte Aspekte psychoanalytischer Praxis unter dieser Perspektive darstellen.

Ich beginne mit der Subjektivität im Horizont der Transzendenzlosigkeit bzw. des Transzendenzverlustes. Um die nötigen Verständigungsgrundlagen zu schaffen, muss ich mich dazu vorerst eine Strecke weit auf vor- und außerpsychoanalytischem Feld bewegen. Wir entfernen uns allerdings nicht weit, denn der zu beschreitende Weg führt in direkter Linie zu einem der bedeutenden Vordenker der Psychoanalyse. Der große Zerstörer des transzendent-metaphysischen Fundamentes nicht nur aller äußeren Weltzusammenhänge, sondern auch des subjektiv-personalen Innenraums war Nietzsche. Zwar haben auch namhafte andere an dem Auflösungswerk mitgewirkt, aber bei Nietzsche bündeln sich wie unter einem Brennglas die energiereichsten Strahlen. Die Spuren, die der hervorgerufene Brand hinterlassen hat, kennzeichnen bis in unsere Epoche der Nachmoderne hinein weite Flächen der philosophisch-weltanschaulichen Landschaft. Die von Nietzsche herbeigeführten Erschütterungen treffen den Status menschlicher Subjektivität in mehrfacher Weise. Ich will, um das für uns Wesentliche hervorheben, kurz einen Bogen spannen.

Am Anfang dieses Bogens steht Augustinus. Es entspricht einer Übereinkunft, die Geschichte abendländischer Subjektivität als Geschichte bewusst reflektierter Innenweltlichkeit bei ihm beginnen zu lassen (vgl. Schulz 2001, S. 254 ff.). Bei Augustinus treffen wir erstmals auf die elaborierte Vorstellung eines inneren Menschen (*homo interior*), der als wahrer und höherer Mensch vom niederen, an die Natur und sinnliche Welt verfallenen äußeren Menschen (*homo exterior)* kategorisch abgehoben wird. Die selbsterkennende Versenkung in den *homo interior* führt den Menschen nicht nur zu seiner tieferen Wahrheit, sondern trägt ihn über sein begrenztes Selbst hinaus: »Gehe nicht nach draußen! Gehe in dich! Im Innern des Menschen wohnt die Wahrheit. Und wenn du deine Natur in ihrer Unbeständigkeit erkannt hast, überschreite auch dich selbst« (Augustinus 1950, S. 72). Die Überschreitung weist in die Richtung göttlicher Transzendenz. Dem Modus der Verinnerlichung entspricht der Aufstieg von unten nach oben, vom irdisch Vergänglichen, Wesenlosen zum himmlisch Unvergänglichen, Wahren. Das spätere neuzeitliche Denken, das einen großen Abschnitt des Bogens beschreibt, hat die zentrale augustinische Idee der Innenweltlichkeit zwar aufgenommen und weiter ausgebaut, diese jedoch zugleich mehr und mehr ihrer transzendenten Verankerung beraubt. Am Ende des Bogens schließlich steht Nietzsche. Dessen Wort »Gott ist tot« markiert das definitive Ende einer Geschichte menschlicher Subjektivität, die sich an ihren Grenzen noch zur höheren Welt hin öffnet. Die Durchstreichung des Gottesnamens löscht dabei nicht nur den religiösen Sinngehalt von Transzendenz, sondern die Gültigkeit höchster Werte, Ideen oder Ideale überhaupt, für die der Gottesname gewissermaßen stellvertretend steht (vgl. Heidegger 1994, S. 216–217). Man wird von nun an, auch wenn man noch so tief in den »inneren Menschen« eindringt, dort nicht nur keinen Gott mehr finden, sondern auch nichts anderes, was einem metaphysischen Grund, einer letzten Wahrheit, einem Absoluten gleichkäme.

Mit dem Übergang zur Neuzeit, paradigmatisch bei Descartes, kann man beobachten, wie sich nach und nach an die Stelle der metaphysisch-göttlichen Instanz etwas anderes setzt: das allmächtig-autonome Ich als Zentrum der Subjektivität. Dieses Ich übernimmt nun die Rolle des Fundierenden, des *subjectum* im Sinne eines Zugrundeliegenden. Schon von daher ergibt sich, dass Nietzsches gottesmörderischer Angriff gerade auch diesem Ich gelten muss. Nietzsche zertrümmert folgerichtig die (neuzeitliche) Ich-Vorstellung, und zwar in allen Interpretationssformen, in denen sie bis dahin aufgetreten war. Dies gilt für das Ich des cartesischen *cogito sum* ebenso wie für das transzendentale Ich Kants, das die innere Einheit unseres Selbstbewusstseins sicherstellt. Und dies gilt erst recht für Fichtes Imagination eines absoluten Ichs, das gleich einem Demiurgen die Welt selbstschöpferisch hervorbringt und auf diese Weise seine Stellvertreterschaft in Bezug auf den metaphysischen (göttlichen) Seinsgrund am deutlichsten bezeugt. Für Nietzsche ist das Ich und das vom Ich getragene einheitliche Subjekt eine Fiktion, etwas Gemachtes, »Hinzu-Erdichtetes, Dahinter-Gestecktes« (Nietzsche 1982, Bd. 3, S. 323), ein Element unseres Glaubens, der ein zwar zweckdienlicher, aber doch irriger, illusionärer Glaube ist. Dem Ich kommt kein Substrat, keine Substanz, keine Realität zu. Man muss vielmehr die Täuschung durchschauen: Nicht das Ich denkt, sondern das Denken denkt sich ein Ich.

Was bleibt von der Subjektivität nach dem nihilistischen Eingriff? Es bleibt eine Subjektivität ohne festen transzendenten Grund, ein Selbst ohne letzte Wahrheit. Es bleibt eine Subjektivität mit vielen Gesichtern, ohne dass noch auszumachen wäre, welches das wahre, eigentliche sei. Ein Selbst ohne zentralen Nucleus, aber nun mit vielen Zentren, Antriebsquellen, Energiepunkten – »Willens-Punktuationen«, wie Nietzsche (1982, Bd. 3, S. 278) sie nennt –, die in einem Spiel wechselnder Besetzungsintensitäten nach den Launen von Natur, Fatum und Leiblichkeit Selbstzustände hervorbringen und wieder verschwinden lassen. Es ist nichts Wesenhaftes hinter den Phänomenen des Subjektiven, es sei denn, wir haben es »dahintergesteckt«, um eine uns unverzichtbar erscheinende Ordnung oder Sinnhaftigkeit in die Dinge zu bringen. Jacques Lacan wird hier später von den Strukturen des Imaginären sprechen, die sich »prothetisch« ordnend und vereinheitlichend über den zerstückelten Körper legen (vgl. Lacan 1986).

Müssen wir an diesem Transzendenzverlust verzweifeln? – Nietzsche und denen zufolge, die sein Erbe in der Ära nachmodernen Denkens verwalten, keineswegs. Was sich nämlich in der aufgebrochenen Leere der »metaphysischen Obdachlosigkeit« (Safranski) abzeichnet, ist die optimistische

Vision eines ganz diesseitigen Neubeginns. Denn wenn das Denken aufhört, nach den letzten (metaphysischen) Gründen zu forschen, werden wir bemerken – so Nietzsche in der *Morgenröte* –, dass »das Nächste, das Um-uns und In-uns allmählich Farben und Schönheiten und Räthsel und Reichthümer von Bedeutung aufzuzeigen beginnt, von denen sich die ältere Menschheit nichts träumen ließ« (Nietzsche 1982, Bd. 1, S. 1044). Wenn der Grund verschwindet, muss sich nicht der Abgrund auftun. Die Metapher von Grund und Grund-losigkeit verliert vielmehr als solche ihre Gültigkeit. Die gesamte Such- und Bewegungsrichtung kehrt sich um. Sie geht nicht mehr zum Tiefsten, sondern zum »Nächsten«, was das in der Nähe Liegende (der Reiz des Naheliegenden und bisher Übersehenen), aber auch der Nächste, also der Andere sein kann. Sie interessiert sich weniger für das Eine und Identische, sondern für das Viele und Nichtidentische, für die Dynamik der Relationen und Transformationen, für das Spiel der Differenzen in den Übergängen und Zwischenräumen. Subjektivität öffnet sich nicht zum einheitlichen transzendenten Grund, sondern in den pluralen Raum des Inter-Subjektiven.

Die Entwicklungen in der modernen Psychoanalyse lassen sich keinesfalls in direkter Weise mit den nachgezeichneten Umbrüchen im subjektphilosophischen Denken in Verbindung bringen. Sie verlaufen sogar weitgehend unabhängig von diesen. Dennoch setzen sich seit den siebziger, achtziger Jahren des zu Ende gegangenen Jahrhunderts in der psychoanalytischen Diskussion Positionen durch, die mit den symptomatischen Veränderungen im subjekttheoretischen Diskurs (der philosophischen und sozialwissenschaftlichen Disziplinen) auffallend konvergieren. Diese Positionen, die wir vor allem in den konstruktivistischen, narrativistischen, relationalen und intersubjektiven Ansätzen der neueren Psychoanalyse vertreten finden, implizieren im Kern den Glauben an ein transzendenzloses Subjekt – einen Glauben, der sich von Freuds antimetaphysisch-atheistischen Prämissen allerdings in charakteristischer Weise unterscheidet. Machen wir uns das neue Paradigma zu eigen, dann messen wir den Begriffen von Wahrheit und Realität im psychoanalytischen Prozess keine allzu große Bedeutung mehr bei, gar nicht zu reden von Konstrukten wie »letzte Wahrheit« oder »objektive Realität«, die uns anmaßend und obsolet vorkommen müssen. Wir halten es für erwiesen, dass die lebensgeschichtlichen Rekonstruktionen uns nie zum letzten Wahrheitsgrund des Subjektes hinunter führen werden. Daher bevorzugen wir eine Perspektive, die sich bewusst bleibt, dass jede Erinnerung eine Konstruktion, Teil einer Erzählung oder das umgestaltete Transskript einer anderen ist und keinerlei Aussicht besteht, je auf das Original zu stoßen; und dass das, was

Realität genannt zu werden verdient, sich als jeweils vorläufiges, transitorisches Resultat einer (inter-subjektiven) Vereinbarung herausstellt. Wir finden uns auch damit ab, dass jede noch so gründliche Analyse des Unbewussten keinen wahren Kern der Subjektivität, kein »wahres Selbst« frei legen wird. Wir begegnen affektiven Zuständen dieser Subjektivität mit wechselnden Graden von Kohärenz und Kontinuität – Zuständen, die aber weder auf ein imaginäres Zentrum noch auf einen unaussprechlichen Hinter(Unter-)grund, sondern in unendlicher Folge nur wieder auf andere Zustände verweisen. Auch dies eine Form von Transzendenz, ein ständiges Überschreiten also, aber ein Transzendieren, das gewissermaßen ganz im Horizont der Diesseitigkeit bleibt: Ich bin dank der »exzentrischen« (dezentrierten) Konstitution meines Selbst- und Subjektseins immer schon über mich hinaus, ich bin immer schon ein Anderer (und beim Anderen). Weil die Kriterien von Wahrheit und Realität analytisch ihre Verbindlichkeit verloren haben, machen wir uns keine große Mühe mehr mit Unterscheidungen, mit denen die Altvorderen noch ganze Bücher gefüllt haben: so etwa zwischen der einst als Realitätsverzerrung interpretierten Übertragung und dem Anteil einer »realen« oder »wahren« Beziehung. Das intersubjektive Wechselspiel eines »totalistisch« verstandenen Übertragungs- und Gegenübertragungsgeschehens gilt nun vielmehr als das Medium, in dem die Facetten des pluralen Selbst, die vielen Gesichter der Subjektivität in Erscheinung treten und das Subjekt im analytischen Raum Gelegenheit erhält, sich darin kennen zu lernen und sich darin bewegen zu lernen.

Welche Ziele können einer so verstandenen Interpretation bzw. Ausrichtung des analytischen Prozesses voranleuchten? Ich meine, dass wir hier auf den essentiellen Gehalt einer typischen Verschiebung stoßen, die weit über die Grenzen unserer Profession hinaus den allgemeinen Bewusstseinstrend kennzeichnet. Der Patient verlässt die Analyse weniger denn je mit dem Wissen darüber, wer er in Wahrheit ist, mit einer festen Identifizierung also, zu der ihm die – am Ende womöglich vollständige – Deutung verholfen hat. Er geht stattdessen mit der Fähigkeit, Abstand zur Vielzahl seiner möglichen Identifizierungen, ein freieres Verhältnis zur Vielzahl seiner möglichen Wahrheiten einnehmen zu können. Er geht mit einem Gefühl für das Übergangshafte, Nicht-Feststellbare seines Selbst- und Subjektsein, für dasjenige, was zwischen den wechselnden Identifizierungen liegt. So gesehen, handelt es sich um das Prinzip des Übergangs, der Transformation als solcher, um einen veränderten Aggregatszustand der Subjektivität, den man als »flüssiger« bezeichnen würde. Das ist das Nächstliegende und wahrscheinlich auch Beste, worauf man sich unter dem Vorzeichen der Transzendenzlosigkeit besinnen kann. C. G. Jung, dessen Namen man in diesem

Zusammenhang vielleicht nicht ohne weiteres erwarten würde, hat – bereits in den zwanziger Jahren – dieses therapeutische Anliegen so ausgedrückt:

> »Die Wirkung, auf die ich hinziele, ist die Hervorbringung eines seelischen Zustandes, in welchem mein Patient anfängt, mit seinem Wesen zu experimentieren, wo nichts mehr für immer gegeben und hoffnungslos versteinert ist, eines Zustandes der Flüssigkeit, der Veränderung und des Werdens«. (Jung 1958, S. 49)

Ich begebe mich nun auf die Gegenseite und wende mich einem äußerst innovativen und einflussreichen Geist zu, dessen philosophische, das heißt erkenntnistheoretische und ontologische Grundlegung der Psychoanalyse sich auffällig konträr zu den bislang erörterten Richtungsbestimmungen verhält, sich im Vergleich zu diesen – wenn ich mich einmal so ausdrücken darf – geradezu dinosaurierhaft ausnimmt. Wilfred Bion, um den es hier geht, konfrontiert uns mit einer ungewöhnlichen Idee von Transzendenz, die in Fachkreisen vielfach Anstoß erregt oder mit rücksichtsvollem Schweigen übergangen wird. Wovon im weiteren die Rede sein soll, betrifft also nicht die klinisch akzeptierten und bewährten Konzepte der projektiven Identifizierung, der Alpha-Funktion, der Reverie und des Modells von *container/contained*, sondern Bions eklektisch-metaphysische Theorie über »O«. Ich werde mich nun der Reihe nach damit befassen, 1) was Bion unter O versteht und wie O erfahren werden kann; 2) welches Licht O auf das Bild menschlicher Subjektivität wirft; 3) welche Implikationen und Konsequenzen sich aus O für einige bedeutsame Aspekte psychoanalytischer Praxis ergeben.

Mit dem Symbol O denotiert Bion eine letzte, absolute Realität oder absolute Wahrheit, die dem analytischen Prozess und allen Phänomenen, die darin auftreten (Denkinhalten, Phantasien, Affekten usw.), zugrunde liegt. Lässt sich das etwas genauer sagen? Zur spezifischen Charakterisierung von O greift Bion zum einen auf Elemente der eigenen Theorie, zum anderen auf Konzepte der traditionellen Philosophie sowie solche der philosophischen und religiösen Mystik zurück. Die von ihm gewählten Kennzeichnungen fallen im ganzen äußerst vielfältig, nicht selten widersprüchlich oder verwirrend aus. Ich beziehe mich bei den folgenden Charakterisierungen im Wesentlichen auf die Vielzahl verteilter Aussagen in *Transformationen* (Bion 1997) und *Attention and Interpretation* (Bion 1984). Bions absolute Realität ist zunächst gleichbedeutend mit den Beta-Elementen, also den nicht symbolisierten (nicht-denkbaren), nicht psychisierten Rohmaterialien der inneren Welt. Gleichzeitig enthält O die basalen Präkonzeptionen, also angeborene

Formen oder Strukturen, die im Vollzug spezifischer psychischer Akte (des Denkens oder Fühlens) in Realisierungen überführt werden. Von hier aus zieht Bion die Verbindung zu den platonischen Ideen, den transzendenten Urbildern des Seienden. Des weiteren spricht er mit besonderer Vorliebe – und wie man sagen muss, in offenkundiger Fehlinterpretation des Kant'schen Terminus – von O als dem Ding an sich oder der Ding-an-sich-Welt (vgl. Darmstädter 2001, S. 117 ff.), die er von einer dem Erkennen zugänglichen phänomenalen Welt absetzt. In Begrifflichkeiten, die uns aus mystisch-gnostischen Systemen vertraut sind, beschreibt Bion absolute Realität als Sphäre des Formlosen, Ungestalteten, der absoluten Fülle und des Nichts, als Anfang (*origin*) und Ende (*omega*), als primordiale Matrix, die alle phänomenale Unterschiedenheit in sich vereint und aus sich hervorgehen lässt. Als Steigerung und konsequente Fortführung dieser Bestimmungen erscheint O schließlich als Ausdruck oder Träger eines Gottesbildes, das sich im individuellen Bewusstsein im Zuge spezifischer Transformationen psychisch realisiert bzw. inkarniert.

Nun kurz zur Frage der Erfahrbarkeit von O. Grundsätzlich gilt: Die absolute Realität, die Bion postuliert, ist nicht erkennbar im Sinne von »nicht dem Wissen zugänglich, nicht symbolisch repräsentierbar«. In Bions Symbolsprache: Es gibt keine direkte Transformation – weder von K (Wissen, Erkennen) in O, noch von O in K. O ist folglich das Unwissbare, Unsagbare, Unaussprechliche. Zwar kann sich die Erkenntnis der numinosen Realität von O annähern, aber nicht den »Sprung« vollziehen, der für die Erfahrung von O erforderlich ist. Diese Erfahrung kann nicht im Modus des Erkennens, sondern nur im Modus des *Seins* erfolgen. Ziel der Entwicklung, eben auch der Entwicklung im analytischen Prozess, ist demzufolge jenes von Bion so benannte Einswerden mit O, O-Werden, Real-Werden, das heißt das Identischwerden mit der eigenen letzten Wahrheit oder Realität – dies sowohl im Hinblick auf Teilaspekte wie das Ganze dieser Realität.

Dazu einige Kommentare und Konkretisierungen. Wir sehen fürs erste, wie Bion in der erkenntnistheoretisch-ontologischen Begründung seines psychoanalytischen Denkens zu einem traditionellen Transzendenzverständnis zurückkehrt, indem er eine hinter der phänomenalen psychischen Realität Welt liegende »jenseitige«, eigentliche oder wahre Realität annimmt, auf der die phänomenale Welt aufruht. Bions Vorstoß ins Transzendente gibt sich dabei deutlich als Versuch zu erkennen, das symbolische Gefüge der Sprache und des Wissens (K) zu durchbrechen, das uns in die Welt des Allgemeinen einschließt und uns nie ganz zu den Dingen in ihrem jeweiligen Real-Sein vordringen lässt. Im besonderen wird der feste (transzendente) Grund menschlicher Subjektivität, der im Zuge der Subjektkritik seit Nietzsche mehr und mehr ins Schwanken und schließlich ins Verschwinden geriet, von Bion wieder hergestellt – bemerkenswerterweise, ohne den übergreifenden Diskurs, der zur Infragestellung bzw. Auflösung dieses Fundamentes geführt hat, ernsthaft zur Kenntnis zu nehmen. Mit der Transzendenzhypothese verknüpft Bion ein theistisches Postulat, das auf die Möglichkeit einer Gotteserfahrung im Selbst hinausläuft. Diese Erfahrung ereignet sich allerdings nicht im Glauben (als antithetisch zum Wissen), sondern in jener tieferen Realisierung des Gewussten oder Geglaubten, die den charakteristischen Grundzug des mystischen Erlebens ausmacht und Bion zufolge auch nur mit Hilfe mystisch-religiöser Begriffe oder Metaphern angedeutet werden kann. Die Rede vom »Sprung« (vom Wissen ins Sein) erinnert, nebenbei bemerkt, sowohl an Kierkegaard wie an (den späten) Heidegger; bei Kierkegaard ist es der Sprung ins Wagnis des Glaubens, bei Heidegger der qualitative Übergang vom begründend-vorstellenden Denken zum an-denkenden Denken des Seins.

Es könnte sein, dass Bion den Graben zwischen Erkennen und Sein etwas zu tief zieht und dabei eine wichtige Modalität, auf die von anderer Seite hingewiesen worden ist, übersieht. Ich denke hier an Wittgenstein, der am Ende des *Tractatus* ebenfalls aufs Unaussprechliche kommt, das sich nicht in die logische Form der Aussage einfangen lässt: »Es gibt allerdings Unaussprechliches. Dies *zeigt* sich, es ist das Mystische« (Wittgenstein 1984, Bd. 1, S. 85). Also: Das Unaussprechliche ist eben unaussprechlich, aber es *zeigt* sich. Und da es sich zeigt, kann man es *zeigen*. Man kann darauf hinzeigen mit dem Gestus: ›Sieh' hin, da geschieht etwas, wovon man nicht sprechen kann‹. Das Zeigen wäre demnach eine Brücke zwischen dem Wissen und dem Sein.

Ich füge an dieser Stelle ein Beispiel ein, das zeigen kann, wie sich in einer analytischen Situation die Realisierung von O, das Realwerden eines Aspektes der psychischen Realität, ereignet. Ich bediene mich einer kurzen und etwas ungewöhnlichen Fallvignette von Fritz Morgenthaler (1987, S. 181 f.), die ich anderen Orts (Lesmeister 2001, S. 9) in einem ähnlichen Zusammenhang schon einmal diskutiert habe.

> »Einer meiner ersten Analysanden war ein Schwachsinniger. Ich arbeitete damals in der Klinik. Paul L. war so debil, daß er nur die einfachsten linearen Kausalzusammenhänge erfassen konnte, wie etwa: Mein Vater war sehr streng. Folglich musste ich dauernd arbeiten. Oder: Die Suppe war zu heiß. Ich konnte sie nicht essen. Paul L. war dreieinhalb Jahre bei mir in Analyse. Drei Stunden wöchentlich. Nach drei Jahren erschien er einmal zu einer Stunde, setzte

> sich an meinen Tisch, legte den Kopf auf seinen Arm und weinte lange. Dann sagte er: ›Ich bin jetzt drauf gekommen: Ich bin schwachsinnig.‹ Er weinte fast die ganze Stunde über. Ich saß neben ihm, sprachlos (...) Mit Paul L. und unserer gemeinsamen Erfahrung habe ich zum ersten Mal über den Zaun der Psychoanalyse geblickt. Wie soll man das verstehen? Muß man einen Schwachsinnigen analysieren, um die Psychoanalyse zu verstehen?«

Es ist ohne weiteres einleuchtend, dass Bions Postulat einer absoluten (psychischen) Realität oder Wahrheit in subjektivitäts- bzw. subjekttheoretischer Hinsicht Konsequenzen nach sich zieht, die vollkommen konträr zu denen ausfallen, die im dominierenden nachmodernen Subjektverständnis vorherrschen. Einmal abgesehen davon, dass innerhalb der Sphäre von O Subjektives und Objektives nicht mehr scharf voneinander zu trennen sind, haben wir unter Bions Prämissen wieder Veranlassung oder sind vielmehr gezwungen, von einem *wahren Subjekt*, der *Person an sich* (vgl. Bion 1997, S. 176), mutatis mutandis von einem *wahren Selbst* zu sprechen, das im transzendenten Hintergrund der Person – unerkennbar, unsagbar – anzunehmen ist. Die Bestimmung »wahr« geht hier sicher weit über das hinaus, was wir von Winnicott kennen, obgleich auch Winnicotts »wahres Selbst« dadurch, dass es ein nicht-kommunizierendes, ein sich nicht aussagendes, nicht in unmittelbaren Kontakt mit dem Außen tretendes ist, schon eine deutlich – wenn man so will – transzendente Anmutung aufkommen lässt (vgl. Winnicott 1984). Es gibt bei Bion also dieses transzendente wahre oder reale Subjekt. »Im Verhältnis zu welchem anderen?« wäre zu fragen. – Ganz einfach im Gegensatz zu einer »immanenten«, das heißt empirisch zugänglichen, phänomenalen Subjektivität, die sich in den manifesten Gedanken, Affekten, Phantasien usw. der Person ausspricht. Das Seelenleben steht unter diesen Voraussetzungen im Spannungsfeld einer Zweiheit oder Zweipoligkeit: dem unbewussten Wechselspiel von immanentem und transzendentem, phänomenalem und wahrem (numinosen) Subjekt. Dieses hochspekulative, aber auch außergewöhnlich interessante Modell psychischer Realität wurde in den USA von M. Eigen (1998) und J. Grotstein (2000), beide Bion-Schüler, aufgegriffen und theoretisch weiterentwickelt.

Welche relevanten klinischen Schlussfolgerungen ergeben sich aus Bions neometaphysischer Grundlegung der Psychoanalyse und psychoanalytisch verstandener Subjektivität? Ich muss mich aus Zeitgründen beschränken und wähle zwei mir bedeutsam erscheinende Aspekte aus. Der eine betrifft das Verständnis von Abwehr und Widerstand, der andere die Basis der psychoanalytischen Haltung.

Für Bion steht fest, dass alle Abwehrvorgänge und damit alle im psychoanalytischen Prozess auftretenden Widerstände in einem grundlegenden Widerstand gegen O – und das heißt in einer Angst vor dem Realen, vor dem Realwerden, vor dem Realisieren der eigenen Wahrheit – wurzeln. »Transformationen in K werden gefürchtet, wenn sie das Auftauchen von Transformationen in O bedrohlich ankündigen« (Bion 1997, S. 197). »Widerstand zeigt sich nur dann, wenn die Bedrohung im Kontakt mit dem (...) Realen besteht (...) Widerstand wirkt, weil man fürchtet, daß die Realität des Objekts greifbar nahe ist (...)« (Bion 1997, S. 185 f.). Dieser Widerstand betrifft im übrigen auch die Angst des Analytikers vor einer Deutung, die Aspekte des Realen freilegen oder sich diesen annähern könnte. Die basale Angst, von der Bion hier spricht, hat demnach weniger damit zu tun, *was* das jeweils Reale ist – etwa ein überwältigender negativer und positiver Affekt –, sondern *dass* es das Reale ist. Das Reale, das Wahre *an sich* ist bedrohlich, furchtbar, unerträglich. Die Folgerung, die aus diesen Annahmen zu ziehen wäre, ist vor allem die, dass wir die wahre psychische Realität als etwas *Traumatisches* anzusehen hätten (man denke an die nichtsymbolische, nicht-psychisierte Qualität von O), gegen dessen Gewahr- und Innewerden sich verständlicherweise die heftigsten Widerstände aufrichten. Der Kern der Subjektivität, der reale Seinsgrund des Subjektes ist traumatisch – eine Überzeugung, die uns von Bion aus in nächste Nähe zur Theorie des Realen bei Jacques Lacan (vgl. Lacan 1996, S. 59 ff.) führt. Wenn ich der Spur ins Religiöse, die von Bion ja selbst gelegt ist, noch einmal folge, gewinnen wir vor diesem Hintergrund ein Verständnis dafür, weshalb die Erscheinung des Gottes, ganz gleich, ob sie Glück oder Unglück verheißt, *immer* schrecklich ist, und zwar deswegen, weil sie einen Einbruch des Realen darstellt.

Obgleich uns Bions O in metaphysische Gefilde führt, ist O, wie sicher deutlich geworden ist, primär keine Sache des Glaubens, sondern der unmittelbaren und unaussprechlichen Seins-Erfahrung. Allerdings ist damit das Problem des Glaubens nicht umgangen. Es bedarf vielmehr des Glaubens daran, dass die Seinserfahrung, die der Transformation in O zugrunde liegt, möglich ist und dass ihr Bedeutung zukommt. Das gilt auch für die Analyse und den Analytiker. Wenn das Ziel der Analyse für den Analysanden darin besteht, seines realen Selbstseins inne zu werden, dann muss der Analytiker davon überzeugt sein, dass dieses Ziel einschließlich des Prozesses, der zu ihm hin führt, bedeutungsvoll ist und deshalb gegen Angriffe und Zerstörung verteidigt werden muss. Der Glaube an O, »faith in O« (vgl. Bion 1984, S. 41–54), ist Bion zufolge daher auch Grundlage der analytischen Haltung; er ist Ausdruck dieser Haltung. So heißt es bei Eigen: »Bion erschüttert die Idee des Analytikers als Wissender, da es die Offenheit gegenüber dem Nichtwissen (vielleicht dem nicht Wißbaren) ist, die die analytische Haltung begründet« (Eigen 1998, S. 76). Diese radikale Offenheit entspricht einem Glauben »without memory, desire, understanding« (Eigen 1998, S. 77), und sie hat darin zwei Seiten. Zum einen ist sie die Haltung des geringstmöglichen Widerstandes gegen das Unbekannte, das ins analytische Geschehen eintreten kann; zum anderen ist sie, wie Eigen (1998, S. 75 f.) vermutet, in ihrem Entkleidetsein von allen konkreten psychischen Vorgängen am ehesten geschützt gegen die Kräfte der Zerstörung. Gedanken, Vorstellungen, Gefühle können angegriffen und vernichtet werden, der gestaltlose Glaube, der unsichtbar im Seienden wohnt, dagegen nicht. So lautet zumindest die Hoffnung. Wir sehen demnach, wie bei Bion dem Glauben letztlich die Aufgabe zufällt, das Lebendige, das angewiesen ist auf Wert und Bedeutung, zu schützen gegen den »Tod ohne Ende«, gegen jene »Kraft, die weiterbesteht (...) auch wenn sie Existenz, Raum und Zeit zerstört hat« (Bion 1997, S. 101). Bions Glaube an die transzendente Wahrheit des Seins soll dem Subjekt die Hoffnung erhalten, die Destruktion zu überleben und in einer inneren Welt aus Wert und Bedeutung weiterexistieren zu können. Er ist, so gesehen, eine respektable, wenn auch ihrer philosophischen Grundlegung nach ganz im Traditionellen verbleibende Verteidigung gegen den Nihilismus. Es schließt sich damit der Kreis zum Ausgangspunkt meiner Überlegungen, die den nihilistischen Angriff auf die transzendente Fundierung der Subjektivität in den Mittelpunkt gerückt haben.

Literatur

Augustinus, A. (1950): Abhandlung über die wahre Religion. In: Perl, C. J.: Die frühen Werke des hl. Augustinus. Paderborn (Schöningh).

Bion, W. (1984): Attention and Interpretation. London (Maresfield Library).

Bion, W. (1997): Transformationen. Frankfurt a. Main (Suhrkamp).

Darmstädter, T. (2001): Ursprünge des Psychischen. Wilfried Bions Formulierungen einer psychoanalytischen Erkenntnistheorie. Tübingen (edition diskord).

Eigen, M. (1998): The Psychoanalytic Mystic. London & New York (Free Association Books).

Grotstein, J. S. (2000): Who is the Dreamer – Who dreams the Dream? A Study of Psychic Presences. London (The Analytic Press).

Heidegger, M. (1994): Nietzsches Wort »Gott ist tot«. In: Heidegger, M: Holzwege. Frankfurt a. Main (Vittorio Klostermann).

Jung, C. G. (1958): Ziele der Psychotherapie. GW 16, Zürich und Stuttgart (Rascher).

Lacan, J. (1986): Das Spiegelstadium als Bildner der Ichfunktion. Schriften I, Weinheim (Quadriga).

Lacan, J. (1996): Die vier Grundbegriffe der Psychoanalyse. Das Seminar, Buch XI. Weinheim (Quadriga).

Lesmeister, R. (2001): Ziele in der Psychoanalyse. Überlegungen zum Subjekt des Unbewussten im analytischen Prozess. Analytische Psychologie 32, 3–19.

Morgenthaler, F. (1987): Homosexualität – Heterosexualität – Perversion. Frankfurt a. Main (Fischer).

Nietzsche, F. (1982): Morgenröte. Werke in drei Bänden, hg. v. Karl Schlechta, Bd. 1. Darmstadt (Wissenschaftliche Buchgesellschaft).

Nietzsche, F. (1982): Aus dem Nachlass der Achtzigerjahre. Werke in drei Bänden, hg. v. Karl Schlechta, Bd. 3. Darmstadt (Wissenschaftliche Buchgesellschaft).

Schulz, W. (2001): Philosophie in der veränderten Welt. Darin: Philosophie als Bewegung zum Unendlichen. Zur geschichtlichen Entwicklung der Metaphysik der Innerlichkeit von Augustin bis zum Deutschen Idealismus. Stuttgart (Klett-Cotta).

Winnicott. D. W. (1984): Die Frage des Mitteilens und des Nichtmitteilens führt zu einer Untersuchung gewisser Gegensätze. In: Reifungsprozesse und fördernde Umwelt. Frankfurt a. Main (Fischer).

Wittgenstein, L. (1984): Tractatus logico-philosophicus. Werkausgabe Band 1, Frankfurt a. Main (Suhrkamp).

Pathologische Hoffnung und allwissende Verzweiflung – Zur Rolle von Zeitlosigkeit in Borderline-Glaubenssystemen

Heinz Weiß

1. Einleitung

Borderline-Organisationen manifestieren sich in der psychoanalytischen Behandlung häufig in Rückzugszuständen (*psychic retreats*, vgl. Steiner 1993), welche durch außergewöhnliche Veränderungsresistenz gekennzeichnet sind. Häufig dienen sie dem Schutz vor paranoid-schizoiden Ängsten, von denen sich das Individuum bedroht fühlt. Nicht selten werden durch das Aufsuchen eines Rückzugszustandes aber auch depressive Gefühle von Trauer, Schmerz oder überwältigender Schuld abgewehrt. Die Mittel, durch die ein solcher Rückzugszustand hergestellt wird, sind vielfältig. Gemeinsam ist allen diesen Maßnahmen jedoch, dass sie zum Aufbau einer Situation führen, in der jede psychische Entwicklung stagniert. Manchmal ist der lähmende Charakter der Situation für Patient und Analytiker deutlich spürbar. Mitunter wird der Rückzugszustand aber auch idealisiert und kann dann für beide Seiten gratifizierende Züge annehmen (Feldman 1998). Ich möchte in meinem Beitrag zeigen, dass solche Rückzugszustände oft von machtvollen Glaubenssystemen aufrechterhalten werden, welche bestrebt sind, die Analyse in einen Zustand von Zeitlosigkeit zu transformieren. Solche Zustände werden im Verlauf einer Behandlung sowohl als längere Phasen von Stillstand wie auch als Inseln von Zeitlosigkeit in der Feinstruktur der Sitzung sichtbar, auf die sich der Patient immer dann zurückziehen kann, wenn der Kontakt mit der psychischen Realität zu schmerzlich oder zu bedrohlich wird.

Der Rückzug in Zeitlosigkeit beinhaltet für den analytischen Prozess eine Reihe von Problemen. Langfristig besteht die Gefahr, dass die Analyse endlos wird und, statt Entwicklung und Veränderung zu ermöglichen, der Aufrechterhaltung eines pathologischen Gleichgewichtes dient (vgl. Joseph 1989), in dem keine Veränderung mehr stattfindet. Die Analyse gleicht dann, so Rhode-Dachser, »über lange Zeit einer Anstrengung wie der von Sisyphos, der nie zum Ziel kommt, auch wenn er sich noch so sehr darum bemüht« (Rhode-Dachser 2003, S. 6).

Kurzfristig ergeben sich Probleme in Hinblick auf die Übertragungssituation und die Deutungstechnik. Nicht selten wird im Rückzug ein Pseudokontakt hergestellt, der lediglich die Aufrechterhaltung des Status quo gewährleisten soll. In dieser Situation können rekonstruktive Deutungen sinnlos werden, weil die Suche nach Bedeutung in der Vergangenheit dazu verwendet wird, den emotionalen Kontakt in der Gegenwart zu unterbinden. Einsicht dient dann nicht mehr der Unterstützung von Entwicklung, sondern der Vermeidung von Veränderung. Ich habe in einer früheren Arbeit (Weiß 2003a) zu zeigen versucht, dass der Patient in dieser Situation Teile seines psychischen Raumes in den Analytiker projiziert. Auf diese Weise wird ein Zustand von Ungetrenntheit hergestellt, der deshalb so schwer zu erkennen ist, weil er den Analytiker in die Rückzugsorganisation mit einbezieht. Für den Analytiker kommt es deshalb darauf an, sich in kleinen Schritten wieder aus der entstandenen Verwicklung herauszulösen, um im Durcharbeiten der Gegenübertragung den eigenen psychischen Raum von den projizierten inneren Objekten des Patienten zu differenzieren (vgl. Money-Kyrle 1956). Nur durch diese Bewegungen kann er zu einer dritten Position finden, die es ihm ermöglicht, die stattfindende Interaktion zu beobachten und zu interpretieren (vgl. Steiner 1998). Die Aufgabe der Deutung besteht dann primär *nicht in der Rekonstruktion der Vergangenheit, sondern in der Konstruktion des psychischen Raumes des Patienten*, weil die Entfaltung der dreidimensionalen inneren Welt die Voraussetzung bildet, damit zeitliche Rekonstruktionen sinnvoll werden (vgl. auch Weiß 1998; Plänkers 2003). Ich habe deshalb vorgeschlagen, das klassische zeitliche Paradigma der Übertragung durch ein räumliches Modell der Übertragungssituation zu ergänzen (Weiß 2003c).

Die entsprechenden Deutungsstrategien können sich auf das Bild konzentrieren, welches der Patient vom Analytiker generiert, oder sie können Missrepräsentationen innerhalb der Übertragungssituation thematisieren (vgl. Frank 2003; Weiß 2003b). Oft sind diese Missrepräsentationen so versteckt, dass weder der Patient noch der Analytiker sie registrieren, obwohl sie die Atmosphäre der Sitzungen nachhaltig prägen. Fast regelmäßig wird der Analytiker in subtile Enactments hineingezogen, die ihrerseits Gegenstand von Deutungen werden können, wenn es dem Analytiker gelingt, sich aus der ihm zugeschriebenen Rolle zu lösen. Eine weitere Deutungsoption kann darin bestehen, jene Mechanismen zu analysieren, durch die ein Zustand von Zeitlosigkeit hergestellt und aufrechterhalten wird.

Ich möchte dies an zwei klinischen Situationen zeigen, in denen einmal ein Zustand pathologischer Hoffnung, im anderen Fall ein Zustand von allwissender Verzweiflung dazu benutzt wurden, um eine zeitlose Beziehung zu installieren, die den Fortschritt in der Analyse immer wieder blockierte. Beide Male wurden Teile der inneren Welt in den Analytiker projiziert, und beide Male diente die Zeitlosigkeit dazu, Gefühle von Trauer und Schuld abzuwehren. Bei der ersten Patientin wurde der Rückzugszustand verklärt und es herrschte eine Atmosphäre romantischer Zeitlosigkeit vor. Beim zweiten Patienten war die depressive Qualität des Rückzugs deutlicher spürbar, wobei aufkommende Hoffnung immer wieder in einer Überzeugung von Sinnlosigkeit endete, welche die Analyse in einen indifferenten Zustand statischer Zeitlosigkeit festhielt. Wie ich zeigen möchte, war die Zeitlosigkeit in beiden Fällen Teil einer machtvollen Abwehrorganisation, obwohl die zugrundeliegenden Überzeugungen und Mechanismen, die sie aufrecht erhielten, beträchtlich voneinander differierten.

2. Pathologische Hoffnung als Teil eines romantischen Abwehrsystems

Die erste Patientin, Frau A., eine 55jährige Sozialpädagogin, hatte um Analyse nachgesucht, als ihre durch jahrelange Demütigungen gekennzeichnete Ehe auseinandergebrochen war. Die Art und Weise, wie sie ihren Mann trotz aller erlittener Kränkungen immer noch verehrte, wie auch einzelne Erinnerungen aus ihrer Kindheit, vermittelten den Eindruck, dass sie von einer grausamen Organisation beherrscht wurde, die sie zwang, einen Leidenszustand zu idealisieren, um nicht verlassen zu werden. So hatte sie sich schon als Kind in ein Versteck zurückgezogen, wenn sie von der Lieblosigkeit ihrer Mutter enttäuscht war oder sich vor den Schlägen ihres Vaters fürchtete. Dort biss sie sich in den Oberarm und saugte voller Sehnsucht den Schmerz aus ihren Wunden.

Wie wir erst im Verlauf der Analyse verstanden, stellte die Therapiesituation einen ganz ähnlichen Rückzugszustand dar, in dem sie sich Schmerzen zufügte und von unstillbarer Sehnsucht erfüllt war. Tatsächlich hatte sich ihre Depression schnell gebessert, während sie in den Sitzungen eine romantische Atmosphäre herstellte, in der alle Einzelheiten des Raumes, unserer Begegnung, meiner Sprache usw. verklärt waren. Ich fühlte mich oft hilflos und hatte den Eindruck, sie mit meinen Deutungen nicht erreichen zu können. Die Patientin hingegen sprach von unseren Sitzungen als »Zuckerstunden«.

Für sie klang alles, was ich sagte, »wie Musik«, und das einzige Problem bestand für sie darin, dieses Gefühl aus den Stunden mit hinaus zu nehmen, wo sie es zur Ausgestaltung einer Phantasiewelt verwendete, die durch Zeitlosigkeit und Ungetrenntheit charakterisiert war. Solange sie diesen Zustand aufrechterhielt und ich dem Bild, das sie sich von mir und unserer Beziehung gemacht hatte, nicht widersprach, war »alles gut«. Dabei veranlasste sie mich manchmal, meine Deutungen in einer besonders einfühlsamen Weise zu geben, wie um ihr nicht wehzutun. Ich schien dann mit einem idealisierten Objekt identifiziert zu sein, mit dessen Hilfe sie einen Zustand »seelischer Unwirklichkeit« (Britton 1998a) realisierte, in dem es keinen Mangel gab und die Zeit stehen blieb.

Allerdings hatte diese Patientin erhebliche Schwierigkeiten, mit Situationen der Trennung und des Verlustes fertig zu werden. Insbesondere konnte sie die Endlichkeit der Analyse nicht ertragen und sehnte sich danach, eines Tages auf der Couch zu sterben (vgl. Weiß 2002). So bildeten die Begrenzungen der Analyse über lange Zeit hinweg das wichtigste, ja das einzige Thema der Therapie. Wann immer sie vor dem Ende einer Stunde oder vor Unterbrechungen mit schmerzlichen Gefühlen in Berührung kam, konnte sie mit einer einzigen Bemerkung, wie: »Herr Dr. Weiß, es ist so wunderschön, hier zu sein«, wieder in den früheren verklärten Zustand zurückkehren. Zwar nahm sie meine Deutungen, die auf ihre Enttäuschung und ihre Trennungsangst abzielten, durchaus auf und arbeitete mit ihnen. Doch geschah dies in einer eher pflichtbewussten, selbstanklagenden Weise, die vor allem sicherstellen sollte, dass auch ich zufrieden war und zwischen uns keine Dissonanzen auftraten. Sie lobte mein intuitives Verständnis ihrer Probleme, meine einfühlsame Sprache, ließ jedoch keine Veränderung zu und hatte Schwierigkeiten, sich an das zu erinnern, was ich gesagt hatte. Dies erreichte sie dadurch, dass sie den *Klang meiner Stimme* vom Inhalt meiner Deutungen ablöste und nur noch auf jene besondere Melodik hörte, die auf ihre Sehnsucht antworten sollte. Gelang ihr dies, dann waren alle Erinnerungen und Rekonstruktionen, welche die Vergangenheit betrafen, wertlos, und die Zeit schien zu einem endlosen Augenblick zu gerinnen.

Hörte sie jedoch auf den *Inhalt* meiner Deutungen und gelangte sie zu der Überzeugung, diese unterminierten das Bild, dass sie sich von mir und unserer Beziehung gemacht hatte, dann schlug die auf Verklärung beruhende Beziehung rasch in eine Situation um, in der Grausamkeit und Schuld auf meiner Seite lagen und sie sich einem Objekt unterwarf, das sie unbarmherzig behandelte und demütigte. Ich sprach dann in jener »kalten Staatsanwaltsstimme«, die voller Anklage und ohne Mitgefühl war. Aus der romantischen Unendlichkeit ging dann ein endloses Leiden hervor, welches ebenfalls keine Getrenntheit zuließ. Beide Beziehungsformen waren erotisiert, statisch und zeitlos. Sie beruhten auf einer Deformierung der Konzepte von Raum und Zeit, die nur eine endlose Sehnsucht oder ein endloses Leid zuließ. In einem Fall erlebte die Patientin meine Deutungen als *Liebe ohne Worte*, im anderen Fall als *Worte ohne Liebe*, ohne dass Gefühl und Bedeutung, mütterliches und väterliches Objekt in ihrem Inneren zusammenkommen konnten. Es war die wiederholte Deutung dieses Umschlags von der einen in die andere Form von Objektbeziehung, welche allmählich etwas mehr Raum für Verstandenwerden und Getrenntheit zuließ. Oft wurde dieser Raum aber ebenso schnell wieder verschlossen, wenn die damit verbundenen emotionalen Erfahrungen für sie unerträglich waren. Ich möchte dies anhand einer kurzen Sequenz zu Beginn einer Sitzung aus ihrem dritten Behandlungsjahr illustrieren.

3. Material aus der Anfangssequenz einer Sitzung

Die Patientin hatte in den Sitzungen zuvor von einem Glaskäfig geträumt – wahrscheinlich ein Bild für die Fragilität und Unwirklichkeit ihrer Rückzugswelt –, in dem ein Vogel gefangen war, bis eine hilfreiche Hand erschien und ihm den Ausweg wies. Speziell in der letzten Sitzung jedoch war ihr der Abschied wieder schwer gefallen, und wie so oft hatte sie sich beim Weggehen das Bild des Sonnenuntergangs aus einer Schubert-Arie vorgestellt – ein romantisches Bild, von dem wir wussten, dass es zugleich eine versteckte Todessehnsucht enthielt.

Zur nächsten Sitzung war sie dann in einer traurigen, bedrückten Stimmung zurückgekehrt. Sie berichtete von der Mittelohrentzündung ihrer Tochter und von ihrer Sorge, diese könnte ihr Gehör für Musik verlieren. Die Patientin machte dabei einen verzweifelten Eindruck, und da es für uns etwas Vertrautes war, dass sie ihre Befindlichkeit über den Zustand ihrer Tochter ausdrückte, deutete ich, sie sei möglicherweise bedrückt, weil sie befürchtete, sie könne ihre musikartige Beziehung zu mir verlieren.

Sie machte eine Pause und wirkte eine Weile nachdenklich. Dann schlug ihre Stimmung jedoch erneut um und sie berichtete von quälenden Zweifeln, ob sie ein Konzert besuchen solle, unter dessen Zuhörern sie auch mich und meine Frau vermutete. Sie habe Angst, dies könne als Neugierde und Eindringen in mein privates Leben empfunden werden und ich könnte sie dafür zurückweisen, so wie ich es vor längerer Zeit schon einmal getan hätte, als sie mich nach etwas Persönlichem gefragt hatte und ich ihr keine direkte Antwort gab.

Ich versuchte den damaligen Kontext wiederherzustellen und ihr die Gründe für mein Vorgehen zu erklären. Sie fügte aber sogleich hinzu, sie habe meine damalige Deutung wie ein Geschlagenwerden empfunden, und deutete damit an, dass sie auch jetzt erwartete, verletzt zu werden. Ich erwiderte, offenbar sehe sie ihre Neugierde als etwas so konkret Eindringendes an, dass sie erwarte, dafür bestraft zu werden, und sie antwortete, ihre Sehnsucht sei so intensiv, dass ich sie, würde sie sie über mich »ausschütten«, als etwas Quälendes und Erstickendes erleben würde, um sich dann in weiteren Selbstanklagen zu ergehen.

4. Diskussion

Ich habe aus dieser Sitzung nur die Anfangsequenz ausgewählt, um zu zeigen, wie die Patientin zunächst mit einem Gefühl von Getrenntheit in Kontakt kam. Als ich ihre Angst deutete, sie könnte ihre Empfänglichkeit für die Musik von Idealisierung verlieren, wirkte sie für einen kurzen Moment traurig und nachdenklich. Dann aber schlug ihre Stimmung um und sie war erneut mit dem Thema von Eindringen und Verletztwerden beschäftigt. In ihren selbstquälerischen Zweifeln begab sie sich in ein Konzert, in dem sie auch mich und meine Frau vermutete, und stellte durch die erwartete Zurückweisung eine grausame Beziehung her, in der sie die Musik der Sehnsucht durch die Musik von Schmerzen ersetzte. Auf diese Weise schloss sie mich erneut in den Glaskäfig ihrer Rückzugsorganisation ein, wo es letztlich gleichgültig war, ob sie durch meine Deutungen gestreichelt oder geschlagen wurde, wenn es ihr nur gelang, jenen zeitlosen, ungetrennten Zustand wiederherzustellen, aus dem sie sich für einen kurzen Moment hervorgewagt hatte.

Therapeutisch, so denke ich, kommt es in solchen Situationen vor allem darauf an, die kurzen Momente, in denen der Patient eine andere Form von Beziehung zulässt, zu erkennen und sie allmählich auszudehnen. Dies schließt ein, sich der eigenen Verwicklung in die Rückzugsorganisation bewusst zu werden, wo es mir manchmal tatsächlich so vorkam, als würde ich meine Deutungen mit einem Unterton von Vorwurf oder Anklage, von Beschwichtigung oder Tröstung geben. Nur wenn es möglich wird, diese Einbeziehung gemeinsam zu verstehen, können auch jene Mechanismen besser erfasst werden, die zum Aufbau des zeitlosen Zustandes führen. Im Falle von Frau A. bestand einer dieser Mechanismen darin, dass sie ein sinnliches Element, wie den Klang meiner Stimme, vom übrigen Inhalt der Sitzung ablöste, um daraus eine ersehnte oder leidvolle Beziehung ohne Ende zu konstruieren.

Hinter diesen und anderen Mechanismen, die sie benutzte, wirkte ein machtvolles Glaubenssystem. Die Patientin hatte bereits in der Kindheit eine hoch idealisierte religiöse Vorstellungswelt kreiert, in der sie mit einem allmächtigen Gott-Vater und einer unwirklich-gütigen Mutterfigur in Beziehung stand. Die intensiv herbeigesehnte Vorstellung von einem Leben ohne Mangel nach dem Tod diente ihr als Rückzugssystem und erlaubte es ihr, alle Leiden der Gegenwart klaglos zu ertragen. Ähnlich glaubte sie jetzt, durch die Analyse von den Entbehrungen ihrer Kindheit erlöst zu werden. Dieser Zustand wäre für sie dann erreicht, *wenn der Analytiker sie liebte*. Statt Veränderung zu ermöglichen, begab sie sich so in einen Zustand qualvollen Wartens, in der Hoffnung, *eines Tages werde sie geliebt*. Diese illusionäre Hoffnung erlaubte es ihr, die Realität in der Schwebe zu halten, und ihren Leidenszustand endlos zu perpetuieren.

Potamianou (1992) hat solche Zustände statischer Hoffnung als charakteristisch für bestimmte Borderline-Pathologien beschrieben. In ihnen wird zukunftsgerichtete Hoffnung, die mit der Anerkennung von Unsicherheit und Getrenntheit einhergeht, in einen zeitlosen masochistischen Zustand transformiert. Dabei wird die Hoffnung immer mehr zum »Ersatz für das verlorene Objekt«, welches nicht aufgegeben werden kann, und der Leidenszustand wird seinerseits erotisiert (Rhode-Dachser 2003, S. 9ff.). Nicht selten ist hinter dieser Hoffnung ein chronischer Groll verborgen (vgl. Britton, Feldman & Steiner 1997), der die Wunden offenhält und keine wirkliche Wiedergutmachung ermöglicht.

5. Der Rückzug in »allwissende Verzweiflung« als Abwehr gegen depressiven Schmerz

Ich möchte nun an einem weiteren Beispiel die umgekehrte Situation illustrieren, wie nämlich ein Gefühl von Sinnlosigkeit jede aufkommende Hoffnung zerstörte und die Analyse in eine Situation von Aussichtslosigkeit überführte. Meist waren diese Phasen begrenzt und traten vor allem vor oder nach kürzeren Therapieunterbrechungen auf. Das Gefühl, welches sie in der Gegenübertragung hervorriefen, war dennoch so machtvoll, dass auch ich innerhalb kurzer Zeit die Hoffnung auf Veränderung und den Glauben an den Sinn meiner Deutungen verlor.

Der Patient, Herr B., war ein 38jähriger, beruflich einigermaßen erfolgreicher Gymnasiallehrer, dessen Leben ein tiefes Gefühl von Sinnlosigkeit und Scheitern durchzog. Zwei frühere, kürzere Therapien hatten ihm geholfen, in schwierigen Zeiten zu »überleben«, jedoch nichts an seiner grundlegenden Überzeugung geändert, niemals ein erfülltes Leben führen zu können. Auch die Sorge für seine Ehefrau und die beiden acht und zehn Jahre alten Söhne hatten an dieser Einstellung nur wenig ändern können. Schließlich hatte er sich in einer kritischen Situation mit der Bitte um Analyse an mich gewandt, weil er darin eine »letzte Chance« sah, vielleicht doch noch einen Sinn in seinem Leben zu finden. Denn eigentlich, und das hatte er wiederholt angedeutet, könne er keinen wirklich überzeugenden Grund erkennen, für den es sich lohne, weiterzuleben.

Ich möchte den langen Therapieverlauf hier nur im Hinblick auf ein zentrales Element, nämlich die Projektion von Hoffnung und Hoffnungslosigkeit diskutieren, welche uns immer wieder in eine Sackgasse führte. Wie bereits gesagt, stellte Herr B. vor kürzeren oder längeren Therapieunterbrechungen oft Zustände von lähmender Sinnlosigkeit her. In ihnen war allem, was er sagte, jede Emotion und Bedeutung entzogen. So konnte es sein, dass er nach einigen guten Sitzungen noch erwartungsvoll zur nächsten Stunde kam, sich auf die Couch legte und dann in ein quälendes Schweigen verfiel. Nach einiger Zeit bemerkte er dann: »Ich weiß, ich sollte etwas sagen, aber es erscheint mir alles so sinnlos und leer. Ich frage mich, warum ich überhaupt zu dieser Stunde gekommen bin!« Mit diesen wenigen Bemerkungen und dem daran anschließenden erneuten Schweigen breitete sich in mir oft ein Gefühl von Versagen und Hoffnungslosigkeit aus, in dem ich die Zuversicht, ihm helfen zu können, verlor. Andere Male jedoch war ich von seiner Verzweiflung erstaunlich wenig affiziert und versuchte durch Deutungen, die ich wohl vor allem mir selber gab, den Kontakt zu seinen Gefühlen wieder herzustellen. Bemühte ich mich auf diese Weise, die Hoffnung aufrecht zu erhalten, so sprach ich zu ihm »wie aus einer anderen Welt«. Hatte er jedoch das Gefühl, ich wurde von der gleichen Sinnlosigkeit erfasst, so geriet er in verzweifelte Angst, seine »letzte Hoffnung« zu verlieren. So gab es oft nur wenig Spielraum *zwischen einer Hoffnung, die nicht ihm gehörte und einer Verzweiflung, die alles zerstörte.*

Der Vater dieses Patienten hatte sich das Leben genommen, als er elf Jahre alt war, und es gab Hinweise darauf, dass die Mutter in der Folgezeit in einen depressiven Zustand geraten und für ihn nicht mehr verfügbar war. Zwar tauchten verschiedentlich Erinnerungen an Situationen aus seiner Kindheit auf, in denen der Vater ihn einfach »vergessen« hatte, oder an stundenlanges gemeinsames Holzsägen an einer Kreissäge. Doch halfen diese Erinnerungen nicht wirklich weiter, einen Kontakt zu seinen Gefühlen herzustellen, und wirkte die Analyse oft selbst wie ein sinnloses Kreissägen.

Erst als wir die Gefühle untersuchen konnten, die durch seinen Rückzug in ein Wissen um Sinnlosigkeit aufkamen, wurde es möglich, die Welt innerer Objekte, die er dadurch in die Analyse einbrachte, etwas besser zu verstehen. So war ich beispielsweise in Trennungssituationen nicht nur jemand, der ihn verließ, sondern zugleich mit einem Objekt identifiziert, welches ihn »völlig vergessen« hatte, was Angst und Panik in ihm aufkommen ließ. Das quälende Gefühl, das dadurch entstand, konnte er beherrschen, indem er den emotionalen Kontakt zu mir abbrach und sich in seinen zeitlosen Rückzugszustand begab.

Eine andere Erinnerung betraf einen Abend wenige Wochen nach dem Tod seines Vaters, als er halbschlafend neben der Mutter im Bett lag und wahrzunehmen glaubte, wie diese sich selbst befriedigte. In dieser Situation konnte er weder aufwachen noch einschlafen, weder der Trauer über den Tod seines Vaters Raum geben, noch sich von der Erregung seiner Mutter lösen. In der Analyse entsprach dies einer Situation, in der ich aufgeregt mit meinen eigenen Deutungen beschäftigt war, während für den Patienten kein Platz war zwischen einem Vater, der ihn auf grausame Weise verlassen hatte, und einer Mutter, die nur an ihre eigene Erregung dachte (oder dem Vater in einer erregten Weise verbunden blieb).[1] Folglich geriet er immer wieder in Verwirrung, wenn sich zwischen uns ein guter Kontakt entwickelte, weil zwischen einer verstehenden und einer erregten Beziehung nicht leicht zu unterscheiden war. Tatsächlich vermittelte die erinnerte Szene aber vor allem ein Gefühl der Trauer und der Einsamkeit, welches für mich in der Gegenübertragung sehr deutlich spürbar war. Offenbar diente die Erregung ebenso wie die Verzweiflung dem Schutz vor unerträglichen Gefühlen der Trauer und der Schuld. Solange er *wusste*, dass alles sinnlos war, gab es weder Hoffnung noch Enttäuschung, weder Trauer noch Schuld. Zugleich war ich vor seinen Angriffen geschützt, von denen er fürchtete, sie könnten sehr leicht einen Punkt erreichen, an den ihm »alles egal« war, d. h. an dem er mit den destruktiven Zügen seines Vaters identifiziert war.

---

1 Möglicherweise enthält diese »Erinnerung« eine komplexe Missrepräsentation der ödipalen Situation: Man könnte sich z. B. vorstellen, dass der Junge seine eigene Erregung in die Mutter projizierte und nun von quälenden Schuldgefühlen verfolgt wurde, die ihn nicht ruhen ließen. Möglicherweise wurde durch den Tod des Vaters aber auch die Anerkennung der Realität der ödipalen Situation angegriffen, so dass das Schwanken zwischen Erregung und Verzweiflung dem Oszillieren zwischen einer ödipalen Illusion und einer ödipalen Katastrophe entsprach (vgl. Cycon 1999).

Allerdings enthielt der Rückzugszustand auch selbst eine schleichende Destruktivität, die das Leben aus der Analyse herausnahm (vgl. Feldman 2000) und ihr für kürzere oder längere Zeiträume immer wieder Emotion und Bedeutung entzog. Der Patient verglich diesen quälerischen und selbstquälerischen Prozess später einmal mit Dantes Inferno, was mir ein ziemlich treffendes Bild für jenen Teil seiner inneren Welt erschien, in dem wir uns damals gerade aufhielten. Bekanntlich heißt es bei Dante zu Beginn des dritten Gesanges bei der Beschreibung des Höllentores: »*Lasciate ogni speranza, voi ch'entrate.*« (»Lasst alle Hoffnungen fahren, wenn Ihr eingetreten«).[2] Dies beschrieb recht präzise eine zentrale Schwierigkeit beim Durcharbeiten der Gegenübertragung.

Erst als wir allmählich verstehen lernten, dass dieser Patient verzweifelt darauf angewiesen war, seinen inneren Zustand immer wieder in ein Objekt hineinbringen zu können, das diese Erfahrung aufnehmen und für ihn »denken« konnte, ließ seine »allwissende Verzweiflung« langsam nach. Erst jetzt konnte er einen Zugang zu verzweifelten Gefühlen der Trauer und der Schuld gewinnen, vor denen er solange geschützt war, wie er sich in einen Zustand von Sinnlosigkeit zurückziehen konnte, in dem es keine Zeit und keine Veränderung gab. Später gelang es, auch einige derjenigen Mechanismen zu verstehen, mit deren Hilfe sich solche zeitlose Zustände herstellen ließen. Er nannte sie »mich einsargen«, »betäuben«, »einfrieren«, »in der Eiszeit überleben«. Tatsächlich waren diese Mechanismen so effektiv, dass sie zeitweise auch meine Fähigkeit zu verstehen einfroren und uns beide in einem sisyphosähnlichen Zustand geteilter Sinn- und Zeitlosigkeit festhielten.

6. Schlussfolgerungen

Ich habe in meinem Beitrag versucht, zwei Arten von pathologischen Organisationen aufzuzeigen, die jeweils zur Herstellung eines Zustandes von Zeitlo-

2 »Durch mich geht man hinein in die Stadt der Trauer, durch mich geht man hinein zum ewigen Schmerze (...). Vor mir ist kein geschaffen Ding gewesen, nur Ewiges und ich muß ewig dauern. Laßt jede Hoffnung fahren, wenn Ihr eingetreten.« (Dritter Gesang, 1–2 u. 7–9). Interessanterweise erscheint die Hölle bei Dante als Stadt mit zwei Umschließungen, einer äußeren, die zur Existenz in finsterer Öde und innerer Verzweiflung führt, und einer inneren Ringmauer, die die »innere Hölle der aktiven Bosheit« umschließt (Gmelin 1949–1957, Bd. IV, S. 63). In der inneren Hölle herrscht eine »massenhafte teuflische Polizei, die selbst an der Bosheit der Sünder teilhat und ihnen zur ständigen Plage zugeteilt ist« (ebd., S. 163).

sigkeit führten und dadurch den Fortschritt in der Analyse blockierten. Im einen Fall war die Rückzugsorganisation romantisch und idealisiert und schlug in einen Zustand endloser Leidensbereitschaft um, sobald sich das Objekt der Idealisierung entzog. Im anderen Fall waren dagegen die depressiven Aspekte des Rückzugs deutlich erkennbar. Hier diente ein alles beherrschendes Wissen um Sinnlosigkeit dazu, Gefühlen der Trauer und der Schuld aus dem Weg zu gehen. Beide Male wurde durch die Zeitlosigkeit ein Zustand von Ungetrenntheit hergestellt, der in der Gegenübertragung beträchtliche Probleme aufwarf. Hinter der Zeitlosigkeit waren jeweils machtvolle Glaubenssysteme aktiv: Bei Frau A. war dies die Hoffnung, durch die Liebe des Analytikers von den Entbehrungen ihrer Kindheit erlöst zu werden, bei Herrn B. die Überzeugung, Trauer und Hoffnung ließen sich nur um den Preis einer tödlichen Schuld integrieren. Im einen Fall war das psychische Gleichgewicht durch das Aufkommen von Hoffnung, im anderen Fall durch das Auftauchen von Hoffnungslosigkeit bedroht. Dabei wurden Trauer und Hoffnung als wesentliche Bestandteile des therapeutischen Prozesses in pathologische Formen von »statischer Hoffnung« und »allwissender Verzweiflung« pervertiert. Beide Patienten waren sicherlich keine Borderline-Patienten im engeren Sinn. Gleichwohl benutzten sie zur Aufrechterhaltung ihres psychischen Gleichgewichtes teilweise Mechanismen, wie sie uns vor allem in der Arbeit mit Borderline-Organisationen begegnen. Hier bildet der Rückzug in ein zeitloses Universum (vgl. Hartocollis 1978; Rose 1997; Rohde-Dachser 2003) einen zentralen Vorgang, um den Konflikten der depressiven Position aus dem Weg zu gehen. Pathologische Organisationen, die auf narzisstischer Allmacht, perverser Erregung oder romantischer Idealisierung beruhen, stellen dann einen gewissen Schutz dar, weil sie dem Individuum Kontrolle ermöglichen und zu einem pseudostabilen Zustand führen. In der Analyse jedoch bilden diese Organisationen machtvolle Hindernisse, indem sie den Fortschritt blockieren und den Analytiker immer wieder in ihre Funktionsweise einbeziehen (vgl. Weiß & Frank 2002). Eine Möglichkeit, sich aus dieser Verstrickung zu lösen, kann darin bestehen, diejenigen Mechanismen zu untersuchen, die zur Herstellung von Zeitlosigkeit führen. Im Falle von Frau A. bestand ein solcher Mechanismus darin, ein sinnliches Element, wie den Klang meiner Stimme, von der Bedeutung des Gesprochenen abzulösen. Herr B. hielt die Zeit dadurch an, dass er in kritischen Situationen Emotion und Bedeutung einfror (vgl. auch Giovacchini 1967; Green 1983; Rohde-Dachser 2003).

Eine Reihe von Autoren hat ähnliche Mechanismen beschrieben. Bion (1963, S. 92 ff.) untersuchte das Phänomen der »reversiblen Perspektive« und zeigte, wie es in der Analyse zu einer statischen Pose führt. Riesenfeld-

Malcolm (1990, S. 129) zeigte an einem klinischen Beispiel, wie ihre Deutungen »zerschnitten« (*slicing*) wurden und in jeder neuen Situation nur noch als schwaches, dünnes Echo ihrer selbst wiederkehrten. In einer neueren Arbeit (Riesenberg-Malcolm 2003) beschreibt sie unter dem Titel »*significant forgetting*« einen Vorgang, der entweder zu einem »Vakuum« in der Vorstellungswelt des Patienten oder zu »falschen Erinnerungen« führt.

Steiner (1993) formulierte nicht nur die Theorie der »*psychic retreats*«, sondern prägte auch den Begriff der »romantischen Perversion des Zeiterlebens«, auf den ich mich in der Beschreibung von Frau A. bezog. Von Britton (1998) übernahm ich den Ausdruck »Glaubenssysteme« (*belief systems*) wie auch seine Analyse pathologischer Regressionen. Die »allwissende Verzweiflung« ist ein Beispiel hierfür (Britton 1998b).

Birksted-Breen (2002) hat einen weiteren Mechanismus zur Herstellung von Zeitlosigkeit charakterisiert, den sie – in Anknüpfung an das Weben der Penelope in Homers Odyssee – als »Wiederauftrennen des Tuches« (*unpicking the tapestry*) beschrieb. Sie versteht darunter eine Aktivität, bereits entstandene Verbindungen wieder aufzulösen, um die Analyse endlos zu halten und die Zeit zum Stillstand zu bringen. In ihrer Arbeit (ebd., S. 17f) interpretiert sie Störungen des Zeiterlebens als Ausdruck von Angriffen auf symbolische Verbindungen: auf die Verbindung zwischen den Eltern, aus der neues Leben und neue Generationen hervorgehen, auf die Verbindung zwischen Patient und Analytiker, welche zu neuen Deutungen führt, und auf die Verbindung zwischen den einzelnen Zeitpunkten und Sitzungen, welche Entwicklung und Veränderung ermöglichen.

Wie ich zeigen wollte, dient die Herstellung von Zeitlosigkeit der Vermeidung von Konflikten der depressiven Position. Zeitlosigkeit kann über längere Phasen hinweg vorherrschen und dann zum Stillstand der Analyse führen. Sie kann aber auch nur in kurzen Momenten der Sitzung auftauchen, in denen der Analytiker die Zeit wie gedehnt erlebt. Solche *Slow-motion*-Sequenzen bieten die Möglichkeit sowohl zum Verständnis schwieriger emotionaler Erfahrungen, vor denen sich der Patient zu schützen sucht, als auch zur genaueren Untersuchung jener Mechanismen, die zur Herstellung von Zeitlosigkeit führen.

Literatur

Bion, W. R. (1963): Elemente der Psychoanalyse. Frankfurt a. M. (Suhrkamp) 1992.

Birksted-Breen, D. (2002): Time and the après-coup. Bull. Brit. Psychoanal. Soc. 38, 8, 12–20.

Britton, R., Feldman, M., & Steiner, J. (1997): Groll und Rache in der ödipalen Situation. Perspektiven kleinianischer Psychoanalyse, Bd. 1 (Hg. C. Frank, H. Weiß). Tübingen (edition diskord).

Britton, R. (1998a): Glaube, Phantasie und psychische Realität. Psychoanalytische Erkundungen. Stuttgart (Klett-Cotta) 2001.

Britton, R. (1998b): Psychische Entwicklung und psychische Regression. In: Britton, R., Feldman, M., & Steiner, J.: Identifikation als Abwehr. Perspektiven kleinianischer Psychoanalyse, Bd. 4 (Hg. C. Frank, H. Weiß). Tübingen (edition diskord), S. 17–39.

Cycon, R. (1999): Vom ödipalen Drama zur ödipalen Katastrophe. In: Frank, C. (Hg.): Stillstand, Veränderung und die Angst vor einer Katastrophe. Perspektiven kleinianischer Psychoanalyse Bd. 7. Tübingen (edition diskord), S. 14–34.

Dante Alighieri: Die Göttliche Komödie. Übersetzt und kommentiert von Hermann Gmelin, Bd. 1–6 (1949–1957). München (dtv) 1988.

Feldman, M. (1998): Compliance als Abwehr. In: Britton, R., Feldman, M., Steiner, J.: Identifikation als Abwehr. Perspektiven kleinianischer Psychoanalyse, Bd. 4 (Hg. C. Frank, H. Weiß). Tübingen (edition diskord), S. 83–109.

Feldman, M. (2000): Some views on the manifestation of the death instinct in clinical work. Int. J. Psycho-Anal. 81, 53–65.

Frank, C. (2003): Eine mögliche ›Abweichung der normalen Gegenübertragung‹: Entgrenzung als Mißkonzeption der analytischen Beziehung. In: Frank, C., & Weiß, H. (Hg.): Normale Gegenübertragung und mögliche Abweichungen. Zur Aktualität von R. Money-Kyrles Verständnis des Gegenübertragungsprozesses. Perspektiven kleinianischer Psychoanalyse, Bd. 11. Tübingen (edition diskord), S. 97–124.

Giovacchini, P. (1967): The frozen object. Int. J. Psycho-Anal., 48, 61ff.

Green, A. (1983): Die tote Mutter. Psyche, 47, 205–240.

Hartocollis, P. (1978): Time and affect in borderline disorders. Int. J. Psycho-Anal., 59, 157–163.

Joseph, B. (1989): Psychisches Gleichgewicht und psychische Veränderung. Stuttgart (Klett-Cotta) 1994.

Money-Kyrle, R. (1956): Normale Gegenübertragung und mögliche Abweichungen. In: Frank, C., & Weiß, H. (Hg.): Normale Gegenübertragung und mögliche Abweichungen. Zur Aktualität von R. Money-Kyrles Verständnis des

Gegenübertragungsprozesses. Perspektiven kleinianischer Psychoanalyse, Bd. 11. Tübingen (edition diskord) 2003, 19–36.

Plänkers, T. (2003): Trieb, Objekt, Raum. Veränderungen im psychoanalytischen Verständnis der Angst. Psyche, 57, 487–522.

Potamianou, A. (1992): Un bouclier dans l économie des états-limites: l'éspoir. Paris (Presses Universitaires de France).

Riesenberg-Malcolm, R. (1990): As-if. The phenomenon of not learning. In: Riesenberg-Malcolm, R.: On bearing unbearable states of mind. London (Routledge) 1999, S. 125–136.

Riesenberg-Malcolm, R. (2003): Significant forgetting. A clinical study (Vortrag, Tübingen am 15. 02. 2003).

Rohde-Dachser, C. (2003): ›In den Himmel zu kommen, ohne zu sterben‹ – Inszenierungen des Unmöglichen als Selbsterhaltungsstrategie. Unveröffentlichtes Vortragsmanuskript, 29. 5. 2003, Jahrestagung der DPG, Frankfurt a. M.

Rose, J. (1997): Distortions of time in the transference. Some clinical and theoretical implications. Int. J. Psycho-Anal., 78, 453–468.

Steiner, J. (1993): Orte des seelischen Rückzugs. Pathologische Organisationen bei psychotischen, neurotischen und Borderline-Patienten. Stuttgart (Klett-Cotta) 1998.

Steiner, J. (1998): Identifikation und Imagination. In: Britton, R., Feldman, M., & Steiner, J.: Identifikation als Abwehr. Perspektiven kleinianischer Psychoanalyse, Bd. 4 (Hg. C. Frank, H. Weiß). Tübingen (edition diskord), S. 45–64.

Weiß, H. (1998): Konstruktion und psychischer Raum. In: Kimmerle, G. (Hg.): Konstruktionen (in) der Psychoanalyse. Tübingen (edition diskord), S. 9–36.

Weiß, H., & Frank, C. (Hg.) (2002): Pathologische Persönlichkeitsorganisationen als Abwehr psychischer Veränderung. Perspektiven kleinianischer Psychoanalyse, Bd. 10. Tübingen (edition diskord).

Weiß, H. (2002): Über einige klinische Manifestationen des Todestriebes. Romantische Perversion, Masochismus und virtuelle Unsterblichkeit. Forum Psychoanal., 18, 37–50.

Weiß, H. (2003a): Verstehen als Wiedergutmachung – Deutung als Reprojektion. Zur Aktualität von R. Money-Kyrles Verständnis der Gegenübertragung als Transformationsprozeß. In: Frank, C., & Weiß, H. (Hg.): Normale Gegenübertragung und mögliche Abweichungen. Zur Aktualität von R. Money-Kyrles Verständnis des Gegenübertragungsprozesses. Perspektiven kleinianischer Psychoanalyse, Bd. 11. Tübingen (edition diskord), S. 158–173.

Weiß, H. (2003b): Zur Missrepräsentation der Erfahrung von Getrenntheit und Verlust – klinische Probleme. In: Eith, Th., & Wellendorf, F.: Fort-Da. Trennen und Verbinden im psychoanalytischen Prozeß. Heidelberg, Kröning (Asanger), S. 135–152.

Weiß, H. (2003c): Zeiterfahrung und depressive Position. Psyche, 57, 857–873.

PSYCHOANALYTISCHE RELIGIONSKRITIK

Die Alternative des Atheismus

Über die Folgen der Freudschen Religionskritik

Herbert Will

In dieser Arbeit möchte ich Freuds Religionskritik nicht inhaltlich diskutieren, sondern Auswirkungen untersuchen, die sie auf unser psychisches Leben heute hat. Meine These ist weit gespannt. Sie ist aus der klinischen Erfahrung entstanden, und deshalb möchte ich mit einem Beispiel beginnen. Es handelt sich um einen Traum, den ich meiner Sammlung religiöser Träume entnehme. Die 27jährige Träumerin wird in wenigen Wochen heiraten. Sie ist voll gespannter Erwartung und träumt:

Es ist Hochzeitstag. Der Martin [ihr Mann] und ich sind beim Planen vor dem Hotel. Wir sind noch gar nicht fertig. Da ist schon eine große Menschenmenge, die Gäste sind alle schon gekommen, und der Pfarrer predigt schon. Ich bekomme einen Riesenschreck. Der Pfarrer ist jung und freakig, das gefällt mir gut. Das ermutigt mich und ich gehe zu ihm hin und frage ihn, ob er nicht noch eine Stunde weiterreden kann. Er sagt, ja, das geht schon. Dann gehe ich in die Garderobe.

Nun ist es so, dass bei der tatsächlichen Hochzeit keineswegs ein Pfarrer predigen wird, denn die junge Frau lehnt ebenso wie ihr Mann eine kirchliche Hochzeit ab. Die Eltern sind traurig darüber. Die Träumerin wiederum ist froh, dass sie mit der Religion ihrer Eltern nichts mehr zu tun hat. Die Frage liegt nah, weshalb sie dennoch von einem Pfarrer träumt, der aus Anlass ihrer Hochzeit predigt und ihr zur Hilfe kommt. Als ihr Analytiker diese Frage aufwirft, reagiert sie unwirsch. Die Analyse ergibt, dass der Pfarrer im Traum weder etwas mit den Eltern noch etwas mit dem Analytiker zu tun hat, sondern im Erleben der Träumerin ganz anders und ihr ähnlich ist: jung und freakig, und deshalb erträglich. Sie hat geträumt von einer ganz eigenen und privaten religiösen Welt, in der keine Autorität und keine Kirche vorkommen. Und die sie gleichwohl in ihrem äußeren Leben nicht realisiert.

Ich möchte nun meine These formulieren. Mir scheint, nicht wenige unserer Zeitgenossen hören wie unsere Träumerin, wenn es um Religion geht, zwei

Stimmen in sich sprechen: eine Stimme des Glaubens[1] und eine Stimme der Aufklärung. Diese Stimmen vertragen sich nicht, sie liegen vielmehr im Konflikt miteinander. Die eine Stimme spricht die Sprache der Religion – sie lässt im Traum den Pfarrer predigen –, die andere die Sprache der Religionskritik – sie lehnt es ab, kirchlich nach dem Modus der Eltern zu heiraten.

Meine zweite These geht davon aus, dass sich darin ein fundamentaler *Konflikt zwischen Glaube und Aufklärung* äußert, der ein Kennzeichen der Moderne ist.[2] Beginnend mit dem 17. Jahrhundert entwickelte die europäische Aufklärung eine Sprache des Atheismus, die es vorher nicht gab. Mit den großen Aufklärern trat der Atheismus als Alternative neben den religiösen Glauben, wobei diese Entwicklung nicht friedlich verlief, sondern erbitterte Auseinandersetzungen mit sich brachte. Das 19. Jahrhundert war charakterisiert durch einen Streit zweier Parteien: der Partei der Wissenschaft und der Partei der Kirchen und der Religion. Peter Gay (1987) hat gezeigt, wie direkt Sigmund Freud in diesen Streit zweier Weltanschauungen verwickelt war. Ich meine, dieser äußere Streit ist seitdem zunehmend internalisiert worden. Meine zweite These besagt, dass Freud durch die Lokalisierung der

---

1 Mit Glaube bezeichne ich hier den religiösen Glauben, und damit meine ich ein sich Bewegen in der Sprache, dem Denken, den Bildern und der emotionalen Welt einer Religion. Ich lege das Schwergewicht nicht auf die kognitive Zustimmung zu einem Glaubenssystem (dies wäre ein betont christlich-kirchlicher Glaubensbegriff) sondern auf die performativen Akte der Teilhabe am religiösen Leben (ein religionswissenschaftlicher Glaubensbegriff).

2 Unter Moderne verstehe ich in unserem Kontext eine gesellschaftliche und kulturelle Entwicklung, die den Ort der Religion im Leben der Menschen grundlegend verändert hat. Religionssoziologische Stichworte dafür sind Säkularisierung, gesellschaftliche Differenzierung und Pluralisierung (die Trennung der Religion von Politik und öffentlicher Macht; die Ausgliederung der Religion als gesellschaftlichem Subsystem neben anderen Subsystemen wie Recht, Wirtschaft, Bildung, Politik unter Verlust ihres allgemeinprägenden Einflusses; die Ausbildung unterschiedlichster Glaubensrichtungen, Konfessionen und Denominationen).

Religionspsychologisch ist die Moderne geprägt durch die Privatisierung, die Individualisierung (Subjektivierung) und die Verinnerlichung (Internalisierung) von Religion. Sinnfragen, Lebensorientierungen, individuelle Spiritualität und religiöses Erleben treten in den Vordergrund; Institution, Konvention und inhaltliches Credo verlieren an Bedeutung. Nehmen wir all diese Faktoren zusammen, so ergibt sich eine vollkommene Veränderung des religiösen Lebens im Verlauf der letzten drei Jahrhunderte.

Religion im Bereich des Psychischen dazu beigetragen hat, den Konflikt zwischen Glauben und Aufklärung aus einem äußeren gesellschaftlichen und weltanschaulichen Konflikt in einen intrapsychischen Konflikt umzuwandeln, ihn zu internalisieren und zu individualisieren. Mit den Folgen dieser Internalisierung beschäftigen sich meine Fallvignetten.

Das Problem des Unglaubens im 16. Jahrhundert

Ich möchte beginnen mit der berühmten Untersuchung des französischen Historikers Lucien Febvre über das Zeitalter des Francois Rabelais, des Autors der grotesken Romane *Gargantua* und *Pantagruel*. Lucien Febvres Studie heißt: *Das Problem des Unglaubens im 16. Jahrhundert. Die Religion des Rabelais* (1942). Rabelais entwirft in seinen Romanen ein höchst satirisches und parodistisches Bild des religiösen Lebens in Frankreich in der Zeit von Erasmus und Luther. Er lässt einen Säufer mit den Worten des leidenden Heilandes am Kreuz rufen: »Mich dürstet!« Er parodiert den scholastischen Streit um die Jungfräulichkeit Mariä und die These der Theologen der Sorbonne von der Empfängnis Jesu durch das Ohr dadurch, dass er schildert, wie Gargantua aus dem Ohr seiner Mutter Gargamelle geboren wird. Wenn Gargantua sich auf das Klosett zurückzieht, repetiert er dort die Seiten aus der Bibel, die ihm sein Lehrer vorgelesen hat. Die Romane quellen über von blasphemischen Anspielungen und von beißendem Spott über Klerus und Mönchtum.

Der berühmte Rabelais-Forscher Abel Lefranc, ein Zeitgenosse Freuds, hatte daraus gefolgert: Rabelais ist ein Atheist, der sich zum Schutz vor der Inquisition verschlüsselt ausdrücken musste, ein Freigeist, ein Kritiker des Christentums und ein Vorläufer der Aufklärung (Flasch 2002). Lucien Febvre entwickelte eine ganz andere Ansicht. Er setzte seine mentalitätsgeschichtliche Methode dagegen und untersuchte in einem breiten Panorama die historische Psychologie des 16. Jahrhunderts, die Mentalitäten und intellektuellen Anschauungen der Zeitgenossen des Rabelais, und kam zu dem Schluss: Dass es in der Renaissance eine atheistische Bewegung gab, ist ein Mythos, den atheistische Forscher Jahrhunderte später geschaffen haben. Die Zeitgenossen des Rabelais – und ich möchte hinzufügen: wahrscheinlich alle Menschen der vorhergehenden Menschheitsgeschichte – hatten noch nicht die Möglichkeit, Atheisten zu sein.

Das Christentum im 16. Jahrhundert hatte das gesamte Leben durchdrungen, es war der Luft gleich, die wir atmen (Febvre 1942, S. 296) – psychoanalytisch gesprochen bildete die Religion eine Matrix des psychischen Lebens. Obwohl viele Reformatoren und Satiriker die Religion ihrer Zeit von innen heraus kritisierten, war wahrscheinlich noch niemand in der Lage, eine Position außerhalb des Christentums einzunehmen. Es gab noch keine Sprache des Atheismus in einer konsistenten Gestalt; eine geistige und wissenschaftliche Alternative zu dem Selbstverständnis dieser christlichen Epoche war noch nicht geschaffen worden.

Die Alternative des Atheismus

Dies sollte die Aufklärung besorgen. Ich möchte wiederum einen prägenden Kopf herausgreifen, nämlich Immanuel Kant, obwohl Sigmund Freud viel stärker von der französischen Aufklärung, vor allem von dem Spötter Voltaire beeinflusst war, und obwohl Kant selbst sich nicht zum Atheismus bekannt hat. Dennoch finden wir bei Kant die wesentlichen Charakteristika der aufklärerischen Religionskritik. Zunächst möchte ich die berühmten ersten Sätze aus Kants *Beantwortung der Frage: Was ist Aufklärung?* von 1784 wiedergeben.

> »*Aufklärung* ist der Ausgang des Menschen aus seiner selbst verschuldeten Unmündigkeit. *Unmündigkeit* ist das Unvermögen, sich seines Verstandes ohne Leitung eines anderen zu bedienen. *Selbstverschuldet* ist diese Unmündigkeit, wenn die Ursache derselben nicht am Mangel des Verstandes, sondern der Entschließung und des Muthes liegt, sich seiner ohne Leitung eines andern zu bedienen. Sapere aude! Habe Muth, dich deines eigenen Verstandes zu bedienen! ist also der Wahlspruch der Aufklärung.« (Kant 1784, S. 452)

Welche Polemik und welchen Affekt Kant mit seiner Aufforderung zum selbständigen Denken verband, zeigen die folgenden Sätze:

> »Daß der bei weitem größte Theil der Menschen (darunter das ganze schöne Geschlecht) den Schritt zur Mündigkeit, außer dem daß er beschwerlich ist, auch für gefährlich halte: dafür sorgen schon jene Vormünder, die die Oberaufsicht über sie gütigst auf sich genommen haben. Nachdem sie ihr Hausvieh zunächst dumm gemacht haben, und sorgfältig verhüteten, daß diese ruhigen Geschöpfe ja keinen Schritt außer dem Gängelwagen, darin sie sie einsperreten, wagen durften; so zeigen sie ihnen nachher die Gefahr, die ihnen drohet, wenn sie es versuchen allein zu gehen«. (Kant 1784, S. 453)

Im Folgenden bezieht Kant den Hauptpunkt der Aufklärung vorzüglich auf die Religionssachen. Er wendet sich gegen die Geistlichen, die von ihrem Publikum verlangen: Räsonniert nicht, sondern glaubt! Er preist den preußischen König Friederich, der jedem frei ließ, sich in allem, was Gewissensangelegenheit ist, seiner eigenen Vernunft zu bedienen. In seiner Religionsphilosophie schließlich stellt Kant das autonome Ich, das selbständig denken kann, ganz ins Zentrum.

Er gründet die Religion auf der moralischen Gewissheit des Individuums (Kant 1793). Er spricht von der Autonomie der praktischen Vernunft, die darüber entscheidet, was zur Religion gehören kann und was nicht, und wendet sich gegen die Heteronomie eines Offenbarungsglaubens. Alle Menschen sind für ihn vereint in dem Konstrukt einer natürlichen oder Vernunftreligion, zu der die ewigen Wahrheiten des Glaubens an Gott, Freiheit und Unsterblichkeit gehören.

Ich meine, drei zentrale Impulse der Aufklärung werden dabei deutlich: die *Kritik*, die *Autonomie* und die *Rationalität*. Wir stoßen also auf

1. einen Impuls der Entzauberung (einen Impuls, den Max Weber als Kennzeichen der Moderne benannt hat – vgl. Kippenberg 1997). Ein Misstrauen erwacht gegenüber den Lehren der Autoritäten, Unaufrichtigkeiten werden gefunden. Kritik und Auflehnung melden sich zu Wort, und zwar mit hoher affektiver Ladung. Sie beginnen das zu hinterfragen, was man zunächst selbstverständlich geglaubt hatte;
2. einen Impuls der Selbständigkeit, Autonomiesuche und Individualisierung. Er zeigt die Tendenz, das, was üblicherweise geglaubt wurde, als Heteronomie zu entlarven und ihm die Autonomie des Individuums gegenüberzustellen in dem Versuch, sich selbst die Glaubenssätze für die eigene Lebensorientierung zu geben und nur das gelten zu lassen, was selbst gewollt wird;
3. ein Vertrauen in die Methodik der Rationalität. Das rationale Argument und die kritische Untersuchung werden zum Maßstab dessen gemacht, was geglaubt werden kann. Dergleichen kannte die Renaissance noch nicht.

Diese Impulse scheinen mir nicht nur das historische Kennzeichen einer intellektuellen Epoche zu sein, sondern Momente, die jeder von uns heute aus seiner persönlichen Entwicklung kennt und die sich in der Loslösung von den Eltern und ihrer Welt manifestieren. Die Aufklärung scheint zu einem integralen Bestandteil der psychischen Entwicklung in unserer Kultur geworden zu sein.

Wenn das Individuum seine Selbstbestimmung gegenüber der religiösen Welt erkämpft, in der es aufgewachsen ist, dann erwirbt es damit seit der

Aufklärung auch die Möglichkeit einer radikalen Alternative: die Position des Atheismus einzunehmen. Während Rabelais und seine Zeitgenossen die Welt des Glaubens noch nicht verlassen konnten, schuf die Aufklärung die Möglichkeit einer Alternative. Der religiöse Glaube wurde von einer umfassenden Matrix zu einer Position umgeformt, die definiert im wörtlichen Sinn, d.h. begrenzt wurde durch eine Gegenposition: die Möglichkeit von Glaube *oder* Unglaube.

Der Tod Gottes

Im Kontext der Aufklärung war der Atheismus mit positiven Charakteristika verbunden worden, die wir auch bei Freud wiederfinden: mit Mut, mit hellem Licht statt dunklen Wolken und mit dem Versuch allein zu gehen, anstatt am Gängelband zu hängen. Diese Position wurde im 19. Jahrhundert ausgebaut und radikalisiert (Biser 1998). Ich erinnere an den bekannten Satz von Karl Marx, dass die Kritik der Religion der Anfang aller Kritik sei. Friedrich Nietzsche stand ebenfalls in dieser Tradition – er stammte aus einem protestantischen Pfarrhaus und entwickelte sich zu einem kämpferischen Atheisten. Vielleicht konnte er deshalb besonders scharf formulieren, was bei dieser Entwicklung nicht nur gewonnen wurde, sondern auch verloren ging, und welche psychische Dynamik dadurch freigesetzt wurde. Ich zitiere aus Nietzsches berühmtem Aphorismus über den *tollen Menschen* aus der *fröhlichen Wissenschaft* von 1882:

> »Habt ihr nicht von jenem tollen Menschen gehört, der am hellen Vormittage eine Laterne anzündete, auf den Markt lief und unaufhörlich schrie: ›Ich suche Gott! Ich suche Gott!‹ (...) ›Wohin ist Gott?‹ rief er, ›ich will es euch sagen! Wir haben ihn getödtet, – ihr und ich! Wir Alle sind seine Mörder! Aber wie haben wir diess gemacht? Wie vermochten wir das Meer auszutrinken? Wer gab uns den Schwamm, um den ganzen Horizont wegzuwischen? Was thaten wir, als wir diese Erde von ihrer Sonne losketteten? Wohin bewegt sie sich nun? Wohin bewegen wir uns? Fort von allen Sonnen? Stürzen wir nicht fortwährend? (...) Irren wir nicht wie durch ein unendliches Nichts? Haucht uns nicht der leere Raum an? Ist es nicht kälter geworden? Kommt nicht immerfort die Nacht und mehr Nacht? (...) Gott ist todt! Gott bleibt todt! Und wir haben ihn getödtet! Wie trösten wir uns, die Mörder aller Mörder? Das Heiligste und Mächtigste, was die Welt bisher besass, es ist unter unseren Messern verblutet, – wer wischt diess Blut von uns ab?‹ (...) Hier schwieg der tolle Mensch. (...) ›Ich komme zu früh,‹ sagte er dann, ›ich bin noch nicht an der Zeit. Diess ungeheure Ereigniss

> ist noch unterwegs und wandert, – es ist noch nicht bis zu den Ohren der Menschen gedrungen.‹«. (Nietzsche 1882, S. 480f)

Dieser ungeheure Text Nietzsches ist voll von historischer und psychologischer Wahrheit. Ich möchte nur ein Motiv daraus aufnehmen, nämlich dass Gott unter unseren Messern verblutet ist. Denn es besagt, dass der Tod Gottes nicht allein, wie die Aufklärung nahelegt, mit Rationalität und Emanzipation verbunden ist, sondern mit einer mörderischen emotionalen Dynamik. Daneben hat Nietzsche richtig prophezeit, wie lange es dauern würde, bis sich die Tatsache vom Tod Gottes breit auswirkte. Es hat das 20. Jahrhundert gebraucht, bis der Tod Gottes zu den Ohren der Menschen gedrungen ist – und viele wollen noch heute nichts davon wissen, welch fundamentale Veränderungen dadurch für das religiöse Selbstverständnis aller Menschen eingetreten sind, dass das Heiligste und Mächtigste, was die Welt bisher besaß, seine Selbstverständlichkeit verloren hat.

Freuds Dynamik der Emanzipation

Sigmund Freud hat nach Nietzsche erheblich zum Tod Gottes beigetragen. Sein Messer, mit dem er den Gottesmord weiterführte, war die Entfernung Gottes aus einer transzendenten Realität und seine Lokalisierung in der intrapsychischen Erfahrung: Freud konzeptualisiert Religion als eine Schöpfung des Menschen. Kant hatte es noch sehr vorsichtig formuliert: »Es klingt zwar bedenklich, ist aber keineswegs verwerflich, zu sagen: daß ein jeder Mensch sich einen Gott mache« (Kant 1793, S. 257 Anm.). Freud machte sich nun anheischig, die Art und Weise herauszuarbeiten und die Motive zu finden, nach denen die Menschen sich ihre Götter machen.

Er stand damit nicht allein. Vielmehr war er Teil jener Bewegung, die während seiner Lebenszeit die Religionspsychologie als eine Fachdisziplin entwickelte (Michaels 1997) und einen wissenschaftlichen Kontext und eine Sprache formulierte für das, was Nietzsche aphoristisch den Tod Gottes genannt hatte. Nun hieß es, dass Gott als selbstverständliche transzendente Größe, die den Horizont abgab für das Welterleben aller Menschen, verschwand und als psychologische Größe wiederauferstand.

Freuds Methode ist die psychoanalytische Aufklärung. Er stellt sie antagonistisch und konflikthaft dem Glauben entgegen. *Glaube*, so formuliert Freud, ist ein *Abkömmling der Liebe* (Freud 1916–17a, S. 463). Sein Ursprung ist die Haltung des Kindes zu seinen Eltern. Es ist die Haltung einer gläubigen Erwartung. Freud vertritt den Primat der Rationalität und vergleicht aus dieser Sicht den Glauben des Kindes an seine Eltern mit dem Glauben der Hypnotisierten an ihren Hypnotiseur und der Wundergläubigen an ihre Wundertäter. Er ist mit einer Urteilsschwäche verbunden, mit einem Mangel an intellektueller Prüfung (Freud 1890a, S. 306f): Die emotionale Dynamik des Glaubenwollens, der Wunsch, dass die Eltern alles können sollen, steht im Vordergrund, die Realitätsprüfung ist noch nicht etabliert. Dieser Modus des Glaubens hat auch beim Erwachsenen keine Möglichkeit der Selbstkritik. Erst eine Kritik von außen vermag deshalb hinter der Oberfläche des Geglaubten dessen eigentliche Motivationen aufzudecken (Freud 1927c, S. 352–355).

Obwohl ich Freuds Höchstbewertung der Rationalität nicht teile, finde ich seine Argumentation überzeugend, sofern wir berücksichtigen, dass er mit seiner aufklärerischen Infragestellung des Glaubens ein Kind seiner Zeit ist und eine Denkweise vollzieht, der wir im Kontext der Moderne (vgl. Fußnote 2) auch heute nicht ausweichen können. Aus der modernen Unausweichlichkeit von Aufklärung folgt, wie mir scheint: *Der psychische Konflikt zwischen Glaube und Aufklärung ist nicht zu umgehen, denn jeder Glaube wehrt sich gegen Aufklärung, und jede Aufklärung versucht, Glauben zu vernichten.* Der Konflikt zwischen Glaube und Aufklärung ist ein dynamischer, da beide Positionen emotional hoch besetzt sind. Glaube strebt nach Überzeugung, Aufklärung strebt nach Kritik.

Was die psychoanalytische Behandlung angeht, so entdeckt Freud einen ausgesprochen hilfreichen Aspekt des Glaubenwollens: die positive Übertragung in ihrer milden Ausprägung, die das gemeinsame psychoanalytische Arbeiten überhaupt erst ermöglicht (Will 2003). »Der Neurotiker macht sich an die Arbeit, weil er dem Analytiker Glauben schenkt, und er glaubt ihm, weil er eine besondere Gefühlseinstellung zu der Person des Analytikers gewinnt. Auch das Kind glaubt nur jenen Menschen, denen es anhängt« (Freud 1926e, S. 256).

In zwei anderen Hinsichten sieht Freud jedoch nur negative Aspekte des Glaubenwollens, nämlich in der Sexualverdrängung und in dem religiösen Glauben im engeren Sinn. Beide bringt er mit Verdrängungen in Zusammenhang, und in diesem Kontext verwendet er das Wort *Aufklärung* in einem spezifisch psychoanalytischen Sinn, weil Aufklärung hier die *Aufdeckung von Verdrängungen* bezeichnet (Freud 1925d, S. 56).

»Wenn es die Absicht der Erzieher ist, die Fähigkeit der Kinder zu selbständigem Denken möglichst frühzeitig zugunsten der so hochgeschätzten ›Bravheit‹ zu ersticken, so kann dies nicht besser als durch Irreführung auf sexuellem und durch Einschüchterung auf religiösem Gebiete versucht werden.« (Freud 1907c, S. 25)

Freud greift die Irreführung auf sexuellem Gebiet ebenso an wie die seiner Ansicht nach falschen Behauptungen des religiösen Glaubens, zum Beispiel diejenige, dass Gott die Welt regiere (Freud 1927c, S. 346–363). Hier versteht er sich ausdrücklich als *Erzieher der Menschheit*, der auf die Allgemeinwirkung seiner Aufklärungsarbeit baut und die »Umkehr zu einem wahrheitsgemäßeren und würdigeren Zustand der Gesellschaft« zu befördern sucht (Freud 1910d, S. 115).

Glaube *versus* Aufklärung als intrapsychischer Konflikt

Während Freud noch in einen heftig wogenden gesellschaftlichen Streit zwischen Kirchen und wissenschaftlicher Aufklärung verwickelt war, hat sich die Situation heute grundlegend gewandelt. In unserer Kultur spielen kirchliche Macht und religiöse Denkverbote keine wesentliche Rolle mehr. Ich möchte auf meine zweite These zurückkommen, nach der Freud durch die Lokalisierung der Religion im Bereich des Psychischen dazu beigetragen hat, den Konflikt zwischen Glauben und Aufklärung aus einem äußeren gesellschaftlichen und weltanschaulichen Konflikt in einen intrapsychischen Konflikt umzuwandeln, ihn zu internalisieren und zu individualisieren.

Ich hatte eingangs versucht, diesen Widerspruch von Glauben und Aufklärung durch den Traum der jungen Frau zu verdeutlichen, die von dem freakigen Pfarrer träumte, obwohl sie dessen Dienste bei ihrer realen Hochzeit voll Affekt ablehnte. Abschließend möchte ich ein weiteres Beispiel bringen. Es stammt wiederum aus meiner Sammlung religiöser Träume.

Die Träumerin ist eine 36jährige Frau. Sie hat vor einem Jahr ihren älteren Bruder verloren. Er ist bei einem Unfall ums Leben gekommen. Nun träumt sie:

Ich fahre mit meinem Mann nach Hause zu meinen Eltern. Ein Freund begleitet uns. Wir übernachten tatsächlich im Elternhaus. Meine Eltern sind noch nicht da, der Freund bekommt das Gästezimmer zugewiesen. Am nächsten Morgen stehen wir spät auf. Ich entschuldige mich bei dem Freund, dass wir ihn haben warten lassen, doch er antwortet: »Das macht überhaupt nichts, ich habe mich gut mit Deinem Bruder unterhalten«. Er meint Michael, das ist der Bruder, der gestorben ist, und tatsächlich: Michael ist im Raum mit uns. Er ist aber tot und nur der Freund weiß das nicht, er hat es vermutlich auch nicht gemerkt.

Dann verschwindet der Freund irgendwie, die Eltern kommen. Michael ist immer noch da, meine anderen Geschwister auch. Es soll gegessen werden. Meine Mutter hat einen Pflaumenkuchen gebacken. Da entmaterialisiert Michael sich irgendwie, während er noch redet, und integriert sich in den Pflaumenkuchen. (Es ist schwer zu beschreiben, wie das ging; im Traum war das ganz selbstverständlich). Dann spricht seine Stimme aus dem Kuchen heraus, und er sagt: »Ihr müsst nun alle einen Anteil von mir in Euch aufnehmen«.

Die Träumerin bemerkt dazu: »Beim Aufwachen war ich über die Vorstellung entsetzt, aber im Traum war alles ganz natürlich, kein bisschen sonderbar oder beängstigend«. Ich kann jetzt nicht im Einzelnen auf den Traum eingehen. Er ist von einer großen emotionalen Wucht. Als religiös schätze ich den Traum deshalb ein, weil er ein zentrales Motiv der christlichen Tradition aufnimmt: das heilige Abendmahl, in dem die Gläubigen das Gedenken an den Tod ihres Meisters Jesus feiern, und in dem ein kannibalistischer Impuls in sublimierter Form in Szene gesetzt wird (die Ethnologie spricht bei diesem Phänomen von Endokannibalismus). Das Unbewusste der Träumerin verwendet ein religiöses Motiv, mit dem sie das psychische Trauma und den komplizierten Trauerprozess präsentieren kann, den der Unfalltod ihres Bruders für sie bedeutet.

Für uns ist wichtig, dass die Träumerin daneben berichtet, sie habe mehrmals von ihrer Mutter geträumt, wie sie ihr irgendetwas Christliches zum Trost oder zur Erklärung sagen wollte. Sie habe ihr träumend in etwa Folgendes geantwortet: »Jetzt komm mir nur nicht mit diesem christlichen Zeugs!« Sie habe total allergisch darauf reagiert. Das Unbewusste der Träumerin bewegt sich in dem einen Traum in der Sphäre der Religion, in den anderen weist es den Glauben ihrer Mutter empört von sich. Hier scheint mir der Konflikt zwischen *Glaubenwollen* und *emanzipatorischer Aufklärung* ausgesprochen deutlich ausgedrückt.

Bei beiden Träumerinnen sind es lebensgeschichtliche Krisen- und Schwellensituationen, in denen ihr Unbewusstes Religion freisetzt – ein religionspsychologisch äußerst interessanter Befund, den wir hier nicht vertiefen können (vgl. van Gennep 1909; Harrison 1912; Haas 2002). Das Geheimnis des Heiratens (der Sexualität) lässt einen predigenden Pfarrer im Traum auftauchen; das Trauma des Todes lässt die Träumerin zusammen mit ihrer

Familie ein Abendmahl feiern. Ihr Traumleben entwickelt eine sakralisierende Tendenz, während sie sich zugleich von dem Glauben ihrer Mütter abgewendet haben. Sie zeigen Glauben und Unglauben gleichzeitig.[3]

Zusammenfassung und Diskussion

Ich möchte mein Argument zusammenfassen. Wir sind ausgegangen von der Welt des Rabelais, in der Religion wie die Luft war, die wir atmen. Eine Position des Atheismus außerhalb der Religion einzunehmen, war nicht möglich. Die Aufklärung hat sich die Möglichkeit des Unglaubens erobert. Seither gibt es die Alternative des Atheismus. Im 19. Jahrhundert wogte ein heftiger gesellschaftlicher Kampf zwischen den beiden Positionen der Religion und Kirchen einerseits und der Wissenschaft und Religionskritik andererseits. Freud nahm die zweite Position ein und fügte psychoanalytische Einsichten hinzu, inwiefern und aus welchen Motiven heraus Religion von Menschen geschaffen wird. Diese Einsicht hat sich inzwischen herumgesprochen und verbindet sich bei vielen unserer Zeitgenossen mit ihrem ödipalen Loslösungskampf von den Eltern. Das Beispiel der zwei Träumerinnen zeigt, dass aus ihrem Unbewussten dennoch religiöser Glauben, d. h. sakralisierende Tendenzen aufsteigen können. So entsteht ein internalisierter Konflikt zwischen Aufklärung und Glaube. Wir können ihn nun genauer und psychoanalytischer als zu Beginn fassen als Konflikt zwischen zwei emotional hochbesetzten Impulsen: von *emanzipatorischer* Aufklärung (»weg von den Eltern«) und Glauben*wollen* (das sich in einer postinfantilen religiösen Produktivität zeigt).

Ich finde es als Ergebnis dieser kleinen Untersuchung besonders eindrucksvoll, wie klar die Freudsche Religionskritik in der Tradition der Aufklärung und der Emanzipation steht, und wie direkt diese mit einer emotionalen Dynamik verbunden ist: mit der Loslösung von den Eltern und mit Autonomiesuche, also einem typischen Modernitätsthema. Kant ließ den

3 Ich möchte anmerken, dass meiner Ansicht nach damit nicht das alte religiöse Thema von Glauben und Zweifel (Ruff 2002) wieder neu aufgelegt wird. Denn Glauben und Zweifel, für die paradigmatisch der ungläubige Thomas steht, der die Auferstehung Jesu erst glauben wollte, wenn er mit seinen Fingern die Wunden Jesu spürte, diese Haltungen bewegen sich innerhalb eines religiösen Bezugssystems. Der neuzeitliche Konflikt zwischen Glauben und Unglauben hingegen erlebt den Kontrast zwischen einer religiösen Welt und einer nicht religiösen Welt.

preußischen Pietismus der einfachen Handwerkerfamilie, aus der er stammte, weit hinter sich, Nietzsche stellte sich gegen die Frömmigkeit des protestantischen Pfarrhauses seiner Herkunft, Freud verwarf den jüdischen Reformglauben seiner Eltern, unsere beiden Träumerinnen wenden sich gegen den Glauben ihrer Mütter. Mit Blick auf den emotionalen Kontext kann man sagen: Religionskritik ist die Kritik der Religion der Eltern. Der Gottesmord steht im Zusammenhang des Elternmordes.

Religionssoziologisch betrachtet ist Religion in unserer Kultur zu einer disponiblen Größe geworden, die der Wahl des Individuums unterliegt. Sie ist in den Prozess der Individualisierung hineingerissen worden. Zu Zeiten von Rabelais ein unausweichliches Schicksal, kann und muss sie heute gewählt werden (Berger 1980). Für unsere beiden Träumerinnen heißt das, dass Religion in den ödipalen Konflikt aufgenommen worden ist und Material liefert für die Auseinandersetzung mit den Eltern und die Loslösung von ihnen. Ihr Individualisierungsdrang hat auch das religiöse Leben ergriffen. Ist es zu einer Ausweitung der Kampfzone, zu einer Ausweitung des Ödipuskomplexes gekommen (Haas 2002)? Wird dadurch die Sphäre des Religiösen stärker als früher konfliktualisiert, weil sie zunehmend in den Bann unserer inneren Konflikte gerät?

John Klauber hat 1974 darauf hingewiesen, dass die Notwendigkeit und Fähigkeit, kritisch zu denken, zunehmen, je komplexer die Zivilisation ist, in der wir leben. Die kritische Urteilsfähigkeit wird schon früh im Leben des Kindes durch die Eltern vermittelt. Dadurch vermitteln die Eltern und ihre Gesellschaft den Kindern aber auch die Mittel zur Kritik der Eltern selbst. Hierdurch wird die frühe Entthronung der Eltern begünstigt.

Klauber (1974) bezeichnet mit Glauben die Überzeugung von der Unzerstörbarkeit guter internalisierter Objekte. Er hat seine frühesten Ursprünge in der Zuversicht des jungen Kindes, dass die es bedrohenden Ängste sich als illusorisch erweisen werden. Religiöser Glaube nehme in mythischer Weise die Realität »unwahrscheinlicher« und »unglaublicher« früher Erlebnisse auf, die von der Vernunft verleugnet werden und die der Überzeugung des Kindes zugrundeliegen, dass, komme was wolle, »die ewigen Arme« der Mutter da sein werden. Diese Glaubensüberzeugung nun wird – hier trifft sich Klaubers Gedankengang mit unserer Untersuchung – durch die frühe kritische Entthronung der Eltern erschüttert. Kritik, so meint er, mache es in einer komplexen modernen Kultur unmöglich, den frühen Glauben aufrechtzuerhalten, der die Objektkonstanz ermöglicht. Ich bin mir nicht sicher, ob dieser Glauben gleich ganz unmöglich gemacht wird. Doch vielleicht lässt die These vom gesteigerten Konflikt zwischen Kritik und Glauben etwas von dem verstehen, was manche unserer Zeitgenossen in ihrer Haltung zur Religion heute umtreibt.

Literatur

Berger, P. L. (1980): Der Zwang zur Häresie. Religion in der pluralistischen Gesellschaft. Freiburg (Herder) 1982.

Biser, E. (1998): Tod Gottes. In: Ritter, J., & Gründer, K. (Hg.) (1998): Historisches Wörterbuch der Philosophie, Bd. 10. Darmstadt (Wiss. Buchgesellschaft), S. 1242–1244.

Febvre, L. (1942): Das Problem des Unglaubens im 16. Jahrhundert. Die Religion des Rabelais. Stuttgart (Klett-Cotta) 2002.

Flasch, K. (2002): Nachwort: Lucien Febvre und der Unglaube im 16. Jahrhundert. In: Febvre, L. (1942): Das Problem des Unglaubens im 16. Jahrhundert. Die Religion des Rabelais. Stuttgart (Klett-Cotta) 2002, S. 506–536.

Freud, S. (1890a): Psychische Behandlung (Seelenbehandlung). GW 5, S. 287–315.

Freud, S. (1907c): Zur sexuellen Aufklärung der Kinder. GW 7, S. 17–27.

Freud. S. (1910d): Die zukünftigen Chancen der psychoanalytischen Therapie. GW 8, S. 104–115.

Freud, S. (1916–17a): Vorlesungen zur Einführung in die Psychoanalyse. GW 11.

Freud, S. (1925d): Selbstdarstellung. GW 14, S. 31–96.

Freud, S. (1926e): Die Frage der Laienanalyse. GW 14, S. 207–286.

Freud, S. (1927c): Die Zukunft einer Illusion. GW 14, S. 325–380.

Gay, P. (1987): »Ein gottloser Jude«. Sigmund Freuds Atheismus und die Entwicklung der Psychoanalyse. Frankfurt/M (S. Fischer) 1988.

van Gennep, A. (1909): Übergangsriten. (Les rites de passage, dt.). Frankfurt, New York (Campus) 1986.

Haas, E. T. (2002): ... und Freud hat doch recht. Die Entstehung der Kultur durch Transformation der Gewalt. Gießen (Psychosozial).

Harrison, G. E. (1912): Themis. A study of the social origins of Greek religion. London 1963.

Kant, I. (1784): Beantwortung der Frage: Was ist Aufklärung? In: Hinske, N. (Hg.) (1973): Was ist Aufklärung? Beiträge aus der Berlinischen Monatsschrift. Darmstadt (Wiss. Buchgesellschaft).

Kant, I. (1793): Die Religion innerhalb der Grenzen der blossen Vernunft. Hg. von K. Vorländer. Hamburg (Felix Meiner) 1966.

Kippenberg, H. G. (1997): Die Entdeckung der Religionsgeschichte. Religionswissenschaft und Moderne. München (Beck).

Klauber, J. (1980): Über die psychischen Wurzeln der Religion. In: Schwierigkeiten

in der analytischen Begegnung. Frankfurt/M. (Suhrkamp) 1980, S. 225–241.
Michaels, A. (Hg.) (1997): Klassiker der Religionswissenschaft. Von Friedrich Schleiermacher bis Mircea Eliade. München (Beck).
Nietzsche, F. (1882): Die fröhliche Wissenschaft. In: Nietzsche, F.: Sämtliche Werke. Kritische Studienausgabe, hg. von G. Colli & M. Montinari, Bd. 3. Berlin (de Gruyter) 1980, S. 343–651.
Rabelais, F. (1543): Gargantua. Übersetzt und kommentiert von W. Steinsieck. Stuttgart (Reclam) 1999.
Ruff, W. (2002): Glauben und Zweifeln. Ein Deutungsversuch ihrer Möglichkeitsbedingungen. In: Ruff, W. (Hg.): Religiöses Erleben verstehen. Göttingen (Vandenhoeck & Ruprecht) 2002, S. 161–183.
Will, H. (2003): Was ist klassische Psychoanalyse? Ursprünge, Kritik, Zukunft. Stuttgart (Kohlhammer).

Die zwieschlächtige Funktion christlicher Religionen: Kategorischer Imperativ und affirmativer Trost

Überlegungen zu Freuds Religionskritik

Siegfried Zepf

Der Ausgangspunkt meiner Überlegungen ist ein Satz von Karl Marx (1843, S. 378): »Die Kritik der Religion«, sagte er vor 160 Jahren, »ist die Voraussetzung aller Kritik«. Obwohl Marx heute kaum noch erwähnt wird und schon gar nicht mehr zitierfähig ist, habe ich diesen Satz mit Bedacht vorangestellt. Denn wie unser Bundespräsident einst meinte, hat Marx zwar nicht die richtigen Antworten gegeben, aber doch die richtigen Fragen gestellt, und ich habe von Jostein Gaarder (1996), dem Autor von *Sophies Welt*, gelernt, dass man sich nicht vor Antworten – seien sie auch noch so klug – verneigen soll, aber doch vor Fragen. »Wer sich verneigt, beugt sich«, lässt er in seiner letzten Geschichte den kleinen Helden Mika sagen, und: »Du darfst Dich keiner Antwort beugen, weil sie immer ein Stück des Weges ist, der hinter Dir liegt. Nur unsere Fragen können uns weiterführen« (Gaarder 1996, S. 22). Die widersprüchliche Feststellung, dass die Religion sowohl Gegenstand der Kritik ist wie auch Kritik übt, rückt die Religion genau in die Perspektive der Frage, in der ich mit Ihnen über das Thema nachdenken möchte: Nämlich, wie es möglich ist, dass die Religion zugleich Kritik übt und selbst zu kritisieren ist.

Gleich eingangs will ich eingestehen, dass mein Interesse an der Religion ein begrenztes ist. Es ergibt sich lediglich daraus, dass die Religion eine jener kulturellen Einrichtungen darstellt, welche die Psychoanalyse im Gewande einer analytischen Sozialpsychologie – Erich Fromm (1970, S. 224) nannte sie die »Wissenschaft vom Irrationalen« – unter der Frage verfolgt, worin die irrationalen Bindungen der Individuen an sie wurzeln und welche soziale Funktion sie für ihr Zusammenleben erfüllen.

I

Betrachtet man die Religion von Freuds Standpunkt aus, ist sie ganz eindeutig Gegenstand der Kritik. Wenn Freud auch gelegentlich schwankte, ob er sich als einen ihrer schlimmsten Feinde einstufen oder hinter die Religionskritik seiner großen Vorgänger zurücktreten solle – man wird nicht bestreiten können, dass Freud (1927a, S. 116), wie er selbst urteilte, zeitlebens eine ablehnende Haltung gegenüber jedweder Form von Religion einnahm.

Seine Auffassung will ich zunächst ins Gedächtnis rufen. Bekanntlich sieht Freud (1907, S. 139) in der Religion eine »universelle Zwangsneurose«. Er begründet dies mit der strukturellen Gleichartigkeit des Verhaltens eines Zwangsneurotikers und den religiösen Handlungen. Ein zwangsneurotisches Zeremoniell sei ebenso symbolisch wie die gleichermaßen ritualisierten heiligen Handlungen; beide zeichneten sich durch magisches Denken aus; hier wie dort würde das gute Verhalten durch die Angst vor Bestrafungen verpönter, vor allem aggressiver Handlungen kanalisiert, die sich beide Male freilich ganz offen zeigen dürften, wenn sie unter dem Titel des Guten erschienen – hier im Namen des eigenen Gewissen, dort im Namen Gottes. »Universell« nennt Freud diese Zwangsneurose, weil er in den religiösen Handlungen und Inhalten die allgemeine Form sieht, in der sich die je besonderen neurotischen Verarbeitungen der unbewussten Dramen der Einzelnen gemeinsam und bewusstseinskonform zur Darstellung bringen könnten. In dieser irrationalen Unterfütterung religiöser Inhalte gründe auch die Bindung der Einzelnen, der Glaube an sie.

Gelingt es den Einzelnen, ihre unbewusst gewordenen Kindheitsdramen in die vorhandenen religiösen Vorstellungen einzubringen, ersparten sie sich die Ausbildung einer »persönliche[n] Neurose« (Freud 1927b, S. 367), würden nicht – wie Freud (1921, S. 159) die Neurose nennt – »asozial«, sondern blieben sozial, indem sie sich zugleich in eine gesellschaftlich approbierte »habituelle[.] Massenbildung[.]« einbinden. Diese Massenbildung unter dem Titel religiöser Vorstellungen erläutert Freud (1921) am Beispiel des Christentums so: Die Individuen projizierten gemeinsam ihr Über-Ich auf Christus. Dadurch würde ihr Selbstwertgefühl von dessen Liebe, d. h. davon abhängig, inwieweit sie mit dessen Ge- und Verboten übereinstimmen. Sie würden zu einer Bruderhorde, deren gemeinsamer Bezugspunkt die idealisierte, irrational überhöhte Figur sei, vor der sie alle gleich und über die sie miteinander partiell identifiziert wären. Dies mache ihre Bindungen untereinander relativ aggressionsfrei. Hinzu komme, dass in der religiösen Lehre der Satz Christi gelte: »Was ihr getan habt einem unter diesen meinen geringsten Brüdern, das habt ihr mir getan« (1921, S. 102), so dass alles, was man einem Anderen antut, auch Christus angetan würde. Deshalb müssten die feindseligen Impulse, die sich dank der gleichen Liebe Christi nicht äußern konnten, auf jene Individuen gerichtet werden, die nicht zur Glaubensgemeinschaft gehören, die Christus nicht lieben und die er nicht liebt. Aus diesen psychodynamischen Gründen müsse eine Religion, auch wenn sie sich die Religion der Liebe nennt, hart und lieblos gegen diejenigen sein, die ihr nicht angehören.

Aus der unbewussten Einbindung der Einzelnen in eine habituelle Massenbildung resultiert auch der Effekt, den die Religion auf das gesellschaftliche Zusammenleben ausübt. Es steht für Freud (1927b) außer Zweifel, dass die Religion durch die Bändigung der asozialen Triebe der menschlichen Kultur in der geschichtlichen Entwicklung große Dienste erwiesen hat. Allerdings ist ihm der Preis, den der Einzelne für seine Sozialität zu zahlen hat, zu hoch. Denn die Religion würde den Wert des Lebens herabzusetzen und das Bild der realen Welt wahnhaft entstellen. Das Leben spiele sich aber im Diesseits und nicht im Jenseits ab, auf das die Individuen mit dem Hinweis vertröstet würden, dass dort alles Böse seine Strafe finde und alle Schrecken, Leiden und Härten des diesseitigen Lebens ausgetilgt seien. Weil er befürchtet, dass die religiöse Begründung der sozialen Normen kollabieren und einen Rückfall in den Naturzustand zur Folge haben könnte, will Freud – ganz im Zuge der Aufklärung – die göttliche, aus seiner Sicht irrationale, illusionäre Legitimation unserer sozialen Verkehrsformen durch eine vernünftige Begründung ersetzt wissen. Als Gründe für seine Furcht nennt Freud u. a., dass die religiösen Überzeugungen schon an der Realität scheiterten. Die religiösen Grundsätze der Nächstenliebe, Barmherzigkeit, Ehrlichkeit, Sorge ums eigene und das Seelenheil Anderer würden jedenfalls im realen Leben konterkariert. Ihre Lebenspraxis lehre die Menschen, dass eine Befolgung dieser Grundsätze sie zu weltfremden Träumern mache, die in diesem Leben nicht überleben könnten.

Ferner hielten religiöse Überzeugungen den Menschen infantil und hemmten seine freie Entfaltung über Gebühr. Und schließlich gleiche die Wirkung der religiösen Tröstungen der eines Narkotikums, das die Menschen in ihrem sozialen Handeln paralysiere. Statt eine höchst richterliche Instanz der Durchführung ihrer Lebensentwürfe gnädig zu stimmen oder zu bitten, sie doch für das Erduldete wenn auch nicht im Diesseits, dann doch im Jenseits zu belohnen, fordert Freud die Individuen auf, sich ihrer selbstverschuldeten Unmüdigkeit zu entwinden, ihre Erwartungen vom Jenseits abzuziehen und die freigesetzten Kräfte auf das irdische Leben zu konzentrieren, so dass das Leben für alle erträglicher wird und die Kultur keinen mehr erdrückt. »Den Himmel«, so fügt Freud (1927b, S. 373) in ironischer Wendung mit Heinrich Heine hinzu, »überlassen wir« dann »[o]hne Bedauern den Engeln und den Spatzen«.

II

Mit dieser Aufforderung nähert sich Freud der kritischen Einschätzung von Marx. Wirkt für Freud (1927b, S. 367) die Religion wie ein »Narkotikum«, so ist sie für Marx (1843, S. 378) »das *Opium* des Volks«, und auch er sieht in der »Aufhebung der Religion als des *illusorischen* Glücks des Volkes ... die Forderung seines *wirklichen* Glücks«. Nun hat allerdings Marcuse (1965) geltend gemacht, dass die Auslieferung der Religion an die Vernunft zumal dann nicht unproblematisch ist, wenn sie sich bloß als instrumentelle, als positivistisch-wissenschaftliche geriert. Ausdrücklich gegen Freuds Auffassung gerichtet gibt Marcuse (1965, S. 75) zu bedenken, dass die »Religion das kompromißlose Streben nach Frieden und Glück [auf]bewahrt und ihre »›Illusionen‹ ... einen höheren Wahrheitsgehalt« besitzen als die Erkenntnisse einer Wissenschaft, die an der Ausschaltung dieser Ziele arbeitet. Die verdrängten und ungeformten Inhalte der Religion könnten jedenfalls nicht dadurch befreit werden, dass man sie dieser positivistischen Haltung ausliefert.

Um die Bedenken Marcuses richtig gewichten zu können, ist vorab zu klären, als was sich die verdrängten Inhalte in ihrer religiösen Einkleidung präsentieren und wie sie entstanden sind. Zunächst scheint es, als würde es sich bei den religiös eingekleideten unbewussten Inhalten um Sublimierungen handeln, bei denen – wie manche meiner Kollegen meinen – die ursprünglichen Triebziele aufgegeben und in sozial höherwertige transformiert wurden. Allerdings ist die Auffassung, dass bei dieser Transformation das ursprüngliche Triebziel aufgegeben wird, höchst problematisch. Sie lässt sich auch nicht mit Freud begründen. So heißt es bei ihm (z. B. 1908, 1910) ausdrücklich, dass die für die Kulturarbeit verwertbaren Kräfte durch *Unterdrückung* von Anteilen der Sexualerregung gewonnen werden und die unterdrückten kindlichen Vorstellungen beider Eltern in Gestalt des allmächtigen gerechten Gottes und der gütigen Natur im Bewusstsein wiederkehren können. Ich bin mit Bernfeld (1931), Glover (1931), Kubie (1962) und anderen darin einig, dass es sich bei Sublimierungen um Ersatzbildungen handelt, bei denen das Verpönte nicht aufgegeben wird, sondern es in ich- und gesellschafts-syntonen Formen Eingang ins Bewusstsein findet, welche zugleich dem Zusammenleben der Menschen förderlich sind.

Fragt man nach der Entstehung von Verdrängungen, findet man – wie auch bei anderen psychoanalytischen Konzepten – eine Vielfalt verschiedener Meinungen als Antwort. Einigkeit dürfte aber darüber bestehen, dass Verdrängungen von den Einzelnen nicht aus eigenem Antrieb, sondern als Folge von Konflikten zwischen eigenen Triebwünschen und dem Verhalten der Beziehungspersonen, als Folge sozialer Interaktionen, und somit sozial hergestellt werden. Fenichel (1945, S. 137) brachte diesen Sachverhalt in einer bündigen Formulierung auf den Punkt: »Neurotische Eltern«, sagt er, »haben neurotische Kinder«, und die Kinder reflektieren die unbewussten Konflikte der Eltern.

Nun kann freilich die Suche nach den Gründen für das neurotische Elend nicht bei Papa und Mama enden. Diese ritualisierte Zurückführung führt in die Sackgasse einer Erkenntnis, an deren Ende sich eine geschichtslose Anthropologie erhebt. Papa und Mama stehen nicht außerhalb, sondern in der Gesellschaft. In soziologischer Perspektive sind ihre Persönlichkeitsstrukturen Prismen, durch die die Kräfte gebrochen werden, welche durch die Eltern hindurch die sich bildende subjektive Struktur des Kindes in gesellschaftsspezifischer Weise zu brechen vermögen. Resultat dieser Brechung ist jene Zone des Unbewussten, welche die Menschen auch zu virtuellen Kritikern der Gesellschaft stempelt, weil sie dadurch sich selbst nicht mehr in Gänze in der Gesellschaft, in der sie leben, wiederzuerkennen vermögen.

Ich meine, dass sich diese Kritik an dem gesellschaftlich Vorfindlichen in der Form religiöser Mythen wiederfindet. Die Menschen tragen in diese Mythen die Narben ihrer Kindheit in der Hoffnung eines Besseren in der Zukunft ein. In der Struktur der Mythen sind in allgemeiner Form die verpönten individuellen Praxisentwürfe aufbewahrt, in denen jenes Verlangen nach Glück und Zufriedenheit enthalten ist, das aus den gesellschaftlichen Verhältnissen geboren, aber in ihnen nicht gestillt wird. Zwar sind diese Mythen nicht die wahre Lösung. Sie bilden das Problem falsch ab, aber sie belassen das Problem noch in falscher Abbildung in der Debatte. Was sie in mystifizierter Form im Gedächtnis aufbewahren, sind – wie die kindlichen Dramen – utopische Bilder einer Erfüllung in der Zukunft. Misst man die reale Welt an diesen Bildern, bringen diese in der Tat die Wahrheit ihrer Mängel bis zur Kenntlichkeit entstellt zur Darstellung. Nimmt man hinzu, dass in der christlichen Lehre der Mensch als das höchste lebende Wesen gilt, enthält diese Lehre auch den kategorischen Imperativ, *alle Verhältnisse umzuwerfen*, in denen der Wert des Mensch nicht in ihm selbst ruht, sondern – wie heutzutage – in seiner Verwertbarkeit in einer von Marktgesetzen bestimmten Gesellschaft gründet.

III

Insofern also die Religion von einem besseren Leben in der Zukunft kündet, ist sie eine kritische Institution. Ihre Kritik fordert zu einer Veränderung des Bestehenden auf. Wendet man freilich diesen kategorischen Imperativ – die Notwendigkeit, eine Tatsache zu *schaffen* – in zwei Tatsachen*feststellungen*, in eine diesseitige, die das wirkliche Leben des Menschen als das unter der Bedingung des Sündenfalls bestmögliche ansieht, und in eine jenseitige, die das, was im Diesseitigen fehlt, als dort vorhanden deklariert, wird die Kritik, welche die Religion an der gesellschaftlichen Praxis übt, für diese Praxis folgenlos.

Diese affirmative Wendung religiöser Vorstellungen lässt sich exemplarisch an der Veränderung der Vorstellungen vom Verhältnis Jesu zu Gott entnehmen[1]. Im Glauben der Urchristen, die in der damaligen Gesellschaftsform die Unterdrückten waren, war Jesus ein Mensch, der nach seinem Kreuzestod zu Gott erhoben wurde und der nach kurzer Zeit zurückkehren wird, um Gericht über die Herrschenden zu halten. Ihr Glaube verhieß ihnen mit seiner Rückkehr die Einrichtung eines wunderbaren Zeitalters in naher Zukunft, in dem die Armen reich, die Hungernden satt wären, die Herrschenden bestraft und die Unterdrückten zur Herrschaft gelangten. Diese Hoffnung wurde in einem ganz realen und materiellen Sinn verstanden.

Im Laufe der Zeit wurde der Christusglaube auch zur Religion der vornehmen Klassen des römischen Weltreiches und unter Konstantin Staatsreligion. Damit änderte sich ebenfalls die Struktur der christlichen Glaubensgemeinde. Aus der Gemeinschaft gleicher Brüder wurde ein kirchlicher Verband, der eine kirchliche Glaubenslehre etablierte, welcher sich der einzelne Christ zu unterwerfen hatte. Die Kirche wurde als Institution zur moralischen Anstalt, die für das Heil erzieht, wobei diese Funktion speziell an den Episkopat gebunden wurde. Damit änderten sich auch die Glaubensinhalte, welche in der vom nizämischen Konzil angenommenen Lehre des Athanasius kodifiziert wurden: Jesus, der Sohn Gottes, aus dem Vater vor allen Weltzeiten geboren, ist eines

[1] Ich folge hier im Wesentlichen Fromm (1930).

Wesens mit dem Vater. Der Mensch Jesu wird nicht mehr zu Gott erhoben, sondern Gott lässt sich in Gestalt von Jesu zu den Menschen herab.

Damit schwanden auch die eschatologischen Erwartungen. Der Blick der Christen war nicht mehr auf ihre Zukunft gerichtet, sondern wurde rückwärts gewendet. Mit der Erscheinung von Jesu war ja das Entscheidende schon geschehen. Das Heil lag nicht mehr in der Zukunft, denn mit seiner Erscheinung war das Heil für die Menschen schon bereitet.

Mit dieser Veränderung des Verhältnisses von Jesus zu Gott änderte sich auch das Identifikationsangebot der christlichen Lehre. Während sich früher die Christen mit dem Gekreuzigten identifizierten, um in der Phantasie den Vater zu entthronen, identifizierten sie sich nun mit ihm, um an der Gnade des Vaters teilhaben zu können. Die gegen den Vater gerichtete Aggression wird gegen die eigene Person gewendet, wobei die Identifizierung mit dem leidenden Jesus hierzu eine gute Möglichkeit bot.

Natürlich bleibt man auch unter diesen Bedingungen erreichbar für Irritationen, wenn man die soziale Realität an den religiösen Vorstellungen misst. Aber das Problem, welches hier aus Diskrepanzen zwischen beiden erwächst, bleibt in der Schwebe und mündet nicht mehr in das Bestreben ein, die bestehende Ordnung aufzubrechen. Genau an diesem Punkt wendet sich der kategorische Imperativ in affirmative Tröstungen. Indem die Religion den aus dem Unbewussten geborenen Widerstand gegen das bestehende gesellschaftliche Gefüge einebnet, wird sie zu einem Bewusstsein, in dem das, was ist, das verneint, was sein könnte. Indem die Religion die Menschen veranlasst, das ihnen zugemutete Leiden zu ertragen und ihre Hoffnungen auf das dem wirklichen Leben Jenseitige zu richten, sanktioniert sie das Bestehende und verleiht ihm noch den Glanz des Humanen. Sie liefert sozusagen den Heiligenschein für eine Welt, deren Kritik die Religion im Keime ist.

IV

Klar ist natürlich zweierlei: Zum einen bringen religiöse Vorstellungen weder bei den Urchristen noch heute das gesellschaftliche Verpönte wie auch die gesellschaftlichen Verhältnisse auf die ihnen adäquate Begriffe. Und zum anderen verlötet sich beide Male das in der Sozialisation ins Unbewusste der Subjekte eingegrabene Soziale mit den herrschenden religiösen Vorstellungen, der illusionären Verkennung der Wirklichkeit, in einer Weise, dass jene argumentativ nicht mehr erreicht und verändert werden können, weil an ihnen aus irrationalen Gründen festgehalten werden muss. Um die falsche Begrifflichkeit für die Realität in eine begriffene Realität zumindest der Möglichkeit nach wenden zu können, wäre die illusionäre Verkennung der Realität aus ihrer irrationalen Verankerung zu lösen. Gleichgültig, ob die religiösen Vorstellungen von einer besseren Zukunft noch im Diesseits künden oder sie ins Jenseits verbannen, beide Male ist das gesellschaftlich Verpönte, das in ihnen wiederkehrt, zutage zu fördern. Nicht nur die Religion, sondern auch die Kritik, welche die Religion am Bestehenden übt, erweist sich so als genuiner Topos einer psychoanalytischen Sozialpsychologie. Religiöse Vorstellungen sind Keloide der ratio im Stande der Unvernunft, und ohne eine Entmystifizierung religiöser Inhalte könnte man sich jedenfalls nicht in Richtung auf die Realisierung der Utopie einer Gesellschaft bewegen, die nicht mehr religiöser Illusionen bedarf, der Utopie einer Gesellschaft, in der, wie Ernst Bloch (1977, S. 1524) meinte, »kein Gott in der Höhe bleibt«, wo »ohnehin keiner ... ist oder jemals war«. Insofern ist die Kritik der Religion zwar nicht die Voraussetzung aller, aber doch jener Kritik, aus welcher vielleicht die Möglichkeit einer Veränderung des Bestehenden zum Besseren für alle erwachsen könnte.

Literatur

Bernfeld, S. (1931): Zur Sublimierungstheorie. In: Dahmer, H. (ed) (1980) Analytische Sozialpsychologie, Bd. 1. Frankfurt/M. (Suhrkamp), S. 139–149.

Bloch, E. (1977): Das Prinzip Hoffnung. Gesamtausgabe, Bd. 5. Hamburg (Hoffmann u. Campe).

Fenichel, O. (1945): Psychoanalytische Neurosenlehre, Bd. I. Freiburg/Brsg. (Walter).

Freud, S. (1907): Zwangshandlungen und Religionsübungen. In: GW Bd. 7, S. 127–139.

Freud, S. (1908): Die »kulturelle« Sexualmoral und die moderne Nervosität. In: GW Bd. 7, S. 141–167.

Freud, S. (1910): Eine Kindheitserinnerung des Leonardo da Vinci. In: GW Bd. 8, S. 127–211.

Freud, S. (1921): Massenpsychologie und Ich-Analyse. In: GW 13, S. 71–161.

Freud, S. (1927a): Brief an Oskar Pfister vom 16. 10. 1927. In: Freud, E., Meng, H. (Hg.) (1963): Sigmund Freud – Oskar Pfister. Briefe 1909–1939. Frankfurt/M. (Fischer).

Freud, S. (1927b): Die Zukunft einer Illusion. In: GW 14, S. 325–380.

Fromm, E. (1930): Die Entwicklung des Christusdogmas. Eine psychoanalytische Studie zur sozialpsychologischen Funktion der Religion. In: Fromm, E. (1980), Gesamtausgabe, Bd. 6. Stuttgart (Dt. Verl. Anst.), S. 11–68.

Fromm, E. (1970): Die Krise der Psychoanalyse. In: Fromm, E. (1970) Analytische Sozialpsychologie und Gesellschaftstheorie. Frankfurt/M (Suhrkamp), S. 193–228.

Gaarder, J. (1996): Hallo, ist da jemand? München (Hanser).

Glover, E. (1931): Sublimation, substitution und social anxiety. Int. J. Psychoanal., 12, 263–297.

Kubie, L. (1962): The fallacius misuse of the concept of sublimation. Psychoanal. Quart., 31, 73–86.

Marcuse, H. (1965): Triebstruktur und Gesellschaft. Frankfurt/M (Suhrkamp).

Marx, K. (1843): Zur Kritik der Hegelschen Rechtsphilosophie (Einleitung). In: MEW 1, S. 378–391.

Gottesbild und Erfahrung

Jörg Rasche

Dass ich hier in Würzburg zu Ihnen über Gottesbild und Erfahrung sprechen kann, ist für mich ein bewegendes Zusammentreffen aus verschiedenen Gründen.

Ich bin hier in Würzburg geboren und habe hier bis zu meinem zwanzigsten Lebensjahr gelebt. Hier habe ich früh als Kirchenmusiker begonnen, bevor ich dann zu Medizinstudium und Studentenbewegung nach Berlin gegangen bin. Würzburg verdanke ich eindrückliche Erfahrungen. Ich erinnere mich an die Zeit, als ich etwa 12 oder 13 Jahre war und man begann, in der fast vollständig vom Krieg zerstörten Stadt die alten Kirchen vom Schutt zu räumen und die unter Trümmern liegenden zerstörten Altäre, Skulpturen und Grabdenkmäler wieder ans Licht zu holen. In jener Zeit kam auch die Madonna wieder in den Dom, die ich als bildliches Motto, als Gottesbild an den Anfang meiner Ausführungen stellen möchte.

Die Madonna gehört zu einer Drei-Königs-Gruppe, sie ist etwa 1290 entstanden. Man kann die Beschädigungen des Krieges sehen, doch immer noch das unvergleichliche Lächeln von Mutter und Kind und ihre innige Bezogenheit erkennen. Religion heißt Beziehung.

Mein Thema »Gottesbild und Erfahrung« hat für mich so einen biographischen Bezug, nämlich die Erfahrung, dass Bilder von Gott wieder auftauchen können, dass sie gefunden werden können in Ruinen und Trümmerwüsten. Das, was für mich als Junge ein handfestes und beglückendes Abenteuer war, ist später eingegangen in mein Interesse an der Psychologie C. G. Jungs. Die Analytische Psychologie befasst sich mit den psychischen Kräften, die im Wechselspiel von Bewusstsein und Unbewusstem für seelischen Ausgleich sorgen. Als Jungianer würde ich Religion keinesfalls, wie Freud sagte, als »universelle Zwangsneurose« auffassen, sondern im Gegenteil das Fehlen oder den Verlust einer religiösen Bezogenheit für bedenklich halten. Ich denke, dass zu einer Ganzheit oder Gesundheit auch das Eingebettetsein in einen wie auch gearteten spirituellen Zusammenhang gehört. So ist es jedenfalls immer gewesen in der Geschichte der Menschheit, bis zu einem kritischen Punkt, über den ich sprechen möchte. Es ist kein Postulat, dass Religion (neben anderem) den Menschen ausmacht, sondern eine Feststellung. Man wird in der Geschichte der Menschheit keine Epoche finden, in der nicht geglaubt, gefürchtet, gebetet wurde. In manchen Zeiten und Kulturen stand Religion im Zentrum des allgemeinen Interesses. Unterschiedlich sind die Formen, die emotionale Qualität, die Rituale, die Gottesbilder. C. G. Jung hat von einem religiösen Grundbedürfnis des Menschen gesprochen, das sich als eine psychische Gegebenheit nicht übersehen lasse. Darüber, ob hinter den Gottesbildern eine transzendente Realität existieren und wirken könne, hat Jung sich wohlweislich nicht geäußert. Martin Buber hat wiederum Jung genau dies vorgeworfen. Der aufklärerische oder analytische Ansatz Jungs beinhaltet, dass der Mensch sich seiner Vorstellungen von Gott bewusst werden sollte, die nolens volens in ihm wirken, ohne dass damit irgendetwas über deren objektive (außerpsychische) Realität gesagt ist. Damit hat sich Jung verschiedenen Vorwürfen ausgesetzt: Von der einen Seite (Buber) warf man ihm vor, er psychologisiere die Religion, von der anderen (der freudianischen Psychologie), er bringe Religion in die Psychoanalyse hinein.

Das Thema dieser Tagung mag ein Zeichen dafür sein, dass sich auch die nicht jungianische Psychoanalyse der Frage der Religion neu stellen möchte. Die fundamentalistischen Auswüchse der letzten Zeit und die selbstzerstörerische Unbehaustheit der Menschen in unserer eigenen Kultur scheinen ja zu zeigen, dass das große Projekt der Aufklärung, in dessen Kontext letztlich auch die Psychoanalyse entstanden ist, sich seiner Grenzen stärker bewusst werden sollte, als es ihr bisher gelungen ist. Bewusstwerdung heißt aber zunächst einmal, dass Projektionen als solche erkannt und zurückgezogen werden sollten. Daher freue ich mich besonders, als Jungianer auf dieser Tagung – in Würzburg – sprechen zu können.

Ich möchte mein Thema einkreisen in sechs Schritten. Wenn ich von »Gottesbild und Erfahrung« spreche, muss ich plausibel machen, dass zwischen beiden, dem Gottesbild und der Erfahrung eben, ein wie auch immer gearteter Zusammenhang bestehe. Das Grundproblem, auf das die Fragestellung zielt, ist das des Unterschiedes von innerer und äußerer

Realität. Hierzu gehört auch, dass eine Vorstellung von Gott immer so etwas wie Zeitlosigkeit umfasst, während Erfahrung in der Zeit stattfindet. Es geht darum, wie etwas Zeitloses, Archetypisches sich in einer konkreten Zeit, einer Gesellschaft, einer Person konstelliert. Damit geht es auch um Brüche in dieser Entwicklung. Gerade an der Geschichte Würzburgs kann ich das verdeutlichen. Ich muss aber einige Umwege gehen.

1. Zunächst möchte ich ein Bild evozieren: C. G. Jung hatte in den 30er Jahren einen Traum, in dem ihm Christus, der Gekreuzigte, erschienen ist (Jung 1971, S. 214). Christus stand am Fußende seines Bettes und wollte ihm irgendetwas mitteilen. Christus war von grüner Farbe. Über diesen grünen Christus war Jung irritiert. Jung war der Sohn eines Pfarrers und kannte sich in der Theologie gut aus. In der Zeit dieses Traumes beschäftigte sich Jung auch mit alchemistischen Bilderserien des späten Mittelalters, die er mit Zeichnungen und Phantasien seiner Patienten verglich. In der Alchemie spielt die Farbe Grün eine besondere Rolle als die Farbe der Wandlung. Dies ist eine naheliegende Sinnverbindung, die wir in jedem Frühling erleben können. Jung fragte sich nun, ob er bei seiner Beschäftigung mit Religion vielleicht einen wichtigen Aspekt übersehen habe, der in seinem Traumbild angedeutet sein könnte: nämlich die Verbindung von Religion und Natur. Die Verbindung der christlichen Religion mit der Natur war bekanntlich nie besonders eng, von St. Franziskus einmal abgesehen, der den Vögeln predigte und sie als Brüder und Schwestern ansah. Jung dachte über die Wandlung des Gottesbildes nach und erzählte den Traum seiner Mitarbeiterin Marie Luise von Franz. Frau von Franz kannte aus ihrer Praxis den Traum einer Patientin, der ebenfalls ein Christus erschienen war, welcher in metallischer Farbe glänzte und die Patientin bat, ihn von diesem Glanz zu befreien. Dieser Christus schien unter dem metallischen Glanz zu leiden. Ein ähnliches Bild können wir auf den Glasfenstern sehen, die in den 60er Jahren Marc Chagall im Frauenmünster in Zürich gemalt hat. Dort ist auf dem zentralen Fenster über dem Altar ein grüner Christus dargestellt. Chagall lebte und schuf aus seiner jüdischen Tradition heraus. Die grüne Farbe spielt in der jüdischen Mystik eine Rolle (als Farbe der Schechina, der Welt), und für Spinoza war Gott in allem Geschaffenen gegenwärtig (deus sive natura). Ein grüner Christus bringt solche Assoziationen in die christliche Kirche. Die Verbindung von Ökologie und Religion ist heute weiter verbreitet. Auf das Bild des grünen Christus werde ich am Ende des Vortrages zurückkommen.

2. Das Bild der romanischen Muttergottes aus dem Würzburger Dom zeigt eine besondere Innigkeit der Beziehung von Mutter und Kind. Die emotionale Dichte dieser Darstellung ist ungewöhnlich für eine Figur aus dem 12. Jahrhundert. Mich hat diese Maria schon als Kind beeindruckt mit ihrer menschlichen Ausstrahlung und dem intensiven spielerischen Dialog der beiden. Herr Beland hat in seinem Vortrag Freud zitiert mit dessen Beschreibung der »glückseligen halluzinatorischen Verworrenheit«. Wir können auch an die Szenen der gegenseitigen Verliebtheit von Mutter und Kind denken, wie sie Winnicott beschreibt. Diese ursprüngliche Szene hat hier jedoch einen genauen religiösen Inhalt. Es ist die Zeit der Mystik eines Meister Eckehart, auch die Zeit eines Walther von der Vogelweide, der hier in Würzburg lebte, seine Liebesgedichte schrieb und hier begraben wurde. Minne heißt »meinen«, die Minne war Ausdruck einer Bewegung des Erkennens. Hier geht es darum, dass Gott den Menschen »erkennt«. Jesus erkennt seine Mutter, und sie erkennt ihren Sohn. Die Skulptur ist aus dem Wissen um das Erkanntwerden geschaffen.

Im psychoanalytischen Denken findet man gelegentlich Analogiesetzungen des vertrauten Austauschs von Mutter und Kind mit Sexualität. Dafür kennen wir neuerdings eine physiologische Begründung: Während des Stillens wird das Hormon Oxytocin ausgeschüttet, bei der Mutter wie beim Säugling, das auch beim Geschlechtsakt ausgeschüttet wird, und ebenso das »Sättigungshormon« Prolaktin, die zusammen gewissermaßen eine »glückliche Verliebtheit« bewirken. Das ist dann der endlose Augenblick des glücklichen Spiels der beiden. Ich denke, dass es aber doch einen Unterschied macht, ob man sich mit dem naturwissenschaftlichen Verständnis begnügt, ob man auch dabei (noch) eine religiöse Anmutung hat (deus sive natura – natura sive deus), oder ob man versucht, die religiöse Schicht freizulegen, wie sie in der Würzburger Madonna ausgedrückt ist. Ich zitiere Meister Eckehart: »Darum hat Gott die Seele geschaffen, damit sein eingeborener Sohn in ihr geboren werde. Und wenn diese Geburt geschieht, das ist Gott lustsamer, denn da er Himmel und Erde schuf. Denn die Seele ist edeler und weiter denn der Himmel« (Meister Eckehart 1979, S. 62). Es geht hier um die Geburt Gottes in der Seele, um die Inkarnation Gottes in jedem einzelnen Menschen. Das war sozusagen ein Programm des christlichen Mittelalters. Dies ist eine sehr auf den einzelnen Menschen bezogene Auffassung, die letztlich zur Verantwortlichkeit jedes Einzelnen führte, wie sie in der Reformation zum Durchbruch kam. Dieser Prozess hat die Geschichte Würzburgs tief geprägt. Von der Mystik dieser Madonna geht eine gerade Linie bis zu Tilman Riemenschneider, dem Würzburger Bildschnitzer und Bürgermeister

während des Bauernkriegs. Der Bruch dieser Entwicklung wird das christliche Mittelalter beenden und in unsere Neuzeit führen.
3. Für das Verständnis der Analytischen Psychologie steht das Gottesbild für das Selbst. Das Selbst ist hier, anders als in der späteren Selbst-Psychologie, verstanden als ein Paradox, nämlich das Zentrum einer Persönlichkeit in der Beziehung zu seiner Mit- und Umwelt, von dem körperliche und seelische Entwicklungsimpulse ausgehen, und das gleichzeitig die Psyche im kollektiven Unbewussten und im Zeitlosen verankert. Es ist vielleicht der zentrale Begriff der Jungschen Psychologie und der, der am schwierigsten analytisch zu fassen ist. Pascal hat sein Gottesbild einmal beschrieben als einen Kreis, dessen Mittelpunkt überall und dessen Zirkumferenz nirgends ist. Nach dieser Seite hin ist das Jungsche Selbst gewissermaßen offen, während in der individuellen Psyche eine klinisch erfassbare Dynamik zwischen Ich-Komplex und Selbst entsteht (die sogenannte Ich-Selbst-Achse nach Erich Neumann). Kreis- oder Kugelsymbolik stellt sich gern ein, wenn vom Archetyp des Selbst gehandelt wird. Wir finden sie bei den runden Kopffüßlern der Kleinkinder bis zum O bei Bion oder dem Heiligenschein eines Apostels.

Vor dieses Selbst also scheinen sich in allen Kulturen immer wieder ähnliche oder vergleichbare Gottesbilder zu schieben, die teils abstrakter sind wie bei Mandala-Gestaltungen, teils eher personifiziert erscheinen. Die verborgenen Regeln solcher Gestaltungen haben die Analytische Psychologie lange beschäftigt. Auch anschauliche, personifizierte Gottesbilder folgen nämlich bestimmten Mustern, die offensichtlich kulturinvariant sind, auch wenn sie bestimmte Akzente aufweisen, die auf spezifische Erfahrungen hinweisen. Das Gottesbild ermöglicht dann, sich geborgen oder (im christlichen Sinn) geliebt zu fühlen, doch auch bestimmte Konflikte zu veranschaulichen und gegebenenfalls rituell auszutragen. In der individuellen Psyche von uns heutigen ist das im Grunde nicht viel anders.

Als ein Beispiel dafür mit einem aktuellen Bezug möchte ich ein Gottesbild aus frühgeschichtlicher Zeit erläutern, nämlich das Gottesbild des alten Mesopotamien vor 4000 Jahren. Ich möchte zeigen, wie dieses Gottesbild sozusagen auf eine ökologische Situation (Nissen & Heine 2003) reagiert hat. Es spiegelt die kollektive Erfahrung einer noch weitestgehend kollektiven Psyche. Dieses Gottesbild wirkt jedoch heute noch weiter im Skript des Mutterdrachen, der von einem Helden besiegt werden muss. Das Urbild dafür ist in einer der ältesten Mythologien und Rituale zu sehen, nämlich dem jährlichen Kampf des Götterkönigs Marduk gegen den Mutterdrachen Tiamat. Im alten Mesopotamien bestand zunächst das ökologische Problem, dass in der fruchtbaren Ebene zwischen Euphrat und Tigris das Schmelzwasser aus den Gebirgen immer etwa im Juni kam und alles, was angepflanzt war, bedrohte. Die Sintflut war ein jährlich gefürchtetes Ereignis, vor allem bis zu einer Klimaschwankung um 3600 v. Chr. Je mehr im Laufe der Zivilisationszeit Ackerbau betrieben wurde, desto mehr versuchte man, das Hochwasser zu bändigen und gleichzeitig durch Kanalisation möglichst lange festzuhalten. Der Nebeneffekt in diesem flachen Land war jedoch, dass der Boden mehr und mehr versalzte, weil das Wasser schneller verdunstete als abfloss. Man kann diesen Versteppungsprozess daran sehen, wie die Zahl der Siedlungen, die nach dem Ausbau des Bewässerungssystems schlagartig auf das vielfache gestiegen war, wieder stark absank, und die Orte der Zivilisation vom Meer allmählich mehr ins Land hinauf »wanderten« – die ganz alten »sumerischen« Städte liegen am weitesten unten. Das später wichtige Babylon liegt schon einige hundert Kilometer landaufwärts, und Assur liegt schon am Rand des Gebirges. Das tiefere Land war – und ist bis heute – für Ackerbau kaum noch zu gebrauchen. Man kann sich vorstellen, welchen ökologischen, psychologischen und dann auch politischen Druck diese Entwicklung auf die Menschen gemacht hat. Nicht ohne Grund ist hier die erste und sehr strenge Zivilisation entstanden und die ersten Stadtstaaten mit einem System, das wir wohl als totalitär und bürokratisch bezeichnen würden. Dort wurde auch die Schrift erfunden, das Rechnen, das Rad.

Das Wasser, das segensreich und kostbar ist, zeigte eine zerstörerische, dämonische Seite. Diese Problematik ist es nun, die jährlich im Ritual des Kampfes des Götterkönigs gegen den Urdrachen Tiamat gestaltet wurde: Tiamat, die Wasserschlange, die Quelle alles Lebens, bedroht ihre Geschöpfe und will sie vernichten. Marduk kommt bei dem Kampf selbst um, ersteht aber neu und zerteilt die schließlich besiegte Tiamat, um aus ihren Teilen Erde und Himmel, die unteren und die oberen Wasser zu bilden. Dieses zehntägige Ritual bezog als existentielles Ereignis die ganze babylonische Gesellschaft ein (Eliade 1986).

Ganz anders war die Situation in Ägypten, der anderen Hochkultur. Der Nil führte sein Hochwasser früher im Jahr, er wurde nicht kanalisiert. In Ägypten ließ man das Wasser über die Ufer treten, und nachdem die Flut abgeflossen war und der fruchtbare Schlick aus dem inneren Afrika als neue Schicht auf dem Ackerboden lag, wurde das Land neu vermessen. Es gab nicht den verzweifelten Kampf gegen eine Naturmacht, die mit dem Leben auch den Tod brachte, und es gab nicht die ökologische Katastrophe, die nur durch eine gigantische Zivilisationsanstrengung bewältigt werden konnte. Entsprechend sind die ägyptischen Gottesbilder auch nicht so grausam wie die des alten Mesopotamien. In Ägypten muss sich der Sonnengott Osiris jede Nacht gegen deren verschlingenden Aspekt behaupten. Hier scheint es jedoch mehr um das Überleben des Bewusstseins zu gehen, während der mesopotamische Mythos einen Kampf um das Leben selbst schildert.

Die archaische Mythologie eines Marduk, der vorübergehend tot ist, dann aber siegreich einem patriarchalen Lichtprinzip zum Sieg verhilft, oder des Osiris, der strahlend am Morgen aufersteht, sind die ältesten uns erhaltenen Fassungen eines Musters, das wir bis hin zum christlichen Mythos verfolgen können.

4. Vom kulturellen Gottesbild komme ich nun dazu, wie sich individuelle Erfahrungen in bestimmten Aspekten des persönlichen Gottesbildes niederschlagen können. Hierzu gibt es eine reiche Kasuistik. Im Rahmen der Bindungstheorie wird beispielsweise gerade in Tübingen eine Studie durchgeführt, inwieweit sich das frühkindlich gelernte Bindungsverhalten in dem spiegelt, was die Patienten der Kinderpsychiatrie über ihr Bild von Gott sagen. Ich möchte jedoch kurz etwas zu einem eigenen erwachsenen Patienten aus meiner Berliner Praxis berichten, der in einem freikirchlichen Pfarrhaus aufgewachsen ist und einen sehr strengen Vater hatte, der ihn bei kleinen Verfehlungen grob zu züchtigen pflegte. Die Mutter deckte den Vater und eröffnete dem Jungen keinen richtigen Rückzugsraum. Mit 11 Jahren ging mein Patient, um dem Vater eine Freude zu machen, in eine Zeltmission. Dort fand eine Evangelisation statt, in deren Verlauf man dem Jungen sagte, keiner könne Gott dienen und gleichzeitig dem Mammon. Der Junge ging daraufhin nach Hause und verschenkte sein neues Fahrrad, das er sich über drei Jahre lang erspart hatte. Dieses Trauma verfolgte als Wiederholung den Patienten sein ganzes Leben. Immer wieder verschenkte er unbewusst das Wichtigste, was er hatte, und wurde im Endeffekt dafür bestraft. Er engagierte sich politisch, bekam Berufsverbot, damit war sein bürgerlicher Lebenslauf gebrochen. Noch während der Zeit der Analyse geschah es, dass eine kirchlich orientierte Ökobank, der er gutgläubig all seine Ersparnisse anvertraut hatte, einen betrügerischen Bankrott machte, wodurch er alles Geld verlor. Er brachte einen Traum in die Analyse, in dem er am Ufer eines Flusses stand, den er überqueren wollte. Es gab keine Brücke, aber offenbar unter der Wasseroberfläche die Reste eines Mauerwerks. Dort wateten viele Leute über den Fluss, die dazu ihre Hosen auszogen. Der Patient assoziierte dazu die Taufe (er war als Neunjähriger getauft worden) als »Übergang auf ein neues Ufer«. Die Taufe Christi sei verbunden mit der Stimme aus dem Himmel: Dies ist mein lieber Sohn, an dem ich Wohlgefallen habe. Wegen des entblößten Unterleibs kam er dann auf Sexualität zu sprechen, auf die Misshandlungen durch den Vater und (zum ersten Mal) auf eine Vergewaltigung,

die er bei einem Ferienaufenthalt mit 13 Jahren erlebt und immer verschwiegen hatte. Das Motiv der Taufe war so verknüpft mit traumatischen Erfahrungen, aber auch mit deren Aufdeckung, das heißt symbolisch einem Übergang zu einem neuen Ufer. Das Gottesbild des Patienten entsprach den Erfahrungen, die er mit seinem Vater gemacht hatte, das Motiv der Taufe hatte die archetypische Funktion behalten, einen Übergang zu setzen. Im Unbewussten liegen die Trittsteine, die in der Analyse den Übergang zu neuem Bewusstsein gestatten.

5. Würzburg war die Wirkungsstätte eines der größten Bildhauer und Bildschnitzer, nämlich Tilman Riemenschneiders. Seine Werke stehen in zahlreichen Kirchen, im Mainfränkischen Museum, sind aber auch in Berlin oder New York zu finden. Riemenschneider ist in Franken außerordentlich populär. Seine Werke sind nicht nur bekannt, sondern geliebt. Sie sind, zweihundert Jahre nach der Madonna aus dem Dom entstanden, von einer ähnlich starken Innerlichkeit und Bezogenheit, die jedoch ernster und geläutert wirkt. Wer die Gläubigkeit der Menschen des späten Mittelalters verstehen möchte, sollte sich Riemenschneiders Schnitzfiguren ansehen, wie den Marienaltar in Creglingen, die Madonnen in Volkach oder im Würzburger Neumünster, oder den Gnadenstuhl der Berliner Skulpturensammlung.

Die tiefe Gläubigkeit, die diese Kunstwerke ausstrahlen, war das Ergebnis einer im Grunde friedlichen kulturellen Entwicklung, welche eine enorme Verinnerlichung der religiösen Aussage bedeutet hat. Jeder Mensch konnte sich als Ort der Inkarnation Gottes verstehen. Das bedeutete eine große Aufwertung des Individuums, auch gegenüber der weltlichen und geistigen Obrigkeit. Die Leibeigenschaft, die auf dem Lande ungebrochen galt, wurde in Frage gestellt. Die Stadt Würzburg mit ihren alten Bürgerrechten lag immer mit dem Bischof im Streit, der seit dem 12. Jahrhundert geistlicher und weltlicher Herr zugleich wurde. Der Bischof konnte, ohne eine eigentliche Kontrolle, über das Heil der Seele ebenso entscheiden wie über das körperliche, er hatte die absolute Macht und residierte oben auf der Marienburg, die die Stadt beherrscht. Immer wieder setzte der Bischof die Räte ab, die sich die Bürger gewählt hatten, und schlug Aufstände nieder. Es konnte nicht ausbleiben, dass diese Stadt in den Brennpunkt des Geschehens rückte, als die Bauern sich gegen die Leibeigenschaft erhoben. Jeder Mensch war ein Ebenbild Gottes. Die spirituelle Erfahrung, die heute noch an Riemenschneiders Skulpturen ablesbar ist, teilte sich den einfachen Leuten mit. Als ein Dorfmusikant, der »Pauker von Niklashausen«, 1476 zu predigen begann, kamen jeden Sonntag zehntausende Bauern zusammen, um ihn zu hören. Der Pauker verbrannte seine Trommel und erklärte, die heilige Jungfrau habe ihm gesagt, es werde bald keine Obrigkeiten mehr geben, jeder des anderen Bruder sein, keiner mehr Vermögen besitzen als der andere, und jeder dürfe Fische fangen und den Wald nutzen. Die Wallfahrer nannten sich Brüder und Schwestern und wurden überall umsonst bewirtet. Als Bischof Rudolf von Scherenberg den Pauker nachts von seinen Reitern fangen und auf die Marienburg bringen ließ, zog einen Tag später ein Zug von 16 000 Landleuten mit brennenden Kerzen dorthin, um den »heiligen Jüngling« zu befreien. Der Bischof ließ sie mit Gewalt vertreiben und den Pauker auf dem Scheiterhaufen öffentlich verbrennen. Es war jener Bischof Rudolf, für den Riemenschneider später den berühmten Grabstein im Dom schuf.

Dieses war nur eine Vorgeschichte des Bauerkrieges, der 1525 mit aller Heftigkeit ausbrach und dessen vielleicht entscheidende Schlacht in Würzburg geschlagen wurde. Der angesehene Tilman Riemenschneider war zu der Zeit Bürgermeister, und er war verantwortlich dafür, dass die Stadt sich auf die Seite der Bauern schlug. Die Bauern griffen die Burg an, bevor die Unterstützung eines anderen Bauernheeres angekommen war, weil sie einen Regenbogen gesehen hatten. Das Gemetzel, das der siegreiche Bischof Konrad von Thüngen nun unter den besiegten Bauern und Bürgern anrichtete, war durch keine Instanz gebremst. Riemenschneider wurde für neun Wochen in der Burg eingekerkert und »peinlich befragt«. Er wurde, wie sein Leidensgenosse Cronthal berichtet, »vom Henker hart gewogen und gemartert«. Fest steht, dass Riemenschneider in den letzten sechs Jahren seines Lebens nichts mehr geschaffen hat. Der Rachezug des Bischofs und seines Henkers durch das Land brachte danach vielen den Tod auf dem Marktplätzen und der Kasse des Bischofs 273 000 Gulden.

Man kann sich vorstellen, dass da etwas zerbrochen ist.

Das Ende des Bauernkrieges besiegelte nicht nur das Ende der mittelalterlichen Religiosität der Bezogenheit, sondern auch der Versuche, darauf eine Demokratie zu bauen.

Ähnliche Szenen gab es auch im Tauberland oder Thüringen. Melanchthon, Luthers Freund, bestätigte, dass die Bauern treuherzig und gutgläubig waren: »Die armen Leute stunden da und sangen: Nun bitten wir den heil'gen Geist, gleich als wären sie wahnsinnig; schickten sich weder zur Wehr noch zur Flucht.« Die Folge war eine kollektive Traumatisierung.

Die Gegenreformation unter einem der nächsten folgenden Fürstbischöfe, Julius Echter von Mespelbrunn, brachte Würzburg eine Jesuitenuniversität und die Hexenverbrennungen. In dessen letztem Regierungsjahr

1616/17waren es schon 300 verbrannte Hexen und Zauberer, in den drei Jahren 1627 bis 1629 wurden im Hochstift Würzburg nicht weniger als 900 Personen wegen Hexerei hingerichtet, darunter auch viele Kinder. Es war schon die Zeit des dreißigjährigen Krieges. Das Trauma dieses Krieges führte die kollektive Verstörung fort, die mit der Niederschlagung des Bauernkriegs begonnen hatte.

Die Religion der Bezogenheit, wie sie noch ein Tilman Riemenschneider gestaltet hatte, konnte sich nicht mehr erholen. Kirchen des Barock wollen beeindrucken, nicht zur Innenschau anregen. Dies ist eine Botschaft der Macht, nicht der Liebe. Von da ist es nicht weit zur Haltung der Aufklärung, die sich von aller missbrauchten Religion befreien möchte.

Ich denke, dass sich die Religiosität der Beziehung, die man auch ein teilnehmendes Bewusstsein nennen könnte, in jener Zeit in die Musik gerettet hat (Rasche 2004). In der kontrapunktischen Musik eines Johann Sebastian Bach gilt noch jede einzelne Stimme. Jede Stimme wird geliebt. Damit bewahrt die Musik etwas von dem auf, was mit der Mystik eines Meister Eckehart anhebt und bei Riemenschneider eine letzte Blüte erlebte. Denn Religion ist jetzt eine Sache jedes Einzelnen geworden, eine innere Angelegenheit, die niemand etwas angeht. Und so wie über Gott kann man auch über Musik schlecht sprechen.

6. Ich habe nun einen weiten Bogen geschlagen: von einem »grünen Christus« über das Gottesbild der Mystik zu einem archaischen und mythischen Gottesbild, das eine ökologische Problematik wiederspiegelt und im Ritual gestaltbar machte; dann zu der individuellen Erfahrung eines Patienten und zuletzt dazu, was aus der tiefen Gläubigkeit des spätmittelalterlichen Menschen wurde. Jedesmal ging es um Erfahrungen, um innere oder äußere Erfahrungen. Tragisch für unsere Kultur war der Missbrauch von Religion am Ende des Mittelalters. Ich möchte abschließend einen weiteren Aspekt des Gottesbildes unserer Zeit ansprechen, der mit dem grünen Christus des Anfangs zu tun hat, und der sich auch mit Würzburg verbinden lässt. Es geht um den Gott der Natur und des Menschseins, wie er in unserem Jahrhundert von vielen Menschen gesucht oder gefunden wird. Dieser Gott ist nicht verantwortlich für das, was die Menschen miteinander anrichten, er ist keine personifizierte Instanz, sondern eher dem Kosmos immanent wie die Muster der Physik oder die Beziehungen in einem ökologischen System. Dieses Bild berührt sich mit buddhistischen Vorstellungen. Ich möchte abschließen mit dem Gedicht eines Mannes, der in Würzburg geboren ist, der aber die Stadt mit seinen Eltern elfjährig verlassen musste, als die Nazizeit begann. Er

erinnerte sich später an die schöne alte Stadt vor der Zerstörung im Bombenkrieg, doch auch an die Beschimpfungen durch die Würzburger. Der Name des Dichters ist Jehuda Amichai, er war vielleicht der bekannteste Dichter Israels. Ich liebe sein Gedicht (1992) auch, weil ich selbst drei Kinder habe.

Augen

Die Augen meines großen Sohnes sind wie schwarze Feigen,
denn er wurde am Ende des Sommers geboren.

Die Augen meines kleinen Sohnes sind klar wie
Orangenspalten, denn er wurde zu ihrer Jahreszeit geboren.

Die Augen meiner kleinen Tochter sind rund
wie die ersten Trauben.

Und alle sind süß in meiner Sorge.

Die Augen des Herrn schweifen über das ganze Land,
und meine Augen suchen immer bei meinem Haus.

Gott ist mit Augen und Früchten beschäftigt
und ich mit Sorgen.

Literatur

Amichai, J. (1992): Wie schön sind deine Zelte, Jakob. Gedichte. München (Piper).
Eliade, M. (1986): Kosmos und Geschichte. Der Mythos der ewigen Wiederkehr. Frankfurt (Suhrkamp).
Jung, C. G. (1971): Erinnerungen, Träume, Gedanken. Olten (Walter).
Meister Eckehart (1979): Vom Wunder der Seele. Stuttgart (Reclam).
Nissen, H. J., & Heine, P. (2003): Von Mesopotamien zum Irak. Berlin (Wagenbach), pass.
Rasche, J. (2004): Das Lied des Grünen Löwen. Musik als Spiegel der Seele. Düsseldorf (Walter).

Religiöse Erfahrung im therapeutischen Prozess

»Dein Glaube hat dir geholfen«

Heilungskräfte des Glaubens in Psychoanalyse und Religion

Wilfried Ruff

> »Von guten Mächten wunderbar geborgen,
> erwarten wir getrost, was kommen mag.«
> (Dietrich Bonhoeffer)

Worte wie »Glauben« und »Hoffnung« scheute Sigmund Freud. Etwas ausführlicher beschäftigte er sich 1905 mit der »hoffnungsvollen und gläubigen Erwartung«. Sie sei eine auch in der Psychoanalyse »wirkende Kraft, mit der wir strenggenommen bei allen unseren Behandlungs- und Heilungsversuchen zu rechnen haben« (Freud 1905, S. 297). Zugleich rückte er sie in die Nähe von Suggestibilität und magischem Glauben. Sie stelle sich nämlich dann her, »wenn der Helfer kein Arzt ist und sich rühmen kann, von der wissenschaftlichen Begründung der Heilkunst nichts zu verstehen, (und) wenn das Mittel nicht durch genaue Prüfung erprobt, sondern etwa durch eine volkstümliche Vorliebe empfohlen ist« (ebd., S. 300). Suggestion bzw. Suggestibilität verglich Freud (1921, S. 100) mit einer spanischen Wand, hinter der er unbewusste Liebesbedürfnisse vermutete. Wir verstehen heute unter Suggestion eine affektbesetzte Beeinflussung psychophysischer Funktionen durch Wiederbelebung infantiler Objektbeziehungen, die regressiv in einen Zustand passiver Abhängigkeit führt. Suggestibilität ist somit Teil der Übertragungsfähigkeit, sie ähnelt einem blinden Vertrauen (Thomä 1984, S. 44f.) oder einer magisch getönten Erwartungshaltung. Mit ihr kann eine ängstliche Erwartung abgewehrt werden.

Am greifbarsten sah Freud (1905, S. 298) den Einfluss einer »gläubigen Erwartung« bei den Wunderheilungen, die er als Tatsachen anerkannte, weil sie sich zu allen Zeiten ereigneten. In den Evangelien sind zahlreiche Wunderheilungen geschildert, die der Leser oder Hörer meist vorschnell allein dem Wirken Jesu zuzuschreiben geneigt ist und damit oft der Suggestion zurechnet. Auffallend ist jedoch, dass viele dieser Wunderheilungen fast stereotyp mit einem Satz enden, der Jesus dem geheilten Menschen sagt:

»ἡ πίστις σου σέσωκέν σε – dein Glaube hat dir geholfen«. Aus mindestens sieben gleichlautend endenden Textstellen wähle ich die Heilung einer Frau im Markus-Evangelium aus, weil dieser Text versucht, den Vorgang seinen Zuhörern dadurch verständlich zu machen, dass er die Motive und inneren Reaktionen der Beteiligten wiedergibt.

> »Viele Menschen folgten Jesus und drängten sich um ihn. Darunter war eine Frau, die schon zwölf Jahre an Blutungen litt. Sie war von vielen Ärzten behandelt worden und hatte dabei sehr zu leiden; ihr ganzes Vermögen hatte sie ausgegeben, aber es hatte ihr nichts genutzt, sondern ihr Zustand war immer schlimmer geworden. Sie hatte von Jesus gehört. Nun drängte sie sich in der Menge von hinten an ihn heran und berührte sein Gewand. Denn sie sagte sich: Wenn ich auch nur sein Gewand berühre, werde ich geheilt. Sofort hörte die Blutung auf, und sie spürte deutlich, daß sie von ihrem Leiden geheilt war. Im selben Augenblick fühlte Jesus, daß eine Kraft von ihm ausströmte, und er wandte sich in dem Gedränge um und fragte: Wer hat mein Gewand berührt? Seine Jünger sagten zu ihm: Die siehst doch, wie sich die Leute um dich drängen, und da fragst du: Wer hat mich berührt? Er blickte umher, um zu sehen, wer es getan hatte. Da kam die Frau, zitternd vor Furcht, weil sie wußte, was mit ihr geschehen war; sie fiel vor ihm nieder und sagte ihm die ganze Wahrheit. Er aber sagte zu ihr: Meine Tochter, dein Glaube hat dir geholfen. Geh in Frieden! Du sollst von deinem Leiden geheilt sein.«[1]

Die Heilung dieser leidgeprüften Frau scheint zunächst durch ihr blindes Vertrauen auf die magischen Kräfte Jesu bewirkt worden zu sein. Jesus betont allerdings im Gespräch mit ihr ihren Glauben als hilfreich für ihre Heilung – ein Glaube, der mit blindem Vertrauen identisch ist?

Mir kommt es hier nicht auf den Bezug auf eine transzendente Wirklichkeit an, dessen inhaltliche Bestimmungen einem Glauben seine *religiöse* Dimension zu geben vermag.[2] Auch geht es mir hier nicht um die Differen-

---

1 Die deutsche Übersetzung entspricht der »Einheitsübersetzung der Heiligen Schrift«, Stuttgart 1980.

2 Glauben kann sich auf eine immanente oder transzendente Wirklichkeit beziehen. Zur transzendenten Wirklichkeit gehört sowohl »der das Bewußtsein transzendierende Bereich, der aber auf immanente Erscheinungen bezogen bleibt« (z. B. das Unbewusste), als auch ein Bereich, der in seiner »Unbedingtheit und Ewigkeit als ontologisches Fundament der Welt und als absolute Orientierung gedacht werden kann … Im religiösen Glauben bezieht sich der Mensch auf den Bereich der absoluten Transzendenz« (Ruff 2002, S. 166).

zierung des Glaubens in einen kognitiven, einen willentlichen und einen emotionalen Anteil.[3] Vielmehr interessiert mich Glauben als eine grundsätzliche Befähigung des Menschen, die sich in einem Entwicklungsprozess ausbildet. Glauben in diesem Sinne ereignet sich letztlich in einem dialogischen Beziehungsgeschehen.[4] Als solcher wurde er schon im frühen Judentum verbunden mit Hoffnung, beispielsweise in der Abrahamsgeschichte mit der Hoffnung auf die Verheißungen Gottes (1 Mos./Gen. 17 ff.). Paulus führte diese Tradition fort: »Glaube aber ist: Feststehen in dem, was man erhofft« (Hebr. 11,1). Dabei verknüpfte er Glauben und Hoffnung mit der Liebe als dem Höchsten, denn die Liebe »glaubt alles, hofft alles« (1 Kor. 13, 7) – jedoch nicht im Sinne eines blinden Vertrauens. Die Glaubenden forderte Paulus ausdrücklich auf, nicht »*Kinder* an Einsicht« zu sein, sondern: »seid an Einsicht und Verstehen *reife* Menschen!« (1 Kor. 14,20).

Mit den drei Grundtugenden Glaube, Hoffnung und Liebe hat sich – neben E. H. Erikson (vgl. Ruff 2002, S. 175) – eingehender auch Erich Fromm beschäftigt: Alle drei Tugenden seien als Zustände des Seins, als eine Grundhaltung des Menschen aufeinander bezogen und nur miteinander verstehbar (Fromm 1968). Fromm unterscheidet einen irrationalen von einem rationalen Glauben und eine untätige Hoffnung von einer dynamischen. Ein *irrationaler* Glaube bestehe in einer fanatischen Überzeugung von einer Person oder Sache, wobei sich der Glaubende einer irrationalen Autorität unterwerfe. Ein *rationaler* Glaube sei zwar auch eine (feste) Überzeugung, die aber auf produktivem Tätigsein von Verstand und Gemüt beruhe (Fromm 1947, S. 128f.). Ähnlich sei eine *untätige* Hoffnung ein Abwarten mit Vergötzung von Zukunft und Geschichte; dagegen beinhalte eine *dynamische* Hoffnung die innere

[3] Der während der Tagung vorgeführte Film *Breaking the waves* von Lars von Trier (1996) stellte nicht wie in Filmen von Ingmar Bergman und Robert Bresson eine kritische, mit Zweifeln ringende Auseinandersetzung um den Glauben dar. Stattdessen zeigte er Gläubigkeit als religiöse Pathologie in einer fanatisch-pietistischen Gemeinde und in der herzergreifenden Entäußerung einer Geistesschwachen, womit der Film – dem Zeitgeist folgend – sowohl kognitive als auch willentliche Glaubensanteile diffamierte; mit seinem Schluss überhöhte er schließlich emotionale Glaubensanteile bis zur Lächerlichkeit.

[4] So auch Küchenhoff (2003): »Das Gespräch ist ein Glaubensakt mit Anerkennung der Differenz und dem Versuch, eine Brücke zu bauen, ohne die Differenz aufzulösen«.

Bereitschaft zu einem intensiven Tätigsein, das in Akten der Liebe produktiv auf einen Anderen gerichtet sei (Fromm 1966, 1968).

Diese Unterscheidungen Fromms scheinen mir hilfreich für ein differenziertes Verständnis von irrationalem und rationalem Glauben in der Heilungserzählung bei Markus. Jene kranke Frau war offensichtlich fest davon überzeugt, dass Jesus ihr in ihrem Leiden helfen werde. Entsprechend einem magischen Heilungsverständnis glaubte sie, sein Gewand nur heimlich und unerkannt berühren zu brauchen, um geheilt zu werden. Wie bedeutsam der enge Körperkontakt ist, wissen wir aus der Säuglingsforschung. Das Phantasma der gemeinsamen Haut zwischen dem Säugling und seiner Mutter ermöglicht eine Identifikation, die zur »Grundlage für das primäre Sicherheitsgefühl des Selbst« wird (Anzieu 1984/2003, S. 12). Durch das Berühren des Objekts wird über die Haut als Kontaktorgan auch im Ich die äußere Welt mit der inneren Realität in Verbindung gebracht, so dass sich die Dynamik des Objekts auf das Selbst auswirken kann. Das macht die in unserer Erzählung deutliche magische Vorstellung verständlich, dass nämlich der Heiler von einer heilenden Kraft gleichsam geladen sei, die durch Berührung in den zu Heilenden fließen könne. Allerdings verstieß die Frau gegen ein Berührungsverbot. Denn aufgrund ihres Blutflusses machte sie nach dem jüdischen Gesetz alles unrein, was sie berührte; das oder der Berührte konnte nur durch eine aufwendige Waschung zum Abend hin wieder rein werden (Lev./ 3 Mos. 15, 19–27). Ihre Berührung wirkte dennoch: Sie spürte, dass sie geheilt und nicht mehr unrein war; aber vor dem Gesetz konnte sie selbst erst – nach einem Sühnopfer – sieben Tage später als rein gelten. Durch die erfolgte Heilung wird im Markus-Text der irrationale Glauben der Frau zunächst bestätigt.

Danach hat jedoch eine redaktionelle Bearbeitung des Textes stattgefunden, die ich zu deuten versuchen will. Die Jünger verweisen nämlich darauf, dass in dem Gedränge viele Menschen Jesus berührt hätten, ohne dass von ihm eine Kraft auf alle ausgegangen sei und alle geheilt habe. Von Jesu Frage und seinem suchenden Blick wird die geheilte Frau angerührt, so dass sie sich entschließt, sich zu zeigen und zu antworten. Sie wartet also nicht untätig in einer vagen Hoffnung ab, dass man sie schon nicht entdecken werde. Stattdessen tritt sie aus ihrer passiven Position heraus, überwindet ihre Scham und wird aktiv. Sie macht ihr Leiden öffentlich und gesteht damit ihre Übertretung des Berührungsverbotes ein. Dadurch wird die Heilung ungewiss, denn sie muss nun fürchten, dass Jesus seine Heilkraft wieder zurückzieht und als Strafe die Heilung rückgängig macht. Doch zugleich mit dieser Befürchtung hofft sie, dass er mit ihr mitfühlen, sie verstehen und ihr vergeben könne. Indem sie sich ihm zu Füßen wirft, stellt sie ihr weiteres Schicksal ihm anheim. Sie unterwirft sich damit nicht mehr einer irrationalen Autorität, die über ihr Heil und Unheil selbstherrlich oder magisch-selbstverständlich entscheiden könnte. Vielmehr hat sie ihr bewusstes Ja zur Begegnung mit Jesus gesagt und sich dazu bekannt, dass sie ihm (durch ihre Verunreinigung) ein Leid angetan hat – aber auch hoffend, dass er barmherzig mit ihr sein werde.

Einen derartigen Glauben bezeichnete Fromm (1968, S. 271) als »eine Gewißheit hinsichtlich der Realität einer Möglichkeit« oder »die Gewißheit des Ungewissen«. Ähnlich hatte es der Apostel Paulus in Bezug auf Abraham formuliert: »Gegen alle Hoffnung hat er voll Hoffnung geglaubt, daß er der Vater vieler Völker werde« (Röm. 4, 18). Auf das Geständnis jener Frau antwortete Jesus mit Liebe, indem er ihr ihre veränderte *Glaubenshaltung als wichtige Mitwirkung* bei ihrer nun endgültigen und dauernden Heilung bestätigte.

Der oder die Verfasser des Markus-Evangeliums hatte(n) offenbar erkannt: Ein magisch getönter Glauben (oder Suggestibilität) vermag zwar Wunderheilungen zu bewirken. Eine derartige gläubige Erwartung kann jedoch nicht Grundlage für eine überlegte und freie Hinwendung zur christlichen Lehre sein, mit der wesentlich der Ruf zur Umkehr, also zur Veränderung von Lebenseinstellungen und Lebensweise verbunden ist. Dazu ist ein Glaube nötig, »der in der Liebe wirksam ist« (Gal. 5,6).

Wie lässt sich nun ein solcher Glauben von einer magisch-gläubigen Erwartung nicht nur beschreibend unterscheiden, sondern psychoanalytisch verstehen? Dafür greife ich auf Konzepte der Objektbeziehungstheorie zurück.

Melanie Klein (1946) hat zwei grundlegende psychische Zustände unterschieden: eine paranoid-schizoide und eine depressive Position. Beide Positionen entwickeln sich in früher Kindheit; sie wirken sich – miteinander alternierend[5] – »als Teil einer kontinuierlichen, lebenslänglichen, zyklischen Entwicklung« auch in der weiteren Lebensbewältigung aus (Britton 1998/2001, S. 96). Entsprechend bezeichnete Ronald Britton (1998/2001, S. 102) einen Reifungsprozess dann als progressiv, wenn sich in einer paranoid-schizoiden Position schon eine künftige depressive Position ankündige, die »auf einer auf Glauben beruhenden Hoffnung« gründe.

Eine paranoid-schizoide Position ist zunächst charakterisiert durch Unordnung mit Fragmentierung und durch Unsicherheit mit »Katastrophengefühlen« (Bion 1970). Entsprechend der ursprünglichen infantilen

---

5 »Zwischen den zwei Positionen gibt es eine kontinuierliche Bewegung, so daß nie eine von ihnen vollständig oder auf Dauer dominiert« (Steiner 1987/1990, S. 409).

Spaltung zwischen »guter« und »böser« Mutterbrust wird die Umwelt entweder als »absolut gut« oder als »absolut böse« erlebt. Vor allem die projektive Identifizierung ermöglicht es, eigene aggressiv-destruktive Anteile innerlich abzuspalten, auszustoßen und in äußeren Objekten unterzubringen. Je nachdem, wie die äußeren Objekte auf die projizierten bösen Anteile reagieren, verändert sich eine paranoid-schizoide Position.

Reagiert das Objekt auf die »projektive Identifikation« (Klein 1946) gereizt-ärgerlich, entspricht es damit dem in ihn projizierten Inhalt. Die Mechanismen der Spaltung und der projektiven Identifikation werden bestätigt und verstärkt.[6] Entweder bildet sich aufgrund von Traumatisierungen mittels gewaltsamer Re-Introjektionen ein malignes inneres Objekt aus, das alles Gute immer wieder zu zerstören droht, was zu »namenloser Angst« (Bion 1962/1990, S. 232) statt zu basalem Vertrauen in das eigene Selbst führt. Oder das äußere Objekt wird als bedrohlich-verfolgend erlebt, so dass es kontrolliert werden muss. Dazu werden dann andere Objekte als »nur gute« idealisiert und mit magischen Kräften, die die bösen Mächte abhalten sollen, ausgestattet. Die Vorstellung einer idealen Welt weckt eine Sehn*sucht*, die auf die Wirklichkeit übertragen wird und diese zu einer dogmatisch-irrationalen Glaubenswelt mit magischen Vorstellungen umgestaltet. In ihr wird alles innerlich als böse Erlebte – also auch Unsicherheiten und Zweifel – mittels projektiver Identifizierung ausgelagert und in Andersgläubigen bekämpft; fanatisch Glaubende versuchen so an ihrer absolut gewissen Wahrheit festzuhalten. Das Ziel ist, alles Böse in der Welt zu bannen, damit es sich nicht mehr in inneren oder äußeren Katastrophen auswirken kann und ewiger Friede ist auf Erden. Ich halte dies für eine narzisstisch geprägte Abwehrorganisation[7], die sowohl eine Regression auf eine paranoid-schizoide Position (mit dem Erleben von Angst und Leere) verhindern soll als auch vor dem gefürchteten Verlustschmerz auf einer depressiven Position zu schützen sucht.

Stellt sich das Objekt dagegen als »container« mit »träumerischem Ahnungsvermögen« (Bion 1962/1990, S. 231) zur Verfügung und gibt es die

---

[6] Neben der unzureichenden Fähigkeit der Mutter, die Projektionen ihres Kindes angemessen zu verarbeiten, vermutete Britton (1998/2000, S. 81 f.) aufseiten des Kindes eine konstitutionelle Schwäche (»psychische Atropie«), die verhindere, dass das Kind seine Mutter ausreichend verstehen könne.

[7] Charakteristische Folgeerscheinungen dieser Abwehrorganisation sind »die Existenz einer Spaltung und einer tiefreichenden Gegensätzlichkeit im Ich sowie der fortgesetzte Einsatz des omnipotenten Teils zu Abwehrzwecken« (O'Shaughnessy 1981/1990, S. 385).

projizierten unerträglichen Gefühle »entgiftet« zurück, wird das Erschreckende zu etwas Erträglichem und Erfassbarem. Unter der »Dominanz der Liebe in der Mutter-Kleinkind-Beziehung« (Kernberg 2000, S. 120) wird die »gute Brust« zu einem unzerstörbaren inneren Objekt und zum »ursprünglichen Zufluchtsort des *Urvertrauens*«, den Erikson (1964/1966, S. 93) mehr im Gesicht der Mutter vermutet. Anzieu (1984/2003, S. 12) sah dagegen nicht in der »phantasmatischen Einverleibung der nährenden Brust«, sondern schon in der »primären Identifikation mit einem berührbaren Objekt, an das sich das Kind anschmiegt und von dem es gehalten wird, ... die Grundlage für das primäre Sicherheitsgefühl des Selbst«. Derartige gute Containment-Erfahrungen ermöglichen eine progressive Entwicklung von einer paranoid-schizoiden zu einer depressiven Position.[8] In ihr wird die Spaltung in Gut und Böse überwunden – allerdings erkauft sowohl mit dem Zulassen schmerzhafter Trauer über Versagungen und Verlust als auch mit dem Erleben von Schuldgefühlen angesichts nicht mehr projizierbarer eigener Aggressivität. Mit der Fähigkeit, zwischen Innen und Außen zu unterscheiden, werden auch die Objektbeziehungen in ihrer Zeitlichkeit und in ihrer Ambivalenz zwischen Liebe und Hass realitätsnäher. Neben der Fähigkeit zur Anteilnahme (Winnicott 1965) ist reflektierendes und symbolisches Denken möglich geworden. An die Stelle einer magischen Erwartungshaltung tritt eine auf Glauben beruhende Hoffnung[9], also ein zuversichtlicher Glaube an Zukunft, der in einer vertrauenden Beziehung zu einer Person gründet (»ich glaube dir«). Dieser Glaube entspricht mehr als bisher der Wirklichkeit, insofern er Ambivalenz und Vergänglichkeit akzeptiert. Wäre dies der Endpunkt der Individualentwicklung, gäbe es zwar dauerhafte Ordnung und Sicherheit, aber letztlich keine Zukunft mehr.

Deswegen betonte Britton (1998/2001, S. 100), dass »es für jede Weiterentwicklung unerläßlich ist, die zur depressiven Position gehörende Kohä-

[8] Mit der depressiven Position verband M. Klein (1952) die Frühstadien der ödipalen Situation, die im zweiten Viertel des ersten Lebensjahres beginne und als komplexe Entwicklung im Alter von vier Jahren ihren Höhepunkt im Ödipuskomplex erreiche.

[9] Erlich (2003, S. 11) leitete die Hoffnung aus einem Verlusterleben ab. »Im Modus des Tuns« werde Hoffnung »als eine mögliche Tat oder Phantasie entwickelt, die das Verlorene wiederherstellt oder erschafft«. Ist die Beziehung mit demselben Objekt nicht wiederherzustellen, »wird durch Trauerarbeit die Möglichkeit zu neuer Objektfindung und -beziehung geschaffen (Kleins depressive Position)«.

renz aufzugeben und eine neue Runde von fragmentierter Verfolgung und Unsicherheit zuzulassen«. Öffnet sich ein Mensch wieder derart Situationen von Verunsicherung und Desintegration mit Gefühlen von Angst und Verzweiflung, mindert sich sein bisheriger Glauben, der erneut fragwürdig wird und dann oft wieder stärker magisch getönt ist. Lässt sich der Betreffende darauf ein, führt ihn dies zu einer erweiterten, realitätsnäheren depressiven Position. Um allerdings diese Krise bewältigen zu können, ist ein stabiler innerer Container notwendig, der libidinös besetzt ist und ein andauerndes Gefühl eigener Existenz-Kontinuität sichert.

Überlegungen zum Glauben[10] finden sich auch bei Bion (1970). Glauben (»faith«) verankerte er in der emotionalen Realität des Augenblicks (»F in O«), ließ aber offen, wie sich Glauben entwickelt. Wenn Bion Glauben als wachsame Bereitschaft und lebendiges Warten in einer offenen Situation beschreibt, kommt er der Verknüpfung von rationalem Glauben und dynamischer Hoffnung bei Fromm nahe. Darüber hinaus verbindet Bion Vertrauen und Katastrophen miteinander zu Grundkategorien menschlicher Erfahrung, wozu auch Ordnung und Chaos gehören. Sind Katastrophen dann die natürlichen Geburtsstätten für gläubiges Hoffen, dessen oft befreiende Wirkung damit verständlicher würde? Und führt eine auf Glauben beruhende Hoffnung umgekehrt immer wieder und notwendigerweise in katastrophale Situationen, wie sie im religiösen Bereich vor allem Mystiker als Glaubensnot, hoffnungslose Leere und namenlose Angst beschrieben haben? Ich will darauf mit Ausschnitten aus einer Klinikbehandlung antworten.

Als ich die damals 46jährige Kindergärtnerin das erste Mal sah, ahnte ich nicht, dass bis zu ihrer andauernden Stabilisierung eine psychoanalytisch orientierte Intervalltherapie in der Klinik über elf Jahre notwendig sein würde. Die Patientin war von einem niedergelassenen Psychotherapeuten überwiesen worden, weil es in ihrer ländlichen Umgebung keine ambulante Therapiemöglichkeit gab. Sie litt neben verschiedenen psychosomatischen Symptomen (wie rezidivierenden Bronchitiden und Magen-Darm-Beschwerden) unter schweren Depressionen mit ausgeprägten Schuldgefühlen, weswegen sie sich wie unter Zwang mit Aufkratzen der Gesichtshaut bestrafte. Nachdem ihr alkoholabhängiger Mann durch eine Entziehungskur trocken geworden war, gab sie sich die Schuld auch an der andauernden Krise

[10] Angelsächsische Autoren (z. B. Erikson) unterscheiden »belief« und »faith«, wobei ersteres den Glaubensinhalt (fides, quae) und letzteres den Glaubensakt oder die Glaubenshaltung (fides, qua) – oft gleichgesetzt mit Vertrauen – meint.

in ihrer Ehe, die kinderlos geblieben war. Sie meinte, ihn und ihre Arbeit im Kindergarten werde sie wohl bald verlieren, weil sie zu nichts mehr fähig sei.

Auslösend für die jetzige Dekompensation war ein heftiger Streit mit ihrer Vorgesetzten gewesen. Anfangs hatte die Patientin ihre Vorgesetzte (wie ihre Mutter) bewundert; zunehmend ging ihr aber deren »Getue« gegen den Strich, so dass sich die Patientin ihr gegenüber gleichwertig erlebte, was zu Neid und Eifersucht aufseiten ihrer Vorgesetzten führte, aber für die Patientin unverständlich war. Nun versuche sie sich alle eigenen Wünsche zu verbieten – außer Todeswünschen; weiß wie Schnee und schwarzhaarig wie Ebenholz, sagte sie eiskalt-lächelnd: »Ich fühle mich, als hätte man vergessen, mich zu beerdigen«. Seit ihrer Kindheit sei sie häufig krank. Und seit ihrer Pubertät kenne sie Todessehnsucht. Ihre bulimischen Impulsdurchbrüche könne sie trotz größter Disziplin nicht beherrschen. Als ich ihr im Erstgespräch sagte, dass sie auf mich einerseits voll (blindem) Vertrauen und andererseits voller Widerstreben gegen jegliche Hilfe wirke, bestätigte die Patientin das als wechselndes Erleben, das ihr in jeder ihrer Beziehungen zu schaffen mache.

In der ersten stationären Behandlung zeigte sich ein charakteristisches Muster projektiver Identifizierungen auf einer paranoid-schizoiden Position. Die eigene Entwertung, die die Patientin mit ihrem Unvermögen und ihren Leidenseinschränkungen begründete, wurde für sie zunächst dadurch erträglicher, dass sie ihren Kliniktherapeuten idealisierte und ihm magische Heilungskräfte zuschrieb. Eine solche magisch-gläubige Erwartung lässt sich mit dem Konzept der primären Liebe von Balint (1968) gut vereinbaren. Denn in einer primären Liebe ist der Mensch bedingungslos abhängig von seinem Beziehungsobjekt, um mit diesem die ersehnte allumfassende Harmonie – wie in der »ursprünglichen harmonischen Verschränkung« mit dem Primärobjekt – wiederherzustellen. Die magisch-gläubige Erwartung erhofft sich letztlich Heilung im Sinne von Harmonie mit sich und der Umwelt. Wie schon angedeutet, interpretiere ich das als narzisstische Abwehrorganisation, zunächst im Sinne der von Balint (1968/1970, S. 83 ff.) beschriebenen »Oknophilie«: das Ich kann nicht genügend libidinös besetzt werden; erst durch Idealisierung eines Objekts und Reintrojektion kann ein Gegengewicht gegen die destruktiven Selbstanteile erreicht werden.

Dieser Versuch, sich dem Therapeuten mit der Hoffnung auf Heilung in »harmonischer Verschränkung« (Balint 1968) anzuvertrauen, mobilisiert aber auch Ängste von Ausgeliefertsein und vor Zerstörtwerden, die aber bei dieser Patientin nicht das bei traumatisierten Patienten zu beobachtende Ausmaß von Hilflosigkeit und Kontrollverlust zeigten. Denn mit der vorangegangenen Idealisierung des Objekts wurden der Patientin Omnipotenzphantasien möglich, aufgrund deren der Therapeut kontrolliert, kritisiert und letztlich unwirksam gemacht wurde. Die damit erlebte Insuffizienz des Therapeuten verstand die Patientin als von ihm gewollte Enttäuschung, die sie ihm feindselig vorwarf. So war zur Abwehr von Ängsten vor Abhängigkeit aus der Objektidealisierung eine Selbstidealisierung mit Objektentwertung geworden, die Balint als »Philobatismus« bezeichnete. Sie entspricht wohl der »Abwehrorganisation im Modus der depressiven Position«, die Britton (1998/2001, S. 99) als depressiv-pathologisch (D < path >) beschrieben hat. Steiner (1987/1990, S. 413 f.) unterschied zwischen paranoid-schizoider und depressiver Position eine wesentlich narzisstische »pathologische Organisation«, die mit den beiden Positionen ein »trianguläres Gleichgewicht« bilde. »Diese komplexe Organisation von Abwehrmechanismen« sorge »unter der Dominanz narzißtischer Strukturen ... für eine Pseudo-Integration, die sich unter Umständen als die authentische Integration der depressiven Position ausgibt und dem Patienten ein bestimmtes Maß an Strukturiertheit und Stabilität sowie relative Angst- und Schmerzfreiheit verleiht« (ebd., S. 414).

Die Patientin gewann wieder Selbstkontrolle; ihre Beziehungen gestaltete sie »verbiestert-resigniert«[11]*, ohne Gefühle von Verlust und Trauer zu erleben. Allerdings konnte die Patientin während der Therapie diese Abwehrorganisation nicht durchhalten und wechselte mehrmals wieder auf die paranoid-schizoide Position mit Inkohärenz und dem Gefühl von absoluter Wertlosigkeit. Dann wirkte sie verzweifelt, ohne jede Hoffnung auf Zukunft. Nach zwölfwöchigem Klinikaufenthalt hatte sich die Patientin dadurch stabilisiert, dass sie die Gesamtklinik idealisierte und sich in dieser. Eine derartige Abwehrorganisation erlaubt häufig das Leben in einer relativ reizarmen sozialen Nische. Damit sich eine kreative Beziehung zur inneren und äußeren Realität entwickeln kann, muss diese wachstumshemmende Organisation überwunden werden, worauf schon Steiner (1987/1990, S. 425) aufmerksam gemacht hat.*

Als die Patientin nach zwei Monaten zu Beginn eines Urlaubs merkte, dass sie ihre Arbeit nur noch mit äußerster Disziplin hatte schaffen können, geriet sie erneut in ein »emotionales Chaos«. Nun vermisste sie die Klinik, fühlte sich wieder einsam, verzweifelt und ohne Sinn. Sie suchte brieflich den Kontakt mit ihrem Kliniktherapeuten und Hilfe in einem Fachbuch, allerdings mit nur momentaner Erleichterung. Nach einem Jahr stetiger

---

[11] Zitat der Patientin (wie auch die folgenden).

Verschlechterung besuchte sie einen Tag lang die Klinik: Einerseits wollte sie sich enttäuscht endgültig von ihr trennen, andererseits hoffte sie auf eine kurze heilende Begegnung mit ihrem Therapeuten, der aber keine Zeit für sie hatte, worauf sie mit Wut und Verzweiflung reagierte. Ihre Versuche in einer Selbsthilfegruppe und mit einer ambulanten Gesprächstherapie änderten nichts an ihrer wieder als Katastrophe erlebten »Wüstenwanderung«.

Ohne Hoffnung auf eine Änderung ihrer Situation ließ sie sich doch wieder in die Klinik überweisen, wollte aber nicht von ihrem früheren Therapeuten, der sie so enttäuscht hatte, behandelt werden. Obwohl sie schon nach dem Erstgespräch mit mir und während ihres ersten Aufenthalts Angst vor mir gehegt hatte, wollte sie jetzt von mir behandelt werden. Sie klagte mit maskenhaft starrem Gesicht: »Ich hab mich verloren, ich finde mich nicht, ich kann mich nicht packen, in mir schlägt kein Herz mehr, ich fühle mich wie Schneewittchen vergiftet und eingesargt« – was ich als Ausdruck ihrer Inkohärenz mit Fragmentierung und paranoiden Ängsten verstand. Ihre frühere Idealisierung der Klinik half ihr zunächst, um nun mich zu idealisieren, wieder eine gläubig-magische Erwartung zu entwickeln und sich für ein Weiterleben zu entscheiden. Aber jede neue Enttäuschung bewirkte ihren erneuten Rückzug von einer oknophilen auf eine philobatische Abwehr der paranoid-schizoiden Position. Sie erlebte mich wie ihre Mutter früher: entweder bevormundend oder sie fallen lassend. Deutlich zeigte das auch ein Traum: »Ich stürze, von Ihnen geschubst, vom ersten Brückenpfeiler einer riesigen Hängebrücke hinunter bis auf die Fahrbahn in den Nebel hinein.« Sie erlebt die dyadische Beziehung als gefährlich: Die eigenen destruktiven Impulse werden in das Objekt verlagert, und das Einssein wird durch das Objekt zerstört. Der schwache, kriegsversehrte Vater wurde von der Mutter abgewertet, welcher die Patientin hoch anrechnete, dass sie einen behinderten Mann geheiratet hatte; so vermochte der Vater keine hilfreiche Triangulierung zu ermöglichen.

Wieder lief die Behandlung im Wechsel zwischen schizoid-paranoider Position und narzisstischen Abwehrorganisationen mit Objektidealisierung oder Selbstidealisierung. Der Patientin wurde ihre unermessliche Sehnsucht nach Dauer und Harmonie in Beziehungen ebenso zugänglich wie ihre furchtbaren Ängste vor Trennung und Bemächtigung. Die wohlwollende Aufforderung einer Bewegungstherapeutin »finden Sie Ihre Mitte« leitete die Stabilisierung der Patientin ein. Indem sie ihre Gefühlswelt differenzierter wahrzunehmen anfing, zeigte sie erste Ansätze im Hinblick auf eine depressive Position mit mehr innerer Kohärenz. Gegen ihre ständigen Selbstvorwürfe, die sie nun mit Erschrecken wahrnahm, setzte sie ein von ihren Thera-

peuten übernommenes Sorgen um ihr Wohlergehen. Mit dieser neuen Fähigkeit verließ sie nach fast fünfmonatigem Aufenthalt die Klinik zuversichtlich. Wird schon ausreichen, was ihr die sieben Zwerge hinter den Bergen vermittelt haben?

Ihre überwiegend philobatische Abwehrorganisation brach jedoch unter ihrem zunehmenden Erleben eigener Insuffizienz auf ihrer Arbeitsstelle und in ihrer Ehe zusammen, so dass sie wieder auf eine oknophile Abwehrstufe regredierte und nach einem knappen Jahr voller Wut und Verzweiflung um Wiederaufnahme in die Klinik bat. Dort bezog sich ihre Enttäuschungswut entweder auf ihre andauernde Symptomatik oder auf meine therapeutische Unzulänglichkeit. In einem raschen Wechsel zwischen oknophiler und philobatischer Abwehr von sowohl paranoid-schizoiden als auch depressiven Ängsten war die Patientin mehrere Wochen lang suizidal. Sie wollte weder die eigenen noch die Begrenztheiten Anderer akzeptieren, nachdem sie ihr offensichtlich geworden waren. Aber Unvollkommenheit war für sie bisher nicht nur ein zu verbergender Mangel, sondern das unverzeihlich Böse. Von meinem Blick, den sie als eindringend erlebte, fühlte sie sich kritisiert, verurteilt und verfolgt. Sie fühlte sich hilflos: voller Hass auf sich, Angst vor sich, Sorge um sich. Ihre Gefühlswelt war wieder chaotisch geworden. Die Abwehr war durchbrochen: Die Patientin war voller Katastrophengefühle erneut in einer paranoid-schizoiden Position. Schließlich kapitulierte sie mit den Worten »mein Gott, mein Gott, warum hast Du mich verlassen?«. Erst als ihre Tränen »wie Meereswellen« flossen, merkte sie, wie sie an ihnen zu ersticken gedroht hatte. Zwei Tage später erlebte sie ein »Geburtstagsgefühl«: »erstmals in meinem Leben bin ich in vollem Bewusstsein und richtig da auf der Erde – herrlich!«[12] Schneewittchen ist wieder warm geworden, Körper und Seele haben zusammengefunden. Ist alles wertvoll in ihr – auch das Schwache und die widerstreitenden Gefühle? Die Patientin verglich sich mit einem Edelstein, den sie zum Schmuckstück weiterschleifen müsse. Jetzt wollte sie von mir angesehen werden, erlebte meinen Blick als wohlwollend und an ihr interessiert. War ich der sie ehrende und hochachtende Königssohn? Sie wollte mehr über meine Person wissen und verband mit mir einen Glauben an einen fürsorglichen Gott. Allerdings: Glauben soll ihr Sicherheit geben –

---

[12] Diese plötzlich erlebte Gewissheit erinnert an mystisches Erleben, wie es z. B. Blaise Pascal in seinem »Mémorial« beschrieben hat: »Von ungefähr halb elf abends bis ungefähr eine halbe Stunde nach Mitternacht. FEUER. Gott Abrahams, Gott Isaaks, Gott Jakobs, nicht der Philosophen und der Gelehrten. Gewißheit, Gewißheit, Gespür, Freude, Friede.«

vor ihrer weiterbestehenden Sehnsucht nach ihrer Mutter? Und mit Hoffnung verbindet sie Erwartungen, die unbedingt zu erfüllen sind. – Mehr auf einer depressiven Position verließ die Patientin mit Gefühlen von Dankbarkeit und mit Trennungsschmerz nach 15 Wochen die Klinik. In einem Gespräch mit ihrem ersten Therapeuten hatte sie sich mit ihm versöhnen können. Bei ihrem Abschied gestand sie sich einen erneuten Aufenthalt im nächsten Jahr zu.

Zwischenzeitlich wollte sie trotz großer Entfernung zu einigen ambulanten Therapiesitzungen bei mir kommen. Sie wollte wohl die innere Konsistenz ihres wohlwollenden Bildes vom Therapeuten sichern; oder wie Britton (1998/2001, S. 145) es ausdrückte: »Der Glaube an einen benignen Raum hängt letztlich davon ab, ob die Liebe zum Objekt dessen Abwesenheit überlebt.« Sie berichtete in den ambulanten Sitzungen von ihrem größeren Freiheitsgefühl und wollte sich von allem Begrenzenden um und in sich frei machen – deutlich zufriedener als früher und mit mehr Wissen über sich schien sie sich auf einer veränderten narzisstischen Abwehrstufe organisiert zu haben. Auf größere Belastungen in ihrem Berufsalltag reagierte sie jedoch erneut zunehmend irritiert, so dass sie bei ihrer Wiederaufnahme schon Angst vor ihrer nach sechs Wochen geplanten Entlassung spürte. Aber diese Angst war nicht mehr bedrohlich. In den Therapiesitzungen ging es der Patientin zwar um ihre Bedürfnisse, Möglichkeiten und Grenzsetzungen in ihrer Ehe, aber sie wehrte jeweils nach kurzer Zeit ab. Ich vermutete eine jetzt mit Scham besetzte libidinöse Übertragung auf mich. Dann berichtete die Patientin überraschend, dass sie beim Klinikpfarrer gebeichtet habe. Sie fühle sich auf ihrem Grund angekommen, an einer großen, stillen Liebe, die ihr Geheimnis bleibe. Sie schien mir nun sicher auf einer depressiven Position angekommen. Aber meine Deutungsversuche, die auf ihr Unbewusstes, aber nicht auf ein absolut Transzendentes zielten (Ruff 2002, S. 166), reichten ihr nicht mehr. Ich akzeptierte ihr Geheimnis und war doch erstaunt, wie sie sich bis zu ihrer Entlassung mit ihrem Gottesglauben anhand ihres Konfimationsspruchs beschäftigte; er lautete: »Fürchte dich nicht, ich habe dich erlöst, ich habe dich bei deinem Namen gerufen, du bist mein« (Jes. 43,1). Aus dem vorbeschriebenen mystischen Selbsterleben hatte die Patientin nun zu einer mehr religiösen Erfahrung gefunden, die sich auf Gott als eine Realität an sich bezieht und sich als Anruf bzw. Anspruch auf die weitere Lebensgestaltung im Sinne von Veränderung auszuwirken vermag. In diesem Glauben sah sie sich von einem gnädigen und liebevollen Gott beschützt, was sie nun geduldiger mit sich machte.

Nach ihrer Entlassung begann die Patientin, sich mit einer Trennung von ihrem Mann zu beschäftigen. Plötzlich verstarb ihre Mutter. Die Patientin tröstete sich: »Vielleicht kann sie schauen, was sie geglaubt hat«, und empfand selbst wieder Todessehnsucht. Als sie merkte, dass sie sich wieder zu weit von sich entfernt hatte und nicht mehr zurückfinden konnte, entschloss sie sich erneut zu einem fünfwöchigen Klinikaufenthalt. Sie begrüßte mich mit den Worten: »ich verachte mich wieder, habe keine Liebe mehr, bin voller Verzweiflung und ohne jede Hoffnung«. Es wurde rasch deutlich, dass sie – wieder auf einer oknophilen Abwehrstufe – illusionäre Wünsche (die Schönste und Einzige im Land und bei mir zu sein) zu bewahren und deren Verwirklichung um den Preis ihres Lebens von mir zu erzwingen suchte. – Schon nach vier Therapiesitzungen erlebte die Patientin ihre zuvor verleugneten Enttäuschungen auf einer sich nun erweiternden depressiven Position. Sie beklagte, dass ich sie nicht halten oder tragen, sondern sie nur auf ihrem unbequemen Weg begleiten wolle. Aber sie erinnerte sich an das 1. Gebot des Dekalogs »Ich bin der Herr, dein Gott; Du sollst nicht andere Götter haben neben mir«. Sie hatte den idealisierten Therapeuten zum Gott machen wollen, jetzt schrumpfte sein Bild in ihr auf eine natürliche Größe, wobei sie spürte: »aus Sehnsucht wird Sehnen«; und dieses Sehnen und Hoffen vermochte sie zu bergen in ihrem Glauben an Gott; Ihn begriff sie nun als Teil von sich und sich als Teil von Ihm. Er war jetzt wie der Königssohn, der Schneewittchen bei den sieben Zwergen auslöste und sie endgültig lebendig machte. Und sie stellte fest: »Meine Liebe zum Leben erwacht wieder, aber die Traurigkeit wird bleiben neben der Freude an mir«.

Noch fünf weitere Klinikaufenthalte im jährlichen Abstand waren zum Durcharbeiten notwendig, bis eine – jetzt sechs Jahre andauernde – Stabilisierung ohne weitere Psychotherapie erreicht werden konnte. Vor diesen Wiederaufnahmen erlebte die Patientin immer wieder unvorhergesehene äußere und innere Unzulänglichkeiten, die ihre noch teilweise illusionären Vorstellungen über ihre Zukunft infragestellten. Dann versuchte sie erneut ihr Enttäuschungserleben mit Wut- und Angstgefühlen in gewohnter Weise (Philobatismus) abzuwehren, bis psychosomatische Erkrankungen sie derart verunsicherten, dass sie nur noch Hoffnungslosigkeit und Katastrophengefühle (paranoid-schizoide Position) empfand. Mit Erinnerungen aus ihrer bisherigen stationären Therapie konnte die Patientin sich dann nur eine magisch-gläubige Erwartung (oknophile Abwehr) erhalten. Darauf bauend konnte das abgewehrte Enttäuschungserleben in der Behandlung zunehmend rascher auf einer paranoid-schizoiden Position bearbeitet werden: Auf die Kapitulation folgte das Loslassen von Illusionen, die Umkehr. Indem die

Patientin ihr schmerzliches Erleben von Wut, Angst, Ungenügen, Trauer und Verzichtenmüssen zuließ, erreichte sie wieder – jeweils auf einem erweiterten Plateau – eine depressive Position.

Vor der Beendigung der stationären Intervalltherapie musste noch eine suizidale Krise mit Regression auf eine paranoid-schizoide Position bewältigt werden. Denn die Patientin wollte sich in ihrem Gefühl von Abhängigkeit wie ein Neugeborenes durch einen radikal-endgültigen Schnitt von mir trennen; sie hoffte, dadurch autonom-unverwundbar werden zu können. Sie meinte, mich dazu aus ihren Phantasien eliminieren zu müssen, um so den Schmerz der Trennung auszuschalten. Ihre Phantasie schien wie ein »maligner Raum …, der die Objekte zerstört« (Britton 1998/2001, S. 146). In ihrem Katastrophengefühl half schließlich meine Deutung, dass sie sich von mir zwanghaft-gewaltsam wie eine Süchtige von ihrer Droge trennen wolle; sie wolle nicht akzeptieren, dass sie mich elf Jahre gebraucht habe als Mensch, der ihr hätte helfen wollen und mit dem zusammen sie eine dauerhafte Veränderung in sich habe bewirken können. Sie träumte daraufhin: »Auf einem Tablett trage ich 14 kleine und große leere Schachteln ins Dienstzimmer und gebe sie Schwester D.« Sie assoziierte dazu ihre 14 Krankheiten, bei denen wir Kliniktherapeuten (als die sieben Zwerge – oder waren wir die 14 Nothelfer?) ihr geholfen hätten und von denen sie sich jetzt verabschieden könne. Ihr Glauben hatte jetzt eine personale Dimension, die sie so beschrieb: »Ich kann jetzt freigewollt mit meinen Möglichkeiten und Grenzen das Risiko eingehen, Anderen und mir zu vertrauen, um in der Beziehung zu mir und zu Anderen Liebe wirksam werden zu lassen und um mit Hoffnung weiter zu leben«.

Literatur

Anzieu, D. (1984): At the bottom of the self: Touching. Dt.: Auf dem Grund des Selbst: die Berührung. Ztsch. f. psychoanal. Theorie u. Praxis, 18 (2003), 7–20.

Balint, M. (1968): The Basic Fault. Therapeutic Aspects of Regression. Dt.: Therapeutische Aspekte der Regression. Stuttgart (Klett) 1970.

Bion, W. R. (1962): A Theory of thinking. Dt.: Eine Theorie des Denkens. In: Bott Spillius, E. (Hg.) (1990): Melanie Klein Heute, Bd. 1. Stuttgart (Klett-Cotta), S. 225–235.

Bion, W. R. (1970): Attention and Interpretation. London (Tavistock Publications).

Britton, R. (1998): Belief and Imagination. Explorations in Psychoanalysis. Dt.: Glaube, Phantasie und psychische Realität. Psychoanalytische Erkundungen.

Stuttgart (Klett-Cotta) 2001.
Erlich, H. S. (2003): Über Einsamkeit, Narzissmus und Intimität. Forum Psychoanal., 19, 5–17.
Freud, S. (1905): Psychische Behandlung (Seelenbehandlung). GW V, S. 289–315.
Freud, S. (1921): Massenpsychologie und Ich-Analyse. GW XIII, S. 73–161.
Fromm, E. (1947): Man for himself. An Inquiry into the Psychology of Ethics. – Psychoanalyse und Ethic. Bausteine zu einer humanistischen Charakterologie. GA. Bd. 2. Stuttgart (DVA) 1980, S. 125–133.
Fromm, E. (1966): You shall be as Gods. A radical Interpretation of the Old Testament and its Tradition. Dt.: Ihr werdet sein wie Gott. Eine radikale Uminterpretation des Alten Testaments und seiner Tradition. GA. Bd. 6. Stuttgart (DVA) 1980, S. 83–226.
Fromm, E. (1968): The Revolution of Hope. Towards a Humanized Technology. Dt.: Die Revolution der Hoffnung. Für eine Humanisierung der Technik. GA. Bd. 4. Stuttgart (DVA) 1980, S. 255–377.
Kernberg, O. F. (2000): Einige Überlegungen zum Verhältnis von Psychoanalyse und Religion. In: Bassler, M. (Hg.) (2000): Psychoanalyse und Religion. Versuch einer Vermittlung. Stuttgart (Kohlhammer), S. 107–134.
Klein, M. (1946): Notes on some schizoid mechanisms. Dt.: Bemerkungen über einige schizoide Mechanismen. In: Das Seelenleben des Kleinkindes und andere Beiträge zur Psychoanalyse. Stuttgart (Klett-Cotta) 1983, S. 131–163.
Klein, M. (1952): Some theoretical conclusions regarding the emotional life of the infant. Dt.:Theoretische Betrachtungen über das Gefühlslebens des Säuglings. Gesammelte Schriften, Bd. III. Stuttgart (Frommann-Holzboog) 2000.
Küchenhoff, J. (2003): Gott und Unbewusstes – Versuch über die gemeinsamen Anliegen und Gefährdungen von Theologie und Psychoanalyse. Vortrag auf der 54. Jahrestagung der DGPT am 12. 9. 2003.
O'Shaughnessy (1981): A clinical study of a defensive organization. In: Intern. J. Psychoanal. 62, S. 359–369. Dt.: Klinische Untersuchung einer Abwehrorganisation. In: Bott Spillius, E. (Hg.) (1990): Melanie Klein Heute, Bd. 1. Stuttgart (Klett-Cotta), S. 367–390.
Ruff, W. (2002): Glauben und zweifeln. Ein Deutungsversuch ihrer Möglichkeiten. In: Ruff, W. (Hg.) (2002): Religiöses Erleben verstehen. Göttingen (Vandenhoeck & Ruprecht), S. 161–183.
Steiner, J. (1987): The interplay between pathological organizations and the paranoid-schizoid and depressive positions. Intern. J. Psychoanal., 68, 69–80. Dt.: Die Wechselwirkung zwischen pathologischen Organisationen und der paranoid-schizoiden und depressiven Position. In: Bott Spillius, E. (Hg.) (1990): Melanie Klein Heute, Bd. 1. Stuttgart (Klett-Cotta), S. 408–431.

Thomä, H. (1984): Der Beitrag des Psychoanalytikers zur Übertragung. Psyche, 38, 29–62.

Winnicott, D. W. (1965): The development of the capacity for concern. In: The Maturational Processes and the Facilitating Environment. New York (Intern. Universities Press), S. 72–83.

»Augenblick der Begegnung«: Die Eröffnung einer trans-subjektiven Dimension

Gisela Eife

Darstellung des Phänomens

Erstes Beispiel

Patient: »Gestern ging es doch um meinen energielosen Zustand. Darüber habe ich nachgedacht.« Ich: »Ihr Körper regelt das, er übernimmt es und streikt.« Patient: »Oh, das ist gut. Er regelte es auch, als ich an Weihnachten zwei Tage krank wurde. Da konnte ich lesen, das hätte ich sonst nicht getan.« Kurzes Schweigen. »Ich bräuchte immer jemanden, der mich beruhigt, wie ein Kind, das durch seine Mutter beruhigt wird.« Schweigen. Nach einiger Zeit sagt er: »Ich kann Kinder nicht weinen hören. Es gibt keinen Grund, aber ich kann es nicht.« Ich: »Vielleicht gehört dies in die Zeit, bevor Sie Worte dafür hatten.« Patient: »Das Leid und Weinen ist so umfassend. Sich verloren fühlen, Sinnlosigkeit, kein Trost ist möglich.« Kurzes Schweigen. »An Weihnachten wollte meine Mutter mit mir in die Kirche gehen. Es war schön, aber ich tu es als Spiel ab, so wie in dem KZ-Film ›Das Leben ist schön‹ der Vater seinem Sohn vorgaukelte, Judendeportation und Konzentrationslager seien nur ein Spiel. Es gibt da ein Gefühl von Geborgenheit, aber ich bin demgegenüber voll Zweifel und falle dann ins Bodenlose.« Ich: »In dem Film, das ist nicht nur Spiel, da ist alles da.« Der Patient schaut mich fragend an. Ich suche nach Worten, sage dann zögernd: »Frau, Mann und Kind lieben einander.« Der Patient schluckt, kämpft mit Tränen, ist getroffen, ich auch. Patient: »Das hab ich übersehen.«

Zweites Beispiel

Die Patientin kommt zur Sitzung mit vollem Mund kauend und mit triumphierendem Lächeln. Mich überschwemmt eine Welle von Ärger. Ich drehe mich schnell zum Schreibtisch, um mich zu fassen, und warte, bis die Patientin Platz genommen hat. Dann setze ich mich und glaube, mich beruhigt zu haben. Die Patientin sieht mich an und sagt mir auf den Kopf zu: »Sie haben sich geärgert.« Da ist die Woge von Ärger wieder über mir. Die Patientin bricht in Tränen aus. Ich bin verwirrt und entsetzt, was mit uns beiden passiert. Ich rücke meinen Stuhl in ihre Nähe. Die Patientin wird von Weinkrämpfen geschüttelt, beruhigt sich dann und legt ihre Hand auf meine. Jetzt ist mir auch zum Weinen zumute. Wir sitzen noch eine Weile schweigend da.

Zwei psychodynamische Erklärungsmuster

Nahe liegend ist, dieses Geschehen psychodynamisch zu erklären. Als mögliche Erklärungsmuster für das zweite Beispiel bieten sich projektive Identifikation (Feldman 1997; Ogden 1982) und Enactment in der Interaktion (Fonagy & Target 2000) an. Aber psychodynamische Erklärungen können das Phänomen des »Augenblicks der Begegnung« nicht erfassen. Ich werde zeigen, warum.

Die Episode könnte man mit dem Begriff der projektiven Identifikation erklären. Die Patientin und ich, wir waren schon einen gemeinsamen Weg gegangen, hatten eine Geschichte, in der das Thema von Wertlosigkeit und Bösesein vielfältig behandelt worden war. In der geschilderten Episode ist passiert, was die Patientin unbewusst vermeiden und zugleich testen wollte: Angenommen sein, nicht weggeschickt werden, auch wenn sie böse ist und mich entwertet. Sie hatte es zuvor schon einmal vergeblich versucht, als sie sagte, sie würde für den Stundensatz, den ich bekomme, nicht arbeiten. Doch diesmal hatte sie mich erreicht, ich fühlte mich gedemütigt und lächerlich gemacht. Sie hatte mich in ihr eigenes Lebensgefühl hineingezogen. Das pathogene von der Patientin verinnerlichte Beziehungsmuster war jetzt zwischen uns, wieder belebt als unbewusste gemeinsame Konstruktion: auf der einen Seite der Beziehung Triumph und Macht, auf der anderen Seite Wertlosigkeit und Ohnmacht. Dabei wird die demütigende Ohnmacht »auf ihr kleinstes, aber ursächlich scheinendes Maß reduziert und dieses in sein krasses Gegenteil«, nämlich in äußersten Triumph verkehrt (Adler 1997, S. 113). Meine abwehrende Aggression richtete sich dagegen, so behandelt zu werden. Aber dann brach meine Abwehr zusammen. Ich war nicht die Mächtige, sie musste mich nicht übertrumpfen, demütigen oder gnädig stimmen. Man könnte das Geschehen als projektive Identifikation verstehen, die sich in diesem Augenblick dramatisch zuspitzte und auflöste. Dabei brechen die erstarrten Bewegungsmuster, in denen die Patientin gefangen war und in die ich auch verstrickt war, plötzlich auf.

Eine andere Interpretation geht vom Enactment (Goldberg 2000) aus und folgt den Ausführungen Fonagys und Targets (2000). Bei mangelnder Entwicklung eines reflexiven Selbst kann innere Erfahrung nur durch Enactment in der Interaktion hergestellt werden. Solche Patienten werden von ihren Affekten überschwemmt und können sich dann nicht von ihren eigenen Reaktionen und ihrer mentalen Befindlichkeit distanzieren. Meine Patientin war im Bereich des pathogenen Beziehungsmusters im Schwarz-Weiß-Denken gefangen. Dabei können Gedanken und Gefühle Anderer eine direkte, oft vernichtende Wirkung entfalten. Und an diesem Punkt waren wir beide angelangt: Die Patientin setzte ihr internalisiertes pathogenes Beziehungsmuster in Szene. Sie handelte als ein Kleinkind, das die Absicht hat, ein Ziel zu erreichen, das es als lustvoll erlebt: das Gebäck, das sie beim Bäcker gekauft hatte, aufzuessen. Damit wollte sie zunächst nicht aggressiv sein. Wenn jedoch der Selbstausdruck des kleinen Kindes immer wieder vereitelt oder als Aggression missverstanden wird, kommt es zu einer Verschmelzung von Selbst und Aggression (Fonagy, Moran & Target 1998, S. 131). Meine spontane Gegenübertragungsreaktion auf ihre triumphale Inszenierung löst die Verschmelzung von Aggression und Selbst aus, das heißt, die Patientin erlebt sich und wirkt hochexplosiv. Die Aggression ist in diesem Fall nicht nur ein vorübergehender Affekt, sondern die Patientin selbst ist ein Feuer speiender Vulkan. Es ist die neurotische Verdichtung eines Beziehungstraumas, in dem die Ohnmacht als extrem demütigend und die Macht als äußerster Triumph erfahren wird. An diesem Punkt ging es darum: Würde ich ihr aggressives Verhalten missbilligen oder würde ich sie mit ihrem »aggressiven Selbst« annehmen oder ablehnen? Dieses Für oder Gegen ist eine Frage von Leben oder Tod. Ich fühlte, dass meine Reaktion möglicherweise vernichtend wirken könnte. Das ließ mich zutiefst erschrecken, als mich die Aggression überschwemmte.

Hier könnte meine psychodynamische Interpretation enden; ich könnte abschließend sagen, dass der Vorfall eine wesentliche Veränderung im therapeutischen Prozess einleitete. Aber die psychodynamischen Erklärungsmuster erfassen nicht, was im Augenblick der Begegnung wirklich geschieht. Denn indem wir im Nachhinein das Ereignis lückenlos erklären, lassen wir nicht zu, dass die Erschütterung auch unsere gewohnten Erklärungsmuster aufbricht. Wir glätten die Bruchstellen und übersehen den Augenblick der Begegnung (vgl. Eife 2000).

Meine Erfahrung des Augenblicks der Begegnung

Ich versuche nun, jenseits der Psychodynamik mein Erleben dieser Begegnung zu beschreiben. Vor dem triumphierenden Lächeln wurde ich schlagartig zu einem Nichts. Es war mehr als Demütigung, ich fühlte nichts – ich war ein Nichts. Dann überschwemmte mich eine unglaubliche Aggression. Stärke und Intensität meiner Reaktionen waren so überwältigend, als sei hier etwas auf die Spitze getrieben. Dieser Augenblick war eine Verdichtung meines Kampfes gegen die Wertlosigkeit. Dann brach die Patientin in heftiges Weinen aus. Sie weinte nicht, weil sie mich umstimmen wollte; und meine Aggression verflog nicht, weil sie weinte. Das trifft nicht das Wesentliche. Das Wesentliche, das uns beide gleichzeitig erfasste, war eine tiefe Erschütterung. Die Erschütterung darüber, was uns passierte: Unsere Verletztheiten und Sicherungen waren mit einem Mal fortgerissen, zurück blieb Verwirrtheit, Entsetzen, Weinen.

Der Augen-Blick verwandelte uns, führte zu meinem Näherrücken des Stuhls, später legte die Patientin ihre Hand auf meine Hand. Die Wandlung ist schwer zu benennen: eine tiefe Verunsicherung, ein Innesein der eigenen Existenz, eine Verbundenheit miteinander und gleichzeitig das Bewusstsein eines größeren Zusammenhangs. Für die Dauer von Minuten war uns diese Öffnung widerfahren, die Erschütterung war körperlich spürbar und hielt noch länger an. Danach war unsere Beziehung bleibend verändert, verändert durch diese gemeinsame Erfahrung, auch wenn sich der alltägliche fiktionale Weltbezug anschließend wieder herstellte.

Der »Moment of Meeting« bei Stern

Ein Beispiel von Stern

Ich zitiere jetzt das Beispiel eines Augenblicks der Begegnung von Stern (Stern u. a. 2002, S. 993) und werde es anschließend diskutieren.

> »Molly, eine verheiratete Frau Mitte Dreißig, nahm ihre Analyse wegen ihres geringen Selbstwertgefühls auf, das sich auf ihren Körper konzentrierte. Sie war nicht in der Lage, abzunehmen, und litt unter einer massiven Angst, die Menschen zu verlieren, die ihr am nächsten standen. Sie hatte eine ältere Schwester, die wegen einer Polioinfektion im Säuglingsalter verkrüppelt war. Aus diesem Grund hatten die Eltern Mollys gesunden Körper liebevoll umsorgt. In

ihrer Kindheit baten die Eltern sie, vor ihnen zu tanzen, und sahen ihr bewundernd zu. Zu Beginn der Sitzung begann sie, über ›körperliche Sachen‹ zu sprechen und assoziierte dazu, dass sie auf dem Weg zur Sitzung sexuelle Erregung empfunden und plötzlich Wut auf die Analytikerin bekommen habe. ›Ich sehe ein Bild vor mir, wie Sie in Ihrem Sessel sitzen (...) und mich aus einer überlegenen Position heraus beobachten.‹ In derselben Sitzung erinnerte sie sich später daran, dass die Eltern ihr in ihrer Kindheit beim Tanzen zusahen. Sie fragte sich, ob ihr Tanz für die Eltern auch sexuell erregend war und ›ob sie das auch wollten‹. Es folgte ein langer Austausch über ihr Körpererleben, über medizinische Untersuchungen, über Ängste, dass etwas mit ihrem Körper nicht in Ordnung sei, und über Körperempfindungen. Dann sagte Molly nach längerem Schweigen: ›Jetzt frage ich mich, ob Sie mich ansehen?‹ (Der ›now moment‹ begann an dieser Stelle.) Die Analytikerin war verblüfft. Die Patientin hatte sie in Verlegenheit gebracht. Ihr erster Gedanke galt der Frage, ob sie weiterhin schweigen oder etwas sagen sollte. Würde sich Molly bei ihrem Schweigen im Stich gelassen fühlen? Deren Aussage lediglich zu wiederholen – ›Sie möchten wissen, ob ich Sie betrachte‹ – wirkte unbeholfen und allzu distanziert. Gleichzeitig hielt sie es aber für riskant, eine persönliche Bemerkung zu machen. Über die intensiven sexuellen Implikationen zu sprechen schien einem Agieren allzu nahe zu kommen. Indem sie sich ihr eigenes Unbehagen bewusst machte und seine Ursache zu verstehen versuchte, identifizierte die Analytikerin das damit verbundene Dominanzthema und erkannte, dass sie sich so fühlte, als sei sie aufgefordert, entweder die ›überlegene Position‹ zu beziehen oder sich Molly zu unterwerfen. An diesem Punkt ihrer Überlegungen fiel die Befangenheit plötzlich von ihr ab und sie konnte Molly ihr Erleben mitteilen. ›Es fühlt sich so an, als versuchten Sie, meinen Blick auf sich zu ziehen‹, sagte sie. ›Ja‹, stimmte Molly lebhaft zu. (Diese beiden Sätze bilden den ›Moment der Begegnung‹.) ›Es ist eine verwirrende Sache‹, erläuterte die Analytikerin. ›An diesen Sehnsüchten ist nichts verkehrt‹ erwiderte Molly. ›Richtig‹, stimmte die Analytikerin ihr zu. ›Entscheidend ist, dass zwei dazu gehören, die damit fertig werden‹, sagte Molly. ›Auf jeden Fall zu Anfang‹, erwiderte die Analytikerin. ›Genau darüber habe ich nachgedacht (...) Es tut gut, jetzt darüber nachzudenken (...) und ich bin sogar in der Lage, Mitgefühl zu empfinden.‹ ›Mit sich selbst?‹ fragte die Analytikerin. ›Ja‹, antwortete Molly. ›Das freut mich zu hören‹, antwortete die Analytikerin.«

Definition und Erklärung des Konzeptes durch Stern

Stern (Stern u. a. 1998, 2002) geht davon aus, dass »etwas mehr« als eine technische Deutung notwendig sei, um eine Veränderung im therapeutischen Prozess zu erreichen. Mit dem Begriff »Augenblick der Begegnung« wurde eine deskriptive Terminologie eingeführt, als konzeptuelle Basis für dieses »etwas mehr« als die psychoanalytische Deutung. Bisher wurde eine Deutung, die zu einer Veränderung im Prozess führte, als Deutung »zur rechten Zeit« gegenüber »theoretisch richtigen« Deutungen abgegrenzt, die zu keiner Veränderung führten (Williams 1999). Mit dem neuen Begriff sollen sowohl die verändernde Wirkung einer guten Deutung als auch verändernde Wirkungen von Augenblicken, die relativ frei von Übertragung und Gegenübertragung sind, begrifflich gefasst werden. Die Psyche neige dazu, »alle Verlagerungen und Veränderungen in der intersubjektiven Umwelt dazu zu benutzen, ein zunehmend kohärenteres implizites Beziehungswissen zu erzeugen« (Stern u. a. 2002, S. 979). In der Veränderung des (impliziten) Beziehungswissens sieht Stern die wesentlichste Veränderung im therapeutischen Prozess. Und wenn eine solche Veränderung erfolge, werde ein Augenblick der Begegnung vorausgegangen sein.

Stern (ebd., S. 976) erklärt das Auftauchen des Augenblicks der Begegnung mit dem Modell der non-linearen dynamischen Systeme (Kelso, Mandell & Schlesinger 1988; Thelen & Smith 1994). Diese Theorie ist ein Gebäude mathematischer Formeln (Haken 1987/1988; Lewis & Granic 2000; Prigogine 1992). Die Erklärung des Augenblicks der Begegnung übersetzt diese Formeln in Bilder der Alltagssprache. Im Phänomen des Augenblicks sind die Begriffe der Selbstorganisation und Emergenz nur analog, metaphorisch. Der Entstehung neuer physikalischer Struktur entspricht hier die nicht vorhersagbare, spontane Entstehung neuer Beziehungsmuster. Die Analogie besteht nur darin, dass etwas Neuartiges »auftaucht«; damit ist noch nichts ausgesagt, wie das »Neuartige« erlebt und erfahren wird. Die theoretische Vorannahme (Rombach 1988, S. 15 u. 148), dass psychische Prozesse nach dem Modell der nicht-linearen dynamischen Systeme funktionieren, liefert scheinbar eine Basis dafür, dass wir den Augenblick emergieren, auftauchen sehen.

Sterns Beschreibung des Augenblicks der Begegnung

Aber Sterns Beschreibung geht weit über die systemtheoretische Analogie hinaus; sie stellt eine wunderbare phänomenologische Beschreibung dar, die

Beschreibung eines letztlich nicht fassbaren Augenblicks: Der Augenblick taucht plötzlich auf, »beunruhigend, merkwürdig/unheimlich«, »aufgeladen mit Erwartungen oder mit Angst«, »das Gefühl, dass irgend etwas bevorsteht«, »dass man einen unbekannten, nicht erwarteten Raum betreten hat«. »Die Gegenwart verdichtet sich subjektiv ähnlich dem Augenblick der Wahrheit.« Es entsteht ein »offener Raum« (Stern u. a. 2002, S. 990), in dem jeder »in Anwesenheit der anderen Person allein« ist (ebd., S. 985) und in dem Neues entstehen kann. »Diese Momente sind angefüllt mit einer unbekannten Zukunft, die man wie eine Sackgasse erleben oder als Chance empfinden kann« (ebd., S. 990).

Die Schlüsselrolle des »Augenblicks der Begegnung« im therapeutischen Prozess

Neues taucht auf und muss ergriffen werden

Sterns These ist: Wird der *Now moment* vom Therapeuten ergriffen und authentisch beantwortet, so entsteht daraus der Augenblick der Begegnung.

Für das Ergreifen des Augenblicks findet Stern einen Bezug zu »dem antiken griechischen Begriff des Kairos, des einmaligen günstigen Augenblicks, den der Mensch festhalten muss, weil sich in diesem Moment sein weiteres Schicksal entscheidet« (ebd., S. 990). Die Formulierungen »Ergreifen-« oder »Festhalten-Müssen« klingen einerseits schicksalhaft und implizieren ein schicksalhaftes Gelingen oder Scheitern des Menschen. Andererseits könnte das Ergreifen-Müssen des Augenblicks so verstanden werden, als ob der Therapeut das psychische Können und Vermögen habe, eine spezifische, authentische Antwort zu geben im Sinne einer Herrschaft des Subjekts über sich selbst.

Durch die Begegnung im Augenblick wird, laut Stern, die gemeinsame implizite Beziehung verändert. Stern verortet die Grundlagen dieser Beziehung in der affektiven Kommunikation der allerersten Beziehungen. Die Aufmerksamkeit vieler Psychoanalytiker ist auf »die basale Matrix des Erlebens« (Ogden 1995, S. 33), das »basale Verstehen« (Heisterkamp 2002) gerichtet. Sind also in der unmittelbaren leibseelischen Erfahrung des Augenblicks der Begegnung frühe Formen des Erlebens aktiviert? Die Dichte des Erlebens, die körperlich spürbare Erschütterung, die Intensität der Affekte sprechen dafür. Ich meine aber, die Erfahrung des Augenblicks ist nur im differenzierten Erleben möglich. Die heute verbreitete entwicklungspsychologische Perspektive lässt uns die trans-subjektive Dimension aus dem Blick verlieren.

Mein Kommentar zum Beispiel von Stern

Die in der Sitzung verhandelte Problematik findet eine Zuspitzung in der Frage der Patientin an die Analytikerin: »Jetzt frage ich mich, ob Sie mich ansehen?«. Laut Stern fand »eine intersubjektive Begegnung statt, weil die Analytikerin ihr eigenes inneres Ringen benutzte, um die Patientin zu verstehen und den ›now moment‹ festzuhalten, indem sie spezifisch und aufrichtig reagierte: ›Es fühlt sich (nämlich für mich als spezifisches Individuum) so an, als versuchten Sie, meinen Blick auf sich zu ziehen‹« (Stern u. a. 2002, S. 990). »Der Therapeut ist zu einer Art ›Aktion‹ gezwungen«. Er »muss mit etwas reagieren, das (...) seine persönliche Handschrift trägt« (ebd., S. 1000).

Meine Sichtweise ist eine andere. Wenn ich der Bewegungsgestalt dieser Fallvignette folge, fühlt sich die Analytikerin in Verlegenheit gebracht und verunsichert, aber die Verunsicherung wird fast überdeckt durch ihre Erläuterungen. Zuletzt fühlt sie sich plötzlich frei, ihre tatsächliche Erfahrung mitzuteilen. Dies entspricht meines Erachtens einer Kehrtwende: Wenn sie wirklich angestrengt nachgedacht hatte, wenn ihr dies trotz der Erschütterung möglich war, dann liegt die Umkehr darin, dass sie das angestrengte Nachdenken sein lässt und ihrem spontanen Einfall folgt.

Das Unvorhersagbare will »sein gelassen« werden

Genauso wie die frühe Form des Erlebens ist auch die trans-subjektive Dimension immer im Hintergrund präsent. In dieser Dimension kann der Augenblick der Begegnung anders erfahren werden: nicht als Auftauchen von Neuem, das wir ergreifen müssen, sondern als Ergriffenwerden, als ein Betroffen- und Angerührtsein im Augenblick, ein Sich-Berühren-lassen. Eine solche Begegnung ist nichts, was wir begreifen oder erfassen können. Das Nicht-Fassbare entspricht einer Sichtweise der Wirklichkeit, wie sie der Physiker Hans-Peter Dürr beschreibt. Diese Wirklichkeit entziehe sich dem Begreifen, weil sie immaterielle holistische Möglichkeitsgestalt, reine »Potentialität« (Dürr & Oesterreicher 2001, S. 1) ist. »Wir müssen die Fähigkeit entwickeln, jedes Phänomen als Bestandteil einer großen Ganzheit zu begreifen. Und diese Ganzheit ist (...) nur durch subjektive Innenansicht, durch religiöse Schau erfahrbar« (Dürr u. a. 1997, S. 131).

Die These meines Vortrags ist, dass die Erfahrung dieser Ganzheit und primären Verbundenheit der Quellgrund des »Augenblicks der Begegnung« ist. In dieser Begegnung eröffnet sich eine trans-subjektive Dimension.

Zuspitzung der Bewegungsgestalt

Wenn ich der Bewegung im Augenblick der Begegnung folge, dann ist darin die äußerste Zuspitzung einer (neurotisch) erstarrten Bewegungsgestalt wie auch eine Kehrtwende enthalten.

Bei den alltäglichen und neurotischen Fixierungen und Sicherungen geht es ganz umfassend darum, wie wir unser Überleben in der Welt sichern; Winnicott prägte dafür den Begriff »falsches Selbst«, Adler den »Lebensstil«, Lacan das »moi«. Wir sichern uns auch, wenn wir etwas Verstandenes festhalten wollen, »statt einer Verständigung resultiert dann ein statisches Verstehen« (Warsitz 1997, S. 125). Wenn uns nicht ein Augenblick jäh in die Gegenwart hineinzieht, sind wir durch unsere gewohnten Wahrnehmungs- und Vorstellungsmuster abgeschirmt. Wir hängen an diesen Vorstellungsinhalten, so sehr, als würden uns diese Inhalte in Besitz nehmen. »Bindungen (...) machen den Besitzer zum Besessenen« (Forman 1991, S. 75). Nach Bion identifizieren wir uns mit unseren Vorstellungen, Erinnerungen und Wünschen; aber diese Identifizierungen bleiben unabhängig vom existentiellen Sein des Analytikers (Bion 1993). Eine Abschirmung von der Gegenwart im Augenblick erfolgt nach Adlers teleologischer Sichtweise auch durch unsere Sicherungstendenzen:

> »(...) am Anfang der Entwicklung zur Neurose steht drohend das Gefühl der Unsicherheit und Minderwertigkeit und verlangt mit Macht eine leitende, sichernde, beruhigende Zwecksetzung, um das Leben erträglich zu machen. Was wir das Wesen der Neurose nennen, besteht aus dem vermehrten Aufwand der verfügbaren psychischen Mittel. Unter diesen ragen besonders hervor: Hilfskonstruktionen und Fiktionen im Denken, Handeln und Wollen«. (Adler 1997, S. 50)

Kehrtwende oder Wandlung durch Loslassen und Seinlassen

Sich davon zu lösen bedarf nach Bion einer intellektuellen »Disziplin«, einer »mental fitness«, die auf dem »Aufgeben von Vorstellungen, Erinnerungen und Wünschen« beruht (Bion 1993, S. 42); eine Disziplin, »welche für die analytische Erfahrung ebenso elementar zu sein scheint wie Joggen und Krafttraining für die ›physical fitness‹« (Warsitz 1997, S. 115). In diesem Sich-Lösen liegt die Kehrtwende, eine Erhellung im Augen-Blick, in dem plötzlich und radikal der starre Bewegungsablauf aufbricht ins Offene, Unbestimmte. Durch diese Erschütterung wird unser träges, meist um sich selbst kreisendes Bewusstsein radikal auf den Punkt gebracht, einen Moment lang wach und hell und erfährt im Sein-Lassen, im »Sich-Ergeben« (Forman 1991, S. 80) eine Wandlung.

Ich glaube, dass wir uns hier in einem »Zwischenbereich« befinden zwischen dem unmittelbaren Erleben, der Erfahrung als Bewusstwerden und sprachlicher Mitteilung und der theoretischen Konzeptualisierung dieser Erfahrung. Der Ursprungsbereich der Erfahrung bleibt dabei immer im Schatten; es ist nicht möglich, »im Sprechen des Subjekts das ergreifen zu wollen, wovon es vor allem Ergreifen-Können schon ergriffen ist« (Witte 2002, S. 121). »Was entscheidend ist (...),« sagt Levinas, ist, »(...) dass wir von einem bestimmten Moment an nicht mehr können können; genau darin verliert das Subjekt seine eigentliche Herrschaft als Subjekt.« »Die Beziehung mit dem anderen ist (...) uns gegenüber außerhalb; das Verhältnis zum anderen ist ein Verhältnis zu einem Geheimnis« (Levinas 1989, S. 47 u. 48).

Bion wählt für das Unbekannte und Unerkennbare das Zeichen O. »Der Psychoanalytiker kann wissen, was der Patient sagt, tut und zu sein scheint, aber er kann das O nicht kennen, von dem der Patient eine Evolution ist: Er kann es nur sein« (Bion 1993, S. 27). »Die Gegenwart von O kann anerkannt und gefühlt werden, aber es kann nicht erkannt werden. Es ist möglich, damit übereins (at one) zu sein« (ebd., S. 30).

Schluss

Das Konzept »Augenblick der Begegnung« passt in keine Behandlungstechnik; es erfordert eine Entfaltung von Offenheit gegenüber Erfahrung oder, wie Bion schreibt, Erfahrung erfahren (Experiencing experience) bzw. wie Eigen schreibt: »Die wesentliche Freiheit, welche die Psychoanalyse bringt, ist die analytische Haltung selbst, die Befreiung der Fähigkeit, sich auf O zu zentrieren« (Eigen 1999, S. 30).

Literatur

Adler, A. (1997): Über den nervösen Charakter: Grundzüge einer vergleichenden Individualpsychologie und Psychotherapie: Kommentierte textkritische Ausgabe. Hg. Witte, K. H., Bruder-Bezzel, A., & Kühn, R. Göttingen (Vandenhoeck & Ruprecht).

Bion, W. R. (1993): Attention & Interpretation. 3. Aufl. London (Karnac).

Dürr, H.-P., Meyer-Abich, K. M., Mutschler, H.-D., Pannenberg, W., & Wuketits, F. M. (1997): Gott, der Mensch und die Wissenschaft. Augsburg (Pattloch).

Dürr, H.-P., & Oesterreicher, M. (2001): Wir erleben mehr als wir begreifen. 2. Aufl. Freiburg (Herder).

Eife, G. (2000): Der »emotionale Durchbruch« – ein verschenkter Augenblick der Begegnung. Zeitschrift für Individualpsychologie, 25, 118–122.

Eigen, M. (1999): The Area of Faith in Winnicott, Lacan, and Bion (1980). In: Mitchell, S. A., & Lewis, A. (Hg.): Relational Psychoanalyis. The Emergence of a Tradition. Bd. 14. Hillsdale, NJ (The Analytic Press).

Feldman, M. (1997): Projective Identification: The Analyst's Involvement. International Journal of Psycho-Analysis, 78, 227–241.

Fonagy, P., Moran, G. S., & Target, M. (1998): Aggression und das psychische Selbst. Praxis der Kinderpsychologie und Kinderpsychiatrie, 47, 125–143.

Fonagy, P., & Target, M. (2000): Playing with reality: III. The persistence of dual psychic reality in borderline patients. International Journal of Psycho-Analysis, 81, 853–874.

Forman, R. K. C. (1991): Meister Eckhart: The mystic as theologian, an experiment in methodology. Rockport, Mass. (Element).

Goldberg, A. (2000): Enactment as Understanding and as Misunderstanding. Journal of the American Psychoanalytic Association, 50 (3), 869–883.

Haken, H. (1987/1988): Die Selbstorganisation der Information in biologischen Systemen aus der Sicht der Synergetik. In: Küppers, B.-O. (Hg.): Ordnung aus

dem Chaos. München (Serie Piper).
Heisterkamp, G. (2002): Basales Verstehen. Handlungsdialoge in Psychotherapie und Psychoanalyse. Stuttgart (Pfeiffer bei Klett-Cotta).
Kelso, J. A. S., Mandell, A. J., & Shlesinger, M. F. (1988): Dynamic Patterns in Complex Systems. New Jersey (World Scientific).
Levinas, E. (1989): Die Zeit und der Andere. Übersetzt und mit einem Nachwort von Ludwig Wenzler. 2. Aufl. Hamburg (Meiner).
Lewis, M., D., & Granic, I. (Hg.) (2000): Emotion, Development and Self-Organisation. Cambridge (University Press).
Ogden, T. H. (1982): Projective Identification and Psychotherapeutic Technique. New York (Jason Aronson).
Ogden, T. H. (1995): Frühe Formen des Erlebens. Wien (Springer Verlag).
Prigogine, I. (1992): Vom Sein zum Werden. Zeit und Komplexität in den Naturwissenschaften. 6. Aufl. München (Piper).
Rombach, H. (1988): Strukturontologie. Eine Phänomenologie der Freiheit. 2. Aufl. Freiburg/München (Karl Alber).
Stern, D. N., Sander, L. W., Nahum, J. P., Alexandra M. Harrison, Lyons-Ruth, K., Morgan, A. C., Bruschweiler-Stern, N., & Tronick, E. Z. (1998): Non-interpretive mechanisms in psychoanalytic therapy. The ›something more‹ than interpretation. International Journal of Psycho-Analysis, 79 (5), 903–921. Dt. (2002): Nicht-deutende Mechanismen in der psychoanalytischen Therapie. Das ›Etwas-Mehr‹ als Deutung. Psyche, 56, 974–1006.
Thelen, E., & Smith, L. B. (1994): A Dynamic Systems Approach to the Development of Cognition and Action. Hg. v. S. E. Palmer. Cambridge, Mass. (MIT Press).
Warsitz, R.-P. (1997): Die widerständige Erfahrung der Psychoanalyse zwischen den Methodologien der Wissenschaften. Psyche, 51, 101–142.
Williams, P. (1999): Internet Discussion Review: Non-interpretive Mechanisms in Psychoanalytic Therapy by Stern et al. Journal of the American Psychoanalytic Association, 80, 197–210.
Witte, K. H. (2002): Eine ciszendentale Interpretation der Individualpsychologie Alfred Adlers. In: Brunner, R. (Hg.): Die Suche nach dem Sinn des Lebens. München (Reinhardt).

Der Glaube des Analytikers an die Psychoanalyse

Ohnmacht, Allmacht und Zuversicht.

Der Analytiker zwischen parareligiösem Eifer und Erkenntnisinteresse

Eduard Bolch

»Das eben haben wir mit Wissenschaft gemeint. Dass das Fragen wie das Antworten mit Ungewissheiten verbunden ist und dass beides weh tut. Doch dass es keinen Weg drumherum gibt. Und dass man nichts verbirgt und dass alles offen ans Licht kommt.«

Peter Høeg, Der Plan der Abschaffung des Dunkels, 1995, S. 23

I. Einleitung

Wir bewegen uns in der analytischen Praxis ständig auf einer Art Gratwanderung zwischen Bereichen, in denen gesichertes Wissen zu herrschen scheint, Abschnitten voller plausibler Annahmen, die sich in haltlosen Spekulationen zu verlieren drohen, bis hin zu einer Grenze, jenseits derer blankes Nichtwissen herrscht.

Der Zustand des Nichtwissens ist aber nicht der Endpunkt der Wanderung, sondern der Moment, aus dem heraus Entscheidungen getroffen werden über die Richtung des weiteren Weges. Eine Richtung kann wissenschaftliches Arbeiten sein als Versuch, diskutierbare Antworten auf noch offene Fragen zu finden. Dieser Weg kann die Akzeptanz von Grenzen mit einschließen. Ein anderer Weg führt zur Verleugnung des Nichtwissens durch die Schaffung einer mit Allwissenheit ausgestatteten Instanz, wie sie uns beispielsweise im religiösen Bereich begegnet. Wieder ein anderer Weg besteht darin, sich selbst in den Zustand der Allwissenheit zu versetzen.

Womöglich sind die gerade genannten Wege allesamt Bestandteil eines jeden von uns.

Ich werde mich mit der Vermischung von wissenschaftlichem Denken und parareligiösen Ansichten beschäftigen und eine Hypothese zum Verständnis dieser Gemengelage anbieten.

Für einige Wissenschaftler gilt es als ausgemacht, dass es nicht möglich sei, absolutes Wissen zu produzieren. So schrieb der Nobelpreisträger für Physik, Otto Hahn, in den 30er Jahren: »Es zeigt sich auch hier, dass die Forderung nach einem absolut gesicherten Wissen eine überspannte Forderung ist – vermutlich gibt es auf gar keinem Gebiet ein absolut gesichertes Wissen« (FAZ 1999, Nr. 191, S. 50).

Die Kunst des Wissenschaftlers – und sein Joch – bestünde so gesehen in seiner Fähigkeit, sorgfältige Unterscheidungsarbeit zu leisten in den Grenzbereichen, in denen wir uns stets auf dieser Gratwanderung bewegen.

In Abhängigkeit davon, wo in diesem Spektrum zwischen »alles oder nichts« wir uns gerade befinden, ist unsere Neugier einer harten und ständig wirksamen Probe ausgesetzt. Geht es uns zum Beispiel gerade darum, dass »alles ans Licht kommen solle« und wir, wie Fausts Famulus Wagner, »alles wissen wollen«, so richtet sich dieses Ansinnen auf die Zerstörung der Grenze zwischen Wissen und Nichtwissen. Gelänge dies wirklich, würde die Neugier ihre lebendige Spannung verlieren, die sich einer steten Pendelbewegung zwischen Wissen und Nichtwissen verdankt.

Ebenso zutreffend erscheint aber auch, dass der Zustand der Unwissenheit körperlich-seelisches Unbehagen bereitet: »Eine Weile wird wieder mit mir nicht zu reden sein. Die Spannung der Unsicherheit ergibt einen niederträchtig unbehaglichen Zustand, den man fast leiblich verspürt« (Masson 1986, S. 345). Insofern kann das Zitat von Høeg auch als Programm gelesen werden: Gerade weil wir den Schmerz und die Angst bewältigen wollen, die den Zustand der Unwissenheit begleiten, verfallen wir auf den Wunsch, dass bitteschön alles ans Licht kommen möge. Wir wollen »getrost nach Hause tragen«, was wir sicher zu besitzen wähnen.

Dieser Zustand, in dem nichts mehr verborgen bliebe, wäre für die Neugier so etwas wie eine »Stunde Null«. Die Differenz von Wissen und Nichtwissen machte einer unheilvollen Fusion Platz. Nun würde das über Sprache vermittelbare Wissen nicht mehr der Aufklärung dienen, sondern könnte zur Machtausübung gebraucht werden, stünde im Dienste der Sicherung und Aufrechterhaltung einer Idealisierung. Aus dem Prozess des Wissen-Wollens wird Erstarrung und Orthodoxie. Vielleicht hatte Freud diese Dimension im Blick, als er Ferenczi schrieb: »In den Brunnen fällt das letzte Stück wohl erst mit dem Tod« (Brabant 1993, S. 196).

II. Der Analytiker zwischen parareligiösem Eifer und Erkenntnisinteresse

Freud selbst, aber auch viele seiner Interpreten heben immer wieder hervor, dass die Wurzeln seines Werkes in wissenschaftlichem Arbeiten liegen. An vielen Stellen können wir lesen, wie er sich mit dem »Dunkel« herumschlägt, seine Neugier klug durch die verschiedenen, oben skizzierten Klippen steuert. Dabei ist er sich selbst immer wieder der Grenzen seiner Arbeit bewusst und der Tatsache, dass sie in ihrem Voranschreiten eher »work in progress« ist, als dass sie eine »vollständige Theorie« (Freud 1914d, S. 93) liefern wolle.

»Sie (die Psychoanalyse, E. B.) hat nie beansprucht, eine vollständige Theorie des menschlichen Seelenlebens überhaupt zu geben, sondern verlange nur, dass ihre Ermittlungen zur Ergänzung und Korrektur unserer anderswie erworbenen Erkenntnisse verwendet werden sollten« (ebd., S. 93f). Dieser Freud scheint vollständig damit beschäftigt, der »leisen Stimme des Intellekts« Geltung zu verschaffen.

Seltener erfahren wir etwas über jene Wunschvorstellungen Freuds, die den Rahmen wissenschaftlicher Arbeit sprengten und ihn in Konflikt brachten mit seinem Wunsch, der »leisen Stimme des Intellekts« zu folgen.

Im Briefwechsel mit C. G. Jung finden wir einen Freud, der sich über unüberwindbare Hürden bei seiner Arbeit beklagt: »Ich (...) wollte aber immer zu viel, wollte die Garantie des vollkommenen Durchschauens, wollte alle Komplikationen darstellen und blieb so jedes mal stecken« (McGuire 1974, S. 65). Er hat durchaus die Vision, den Patienten das letzte Geheimnis der Seele entreißen zu können. Damit greift er über die eigene, bereits skizzierte Auffassung der Wissenschaftlichkeit der Psychoanalyse hinaus.

Auf die Erfahrung des Scheiterns reagiert Freud niedergeschlagen, voller Selbstanklagen. Im Wunsch nach »vollkommenem Durchschauen« erscheint eine Art Allmachtsphantasie, die sich wie ein Fremdkörper in sein Selbstverständnis der Psychoanalyse als einer wissenschaftlichen Disziplin schiebt.

Auch an anderer Stelle taucht die Vision einer vollkommenen Leistungsfähigkeit auf, nun aber in Gestalt des Wunsches, »regelmäßige Heilungserfolge« erzielen zu wollen. Aber weder »vollkommenes Durchschauen«, noch »regelmäßige Heilungserfolge« sind mit Hilfe der Psychoanalyse herstellbar. In dieser Zeit, 1897, und in diesem Kontext reflektiert Freud dies noch nicht – wie später, etwa 1914 – als Ausdruck existierender, substantieller Grenzen. Vielmehr suchte er einen Verantwortlichen für seine – wie er meinte – Misere. Er fand diesen Verantwortlichen mal in sich selbst, durch solch unvollkommenes Durchschauen, mal im Patienten, in dessen Selbstherrlichkeit. Er schreibt:

»Es ist offenbar die Selbstherrlichkeit der seelisch so verschiedenen Persönlichkeiten, welche der Regelmäßigkeit des Heilungserfolges im Wege steht« (Freud 1890a, S. 302). Woraus wir entnehmen können: Zu diesem Zeitpunkt, 1890, gab es eine Wunschseite in Freud, von der aus er nicht bereit war, dem Subjekt Selbst- oder Mittätigkeit an seiner Heilung einzuräumen, auch bei deren Grenzen mitzusprechen. Vielmehr denkt er vom Arzt aus, wenn er schreibt, es würde bei der Heilung für den Arzt darum gehen, »(...) den günstigsten Seelenzustand zielbewusst mit geeigneten Mitteln zu erzwingen« (Freud 1890a, S. 302). Dieser Zwang richtet sich auf dasselbe Subjekt, dem in anderen Momenten seine Achtung und sein Respekt gehört und das er aus dem Machtgefüge der traditionellen Arzt-Patient-Beziehung befreien möchte. Der Arzt als Psychoanalytiker soll dem Subjekt als Gesprächspartner begegnen, der mit Hilfe der »Zauberkraft der Worte« Heilung, Linderung und Erleichterung bringen soll. Um 1890 jedoch war Freud noch der Meinung, durch physischen Druck des Daumens auf die Stirn des Patienten könne verdrängtes Material bewusstseinsfähig werden – eine Haltung, die er erst später zugunsten des Konzepts der freien Assoziation aufgegeben hat.

Die von Freud hier beklagte »Selbstherrlichkeit des Subjekts« verweist auf ein zentrales Konfliktfeld zwischen Arzt und Patient. Dieser Konflikt kreist um die Frage, ob das Subjekt allein Herrschaft über sich beanspruchen könne oder ob es dem Arzt freigestellt sei, die Position des Subjekts zur Sicherung regelmäßiger Heilungserfolge mit Zwangsmitteln manipulativ zu beeinflussen. Die Antwort des Subjekts war damals offenbar recht klar und eindeutig. Es war nicht bereit, den Herrschaftsanspruch abzutreten. Daran scheint sich, wie wir alle aus unserer Praxis wissen, bis heute nichts geändert zu haben. Freud ist also hier auf ein existentielles Interesse des Selbst an seiner Autonomie und deren Verteidigung gestoßen. Bis heute ist dieses Thema – Schutz des Selbst vor Missdeutungen, Übergriffen oder Vereinnahmungen – Gegenstand psychoanalytischer Literatur; und nicht nur dieser.

So lässt Dostojewski seinen »Idioten« im gleichnamigen Roman sagen: »Aber eines anderen Seele ist dunkel« (Dostojewski 1996, S. 330). Immer wieder beschäftigt den Fürsten diese Spannung zwischen dem Wunsch nach Ausleuchtung der Seele des Anderen oder der eigenen und einem Zustand, der uns die Schwierigkeiten dabei vor Augen führt. So heißt es an anderer Stelle: »Woher wollen Sie wissen, Bachmutow, welche Bedeutung die Hinwendung einer Persönlichkeit für eine andere für das Schicksal dieser anderen haben wird (...)? Es ist doch ein ganzes Leben und eine Unmenge von Verzweigungen, die uns verborgen sind« (ebd., S. 586). Diese Betonung des Verborgenen, Unbekannten – wie es an anderer Stelle heißt – ›am anderen und am eigenen‹ zieht sich wie ein roter Faden weiter durch die Überlegungen des Fürsten. Ich will mit den Gedanken des Fürsten zu einem seiner Träume hier abschließen. Der Fürst denkt über einen seiner »schweren« Träume nach. Er kommt so weit, anzunehmen, »dass in der Verflechtung solcher Absurditäten ein Gedanke verborgen ist, ein schon zur Wirklichkeit, zum wirklichen Leben gehörender Gedanke (...)«, um zu schließen: »der Eindruck ist stark, ob freudig oder peinvoll, aber worauf er sich bezieht und was die Botschaft bedeutet, das ist weder zu begreifen noch zu ergrübeln« (ebd., S. 655f). Damit – so scheint es – verteidigt der Fürst sich gegen die vielfältigsten Ansprüche, die aus seiner merkwürdigen Umwelt an ihn gestellt werden. Dem Versuch – im übertragenen Sinne – der Freunde des Fürsten, das Dunkel abzuschaffen, alles über ihn ans Licht zu bringen, um über alles von ihm und an ihm verfügen zu können, setzt dieser die Schaffung des Dunkels entgegen, um sich auf diese Weise seiner Haut zu erwehren.

Ob es hier Zusammenhänge gibt zur Entstehung des Konzepts »negative therapeutische Reaktion?« Limentani (vgl. Limentani 1993) beschreibt in seinem Aufsatz »Positive Aspekte der negativen therapeutischen Reaktion« die negative Reaktion bestimmter Patienten als eine Möglichkeit, wie sich der Patient vor Verschmelzungsphantasien schützt, die in der Übertragungsarbeit aktiviert worden sind. Ist es möglich, dass das Modell »vollkommenes Durchschauen« auf unbewusster Ebene mit solchen Verschmelzungsphantasien in Verbindung steht? Dann würde die Schaffung des Dunkels durch den Fürsten, oder durch einen dieser Patienten, eine präverbale, schützende, aber negative Abwehrmodalität darstellen gegenüber unbewusst aktivierten Vereinnahmungswünschen und -ängsten.

Verfolgen wir, wie sich Freuds Wunsch nach »vollkommenem Durchschauen« im Laufe der Zeit verändert hat. Führt die im Brief an Jung 1907 zum Ausdruck gebrachte leidvolle Einsicht in die Unmöglichkeit der Realisierung zur Aufgabe oder Modifizierung dieses Wunsches?

Knapp drei Jahre nach diesem Brief an Jung begegnen wir diesem Anspruch, wenn auch, wie ich meine, in veränderter Gestalt im Briefwechsel zwischen Freud und Ferenczi wieder.

Zunächst taucht er bei Ferenczi auf. In seinem Brief vom 02. 01. 1910 lobt er Freuds Verdienste für das Leben einzelner Patienten, die bereits in Analyse waren und denen es besser gehe, um fortzufahren: »Meiner unerschütterlichen Überzeugung nach sind aber diese Anhänger (die Patienten, denen die Psychoanalyse bereits geholfen hat, E. B.) nur die Vorläufer der ganzen, einstweilen noch in infantilen Widerständen steckenden Menschheit« (Brabant 1993, S. 191f).

Damit bringt er meines Erachtens eine Vision zum Ausdruck, dass die gesamte Menschheit aus infantilen Widerständen befreit werden könne. Wenn Ferenczi die Psychoanalyse so beschreibt, wird sofort der Unterschied deutlich zu Freuds Definition, die keine vollständige Theorie anvisiert, sondern sich als offen gegenüber Ergänzungen und Korrekturen versteht. Die Aspekte der Beweglichkeit fehlen in Ferenczis Vision. Mehr noch: Seine Vision wird von ihm gegen jegliche Variation und Erschütterung gleichsam festgeklopft, abgedichtet. Fast wirkt es, als wolle er jeglichen Zweifel und mögliche Skepsis erst gar nicht aufkommen lassen, als gälte es, die junge Disziplin durch höhere Weihe – »unerschütterliche Überzeugung« – jeder Kritik zu entheben.

Im Antwortbrief erscheint Freud bescheidener. Wir lesen in diesem Brief (wenn auch nicht in direktem Bezug zu Ferenczis Vision): »Es scheint mir, daß wir bei der Beeinflussung der Sexualtriebe nichts anderes zustande bringen können als Vertauschungen, Verschiebungen, nie Verzicht, Abgewöhnung, die Auflösung eines Komplexes. (Strengstes Geheimnis!)« (ebd., S. 196).

Freud zieht den Wirkungsradius der Psychoanalyse als Behandlungsmethode an dieser Stelle deutlich enger. Seine Erfahrungen haben ihn offenbar zu der Einschätzung gebracht, dass es in der Behandlung eben nicht zur Auflösung eines Komplexes kommt, dass von Auflösung, Erlösung gar, wohl eher nicht die Rede sein könne.

Aber warum soll dies »strengstes Geheimnis!« bleiben?

Es bleibt offen, wie Freud dies wirklich gemeint hat. Verschiedene Motive sind denkbar.

Kann es nicht sein, dass gerade die Einschätzung, die Psychoanalyse habe Grenzen und könne womöglich nicht die ganze Menschheit aus infantilem Widerstand befreien, Freud dazu bewogen hat, vom »strengsten Geheimnis« zu sprechen?

Ging es ihm darum, dass er den Ruf der Psychoanalyse als bahnbrechende Neuerung nicht gefährden wollte? Hinweise für diese Vermutung finden sich in seinen Werken. Machte sein Wunsch, mit Hilfe der Psychoanalyse die bisherigen Behandlungserfolge überholen zu können, mit Hilfe »regelmäßiger Heilungserfolge« gleichsam in der Konkurrenz zur Medizin seiner Zeit als Sieger hervorzugehen, aus seiner Einsicht in die Grenzen der Möglichkeiten der Psychoanalyse ein Geheimnis? Könnten nicht auch eigene, unbewältigte Ohnmachtserfahrungen bei Freud zur Bildung einer starken Idealisierung beigetragen haben? Grubrich-Simitis weist auf solche Narben und Verletzungen im Leben Freuds hin. Neben den positiven Faktoren im Leben Freuds – seine Hochbegabung und »ein Stück geglückter anfänglicher Bemutterungserfahrungen« – spielten »traumatische Verlust- und Diskontinuitätserlebnisse in der Beziehung zum zunächst verläßlichen Primärobjekt, (...) das heißt frühe seelische Verwundungen und Vernarbungen (...)« eine große Rolle (Grubrich-Simitis 1993, S. 106). So gesehen stünde der Wunsch nach Geheimhaltung auch im Dienste des eigenen Ich, im Dienst seiner Abwehr- und Schutzinteressen.

Sollten die »unerschütterliche Überzeugung« bei Ferenczi und die »strengste Geheimhaltung« bei Freud unter Umständen auf dieser Ebene korrespondieren?

Die hier aufgezeigte Spannung zwischen der Idealisierung der Möglichkeiten der Psychoanalyse und dem wissenschaftlichen Ausloten ihres Möglichkeitsraumes scheint in der Folgezeit nicht offen ausgetragen worden zu sein. Eine eigenständige Arbeit müsste nachzeichnen, mit Hilfe welcher Vorgänge – etwa Idealisierung Freuds und Identifizierungen mit bestimmten Bildern von Freud, die in der Gruppe seiner Schüler und Nachfolger geschaffen und gepflegt wurden – diese Spannung tradiert wurde. Sicher würde dabei ein differenzierteres Bild entstehen, als ich es in der Kürze der Zeit anbieten kann.

Möglicherweise geht es bei der Tradierung dieser Spannung aber auch um universell gültige Schutzinteressen des Menschen, weil wir alle durch diese Ohnmachtserfahrungen hindurch gehen und Lösungen für die jeweiligen Narben und Verletzungen finden müssen. Lösungen, die helfen sollen, die Spuren solcher Erfahrungen zu verwischen, die Ohnmachtserfahrungen möglichst auszugrenzen und – wo nicht möglich – erträglicher zu machen.

Auch hier ginge es dann aber eher um ein »mehr oder weniger«, nicht um »alles oder nichts«, nicht um ein »entweder – oder«: hier Ferenczi als Idealist, dort Freud als Realist. Sowohl Ferenczi als auch Freud erscheinen dieser Spannung ausgesetzt, an der wir alle mehr oder weniger Anteil haben.

In dem zuvor erwähnten Brief behält Freud zunächst die Haltung des Vorsichtigeren bei. Er antwortet Ferenczi, er, Freud, könne zum Wert der Psychoanalyse nur sehr schwer selbst Stellung nehmen, es sei doch alles ungewiss und fern, und Gott selbst wisse womöglich noch nicht, worauf er mit der Psychoanalyse hinaus wolle. Ferenczi scheint in diesem Punkt nicht locker gelassen zu haben. Immer wieder bedrängte er Freud, seine, Ferenczis, Position zu übernehmen. Auch bei einem Besuch Ferenczis bei Freud Ende Januar 1910, zwei Monate vor dem 2. Kongress der Internationalen

Psychoanalytischen Vereinigung in Nürnberg, müssen beide über diesen Punkt gesprochen haben. Anlass war wohl ein Gespräch über Freuds Eröffnungsrede für diesen Kongress. Der Titel dieses Vortrages lautete »Von den zukünftigen Chancen der psychoanalytischen Therapie«. Ferenczi also schreibt nach diesem Besuch: »Wenn Sie von den Chancen der Psychoanalyse sprechen, dürfen Sie diesen Gesichtspunkt nicht außer acht lassen. Ist einmal die Gesellschaft über das Infantile hinaus, so eröffnen sich bisher ganz ungeahnte Möglichkeiten des sozialen und politischen Lebens« (Brabant 1993, S. 205). Hier beschreibt Ferenczi erneut die Psychoanalyse als sich selbst idealisierende Wissenschaft, die einen Überlegenheitsanspruch gegenüber bestehenden sozialen und politischen Lösungen anmeldet.

Im Unterschied zu der drei Wochen zurück liegenden Reaktion Freuds lesen wir nun aber in seiner Antwort: »Sie dürfen sich nicht wundern, wenn Sie in meinem Nürnberger Vortrag Ihre Gedanken und selbst manche Ihrer Formulierungen wieder hören werden (...) ich habe einen entschieden gefälligen Intellekt und neige sehr zum Plagiat« (ebd., S. 208). Offensichtlich war Freud nun bereit, sich den Visionen Ferenczis anzuschließen. In seinem am 30. März 1910 vor dem Nürnberger Kongress gehaltenen Eröffnungsvortrag entwirft er eine Skizze künftiger Verbesserungen der psychoanalytischen Therapie. Diese Verbesserungen würden sich auch veränderten »Allgemeinwirkungen« zuschreiben lassen. Er meint damit die Übertragung der Folgen einer gelungenen Behandlung im Einzelfall auf gesellschaftliche Bedingungen: »Der Erfolg der Therapie (im Einzelfall, E. B.) muss auch bei der Masse auftreten« (Freud 1910d, S. 112), und er schreibt weiter:

> »Nun setzen sie an die Stelle des Einzelnen Kranken die ganze an den Neurosen krankende, aus kranken und gesunden Personen bestehende Gesellschaft (...) Die Kranken können ihre verschiedenen Neurosen (...) nicht bekannt werden lassen, wenn allen Angehörigen und Fremden (...) der allgemeine Sinn der Symptome bekannt ist, und wenn sie selbst wissen, dass sie in den Krankheitserscheinungen nichts produzieren, was die anderen nicht *sofort* (Hervorhebung von E. B.) zu deuten verstehen. (...) Sie (die Aufdeckung des Krankheitsgewinns der Symptome und die Weitergabe dieser Information an den Patienten, E. B.) hat den Krankheitsgewinn illusorisch gemacht und darum kann nichts anderes als die Einstellung der Krankheitsproduktion die endliche Folge der durch Indiskretion des Arztes veränderten Sachlage sein« (ebd., S. 112).

Damit hat Freud die Erlösungsidee Ferenczis übernommen und modifiziert. Aus der im »infantilen Widerstand verharrenden ganzen Menschheit« bei

Ferenczi ist bei Freud die »ganze an den Neurosen krankende (...) Gesellschaft« geworden, die mit Hilfe einer sich selbst idealisierenden Psychoanalyse geheilt, erlöst, gerettet werden wird.

Der Unterschied zwischen Ferenczi und Freud wird aber durch den nächsten Satz unmissverständlich klar gemacht. Während Ferenczi es schwer zu fallen scheint, sich von seiner Vision zu distanzieren, erliegt Freud nur vorübergehend dem süßen Gift der Illusion und kehrt schon im nächsten Satz auf den Boden einer realistischer wirkenden Einschätzung zurück. Er schreibt:

»Erinnern wir uns aber, dass man dem Leben nicht als fanatischer Hygieniker oder Therapeut entgegentreten darf« (ebd., S. 114). Sein »strengstes Geheimnis« aber, dass nur Gewichtsverlagerungen, Akzentverschiebungen mögliches Resultat unserer Bemühungen sein könnten, lüftet er auch an dieser Stelle nicht.

Wenn Freud gegen Ende seines Lebens schreibt, dass der Mensch für wissenschaftliches Arbeiten womöglich nicht geeignet sei, wirkt es, als hätte eine resignative Melancholie von ihm Besitz ergriffen.

Womöglich verdankt sich diese melancholisch gestimmte Perspektive der Einsicht, dass sich jene parareligiösen Phantasien, die eigene Wissenschaft in den Dienst einer Erlösung stellen zu können, nicht erfüllen ließen.

Dieser der religiösen Welt entlehnte Aspekt prägt nicht nur die Diskussionen zwischen den Analytikern, sondern kann auch in die unbewusste Konzeptualisierung von Behandlungen Eingang finden. Unter dem Eindruck der Selbstidealisierung – durchaus im Dienste progressiv-defensiver Motive stehend – besteht die Gefahr, dass der Patient zum Mitspieler gemacht werden kann.

Der analytische Dialog ist dann nicht mehr ein Austausch zweier gleichberechtigter Partner, die wechselweise ihre gesprochenen Sätze auf deren Wahrheits- oder Plausibilitätsgehalt prüfen. Die Gesprächssituation kann unter solchen Bedingungen eher dem gleichen, was Wampold kürzlich in einem Satz so beschrieben hat:

»›Schlicht gesagt: der Patient muss an die Behandlung glauben oder dazu gebracht werden, daran zu glauben‹ (Übersetzung von mir)« (Buchholz 2003; der oben zitierte Satz erscheint nicht mehr in der Rezension, wie sie in der Psyche, Heft 7, Juli 2003 abgedruckt wurde).

An dieser Stelle möchte ich einen der Begriffe im Titel erläutern. Mit »parareligiösem Eifer« meine ich genau den Augenblick, in dem das offene Spannungsverhältnis zwischen idealisierenden und wissenschaftsorientierten Auffassungen des Psychoanalytikers sich in Richtung Idealisierung verfestigt. Aus dem Glaube im Sinn von Hoffnung oder Zuversicht wird dann ein parareligiöser Eifer. Ich spreche von parareligiös, weil hier ohne explizite Bezugnahme auf ein offizielles Glaubenssystem Attribute benutzt werden, die dem religiösen Sektor entlehnt, wenn auch nicht auf diesen begrenzt sind. Ich gehe davon aus, dass wir alle Teil haben an diesem Spannungsfeld. Unter besonderen Umständen gewinnt diejenige Seite die Oberhand, die den Analytiker glauben lässt, er sei allwissend, er könne – wie der Allmächtige – die Menschheit erlösen, und wie der Allwissende sofort deuten.

Die Beständigkeit dieses Spannungsfeldes über Jahrzehnte hinweg spricht dafür, dass hier womöglich eine universell wirksame Abwehrmodalität als Bewältigungsversuch je persönlich gefärbter Ohnmachtserfahrungen zugrunde liegen könnte.

III. Auswirkungen

Ferenczis Glaube an die Möglichkeit der Psychoanalyse, die ganze Menschheit aus infantilem Widerstand befreien zu können, Freuds Utopie, den verborgensten Gehalt eines Symptomes mittels der Indiskretion des Arztes sofort deuten und auf diese Weise mit Hilfe der Psychoanalyse die ganze, an Neurosen kranke Gesellschaft heilen zu können, und das bei Wampolds gefundene Diktum, aus einem Ungläubigen einen gläubigen Patienten machen zu wollen – dies alles bleibt nicht ohne Folgen.

Ich denke dabei auch an das Bild, das in der Öffentlichkeit von der Psychoanalyse gemalt wird. Stets wird auf diese Selbstzuschreibungen verwiesen. Sicher gibt es auch bei Patienten eine unbewusst determinierte Suche nach den Halbgöttern in Weiß im Sessel. Aber die Idee der Analyse beschäftigt sich gerade nicht mit der Befriedigung solcher unbewusst determinierter Einladungen zur Unmündigkeit, sondern mit der Idee, diese interaktiven Modelle ließen sich in ihrer vielfältigen Bedeutungsschichtung bewusst machen. Das Gefälle zwischen den Möglichkeiten des Patienten, in seiner Selbsteinschätzung, und den vermeintlichen Fähigkeiten des Analytikers als »Halbgott« kann unüberbrückbar erscheinen, die eigenen Möglichkeiten klein, gering, gar wertlos scheinen. So gesehen, mag sich – mitbedingt durch selbsterzeugte Bilder – ein zusätzlicher Angstschleier über das analytische Geschehen legen.

Diese Überhöhung mag sogar von Patient und Analytiker im Dienst der Abwehr geteilt werden (ich werde meine Vignette dazu nutzen, das kurz zu illustrieren); sie kann so als Versuch der Bewältigung kindlicher Ohnmachtserfahrungen gesehen werden. Dennoch ist es sehr unwahrscheinlich, dass sich aus dieser Situation eine Perspektive öffnen lässt, die in eine erträglichere, symptomärmere Welt führt.

Stehen einmal Analytiker und Patient unter dem Bann solcher Visionen, wird dies wohl unvermeidlich zu Enttäuschung führen. Möglicherweise ist die Allmachtsphantasie den »kleineren Übeln« zuzurechnen, zu denen Kranke und Neurotiker imstande sind. Als Freud seiner Utopie den Satz hinzufügte, dass man dem Leben nicht als fanatischer Hygieniker oder Therapeut begegnen könne, hat er diese Position begründet. Das Symptom habe auch eine biologische Schutzfunktion, und man könne niemals sicher vorhersagen, ob der Wegfall des Symptomes, zu dessen Produktion der Kranke fähig sei, nicht einem »größeren Übel« Platz machen könne.

Könnte das »größere Übel« nicht vielleicht sogar im Durchbruch einer destruktiven, narzisstischen Wut liegen, die es abzuwehren gilt? Dann würden die defensiv-protektiven Absichten, die auch zu dem oben beschriebenen Zustand des ›gläubigen Analytikers‹ führen können, dem Schutz des Kranken dienen. Einem Schutz aber, der – sofern er nicht reflektiert wird – sowohl den Kranken als auch den Analytiker in ein Dilemma führen kann: Der Wunsch, gemeinsam nach einer erträglicheren Welt zu suchen, kann durch unerkannte Allmachtsideen selbst in eine potentiell destruktive Dynamik führen.

IV. Fallvignette

Ein Patient, Herr B., suchte mich auf, weil er sich ernsthafte Sorgen um seinen Zustand machte. Er lag zu Hause auf dem Sofa, ohne sich für irgendetwas noch irgendjemand zu interessieren. Er bekam große Angst, dass seine Pumpe nicht mehr schlagen würde, seine Beine ihn nicht mehr tragen würden. Wodurch war er in diese Stimmung verfallen? Er hatte jahrelang einen Tagtraum. Er wollte der reichste Mann der Welt werden. Seine bevorzugte Lektüre waren Biographien von Männern, die es geschafft hatten. Auf diese Weise hoffte er, niemals mehr in seinem Leben mit einem Gefühl von Ohnmacht in Berührung zu kommen. Er glaubte, diesen Zustand nicht ertragen zu können. Vor einiger Zeit hatte sich ihm die Gelegenheit geboten, eine Firma zu kaufen. Obwohl selbst vom Fach, versäumte er eine sorgfältige Prüfung der wirtschaftlichen Lage der Firma. Er unterschrieb die Verträge, kündigte eine gut bezahlte Stellung und startete eine Karriere, die ihn an die Spitze der reichsten Männer führen sollte. Nach kurzer Zeit wurde klar, dass seine Firma marode war. Er musste Konkurs anmelden.

Dieser Konkurs scheint für den Konkurs all seiner Hoffnungen und Wünsche gestanden zu haben. Der Einbruch der Realität in seine grandiose Welt ließ ihn in den beschriebenen Zustand apathischen Desinteresses verfallen.

Seine Mutter beschrieb er als Frau, die permanent unter schwerer Migräne gelitten habe. Die meiste Zeit sei sie im abgedunkelten Zimmer gelegen, habe sich mit Tabletten vollgestopft und den Patienten bloß als Störung aufgefasst und behandelt. Der Vater war starker Trinker und verleugnete die desolate Situation, in die er seinerseits geraten war. Als Herr B. zehn Jahre alt war, wurde er ins Internat abgeschoben, wie er es erlebt und erinnert hat. Dort entwickelte er eine Reihe psychosomatischer Symptome. Seit dieser Zeit, verstärkt durch die Krise, habe er daran gelitten, keinen spürbaren Kontakt zu seinen eigenen menschlichen Grundbedürfnissen zu haben, auch nicht zu den Bedürfnissen seiner Frau oder des Sohnes. Tagelang schwebte er gleichsam in der eigenen Familie, unerreichbar für sich und die anderen. So war das Paar und der Sohn in einen Zustand emotionaler Verarmung, Verwahrlosung geraten, voll untergründiger, angestauter Verzweiflung, über diesen bewusst nicht verstehbaren und beeinflussbaren Zustand.

Er begann die Behandlung wie ein Management-Seminar, in dem ich als Experte ihm alles, wonach er sich sehnte, verschaffen sollte. Er brachte gleichsam eine »to-do-list« des Glücks mit in die Stunden, eine Art magischer Spickzettel. Er begann damit zu kämpfen, dass meine Möglichkeiten spürbar hinter seinen Erwartungen zurück lagen. Er hatte fest damit gerechnet, dass ich ihm keine »echten Nüsse« zu knacken geben würde, allenfalls rosarote. Eine »echte Nuss« war für ihn die Wahrnehmung, dass ich zwischen Wissen und Nichtwissen unterschied. Er hatte in einer Stunde über ein unbehagliches Gefühl geklagt. Ich hatte sofort eine Idee über mögliche Quellen seines Unbehagens. Schon beim Aufschreiben der Stunde hatte ich diese Idee übrigens vergessen. Mir war in der Stunde aber sofort aufgefallen, dass ich noch gar nicht wissen konnte, was Herrn B.'s Unbehagen ausgelöst haben mochte. Ich nahm meine Hypothese zurück, stellte ihm meine Einsicht in die eigene merkwürdige Schnelligkeit zur Verfügung. Es begann ein Gespräch darüber, wie sehr sich mein Patient diese Form grandios wirkender Allwissenheit gewünscht hatte. Würde ich unentwegt fortfahren mit solchen Bemerkungen, bliebe ihm die andauernde Wahrnehmung meiner begrenzten Möglichkeiten erspart. Wir könnten beide im defensiv-protektiven rosaroten Nebel von Grandiosität schwimmen. Er könnte so wenigstens an der Grandiosität des Allwissendsten Mannes der Welt teilhaben. Nach wenigen Monaten hatte er sich mit dem Konkurs und seiner Lage so weit auseinandergesetzt und auch abgefunden, dass er sich wieder um eine Stelle bemühte. Bald kam er in Schwierigkeiten mit seinem Vorgesetzten. Er fühlte sich übergangen, schlecht behandelt. In mir entstand die Idee, er könne sich durch die zurückliegende Arbeit womöglich zu sehr gefordert fühlen. Ich formulierte probeweise eine Übertragungsdeutung dergestalt, dass er sich womöglich durch die andauernde Beschäftigung mit »echten Nüssen« sowohl an seinem Arbeitsplatz, als auch in der Arbeit mit mir überfordert und nicht angemessen wahrgenommen fühlen könne. Ich hatte zwar gespürt, dass ich das Gefühl hatte, vorsichtig mit dieser Übertragungsdeutung umzugehen, fühlte mich aber doch auch dazu bewogen. Die Reaktion von Herrn B. war überraschend und besorgniserregend. Er entwickelte ähnliche, auch vielfältige, psychosomatische Beschwerden. Eine Abklärung über die entsprechenden Ärzte blieb ohne körperlichen Befund. Ich war besorgt und stellte ihm die Frage, ob womöglich in den letzten Stunden etwas vorgefallen sei, womöglich auch ich etwas getan oder gesagt hätte, was ihm Furcht eingejagt haben könnte? Er war von dieser Frage überrascht. Er hatte nicht damit gerechnet, dass ich besorgt reagieren würde. Das ganze Ausmaß seines gebrochenen Vertrauens, seiner negativen Erwartungsängste, kam zum Vorschein. Er hatte auch in der Analyse mit einem Klima emotionaler Verwahrlosung, gnadenloser Funktionalisierung gerechnet. In die nächste Stunde brachte er mir ein Kompendium über Psychologie mit. Dieses hatte er sich vor Beginn der Behandlung gekauft. Er hatte alles über Psychoanalyse gelesen. Besonders haben sich ihm die Beschreibungen der Übertragung angstvoll eingeprägt. Ihm war klar gewesen, dass er auf dem Hintergrund seiner Kontaktarmut sowohl eigenen Wünschen gegenüber als auch den Wünschen Anderer gegenüber das nicht würde bieten können, was er unter dem Stichwort Übertragung gelesen und wie er dieses Gelesene aufgefasst hatte. Er hatte die Beschreibung von Übertragung so verstanden, dass Analytiker von ihren Patienten liebevolle oder aggressive Kontaktaufnahme erwarten würden. Meine Übertragungsdeutung erlebte er als Drohung, ihn ins Internat schicken zu wollen, den Kontakt meinerseits zu beenden, würde er nicht bald zu »übertragen« beginnen. (Es würde eine eigenständige Reflexion erfordern, der Entstehungsgeschichte der Reaktion des Analytikers nachzuspüren. Ich will nur darauf hinweisen, dass sie aus unerträglichen Gegenübertragungsgefühlen, einem Drang gleich, gesagt wurde. Darin sehe ich eine unbewusste Abwehr des Gefühls, mich in Gegenwart dieses Patienten wie tot, wie eine leblose, funktionierende Hülle gefühlt zu haben. Eine Art Gegenübertragungsagieren, die ich später als Verweis auf die versagende Containermöglichkeiten der schwer kranken Mutter des Patienten sah, aber ebenso plausibel erschien mir, darin einen Abkömmling der Gegenwehrversuche des Patienten gegen dieses »Funktionieren« sehen zu müssen. Meine Gedanken fasse ich als Ausdruck der nicht ausreichend gelungenen Separation und Individuation auf, als Hinweis auf einen Zustand noch nicht gelungener Autonomie und Abgrenzung). Nachdem mit dem Patienten seine Not angesprochen worden war, brachte er in die nächste Stunde einen Traum mit: Im Behandlungszimmer tauchte eine Schlägertruppe auf, die alles kurz und klein schlug. In der Gruppe glaubte er, Familienmitglieder zu erkennen. Er und ich hätten nur tatenlos zusehen können, wie alles zerstört wurde. Am schlimmsten war für ihn der Augenblick, in dem ich das Zimmer verließ, mich in einen Nebenraum begab und dort seelenruhig ein Puzzle zu legen begann. In diesem Moment erwachte Herr B. voller Angst, Panik und Entsetzen.

Die Durcharbeitung seiner rosaroten defensiv-protektiven Grandiosität führte zu einem Traum, in dem in einem psychischen Raum eines der zentralen Motive dieser Abwehr dargestellt wurde: Es ging, so fasste ich den Traum auf, um seine Angst, seine destruktive Enttäuschungsreaktion über mein enttäuschendes »nicht gut genug sein« könne zu einer vollkommenen Zerstörung – zum Konkurs – der Beziehung und damit der Hoffnung führen, einen Zustand von Wiedergutmachung zu erreichen. Die Übertragungsdeutung und die davorliegende Beschäftigung mit meinen realen Möglichkeiten ließ diesen Traum Gestalt annehmen. Zu der ihm vertrauten Verarbeitung seiner Angst mit Hilfe psychosomatischer Symptombildungen war eine, wenn auch angstbesetzte und Panik auslösende, Bearbeitung in seinem innerseelischen Raum hinzugekommen.

Die psychosomatischen Symptome verschwanden. Wir setzten unsere Arbeit fort, deren Auswirkung in einer Stärkung seiner Zuversicht bestand, mit Hilfe seiner nun kräftiger gewordenen Abwehr diesen befürchteten Durchbruch destruktiver Antworten besser abwehren zu können.

Viele Autoren haben auf die Gefahren hingewiesen, die auftreten, wenn der regressive Prozess in die Nähe unbewältigter destruktiver Kräfte führt. Das reicht von Freuds Hinweis darauf, dass die neurotische Lösung unter Umständen das kleinere Übel darstelle, weil der neurotisch Kranke angesichts einer bewussten Konfrontation mit seinem Unglück unter Umständen zu einem größeren Übel als Lösungsversuch greifen würde (vgl. Freud 1910d), über die Debatte, wie hilfreich, aber auch wie problematisch die Belebung traumatischer Situationen im therapeutischen Prozess sein kann (vgl. Leuzinger-Bohleber 2002), bis hin zu den von Trimborn (vgl. Trimborn 2003) beschriebenen Möglichkeiten, aber auch Risiken im Umgang mit solchen Patienten.

V. Ausblick

Ich wollte darauf hinweisen, dass Ohnmachtserfahrungen eine der zentralen Quellen der Entstehung von Allmachtsvorstellungen sind. Außerhalb des religiös gebundenen Vorkommens spielen sie – gleichsam als Durchgangsstadien – auch bei der Entstehungsgeschichte der Psychoanalyse eine Rolle neben dem Anspruch der Psychoanalyse, eine an Aufklärung und Mündigkeit interessierte wissenschaftliche Disziplin zu sein. Als Teil der Conditio Humana haben wir alle in einem Verhältnis von Mehr oder Weniger daran Anteil. Bleiben diese Anteile unreflektiert, können sie zu einer Gefahr des analytischen Prozesses werden. Verliert der Analytiker bei seinem Versuch, mit dem Patienten gemeinsam die Bedeutung dieser je persönlich gefärbten Phantasien zu besprechen, die Möglichkeiten seines Patienten aus dem Blick, kann die Bearbeitung dieser Phantasien auch negative Auswirkungen haben.

In einem mehr oder weniger labilen oder stabilen Gleichgewicht, dienen diese Phantasien dem Schutz des Liebesobjekt und des eigenen Selbst (vgl. Racker 1978) vor Zerstörung durch destruktive narzisstische Gewalt.

Im Verlauf der menschlichen Entwicklung scheint es vom Erleben und Bearbeitungsversuchen von Ohnmachtserfahrungen über den Glauben an die eigene Allmacht zu wachsender Zuversicht in die Möglichkeiten zu kommen, gemeinsam, nicht nur im analytischen Kontext, erträglichere Lösungen für existierende Spannungen und Konflikte entwickeln zu können. Ich will nicht unerwähnt lassen, dass neben den der äußeren Wirklichkeit entstammenden Quellen für die Erfahrungen von Ohnmacht auch andere Quellen solcher Ohnmachterlebnisse Teil der menschlichen Entwicklung sind. Ich möchte nur an die Wahrnehmung und die Verarbeitungsversuche der kindlichen Kleinheit und des kindlichen Versagens in der ödipalen Zeit und Krise erinnern.

Der Glaube stellt aber nicht die einzige Möglichkeit dar, die unvermeidlichen Spannungen abzumildern, wenngleich er ohne Zweifel die am weitesten verbreitete ist. Nicht zu glauben bedeutet ja nicht, keine menschlich plausible und fundierte Zuversicht zu besitzen. Die begründete Hoffnung auf eine positive Entwicklung, die begründeten Zweifel an einer solchen, können in einem glaubensfreien Raum vernünftig diskutiert werden.

Das relativiert Ziele wie »Abschaffung des Dunkels«, »dass alles ans Licht kommen solle«, gar »vollkommenes Durchschauen«, ohne dass diese ihre Anziehungskraft in Augenblicken größerer Not je verlieren würden.

So sehe ich den Weg in Richtung Erkenntnis nicht primär als Wechsel aus dem Zustand des Nichtwissens in den des Wissens. Diese Vorstellung lebt aus deren Gegensatz und birgt die Gefahr, in Grandiosität oder Nihilismus zu entgleisen. Sieht man beide als im Erkenntnisprozess zusammengehörig, dann erscheint der Weg zur Erkenntnis eher als ein oszillierendes, flimmerndes, spiralförmiges Prozessieren, Umkreisen bestehender Konflikte und Spannungen. In *Heilen und Forschen in der Psychoanalyse* kommen die Autoren zu der Auffassung, es handle sich bei der Gewinnung von Erkenntnis um einen »zirkulär – spiralförmigen dialektischen Prozess« (Leuzinger-Bohleber 2002, S. 41).

Um mit Freuds Worten zu sprechen: Anstelle Dogma und fixiertem Ideal: Frage und Antwort sowie die Bereitschaft, die dabei auftretenden, durch Unwissenheit erzeugten, Schmerzen und Ängste zu ertragen – ganz im Sinne Høegs.

Es muss bei der resignativen Melancholie, mit der Freud feststellte, dass Menschen möglicherweise nicht zu wissenschaftlichem Arbeiten fähig seien, nicht bleiben. Mit dem von Grubrich-Simitis vorgeschlagenen Verarbeitungsschritt hin zu einer »fröhlichen Melancholie« kommen wir einer erträglicheren Welt wahrscheinlich einen Schritt näher. Zumindest in einen Zustand, in dem das alte Diktum »Wiederholen, Erinnern, Durcharbeiten« als Joch *und* als Chance erscheinen kann. Ganz so, als ob wir uns ständig von Kindheitserinnerungen zu verabschieden suchten, deren Wiederkehr bemerkten, sie, wo möglich, ein Stück weiter verarbeiteten, integrierten, assimilierten, und so fort, ohne darüber Mut und Zuversicht oder den Verstand zu verlieren.

Literatur

Brabant, E. (Hg.) (1993): Sigmund Freud Sandor Ferenczi Briefwechsel. Wien, Köln, Weimar (Böhlau).

Buchholz, M. B. (2003): maschinenschriftliche Fassung der Rezension des Buches von Wampold. Frankfurter Allgemeine Zeitung (FAZ), 1999, Nr. 191, S. 50.

Dostojewski, F. (1996): Der Idiot. Zürich (Ammann).

Freud, S. (1890a): Psychische Behandlung (Seelenbehandlung). GW Bd. V.

Freud, S. (1910d): Die zukünftigen Chancen der psychoanalytischen Therapie. GW Bd. VIII.

Grubrich-Simitis, I. (1993): Zurück zu Freuds Texten. Frankfurt a. M. (Fischer).

McGuire, W. (1974): Sigmund Freud C. G. Jung Briefwechsel. Frankfurt a. M. (Fischer).

Leuzinger-Bohleber, M. (Hg.) (2002): Forschen und Heilen in der Psychoanalyse.

Stuttgart (Kohlhammer).
Limentani, A. (1993): Zwischen Anna Freud und Melanie Klein. Stuttgart (Klett-Cotta).
Masson, J. M. (1986): Sigmund Freud Briefe an Wilhelm Fließ 1887–1904. Frankfurt a. M. (Fischer).
Racker, H. (1978): Übertragung und Gegenübertragung. München, Basel (Ernst Reinhardt).
Trimborn, W. (2003): Der Verrat am Selbst – Zur Gewalt narzisstischer Abwehr. Psyche, 57. Jahrgang, Heft 11, 1033–1056.

Der Glaube des Psychoanalytikers an die Deutung

Klaus Grabska

»Psychoanalyse ist Deutung. Freud nannte sein grundlegendes Werk *Die Traumdeutung*. Die Haupttätigkeit des Psychoanalytikers ist das Deuten« (Loewald 1986, S. 81). Mit diesem Glaubensbekenntnis beginnt der Psychoanalytiker Hans Loewald einen Aufsatz zur Triebtheorie, die den Glaubensfels der ersten Psychoanalytikergeneration ausmachte. Während der Glaube an den Trieb an Macht und Einfluss eingebüßt hat, hat sich der Glaube an die Deutung als Teil unserer klinischen Kernidentität erhalten. Bevor ich Ihnen meine Gedanken zum Glauben an die Deutung schildere, möchte ich Ihnen im ersten Teil meinen Zugang zum Thema des Glaubens darlegen. Dabei gehe ich von der Annahme aus, dass dem *Glauben des Analytikers die Funktion einer subjektiven Rahmengebung* zukommt. Der Glaube an uns selbst als Analytiker bildet die Gefühlsbasis unserer professionellen Identität. Er legitimiert unsere persönliche Art der praktischen Handhabung der Analyse vor uns selbst und strukturiert die Begegnung mit dem Analysanden psychisch vor.

1. Glauben, Glaubenskrise und private Religion des Analytikers

Wenn ich von ›Glauben‹ spreche, möchte ich zuerst von der Erfahrung ausgehen, dass wir nicht alles wissen können, bevor wir in der Begegnung mit dem Analysanden analytisch handeln und sein Analytiker sein können. Zum Beispiel erleben wir uns in der analytischen Situation bezüglich der Frage, welche Deutung wir mit welcher Intention und welchem Ziel für welchen Analysanden mit welcher Struktur und welchem Funktionsniveau in welcher Übertragungskonstellation und zu welchem Entwicklungszeitpunkt des analytischen Prozesses für angemessen halten, mit einer enormen Komplexität konfrontiert. Wir können sie nur bewältigen, indem wir auf das zurückgreifen, was wir bis dahin in unserer analytischen Arbeit als unsere eigene private klinische Theorie entwickelt haben (Sandler 1983). Als unbewusste mentale Strukturierung trägt diese private klinische Theorie dazu bei, dass der Analytiker sich auf die Arbeit seines Vorbewussten in der intuitiven Bewältigung der analytischen Situation verlassen kann.

Im Kontext seiner privaten klinischen Theoriebildung wird jeder Analytiker auch eigene implizite oder explizite Konzepte zur Deutung entwickeln. Indem er an sie glaubt, werden sie für ihn eine psychische Realität. Ronald Britton betont diese die ›psychische Realität‹ erzeugende und bestätigende Funktion des Glaubens. Er sagt: »Ich sehe im Glauben die Funktion, durch die Phantasien und Ideen den Status von Wirklichkeit erhalten. Ich meine, dass der Glaube für die psychische Realität dieselbe Bedeutung hat wie die Wahrnehmung für die äußere Realität. Glauben und Führwahrhalten verleihen psychischen Vorgängen die Macht der Realität« (Britton 2001a, S. 25). Mittels des Glaubens verbinden sich intellektuelle Sichtweisen des Analytikers mit seinen emotionalen Haltungen zu persönlichen Überzeugungen und subjektiven Glaubensvorstellungen. In ihre Bildung gehen daher unbewusste Motivierungen ein, die mit der Persönlichkeit des Analytikers zusammenhängen. Die subjektiven Glaubensvorstellungen bilden deswegen den dynamischen Kern unserer Identität als Analytiker.

Jeder Analytiker kennt die Situation, in der er durch seine Analysanden damit konfrontiert wird, dass seine Vorstellungen und Überzeugungen nicht mehr tragen und er sich in seinem Glauben an seine Konzepte in Frage gestellt erlebt. Der Zweifel an seinen Glaubensvorstellungen kann sich zu Glaubenskrisen entwickeln. Der Analytiker wird dabei in einen Konflikt zwischen zwei Tendenzen geraten:

Mit einer progressiven Seite wird er versuchen, die Herausforderung seiner Glaubenskrise anzunehmen, den Zustand der Unsicherheit zu tolerieren und die ihm aufgenötigte Rückkehr in einen Anfänger-Zustand produktiv durch ein Nachdenken zu bewältigen, das sowohl selbstanalytische als auch konzeptionelle Reflektionen umfasst und das mit einer inneren emotionalen wie auch kognitiven Umstrukturierung verbunden ist. An diesem Punkt wird der auf den Analytiker zurückweisende, der selbstreferentielle Aspekt seiner klinischen Theoriebildung deutlich. Konzepte des Holding (Winnicott 1960) oder des Containing (Bion 1990) verdanken ihre Verbreitung gerade der Tatsache, dass wir sie nicht nur als Aussagen über den Analysanden, sondern als Aussagen zu uns selbst verstehen und behandeln. Weil die Verwendung dieser Konzepte uns selbst in Zuständen von Verunsicherung und Glaubenskrisen spürbar hilft, ein Minimum an seelischem Gleichgewicht (Joseph 1994) und Sicherheitsgefühl (Sandler 1960) und damit den notwendigen Glauben an uns selbst als Analytiker aufrechterhalten zu können, glauben wir an diese Konzepte. Es ist diese persönliche Erfahrung einer auto-therapeutischen Wirkung von klinischen Konzepten, die wir subjektiv als deren Validierung behandeln. Indem es uns bei Konflikten hilft, die wir in der Ausübung unserer Funktion und Rolle als Analytiker erleben, glauben wir an ein klinisches Konzept und seine seelische Wirksamkeit. Dadurch wird das klinische Konzept, an das wir glauben, für uns eine subjektive Glaubensvorstellung und damit ein seelisches Objekt, das uns einerseits ein Stück unabhängig von der Anwesenheit anderer macht, die uns als Kollegen oder Supervisoren helfen könnten. Andererseits beginnen wir darüber vermittelt an unseren klinischen Konzepten und privaten Theoriebildungen so zu hängen wie an einem inneren Objekt, von dem wir glauben, dass es uns ein Gefühl emotionaler Sicherheit und den Zustand personaler Integrität garantiert. Deswegen möchten wir es auf keinen Fall aufgeben, verlieren oder es uns nehmen lassen und halten aus seelischen Gründen trotz einer Glaubenskrise möglichst daran fest.

Mit einer regressiven Seite wird der Analytiker daher versuchen, die Herausforderung durch eine Glaubenskrise abzuwehren, sein altes Glaubenssystem und seine bisherigen Glaubensvorstellungen zu regenerieren und einen Zustand von Pseudo-Sicherheit herzustellen. Der Analytiker gerät so in Gefahr, eine unbewusste Abwehrorganisation gegen Veränderung im Sinne einer privaten Religion auszubilden und die Glaubenskrise auf illusionäre Weise »mittels der Wunschwelt zu bewältigen« (Freud 1933, S. 181). Britton (2001a) nennt drei Abwehrformen: 1. die Zerstörung der Glaubensfunktion, 2. die Suspendierung des Glaubens und 3. die Entwicklung eines malignen Gegen-Glaubens.

Die Zerstörung der Glaubensfunktion äußert sich darin, dass die Differenz zwischen Glauben und Wissen verschwindet und an deren Stelle das Empfinden von illusionärer Gewissheit tritt. Ich denke, dass damit ein quasireligiöser Gebrauch von klinischen Konzepten gemeint ist, in dem die Konzepte wie unbezweifelbare Eingebungen, Offenbarungen oder Verkündigen einer übermäßig idealisierten, gottähnlichen Instanz behandelt werden. Insbesondere eignen sich hierfür Konzepte von großen Analytikern. Mit ihrer Idolisierung versucht der Analytiker, die durch die Glaubenskrise herbeigeführte psychische Existenzgefährdung zu kompensieren, indem er unbewusst sein verzweifeltes Selbst abspaltet, es vielleicht im Analysanden und ›ungläubigen‹ Kollegen, nun vielleicht an ihm und seinem Dogmatismus verzweifeln, deponiert und sein glaubensbedürftiges Selbst mit dem analytischen Idol vereinigt. Die dadurch erzielte Pseudo-Sicherheit wird durch die Haltung eines Fundamentalismus verstärkt. In deren Rahmen erlebt der

Analytiker sich eins mit der latent vergötterten Autorität des großen Analytiker-Vaters oder der großen Analytikerin-Mutter, die ihn vor dem Bewusstwerden und der Konfrontation mit seiner inneren Glaubenskrise schützen sollen. Sie drückt sich sowohl in einer »Wort-Verehrung« (Britton 2001b) aus, mit der die klinischen Konzepte und psychoanalytischen Theorien der in den Himmel gehobenen analytischen Autorität die Qualität von Unfehlbarkeit zugeschrieben bekommen, als auch in der Konstruktion von ›Ungläubigen‹, die als verfolgende wie verfolgte analytische Feinde die Wiederkehr der verworfenen Glaubensinfragestellung repräsentieren.

Unter der von Britton als ›Suspendierung des Glaubens‹ beschriebenen zweiten Abwehrform verstehe ich einen manipulativ-verleugnenden Gebrauch klinischer Konzepte. Mit ihm wird vor der Notwendigkeit, sich mit der inneren Glaubenskrise auseinanderzusetzen, ausgewichen. Indem der Analytiker seine klinischen Konzepte und privaten Theoriebildungen subjektiv als wahr und unwahr zugleich behandelt, indem er zugleich an sie glaubt und nicht glaubt, vollzieht er eine von Freud (1938) beschriebene Ich-Spaltung, mit der er die Realität der bedrohlichen Glaubenskrise verleugnet. Wir sagen dann innerlich: »Ich sehe, was den Glauben an meine klinischen Konzepte angreift, aber ich entscheide mich, nicht daran zu glauben und so zu tun als ob da nichts wäre, was mich im Glauben an meine Konzepte und im Glauben an mich selbst als Analytiker angreift«. Wenn der Analytiker glaubt, seinen Glauben willkürlich suspendieren und wieder einsetzen zu können, vertritt er damit implizit das Modell eines omnipotent manipulativen Gebrauchs klinischer Konzepte. Wenn wir als Analytiker in diese verdinglichte Handhabung klinischer Konzepte hineingeraten, scheinen wir uns auf eine ähnliche Weise, wie Freud (1927a) es für den Fetischismus beschrieb, vor der Glaubenskrise als einer depotenzierend und kastrativ erlebten Bedrohung schützen zu wollen. Das zu einem technischen Instrument verdinglichte klinische Konzept kann dann unbewusst einem subjektiven Anbetungsgegenstand entsprechen, von dessen magischer Zaubermacht wir uns den Erhalt unserer analytischen Potenz und Existenz versprechen. Der Glaube an dieses Versprechen und die darin liegende Magie wirkt dann wie eine mentale ›Plombe‹ (Morgenthaler 1987). Sie soll den Mangel an Kohärenz und Integrität in unserer Identität als Analytiker ausgleichen und verhindern, im Innersten einen Zustand zu empfinden, in dem man nicht wirklich an sich selbst als Analytiker glauben kann.

Unter der dritten von Britton (2001a) als ›Gegenglauben‹ beschriebenen Abwehrform verstehe ich einen rationalisierenden Gebrauch klinischer Konzepte. Einerseits erkennt der Analytiker darin die Notwendigkeit an, sich mit der inneren Glaubenskrise zu konfrontieren, andererseits benutzt er seine Reflektion dazu, eine wirkliche Veränderung als Konsequenz dieser inneren Auseinandersetzung zu vermeiden. Sein Nachdenken folgt dann dem Primat, sich die klinischen Konzepte als private Theoriebildungen zu erhalten, von denen er sich in seinem Glauben an sich selbst als gegen die Glaubenskrise geschützt erlebt. Bei aller möglichen intellektuellen Produktivität der in der Glaubenskrise einsetzenden analytischen Reflexion entspricht sie ihrem Wesen nach doch einer Rationalisierung des Wunsches, sich als Analytiker nicht wirklich in Frage gestellt zu erleben. Äußerlich tendiert diese Haltung entweder zu einer Stagnation oder zu einer Pseudo-Entwicklung von klinischen Konzepten des Analytikers. Eine wirkliche Durcharbeitung und eine daraus resultierende Aufgabe oder substantielle Modifikation des klinischen Konzeptes findet nicht statt. Nach Innen wird dadurch ein latenter Gegen-Glaube konserviert, dass der Analytiker sich in Abgrenzung zum Analysanden exklusiv mit der Analyse vereinigt erleben kann. Der Analysand wird eher als potentielle Gefahrenquelle erlebt, von der eine ständig virulente Bedrohung der subjektiven Glaubensvorstellungen und des Glaubens des Analytikers an sich selbst ausgeht. Die analytische Technik und Kriterien der Analysierbarkeit werden latent als Möglichkeit missbraucht, diesen Störenfried zu kontrollieren, zu neutralisieren und außen vor zu halten. Das Dreieck »Analysand – Analyse – Analytiker«, das die analytische Situation strukturiert, wird in diesem Fall zugunsten einer unbewussten Wunschphantasie des Analytikers aufgegeben.

Halten wir fest: Idealtypisch habe ich eine progressive und eine regressive Tendenz der Bewältigung einer Glaubenskrise gegenübergestellt. Real wird jeder Analytiker Kompromisslösungen zwischen der auf Veränderung und der auf Konservierung drängenden Tendenz entwickeln und dabei mehr oder weniger stark ausgeprägte Bereiche in sich ausbilden, die durch quasi-religiöse Glaubensvorstellungen geprägt sind. Sie kommen oft erst in der Konfrontation mit anderen Analytikern und deren Glaubensvorstellungen oder in der Begegnung mit den Analysanden zum Vorschein, die nicht zu den klinischen Konzepten des Analytikers ›passen‹.

2. Der Glaube an die Deutung

Der Glaube an die Deutung in der Analyse gründet in Freud. In seinem posthum veröffentlichten »Abriß der Psychoanalyse« (1940), der seine letzte autorisierte Fassung der Psychoanalyse enthält, sagt er, dass die analytische

Situation darauf beruht, dass das geschwächte Ich des Analysanden und der Analytiker eine gemeinsame Partei gegen die Triebansprüche des Es und die Gewissensansprüche des Über-Ichs bilden. Beide schließen einen Vertrag miteinander, dass das kranke Ich des Analysanden alles das, was ihm seine Selbstwahrnehmung zugänglich macht, mitteilt und dass im Austausch dafür der Analytiker seine Erfahrung mit dem Unbewussten über die Deutung vermittelt in den Dienst des kranken Ich stellt gemäß dem Motto: »Unser Wissen soll sein Unwissen gutmachen« (ebd., S. 412). Auf dem Hintergrund der Übertragung der Autorität des Über-Ichs auf den Analytiker soll die Teilhabe an der »rein intellektuellen Deutungsarbeit« (ebd., S. 419) dem Analysanden Einsichten in seine unbewusste Konfliktdynamik vermitteln und ihn über Zusammenhänge von Symptombildung, Konfliktabwehr und infantiler Fixierung aufklären. Dabei verstand Freud unter einer vollwertigen analytischen Deutung primär eine Konstruktion, die dem Analysanden ein Stück seiner verdrängten Lebensgeschichte wiedergibt (Freud 1937). Das Bild eines an die Heilwirkung des Intellekts glaubenden Freud spricht die Seite in uns an, die sich wie Freud (1927b) gegen das Religiöse und Mystische mit der Aufklärung und der Vernunft identifizieren möchte.

Am Ende seines Lebenswerkes vertritt Freud damit eine strikt rationale Konzeption der Deutung. Insbesondere amerikanische Analytiker, die wie Arlow (1991) und Blum (1980) in ihrer Behandlungstechnik einen ich-psychologischen Ansatz vertreten, tradieren diesen Glauben an eine rationale Deutung. Beide betonen die Wichtigkeit der rekonstruktiven Arbeit durch den Analytiker, damit seine Interpretationen auf den Analysanden bezogen bleiben und nicht der latenten Versuchung folgen, die klinischen Konzepte des Analytikers als seine privaten Mythen zu bestätigen. Beide betonen auch, dass die Analyse essentiell eine Behandlung durch das diskursive Gespräch (Arlow 1995; Blum 2003) darstellt. Während diese Konzeption des Deutens die symbolisch-rationale Strukturiertheit in den Mittelpunkt stellt, erinnert sich der frühe Freud noch an die irrationale Seite der mystischen und magischen Wurzeln der Psychotherapie in der primitiven und antiken Medizin. Deren Gemeinsamkeit mit der Analyse bestünde darin, den Kranken zum Zwecke der Heilung in einen Zustand der ›gläubigen Erwartung‹ (Freud 1905a) zu versetzen. Schon 1890 macht Freud deutlich, dass dafür der ›Zauber‹ der Worte das Medium der Wahl darstellt, und drückt sein Verständnis für den Laien aus, der denkt, dass es sich bei einer Seelenbehandlung allein durch Worte um Zauberei handeln müsse (Freud 1890). Der Anthropologe Lévi-Strauss (1949) nahm diesen Gedanken später wissenschaftlich auf und sprach von der Psychoanalyse als der modernen Form der schamanischen Technik. In diesem Sinne erinnert uns Freud noch

1926 daran, dass das Wort ursprünglich ein magischer Akt war und mahnt: »und es hat noch viel von seiner alten Kraft bewahrt« (Freud 1926, S. 214).

Freuds kulturelle Erinnerung verweist darauf, dass ein Wort nicht nur ein Wort, eine Deutung nicht nur eine Deutung ist, sondern selbst in einem psychodynamischen Kontext steht. Hierzu möchte ich auf eine Sequenz aus der *Analyse der Phobie eines fünfjährigen Knaben* (Freud 1909) eingehen. Während der ersten kurzen Konsultation von Vater und Sohn gab Freud auf eine warmherzige, aber doch paternalistische Weise dem kleinen Hans eine aus seiner Theorie hergeleitete Deutung seiner ödipalen Ängste vor dem Vater. Danach fragte Hans den Vater: »Spricht denn der Professor mit dem lieben Gott, dass er alles vorher wissen kann?«. Die ebenso neugierige wie nach Beruhigung suchende Frage des kleinen Analysanden verweist darauf, dass der Analysand durch die Art und Weise der aufklärend-deduktiven Deutung Freuds vom Wissen, um das es geht ein zweites Mal ausgeschlossen wurde. Zuerst wurde sein Ich im Konflikt mit seinem Über-Ich dazu gedrängt, das Wissen um seine ödipalen Wünsche zu verdrängen. Nun ist es der große Analytiker, der darüber in omnipotenter Weise verfügt, und es ihm als ›guter‹ Über-Ich-Repräsentant zurückgibt. Dem kleinen Analysanden wurde nicht dazu verholfen, sich aus sich selbst heraus zu erkennen und ›Wissen‹ als subjektive Funktion seines Ichs zu erfahren.

Wie deutete Freud hier genau? Als Hans Widerstand dagegen leistete, dass Freud eine Verbindung zwischen seiner Pferdephobie und seiner Beziehung zum Vater zog, geht Freud mit der Gewissheit des Wissenden darüber hinweg und besteht darauf, dass die Angst dem Vater gilt. Unmittelbar daran anschließend erzählte er dem Jungen eine erfundene Geschichte. Schon lange vor seiner Geburt habe er dem Vater erzählt, dass ein kleiner Hans kommen werde, der seine Mutter so lieb hätte, dass er sich darum vor dem Vater fürchten müsste. Aber der Vater sei nicht böse darüber. Der Junge könne daher furchtlos alles bekennen. Freud selbst schildert uns hier in bewundernswerter Aufrichtigkeit, wie er mit seiner Deutung eine Größenphantasie des allwissenden Analytikers auslebte und wie er sich wie ein moderner Schamane, wie ein analytischer Zauberpriester und Geisterbeschwörer präsentierte, der in die Seelen der Noch-Nicht-Geborenen schauen kann. Freuds offener Bericht verweist darauf, welche latenten Wunschphantasien in sein klinisches Konzept von Deutung in rationalisierender Weise als dynamischer Antrieb des Deutens eingehen. Und er verweist darauf, wie der Glaube an ein Deutungskonzept wie eine Art Gegen-Glaube gegen die Verunsicherung des Analytikers benutzt werden kann, die durch den Widerstand und durch die Ungläubigkeit des Analysanden ausgelöst wird.

Wie reagierte der kleine Analysand auf die Deutung? Hans fragte den Vater und sich, was die Deutung Freuds über Freud selbst aussagte, was ihm Freud mit der Deutung über sich selbst offenbarte. Er bildete sich dazu eine Vorstellung zu Freud, die aus analytischer Sicht eine Übertragung darstellt. Und in dieser Übertragungsvorstellung steckte wiederum eine implizite Deutung. Hans deutet Freud. Mit der Frage, ob denn Freud mit dem lieben Gott spricht, dass er alles schon vorher weiß, deutete er Freud implizit als einen Analytiker, der in seinem klinischen Konzept mit seiner Allmachtsphantasie eine latente Selbstidolisierung und einen unbewussten Fundamentalismus ausleben könnte. Das mögliche Vorhandensein solcher unbewussten Strömungen in seinem großen Analytiker beunruhigte den kleinen Analysanden. Deswegen wendete er sich Hilfe suchend an den Vater.

Das Beispiel des kleinen Hans verweist auf ein bisher in der Analyse kaum beachtetes Phänomen des unbewussten Austausches zwischen Analytiker und Analysand. Ich habe es unter dem Konzept der Gegen-Deutung (Grabska 2003) zu fassen versucht. Es geht von einem einfachen klinischen Faktum aus: Auch der Analysand deutet den Analytiker. Insofern er es unbewusst tut, geschieht dies vermittelt über die Übertragung. Mit der Übertragung gibt der Analysand etwas, was der Analytiker in sich selbst als dynamisch Unbewusstes nicht integriert und mit der Deutung in den Analysanden projiziert hat, angereichert mit eigenem Unbewussten an den Analytiker zurück, der es in sich als seine Gegen-Übertragung empfängt und diese Gegen-Übertragung selbstanalytisch dahingehend behandelt, dass er zwischen seinem Anteil und dem Anteil des Analysanden unterscheiden kann.

Wir alle machen in unserer Praxis die Erfahrung, dass der Analysand uns auch direkt anspricht und bewusst deutet. Wir gehen in der Regel darauf ein, indem wir es als Ausdruck einer Übertragung oder eines Widerstandes verstehen und deuten. Obwohl wir es gewohnt sind, die Deutung im Fall des Analysanden als Manifestation einer unbewussten Konfliktdynamik zu sehen, scheuen wir bisher davor zurück, das Deuten in unserem eigenen Falle ebenfalls analytisch – also nicht philosophisch, sprachwissenschaftlich oder sozialpsychologisch – zu betrachten und es zu unserer unbewussten Konfliktdynamik in Beziehung zu setzen, die sich mit der Ausübung der analytischen Rolle und Funktion aktualisiert. Als Beispiel für eine direkte und bewusste Gegen-Deutung möchte ich eine kleine Episode aus der Analyse des Falles Dora (Freud 1905b) erwähnen. Freud deutete Dora ein in ihrem ersten Traum geträumtes Schmuckkästchen als Vorstellungsrepräsentanz für das weibliche Genital. Daraufhin antwortete die 18-jährige mit einer direkten Gegen-

Deutung: »Ich wusste, dass *Sie* das sagen würden«. Freud parierte im Gegenzug: »Das heißt, *Sie* wussten es«. Einerseits kam bei Freud an, dass Dora sein klinisches Deutungskonzept und seinen Glauben daran mit einer Gegen-Deutung in Frage stellte, die implizit eine kritische Deutung der Übertragung des Analytikers und seiner Wunschphantasie beinhaltete, der allmächtig Wissende sein zu wollen. Andererseits entschied Freud sich, so zu tun, als ob da nichts wäre, was seinen Glauben an sich selbst und an sein klinisches Deutungskonzept herausforderte. *Einerseits deutet er*, nämlich dass Dora etwas vom Sexuellen weiß, *andererseits deutet er nicht*, nämlich dass Dora etwas von ihrem Analytiker und seiner Leidenschaft zu wissen glaubt. Freud glaubt an die Deutung und zugleich glaubt er nicht an sie. In diesem Moment befindet er sich in dem von Britton als Suspendierung des Glaubens bezeichneten Zustand. Die damit abgewehrte Glaubenskrise nahm Freud teilweise an, nachdem Dora die Analyse abgebrochen hatte. In einer nachträglichen Reflexion zum Fall Dora betonte er die klinische Relevanz der Übertragung: Sie sei das Schwierigste an der analytischen Arbeit, während das Deuten und ähnliche Übersetzungskünste leicht zu erlernen seien.

Wir finden bei Freud, der bis zum Ende dem rekonstruktiven Deutungsmodell verhaftet bleibt (Cremerius 1981), eine Polarisierung zwischen Deutung und Übertragung. Sie erscheint in der weiteren Entwicklung aufgehoben durch das Modell der Übertragungsdeutung, die nach Strachey (1934) allein eine mutative Wirkung haben soll, als dem bis heute vorherrschenden klinischen Paradigma. Dabei passiert eine weitere Fokusverlagerung weg von der rekonstruktiven Arbeit, hin zur Deutung des ›Hier und Jetzt‹ der zwischen Analytiker und Analysand aktualisierten Objektbeziehung (Kernberg 2000; A. Sandler 1997; Spillius 1994). Die Entwicklungsrichtung der Übertragungsdeutung bewahrt in modifizierter Weise den Glauben an das Primat der Deutung, den Freud begründete. Wie in einer Art konzeptioneller Gegen-Deutung zu dieser Hauptströmung entwickelte sich ausgehend von Freuds Analysand Ferenczi (1988) der Glauben an die Objektbeziehung als primäres Medium der Veränderung. Mit der Ausweitung auf die analytische Behandlung nicht-neurotischer Persönlichkeitsstrukturen erwies sich das Deutungsmodell als idealisiertes Konzept, das nur unter der Bedingung eines fiktiven Normal-Ich anwendbar war. Es wurde offensichtlich, dass die Arbeitsteilung »hier der deutende Analytiker, dort der einsichtige Analysand« dort nicht mehr funktionieren konnte, wo das Ich des Analysanden entweder aufgrund eines strukturellen Mangels oder infolge einer tiefen Regression in einer entsprachlichten oder vorsprachlichen primitiven Erlebniswelt seiner frühesten Kindheit gefangen ist (Little 1957). Balint (1970) argumentierte vehement gegen die damaligen Freudschen Analytiker, die mit ihrem Bezug auf die Erwachsensprache tiefer liegende Erlebnisstrukturen nicht erreichen würden, und gegen die damaligen Kleinianischen Analytiker, die mit ihren ›konsequenten‹ Tiefendeutungen den Analysanden die eigene ›verrückte‹ Sprache über-ich-haft aufzwingen würden. Er plädierte dafür, den Bereich der vorsprachlichen primitiven Erlebniswelt frei von Deutungen und offen für einen Neubeginn in der subjektiven Entwicklung zu halten. Der Glaube an die Objektbeziehung als klinisches Konzept ist an den Glauben an die Heilkraft der therapeutischen Regression – sei es auf die Grundstörung bei Balint (1970), auf die Symbiose bei Harold Searles (1972) oder auf einen Zustand primärer Abhängigkeit bei Winnicott (1955) – und den Glauben an den Analytiker als ›gutem‹ Primärobjekt gebunden, das dem Analysanden eine neue Objekterfahrung ermöglicht. Aus dieser Perspektive heraus sah Winnicott (1969) den Wert der Deutung zuletzt einzig darin, dem Analysanden die Grenzen im Verstehen des Analytikers mitzuteilen. Er stellte damit die traditionelle Glaubensvorstellung von der Deutung auf den Kopf.

Einerseits versuchten Winnicott und Balint mit ihrer klinischen Kritik an der Deutung, einen damit verbundenen narzisstischen Allmachtsglauben des sich im Besitz der Wahrheit wähnenden Analytikers zu bannen, um den Analysanden nicht zu verfehlen. Andererseits kann aber nun die ›Objekt-Beziehung‹ zu einer subjektiven Glaubensvorstellung werden, in der die narzisstischen Allmachtswünsche des Analytikers auf implizite Weise erneut die Oberhand gewinnen. Mit der Rolle als ›neuem‹ Primärobjekt vermischen sich dann Wunschphantasien des Analytikers, auf omnipotente Weise dem Analysanden das nur ›gute‹ Objekt sein zu wollen, das ihm primär fehlte. Die Objektbeziehung als klinisches Konzept würde dann ebenfalls einen unbewussten malignen Gegen-Glauben im Sinne Brittons darstellen, mit der vor der Analyse von narzisstisch-destruktiven Übertragungskonflikten zwischen Analysand und Analytiker ausgewichen wird (Hopkins 1998). Balints ›Unaufdringlichkeit‹ und Winnicotts ›Non-Intrusiveness‹ können dann eine Widerstandskollusion mit der Verleugnungs- und Spaltungsabwehr des Analysanden eingehen. Dies ist insbesondere bei Analysanden der Fall, die an einem malignen Narzissmus leiden und die das Deuten des Analytikers als traumatischen Angriff auf ihre Ich-Organisation empfinden (Grabska 2002). Gerade an der Deutung aktualisiert sich hier ein wesentlicher innerer Konflikt des Analysanden, so dass eine Deutung der Übertragung auf die Deutung notwendig wird (Grabska 2003).

Am Ende stehen wir vor der Situation, dass uns die Analysanden lehren, dass weder der Glaube an die Deutung noch der Glaube an die Objektbeziehung allein ein verlässliches und gültiges klinisches Konzept für das hervorbringen, was in einer Analyse zu einer Veränderung führt. Während früher die Polarisierung von ›Deutung versus Beziehung‹ zu einem Glaubensstreit in der Analytikergemeinde führte, kann heute eher eine integrative Bewegung beobachtet werden (Gabbard & Westen 2003). Dabei bewegen sich das Nachdenken darüber, welche Form der Deutung zu einer neuen Objekterfahrung beiträgt, und das Nachdenken darüber, welche Arten von Objektbeziehung neue Deutungen ermöglichen, aufeinander zu. Diese konvergierende Bewegung legt die Entwicklung eines klinischen Konzeptes von Deutung als Objektbeziehung und von Objektbeziehung als Deutung nahe. Bei der Deutung als Objektbeziehung steht die Deutung als ein seelisches Objekt im Mittelpunkt, das dem Analysanden die Internalisierung einer mit dem Analytiker verbundenen toleranten, entängstigenden, sein psychisches Gleichgewicht respektierenden Atmosphäre ermöglicht und das ihm ein Gefühl von Sicherheit und Angenommensein vermittelt (Sandler & Sandler 1983). Bei der Objektbeziehung als Deutung steht die Objektbeziehung als ein implizites Verhalten des Analytikers im Mittelpunkt, das dem Analysanden etwas auf nicht-sprachliche Weise mitteilt und vom Analysanden gedeutet werden kann. In diesem Sinne sagt Winnicott, dass wir dem Analysanden schöpferisch eine Deutung geben, indem wir ihm die Deutung, die sich in uns schon gebildet hat, nicht mitteilen, so dass der Analysand selbst die Deutung finden kann (Winnicott 1962). Der Analytiker bedeutet hier dem Analysanden durch sein Verhalten und seine Haltung, dass er an dessen schöpferische Fähigkeit zur Deutung glaubt und diese ebenso anerkennt wie das »Prinzip, dass der Patient und nur er die Antwort weiß« (Winnicott 1969, S. 101).

Ich halte diesen Punkt, mit dem ich schließen möchte, für äußerst wichtig. Das, was Freud in seinem Glauben an die Deutung ausschloss, kehrt hier mit Winnicott wie etwas am Anfang der Psychoanalyse Verdrängtes wieder: die subjektive Fähigkeit des Analysanden, selbst zu deuten. Ein klinisches Konzept der Deutung, an das wir zukünftig glauben können, wird meiner Meinung nach die Fähigkeit des Analysanden zur Selbst-Deutung ebenso berücksichtigen müssen wie die Fähigkeit des Analysanden, den Analytiker zu deuten und seinen Deutungen mit Gegen-Deutungen zu begegnen. Wir können die Widerständigkeit von Analysanden gegen unsere klinischen Konzepte, an die wir glauben, als solche Gegen-Deutung verstehen, die vermischt mit dem malignen Abwehrcharakter auch das gutartige Ziel haben, uns in eine Glaubenskrise zu stürzen, aus der eine fruchtbare Veränderung unsererseits resultieren könnte. In diesem Sinne verstehe ich Winnicotts Vermächtnis: »It is the patient who is all the time teaching the analyst« (Winnicott 1966, S. 169). Es liegt an uns, uns in unserem Glauben an uns selbst als Analytiker immer wieder verunsichern zu lassen. Nur dann werden unsere klinischen Konzepte die Chance haben, ein lebendiger Teil von uns selbst sein zu können.

Literatur

Arlow, J. A. (1991): Methodology and reconstruction. Psychoanal. Q., 60, 539–563.

Arlow, J. A. (1995): Stilted listening: psychoanalysis as discourse. Psychoanal. Q., 64, 215–233.

Balint, M. (1970): Therapeutische Aspekte der Regression. Die Theorie der Grundstörunng. Stuttgart (Klett-Cotta).

Bion, W. R. (1990): Lernen durch Erfahrung. Frankfurt a. M. (Suhrkamp).

Blum, H. (1980): The value of reconstruction in adult psychology. Int. J. Psychoanal., 61, 39–54.

Blum, H. (2003): Psychoanalytische Rekonstruktion und Reintegration. Zeitschrift für psychoanalytische Theorie und Praxis, 18, 197–215.

Britton, R. (2001 a): Glaube, Phantasie und psychische Realität. Stuttgart (Klett-Cotta).

Britton, R. (2001 b): Apotheose von Person und Prozess: Idolatrie und Fundamentalismus in der psychoanalytischen Praxis. In: Bulletin der Europäischen Psychoanalytischen Förderation (EPF) Nr. 55 (2001).

Cremerius, J. (1981): Freud bei der Arbeit über die Schulter geschaut – Seine Technik im Spiegel von Schülern und Patienten. In: Cremerius, J. (1990): Vom Handwerk des Psychoanalytikers: Das Werkzeug der psychoanalytischen Technik. Band 2. Stuttgart (Frommann), S. 326–363.

Ferenczi, S. (1988): Ohne Sympathie keine Heilung. Das klinische Tagebuch von 1932. Frankfurt a. M. (Fischer).

Freud, S. (1890): Psychische Behandlung (Seelenbehandlung). In: GW, Band V, S. 287–315.

Freud, S. (1905 a): Über Psychotherapie. GW, Band V, S. 13–26.

Freud, S. (1905 b): Bruchstück einer Hysterie-Analyse. GW, Band V, S. 161–286.

Freud, S. (1909): Analyse der Phobie eines fünfjährigen Knaben. GW, Band VII, S. 243–377.

Freud, S. (1926): Die Frage der Laienanalyse. GW, Band XIV, S. 207–286.

Freud, S. (1927 a): Fetischismus. GW, Band XIV, S. 309–317.

Freud, S. (1927 b): Die Zukunft einer Illusion. GW, Band XIV, S. 325–380.
Freud, S. (1933): Neue Folge der Vorlesungen zur Einführung in die Psychoanalyse. GW, Band XV.
Freud, S. (1937): Konstruktionen in der Analyse. GW, Band XVI, S. 114–155.
Freud, S. (1938): Die Ichspaltung im Abwehrvorgang. GW, Band XVII, S. 59–62.
Freud, S. (1940): Abriss der Psychoanalyse. GW, Band XVII, S. 139–147.
Gabbard, G. O., Westen, D. (2003): Rethinking therapeutic action. Int. J. Psychoanal, 84, 823–841.
Grabska, K. (2002): Zur Gewalt der Deutung. Über Destruktivität in der analytischen Methode. In: Schlösser, A.-M., & Gerlach, A. (Hg) (2002): Gewalt und Zivilisation. Erklärungsversuche und Deutungen. Gießen (Psychosozial-Verlag), S. 617–635.
Grabska, K. (2003) Wer analysiert wen? Über Gegen-Deutung im analytischen Prozess. In: Eith, Th., & Wellendorf, F. (Hg.) (2003): Fort – Da. Trennen und Verbinden im psychoanalytischen Prozess. Heidelberg, S. 177–191.
Hopkins, L. B. (1998): D. W. Winnicott's analysis of Masud Khan: A preliminary study of failures of object usage. Contemp. Psychoanal., 34, 5–47.
Joseph, B. (1994): Psychisches Gleichgewicht und psychische Veränderungen. Stuttgart (Klett-Cotta).
Kernberg, O. (2000): Neuere Entwicklungen der behandlungstechnischen Ansätze in den psychoanalytischen Schulen der englischsprachigen Länder. In: Kernberg, O. (2001): Affekt, Objekt und Übertragung. Gießen (Psychosozial Verlag), S. 223–244.
Lévi-Strauss, C. (1949): Die Wirksamkeit der Symbole. In: Lévi-Strauss, C. (1967): Strukturale Anthropologie 1. Frankfurt a. M. (Suhrkamp), S. 204–225.
Little, M. (1957): ›R‹ – The analyst's total response to his patient's needs. In: Little, M. (1993): Transference neurosis and transference psychosis. Northvale/NJ (Aronson), S. 51–80.
Loewald, H. W. (1986): Über Motivation und Triebtheorie. In: Loewald, H. W.: Psychoanalyse. Aufsätze aus den Jahren 1951–1979. Stuttgart (Klett-Cotta), S. 81–119.
Morgenthaler, F. (1987): Homosexualität. Heterosexualität. Perversion. Frankfurt a. M. (Fischer).
Sandler, A. (1997): Zur Deutung der Übertragung im Hier und Jetzt. Forum Psychoanal, 13, 211–222.
Sandler, A., Sandler J. (1983): The ›second‹ censorship, the ›three box model‹ and some technical implications. Int. J. Psychoanal, 64, 413–425.
Sandler, J. (1960): Sicherheitsgefühl und Wahrnehmungsvorgang. Psyche – Z Psychoanal, 15, 124–131.

Sandler, J. (1983): Überlegungen zu den Beziehungen zwischen psychoanalytischen Konzepten und psychoanalytischer Praxis. In: Sandler, A. M., & Davies, R. (Hg.) (2003): Psychoanalyse in Großbritannien. Göttingen, S. 13–36.

Searles, H. F. (1972): Über die therapeutische Symbiose. In: Ammon, G. (1975): Psychotherapie der Psychosen. München (Kindler), S. 50–69.

Spillius, E. B. (1994): Entwicklungslinien des Kleinianischen Denkens: Ein Überblick und meine persönliche Sicht. In: Spillius, E. B. (2002): Kleinianische Theorie in klinischer Praxis. Stuttgart (Klett-Cotta), S. 27–84.

Strachey, J. (1934): Die Grundlagen der therapeutischen Wirkung der Psychoanalyse. Internationale Zeitschrift für Psychoanalyse, 21, 486–516.

Winnicott, D. W. (1955): Metapsychologische und klinische Aspekte der Regression im Rahmen der Psychoanalyse. In: Winnicott, D. W. (1983): Von der Kinderheilkunde zur Psychoanalyse. Frankfurt a. M. (Fischer), S. 183–207.

Winnicott, D. W. (1960): Die Theorie von der Beziehung zwischen Mutter und Kind. In: Winnicott, D. W. (2001): Reifungsprozesse und fördernde Umwelt. Gießen (Psychosozial Verlag), S. 47–71.

Winnicott, D. W. (1962): Die Frage des Mitteilens und des Nicht-Mitteilens führt zu einer Untersuchung gewisser Gegensätze. In: Winnicott, D. W. (2001): Reifungsprozesse und fördernde Umwelt. Gießen (Psychosozial Verlag), S. 234–253.

Winnicott, D. W. (1966): The split-off male and female element to be found in men and women. In: Winnicott, D. W. (1989): Psycho-analytic explorations. London (Karnac), S. 169–192.

Winnicott, D. W. (1969): Objektverwendung und Identifizierung. In: Winnicott, D. W. (1979): Vom Spiel zur Kreativität. Stuttgart (Klett-Cotta), S. 101–110.

Moslemischer und jüdischer Glaube

Der Mann Freud und der Fall der mohammedanischen Religion

Mohammad E. Ardjomandi

»Das Gewissen ist eine jüdische Erfindung.«
(H. Rauschning: Gespräche mit Hitler, 1940)

I. Islam, Christentum und Judentum. Gemeinsamkeiten und Unterschiede

In seinem Spätwerk *Der Mann Moses und die monotheistische Religion* schreibt Sigmund Freud, dass ihm »(...) der Fall der mohamedanischen Religionsstiftung (...) wie eine abgekürzte Wiederholung der jüdischen (...)« erscheine.

> »Es scheint ja, daß der Prophet ursprünglich die Absicht hatte, für sich und sein Volk das Judentum voll anzunehmen. Die Wiedergewinnung des einzigen großen Urvaters brachte bei den Arabern eine außerordentliche Hebung des Selbstbewußtseins hervor, die zu großen weltlichen Erfolgen führte, sich aber auch in ihnen erschöpfte. Allah zeigte sich seinem auserwählten Volk weit dankbarer als seiner Zeit Jahve dem seinen. Aber die innere Entwicklung der neuen Religion kam bald zum Stillstand, vielleicht weil es an der Vertiefung fehlte, die im jüdischen Falle der Mord am Religionsstifter verursacht hatte«. (Freud 1939, S. 199)

Die Stagnation der islamischen Kulturen führt demnach Freud auf die fehlende Überwindung des Religionsstifters Mohammad und seiner Vormachtstellung zurück, da er den positiven Ausgang des ödipalen Konflikts für die Grundbedingung des kulturellen und zivilisatorischen Fortschritts hält. Sich den Meinungen des Alttestamentlers Ernst Sellin (1922) anschließend, hatte er für das Judentum angenommen, dass der ägyptische Moses bei einem Aufstand seines »widerspenstigen und halsstarrigen Volkes ein gewaltsames Ende fand. Gleichzeitig wurde die von ihm eingesetzte Religion abgeworfen«, weil das Volk seinem anspruchsvollen Monotheismus nicht gewachsen war (Freud 1939, S. 135–136; Assmann 1998, S. 227). Später hätte das Volk Wiedergutmachung geleistet, einen anderen an Stelle des Religionsstifters genommen und die mosaische Religion wieder eingesetzt. »Der zweite Moses (...) nahm den Platz des ägyptischen Moses im traditionellen Gedächtnis ein« (Assmann 1998, S. 227). Freud insistierte auf einer Ermordung des Moses, selbst als Sellin seine Theorie längst aufgegeben hatte.

Wozu braucht Freud die Theorie der Ermordung des Moses?

»Der ermordete Moses« – so Assmann – »ist nicht zu trennen von Freuds Theorie über Ursprung und Wesen der Religion (...)«.

> »Nach Freud wurde die Tötung des Urvaters über Jahrtausende hin immer wiederholt. Nur kraft dieser Wiederholung konnte sie unauslöschliche Spuren in der menschlichen Psyche hinterlassen und ihre ›archaische Erbschaft‹ bilden (...) Durch Verdrängung wurde diese (...) ›archaische Erbschaft‹ ›verkryptet‹, d. h. unzugänglich für bewußte Reflexion und Durcharbeitung. Durch ihre Unzugänglichkeit wurde sie zwanghaft.« (Assmann 1998, S. 232f)

Die Art der Geschichte, die Freud in *Der Mann Moses* schreibt, ist »(...) Psychohistorie. Der vergöttlichte Vater ist eine Figur der Erinnerung, nicht der Geschichte. Es ist nur die Eigenschaft des Erschlagenseins, das ›den Vater zur Gottheit erhöht (...)‹« (ebd., S. 232f). »(...) Die Erfahrung mußte traumatisch sein, um dauerhaft zu werden (...) Sie mußte erst das Schicksal der Verdrängung (...) durchgemacht haben, ehe sie bei ihrer Wiederkehr so mächtige Wirkungen entfalten, die Massen in ihren Bann zwingen« könnte (ebd., S. 234).

In seinem grundlegenden Werk *Moses der Ägypter* hat Jan Assmann keinerlei Beweise für die Mordtheorie an Moses gefunden. Vermutlich dienten diese Theorien Freuds einer Ehrenrettung der mosaischen Religion, der er abstammte und der psychohistorischen Belegung seiner Theorie des ödiplaen Konflikts.

In einem Monolog mit Freud sagt Yerushalmi:

> »Als man Ihnen mitteilte, Sellin habe seine Theorie aufgegeben, daß Moses von den Hebräern ermordet worden sei, sollen Sie lediglich gesagt haben: ›Ursprünglich hatte er recht.‹ Solche geradezu olympische Unbeirrbarkeit weckt Entsetzen und Ehrfurcht zugleich. Einerseits wirkt sie abstoßend, anderseits will man nicht ausschließen, daß Sie eben auf Grund Ihrer Fähigkeit ›Tatsachen‹ zu ignorieren, wenn sie Ihnen im Weg waren, in die Lage versetzt wurden, über sie hinweg zu springen und zu bestimmten Wahrheiten vorzudringen.« (Yerushalmi 1992, S. 124)

Grubrich-Simitis meint, man könne der Moses-Studie in ihrer spezifischen Befremdlichkeit näherkommen, wenn man sie als eine Art *Tagtraum* lese, zustandegekommen unter traumatischen Bedingungen des Naziterrors. Freud, der sich Sorgen um die Zukunft seines Lebenswerks machte, identifizierte sich mit dem Mann Moses und versicherte sich auf diese Weise der eigenen Unvergänglichkeit (Grubrich-Simitis 1991, S. 26, 28 und 29).

»Die Wiedereinsetzung des Urvaters« war nach Freud »ein großer Fortschritt, aber es konnte nicht das Ende sein. Auch die anderen Stücke der prähistorischen Tragödie drängten nach Anerkennung (...) Es scheint, daß ein wachsendes Schuldbewußtsein sich des jüdischen Volkes, vielleicht der ganzen damaligen Kulturwelt bemächtigt hatte als Vorläufer der Wiederkehr des verdrängten Inhaltes. (...) Paulus (...) griff dieses Schuldbewußtsein auf und führte es richtig auf seine urgeschichtliche Quelle zurück. Er nannte diese die ›Erbsünde‹, es war ein Verbrechen gegen Gott, das nur durch den Tod gesühnt werden konnte. (...) In Wirklichkeit war dies todwürdige Verbrechen der Mord am später vergötterten Urvater gewesen. Aber es wurde nicht der Mordtat erinnert, sondern anstatt dessen ihre Sühnung phantasiert, und darum konnte diese Phantasie als Erlösungsbotschaft (Evangelium) begrüßt werden. Ein Sohn Gottes hatte sich als Unschuldiger töten lassen und damit die Schuld Aller auf sich genommen. Es mußte ein Sohn sein, denn es war ja ein Mord am Vater gewesen. Wahrscheinlich hatten Traditionen aus orientalischen und griechischen Mysterien auf den Ausbau der Erlösungsphantasie Einfluß genommen«. (Freud 1939, S. 192)

Im übrigen können u. a. zahlreiche Mythen und Sagen aus Babylon und dem Iran die Vermutungen Freuds belegen, diese Erlösungsphantasien wären orientalischen Ursprung. Freud führt weiter aus:

»Die Ambivalenz, die das Vaterverhältnis beherrscht, zeigte sich aber deutlich im Endergebnis der religiösen Neuerung. Angeblich zur Versöhnung des Vatergottes bestimmt, ging sie in dessen Entthronung und Beseitigung aus. Das Judentum war eine Vaterreligion gewesen, das Christentum wurde eine Sohnesreligion. (...) Paulus, der Fortsetzer des Judentums, wurde auch sein Zerstörer. Seinen Erfolg dankte er gewiß in erster Linie der Tatsache, daß er durch die Erlösungsidee das Schuldbewußtsein der Menschheit beschwor, aber daneben auch dem Umstand, daß er die Auserwähltheit seines Volkes und ihr sichtbares Anzeichen, die Beschneidung, aufgab, so daß die neue Religion eine universelle, alle Menschen umfassende werden konnte. (...) In manchen Hinsichten bedeutetet die neue Religion eine kulturelle Regression gegen die

> ältere. (...) Sie war nicht mehr streng monotheistisch. (...) Und doch war das Christentum religionsgeschichtlich, d. h. in Bezug auf die Wiederkehr des Verdrängten, ein Fortschritt, die jüdische Religion von da ab gewissermaßen ein Fossil«. (Freud 1939, S. 194f)

Was den Islam betrifft, führte Mohammad die Beschneidung erneut ein, ohne sein Volk zu einem Auserwählten zu erklären. Vielmehr wird die Beschneidung zu einem äußeren Anzeichen der Zugehörigkeit zu der universellen Religion Islam. Die Beschneidung beraubt nach Béla Grunberger das männliche Organ seines weiblichen Attributs, der Vorhaut, und trägt damit symbolisch zu *»Ver-Eingeschlechtlichung«* bei. Sie beendet die narzisstische Phantasie der bisexuellen Vollständigkeit (Grunberger & Dessuant 2000, S. 259). Sie ist »im symbolischen Sinne antinarzißtisch«. Sie entspricht »einem Symbol der Unterwerfung unter das Vaterprinzip, das heißt unter das Gesetz« und sichert die Vorherrschaft des Über-Ichs (ebd., S. 260). »Die christliche Religion ist« – nach Grunberger – »nicht einfach die Religion des Sohnes, die dem Judaismus als Religion des Vaters gegenübersteht. (...) sondern die Religion des Narzißmus, im Vergleich zur jüdaischen Religion, die ein Versuch zur Regelung des ödipalen Konflikts ist. Das Wesen des Christentums ist der Glaube; das Wesen des Judaismus ist das Gesetz (ebd., S. 186). Grunberger hält Christus für eine narzisstische Persönlichkeit, da er sich für den Sohn Gottes und dessen Inkarnation hielt und damit den jüdischen Monotheismus durch Einführung der alten mediterranen Glaubensinhalte in Frage stellte. Der judaische Patrizentrismus, das Vaterprizip steht dem christlichen Narzissmus, dem Mutterprinzip entgegen (ebd., S. 360).

Während das Christentum eine Religion der Liebe ist, richtete Mohammad erneut eine Religion des Gesetzes auf. Grunberger meint, der Islam habe »in all seiner Starrheit (...)den Monotheismus bewahrt. Das von den Christen ernsthaft geschwächte mosaische Gesetz« sei »bei den Muslimen trotz Einschränkungen erhalten geblieben. (...) Die Anleihe beim Christentum« sei geringer. Zwar jungfräulich empfangen, sei Christus nicht Sohn Gottes, sondern ein Prophet. Die Juden hätten nicht ihn gekreuzigt, sondern irrtümlich einen Anderen, den sie für Christus hielten. Er sei deshalb nicht auferstanden, sondern unverletzt gegen Himmel gefahren (Grunberger & Dessuant 2000, S. 297).

Der Islamwissenschaftler Navid Kermani hat jüngst auf die grundlegenden Unterschiede zwischen dem sunnitischen Islam und seiner iranisch-schiitischen Version hingewiesen. Er stellt den aus den präislamischen Religionen und kulturellen Traditionen Irans bekannten Märtyrertod heraus.

Der Märtyrer richtet seine Handlungen nicht gegen die Fremden. Das Märtyrertum ist als Sühne aufzufassen, als ein depressiver Akt der Wiedergutmachung, die der Vorbereitung der Ankunft des verborgenen Imams dient. Damit steht das Schiitentum dem Christentum nahe. »Anders als in der Schia hat das Leiden bei den Sunniten keine zentrale Bedeutung, eher schon im Christentum, auf dessen Nähe zum schiitischen Islam bisweilen hingewiesen worden ist. In der Aschura (dem Todestag des Märtyrers, des heiligen Husseins) haben die Motive der vorgeburtlichen Schuld, der Buße und der möglichen Erlösung einen festen Ort (...)« Diese Rituale der Trauer dienen auch »der Buße über das Urversagen der Gemeinde, den Imam bei Kerbela in Stich gelassen zu haben. Das bringt etwas von einer vererbten, wohl gemerkt aber nachkoranischen Schuld in den Islam, der die Erbsünde an sich nicht kennt. Dem Koran zufolge wird der Mensch gut geboren; Gott hat ihm die Verantwortung übertragen, Gutes zu tun, ihm aber auch die Freiheit zum Bösen gelassen. Daher läßt sich aus dem Koran selbst keine Theologie der Erlösung entwickeln. (...)« In der schiitischen Volksfrömmigkeit ist hingegen »die Vorstellung verankert, daß jeder Schiit Schuld am Tode des Märtyrers trage, man jedoch durch rechte Gesinnung der Buße, vor allem aber durch die Fürsprache eines Imams, eines Märtyrers also, Erlösung finden könne (...)« (Kermani 2002, S. 16–17).

Im Vergleich zu Judentum und Christentum schlug im Islam bald nach seiner Stiftung die orientalisch-neuplatonische Mystik ihre starken Wurzeln. Sie gestaltete die Philosophie richtungsweisend. Von Anfang an gab es aber zwischen den rationalistisch denkenden gesetzestreuen Theologen und den Mystikern große Kämpfe. Die Durchdringung der Philosophie durch die Mystik hat manche Orientforscher veranlasst, die These aufzustellen, die islamische Philosophie habe sich bald in den ersten Jahrhunderten nach der Religionsstiftung erschöpft und sei fast in allen islamischen Ländern mit Ausnahme Irans in Vergessenheit geraten. Für den Orientalen ist ein kulturelles Leben ohne mystische Philosophie undenkbar. Die damit verbundenen narzisstischen Verschmelzungsphantasien sind keineswegs Ausdruck eines pathologisch-regressiven Prozesses. Sie sind kulturspezifisch, kulturell unbewusst und stehen im Dienste der ödipalen Konfliktbewältigung, die allerdings einen anderen Ausgang nimmt als in Mitteleuropa. Sie dienen der Entwicklung eines Grundgefühls der Sicherheit, der Verlässlichkeit, des Geliebtwerdens und der Anerkennung durch ein mit mütterlichen Eigenschaften versehenes väterliches, intersubjektives Objekt. Sie dienen der Entstehung eines ungestörten, reifen Narzissmus als Grundlage der Entwicklung des wahren Selbst und ermöglichen den Zugang dazu (Ardjomandi 2000, S. 121–138).

Mohammed wurde vermutlich um 579 geboren. Er wuchs als Waise auf. Die Mutter Amina verlor er mit sechs Jahren. Der Vater Abdallah (Knecht Gottes) war während der Schwangerschaft gestorben. Bezeichnenderweise wählte Mohammed unter allen heidnischen in Mekka versammelten Göttern den Herren und Gebieter seines Vaters, Allah, zum einzigen wahren Gott.

»Das Bedürfnis nach einer arabischen Ideologie koinzidiert« – so Tibi – » mit Mohammeds Vater-Sehnsucht, mit seinem Bedürfnis, seinem Stamm Koraisch mit einem allmächtigen Vatergott zu drohen. Mohammeds Leistung bestand darin, sein eigenes Bedürfnis mit dem Bedürfnis der Epoche in Einklang gebracht zu haben. (...). Aus den auditiv-visuellen Halluzinationen eines nach väterlichem Schutz dürstenden Individuums treten aus dem Unbewußten verdrängte Kindheitserinnerungen an den jüdischen und christlichen Monotheismus hervor: Der Koran ist das Produkt einer Synthese aus Judentum und Christentum, die im Unbewußten Mohammeds stattgefunden hat und in der die jüdische Komponente, die Vaterreligion, über die christliche, die Sohnesreligion siegt« (Tibi 1979, S. 780).

II. Die Frage der Reife der islamischen Kulturen

Der Ausgang des ödipalen Konflikts in islamisch-orientalischen Kulturen zeigt andere Verarbeitungsmodalitäten als die uns in Mitteleuropa bekannten. Im heiligen Buch der Muslime, dem Koran, ist dem erstgeborenen Sohn Abrahams, Ismail, von Anfang an bewusst, dass er auf Geheiß Gottes geopfert werden muss und er ist damit voll einverstanden. Auf manifester Ebene endet in allen präislamischen iranischen Mythen der Zweikampf zwischen Vater und Sohn mit der Tötung des Sohnes.

Der Neokleinianer John Steiner vertritt in diesem Zusammenhang die Auffassung, dass man zwischen paranoid-schizoid und ödipal nicht unterscheiden kann. Freuds Auffassung von dem kastrierendem Vater stellt seines Erachtens die paranoid-schizoide Auffassung des Ödipuskomplexes dar:

> »Das ist diejenige Version, in der der Vater der Stärkere ist und den Sohn besiegt, der daraufhin seine inzestuösen Wünsche aufgibt, Diese Auffassung führt zu einem Wunsch nach Rache. In der depressiven Auffassung des Ödipuskomplexes besiegt dagegen der Sohn den Vater, und in seiner Phantasie hat er die omnipotente Wahnvorstellung, daß er stärker ist als der Vater. Erst wenn er den Leichnam seines Vaters vor sich sieht und schließlich auch den Schmerz der verzweifelten Mutter, erfaßt er die psychische Realität dessen, was er getan hat.

Dann muß ein ganz neuer Prozeß in Gang kommen, der mit Trauer und Verlust, Vergebung und Wiedergutmachung zu tun hat und der in der paranoid-schizoiden Version des Ödipuskomplexes völlig unmöglich wäre.«

Deshalb macht Steiner keinen Unterschied zwischen paranoid-schizoid und ödipal, sondern unterscheidet zwischen verschiedenen Auffassungen des Ödipuskomplexes (Britton, Feldmann & Steiner 1997, S. 93–94).

Demnach müsste man den traditionellen agnatisch-patrizentrischen Kulturen des islamischen Orients eine paranoid-schizoide Version des Ödipuskomplexes zu Grunde legen und annehmen, die Angehörigen dieser Kulturen hätten gemäß Melanie Kleins Auffassungen die depressive Position nicht erreicht. Sie wären unreif, ihnen fehlte die Fähigkeit zu trauern und Wiedergutmachung zu leisten. Ihre Objektbeziehungen wären artifiziell, ein reifes Überich fehlte ihnen und ihr Gewissen wäre archaisch, destruktiv-narzisstisch (Ardjomandi & Streeck 2003).

Tatsächlich gibt es gewisse Tendenzen, die islamischen Kulturen als unreif hinzustellen. So äußern sich der Orientalist Josef van Ess und der Theologe Hans Küng dahingehend, dass im islamischen Orient »die Fragen der Ethik seit jeher nicht durch Rekurs auf das Gewissen geregelt wurden, sondern durch Verweis auf die Tradition, auf das Wort Gottes und das Vorbild des Propheten. Nur die islamischen Philosophen – Alfarabi, Avicenna, Averroes – stehen da ein wenig abseits; sie haben die Ideen der ›Nikomachischen Ethik‹ und der platonischen ›Politeia‹ in arabischem Gewande heimisch zu machen versucht. Aber ihre Werke wurden vergessen (...); allein in Iran hat sich ihr Denken ohne Bruch (...) lebendig erhalten. Natürlich waren und sind Muslime sich darüber im klaren, daß es so etwas wie ein Gewissen gibt. Aber es ist doch bezeichnend, daß das klassische Arabisch dafür keinen prägnanten Begriff kennt; nur in der Mystik finden sich Ansätze, ähnlich dem ›Seelenfünklein‹ bei Meister Eckart. Was es nicht gibt ist das Gewissen als autonome Instanz« (Küng & van Ess 1994, S. 75–76).

An anderer Stelle weist Steiner darauf hin, dass die verfolgende Version des Ödipukomplexes weniger verfolgend sei als die depressive Version. Er meint, beide Versionen seien in jedem von uns vorhanden, allen Menschen zu eigen, so dass der einzelne nicht die eine der anderen vorziehen könne: er oder sie habe immer mit beiden zu tun (ebd., S. 135). Roland Britton stützt sich vornehmlich auf die Modifikation, die Bion an den Kleinianischen Konzepten vorgenommen hat. Bion versteht »die Übergänge zwischen (den Positionen) mehr im Sinne eines beständigen Oszillierens zwischen gleichzeitig vorhandenen Strukturen, woraus im Prozeß des Containment Denken und Bedeutung entstehen«. »Britton beschreibt Regression nicht mehr als topische, zeitliche und formale, nicht mehr als eine ›Rückkehr‹ zu früheren Entwicklungsformen des Denkens, der Objektbeziehungen und der Strukturierung des Verhaltens (Laplanche & Pontalis 1972, S. 436), und nicht als einfache Rückkehr von der depressiven zur paranoid-schizoiden Position, vielmehr bedeutet Regression Britton zufolge Abweichung in eine pathologische Organisation, die ihrer Struktur nach zwar sowohl einer paranoid-schizoiden wie auch einer depressiven Position ähneln kann, sich aber von deren ›normalen‹ Formen im Rahmen der Entwicklung unterscheidet« (Weiß & Frank 1998, S. 8–9). Die neokleinianische Erkenntnistheorie impliziert, »daß die depressive Position kein endgültiger Ruheplatz ist, und daß es für jede Weiterentwicklung unerläßlich ist, die zur depressiven Position gehörende Kohärenz aufzugeben und eine neue Runde von fragmentierter Verfolgung und Unsicherheit zuzulassen. Regression ist die einzige Alternative zu einer kontinuierlichen Weiterentwicklung (...)« (Britton 2001, S. 100).

Damit wird die gerne verwendete, aber fragwürdige Trennung zwischen reif und unreif aufgehoben, insofern als beide Versionen des Ödipuskomplexes in jedem Menschen vorhanden und wahrscheinlich auch kulturimmanent sind. Jeder gesunde Mensch und jede Kultur hat mit beiden Versionen zu tun und oszilliert von der einen in die andere, ohne dass man von Unreife und einer pathologischen Regression sprechen muss.

III. Islamische Kulturen und ihre Stagnation

Die Zahl der Publikationen über den islamischen Orient ist mittlerweile unübersehbar. Die Hauptaufmerksamkeit der Forscher richtet sich auf die Gründe der Rückständigkeit der islamischen Kulturen in den letzten 300 Jahren und auf die Möglichkeiten der Einführung der westlichen Demokratie. Begonnen hat dies mit der Eroberung Ägyptens durch Napoleon Bonaparte im Juli 1798. Schockiert durch die Invasion einer christlichen fremden Übermacht haben von diesem Zeitpunkt an eine große Zahl der orientalischen Gelehrten nach den Gründen des Verfalles dieser einst so blühenden Weltkultur gefragt. Hätten etwa der Unglaube und die Vernachlässigung der islamischen Grundsätze am Verfall Schuld? Was aber damals im Sinne einer islamischen Erneuerungsbewegung begann, steht inzwischen in Gefahr, als Desaster, als blutiger religiöser Fundamentalismus zu enden.

Es würde den Rahmen dieses Beitrages sprengen, wollten wir uns mit den wichtigsten gängigen Thesen zur Stagnation der islamischen Kulturen beschäftigen. Die Andersartigkeit der ödipalen Konfliktbewältigung mag allenthalben ein Grund am Rande der Ursachenvielfalt sein, mehr aber nicht. Die gängigen Theorien reichen von der sogenannten Verschwörungstheorie bis zur fundamentalistischen Meinung, die westliche Demokratie widerspreche dem Geiste des Islams und dem islamischen Zivilrecht. Der Islam verfüge über eine eigene Auffassung von Demokratie, die auch die Wahrung der Menschenrechte sichere.

Der amerikanische Islamwissenschaftler Bernard Lewis fragt unter anderem: Warum haben die Spanier und nicht die dem Westen zivilisatorisch zumindest ebenbürtigen Muslime am 12. Oktober 1492 Amerika entdeckt?

Lag es an der fehlenden Neugierde oder ist das ein Hinweis auf die Schwächung der islamischen Zivilisation? Nach allem, was wir aus den Reisetagebüchern der Europäer wissen, ließen sich z. B. die kulturellen Errungenschaften Irans zwischen 1500 und 1700 mit denen Europas durchaus vergleichen. Warum haben die Iraner es unterlassen, andere als die ihnen bekannten Seewege nach fernen Ländern zu suchen, um z. B. mit Europa den regen wirtschaftlichen und politischen Kontakt weiter zu pflegen, nachdem die Osmanen 1453 Konstantinopel erobert und den Iranern den kürzesten Seeweg zum Mittelmeer versperrt hatten? Lag die fehlende neugierige Suche nach anderen Möglichkeiten etwa daran, dass die Iraner weiterhin freien Zugang zum indischen Ozean hatten und ihnen damit im Gegensatz zu spanischen Kaufleuten die indischen und chinesischen Märkte offen standen? Hat etwa der durch die Osmanen erschwerte kulturelle Austausch mit Europa zum Niedergang der islamischen Zivilisation Irans geführt? Sind etwa die vorausgehenden Verwüstungen von Mongolen, Tataren und Türkvölkern, die vom 13. Jahrhundert an zur Zerstörung großer, blühender städtischer Kulturen führten, an diesem Verfall schuld? Und was hatte der Verlust der Seidenstraße für einen Stellenwert?

Bernard Lewis aber sieht in der fehlenden Säkularisierung und der Benachteiligung der Frau die Hauptursachen des Niederganges. Er fragt: Wie steht es mit der Persönlichkeitsentwicklung der Kinder, wenn die Mütter, die die Hauptlast ihrer Erziehung tragen, selbst nicht die vollen zivilrechtlichen Freiheiten genießen und vom Bildungsprozess ausgeschlossen sind?

Bassam Tibi weist darauf hin, dass dem Islam die biblische Lehre »Gib dem Kaiser, was des Kaisers und Gott, was Gottes ist« fremd ist. »Die islamische Säkularisierung muss deshalb andere Bahnen einschlagen als die des Christentums« (Tibi 1991, S. 275). Da »der Islam keine Aufklärung kennt, ist ihm das Toleranzprinzip im Sinne der Freiheit der Andersdenkenden und auch die Priorität der Vernunft fremd« (ebd., S. 174f).

Diese Aussagen Tibis können meines Erachtens nur für bestimmte konservativ-fundamentalistische Gruppierungen gelten. Der historische Islam war eine tolerante Religion. Mohammed Akroun widerspricht Tibi Er weist auf die gesellschaftlichen und machtpolitischen Unterschiede zwischen Palästina zur Zeit Jesu und Arabien bei der Stiftung des Islams hin. In Palästina lag die politische Macht eindeutig in der Hand der Römer, mit denen Jesus sich nicht anlegen wollte, und die geistige Autorität bei den jüdischen Gelehrten, was es Jesus ermöglichte, zwischen dem Kaiser und Gott zu unterscheiden. In der Stammesgesellschaft Arabiens gab es aber keine souveräne politische Macht, die erst der Prophet schaffen musste (Akroun 1999, S. 39–50).

»Der arabische Philosoph Tayeb Tisini hat (...) gefunden, daß die Philosophie im Hochislam erste Ansätze zu einer säkularen, auf wissenschaftlicher Grundlage basierenden Deutung des Kosmos aufwies« (Tibi 1991, S. 182). »Den anderen Strang einer tendenziellen Säkularisierung des Islams bildet die Tradition des Sufi-Islams (...)« Er »enthielt insofern eine säkularisierende Tendenz, als er die Innerlichkeit (battiniyya) in der Religiosität hervorhob und die Rolle« der Geistlichen« kämpferisch in Frage stellte. Tisini vertritt die interessante These, daß die häretische islamische Philosophie und der Sufi-Islam, hätten sie die Oberhand in der islamischen Geschichte gewinnen können (...) einen wichtigen Beitrag zu einer industriellen Entwicklung der damals doch sozio-ökonomisch entwickelten islamischen Gesellschaft hätten leisten können« (ebd., S. 182–183).

Wir können aber fragen: Warum kam es gerade in einem Land wie Iran, das als Wiege der islamischen Philosophie und Mystik gilt, zu einer islamischen Revolution?

Abdelwahhab Meddeb vertritt im Falle der Terroristen des 11. September die Meinung, dass die ständige Erniedrigung der Muslime ein wesentlicher Grund des Terrors sei: »Trotz des Reichtums, trotz der großen Zahl (1,2 Milliarden Menschen) bleibt das islamische Subjekt von den Entscheidungen ausgeschlossen, welche die Begierde, eine Perspektive für die Welt festzulegen, befriedige (...) Es ist der Wunsch nach Anerkennung (...), der sie handeln läßt. Nicht anerkannt zu werden, schafft den Mann des Ressentiments« (Lettre international 56, I/2002, S. 9).

Navid Kermani hat jüngst auf die Bedeutung des von Nietzsche geprägten Nihilismus für die gesellschaftliche Entwicklung des islamischen Orients und des islamischen Fundamentalismus aufmerksam gemacht. Kermani meint damit jenen Kerngedanken von Nietzsche, der auch im Faschismus aufgegriffen wurde: den aktiven Nihilismus. Er denkt auch an die Theorie des Ressentiments aus der Genealogie der Moral (Kermani 2002, S. 31–32). Er erkennt in der äußersten Radikalisierung des Glaubens eine Spielart des Nihilismus (Kermani 2002, S. 38).

Sadegh Djalal-al'azam überrascht mit seinen Gedanken, die islamische Republik Iran würde im Orient als Bannerträger der Demokratie den Weg der Trennung der Religion vom Staat öffnen. Er weist darauf hin, dass die Mullahs in Iran bei der Gründung des Gottesstaates nicht auf die Staatsform eines schiitischen Kalifats zurückgegriffen haben, sondern auf eine republikanische Regierungsform mit einem gewählten Staatspräsidenten und einem Parlament. Diese seien die Strukturen einer Demokratie nach westlichem Vorbild, in der die Gewaltentrennung gewährleistet ist. Die Jugend Irans wird für die demokratischen Rechte kämpfen und eine Zivilgesellschaft ins Leben rufen.

Das wichtigste in der Beziehung des Orients und des Okzidents wäre nach Mohammed Akroun »ein kritisches Denken, das über das nötige begriffliche Instrumentarium und über genügend Vernunft verfügt, um eine gemeinschaftliche und sinnvolle Geschichte der vom manichäischen Dualismus befreiten Völker zu schreiben. Eine Geschichte, die verzichten kann auf Zuschreibungen wie gut und böse, wahr und falsch, auserwählt und verworfen, zivilisiert und barbarisch, aufgeklärt und in Finsternis lebend« (Akroun 2003, S. 2).

»Die Formel des Themistokles, den Feind zu schlagen und anzuhören verlangt«, so Abdelwahhab Meddeb, »von jedem einzelnen, gleichzeitig einen Krieg zu führen und sich in Anerkennung zu üben. (...) Die Welt entsteht in der Schicksalsgemeinschaft. Denn im Guten wie im Bösen gilt künftig Goethes Vers aus dem West-östlichen Diwan: ›Orient und Okzident sind nicht mehr zu trennen‹« (Meddeb 2003, S. 42).

Literatur

Akroun, M. (2003): Die Ignoranz und das Mittelmeer. Was Orient und Okzident gemeinsam haben. In: Le Monde diplomatique, deutsche Ausgabe, März 2003, S. 2.

Akroun, M. (1999): Der Islam. Annäherung an eine Religion. Heidelberg (Palmyra).

Ardjomandi, M. E. (2000): Der Ausgang des ödipalen Konfliktes im iranischen Kulturraum und seine Auswirkungen auf die analytische Psychotherapie iranischer Patienten. In: Rodewig, K. (Hg.) (2000): Identität, Integration und psychosoziale Gesundheit. Gießen (Psychosozial), S. 107–148.

Ardjomandi, M. E., Streeck, U. (2003): Reif versus unreif – Gedanken zur Anerkennung des Anderen, der einer fremden Kultur angehört. In: Jahrbuch für Gruppenanalyse und ihre Anwendungen 9.

Assmann, J. (1998): Moses der Ägypter. München (Hanser).

Assmann, J. (2002): Der Fortschritt in der Geistigkeit. Sigmund Freuds Konstruktion des Judentums. Psyche, 56, 154–171.

Britton, R., Feldmann, M., Steiner, J. (1997): Groll und Rache in der ödipalen Situation. Tübingen (edition discord).

Britton, R., Feldmann, M., Steiner, J. (1998): Identifikation als Abwehr. Tübingen (edition discord).

Britton, R. (2001): Glaube, Phantasie und psychische Realität. Psychoanalytische Erkundungen. Stuttgart (Klett-Cotta).

Freud, S. (1939): Der Mann Moses und die monotheistische Religion. In: Gesammelte Werke Band XVI, Frankfurt/M. (S. Fischer, 1968).

Freud, S. (1960): Briefe 1873–1939. Hg. E. Freud. Frankfurt/M. (S. Fischer).

Grubrich-Simitis, I. (1991): Freuds Moses-Studie als Traum. Weinheim (Verlag Internationale Psychoanalyse).

Grunberger, B., Dessuant, P. (2000): Narzißmus, Christentum, Antisemitismus. Eine psychoanalytische Untersuchung. Stuttgart (Klett-Cotta).

Kermani, N. (2002): Dynamit des Geistes. Martyrium, Islam und Nihilismus. Göttingen (Wallstein).

Küng, H., van Ess, J. (1994): Christentum und Weltreligionen – Islam. München (Piper).

Meddeb, A. (2003): Blütezeit des Islam. Schöpferische Leistungen der Synthese großer Traditionen. In: Lettre international 60, I/03, S. 36–42.

Tibi, B. (1979): Religionsstiftung, Islam und Psychoanalyse. Anmerkungen zu M. Rodinsons Mohammed-Biographie. Psyche, 33, 773–783.

Tibi, B. (1991): Die Krise des modernen Islams. Frankfurt/M. (Suhrkamp).

Weiß, H., & Frank, C. (1998): Einführung. In: Britton u. a. (1998): Identifikation als Abwehr. Tübingen (edition diskord), S. 8f.

Yerushalmi, Y. H. (1992): Freuds Moses. Endliches und unendliches Judentum. Berlin (Wagenbach).

Vom archaischen ›Urhorden‹- zum ›angenommenen‹ Vater

Überlegungen zum Glauben (des Judentums) am Beispiel der Abraham-Jizchak-Erzählung (Genesis 22)

Yigal Blumenberg

> »Abrahams Tränen fließen in die Augen seines Sohnes und hinterlassen eine Spur, die nichts mehr auslöschen wird«. (E. Wiesel 1975/1980, S. 93)

In der Vorbereitung zu diesem Vortrages fiel mir eine Passage aus Freuds *Mann Moses und die monotheistische Religion* ein und – merkwürdig genug – die Antwort meines Vaters auf eine Frage, die ich ihm als Jugendlicher stellte. Recht selbstkritisch bemerkte Freud zur Frage, wie sich die jüdische Tradition durchgesetzt hat:

> »Allem, was mit der Entstehung einer Religion, gewiß auch der jüdischen, zu tun hat, hängt etwas Großartiges an, das durch unsere bisherigen Erklärungen nicht gedeckt wird. Es müßte noch ein anderes Moment beteiligt sein (...) etwas Einziges und etwas von der gleichen Größenordnung wie das, was daraus geworden ist, wie die Religion selbst«. (1939, S. 236)

Als ich meinen Vater fragte, wie es seiner Ansicht nach zu jenem katastrophalen mörderischen Geschehen der Shoah gekommen sein könnte, überraschte er mich mit seiner Antwort, die mir auch deutlich macht, dass diese Frage ihm längst zu einem beständigen Begleiter geworden ist: »Weißt Du, nach dem Krieg haben viele Juden mit einem Gott, der so etwas zulässt, gebrochen, wollten nichts mehr mit ihm zu tun haben. Aber ich glaube, dass« – und dies bezog er eindeutig auf die Mörder – »gerade weil viele Menschen nicht an Gott geglaubt haben, so etwas geschehen konnte.« Diese Antwort hat mich über all die Jahre begleitet und ich beginne jetzt erst, sie zu verstehen. Sie muss zunächst befremdlich wirken, wissen wir doch, dass unzählige »man-made-desasters« im Namen eines Gottes nach wie vor begangen werden. Und doch scheint mir etwas Wahres in der Antwort meines Vaters enthalten zu sein. Könnte es denn einen allgemeinen Zusammenhang zwischen jenem von Freud vermuteten großartigen Moment in der jüdischen Tradition und dem Glauben an Gott geben, der den Menschen vor Mord und Vernichtung zurückscheuen lässt?

Als vor 60 Jahren aus den Ghettos um Wilna die Deportationszüge ohne Unterlass in die Todeslager abfuhren und den noch in Wilna lebenden Juden unmissverständlich ihr Schicksal klar wurde, versammelten sich die bedeutendsten rabbinischen Gelehrten Wilnas – das Jerusalem des Ostens gerufen wurde – zu einem Gerichtsprozess. Gott wurde angeklagt und die Verhandlung währte die ganze Nacht. Schließlich schob ein Rabbiner den Fenstervorhang beiseite, bemerkte die sich ankündigende Morgendämmerung, und kurz nachdem das Urteil über Gott – schuldig – gesprochen wurde, wies er alle Anwesenden darauf hin, dass es nun Zeit für das Morgengebet sei.

Mit dieser schier unglaublichen Geschichte – und ich habe keinen Zweifel an ihrem Wahrheitsgehalt – habe ich Ihnen aus meiner Perspektive den Kern jüdischen Glaubens angedeutet: Gott an seiner eigenen Gerechtigkeit zu messen, über ihn zu urteilen und zugleich am überlieferten Gesetz festzuhalten (vgl. Jes 43,10ff). Alles Weitere kann bestenfalls ein Kommentar hierzu sein.

Nicht ganz 1900 Jahre zuvor, so überliefert uns der babylonische Talmud, führen jüdische Gelehrte in der Akademie von Jabne ein Streitgespräch darüber, ob ein in einzelne Teile zerlegter und zum Transport geeigneter Backofen dem Gesetz nach prinzipiell unrein sein kann. Die Mehrheit bejaht es, aber R(abbi) Eliezer hält dagegen und sucht schließlich die Akademie auf eine bemerkenswerte Weise zu überzeugen: »Wenn ich recht habe, dann mag es dieser Johannisbrotbaum beweisen!« Und siehe da: Der Johannisbrotbaum rückt um 100 Ellen von seinem ursprünglichen Platz weg. Seine Diskussionsgegner lassen sich allerdings davon nicht beeindrucken und bemerken lapidar: »Man bringt keinen Beweis mit einem Johannisbrotbaum«. Aber R. Eliezer gibt nicht auf und vollbringt erneut ein Wunder: Er lässt einen Fluss aufwärts fließen. Aber auch damit bringt er die Mehrheit nicht auf seine Seite; ein Fluss beweise überhaupt nichts. Schließlich greift R. Eliezer zu drastischeren Mitteln und zwingt die Wände des Lehrhauses, für ihn einzustehen. Tatsächlich neigen sich die Wände und drohen einzustürzen. In diesem Moment tritt ihnen R. Jehoschua, der Sprecher der Mehrheit, voller Zorn entgegen und empört sich: »Wenn die Gelehrten einander im Gesetz bekämpfen, was geht dies euch an!« Und siehe da: Sie stürzen wegen der Ehre R. Jehoschuas nicht ein, richten sich aber auch wegen der Ehre R. Eliezers nicht gerade auf; sie sollen immer noch geneigt stehen. Nun gibt es für R. Eliezer kein Halten mehr und er ruft die himmlischen Mächte an. Und plötzlich ertönt eine Hallstimme vom Himmel: »Was habt ihr gegen R. Eliezer? Das Gesetz ist so wie er es sagt!«. Da erhebt sich R. Jehoschua und verweist auf die Thora: »Das Gesetz ist nicht (mehr) im Himmel (vgl. Deut 30,12); es ist uns offenbart und hierbei auch überliefert worden, daß nach der Mehrheit zu entscheiden sei.« In diesem Moment soll, so wird erzählt, Gott geschmunzelt und bemerkt haben: »Meine Kinder haben mich besiegt, meine Kinder haben mich besiegt« (Babylonische Talmud, Traktat Baba Mezia 59a–b).

In dieser überlieferten und immer wieder gern erzählten Begebenheit wird die Frage des Glaubens mit der Frage nach der geforderten und »richtigen« Deutung des jüdischen Gesetzes zu verbinden gesucht. R. Eliezer, ein Schüler des von Freud im *Mann Moses* erwähnten R. Jochanan ben Sakkai (Freud 1939, S. 223), beruft sich letztlich nicht auf vernünftige und logisch-rationale Überlegungen. Sein Versuch, mit wundersamen natürlichen Phänomenen seine Mitstreiter zu überzeugen, erscheint geradezu als Ausdruck einer Idolatrie und eines magischen Denkens, das bekanntlich keine Konflikte erträgt. Ja, in seiner Leidenschaft scheut er sich nicht, Gott zum Zeugen aufzurufen. Dieses sich mit einer göttlichen Weisheit identifizierende Denken bedeutet schließlich eine radikale Aufgabe des jüdischen Gesetzes, das sich ja tatsächlich nicht mehr im Himmel befindet und die Grundlage sozialen Handelns darstellt. Mit der Übergabe des Gesetzes, so die jüdische Tradition, ist Gott selbst in die menschliche Ordnung eingebrochen und hat sich in einer unaufkündbaren Beziehung zum Menschen gebunden. Daher bedeutet die Position R. Eliezers, der unbestritten als einer der größten talmudischen Lehrer gilt, ein Zurückfallen in eine unvermittelte, sprich: dyadische Beziehung, die ganz fundamentalistisch eine Reinheit der Lehre noch meint, behaupten zu können; als ob er seine Getrenntheit von einer ursprünglichen vollkommenen Offenbarung nicht anzuerkennen vermag. Wenn sein Lehrer Jochanan ben Sakkai diesen seinen bedeutendsten Schüler als eine »verkalkte Zisterne« bezeichnet (Steinsaltz 1996, S. 52), dann bringt er seine Bewunderung zum Ausdruck, dass R. Eliezer jedes überlieferte Wort wie ein teures Gut aufbewahrt – aber dergestalt die Tradition nicht erneuert. Er ist so sehr mit seinem Ideal geradezu verschmolzen, dass es ihm unmöglich erscheint, in strittigen Fällen selbständig eine von der Überlieferung abweichende Entscheidung zu treffen. Die Katastrophe der Zerstörung Jerusalems, das Überleben und Sichern der Lehre, die sein Lehrer R. Jochanan ben Sakkai noch ganz persönlich repräsentiert, mag ihm zudem noch das Betrauern des Verlustes der phantasierten ursprünglichen Ganzheit erschwert haben. Seine Ablehnung eines triangulären diskursiven Kompromisses verkennt die Natur der Erinnerung, die immer eine individuelle Übersetzung der kollektiven Tradition einschließt und den Anspruch einer Lehre, wahr und konfliktlos identisch mit einer vollkommenen ursprünglichen Offenbarung zu sein, als Illusion dechiffriert. Indem nun R. Eliezer, ganz verschmolzen mit seinem Ideal, seine individuelle Position in der Kette der Überlieferung leugnet, schließt er sich und ein anderes Denken aus. So findet er sich schließlich – tragisch genug – seinerseits in seiner fundamentalistischen Position als aus dem Kollektiv ausgeschlossen: Seine Auffassung kann nicht mehr als Minderheiten-Votum – und von solchen lassen sich viele im Talmud finden – anerkannt und toleriert werden; es wird der Bann über diesen großen Gelehrten ausgesprochen, alle seine Gesetzesentscheidungen werden für ungültig erklärt und jeder hat eine gewisse Distanz zu ihm einzuhalten. Auf diese Weise wahrt das jüdische Kollektiv, was R. Eliezer nicht vermag, nämlich mit der Anerkennung des Gesetzes die Einführung des Prinzips der Differenz und der Differenzierung.

Gehen wir weitere 2000 Jahre zurück, in eine Zeit, in der – ungeachtet aller historischen Bibelkritik – sich die uns überlieferte Abraham-Jizchak-Erzählung abgespielt haben mag. (Ich nenne den Sohn Abrahams mit seinem hebräischen Namen, um an dessen Ursprung – ›der, der lachen wird‹ – zu erinnern (Gen 21,6).) Es gibt wohl, abgesehen vielleicht noch von dem Auszug aus Ägypten, keine andere biblische Erzählung, mit der sich das Kollektiv der Juden in einem solchen Ausmaß identifiziert. Sie ist ein Bestandteil des täglichen Gebetes und ihre gemeinsame Lesung in der Synagoge eröffnet in aller Feierlichkeit das neue jüdische Jahr. Und wenn dann an diesem Tag in der Synagoge der archaische Ruf des Widderhorns die Stille bricht und den Raum mit einem Erschauern zu füllen scheint, dann ist es nahezu so, als ob jeder Einzelne an jenem Ort der ›Nicht-Opferung‹ anwesend ist. Als ob es in dieser Erzählung mit ihrer kaum zu ertragenden Spannung um ein grundsätzlich wahres und einzigartiges dramatisches Geschehen geht, dessen Augenzeugen wir werden und das uns in einen Bann zieht. Wir erschrecken über die Aufforderung der göttlichen Stimme und sind ganz gefesselt von dem nahen Beieinandersein von Messer, Schlachten und Sohn, was doch eigentlich tabuisiert sein soll; zermartern uns, was wohl in Abrahams innerer Welt vor sich gehen könnte und fragen verzweifelt, wie Jizchak sich fühlen mag als er zu ahnen beginnt, dass er seinen eigenen Scheiterhaufen schultert; halten schier die Luft an, als Abraham sein Messer hebt, um im nächsten Moment Jizchak hinzuschlachten – eine kaum zu ertragende Spannung. Wir wissen von Anfang an, dass Abraham seinen Sohn nicht morden wird, und doch steigt im Lesen immer wieder der schreckliche Verdacht in uns auf, das Geschehen könnte noch einen ganz anderen als den überlieferten Ausgang nehmen.

Aber ich vermute, dass es nicht nur die Dramaturgie dieser Erzählung ist, die Erschrecken, Angst und Empörung bis hin zu Wut und Verachtung auszulösen und lang gehegte Ressentiments zu bestätigen vermag. Obwohl wir doch lesen, wie der Bruch mit dem rituellen Töten von Menschen im Namen eines Gottes vollzogen wird, führt uns der chronische Irrtum, dieser Erzählung den Titel ›Opferung Jizchaks‹ zu verleihen, auf die Spur einer kulturgeschichtlichen Tradierung und kollektiver Identifizierungen, die ohne viele Umwege zur Vorstellung führen: Gott, der Vater, opfert seinen Sohn – eine Lesart, in der die ›Bindung Jizchaks‹, wie der hebräische Titel unserer Erzählung heißt, als Vorwegnahme der Kreuzigung Jesus erscheint. So berühren wir hier den in der Beziehung zum Judentum sowohl konstitutiven als auch konflikthaften Kern des Christentums. Um Freud zu paraphrasieren: Unsere Lektüre findet gleichsam auf dem Hintergrund eines Konfliktes zwischen der Vater- und der Sohnesreligion statt.

Im Islam wird unsere Erzählung aus einer völlig anderen Perspektive gelesen, die mir nicht weniger konflikthaft in der Beziehung zum Judentum zu sein scheint. Hier spielt Ismael, der erstgeborene Sohn Abrahams, die Rolle Jizchaks. Dabei legt uns der Koran-Text – so mein Eindruck – eher ein Bild diffundierender Generationsgrenzen nahe, die schließlich reaktiv zu einer gefügigen Unterwerfung des Sohnes führen.

Vielleicht wird unsere Lektüre auch von der Frage bedroht, ob die Schatten dieser konfliktreichen religionsgeschichtlichen Thematik eines rituellen Kindermordes noch durch die jüngste Geschichte verlängert werden: Das nationalsozialistische Deutschland eröffnet seine mörderische Vernichtung mit dem institutionell organisierten Mord an den eigenen Kindern, die ab 1939 in deutschen Heil- und Pflegeanstalten mittels Injektionen im Namen eines reinen Ideals der Rasse zu ermordeten Opfer werden (vgl. Jäckel u. a. 1990/1993, Bd. 1, S. 422ff).

Meine Überlegungen können bestenfalls Fragen anregen und schlaglichtartig Thesen zur Interpretation anbieten – was immerhin selbst schon Teil des jüdischen Glaubens bedeutet, der gerade dadurch lebendig geblieben ist, dass der Text gleichsam polyphon zu lesen gesucht wird: Vom einfachen Wortsinn her, in der übertragenen Bedeutung, seiner Struktur folgend und nicht zuletzt von dem, was er in uns auslöst. Zugleich legt die jüdische Tradition – und darin offenbart sie sich erst als solche – Wert auf die Liebe zur Arbeit, den Text ›zu einen‹. Übrigens, nicht viel anders als Freud, der den Traum »wie einen heiligen Text (behandelt)« (Freud 1900, S. 518) und uns zeigt, wie er jedes Detail, »jede Nuance des sprachlichen Ausdrucks« (ebd.) als sinnvoll und notwendig erachtet, um der »Aufforderung zur Deutung« (ebd.) nachzukommen. Den Text ›zu einen‹ meint also nichts anderes als ihn zu einem einzigartigen und unteilbaren zu machen – und besteht nicht genau darin der psychoanalytische Prozess? Im Namen des Analysanden qua Erinnern, Wiederholen und Durcharbeiten ihn mit seinem Verdrängten zu versöhnen und ihm dergestalt seine Geschichte wiederzugeben (vgl. Freud 1914, S. 132)?

Beginnen wir nun mit dem Hören und Lesen, wie Abraham seine Vorstellung von Gott ›zu einen‹ sucht: Vers (V) 1*:* »Da war es, nach diesen Ereignissen, hat Gott Abraham geprüft und sprach zu ihm: Abraham! Und er sprach: Hier bin ich« (nach Hirsch 1867/1996). – Mit den einleitenden Worten »nach diesen Ereignissen«, die hier zum ersten Mal in der Thora auftauchen, werden wir aufgefordert, uns an die vorausgegangenen Begebenheiten zu erinnern, die auf das nun sich eröffnende Geschehen, sozusagen als Höhepunkt des bisherigen Textes, hinstreben und ihre wahre/wirkliche Bedeutung jetzt erst offenbaren. Auf diese Weise leitet die Erinnerung die Einigung des Textes ein, in dem von existentiell einschneidenden Ereignissen berichtet wird, die ebenso schmerzvolle Trennungen einschließen wie die Identität Abrahams festigen. Und wir verstehen, warum die rabbinischen Kommentatoren immer wieder auf die interessante Doppelbedeutung des Verbs ›prüfen‹ hingewiesen haben, was nämlich auch *auszeichnen* und *erhöhen* meint. Als ob Abraham nun provoziert wird, sich in einer Prüfung zu bewähren, die eine identifizierende Reifung und Sublimierung ebenso vorantreibt wie voraussetzt.

Jene einleitenden Worte »nach diesen Ereignissen« lesen wir allerdings auch am Ende unserer Erzählung in V 20. Auf diese Weise wird die Bindung Jizchaks eingerahmt und gewinnt eine gewisse Eigenständigkeit. Es macht den Eindruck, dass der Erzähler um die Notwendigkeit eines tragenden Rahmens und einer Verankerung weiß, wenn es gilt, tiefere Dimensionen des Verhaltens und der inneren Welt zu berühren. Schon Abrahams Antwort: *»Hineni«* »Hier bin ich« eröffnet ein ganzes Universum menschlicher Regungen und Möglichkeiten – eine Antwort, der wir noch dreimal begegnen werden. Und jedes Mal wird es uns für einen Moment schier den Atem verschlagen; als ob die Welt für einen Moment still steht und voller Bangen *und* hoffnungsvoller Ahnungen auf die Folgen dieser antwortenden Bereitschaft wartet. Dieser Rahmen hält den Leser gleichsam geborgen im Angesicht des archaischen Geschehens und verschafft ihm einen Anker im Sturm seiner Affekte. Höhepunkt und eingerahmt – eine doppelte Hervorhebung, die uns auf die außerordentliche Bedeutung dieser sich vor unseren Augen abspielenden und alles entscheidenden Begegnung Abrahams mit der Repräsentanz Gott hinweist.

V 2: »Da sprach er: Nimm doch deinen Sohn, deinen einzigen, den du liebst, den Jizchak, und gehe vor dich hin in das Land von Morija, und höhe ihn dort zur Darhöhung auf einem der Berge, den ich dir zusprechen werde« (nach Buber/Rosenzweig 1954/1997). – Nun ist die Prüfung ausgesprochen und eröffnet. Aber was für eine ungeheure und entsetzliche Herausforderung?! – Doch wir sollten langsam und behutsam diesen Raum betreten. Jedes Wort birgt in sich selbst wieder eine Welt voller Bedeutungen und möglicher Missverständnisse.

So wird das unscheinbare hebräische Wort *na*, das noch nicht einmal in der Übersetzung aufscheint, allzu oft überlesen, als ob es geradezu verleugnet werden müsste. Immerhin offenbart es den Charakter dieser Prüfung: Der Text lässt nämlich Gott eine Bitte aussprechen. Das Wort *na* bedeutet stets eine Bitte. In keiner Weise lesen wir von einem Kadavergehorsam; ganz im Gegenteil, wenn wir uns an die vorangegangenen Begegnungen Abrahams mit der göttlichen Stimme erinnern, die den freien Willen Abrahams geradezu voraussetzen: so z. B. in der Aufforderung, Abraham solle das Haus des Vaters verlassen; an Gottes Absicht, Abraham über die Vernichtung Sodoms und Amorrha zu unterrichten, wobei er von Abraham, der um das Überleben der Gerechten in Sodom streitet, an seine eigene Gerechtigkeit erinnert wird; an Abrahams verzweifelte Sehnsucht nach einem Kind von seiner geliebten Sara, die Verwicklungen mit der Magd Hagar und deren Sohn Ismael oder gar an den geschlossenen Bund durch die Beschneidung.

Die göttliche Stimme will offenbar auch nicht mit der entsetzlich anmutenden Aufforderung, die Abraham grausam erscheinen muss, ins Haus fallen, sucht ihn eher schrittweise und recht einfühlsam vorzubereiten, was auch in den Worten »den du liebst«, die hier zum ersten Mal in der Thora vorkommen, zum Ausdruck kommt. Und die jüdischen Kommentatoren haben sich nicht verweigert, sich behutsam in die innere Welt Abrahams zu versetzen und haben ihn auf die Worte der göttlichen Stimme: »Nimm doch deinen Sohn« antworten lassen: »Welchen Sohn? Ich habe doch deren zwei«. Und die Stimme: »Deinen einzigen«. Abraham: »Ist denn nicht jeder einzig?« Aber die Stimme beharrt: »Den du liebst« und Abraham erwidert: »Kann ich denn nur einen lieben?« Schließlich wird es ausgesprochen: »Den Jizchak …«. Aber wie kann Abraham sich von Jizchak trennen, nachdem er fast am Ende seines Lebens mit seiner geliebten Sarah den lang ersehnten Jizchak zeugt? Als ob in dieser Herausforderung die ganze Welt den Atem anzuhalten scheint und die Vergangenheit wie die Zukunft bedeutungslos zu werden drohen. Ein zeitloser Zustand der andauernden Gegenwart, die ganz erfüllt scheint von einer schier grenzenlosen Ehrfurcht.

Mit den Worten *»we-lech lecha«* (»und geh vor dich hin«) wird Abraham – und der Leser – an die erste Begegnung mit diesem Gott erinnert. Gen 12 beginnt nämlich mit den gleichen Worten: »Zu Abram aber sprach Gott: *Geh vor dich hin* aus deinem Land, aus deiner Verwandtschaft, aus dem Haus deines Vaters in *das Land, das ich dich sehen lassen werde«* (Hervorh. Y. B.). Schon im Ausgangspunkt aller »Ereignisse« folgt Abraham recht willig jener inneren Stimme, die ihn auffordert, ganz allein für sich das Haus seines Vaters zu verlassen, die überkommenen kulturellen Beziehungen aufzugeben, sich dem Götzendienst seines Vaters zu verweigern und sich einem einzigen und unsichtbaren Gott auszuliefern. Gott *und* Abraham werden nun gemeinsam (*jachdaw*) für sich allein (*jechidcha*) und einzig sein – wie später Abraham und Jizchak es auf dem Wege der Bindung sein werden. Die ausgesprochene Herausforderung scheint sich also bereits in der ersten Begegnung Abrahams mit Gott anzukündigen, wie umgekehrt jetzt an den Ausgangspunkt erinnert wird; die vorausgehenden »Ereignisse« erscheinen nun als gegenwärtig. Die Worte »geh vor dich hin« verknüpfen dergestalt eine erste und letzte Prüfung, verbinden und konstituieren einen noch von keinem anderen Menschen beschrittenen Weg; ein Weg, den in diesem V 2 die göttliche Stimme Abraham »zusprechen« wird, ohne räumliches und zeitliches Ziel. Mit der im Anfang unserer Erzählung ausgesprochenen Mahnung, sich an die Kontinuität der »Ereignisse« zu erinnern, und der Wiederholung der Worte »geh vor dich hin«, konstituiert sich also eine lineare Zeit, deren Knotenpunkte einzigartig und nicht reproduzierbar sind (vgl. Cahill 1998/2000, S. 92). In dieser Lesart ›einen‹ wir die Zeit und suchen die Gegenwart aus der Vergangenheit heraus zu verstehen. So betritt mit den Worten »geh vor dich hin« gleichsam das Individuum mit einer persönlichen Entwicklung und seiner Geschichte voller verzweifelter Konflikte die Historie, gewinnt seine einzigartige Bedeutung und schreibt sich in eine Abstammungslinie ein.

Vergessen wir nicht die Prüfung: Die mehrfach ausgesprochenen Verheißungen, Abrahams Name werde über die Maßen groß, seine Nachkommenschaft – qua Jizchak – unzählbar und er werde der »Vater der vielen Völker« sein, müssen Abraham wie ein überwältigendes Versprechen erscheinen, das ihn mit einer grenzenlosen Hoffnung auf eine unermessliche Selbsterhöhung und Restitution erfüllt. Etwas nüchterner oder psychoanalytisch ausgedrückt: Das von Abraham vor sich hin projizierte Ideal stellt ihm eine narzisstisch tröstende Antwort zur Verfügung auf die sich im Auszug aus dem Haus seines Vaters einstellenden Gefühle der Ohnmacht und existentiellen Hilflosigkeit. Und aus dieser Erhöhung des Selbsterlebens und den Allmachtsgefühlen entspringt jener unerschöpfliche Glaube und eine jeglicher Rationalität spottende Treue (vgl. Grunberger 1979, S. 215ff). Und weil Abraham ganz vom Bestreben erfüllt scheint, im Folgen der göttlichen Stimme bruchlos sein eigenes Ideal zu werden (V 3), erscheint sein Über-Ich als von dieser Sehnsucht überwältigt, frei von jeglicher Gewissensregung und gedanklicher Überlegung – und deswegen Abraham selbst zu einer archaischen Destruktion fähig. Er muss sich einer grausamen und gierigen Göttlichkeit gegenübersehen, die keine andere zu sein scheint als die, welche er im Haus seines Vaters zerstört zu haben glaubt. Nicht größer könnte der Widerspruch zu der Beziehung mit jener mühsam und in einem überwältigenden Prozess der Abstraktion schrittweise eroberten idealisierten göttlichen Instanz sein. Die Aufforderung, Jizchak darzuhöhen, muss daher das Versprechen einer grenzenlosen Vollkommenheit und den uneingeschränkten ehrfurchtsvollen Glauben ebenso katastrophisch bedrohen wie seine Vaterliebe, in der sich die ambivalente Beziehung zum Sohn zu integrieren sucht. Wie also kann Abraham – und der Leser – den Namen Gottes ›einen‹? Ihn als einen und einzigen anerkennen und gerade nicht in eine Vielgötterei und Idolatrie zurückfallen?

Auch E. Wiesel sucht mit der inneren Welt Abrahams in Berührung zu kommen:

> »Abraham weiß, daß er mit der Opferung seines Sohnes im Gehorsam gegen Gott in Wirklichkeit sein Wissen *von* Gott und seinen Glauben *an* ihn opfert. Wenn Jizchak stirbt, wem wird der Vater diesen Glauben und dieses Wissen weitergeben? (...) Der Erste wird der Letzte gewesen sein (...) Wenn der Glaube an Gott die Verleugnung des eigenen Ichs erfordert, wie kann der Glaube dann behaupten, den Menschen zu erziehen und zu verbessern?«. (Wiesel 1975/1980, S. 78f)

Und so insistiert E. Wiesel auf der Frage: »War (Abraham) nicht bewußt, daß er das Bild Gottes schändete, wenn er tötete? ... Wußte er, der doch alles wußte, nicht, daß nach der jüdischen Tradition Gott sein eigenes Gesetz zu respektieren hat, auch das wichtigste von allen ›Du sollst nicht morden‹?« (ebd., S. 80). Aber sich Gottes Bitte zu verweigern heißt nicht weniger, Gott zu verlassen.

Unsere Lesart macht uns darauf aufmerksam, dass die Frage des Glaubens in der Perspektive der jüdischen Tradition kaum von der kollektiven jüdischen Überlieferung und dem darin eingeschlossenen Konflikt zwischen Vater und Sohn abgelöst werden kann. Wenn sich der Vater nach ungestörter Allmacht und Vollkommenheit sehnt und eine totale Verfügung über den Sohn sucht, so wird doch andererseits in der Verheißung der Zukunft die Vollkommenheit des Vaters über den Sohn versprochen und eine Perspektive eröffnet, die über die eigene Generation hinausweist. Und ersehnt sich der Vater nicht einen Sohn, der das geheimnisvolle Leben voller Widrigkeiten meistert, kreative Lösungen entwirft, die sich von den väterlichen Entwürfen unterscheiden dürfen und auf die der Vater voller Anerkennung stolz sein kann? Wenn Jizchak die Vorstellungen des Vaters verwirklichen soll, dann muss er leben und sie gemäß seinem eigenen Willen, seiner Freiheit und Vernunft gestalten können.

Wir hören und lesen, dass der Vater dem Sohn das Holz zur Darhöhung auflegt, und der Sohn nimmt es auf sich, setzt sich aktiv mit seiner Rolle als Sohn auseinander. Vater und Sohn ›er-tragen‹ gemeinsam diese Herausforderung, die sie aneinander bindet. Daher heißt es am Ende des V 6: »(...) so gingen sie beide mitsammen«. Genau diese Worte, die mir das Geheimnis dieser Erzählung auszusprechen scheinen, lesen wir am Ende des V 8 erneut; eine Wiederholung, die die Bindung im ›gemeinsamen Gehen‹ bekräftigt und vertieft. Denn in diesem durch die Wiederholung hergestellten Zwischenraum (V 7) hören wir von dem ersten wirklichen Dialog: »Jizchak sprach zu Abraham, seinem Vater, er sprach: Vater! Der sprach: Da bin ich, mein Sohn. Er sprach: Da ist nun das Feuer und die Hölzer, aber wo ist das Lamm zur Darhöhung?« Wir hören Jizchak zum ersten Mal und in seiner Frage bleibt das im Text ausdrücklich erwähnte Messer unerwähnt; als ob es Jizchak, Abraham, dem Leser und vielleicht auch Gott geradezu ›im Halse stecken bleibt‹; eine unausgesprochene Anwesenheit der drohenden Vernichtung – aber auch der ›Nicht-Opferung‹. Alle Beteiligte ringen mit dieser Frage, um die sich alles dreht: »Wo ist das Lamm zur Darhöhung?« Und Abraham antwortet (V 8): »Abraham sprach: Gott ersieht sich das Lamm zur Darhöhung, mein Sohn. So gingen die beiden mitsammen«. Der hebräische Text verdichtet die emotionale Spannung und provoziert uns geradezu, sie zu deuten: Die letzten Worte Abrahams in seiner Antwort: »mein Sohn« (*bni*) können im Hebräischen auf eine doppelte Weise gelesen werden, nämlich sowohl: »Gott ersieht sich das Lamm zur Darhöhung, mein Sohn« – aber auch: »Gott ersieht sich das Lamm zur Darhöhung, mein<u>en</u> Sohn«. Ein Nebeneinander zweier Wahrheiten, das uns in Atem hält (V 9).

Wir erfahren nichts über die innere Welt Abrahams und Jizchaks und sind doch aufs Innigste mit beiden identifiziert. Wir sind gleichsam wissend und unwissend; Beobachter aus der Distanz und zugleich in einem emotional spannungsreichen Geschehen unserer inneren Welt verwickelt, das sich mit dem Text unlösbar verknüpft. Es geschieht etwas mit unserem Ort- und Zeiterleben, das fast unbemerkt in den Sog der psychischen Realität geraten ist, in der Ort und Zeit sich ebenso dehnen wie komprimieren können und – mehr als die Realitätsprüfung – unsere Identifizierungen, Wünsche und Ängste regieren. So wird der Text selbst zu einer wahren Projektionsfläche für den Leser und seine Phantasie – die Lektüre eröffnet einen triangulären Raum und reflektiert unsere Auseinandersetzung mit dem Glauben.

Und jetzt, in diesem von einer ungeheuerlichen Existenzangst ergriffenen Gegenübertreten, erkennt sich der Sohn im Vater wieder und schreibt sich in eine Abstammungslinie ein – wie Abraham in der Aufforderung »geh vor dich hin«. Die ›Ver-Bindung‹ des Bangens um den geliebten Jizchak mit der voller Ehrfurcht erfüllten Repräsentanz Gott vereint Vater und Sohn. Die Wiederholung der Worte »So gingen die beiden mitsammen« stellt einen Raum her, in dem Abraham wie Jizchak sich begegnen und eine tiefere »Bindung« als ein Drittes eingehen, in der beide sich in ihrem Alleinsein und in ihrer Einzigartigkeit anerkennen. Im Hebräischen wissen sich die Worte »mitsammen« (*jachdaw*) und »allein« (*jechidi*) recht nahe und scheinen der gleichen Wurzel zu entstammen. Diese »Bindung« erst kann das Leben erneuern und tradieren, die Vergangenheit in einen Zusammenhang mit der Zukunft bringen. Daher der Name dieser Erzählung: Die ›Bindung Jizchaks‹, nicht seine Opferung. In dem Moment, in dem »Abraham seine Hand aus(schickte), das Messer (nahm), seinen Sohn hinzumetzen« (V 10), in diesem Moment, so wird kommentiert, »hängen Abrahams Augen an Jizchaks Augen und Jizchaks Augen am höchsten Himmel. Abrahams Augen strömen vor Tränen«, die, so bereichert E. Wiesel diesen Kommentar, »in die Augen seines Sohnes (fließen) und eine Spur (hinterlassen), die nichts mehr auslöschen wird« (ebd., S. 93). Die Tränen des Vaters verbinden sich mit dem Blick des Sohnes in den Himmel – und so wird ein Raum der Beziehung jenseits einer dyadischen Struktur eröffnet, in dem erneut und zum dritten Mal Abraham »Hier bin ich« spricht (V 11) und dieses Mal (V 12) der unaussprechliche Name der göttlichen Repräsentanz Abraham zurückhält und das Sohnesopfer unmissverständlich verbietet. Der jüdische Monotheismus spricht sich als das absolute Verbot aus, im Namen eines Gottes Menschen zu opfern.

So spiegeln die einrahmenden Worte »und so gingen beide mitsammen« den tradierten jüdischen Glauben, der seinerseits durch die gebotenen Rituale vermittelt wird. Der Glaube kann nicht die Identität ersetzen, setzt sie vielmehr voraus. Schließlich lesen wir, dass auch die göttliche Repräsentanz, die anfänglich das Leben Jizchaks zu fordern scheint, sich bindet (V 15), indem der Schwur ausgesprochen wird, qua Jizchak dem Menschengeschlecht und der Generationenfolge Dauer zu verleihen (V 16ff). Die Geschichte Abrahams, die Entwicklung seiner Identifizierungen und seines Glaubens, die tiefere Bedeutung der Verheißungen, die Erzählungen des Textes selbst, werden hier gleichsam inhaltlich zirkulär; das Verstehen erfolgt sozusagen nachträglich; die vorausgesetzten »Ereignisse« erscheinen nun als Resultat der Akeda, dieser ›Nicht-Opferung‹ – ein langer Weg zu jenem »Ort«, an dem der Andere als Anderer erkannt und dadurch der Vernichtung entgegengetreten wird.

Wenn es also in V 14 heißt: »wie man noch heute spricht«, so erneuert sich diese Bindung in der wiederholenden Lektüre, wenn das jüdische Kollektiv Jahr für Jahr und Tag für Tag diesen Text hört und liest; selbst noch an dessen mehrheitlich und traditionell überlieferte Auslegungsregeln wird im täglichen Morgengebet erinnert. Wir könnten also mit Fug und Recht sagen, dass die Juden weniger ein Volk des Buches sind als eines der Lektüre. Die ›Bindung‹ und das »Bündnis (sind) nichts anderes als die Thora« (Talmud bSchab 33a), deren Lesen und Deuten die »Darhöhung«, eine ›Nicht-Opferung‹ gestaltet und einen Erinnerungs- und Sublimierungsprozess erneuert. Auf diese Weise wird die Vorstellung einer göttlichen Instanz, die willkürlich-allmächtig und voller archaischer Gewalt erscheint, vom Gesetz abgelöst, das sich der Einzigartigkeit des Lebens verpflichtet weiß und nicht dem Opfertod. Dieses Gesetz kann zwar nicht archaische Gewalt und Zerstörung verhindern, aber im kollektiven Ritual – und dies wird in jener Überlieferung aus dem Wilnaer Ghetto ebenso deutlich wie in dem Streitgespräch zwischen R. Eliezer und R. Jehoschua – liegt die Möglichkeit des Erinnerns und der Erneuerung des vermittelnden Dritten verborgen, das regressiv-zerstörerisches Handeln erschwert, gleichsam ›bindet‹ und den ödipalen Vater (symbolisch) konstituiert, der den Sohn befähigt, sich in eine Abstammungslinie einzuschreiben.

So erzählt uns der Text von einer Überwindung destruktiv-aggressiver Impulse im Menschen, indem schrittweise der Verlust eines narzisstischen Allmachtsgefühls dadurch anerkannt wird, dass unerträgliche Gefühle der Kleinheit, Hilflosigkeit und einer grenzenlosen Existenzangst ebenso eingestanden werden können, wie die sie begleitenden archaisch destruktiven Impulse. Wenn daher im Text das (Über-)Leben Jizchaks durch die ›Anerkennung der Gottesfurcht‹ (V 12) bewahrt wird, dann lesen wir von der Notwendigkeit, die Projektion einer allmächtigen und idealen Instanz zu schützen, um schrittweise den schrecklichen und willkürlich-tyrannisch erscheinenden Vater, der das Leben des Sohnes zurückzufordern scheint, integrieren und auf die unmittelbare Triebabfuhr verzichten zu können. Hierin scheint mir das von Freud geahnte Moment der Großartigkeit in der jüdischen Religion zu liegen und der Kern dieser Prüfung, deren Ausgang – ganz so wie der Leser – selbst Gott nicht kennt. Denn nach der jüdischen Tradition – und darin liegt die tiefere Bedeutung des unauflöslichen Bundes – ist alles von Gott bestimmt – bis auf die Gottesfurcht, die sich ausschließlich im Besitz des Menschen befindet (vgl. Deut 10,12; Jes 33,6; Ps. 135,19–20; Talmud bBerachot 33b, bSchabbat 31b, bNidda 16b). In diesem Sinne erscheinen Abrahams Worte »Hier bin ich« ganz erfüllt von einer Ehrfurcht, in der grenzenlose Bewunderung mit einer tiefen Furcht verschmilzt. Ein Zustand, den wir unzulänglich genug auch mit Respekt, Ehrerbietung, Verehrung, (Hoch-)Achtung oder auch Scheu bezeichnen – offenkundig alles Charakteristika des Ichideals, dem Erben des archaischen Narzissmus. S. R. Hirsch spricht auch von einem »beglückende(n) Hochgefühl« (!) »(...) diese (Gottesfurcht) ist bleibend die einzige Wurzel alles unseres Seins und Wollens (...) Sie ist der Schlüssel zu allem Wissen und ihre volle Bethätigung ist das Ziel alles Wissens« (1867/1996, Bd. 5, S. 132). Nicht viel anders drückt dies Freud aus: »Aber in dem Vertrauen auf die Macht des Menschengeistes, welcher mit den Gesetzen der Wirklichkeit rechnet, lebt ein Stück des primitiven Allmachtglaubens weiter« (1912–13, S. 109). Es ist – ganz so wie im analytischen Prozess – die Idealisierung, die Abraham schrittweise in die Lage versetzt, den langen und mühevollen Weg (V 4) zu gehen; in den vielen aufeinanderfolgenden »Ereignissen«, die wir auch als ein Nebeneinander sich bedingender Geschehnisse lesen können (vgl. Talmud bPessachim 6b), angsterfüllte Wünsche und ambivalente Identifizierungen anzuerkennen, die das Realitätsprinzip aufrichten; und die ihn befähigt, der Sehnsucht nach einer ungestörten zweisamen Restitution standzuhalten, die Kluft zwischen Ich und Ichideal zu ertragen und Über-Ich und Ichideal schrittweise einander anzunähern. Auf diese Weise kann er sein Ideal mit der Vaterliebe integrieren, seine Vergangenheit – die Separation vom Vater – erinnern und die Zukunft – die Separation vom Sohn – ermöglichen. So wird schließlich das vor sich hin projizierte Ideal von einem Raum des Gesetzes abgelöst, das nun Abraham wie auch Jizchak vor einer tyrannischen Willkür und Vernichtung schützt.

In der psychoanalytischen Überlieferung reflektiert sich dies in der Ablösung des grausamen Hordenvaters aus *Totem und Tabu* (1912–13) durch jenen Vater im *Mann Moses und die monotheistische Religion*, dessen »Vaterschaft eine Annahme ist« (1939, S. 221), wie Freud schreibt; ein ›angenommener‹ Vater, der einen Raum der Überlieferung erst eröffnet. Denn das (Über-)Leben des Sohnes, der den Vater aktiv ›annimmt‹, an ihn glaubt und dadurch handeln kann, konstituiert eine lebendige Tradition (vgl. J. Hassoun (1994/2000, S. 112f).

Literatur

Buber, M./Rosenzweig, F. (1954/1997): Die Schrift. Gerlingen (Lambert Schneider).

Cahill, T. (1998/2000): Abrahams Welt. Köln (Kiepenheuer&Witsch).

Freud, S. (1900): Die Traumdeutung. GW Bd. 2/3.

Freud, S. (1912–13): Totem und Tabu. GW Bd. 9.

Freud, S. (1914): Erinnern, Wiederholen, Durcharbeiten. GW Bd. 10.

Freud, S. (1939): Der Mann Moses und die monotheistische Religion. GW Bd. 16.

Grunberger, B. (1979): Über den Glauben. In: Narziß und Anubis (Bd. 1). München, Wien (Verlag Internationale Psychoanalyse) 1989.

Hassoun, J. (1994/2002): Schmuggelpfade der Erinnerung; Frankfurt/Main, Basel (Stroemfeld).

Hirsch, S. R. (1867/1996): Der Pentateuch (in fünf Bdn.).

Jäckel, E.; Longerich, P.; Schoeps, J. H. (1990/1993): Enzyklopädie des Holocaust. Berlin (Argon).

Schmitz, R.-P. (1979): Aqedat Jishaq. Hildesheim, New York (Georg Olms).

Steinsaltz, A. (1996): Persönlichkeiten aus dem Talmud. Basel (Morascha).

Talmud, der babylonische (1933). Übertragen durch L. Goldschmidt, in 10 Bdn. Berlin (Jüdischer Verlag).

Wiesel, E. (1975/1980): Adam oder das Geheimnis des Anfangs. Freiburg im Breisgau (Herder).

Fundamentalismus

Der nationalsozialistische Antisemitismus als politische Religion

Michael B. Buchholz

Antisemitismus als kultureller Code

Antisemitismus findet sich in allen sozialen Klassen, in allen kulturellen Milieus, bei den verschiedensten biographischen Variationen. Man kann den Antisemitismus auch nicht psychopathologisch erklären, wohl aber einzelne Antisemiten. Durchgesetzt hat sich die These von Shulamit Volkov (1990), wonach Antisemitismus am besten als kultureller Code zu verstehen sei, mittels dessen sich gerade die Mitglieder verschiedener Sozialkategorien verständigen. Was ist damit gemeint?

Die jüngeren Debatten um den FDP-Politiker Möllemann haben uns ein Beispiel dafür geliefert. Es genügte, dass Möllemann beanspruchte, »Klartext« zu reden, und er wurde nicht nur an den Stammtischen verstanden. Der Code positioniert den Antisemiten in einer verqueren Logik als Opfer, das daran gehindert wird, offen und frei seine Meinung sagen zu dürfen. Es braucht »Mut« – ein typisches Code-Wort –, um seine Meinung zu sagen, denn die öffentliche Meinung wird ja vom »Linkskartell« beherrscht, von dem »man ja weiß«, dass da »die Juden drin sitzen« (nämlich in den »Schaltzentralen« der Fernsehanstalten), dass sie also »wieder einmal« mehr beanspruchen (an Aufmerksamkeit, Einfluss und Macht), als ihnen »eigentlich zusteht«. Solche Code-Worte lassen rasch das antisemitische Weltbild assoziieren: Die Welt ist beherrscht von »dem Juden«, der »Andersdenkende« unterdrückt. Gegen diese Unterdrückung braucht es den Mut des Protestes, des Dissidenten, ja des Revolutionärs. Ab diesem Punkt der scheinlogischen Beweisführung kann sich der Antisemit als unterdrücktes Opfer darstellen. Das politische Programm ist: dass der Antisemit ja nur sagt, was die anderen in Wahrheit auch denken; dass sie also nur »befreit« werden müssen, zu »erwachen« und zu sagen, was sie sich bislang nicht trauen. Dass sie sich nicht trauen, ist der »Beweis« der Unterdrückung. Hier kann der Antisemit sich in der politischen Propaganda als »Aufklärer« gerieren.

Sündenbocktheorie oder Zerschlagung interkultureller Kommunikation

Stellt man sich auf die Untersuchung des kulturellen Code ein, kann man sehen, dass dieser einen homogenen Deutungsrahmen für heterogenste individuelle Erfahrungen anbietet, der zugleich größere Kollektive integrieren kann. In dieser Logik ist es nicht der Jude, der als »Sündenbock« in die Wüste geschickt wird, sondern es ist der Antisemit, der sich als Sündenbock »des« Juden sieht.

Dass dieser Deutungsrahmen immer nur mit größerem Propaganda-Aufwand für Massen verbindlich wird, macht darauf aufmerksam, dass sich Sündenbocks- und Projektionstheorien zur *Erklärung* des Antisemitismus von selbst verbieten. Otto Fenichel (1946, S. 374) wies auf die Schwäche der Projektions- und Sündenbocktheorie mit den Worten hin: »Die menschliche Triebnatur ist im Verlauf der Geschichte relativ unverändert geblieben. Sie kann nicht der Hauptfaktor zum Verständnis der Veränderungen innerhalb der geschichtlichen Zeit sein«. Kurt R. Eissler (2000, S. 25) schreibt in einem posthum veröffentlichten Aufsatz über die Inquisition: »Die Ausschreitungen gingen nicht auf sporadische Ausbrüche von Gefühlen und Leidenschaften der Massen zurück. Die Inquisition ging kalkuliert vor«. Da das historisch stimmt, verbietet sich jede Argumentation, die Gewalttätigkeiten und Pogrome aus »menschlicher Destruktivität« herleitet. Ich kann mich nur Gudrun Brockhaus (2003) anschließen, wenn sie die Psychoanalyse auffordert, historische Details mitsamt den politischen Dimensionen zu beachten. Die Sündenbockprojektion ist keineswegs unbewusst, sondern programmatisch gewollt. Dazu fünf Beispiele:

Erstes Beispiel: Während des Ersten Weltkrieges fordert der stellvertretende Vorsitzende des Alldeutschen Verbandes, Konstantin Freiherr von Gebsattel, »die Lage zu Fanfaren gegen das Judentum und die Juden als Blitzableiter für alles Unrecht zu benutzen«[1]. Das leitet dann eine Untersuchung der Heeresleitung über angebliche jüdische Feigheit vor dem Feind ein, die nie veröffentlicht wird, was ihre propagandistische Wirkung nur verstärkt.

Zweites Beispiel: Als im August 1932 nationalsozialistische Täter wegen Totschlags durch das Sondergericht in Beuthen zum Tode verurteilt wurden, trumpfte Goebbels in der von ihm herausgegebenen Schrift »Der Angriff«

---

1 In einer Denkschrift an das Königlich-Bayrische Staatsministerium vom 30. 8. 1915, zit. nach Berding (1997, S. 303)

auf: »Vergeßt es nie Kameraden! Sagt es Euch hundertmal am Tage vor, daß es Euch bis in Eure Träume verfolgt: Die Juden sind schuld!« (zit. nach Winkler 2001, Bd. I, S. 519). Man musste es sich vorsagen, damit der Judenhass »unbewusst« werde, sich in die Träume absenkt. Solche Belege machen es schwierig, den Antisemitismus aus dem Unbewussten zu »erklären«.

Drittes Beispiel: 1923 wurde Hitler von dem greisen Engländer Houston Stewart Chamberlain, dem berüchtigten Antisemiten und Schwiegersohn von Cosima und Richard Wagner, empfangen, was in rechten Kreisen eine Auszeichnung war. Chamberlain spricht in seiner Autobiographie Hitler als den »Erwecker der Seelen aus Schlaf und Schlendrian« an und schreibt dann in direkter Anrede:

> »Dass Sie mir Ruhe gaben, liegt sehr viel an Ihrem Auge und an ihren Handgebärden. Ihr Auge ist gleichsam mit Händen begabt, es erfasst den Menschen und hält ihn fest, und es ist Ihnen eigentümlich, in jedem Augenblicke die Rede an einen besonderen unter Ihren Zuhörer zu richten, – das bemerkte ich durchaus charakteristisch. Und was die Hände anbetrifft, sie sind so ausdrucksvoll in ihren Bewegungen, dass sie hierin mit Augen wetteifern. Solch ein Mann kann schon einem armen geplagten Geist Ruhe spenden. Und nun gar, wenn er dem Dienste des Vaterlandes gewidmet ist.«

In dieser Hymne liegt das Urbild von Hitlers »faszinierenden« Augen vor, das viele Zeitgenossen beschrieben haben. Schmölders (2003), der ich dies Beispiel entlehne, erkennt hier aber etwas ganz anderes, nämlich eine »Urszene des Vertrauens«, die natürlich politisch instrumentalisiert werde. Und diese Autorin erklärt uns diese Urszene mit guten, mit klassischen psychoanalytischen Mitteln: In den Wirren der Nachkriegszeit trifft Chamberlain auf eine Person, die ihn »schlafen« lasse, von dessen Auge[2] die beruhigende, von dessen Hand die stärkende Wirkung ausgehe – kurz, Hitler wird als der Erlöser, als der Mutter-Vater zugleich stilisiert. In diesem kleinen brieflichen

2 Von einem der Porträtisten Hitlers, Heinrich Basedow, zitiert Claudia Schmölders (FR vom 12. 10. 02): Hitlers »Gesicht ist schwierig zu erfassen, denn er hatte keine typischen Diktatorenzüge wie etwa Mussolini, sondern seine Gesichtsformen sind weich und nicht markant. Aber eines war immer gewaltig: die Augen. Wenn er inmitten seines Gefolges stand, das keine Durchschnittsmenschen enthielt, verblassten alle gegen ihn. Das waren seine Augen.« Selbst die britische Journalistin Dorothy Thompson, die 1933 emigrieren musste, zeigte sich davon beeindruckt.

Detail also erkennt die Autorin einen Modus, wie Propaganda funktioniert: Sie spricht das frühkindliche Bedürfnis an und instrumentalisiert es. Chamberlains Brief an Hitler war massenweise per Flugblatt verteilt worden.

Viertes Beispiel: Von der Wirkung der Propaganda waren interessanterweise auch Geistesgrößen nicht frei. Karl Jaspers erinnert sich in seiner »Philosophischen Autobiographie«, er habe Heidegger 1933 die Frage gestellt, wie ein so ungebildeter Mann wie Hitler Deutschland regieren solle? Heidegger habe geantwortet: »Bildung ist ganz gleichgültig, sehen Sie nur seine wunderbaren Hände an«.

Fünftes Beispiel: Als 1951 auf dem Gelände des ehemaligen KZ Neuengamme bei Hamburg, in dem 55.000 Menschen starben, eine Strafvollzugsanstalt eingeweiht werden sollte, sagte der damalige Hamburger OB, dass die Vergangenheit endlich »aus der lebendigen Erinnerung ausgelöscht werden« müsse (Reichel 1995). Auf der Gedenktafel für die Opfer vergaß man eine Null; dort sind nur 5.500 Opfer erwähnt. Was einst bewusste, geplante politische Strategie der Auslöschung, der Gedächtnisvernichtung sein musste, findet erst später sein psychologisches Äquivalent in der Verdrängung. Die Auslöschung der Erinnerung ist zentrale politische Strategie.

Interkulturelle Kommunikation

Damit aus dem »Antisemitismus der Vernunft«, den Hitler forderte, eine radikale eliminatorische Konsequenz resultiert, muss etwas Entscheidendes dazu kommen: Der Antisemitismus muss Staatsdoktrin werden. Das unterschied Deutschland von England oder Frankreich, in denen der Antisemitismus ebenfalls weit verbreitet war. Wird der Antisemitismus Staatsdoktrin, dann hat das mächtige Folgen. Eine ist, dass der wahnhafte Charakter der antisemitischen Logik nicht mehr bemerkt zu werden braucht. Eine andere ist, dass die interkulturelle Kommunikation zwischen den Mitgliedern der verschiedenen sozialen Kategorien verweigert werden kann.

Was ist mit interkultureller Kommunikation gemeint? Mitglieder verschiedener sozialer Kategorien bilden »unter normalen Umständen« Formen der Kommunikation aus, die die Differenz überbrücken. Zwischen Vertretern der Kirchen und Religionsgemeinschaften gibt es auf verschiedenen Hierarchie-Ebenen ebenso institutionalisierte Formen der interkulturellen Kommunikation wie zwischen Arbeitgebern und Arbeitnehmern; auch wenn Männer und Frauen sich als zu verschiedenen sozialen Kategorien zugehörig wahrnehmen und gelegentlich sogar Geschlechterkriege inszenieren, dienen Institutionen wie Freundschaften, Paarbildung oder Ehen der interkulturellen Kommunikation (Goode 1981). Sie ist nicht immer leicht, aber sie wird erfolgreich praktiziert.

Kant (KrV B 780) hatte die philosophische Begründung für interkulturelle Kommunikation in diesem Sinne parat. Vernunft habe keine eigene Wahrheit, sondern sei immer an Standpunkte gebunden, was die Notwendigkeit des Gesprächs erzeuge. In seiner Logik-Vorlesung spricht er sogar davon, dass jedes Individuum seinen »Privat-Horizont« habe, weswegen es »verwegen« sei, »den Horizont anderer bestimmen zu wollen«. Ziel der Vernunft könne deshalb nicht Wahrheit sein, sondern »Friede«. Dieser innergesellschaftliche Frieden wird gesichert durch institutionelle Kommunikation. Sie zu entsichern, schafft den Frieden ab und bringt die Gesellschaft zurück zum »bellum omnia contra omnes« (vgl. Stegmaier 1998).

Wird interkulturelle Kommunikation von Staats wegen unterbunden, dann verwandelt sich der Andere zum Fremden »von Natur aus«. Auf den Fremden *muss* dann mit Befremdung und Kommunikationsverweigerung reagiert werden.

Das tragische historische Beispiel für diese Unterbindung interkultureller Kommunikation von Staats wegen sind die gewaltigen Umsiedlungsaktionen in Osteuropa im Verlaufe des und nach dem Zweiten Weltkrieg. Historiker, Autoren des Spiegel-Spezial-Heftes 2/2002 über »Die Flucht der Deutschen«, schreiben genau: »Wenn es irgendwann eine multikulturelle Welt gegeben hat, die nicht Kitsch und Folklore war, dann dort, wo griechisch-orthodoxe und armenische Christen, Katholiken und Protestanten, Altgläubige und Juden miteinander auskommen mussten. Vielsprachigkeit war kein Bildungsprivileg, sondern Lebensbedingung – für Marktfrauen und Universitätsprofessoren gleichermaßen. Jene ›multiple Identität‹, von der man in postmodernen Zeiten so viel Aufhebens macht, hat es schon einmal gegeben, und zwar als ziemlich weit verbreiteten Typ. Diese Kultur hat den Werken der mitteleuropäischen Literatur das Personal, die Typen, die Konfliktstoffe geliefert. Jede größere Stadt war Mittelpunkt für viele Welten. Das Leben folgte vielen Rhythmen, den Feiertagen der diversen Konfessionen, Volksgruppen und Stände. Man mochte sich vielleicht nicht, aber man wusste, dass es noch etwas anderes gab, als die eigene kleine Welt« (ebd., S. 98).

Es ist vielleicht nötig, dies erinnernd zu vergegenwärtigen, um anhand einer solchen Kontrastfolie zu klären, dass die Menschen hier in vielerlei Kategorien lebten, dass Fremdheit eine von ihnen war, aber eben eine unter vielen, mit denen man zu recht zu kommen wusste. Pogrome mussten angezettelt werden, sie entstanden nicht spontan, worüber Robert Neumann in »Die Wasser von Babylon« viel zu erzählen wusste. Andere und Fremde – das war der Normalfall. Es gab kein »Identitätsproblem«, aber »Frieden« zwischen den verschiedenen gesellschaftlichen Kategorien. Man wusste interkulturell zu kommunizieren und hatte darin lange praktische Erfahrungen. Diese Praxis wurde zerschlagen, als die Nazis die Idee einer rassischen Ordnung durchzusetzen begannen und die Juden – sowie in zweiter Linie dann andere Gruppierungen – auszugrenzen begannen. Das geschah nicht spontan, sondern programmatisch geplant. Diese Planungen konnten auf lange ideelle Vorbereitungen zurückgreifen, die schon aus der Zeit vor 1933 stammten.

Die letzte Konsequenz der den gesellschaftlichen Frieden abschaffenden Steigerungsbewegung – der Andere wird zum Fremden, der Fremde zum Feind (vgl. Buchholz 2001) – ist nach innen die Ausbildung einer radikalisierten autoritären Staatskonzeption, nach außen die finale Steigerung des Fremden zum *Feind*, der vernichtet werden muss. Carl Schmitt (1927, S. 27), der spätere Kronjurist der Nazis, schreibt in seiner Weimarer Schrift »Der Begriff des Politischen« präzise: »Wenn das Anderssein des Fremden im konkret vorliegenden Konfliktfalle die Negation der eigenen Art Existenz bedeutet«, dann müsse »die reale Möglichkeit der physischen Tötung« ins Kalkül genommen werden[3]. Die Steigerung des Anderen zum Fremden und des Fremden zum Feind ist hier klar artikuliert – und wird gerechtfertigt daraus, dass der Fremde die »Negation der eigenen Art« ist. Damit aus dieser *Kalkulation* mit der physischen Tötung des Feindes *tatsächliche* Massenvernichtung, damit aus dem Gedanken »Tat«[4] – ein weiteres Code-Wort – wird, muss der Staat die individuellen Gewissen freistellen (Himmlers berüchtigte Rede, die den Massenmord zur moralischen Pflicht erhob). Die Tötung des Feindes erscheint dann als zwangsläufiges Geschehen einer »Natur«, die zyklisch immer wieder hervorbricht. Die Negation der Negation (der eigenen Art) avanciert in dieser Codierung zur höchsten Form der Identität. Der

3 Ein weiteres Beispiel für die »Gemengelage« ist, dass Schmitt die ersten Kapitel seiner Schrift »Der Begriff des Politischen« in einer »Erinnerungsgabe für Max Weber« 1922 erscheinen lassen konnte (vgl. Palyi 1922)

4 Innerhalb des antisemitischen Codes ist »Tat« der Gegensatz zum »bloßen Reden« und »Zerreden« (was ein Nazi-Wort war), weshalb den Nazis das Weimarer Parlament als »Schwatzbude« verhasst war. Statt des Zerredens galt ihnen die Tat, statt Geschwätz Entschlossenheit, statt Bedenkenträgerei Entschiedenheit – so modern sind die alten Worte.

Staat stellt die individuellen Gewissen in dieser Logik frei, indem er die Vernichtung des Feindes als höchste Aufgabe darstellt und dazu ausbeutend an religiöse Motive anknüpfen kann, die in der säkularisierten abendländischen Tradition immer noch mächtige Unterströmungen bildeten.

In diesem kulturellen Code konnte der Antisemitismus als rational erscheinen: Er macht ein massives Angebot psychischer Entlastung. Wenn nach dem Ersten Weltkrieg humane Traditionen vollkommen entwertet sind und wissenschaftliche Rationalität hemmungslos zu den entsetzlichsten Schlachten beigetragen hat – der Miterfinder des Gaskriegs, der Chemiker Prof. Haber, bekommt 1918 den Nobelpreis! –, wenn in diesen verwirrenden »Paradoxien der Moderne« (Gay 1986) personale und soziale Identität kaum noch mittels Vernunft oder Tradition begründbar sind, dann werden mit der Umstellung von Vernunftbegründung auf rassische Überlegenheit fragile psychische Strukturen mächtig stabilisiert. Das gleichzeitige Versprechen metaphysischer Erlösung sichert massenhafte Gefolgschaft. Dem wende ich mich nun zu; hier finden sich die Gründe, weshalb der Antisemitismus für so viele so überzeugend schien.

Zur Logik eines Wahns – der Antisemitismus als politische Religion

Der Antisemitismus trägt Züge eines Wahns und kann dennoch nicht im Sinne eines klinischen Reduktionismus erklärt werden. Der Antisemitismus ermöglicht, dass die Menschen ihr Handeln aus den folgenden Prämissen des kulturellen Codes ableiten konnten:

Wenn

- die Juden als »Satan« ausgemacht sind, muss man sie – vernünftigerweise – bekämpfen;
- es um eine so gewaltige Angelegenheit wie den heilsgeschichtlichen Endkampf geht, braucht es – vernünftigerweise – den Einsatz des eigenen Lebens;
- Juden die definitive Inkarnation des Bösen sind, muss man – vernünftigerweise – den Einspruch des individuellen Gewissens und seiner Zweifel beschwichtigen im Namen der »gewaltigen Aufgabe«;
- am Ende gewaltigster Anstrengungen der Anbruch eines Tausendjährigen Reiches nicht nur gemeinschaftlichen Wohlergehens, sondern heilsgeschichtlicher Menschheitserlösung steht,

dann sind höchster Einsatz und höchste Opfer nicht mehr als – vernünftig. Ein solches Weltbild könnte die »wahnwitzige« Gefolgschaft erklären; nach wie vor erstaunlich ist ja die massenhafte Zustimmung zum NS-Regime, aber auch die enorme Bereitschaft, schwerste persönliche Opfer auf sich zu nehmen.

Diese religiösen Sehnsüchte konnten vom Nationalsozialismus ausgebeutet werden. Sie waren für aufklärerische Absichten nicht erreichbar. Ich spreche von Theologie hier nicht im Sinne der Lehre des evangelischen oder katholischen Christentums, von Religion nicht im Sinne einer in Worten und religiösen Bildern entfalteten, quasi-argumentativen Rede vom Göttlichen. Ich spreche vom Religiösen als einer in mystischen Traditionen erhaltenen Sehnsucht, das Göttliche nicht transzendental, sondern im eigenen Inneren zu suchen und zu finden, und der dazugehörigen tiefen Sehnsucht, sich mit den kosmischen Dimensionen des Lebens auf eine verschmelzende Weise so zu verbinden, dass die individuellen Ambivalenzen gleichsam entlastet und überspielt werden können. Diese Spannungen können aufgehoben werden, wenn die Ereignisse »den Menschen« ergreifen und »aufwühlen«.[5] Das kann durch die Begegnung mit dem »Führer«, seinem Blick und seinen Augen geschehen, durch eine packende Rede oder durch die »Bewegung« selbst – individuelle Grenzen werden aufgehoben, Einheit gestiftet. Massenpsychologische Erklärungen, die hier nur die Aufhebung der Individuationslasten im Kollektiv sehen, greifen zu kurz; denn die Frage, warum jemand sein Leben fürs Kollektiv opfern sollte, wird damit ja nicht beantwortet. Es geht um mehr: Die Forderung nach dem Opfer des eigenen Lebens muss als Verschmelzung mit dem Kosmischen, muss als Erlösung, der individuelle Tod muss als Eingang ins Heil vorgestellt werden können – das aber ist eine zutiefst religiöse Thematik. Nur wenn das eigene Leben in einem quasi-religiösen Akt auf dem imaginären Altar des »Volkes« dargebracht wird und dieses »Opfer« zum »Heil« des Ganzen, von Volk und Rasse beiträgt, wird ein solches Verhalten der Einzelnen einer Erklärung zugänglicher.

Tatsächlich gibt es deutliche Spuren solcher Vereinigungssehnsüchte in der christlichen Tradition. Einige Belege (nach Winkler 2001): Thomas Abbt

---

5 So haben es Musikwissenschaftler (Besseler in seinem Freiburger Habilitationsvortrag: »Der ganze Mensch ist plötzlich in Aufruhr geraten. Er ist in einer Tiefenschicht seines Daseins aufgewühlt (...)«, zit. nach Brinkmann 2001, S. 154) formuliert, so steht es in der Freikorpsliteratur, so formulierte es der NS-Chefideologe Rosenberg im »Mythus des 20. Jahrhunderts« (1933).

schreibt zur Zeit des Siebenjährigen Krieges (1756–1763) eine Schrift »Vom Tode für das Vaterland«, in der er die Pflicht der Untertanen, ihr Leben fürs Vaterland zu opfern, begründet: »die Liebe fürs Vaterland (wenn man nicht den Beistand einer geoffenbarten Religion genießt)« bezwinge »am leichtesten die Furcht vor dem Tod« (Winkler 2001, Bd. I, S. 47). Eine solche Äußerung kommt dem Nationalismus als einer politischen Religion schon recht nahe. Einen weiteren Schritt bildet der vom »Turnvater« Friedrich Ludwig Jahn geprägte Begriff »Deutsches Volkstum«. So betitelte er seine 1810 erschienene Schrift, in der es heißt: »Schwer zu erlernen, schwerer noch auszuführen ist des Weltbeglückers heiliges Amt – aber es ist eine Wollust der Tugend, eine menschliche Göttlichkeit, die Erde als Heiland zu segnen und den Völkern Menschwerdungskeime einzupflanzen« (Winkler 2001. Bd. I, S. 62). Eine solche göttliche Erlösungsaufgabe sah Jahn nur bei zwei Völkern als gegeben: bei den Griechen der Antike und bei den Deutschen. Der Staat sei ohne das Volk nur »seelenloses Kunstwerk«, so wie umgekehrt ein Volk ohne Staat nicht mehr sei als ein »leibloser luftiger Schemen wie die weltflüchtigen Zigeuner oder die Juden«. Der evangelische Theologe Ernst Moritz Arndt überbietet diese Heiligung des Deutschtums noch. 1807 schreibt er: »*Ein* Volk zu sein, *ein* Gefühl zu haben für *eine* Sache, mit dem blutigen Schwert der Rache zusammenzulaufen, das ist die Religion unserer Zeit; (...) Das ist die höchste Religion, zu siegen und zu sterben für Gerechtigkeit und Wahrheit, (...) das ist die höchste Religion, das Vaterland lieber zu haben als Herren und Fürsten, als Väter und Mütter, als Weiber und Kinder (...) Dieses heilige Kreuz der Welterlösung, diese ewige Religion der Gemeinschaft und Herrlichkeit, die auch Christus gepredigt hat (...)« Von dieser Religion spricht er auch als von einem »heiligen Wahn«. Schon das Erlernen fremder Sprachen wie des Französischen sieht er als »Gift« und es liegt auf dieser Linie, wenn die interkulturelle Kommunikation mit den Juden bis zu deren Steigerung als Fremden verweigert wird: »Die Juden als Juden passen nicht in diese Welt und in diese Staaten hinein, und darum will ich nicht, daß sie auf eine ungebührliche Weise in Deutschland vermehrt werden. Ich will es aber auch deswegen nicht, weil sie ein durchaus fremdes Volk sind (...)« (Arndt, zit. nach Winkler 2001, Bd. I, S. 67).

Ein Hanns Floerke stellt seinem 1916 erschienenen Buch »Deutsches Wesen im Spiegel der Zeiten« ein Motto von Fichte voran: »Nur der Deutsche vermag im Zwecke für seine Nation den Zweck der ganzen Menschheit zu erfassen«. Hier wird exemplarisch der Keim des Auserwähltheitswahns formuliert, der die Deutschen in Konkurrenz zu den Juden brachte. Der hier von Jahn, Arndt, Fichte und vielen anderen artikulierte Nationalismus ist zu

Beginn des 19. Jahrhunderts noch Teil einer bürgerlichen Bewegung, die sich gegen die französische Eroberung durch napoleonische Heere zur Wehr setzte; Arndt war durchaus Demokrat. Juden werden als Repräsentanten des Interkulturellen bekämpft. Ihre Interkulturalität verletzt die nationale Souveränität.

Die Erlösungssehnsucht war ein durchaus eigenständiges Thema, das vor dem ersten Weltkrieg noch interkulturell kommuniziert werden konnte. Der wortmächtige Antisemit Ludwig Klages, heute den meisten nicht mehr als Autor eines dreibändigen Werkes »Der Geist als Widersacher der Seele« gegenwärtig, sondern nur noch als antiquierter Graphologe und in der »Klages-Gesellschaft« gegenwärtig gehalten, gründet um die Jahrhundertwende seinen Kreis der »Münchner Kosmiker«. Hier vereinen sich zunächst die unterschiedlichsten Persönlichkeiten. Bei Karl Wolfskehl[6] treffen sich regelmäßig nicht nur Klages, Stefan George und Alfred Schuler, sondern zunächst auch Theodor Lessing, Martin Buber, Eugen Mayer und Friedrich Gundolf, bei dem Joseph Goebbels später studiert[7]. Hier begegnet man zeitweilig auch Paul Klee, Franz Marc und Ricarda Huch sowie der einstigen Rilke-Freundin Franziska von Reventlow. Verzweiflung über die entpersönlichenden Wirkungen der Moderne verbindet sich mit modern klingenden ökologischen Motiven. Bei Klages[8] heißt es: »Die Technik (...) ist nicht wesentlich älter als vier Generationen und hat dessen ungeachtet hingereicht, um Dutzende von Stämmen der Primitiven, Hunderte von Pflanzengeschlechtern, doppelt und dreimal so viele Tierarten auf dem Lande, in der Luft, im Wasser vom Antlitz des Planeten zu tilgen. Der Tag ist nicht fern, wo sie alle vertilgt sein werden, soweit man sie nicht zu züchten beliebte zu Schlachtzwecken oder zu Modezwecken (...) Die Erde (...) wird daran sterben«. Nur wenige Auserwählte wissen von der »Blutleuchte«, sie erkennen die Begnadeten. Die ersehnte »Weltenwende« findet ihr Symbol im Hakenkreuz, das sogar der jüdische Bondi-Verlag als Signet führt (Wilhelm 1989, S. 18). Es sollte – hier sind noch altägyptische Anklänge zu verspüren – als

6 Wolfskehl war Jude, der von Klages akzeptiert wurde, weil er zur »altjüdischen Rasse« zähle, ebenso wie der Jugendfreund von Klages, der 1933 ermordete Theodor Lessing. Klages trennte sich nach mehr als 20jähriger Freundschaft 1899 von Lessing mit der Begründung, er wolle nichts mehr mit einem »aufdringlichen Juden« zu tun haben (vgl. Kotowski 2000).

7 Schuler gab dem Hakenkreuz den Namen »Swastika«

8 In seiner 1913 auf dem Hohen Meißner gehaltenen Rede »Mensch und Erde« (zitiert in Klages 1929)

Sonnenrad das Licht des Geistes symbolisieren. Dass auch ein jüdischer Verlag dieses Symbol verwendete, ist Ausdruck der weitverbreiteten Sehnsucht, sich horizontal und vertikal gleichermaßen aufgehoben, d. h. »erlöst« fühlen zu dürfen.

Doch der Erste Weltkrieg zerschlägt die interkulturelle Kommunikation mit den Juden. Es gibt nicht nur Untersuchungen der Heeresleitung gegen sie, die Erlösungssehnsucht wird rassisch codiert. Der damals meistgelesene katholische Philosoph Max Scheler bezeichnet den Krieg als »Psychotherapeutik der Völker« und behauptete, der »Genius des Krieges« werde »wie von selbst zur Religion – zum Führer zu Gott« (zit. nach Winkler 2001, Bd. I, S. 339). Die von Klages formulierten Untergangsängste brauchen einen Heiland und sie werden mit mystischen Motiven verknüpft. Stefan George, dessen »Blätter für die Kunst« im jüdischen Bondi-Verlag erscheinen, also mit einer Hakenkreuz-Vignette versehen sind, formuliert in seinem Gedicht »Porta Nigra« die hier entscheidende Zeile: »Das edelste ging Euch verloren: blut (...)« Bemerkenswert ist, dass es nach dem Doppelpunkt nicht anders weiter geht; das nach dem Ersten Weltkrieg verfasste Gedicht hätte ja auch betonen können, dass Anstand, Gesinnung, Verantwortungsgefühl, Internationalismus, Gewissen, Zivilisiertheit verloren gingen. Der Konkretismus des verlorenen »Blutes« spricht die Generation der Kriegsteilnehmer mächtig an; die Metaphorik aber verweist auf das Blut als Garant des Edlen. Denn der menschheitsgeschichtliche Fortschritt, so las man in diesen Kreisen Nietzsche, wurde nicht durch demokratische Ermächtigung von Mehrheiten, sondern durch die Hervorbringung der »Besten« geschaffen. Über deren Verlust wie über den dieser Gesinnung klagt George.

Rasse und Auserwähltheit

Der Code macht charakteristische Gleichsetzungen: Nationalismus wird zur Religion; die Aufgabe der Menschheitsbeglückung kann nur von den Deutschen ausgehen; der Heiland ist ein Deutscher; die Juden sind es, die nationale Kategorien in Unordnung bringen. Nationale Souveränität wird *biologisch* fundiert und zugleich die *metaphysische* Erlösung durch eine bestimmte Rasse versprochen. Es wäre also verfehlt, den nationalsozialistischen Rassebegriff ausschließlich biologisch zu verstehen (Bärsch 1998).

Auch die Energien der »Völkischen« (Puschner 2001) konnten dem Nationalsozialismus zufließen. Bei ihnen will man die Sprache nicht nur von allem fremden »Gift« reinigen, denn nur das Germanische ist das Echte, die

»Muttersprache« wird als Trägerin des »Erbgutes der Nation« codiert. Das verbindet sich auch bei ihnen mit der Idee, dass »Rasse« nicht nur biologisch zu verstehen sei. So erscheinen 1909 in der »Deutschen Handelswacht«, einem Publikationsorgan des Deutschnationalen Handlungsgehilfenverbandes, Aufsätze über die Ziele der Völkischen, die klarstellen, dass das deutsche Volk *eine* Rasse sei, doch komme es darauf an, »den Begriff der Rasse richtig zu fassen«. Klärend heißt es dann: »Denn – das ist die Hauptsache – unter Rasse ist nicht nur die körperliche, sondern in erster Linie die sprachliche, sittliche und geistig-seelische Einheit eines durch gemeinsame Abstammung oder durch gemeinsame Schicksale, meistens aber durch beides zusammengeführten und zusammenlebenden Volkes zu verstehen« (zit. nach Puschner 2001, S. 39). 1912 heißt es dann gleichlautend in den »Deutsch-Sozialen Blättern«: »Das Evangelium der Rasse ist der grimmigste Feind des Judentums« (Puschner 2001, S. 66). Die religiöse Codierung wird so an die rassische angehängt, indem etwa der deutschnationale Agitator Paul Förster forderte, dass »wiedererweckt« werden müsse, was vor mehr als 2000 Jahren »verpfuscht« worden sei (Puschner 2001, S. 138) und vom Germanentum nicht mehr das Bild der wilden Barbaren entworfen wird; Germanen seien vielmehr ein »Kulturvolk (...), dessen uralte Religion, der Lichtdienst, das höchste Wissen umschließt (...)« (so ein Ernst Wachler 1907, zit. nach Puschner 2001, S. 139). Gefordert wird artgemäße deutsche Kultur, die sich »über alle Lebensgebiete« zu erstrecken habe, damit sich »der Nationalsinn jedes Einzelnen läutert in ein *sein ganzes Leben durchglühendes Glaubensbekenntnis«* (zit. nach Puschner 2001, S. 272). In diesen bewussten Programmatiken wird klar, wie dem Einzelnen Erlösung, Läuterung angeboten wird.

Es ist diese Mischung von Sprache, Rasse und politischer Religion, die sich dann bis in den Alltag erstreckt. Der »deutsche Gruß« war schon auf den sog. Klebemarken der Deutschbund-Postkarten im Reich Kaiser Wilhelms II zu sehen, verbunden mit dem Text: »Im deutschen Namen Heil!«.[9] Hier, in diesen vor dem Ersten Weltkrieg formulierten Sätzen, kündigt sich die Konkurrenz zu dem anderen Gottesvolk, den Juden, schon an. Die Konkurrenz geht darum, das »Heil« zu erlangen *und* es zu bringen.

Hitler schrieb zur Rechtfertigung des Putsches von 1923 zu Beginn des Jahres 1924 in einem programmatischen Aufsatz: »Der marxistische Internationalismus wird nur gebrochen werden durch einen fanatisch extremen Nationalismus von höchster sozialer Ethik und Moral. Man kann den

[9] 1928 wurde der »alte Völkische« Willibald Hentschel zum 70. Geburtstag u. a. damit geehrt, dass er den Heil-Gruß popularisierte (Puschner 2001, S. 188).

falschen Götzen des Marxismus nicht vom Volke nehmen, ohne ihm einen besseren Gott zu geben« (zit. nach Winkler 2001, Bd. I, S. 465). Der Internationalismus wird als jüdisch-bolschewistisch bekämpft, die interkulturelle Kommunikation programmatisch verweigert und zugleich religiöse Erlösung angeboten. Friedländer (1998) spricht deshalb vom »Erlösungsantisemitismus«.

Der Religionswissenschaftler Jacob Taubes hat einmal bemerkt, man verstehe den NS nicht, wenn man seine Attraktivität für herausragende Geister leugne. Die Idee des metaphysischen Heils, des glühenden Bekenntnisses zu einem politischen Glauben kann nicht einfach als »wirr« abgetan werden; es waren Intellektuelle[10] wie Werner Sombart, Ernst Jünger, Carl Schmitt, Martin Heidegger, die der Meinung waren, die Deutschen seien »das auserwählte Volk dieser Jahrhunderte«, der »Vertreter des Gottesgedankens auf Erden«, die Deutschen seien »das Gottesvolk« (zit. nach Winkler 2001, Bd. I, S. 339). Die immense Attraktivität des Nationalsozialismus könnte in diesem religiösen Superangebot gelegen haben. Der Nationalsozialismus bot dem deklassierten Kleinbürger nicht nur soziale Aufstiegschancen; er spielte dem Gierigen nicht nur Haus und Vermögen des enteigneten jüdischen Nachbarn zu; er bot nicht nur Gruppenerleben, homoerotische Männerbünde, Abenteuer und »Gemeinschaft«. All diese Partialinteressen wurden durchaus sektoriell »bedient«. Vor allem aber bot er mit der Ausbeutung religiös-mystischer Erlösungssehnsüchte eine mentale Rundumversorgung und metaphysische Komplettbetreuung. Die Weltgeschichte im Ganzen wie auch die aktuelle politische Lage konnten »aus einem Punkt« erklärt, dringende Handlungsnotwendigkeiten begründet, diffuse Kategorien geklärt, seelische Gedrücktheiten gehoben und freudige Opfer gefordert werden. Es ging nicht nur um Politik, sondern – weit mehr – um das Phantasma des Reiches und sein »Heil«. Der Einzelne konnte sich von der Geburt bis zum Tode umgriffen fühlen durch die Kraft einer mächtigen Organisation; die Last des Tragens von Ambivalenz oder Schuld war genommen. Dies umso eher, weil

[10] Die Orte der Aufklärung, die Universitäten, waren vom Nationalsozialismus fasziniert. Als Hitler eine Beschäftigung in Deutschland braucht, um überhaupt deutscher Staatsbürger werden zu können, bietet ihm die TH Braunschweig einen Dienstvertrag für eine a. o. Professur für »organische Gesellschaftslehre und Politik« an, den Hitler am 25. 2. 1932 unterschreibt – Hitler als Soziologieprofessor! Das erleichterte dem Österreicher die deutsche Einbürgerung, die er für seine Kandidatur zum Amt des Reichskanzlers benötigte (vgl. Rammstedt 1986, S. 13).

sowohl die solche Komplettbetreuung sichernden Symboliken für Atheisten wie für Christen weitgehend umstandslos akzeptabel waren, als auch deshalb, weil die mächtigen Kirchenführer schwiegen – oder zustimmten. Sie hatten Gründe; interkulturelle Kommunikation verträgt sich nicht gut mit Monotheismus. Dazu ein ganz anderes historisches Beispiel.

Spanien: Schriftlichkeit, Traditionstoleranz und »Übersetzung«

Das Ende des 15. Jahrhunderts beschert der spanischen Welt nicht nur die Entdeckung Amerikas, sondern mit der Kapitulation von Granada das Ende der letzten Maurenherrschaft auf spanischem Boden. Es werden 1492 auch viele Juden vertrieben, die die Entdeckung der Neuen Welt ihrerseits mit finanziert hatten. Viele Juden waren zu Conversos geworden, zum Christentum übergetreten und erreichten, wie der neu ernannte Bischof von Granada, Hernando de Talavera, hohe Positionen in den christlichen Hierarchien. Hier kommt es zu einer bemerkenswerten Szene: Dieser ehemals jüdische Bischof überreicht der spanischen Königin Isabella eine Grammatik des Kastilischen – die erste schriftlich formulierte Grammatik einer europäischen Sprache wohl überhaupt. Isabella soll den bei der Überreichung mit anwesenden Autor der Grammatik, Nebrija, gefragt haben, wozu eine solche Grammatik denn gut sei? Die Frage ist aufschlussreich; die Herrscherin konnte sich nicht in die Position derer versetzen, die als Fremde ihre Sprache erst lernen müssen. Herrschende setzen ihre eigenen Erfahrungen und Umstände als so selbstverständlich und absolut voraus, dass diese ihnen als »natürlich« und »gottgegeben« erscheinen. Über diesem Absolutum gibt es nichts, folglich entgeht ihnen die Notwendigkeit der interkulturellen Kommunikation. Den Fremden verschlägt es darüber die Sprache und so ist es konsequent, dass Nebrija nicht geantwortet haben soll. An der Stelle des Autors antwortet der Bischof: Eine solche Grammatik habe ihren Sinn darin, die von den spanischen Königen unterworfenen Völker die Sprache ihrer Herren lernen zu lassen, um ihre Anordnungen besser befolgen zu können[11]. Der machttechnisch versierte Bischof also rettet die Situation.

[11] So berichtet Pietschmann (1997)

Schlagartig beleuchtet diese Episode einen elementaren Zusammenhang: Die Sprache der Königin verlangt Gehorsam, nicht Untersuchung. Wer eine Grammatik dieser Sprache verfasst, nimmt ihr gegenüber die Position eines externen Beobachters ein. Sprache aber ist nicht nur Verständigungsmittel, sondern Teil einer gottgegebenen Ordnung. Man kann sich nur innerhalb dieser bewegen. Wer sie beobachtet, steht außerhalb. Er beobachtet nicht nur die Grammatik, sondern auch die Ordnung und damit den, der sie gegeben hat: Gott – und diese Beobachtung Gottes ist, wie die Genesis lehrt, der Frevel Luzifers (Villeneuve 1991). Wer also eine Grammatik der Sprache eines Landes schreibt, das sich als von Gott geordnet sieht, steht selbst außerhalb dieser Ordnung; er ist der Teufel – oder ein Jude.

Diese Konstellation macht das Assimilationsparadox (Gilman 1993) beklemmend deutlich: Von Fremden wird gefordert, die Sprache des Aufnahmelandes zu erlernen; sie müssen dessen Grammatik studieren, sie beobachten, um sich assimilieren zu können. Aber dass sie Gottes Ordnung beobachten, beweist gerade ihren Status als Fremde, statt ihn aufzuheben. Einerseits ist so Anpassung gefordert, aber die dazu erforderlichen Mittel »beweisen« den Frevel. Selbst den getauften spanischen Juden, den Conversos, hat deshalb ihre Lern- und Anpassungsfähigkeit nicht viel genützt; sie wurden 1492 vertrieben.

Diese Beziehung zur Sprache ist für den kulturellen Code zentral. Er artikuliert auch in der Neuzeit das Assimilationsparadox. Richard Wagner schreibt in seiner Abhandlung »Das Judentum in der Musik« (1850): *»Der Jude spricht die Sprache der Nation, unter der er von Geschlecht zu Geschlecht lebt, aber er spricht sie immer als Ausländer.«* Und weiter:

> »Zunächst muß im Allgemeinen der Umstand, daß der Jude die moderne europäische Sprache nur wie eine *erlernte,* nicht *angeborene* redet, ihn von aller Fähigkeit, in dieser Sprache sich seinem Wesen eigentümlich und selbständig kundzugeben, im höheren Sinne gefaßt, ausschließen. Eine Sprache, ihr Ausdruck und ihre Fortbildung ist nicht das Werk Einzelner, sondern einer geschichtlichen Gemeinsamkeit: nur wer unbewußt in dieser Gemeinsamkeit aufgewachsen ist, nimmt auch an ihren Schöpfungen teil. Der Jude stand aber außerhalb einer solchen Gemeinsamkeit, einsam mit seinem Jehova (...)«. (zit. nach Gilman 1993, S. 109)

1942 wiederholt der Kölner Kardinal Joseph Frings, der Jude sei »nicht unseres Blutes« und spreche »nicht unsere Sprache« (Gilman 1993, S. 19). Klemperer (1997, S. 43) erinnert sich, am Schwarzen Brett seiner Hochschule habe bereits im März 1933 ein Anschlag ausgehangen: »Wenn der Jude deutsch schreibt, lügt er« habe es dort geheißen, und dass er künftig gezwungen sein solle, deutsch geschriebene Bücher als Übersetzungen aus dem Hebräischen zu bezeichnen.

Die Unterscheidung zum Freud'schen Unbewussten liegt auf der Hand. Für Freud ist das Unbewusste nicht rassisch differenziert, sondern universal und gewährleistet so interkulturelle Übersetzbarkeit. Freuds Programm ist, zu zeigen, dass die Mechanismen des Unbewussten nicht nur im Traum, sondern auch in den Fehlleistungen des Alltags, nicht nur im Witz, sondern v. a. auch im jüdischen Witz dieselben sind; dass Perverse nicht widernatürliche Schädlinge sind, sondern die polymorph perverse Anlage allen Menschen gleichermaßen zukommt. Seine These von der Universalität des Unbewussten ist somit auch zeitgeschichtlich motiviert vom Widerstand gegen die Übernahme solchen biologischen Denkens in eine psychologische Theorie; Freud bewahrt die universalistischen Motive der Aufklärung.

Die Rasse als »Seele«

Die Ausgrenzung jüdischer Körper, jüdischer Sprache, des jüdischen Geistes und jüdischer Musik bereitet eine vollkommene Distanzierung vor. Für diese Kombination ein literarisches Beispiel: Artur Dinter, ein promovierter Chemiker, veröffentlicht ab 1917 eine Roman-Trilogie mit Titeln wie »Die Sünde wider das Blut«[12], die die Verbindung von Rasse und Religion schon anzeigen. Es geht um so genannte »Blutschande«. Der Romanprotagonist Herrmann heiratet die Tochter eines »hässlichen« Juden und einer Christin, die ihre eigene Herkunft als Makel zu empfinden lernt; das »chaotische Blut« des jüdischen Vaters, von dem der Leser erfährt, dass er in ganz Deutschland mehr als 117 Kinder gezeugt habe, beginnt sich in der Liebesbegegnung zu zeigen: »Das sinnliche Begehren der jungen Frau war derart wild und ungezügelt, daß Herrmann sich geradezu abgestoßen von ihr fühlte«. Hier wie in anderen Texten wird eine metaphorische Gleichung konstruiert: Jüdische Rasse = Sexualität, arische Rasse hingegen ist Religion. Die rassische Überlegenheit der Religion begründet in der gesamten antisemitischen Propaganda, dass den Juden der Platz der Auserwähltheit streitig gemacht wird! Winkler (2001, Bd. II, S. 24) formuliert: »Als totalitäre politische Religion konnte der Nationalsozialismus grundsätzlich keine Religion neben sich dulden (...)«

---

[12] Die anderen, später folgenden Titel hießen »Die Sünde wider den Geist« (1920) und »Die Sünde wider die Liebe« (1922).

Hitler, in den von Herrmann Rauschning festgehaltenen »Gesprächen mit Hitler«, sagt es genau kalkuliert: »Der Jude sitzt immer in uns. Aber es ist leichter, ihn in leiblicher Gestalt zu bekämpfen, als den unsichtbaren Dämon« (Rauschning 1940, S. 223). »Aber nun sind wir es, die mit der Weltanschauung der ewigen Revolution ihnen (den Juden) Konkurrenz machen. Ist Ihnen nicht aufgefallen, wie der Jude in allem und jedem das genaue Gegenspiel des Deutschen ist und ihm doch wieder so verwandt wie es nur zwei Brüder sein können?« (ebd., S. 224). »Es kann nicht zwei auserwählte Völker geben. Wir sind das Volk Gottes« (ebd., S. 227). Weil das hier ebenso klar strategisch formuliert ist wie die Aufforderung von v. Gebsattel, die Juden als Blitzableiter zu benutzen, müssen Theorien, die hier einen unbewussten (!) Projektionsvorgang aufklären wollen, zu kurz greifen; das rasante Problem ist: Die Projektion ist vollkommen bewusst! *Vor der Umbuchung in psychologische Projektion und Verdrängung steht die politische und strategische Planung, die sich der religiösen Motiviertheit raffiniert bedient.*

Hitler wird von der SA als »Johannes« der Bewegung gekennzeichnet, später direkt mit Christus verglichen.[13] Bei dem NS-Chefideologen Alfred Rosenberg (1933) gehen Mystik, Apokalyptik und Sehnsucht nach Größe eine Verbindung ein, die die Weltgeschichte als Kampf zwischen Gott und Satan interpretiert. Hitler beendet seine erste Rundfunkrede als Reichskanzler im Januar 1933 mit dem Wort »Amen«, nachdem er seine Politik als »Erlösung« ausgerufen hatte. Im deutlichsten Anklang an das Vaterunser beendet er am 10. Februar 1933 seine Rede im Berliner Sportpalast:

> »Denn ich kann mich nicht lösen von dem Glauben an mein Volk, kann mich nicht lossagen von der Überzeugung, daß diese Nation wieder einst auferstehen wird, kann mich nicht entfernen von der Liebe zu diesem meinem Volk und hege felsenfest die Überzeugung, daß eben doch einmal die Stunde kommt, in der die Millionen, die uns heute hassen, hinter uns stehen und mit uns dann begrüßen werden das gemeinsam geschaffene, mühsam erkämpfte, bitter erworbene neue deutsche Reich der Größe und der Ehre und der Kraft und der Herrlichkeit und der Gerechtigkeit. Amen!« (zit. nach Winkler 2001, Bd. II, S. 8)

Es geht um einen nicht-kirchlichen, nicht-institutionellen, nicht-formulierten Glauben. Diese Impulse machen den Nationalsozialismus für viele

[13] Goebbels stellte seiner Aufsatzsammlung »Wege ins Dritte Reich« als Aphorismus voran: »Der echte Deutsche bleibt zeit seines Lebens ein Gottsucher«.

attraktiv. Aus Ian Kershaws Hitlerbiographie (1998, S. 584) zitiere ich nur das Beispiel einer Luise Solmitz aus Hamburg, die die erste Notverordnung mit der Folge von Massenverhaftungen in einem privaten Brief rechtfertigt und über Hitler festhält: »Sein Ruhm steigt zu den Sternen, der Heiland ist er einer bösen, traurigen deutschen Welt«. Es gibt viele weitere Beispiele dafür, dass Hitler als Messias erlebt wurde.

Diese massiven religiösen Subtextualisierungen immunisierten den nationalsozialistischen Rassismus[14] gegen »zersetzende« Vernunft und sicherten breite Zustimmung. Rasse – das war neben Biologie vor allem »Seele«. Alfred Rosenberg (1933) widmet das erste Kapitel seines »Mythus des 20. Jahrhunderts« folgerichtig der »Rassenseele«. Die Einheit der Rasse ist die Übereinstimmung der »Haltung der Seele, des Willens, der Vernunft« gegenüber dem Universum – dazu seien die »semitoiden Völker« nicht in der Lage. Der Nationalsozialismus ist für Rosenberg deshalb v. a. eine »Seelenrevolution«. Sie aktualisiert seelisch, was rassisch vorgebildet ist. Die Rasse verbindet in der horizontalen sozialen Dimension, das Seelische aber richtet sich vertikal nach oben und verbindet mit dem Kosmischen, mit dem einen Gott. Es entsteht die Gestalt des Kreuzes, welches vom Lauf der Sonne umkreist wird und kosmische und politisch-soziale Dimension vollkommen integriert. Wenn der Kreis zerbricht, entsteht die Svastika, jenes Symbol, das an Helmen und Koppeln der Freikorpssoldaten um 1920 auftauchte, dessen Geschichte aber, wie Herbert Stein (1992) zeigte, weit in vorchristliche Zeiten, in die von Indien und Ägypten, zurückreicht.

Wie die spirituellen Wurzeln und Sehnsüchte, die hier angesprochen sind, reflexiv zum Thema werden können, ohne sie mit einer aufgeklärten Haltung des Bescheidwissens erneut der Verdrängung zu überlassen, dürfte eine der schwierigsten Fragen in der Auseinandersetzung der Psychoanalyse mit der Religion sein.

[14] Zur Wissenschaft: Immerhin gab es, neben dem Tross willfähriger Mediziner und Psychiater, neben Naziphilosophen, Rassetheoretikern und Schädelvermessern sogar einen deutschen Nobelpreisträger, Philipp Lenard, der eine arische Physik gegen die »jüdische« Relativitätstheorie zu formulieren versuchte.

Literatur

Bärsch, C. E. (1998): Die Politische Religion des Nationalsozialismus. München (Wilhelm Fink).

Berding, H. (1997): Der Aufstieg des Antisemitismus im Ersten Weltkrieg. In: Benz, W., Bergmann, W. (Hg.): Vorurteil und Völkermord. Freiburg (Herder).

Brinkmann, R. (2001): Vom »völkischen Lebensraum« der Musik. Merkur, 55, Heft 622, 154–158.

Brockhaus, G. (2003): Psychoanalytische Beiträge zur Nationalsozialismusforschung. In: Gerlach, A., Schlösser, A. M. & Springer, A. (Hg.): Psychoanalyse mit und ohne Couch. Haltung und Methode. Gießen (Psychosozial).

Buchholz, M. B. (2001): Fremde und das Assimilationsparadox. In: Gutjahr, O. (Hg.) (2001): Freiburger Literaturpsychologische Gespräche. Jahrbuch für Psychoanalyse und Literatur, Bd. 21. Würzburg (Königshausen & Neumann).

Eissler, K. R. (2000): Die Mühlsteine der Menschheit. Jahrbuch der Psychoanalyse, 42, 13–57.

Fenichel, O. (1946/1981): Elemente einer psychoanalytischen Theorie des Antisemitismus. In: Laermann, K. (Hg.): Aufsätze II. Olten (Walter-Verlag).

Floerke, H. (1916): Deutsches Wesen im Spiegel der Zeiten. Berlin (Otto Reichl Verlag).

Friedländer, S. (1998): Das Dritte Reich und die Juden. München (dtv 2000).

Gay, P. (1986): Freud, Juden und andere Deutsche. Herrn und Opfer in der modernen Kultur. Hamburg (Hoffmann und Campe).

Gilman, S. L. (1993): Jüdischer Selbsthaß. Frankfurt (Jüdischer Verlag).

Goode, W. J. (1981): Why Men Resist. In: Skolnick, A. S., & Skolnick, J. H. (Hg.): Family in Transition (5th edition 1986). Boston/Toronto (Little, Brown and Company).

Kershaw, J. (1998): Hitler 1989–1936. Stuttgart (DVA).

Klages, L. (1929–31): Der Geist als Widersacher der Seele. 3 Bde. Leipzig (Joh. Ambrosius Barth).

Klemperer, V. (1997): LTI – Lingua Tertii Imperii. München (dtv).

Kotowski, E.-V. (2000): Feindliche Dioskuren. Theodor Lessing und Ludwig Klages – Das Scheitern einer Jugendfreundschaft. Berlin (Jüdische Verlagsanstalt).

Palyi, M. (Hg.) (1922): Hauptprobleme der Soziologie. Erinnerungsgabe für Max Weber. München/Leipzig (Duncker & Humblot).

Pietschmann, H. (1997): Die Vertreibung der Juden aus Spanien im Jahre 1492. In: Benz, W., & Bergmann, W. (Hg.): Vorurteil und Völkermord. Freiburg (Herder).

Puschner, U. (2001): Die völkische Bewegung im wilhelminischen Kaiserreich. Sprache – Rasse – Religion. Darmstadt (Wissenschaftliche Buchgesellschaft).

Rammstedt, O. (1986): Deutsche Soziologie 1933–1945. Die Normalität einer Anpassung. Frankfurt (Suhrkamp).

Rauschning, H. (1940): Gespräche mit Hitler. Zürich/New York (Europa-Verlag).

Reichel, P. (1995): Politik mit der Erinnerung. München (Hanser).

Rosenberg, A. (1933): Der Mythus des 20. Jahrhunderts. Eine Wertung der seelisch-geistigen Gestaltenkämpfe unserer Zeit. München (Hoheneichen-Verlag).

Schmitt, C. (1927): Der Begriff des Politischen München/Leipzig (Duncker & Humblot).

Schmölders, C. (2003): Das Gesicht als Bürgschaft. Zur Physiognomik des Vertrauens. In: Frevert, U. (Hg.): Vertrauen. Historische Annäherungen. Göttingen (Vandenhoeck & Ruprecht).

Stegmaier, W. (1998): Diplomatie der Zeichen. Orientierung im Dialog eigener und fremder Vernunft. In: Simon, J., & Stegmaier, W. (Hg.): Fremde Vernunft – Zeichen und Interpretation IV. Frankfurt (Suhrkamp).

Stein, H. (1992): Die Psychologie des vorchristlichen Kreuzes und die christliche Kreuzestheologie. Archiv für Religionspsychologie, 20, 150–169.

Villeneuve, J. (1991): Der Teufel ist ein Spieler: oder wie kommt ein Eisbär an die Adria? In: Gumbrecht, H. U., & Pfeiffer, K. L. (Hg.): Paradoxien, Dissonanzen, Zusammenbrüche. Situationen offener Epistemologie. Frankfurt (Suhrkamp).

Volkov, S. (1990): Jüdisches Leben und Antisemitismus im 19. und 20. Jahrhundert. München (Beck).

Wilhelm, H. (1989): Dichter, Denker, Feme-Mörder. Rechtsradikalismus und Antisemitismus in München von der Jahrhundertwende bis 1921. Berlin (Transit-Verlag).

Winkler, H. A. (1991): Die deutsche Gesellschaft der Weimarer Republik und der Antisemitismus – Juden als »Blitzableiter«. Aus: Ginzel, G. B. (Hg.): Antisemitismus – Erscheinungsformen der Judenfeindschaft gestern und heute. Bielefeld (Verlag Wissenschaft und Politik).

Winkler, H. A. (2001): Der lange Weg nach Westen. Deutsche Geschichte (2 Bände). München (C. H. Beck).

Der absolute Glaube und der Heilige Krieg gegen das Selbst

Uwe Langendorf

Zweifellos bedeutet der 11. September 2001 für die westliche Welt eine historische Zäsur, weil er mit einem Schlag die Macht des religiösen Fanatismus in unserer heutigen Zeit deutlich gemacht hat. Bis dahin konnte es scheinen, als ob unsere Welt sich zunehmend entsakralisiert, dass westliche Lebensweise, Ideale und Techniken im Zug der Globalisierung und Vernetzung die Bedeutung des Religiösen in private Nischen abdrängen. Man konnte das bedauern, aber die Entwicklung erschien unaufhaltsam. Mit dem Anschlag vom 11. 9. mussten wir erkennen, was wir längst hätten sehen können: dass militante Kräfte sich dem westlichen Siegeszug entgegenstellen, Kräfte, die gleichzeitig von politischem Fanatismus und religiösem Fundamentalismus getragen sind. Wie mir scheint, wurde die Angst im Westen allzu rasch verdrängt und militant abgewehrt, Stichwort: »Kampf gegen den Terrorismus«. So steht die Auseinandersetzung mit dem religiösen Fundamentalismus noch bevor. Dabei ist religiöser Fanatismus, von Sendungsbewusstsein erfüllt, in großen Teilen der Welt auf dem Vormarsch, in den islamischen Ländern, in Indien, aber auch z. B. in den USA. Diese Bewegungen sind fanatisch in ihrer Leidenschaftlichkeit, fundamentalistisch in ihrer Überzeugtheit. Die Bezeichnung »Fundamentalismus« stammt aus den USA, wo um 1920 konservative Christen eine Bewegung schufen, um gegen die moderne Aufweichung fundamentaler Glaubenssätze zu kämpfen (Kienzler 1999, S. 18). Der Begriff wurde in den letzen Jahren auf religiöse Gruppierungen aller Glaubensrichtungen ausgeweitet, die sich kämpferisch für die absolute Herrschaft ihres jeweiligen Glaubens einsetzen.

Die fundamentalistischen Bewegungen fordern die uneingeschränkte Anerkennung ihres Glaubens, das Verbot jedes Zweifels oder Relativismus, die islamischen und christlichen Bewegungen die Anerkennung ihres Heiligen Buches als buchstäbliche absolute Wahrheit. Die Islamisten verlangen, den Koran und die Scharia zur Grundlage des gesellschaftlichen Lebens zu machen, die amerikanischen Fundamentalisten kämpfen z. B. gegen die Darwinsche Lehre in den Schulen und gegen Abtreibung. Wir mögen das schrecklich oder rückschrittlich finden, aber fragen uns nicht, ob unsere

Forderung nach Toleranz und Liberalität nicht viele Menschen überfordert und ihnen Angst macht. Die Islamisten erklären den Westen zum »Satan«, die Taliban in Afghanistan haben versucht, auf terroristische Weise sämtliche Spuren der westlichen Zivilisation in ihrem Land auszutilgen. Können wir diesen Fanatismus und den Fundamentalismus selbst als Ausdruck von Angst verstehen? Kakar hat in seinem Buch »Die Gewalt der Frommen« (Kakar 1996) den Konflikt der fanatischen religiösen Gruppen, der Hindus und der Muslime, untersucht und dargestellt, dass beide Gruppierungen in Fanatismus flüchten aus Abwehr gegen die Angst, ihre Identität zu verlieren, zu zerfallen und von der Gegenseite vernichtet zu werden. Die bei den Islamisten heute vorherrschende religiöse Richtung des Wahhabismus kämpft seit 200 Jahren gegen die Auflösung des Islam durch Rückkehr zum buchstabengetreuen Koranglauben. Viel genannt wird die große historische Kränkung der islamischen Welt, die mit der Niederlage des Großtürkischen Sultanats begonnen hat und sich heute mit der relativen Ohnmacht der islamischen Länder fortsetzt.

Ich möchte aber noch weitergehen und fragen, ob der religiöse Fundamentalismus (christlicher und islamischer Prägung) an sich Ausdruck tiefgehender Angst und gleichzeitig ein Versuch ihrer Bewältigung ist. Beide sind Erlösungs- und Endzeitreligionen. Nach schiitischem Glauben z. B. endet die Zeit in einer Schlacht der Gläubigen gegen die Heere Satans, die durch das Eingreifen Allahs entschieden wird, worauf ein Tausendjähriges Reich des Guten beginnt (Halm 1994, S. 50). Ähnlich im Christentum: Wie in der Apokalypse des Johannes beschrieben, endet die Zeit mit dem Weltuntergang, Auferstehung und Weltgericht, indem die Guten himmlischen Lohn, die Bösen die Höllenstrafe empfangen.

Ich habe nicht die Absicht, über die Fundamentalisten der verschiedensten Richtungen generelle Aussagen zu machen, da sie bei unterschiedlichsten Kulturtraditionen und sozialen Bedingungen wohl kaum in einen Topf geworfen werden können. Ich kann aber versuchen, gewisse gemeinsame Grundzüge des religiösen Fundamentalismus herauszufiltern und als Analogie zu einer psychischen Grundstruktur zu verstehen.

Wir finden immer die Forderung nach unbedingtem Glauben an eine allmächtige Instanz, die absolute Unterwerfung verlangt, absolute Trennung des Guten vom Bösen, die Erwartung eines katastrophischen Endes und die Hoffnung auf Rettung durch Unterwerfung unter den Glauben sowie die Drohung ewiger Vernichtung und Qual. Also die Wahl zwischen Gott und Teufel, Himmel und Hölle, Paradies und Verdammnis und nichts dazwischen. Schließlich finden wir immer das Ideal des Märtyrertums oder Selbstopfers.

Dazu gibt es immer eine feindliche Gegenwelt, die versucht, das Gute oder die Glaubensgemeinschaft zu verderben, sei es durch Gewalt, sei es – gefährlicher – durch Verführung. Diese Versuchung zur »Sünde des Fleisches«, z. B. sexuellen Wünschen, oder zur »Sünde des Geistes«, dem Zweifel, zwingt den Gläubigen zu einem lebenslangen Kampf gegen die eigene Natur. Selbstkontrolle, Selbstbestrafung, verstärkte Unterwerfung sind die Mittel, mit denen der Gläubige der Versuchung widersteht. Zuletzt ist es das Selbstopfer, wodurch der endgültige Sieg über die eigene Natur errungen wird und die Gefahr der Verdammnis beseitigt ist. Der Märtyrer – und nur er – darf sicher sein, der endgültigen Katastrophe zu entgehen.

Mit allem Vorbehalt lassen sich Analogien zu psychopathologischen Konstellationen der frühen Kindesentwicklung ziehen. Wenn die allmächtige Instanz dem Primärobjekt entspräche, so wäre das kindliche Ich in absoluter Abhängigkeit. Von dieser Instanz verlassen oder verworfen zu werden bedeutete Vernichtung der psychischen Existenz, narzisstische Entleerung, Zerfall und absolute Qual, einen psychotischen Zustand. Jeder Schritt hin zu mehr Eigenständigkeit brächte das Ich in Gefahr, die Liebe des Primärobjekts zu verlieren. Die Angst vor dieser Gefahr könnte nur durch absolute Unterwerfung abgewehrt werden. Es käme zu einer Spaltung des Selbst, wobei die autonomiefördernden Anteile in äußere Objekte projiziert werden müssten, um dort bekämpft zu werden. Gleichzeitig damit müsste das abhängige Ich intensiven Neid gegen diese Objekte abwehren. Das Primärobjekt müsste idealisiert und der Glaube an seine Allmacht gegen jeden Zweifel abgesichert werden, und ebenso würde das abhängige Ich sich mit dieser Instanz identifizieren. Seine Identität wäre von dieser Verbindung abhängig. Andererseits müsste es versuchen, das gefährliche Primärobjekt zu kontrollieren und von innen heraus zu beherrschen, und zwar durch eben die Unterwerfung verbunden mit Idealisierung. Es müsste sagen: »Da ich mich Dir ganz unterworfen habe, musst Du für meine Sicherheit und Kohärenz sorgen und darfst mich nicht im Stich lassen, vielmehr musst Du ganz dem Bild gleichen, das ich mir von Dir mache«. Das Ich könnte sich nicht hindern, das Primärobjekt wegen seiner Allmacht und Vollkommenheit zu beneiden und für die Abhängigkeit zu hassen, wodurch die Gefahr des Verlassenwerdens, der Zerstörung des Primärobjekts und damit der eigenen Existenz noch ansteigen würde. Diesen neidischen und hassenden Teil in sich selbst könnte das Ich nur durch erneute Spaltung abwehren und dadurch eliminieren, dass es sich selbst vernichtet, als letzten und absoluten Akt der Unterwerfung, gleichzeitig aber auch des Hasses, weil das innere Objekt mit vernichtet würde. Anders gesagt: Das Selbstopfer wäre die äußerste Konsequenz, um der gefürchteten Katastrophe zu entgehen.

Als ein Beispiel für die Psychologie von Fanatismus und Opferideologie mag der Abschiedsbrief eines SS-Arztes dienen, der im KZ an Selektionen teilgenommen hatte und 1946 in Polen hingerichtet wurde. Er schrieb an seine Frau:

> »12 Uhr 30. Liebes Weib. Um 15 Uhr darf ich für die Weltanschauung sterben, für die ich gelebt habe. Das ist etwas Schönes und Großes. Sei nicht traurig, ich bin es auch nicht. Ich weiß, daß du an mich glaubst, und so brauche ich über den Prozeß nichts zu erzählen ... Alles in der Geschichte hat seinen Sinn, kein Opfer ist vergebens, wenn es moralisch begründet ist. Ich bin ruhig und denke an die Tausende Opfer unserer Soldaten, von denen ich hoffentlich einer der letzten bin, die für den Führer alles hergaben. Meine Liebe zu Dir und meinem Volk ist mein Vermächtnis. Ich grüße Euch und glaube als sauberer, aufrechter und gottgläubiger Mensch an eure Zukunft.« (Pontzen 2002, S. 62)

An diesem Dokument ist mehreres bemerkenswert. Der Schreiber »darf« für seine Weltanschauung sterben, sich als Märtyrer fühlen und sich bis zuletzt mit dem Führer identifizieren. Er erspart sich den Zweifel an seinem Glauben und damit jedes Schuldgefühl. Mehrmals spricht er vom »Opfer«, meint aber sich selbst und die Kameraden, keineswegs die Opfer des KZ, die er zu vernichten half. Die übergeht er mit Schweigen, da er »vom Prozess nichts zu erzählen braucht«. Keiner Schuld bewusst, ist er »sauber, aufrecht und gottgläubig«. Gott und der Führer scheinen eine Person zu sein. Zuletzt ist es die Hinrichtung, die ihm Schuldgefühl und Selbstzweifel erspart. Nur noch 150 Minuten bis zur Erlösung, die ihn mit dem Führer und den toten Mitkämpfern vereint.

Ich will der Versuchung widerstehen, von der allgemeinen Theorie des Fanatismus auf die psychische Realität des einzelnen Fanatikers zu schließen, etwa auf die Psychopathologie eines Selbstmordattentäters.

Ich versuche lediglich, eine innere Grundstruktur des Fanatismus-Fundamentalismus herauszuarbeiten. Um die Entstehung von Fanatismus zu verstehen, sollten wir außer der individuellen auch eine kollektive psychopathologische Struktur in Erwägung ziehen, psychologische Muster, die einer Großgruppe gemeinsam sind und die als pathologisch im weiteren Sinn angesehen werden können. So kann etwa einer terroristischen Aktion wie einem Selbstmordattentat sowohl eine individuelle als auch eine kollektive Pathologie zugrunde liegen.

Kakar (1996, S. 289) stellt im Gegensatz zur traditionellen analytischen Auffassung die These auf, dass das Kind von vorneherein neben seiner individuellen Identität in eine Gruppenidentität hineinwächst, die Teil seines Selbst wird. Das Kind wird von den Eltern von Anfang an nicht nur als Individuum, sondern zugleich als Hindu, Muslim usw. gesehen und der Komplex von Erwartungsmustern in es hinein implantiert. Kakar fasst das Selbst als System ineinander verschränkter Vorstellungswelten auf, von denen mal die eine, mal die andere dominiert. In Situationen kollektiver Erregung und Angst tritt die Gruppenidentität hervor und bestimmt das Fühlen und Verhalten. Wenn wir dies berücksichtigen, kommen wir nicht darum herum, die psychische Situation der Großgruppe, des Kollektivs einzubeziehen.

Als Beispiel will ich von dem amerikanischen Sektenführer Jim Jones erzählen, der 1978 zusammen mit seiner Gemeinde in Guyana durch kollektiven Selbstmord endete (Robins & Post 2002, S. 161). Jim sollte nach dem Willen seiner Mutter ein »Erlöser« werden. Seine Erziehung war streng religiös, für kleinste Vergehen wurde er bestraft, aber nicht durch Schläge, sondern durch erzwungenes Beten. Er empfand seine Kindheit als einsam und voll Hass: »Am Ende des dritten Schuljahres war ich soweit, daß ich hätte töten können. Ich war so verdammt aggressiv und haßerfüllt. Niemand liebte mich, niemand verstand mich, ich stand ganz allein« (Robins & Post 2002, S. 162). Er schloss sich als junger Mann den Methodisten, dann der Pfingstlerbewegung an, wurde ein charismatischer Prediger, der Wunderheilungen bewirkte, und gewann öffentlichen Einfluss und Spenden. Er wandte sich vorwiegend den Armen und Unterdrückten zu, den Schwarzen und Hispanos in den Slums, und es gelang ihm, eine große Anhängerschar um sich zu versammeln. Gleichzeitig wuchsen seine Überzeugung, dass ein Atomkrieg bevorstehe, der die Welt vernichten werde, und seine Angst vor Feinden und Verfolgung, die sich bis zum Wahn steigerte. Diese Verfolgungsangst übertrug sich auf seine Anhänger. Schließlich fand er in Guyana einen vermeintlich sicheren Ort, an dem er und seine Gemeinde den Atomkrieg überleben würden und vor Verfolgung sicher wären. In diesem Ort, Jonestown, baute er eine musterhaft fundamentalistische Gemeinschaft auf. Alle Mitglieder hatten ihren Besitz an ihn abzuliefern, so dass sie völlig von ihm abhängig waren. Er war Anführer, Priester, Lehrer und Beschützer in einem, verkörperte Vater und Mutter für einen jeden in seiner Person. Als solcher übte er absolute Kontrolle über die Gemeinde aus. Kritik, Zweifel oder Flucht waren verboten und wurden schwer bestraft. Sexuell beanspruchte er alle weiblichen Gemeindemitglieder für sich und demütigte die Männer. Gleichzeitig erklärte er sich über einen weiblichen Seelenanteil auch mit allen Männern verheiratet. Die Beziehungen der Mitglieder untereinander wurden zerstört und auf ihn konzentriert. Von allen Außenkontakten wurde die Gemeinde systematisch abgeschnitten und einem religiösen Training nach Art einer Gehirnwäsche unterworfen. Ständig verbreitete er Angst vor Angriffen von außen. Als ein amerikanischer Senator den Ort besuchte und mit einigen Abtrünnigen abreisen wollte, wurde diese Gruppe umgebracht. Nun musste Jones tatsächlich einen Angriff befürchten und überredete alle 912 Mitglieder zum gemeinsamen Selbstmord durch mit Blausäure vergiftete Limonade.

Um die Beziehung zwischen ihm und seiner Gemeinde zu charakterisieren, zitiere ich aus einer seiner Predigten bei einer Abendandacht:

> »Ihr seid nichts als beschissene Ameisen und Reptilien, selbst Affen stehen höher als ihr. Wenn euch danach ist, macht ihr großes Geschrei, aber euer Geschrei macht mich kotzen. Ihr brüllt herum, während ich mich mit viel Wichtigerem beschäftige, denn ich weiß, was geschehen wird. Ihr Ärsche, was für eine Freude, euch anzuschauen, denn ihr wißt nicht, wie schlau ich bin. Ich habe schon lange Pläne für den Fall eures Verrats gemacht, denn ich weiß, daß ich niemand und nichts trauen kann, nur dem Kommunismus und dem Prinzip, das ich, ja ich verkörpere«. (Robins & Post 2002, S. 165)

Wir sehen auch an diesem Beispiel, wie Spaltung und die Hoffnung auf Erlösung durch Selbstvernichtung zusammenfallen. In der Abendandacht ist die Gemeinde gespalten in einen grandiosen allmächtigen Führer und die Gruppe der gedemütigten, abhängigen Mitglieder. Offen droht der Anführer für den Fall des Verrats, den jeder Zweifel an seiner gottgleichen Position darstellt. Während er sich mit einem grandiosen Selbstbild identifiziert, vollzieht die Gemeinde ihre völlige Unterwerfung als Beweis ihres absoluten Glaubens. Absolute Größe und absolute Ohnmacht sind durch die Unterwerfung unter den fanatischen Glauben miteinander verbunden. Der Führer erlebt die Gruppe als erweitertes Selbst. Dies erlaubt ihm, seine schwachen abgewehrten Anteile auf diese zu projizieren. Die Verschmelzung in gemeinsamer Selbstvernichtung bietet auch hier die Erlösung aus unerträglicher Spannung. Denn ständig lauert die paranoide Angst vor Verrat. Durch den Zweifel würde das narzisstische System des Führers zusammenbrechen, und seine abgewehrten projizierten Anteile würden zu ihm zurückkehren. Was er äußerlich unter dem Bild des Atomkriegs fürchtet, entspricht innerlich der Angst vor dem Zusammenbruch, dem er mit der Vernichtung des erweiterten Selbst zuvorkommt.

Genau dies ist der Punkt, wo die individuell orientierte analytische Deutung durch eine kollektive ergänzt werden muss. Das Verhalten des Jim

Jones und der 912 Gläubigen lässt sich nicht verstehen, wenn nicht die soziale und globale Situation der Gesellschaft mit einbezogen wird, aus der sie hervorgehen. Die Gefahr eines globalen Atomkrieges entsprang ja nicht allein der kranken Fantasie des Sektenführers, sondern war und ist weiterhin höchst real. Auch die Zuwendung zu den Ausgeschlossenen der Gesellschaft, den Armen, Schwarzen, Hispanos entspricht einem katastrophalen Missverhältnis in eben dieser Gesellschaft. Vielleicht hat der Sektenführer bei aller individuellen und gruppendynamischen Pathologie der Gemeinschaft eine gesellschaftliche Verdrängung ein Stück weit aufgehoben, was ihn tatsächlich zum Außenseiter und Volksfeind machen musste.

Wenn wir davon ausgehen, dass sich eine kollektive psychische Konstellation beschreiben lässt, müssten Phänomene wie Fundamentalismus, religiöser Fanatismus, Märtyrerideologie Hinweis auf die psychische Verfassung des Kollektivs geben. Vielleicht ließe sich die Vermutung begründen, dass Kollektive in dieser Lage unter dem Druck verbreiteter Verzweiflung und Angst stehen, etwa der Angst vor einem Zerfall der Gruppenidentität und des Zusammenhalts und vor Ohnmacht und Chaos. Dann könnte irgendeine Art von Fundamentalismus, die auf der Tradition aufbaut, sich als Verklammerung der bedrohten Identität anbieten und Selbstdestruktion als letzter Ausweg erscheinen, um die bedrohte Kohärenz zu retten. Diese Lösung wäre vergleichbar mit dem Selbstmord als Rettung vor einem inneren Zusammenbruch. Wie beim einzelnen Patienten wären wir aufgefordert, die Gründe für diese selbstdestruktive Entwicklung zu untersuchen.

Nun haben wir ein Problem. Es ist sehr schwierig, unsere analytischen Theorien über den religiösen Fanatismus am Einzelfall zu überprüfen. Fanatische Überzeugtheit und absoluter Glaube sind der Selbsterkenntnis gegenüber feindlich eingestellt und würden in der Analyse eine unüberwindliche Barriere bilden, aber solche fanatischen Menschen kommen gar nicht erst in unsere Behandlung. Sie scheuen uns wie der Teufel das Weihwasser.

Es gibt aber Fälle, bei denen ein absoluter Glaube im Rahmen einer neurotischen Symptomatik zu erkennen ist, wobei ein nach innen gerichteter Fanatismus bis hin zur Idealisierung der Selbstdestruktion einen Teil der psychischen Struktur bildet. Solche Fälle, die meiner Erfahrung nach nicht ganz selten sind, lassen eine gewisse Analogie zum gesellschaftlich manifesten Fanatismus zu. Ich will abschließend einen solchen Fall kurz skizzieren und versuchen aufzuzeigen, wie diese Struktur innerhalb einer kollektiven traumatischen Vorgeschichte zu verstehen ist.

Herr A., 43 Jahre, übt einen akademischen Beruf aus, der viel Eigeninitiative und Durchsetzungsfähigkeit erfordert. Er fühlt sich kaum fähig, seine

Rolle auszufüllen. Er ist antriebsschwach, lustlos und leidet unter einem quälenden Gefühl von Sinnlosigkeit. Hassgefühle und Vernichtungsfantasien überschwemmen ihn. Er ist voll Verachtung für die Umwelt, Beruf, Partnerschaft und für sich selbst. Jedes positive Gefühl wird erstickt durch den Gedanken: »Was soll's, du stirbst ja doch«. Dieser generellen Sinnentleerung stellt sich ein absoluter Glaube entgegen, der besagt: »Irgendwo auf der Welt gibt es einen paradiesischen Ort, an dem ich mich vollkommen glücklich fühlen könnte. Ich müsste mich nur aufmachen, alle Verbindungen abbrechen und diesen Ort finden.« Der Ort ist leicht zu beschreiben: weißer Strand, Palmen, klares Wasser, blauer Himmel, menschenleer. Mich erinnert die Beschreibung immer an die Bacardiwerbung. Herr A. hat übrigens ein Alkoholproblem. Durch nichts lässt er sich davon abbringen, dass dieser Ort und kein anderer seinem Leben einen Sinn geben würde. Daran ist zweierlei fatal. Erstens zerstört dieser Gedanke jede Motivation, in seinem realen Leben sich mit etwas zu identifizieren. Zudem verachtet er sich für seine Unentschlossenheit. Er hat zwar auf eindrucksvollen Weltreisen nach diesem Ort gesucht, meist Mittelamerika, Südostasien, aber immer gab es einen Umstand, der nicht seiner Erwartung entsprach. Zweitens wird ihm schnell klar, wenn er sich den Ort in der Fantasie ausmalt, dass dieser Ort in Wirklichkeit für ihn die Hölle und den Untergang bedeuten würde. Er hat einmal einen solchen Strand gefunden, an dem alles zu passen schien, und bekam nach wenigen Stunden das Gefühl: »Nur weg hier, hier kannst du dich nur zu Tode saufen«. Die Einsicht, dass er zum Robinson nicht taugt und sich mit seinem Vorhaben zugrunde richten würde, ändert nichts an seinem unbeirrbaren Glauben an das Paradies. Es besteht eine vollkommene Spaltung zwischen den beiden Vorstellungen. Sein Glaube ist nicht religiös zu nennen, aber da er sich mit letzten Fragen wie Sinn des Lebens, absolutes Glück, Paradies und Hölle und Selbstzerstörung befasst, steht er vielleicht strukturell an der Stelle, an der unter anderen Gegebenheiten ein religiöser Glaube stehen könnte.

Ich kann aus Zeitmangel auf den Fall und seine Genese nicht näher eingehen, daher will ich nur einen Hinweis auf einen möglichen Zusammenhang mit einer kollektiven Traumatisierung geben, die nicht den Patienten selbst, sondern seine Eltern betroffen hat. Beide Eltern haben mit dem Ende des letzten Weltkrieges ihre Heimat verloren. Die Mutter stammt aus einer sudetendeutschen Bauernfamilie, die vertrieben wurde, der Vater stammt aus Ostpreußen. Seine Familie war geflohen, er selbst entging wegen einer Beinverletzung knapp der russischen Kriegsgefangenschaft – sein Glück, denn er war Angehöriger der Waffen-SS. Die Familie der Mutter pflegte auf klagsame Weise die Erinnerung an die verlorene Heimat, während die traumatischen Erlebnisse selbst ausgespart blieben. Der Vater war ein Schweiger, so dass der Patient so gut wie nichts über seine Herkunft erfuhr, schon gar nichts über die Erlebnisse des Vaters in Russland bei der Waffen-SS. Die Angst des Patienten, sich irgendwo zu binden und heimisch zu machen, könnte mit der ungelebten Trauer der Eltern zusammenhängen, der Paradiesglaube ein ideales Bild der »wahren Heimat« konservieren, ein Glaube, den er quasi fanatisch festhalten muss als Abwehr gegen seinen depressiven Sinnverlust und seine Selbstzerstörungsimpulse.

Ich erwähnte vorhin den Gedanken, dass fanatischer Fundamentalismus oft auf eine wirkliche soziale Problematik verweist, die von der Mehrheit ausgeblendet wird. So könnte auch in meinem skizzierten Fall des Herrn A. die kollektive Verweigerung, sich mit dem geschichtlichen Trauma, mit Schuld und Zerstörung infolge von Krieg, Massenvernichtung und Vertreibung auseinanderzusetzen, mit dazu geführt haben, dass sich das Abgewehrte als Introjekt in der nächsten Generation manifestiert. Hier stößt der Helferwunsch des Therapeuten an eine Grenze und es bleibt nur, die Last der Geschichte als gemeinsame Aufgabe anzuerkennen.

Literatur

Halm, H. (1994): Der schiitische Islam: von der Religion zur Revolution. München (Beck).

Kakar, S. (1996): Die Gewalt der Frommen. Zur Psychologie religiöser und ethnischer Konflikte. München (Beck).

Kienzler, K. (1999): Der religiöse Fundamentalismus: Christentum, Judentum, Islam. München (Beck).

Pontzen, W. (2002): Kinder der Täter: Söhne und Töchter und ihre Nazi-Väter. Analytische Psychologie, 33 (1), 62.

Robins, R., & Post, J. (2002): Die Psychologie des Terrors. Vom Verschwörungsdenken zum politischen Wahn. München (Droemer).

Zur Psychoanalyse des Antisemitismus

Thomas Auchter

1. Einführende Überlegungen

Wenn ich mich hier als nichtjüdischer Deutscher zum Thema Antisemitismus äußere, dann liegt darüber unvermeidlich der lange Schatten der Shoah (Auchter 1997a, b). Wegen diesem Verbrechen, das Deutsche millionenfach an Juden und anderen begangen haben, sind wir nach 1945 vor allem in Deutschland mit einem sekundären Antisemitismus (Claussen 1987a, S. 48; Benz 2002) konfrontiert, dessen Hauptfunktion in einer Schuldabwehr liegt. Es kommt zum Antisemitismus nicht trotz, sondern wegen Auschwitz (Dan Diner 1987, zit. n. Bohleber & Kafka 1992, S. 12). Hermann Beland (1992, S. 95) sieht nach seiner vergleichenden Sichtung verschiedener psychoanalytischer Antisemitismustheorien in der »Abwehr von Schuldgefühlen«, überhaupt den »entscheidenden motivierenden Faktor«.

Der Begründer der Psychoanalyse, der Jude Sigmund Freud ist von Kindheit an mit antisemitischen Manifestationen seiner Mitwelt konfrontiert. Seine universitäre Karriere als Arzt scheitert an seiner jüdischen Herkunft. Auf die Geschichte seines Vaters, dem in dessen Jugend ein Christ die neue Pelzmütze vom Kopf und in den Dreck haut und ihn in die Gosse zwingt (Freud 1900a, S. 203), reagiert der feurige Frühpubertierende Sigmund mit der Hannibal-Identifikation, der schwört, seinen Vater Hamilkar Barkas an Rom zu rächen. Auch Bela Grunberger (Grunberger & Dessuant 2000, S. 23) beginnt seine große Monographie »Narzissmus, Christentum, Antisemitismus« mit einer *antisemitischen Traumatisierung*: »Im Dorf eines Landes in Mitteleuropa wohnte zu Beginn des 20. Jahrhunderts ein kleiner jüdischer Junge verzückt der katholischen Prozession zum 15. August (Mariä Himmelfahrt) bei. Das kleine Mädchen, ganz in Weiß gekleidet, das die Jungfrau verkörperte, bemerkte ihn: ›Schafft mir diesen Judenjungen weg!‹ befahl sie einem Mann in ihrem Gefolge, der daraufhin den Jungen brutal in den Schmutz stieß. Dies war für ihn der erste Kontakt mit der Verfolgung. Das kleine Mädchen, das sich mit der Jungfrau identifizierte, konnte es nicht ertragen, dass ein ›jüdisches Hindernis‹ seine narzisstische Himmelfahrt störte; und was könnte es

Schöneres geben, als in Körper und Seele vereint zum Himmel emporzusteigen? Der kleine Junge aus dieser wahren Geschichte wurde, nachdem er erwachsen geworden war, Psychoanalytiker; dies ermöglichte ihm unter anderem das antisemitische ›Geheimnis‹ besser zu verstehen«.

Es sind wiederum antisemitische Äußerungen und Verhaltensweisen, die Freuds sonstige Ambivalenz gegenüber dem (religiösen) Judentum in eine eindeutige Stellungnahme verwandeln. [1]

Die Psychoanalyse ist von ihren Quellen her im besten Sinne eine *jüdische* Wissenschaft. Ich gebrauche die Formulierung ›jüdische Wissenschaft‹ hier bewusst und ausdrücklich im Kontrast zu ihrer diffamierenden Verwendung durch die Nationalsozialisten.

Die Psychoanalyse ist zutiefst in der geistigen und ethischen Tradition des Judentums verwurzelt (Simenauer 1964; Robert 1975; Gay 1988; Blumenberg 1996; Yerushalmi 1999). Neuere Ausarbeitungen jüdischer Psychoanalytiker (Blumenberg 1996, 1997a, 1997b; Huppke 1997; Wurmser 2001) verweisen auf beeindruckende Parallelen in der Haltung und im Denken zwischen dem Judentum und der Psychoanalyse, die ich an dieser Stelle aus Platzgründen leider nicht vertieft darstellen kann.

2. Zum Begriff ›Antisemitismus‹

Das Wort ›*Antisemitismus*‹ wird in der Schrift »Der Sieg des Judentums über das Germanentum« 1879 (respektive 1873 [2]) von dem Journalisten Wilhelm Marr im protestantischen Milieu Hamburgs geprägt. Manifestationen des Phänomens finden wir schon in der Antike, etwa um 300 v. Chr. (Grunberger 1962, S. 265). Sie sind eher von *fremdenfeindlichen* Motiven (Horkheimer 1946, S. 30) als durch religiöse Animosität (Grunberger & Dessuant 2000, S. 261f., S. 264, S. 278) motiviert. Da es sich keineswegs um ein abgeschlossenes historisches Phänomen handelt, erhebt sich die Frage, wie es zu einer solchen Konstanz und Kontinuität (Freud 1939a, S. 196; Grunberger

1 1933 vermerkt er: »Ich betrachtete mich geistig als Deutscher, bis ich das Anwachsen antisemitischer Vorurteile in Deutschland und Deutschösterreich bemerkte. Seit jener Zeit ziehe ich es vor, mich einen Juden zu nennen« (zit. n. Roazen 1976, S. 505).

2 Götz Aly in DIE ZEIT 24/2002; Grunberger u. Dessuant (2000, S. 328) geben das Jahr 1873, das Jahr der Erstveröffentlichung (Broder 1986, S. 182) der Arbeit an.

1962, S. 255; Grunberger & Dessuant 2000, S. 319) kommen kann? Oder, wie Freud (Freud & Zweig 1984, S. 102) in einem Brief an Arnold Zweig vom 30. 9. 1934 fragt, warum hat der Jude »sich diesen unsterblichen Hass zugezogen?«

Psychologisch betrachtet reicht das Spektrum des Antisemitismus von höchst *ambivalenten* Gefühlen, wie Bewunderung, Neid und Verachtung, über viele Formen von Abneigung und Ressentiment bis zu ätzendem Hass, der mit offenen und direkten Angriffen auf Juden einhergeht (Orr 1946, S. 108). Antisemitismus kann sich symptomatisch auch zeigen zum Beispiel in Phantasien, Träumen, Versprechern und anderen Fehlleistungen, in Witzen, vorsätzlicher Unwissenheit, kleinen Missachtungen und Grobheiten, ebenso wie in übertriebener Höflichkeit und Freundlichkeit, dem Philosemitismus (Grünberg 2000, S. 42; Reik 1975, S. 206). Seine destruktivste Ausdrucksform hat der Antisemitismus schließlich im Mord und dem Massenmord der Nazizeit gefunden.

3. Zur Psychoanalyse des Antisemitismus

Es gibt mehrere Symposien zu diesem Thema unter starker Beteiligung von Psychoanalytikern. Das erste ist das *»Psychiatrische Symposion zum Antisemitismus«*, das 1944 in San Franzisko stattfindet. Es wird in dem vom Ernst Simmel (1946) herausgegebenen und 1993 wiederveröffentlichten Band *Antisemitismus* dokumentiert. Das zweite wird 1962 in Wiesbaden im Rahmen des 4. Kongresses der DGPT unter dem Thema *»Die psychologischen und sozialen Voraussetzungen des Antisemitismus – Analyse der Psychodynamik eines Vorurteils«* durchgeführt. Es wird vor allem von Alexander Mitscherlich organisiert und ist in der Psyche 16 (1962, S. 241–317) dokumentiert. 1991 wird vom Breuninger Kolleg ein kleineres Symposion *Antisemitismus* ausgerichtet. Es wird in dem Band *Antisemitismus* von Werner Bohleber und John S. Kafka (1991) dokumentiert.

Der Antisemitismus ist kein rein psychologisches, sondern ein höchst komplexes Phänomen, dem man sich nur mit einer interdisziplinären (Neubauer 1992, S. 126) Perspektive angemessen anzunähern vermag. Unter anderem »historische, soziale, politische, ökonomische und psychologische Faktoren gilt es zu erfassen« (Bohleber & Kafka 1992, S. 14). Ich kann hier nur versuchen im vollen Bewusstsein der Begrenztheit (Neubauer 1992, S. 127), den psychologischen Teil der Problematik durch eine psychoanalytische Perspektive in wenigen Aspekten zu erhellen. Sie umfasst sowohl individuelle[3] bewusste und unbewusste (Freud 1939a, S. 197; Grunberger & Dessuant 2000, S. 319) Dimensionen als auch bewusste und unbewusste gruppenanalytische und massenpsychologische Aspekte. Der Antisemitismus und seine Verursachung lässt sich keinesfalls auf einfache, griffige Formeln bringen; er bleibt, wie Grunberger und Dessuant (2000, S. 31) betonen, vielleicht im Letzten sogar ein »Geheimnis«, ein »Rätsel«, ein »Mysterium« (ebd., S. 332). Der Psychoanalytiker kann nach Bernhard Berliner (1946, S. 107) höchstens dabei »helfen, das Wissen über die menschliche Natur zu verbreiten, damit die Nichtjuden, die guten Willens sind, die unbewussten Wurzeln des Antisemitismus besser erkennen können«.

4. Die Krankheit Antisemitismus

Von Seiten der Psychoanalyse lässt sich der Antisemitismus – wie jeder ›-ismus‹ – unter dem Blickwinkel der Psychopathologie, als Ausdruck eines *Krankheitszustandes*[4] betrachten. Dabei ist das ganze Spektrum zwischen leichtesten Ausprägungsformen, der ›Psychopathologie des Alltagslebens‹ (vgl. Semi 1993; Orr 1946), und schwerster Pathologie zu beobachten, die sich einem Wahnsystem (Beland 1992, S. 93; Simmel 1946) nähert. Der Antisemitismus wird von der Psychoanalyse nicht nur als eine individuelle »Vorurteilskrankheit« (Mitscherlich 1962, 1964, S. 33), eine »Variante des Vorurteils« (Neubauer 1992, S. 126) betrachtet, sondern auch als ein »Gruppenphänomen« (Orr 1946, S. 108; Bernstein 1926) oder Massenphänomen (Orr 1946, S. 117; Freud 1939a, S. 197), ein »soziales Leiden« (Simmel 1946, 17), eine »soziale Krankheit« (Loewenstein 1968, S. 166; Silbermann 1962, S. 246), eine »aus menschlichem Hass hervorgehende

---

3 Detlev Claussen (1987a) weist der Psychoanalyse äußerst kritisch »nur noch Platz des Spezialistentums fürs Irrationale« zu und warnt vor einer psychologischen Reduktion des Antisemitismus-Problems ohne ihre gesellschaftlichen Aspekte zu berücksichtigen (1987b). »Antisemitismus sollte nach seinen unterschiedlichen gesellschaftlichen Funktionen wahrgenommen werden« (Claussen 1987b, S. 18).

4 Diese Sichtweise schließt nicht aus – wie Claussen (1987b) gegen die Psychoanalyse einwendet – aus einer soziologisch-politischen Perspektive die soziale Funktion des Antisemitismus im politischen Handlungsbereich zu untersuchen und den Antisemitismus als »Alltagreaktion« (Claussen 1987a, S. 22).

Massen-Psychopathologie« (Simmel 1946, S. 87), eine »Massenpsychose« (Simmel 1946, S. 64).

Charakteristisch für die Vorurteilskrankheit ist vor allem eine *pathologische Regression* auf archaische Stadien des Ichs (Primärprozesse) bzw. des Über-Ichs (Grunberger 1962, S. 258f.) und damit einhergehend ein Verlust der *Realitätsprüfung* (Loewenstein 1968, S. 14), des Realitätsprinzips (Grunberger 1962, S. 269), wie im Wahn (Simmel 1946). Im regressiven primitiven Ich-Stadium können beispielsweise Widersprüche einfach nebeneinander bestehen (Freud 1921c, S. 84; Grunberger 1962, S. 258; Wangh 1962, S. 274). Für den Antisemiten kann ›der Jude‹ – wie z. B. in der Nazizeit – zugleich der größte Kapitalist und der schlimmste Bolschewist sein, ohne dass ihn dieser offensichtliche totale Gegensatz irritiert (vgl. hierzu auch Ackerman & Jahoda 1948, S. 253; Grunberger & Dessuant 2000, S. 334; und speziell Glenn 1960). Antisemitische Vorstellungen sind neben anderem charakterisiert durch infantile Denkmuster wie »grobe Übertreibungen«, »unzulässige Verallgemeinerungen« (Orr 1946, S. 113), »Stereotypen« (Loewenstein 1968, S. 31) und Generalisierungen. Vorurteile ersparen Denkanstrengungen und Denkarbeit, denn sie erlauben bequeme gedankliche Bewegungen in Klischees, Stereotypien und Simplifizierungen. Der affektive, der leidenschaftliche Anteil am Antisemitismus ist sehr einflussreich und begründet unter anderem die Schwierigkeit, rational gegen ihn vorzugehen. »Antisemitismus ist ein Massenmedium«, betont Theodor W. Adorno (zit. n. Claussen 1992, S. 165), »in dem Sinn, dass er anknüpft an unbewusste Triebregungen, Konflikte, Neigungen, Tendenzen, die er verstärkt und manipuliert, anstatt sie zum Bewusstsein zu erheben und aufzuklären. Es ist eine durch und durch *antiaufklärerische Macht*« (kursiv T. A.).

Unter der Krankheit ›Antisemitismus‹ leidet anders als bei manchen anderen Erkrankungen jedoch (gerade) nicht der Kranke, sondern sein Opfer. Der Kranke hat sogar seelische und andere Vorteile von der Krankheit. Er hat deswegen in der Regel auch weder Leidensdruck noch Krankheitseinsicht (Simmel 1946, S. 60).

Die Betrachtung des Antisemitismus als individuelles psychopathologisches Phänomen steht, wie Gudrun Brockhaus (2003, S. 401) meint, ohne Zweifel »in der Gefahr, den Bedürfnissen nach Schuldentlastung« Befriedigung zu verschaffen. Dieselbe Gefahr der Reduktion individueller Verantwortlichkeit sehe ich allerdings auch in sozialwissenschaftlichen und gesellschaftskritischen Sichtweisen, die den ›Verhältnissen‹ oder politisch-strategischen Planungen der Herrschenden die Priorität einräumen. Die Frage muss m. E. vielmehr dem Problem nachgehen, was in der Gruppe oder

Menge, die aus einer Ansammlung von Individuen besteht und doch mehr ist, wie Freud (1921c) in »Massenpsychologie und Ich-Analyse« so eindrücklich herausgearbeitet hat, »dem Antisemitismus halbwegs entgegenkommt« (Fenichel 1946, S. 40), also ihr Ergänzungsverhältnis. Vielleicht könnte man auch bezüglich des Antisemitismus von einer *»Ergänzungsreihe«* (Freud 1905d, S. 141) sprechen, in der sich individuelle und kollektive Disposition und politisches Kalkül der Machthabenden verschränken?

Der Sozialwissenschaftler Detlev Claussen (1987a, S. 22, 1992, S. 163ff.) spricht von der »Alltagsreligion des Antisemitismus«, den er nicht als eine »ausnahmsweise Fehlreaktion«, also gerade nicht als pathologische Erscheinung, sondern als eine »Alltagsreaktion der Massen in Europa« betrachtet (Claussen 1987a, S. 22), ja als »*deutsche Normalität* gegenüber den Juden« (Claussen zit. n. Broder 1986, S. 130, kursiv T. A.). Könnte eine derartige verallgemeinernde Behauptung nicht als eine Provokation verstanden werden? Könnte sie damit unbewusst einen Beitrag dazu leisten, dass der so Attackierte, in die Defensive Gedrängte, abwehrend genau das zeigt, was man ihm vorwirft? Henryk Broder (1986, S. 112) kolportiert eine »unter Juden verbreitete Überzeugung«: »Der Unterschied zwischen einem Antisemiten und einem Nicht-Antisemiten liege darin, dass man bei einem Nicht-Antisemiten nur etwas länger warten müsse, bis er sich auch als Antisemit herausstellt«. Das Lachen darüber bleibt einem im Halse stecken. Gerät nicht derjenige, welcher einer derartigen captatio malevolentiae, einem grundsätzlichen antisemitischen Anfangsverdacht, ausgesetzt ist, in eine Aporie? Weist er diesen Verdacht zurück, kann genau das als ein Beweis seiner Abwehr interpretiert werden, weist er ihn nicht zurück, ist der Verdacht sowieso bestätigt.

Lassen Sie mich an dieser Stelle im Vorgriff auf die folgenden Überlegungen den Versuch einer vorläufigen psychoanalytischen Beschreibung der Psychodynamik des ›Antisemitismus‹ geben:

Antisemitismus ist, psychologisch betrachtet, das Produkt einer komplexen seelischen Dynamik. Er wurzelt in affektiven und triebhaften seelischen Bereichen, bedient sich bereitliegender kognitiver Inhalte wie Vorurteile und Rationalisierungen und dient seelischen Regulationsversuchen für innere Konflikte, insbesondere narzisstische Probleme.

4.1. Antisemitismus zur Selbststabilisierung und Selbstversicherung

»Der Antisemitismus trat immer dann offen in Erscheinung, wenn die

Sicherheit des Individuums oder der Gesellschaft durch katastrophale Ereignisse erschüttert wurde« (Simmel 1946, S. 68, vgl. Loewenberg 1992, S. 123). Vor allem mittels der Mechanismen *Spaltung* und *Projektion* soll er dem Antisemiten dazu verhelfen, »sein seelisches Gleichgewicht wiederzufinden« (Simmel 1946, S. 58; Grunberger 1962, S. 256), er soll der Selbststabilisierung (Neubaur 1992, S. 124) dienen. Antisemitismus ist in den Augen von Ackermann und Jahoda (1948, S. 248) vor allem ein »irrationales Bemühen, ein verkrüppeltes Selbst zu restaurieren«.

»Nach Jean Paul Sartre ist der Antisemit ›ein Mensch, der *Angst* hat‹« (Grunberger 1962, S. 264, kursiv T. A.). Auch die Sozialpsychologen Nathan W. Ackermann und Marie Jahoda (1948, S. 242, S. 244) betonen die Rolle der Angst beziehungsweise Angstabwehr bei antisemitischen Äußerungen (Loewenberg 1992, S. 123). Hinter der konventionellen Fassade der antisemitischen Persönlichkeit steckten »viele Zweifel und ein Gefühl der Unsicherheit« (Frenkel-Brunswik & Sanford 1946, S. 126), und die führten in einer Gegenbewegung zu Überkonformität und Rigidität, zu einer Schwarz-Weiß- bzw. Gut-Böse-Schematisierung (Frenkel-Brunswik & Sanford 1946, S. 145). Gemäß Martin Wangh (1962, S. 277) führt die »Erniedrigung des Kleinbürgertums« zur Suche nach noch »schwächeren Einzelnen« (Hochheimer 1962, S. 290) und dafür böten sich die Juden als ›Minderheit par excellence‹ an. »Die Antisemiten rekrutieren sich hauptsächlich aus der Reihe der Schwachen, der Möchtegerne, der Gezeichneten, der ewig Fordernden und der Unreifen; alles Opfer narzisstischer Wunden, die sie nicht ertragen können« (Grunberger 1962, S. 262). Gemäß den seelischen Mechanismus der *Verkehrung ins Gegenteil* beziehungsweise der *Verwandlung von Passivität in Aktivität* wird ein seelisch Gekränkter, Entwerteter, Erniedrigter danach trachten, noch Schwächere zu finden – oder zu schaffen –, an die er seine Demütigungen weitergeben kann oder denen er seine eigenen Zweifel, Unsicherheiten (Frenkel-Brunswik & Sandford 1946, S. 126) und Ängste einjagen kann. Das *Klein*bürgertum konnte in der Nazizeit das Gefühl erleben, in den vielen Ämtern und Pöstchen mit den tollen Titeln und Uniformen und nicht zuletzt der Denunziationsmacht ganz *groß* rauszukommen!

Es gibt aber nicht nur den Antisemitismus zur individuellen Selbststabilisierung, sondern auch den zur kollektiven einer Gruppe. Freud (1930a, S. 479) betont die »ökonomisch entlastende Rolle (...) die der Jude in der Welt des arischen Ideals« spielt. »Es war (...) kein unverständlicher Zufall, dass der Traum einer germanischen Weltherrschaft zu seiner Ergänzung den Antisemitismus aufrief« (Freud 1930a, S. 474). Wobei den Juden genau dieser Vorwurf gemacht wurde – und bis heute wird –, nämlich die

Weltherrschaft[5] anzustreben (vgl. Grunberger & Dessuant 2000, S. 335)! Ähnlich verhält es sich mit entsprechenden Vorwürfen des Kommunismus und des radikalen Islamismus (Bauer 2003, S. 7) gegenüber den Juden. »Der Reinigungsprozess ist seit zwei Jahrtausenden immer derselbe: sich vom Bösen zu befreien, indem man es auf den Judaismus projiziert« (Grunberger & Dessuant 2000, S. 26). Spöttisch bemerkt Freud (1930a, S. 474) dazu: »Das überallhin versprengte Volk der Juden hat sich in dieser Weise anerkennenswerte Verdienste um die Kulturen seiner Wirtsvölker erworben«.

Ist in diesem Sinne der Antisemitismus, wie Ernst Simmel (1946, S. 58) fragt, »die periodisch wiederkehrende Ausstoßung der Juden aus der Welt der Nichtjuden, ein notwendiges Nebenprodukt unserer Zivilisation«? Freud (1930a, S. 473) hatte dieses universelle Phänomen für die Massenpsychologie beschrieben: »Es ist immer möglich, eine größere Menge von Menschen in Liebe an einander zu binden, wenn nur andere für die Äußerung der Aggression übrig bleiben«[6]. Oder deutlicher: »das Gemeinschaftsgefühl der Massen braucht zu seiner Ergänzung die Feindseligkeit gegen eine außenstehende Minderzahl« (Freud 1939a, S. 197). Vamik D. Volkan (1988) spricht vom grundlegenden menschlichen »Bedürfnis, Feinde zu haben und Freunde«. Und Alexander Mitscherlich (1978, S. 32) ergänzt: »Das Sich-Abheben der einzelnen Gruppen voneinander gehört offenbar zu den Ritualisierungen, die eine Gesellschaft zusammenhalten«. Die Abgrenzung gegen Andere zur Identitätsstabilisierung an sich ist noch kein psychopathologisches Phänomen. Das Pathologische ergibt sich aus der *Qualität* und *Intensität* dieser Abgrenzung (zum Beispiel der *Entmenschlichung*, *Dämonisierung* und *Verteufelung* des Anderen), der *Fixiertheit* an diese Abgrenzung und ihrer *Transformation* in zerstörerisches und vernichtendes Verhalten.

Es kann keinen Zweifel daran geben, dass natürlich auch die Juden von dieser Gruppendynamik nicht ausgeschlossen sind (vgl. Dan Bar-On 2001, S. 174). Vielleicht sind sie durch ihre weltweite Zerstreuung sogar besonders zum Gruppenzusammenhalt herausgefordert? Ist also die Spannung

[5] Bolschewismus, Nationalsozialismus und radikaler Islamismus »streben nach der Weltherrschaft« und wenden sich mit eben diesem Vorwurf gegen die Juden (Bauer 2003).

[6] »Im Grunde ist ja jede Religion eine solche Religion der Liebe für alle, die sie umfasst, und jeder liegt Grausamkeit und Intoleranz gegen die nicht dazugehörigen nahe« (Freud 1921c, S. 107).

zwischen dem Bedürfnis nach Gleichsein und Andersbleiben[7] ausschließlich ein Phänomen, das Nichtjuden den Juden aufdrängen, oder vielleicht auch eine Aporie, der die Juden in der Fremde selbst unterliegen (vgl. Blumenberg 1996, S. 168f.; Hertzberg 2002)? Moshe Zuckermann, marxistischer Historiker aus Tel Aviv (zit. n. Pott 2002, S. 138), weist auf die Bindungsfunktion des Begriffes hin: »In dem Augenblick, wo man Antisemitismus sagt, hat man sofort eine Kohäsionskraft, also eine Art Kittfunktion für die an und für sich sehr gespaltene israelische Gesellschaft«.

Die internationale Solidarität der Juden kann schließlich ein weiterer Anlass für *Neidgefühle* Anderer sein, besonders für isolierte und sozial ausgegrenzte Personen.

Nicht selten wird der Antisemitismus auch an der Idee der ›*Auserwähltheit*‹ der Juden festgemacht. Meist wird dabei übersehen, dass die Auserwähltheit des israelischen Volkes durch Jahwe vom Ursprung her untrennbar mit der Bedingung des Bundes und der Erfüllung des *Gesetzes* verknüpft ist (2 Mos 19 u. 20; 5 Mos 5; 5 Mos 7, 9–11). Der wesentliche Inhalt des Gesetzes ist die *Liebe* zu Gott, zum *Nächsten* und zu sich *selbst* und die *Gerechtigkeit*. »Auserwähltsein bedeutet im Judentum nicht eine besondere Gnade, sondern ein besonderes Aufgerufensein zur Verantwortlichkeit gegenüber dem anderen, gegenüber sich selbst, gegenüber der Familie, gegenüber dem Volksganzen über die Jahrtausende hin« schreibt Leon Wurmser (2001, S. 16, vgl. Hertzberg 2002, S. 40ff.). »Der Stolz auf dieses Besonders- und Ausgesondertsein erzeugt im Anderen zunächst ein Gefühl der Beschämung (...) und dann Ärger, Wut, Ressentiment und schließlich bitteren Hass«, fährt Wurmser (2001, S. 17) fort. Auch Freud (1939a, S. 197) betont schon die »Eifersucht (...) auf das erstgeborene, bevorzugte Kind Gottvaters«: »Wenn man der erklärte Liebling des gefürchteten Vaters ist, braucht man sich über die Eifersucht der Geschwister nicht zu wundern« (Freud 1939a, S. 213).

4.2. Antisemitismus als Projektions- und Verfolgungskrankheit – oder ›der konstruierte Jude‹

»Menschen hassen an anderen Menschen nichts mehr als das, was sie an sich selbst hassen und zu überwinden suchen«, meint Bernhard Berliner (1946, S. 106). Kurt Grünberg (2002) betrachtet in diesem Sinne den Antisemitismus

[7] Grunberger u. Dessuant (2000, S. 396ff.) sprechen von der »Veranderung des Juden«.

als »›Selbstentgiftung‹ von Minderwertigkeit und Schuld«. Und Beland (1992, S. 120) kommt zu dem Resümee, »dass alle gegen die Juden erhobenen Anklagen Projektionen aus dem Schuldgefühl der Täter sind«. »Den Massakern an Juden ging stets eine Hetzkampagne voraus, in der die Juden eben jener Verbrechen beschuldigt wurden, die der Antisemit zu begehen im Begriffe stand« (Simmel 1946, S. 74). Diesen Aspekt möchte ich exemplarisch an zwei antisemitischen Vorwürfen[8] verdeutlichen.

Da die Juden bei ihren Gastgebervölkern häufig von den ›gewöhnlichen‹ gesellschaftlichen Tätigkeiten ausgeschlossen sind, haben sie z. B. ihre intellektuellen, musischen oder geschäftlichen Fähigkeiten stärker ausgebildet. »Solche Persönlichkeitsmerkmale sind also nicht Ursache, sondern schon Resultat des Antisemitismus« (Fenichel 1946, S. 61). »Schritt für Schritt aus der Landwirtschaft, aus der Verwaltung, aus dem Militär und aus den Zünften der Handwerker hinausgedrängt« waren die Juden im Mittelalter »von allen wesentlichen Aktivitäten der Gesellschaft [ausgeschlossen] bis auf die eine: den Geldhandel« (Raphael 1995, S. 115; vgl. Loewenstein 1968, S. 74). Der nachfolgende Vorwurf der Herrschenden in Kirche und Gesellschaft gegen den ›Juden als *Wucherer*‹ nimmt dann genau das aufs Korn, was man zuvor *selbst produziert* hatte. Und somit hat man scheinbar eine Legitimation, ihn zu berauben!

Ähnlich sieht es aus mit dem »im Verlauf der Jahrhunderte[9] regelmäßig« (Grunberger & Dessuant 2000, S. 311) wiederholten irrationalen Vorwurf des *Ritualmordes* an christlichen Kindern und der rituellen Verwendung ihres Blutes (vgl. Erb 1995, S. 74ff.). Er erhält in der christlichen Vorhaltung gegenüber den Juden eine besondere Note. Das IV. Laterankonzil beschließt 1215 die Transsubstantionslehre, d. h. die Überzeugung, dass im katholischen Gottesdienst durch die ›Wandlung‹ Brot und Wein *tatsächlich* in Fleisch und Blut Christi umgewandelt werden. Wenn man diesen Gedanken konkretistisch nimmt, vollziehen katholische Christen also bei der Kommunion jedes Mal einen kannibalistischen Akt. So wird es auch das Unbewusste betrachten. Es unterliegt aber zugleich dem Kannibalismusverbot. Zur Lösung dieses inneren Konflikts des Christenmenschen wird das Problem dann unbewusst *externalisiert* und auf die Juden *projiziert*. Zur psychischen

---

[8] Von Julius H. Schoeps u. Joachim Schlör (1995) werden die wesentlichsten dauerhaften Bilder der Judenfeindschaft einer kritischen Analyse unterzogen.

[9] Nach Angaben von Grunberger u. Dessuant (2000, S. 311) findet der letzte Prozess wegen des Vorwurfs von Ritualmord im Jahre 1913 (!) in Kiew statt!

Entlastung entsteht so die Ritualmordphantasie: die Juden – und nicht die Christen – essen und trinken Fleisch und Blut von Menschen, von Kindern.

Die meisten der bislang beschriebenen psychodynamischen Sachverhalte gelten cum grano salis für viele Formen der ›gewöhnlichen‹ *Fremdenfeindlichkeit* (Auchter 1990, 1994, 2000). Die Frage ist, ob es darüber hinaus mögliche spezifische Motivierungen gibt, welche die fortwährende Feindschaft gegenüber den Juden begründen könnten?

5. Der narzisstische Kampf des Antisemiten gegen die Konflikthaftigkeit im Dasein

Der jüdische Glaube ist eine explizite Vaterreligion[10] (Freud 1912–13a, S. 186) mit einem Kern im väterlichen *Gesetz*, symbolisiert in der Beschneidung, die vom Unbewussten der Kastration gleichgesetzt wird (Freud 1919c, S. 165 FN). Grunberger und Dessuant (2000, S. 227ff.) beschreiben den historischen Prozess, in dem das Judentum mit seinem Vaterprinzip das Heidentum, mit seinen mit der frühen Mutterorientierung (dem mütterlichen Prinzip; ebd., S. 258) verknüpften narzisstischen Aspekten, zu überwältigen suchte. Das väterliche »Prinzip verhindert« nach Auffassung von Grunberger u. Dessuant (2000, S. 257) »die Dominanz des reinen Narzissmus«. Der Narzisst weigert sich, in die ödipale Konstellation einzutreten, er versucht, den ödipalen Konflikt »zu attackieren oder vermeiden« (Grunberger & Dessuant 2000, S. 35). »In einem erweiterten, metaphorischen Sinn lässt sich die Kastration [bzw. Beschneidung] auch als ein Symbol des Machtverlusts oder Kontrollverlusts verstehen (...) kann sie ein bildhafter Ausdruck für die prinzipielle Versehrtheit, Unvollkommenheit und Sterblichkeit des Menschen sein« (Auchter & Strauss 2003, S. 96). Wenn der Mensch jedoch an der narzisstischen Phantasie seiner göttlichen oder gottähnlichen Allmacht festhalten will – Janine Chasseguet-Smirgel (1981) nennt das die »Krankheit der Idealität« –, muss er die Repräsentanten der menschlichen Ohnmacht und Begrenztheit, die Beschnittenen, beseitigen.

Mit der Installierung *eines* allwissenden und allmächtigen Gottes im Jenseits hat das Judentum den Menschen 1. schmerzhaft und kränkend aus seinem (scheinbaren) narzisstischen Paradies *vertrieben*, 2. von seinem narziss-

[10] »Die Sohnesreligion [Christentum] löst die Vaterreligion ab« (Freud 1912 – 13a, S. 186). »Das Judentum war eine Vaterreligion gewesen, das Christentum wurde eine Sohnesreligion« (Freud 1939a, S. 194).

tischen Vollkommenheitswahn, der Gefahr der Selbstvergötzung, *befreit*, 3. um persönliche Freiheit und Verantwortlichkeit für sich selbst und den Anderen *bereichert* und 4. mit einem diesseitigen Leben im fortdauernden Konflikt *beschwert*. Existentielle Grundkategorien des Judentums wie *Liebe* (3 Mos 19, 18 u. 33–34; Hos 6,6) und *Gerechtigkeit* (Spr 21, 3) sind keine idyllischen Romantizismen, sondern konfliktträchtige Herausforderungen.

Die Erfindung des Einen Gottes ist untrennbar verknüpft mit dem Bund zwischen ihm und dem Menschen, vermittelt durch das Gesetz. Die Erstausgabe der Gesetze besteht in steinernen Tafeln, »vom Finger Gottes beschrieben« (2 Mos 31, 18), die dem Menschen am Sinai in seine Hand gegeben werden. Angesichts der Ungeduld seines Volkes und dessen regressiven Impulsen, symbolisiert im ›Tanz um das goldene Kalb‹, schleudert Moses diese Steintafeln auf die Erde und zerbricht sie. Yigal Blumenberg (1997b, S. 60) leitet davon ab, dass das Gesetz mit der Übergabe von Gott an den Menschen zerbrechlich geworden sei. Das Gesetz erfordert von da an eine beständige Erneuerung (Blumenberg 1996, S. 165 FN 14, 1997b, S. 60), wenn es lebendigmachend bleiben soll. »Wahret meine Satzungen und Rechtsgeheiße (...) *um durch sie zu leben*« (3 Mos 18, 5). Das Gesetz bedarf also einer unaufhörlichen »interpretierenden Aneignung« (Blumenberg 1997b, S. 63), einer »unendlichen Interpretation« (Huppke 1997, S. 96).

Das Unvollendete, verbunden mit der hoffnungsvollen Erwartung der Vervollkommnung (der ›kommende Messias‹), stellt ein zentrales Element der jüdischen Geisteshaltung dar und drückt sich auch in der aramäischen/hebräischen Sprache aus. Wo wir im Deutschen platt ›Zehn Gebote‹ formulieren, die alle mit ›Du sollst‹ beginnen, lässt sich die biblische Urfassung vielleicht am ehesten übersetzen mit: ›Du bist noch nicht [oder: ›nie‹] fertig damit, dass (...)‹ oder ›Du bist noch nicht zu Ende damit, dass (...)‹. In dieser Ausdrucksweise ist der Mensch immer auf dem Wege und wird erst am Ende aller Zeiten ankommen. Die Gesamtheit des jüdische Gesetzes, die *Halakha*, ist abgeleitet von ›halach‹ (= gehen, schreiten, wandeln)[11], wir finden den Gedanken noch im – aus der Mode gekommenen – deutschen Wort ›*Lebenswandel*‹[12]. Zu dieser Idee des freien, aber unendlichen Gehens gibt es allerdings von Lebensbeginn an im Menschen eine gegenläufige Tendenz des zur Ruhe-Kommen-Wollens, des Niederlassens-Könnens, des

[11] Das arabische Wort Scharia ist ebenfalls abgeleitet von Schar', d. h. Weg, Methode (Tibi 1996, S. 177).

[12] Für diesen Hinweis danke ich Ruth Beissel.

Bleibenkönnens[13]. Die ebenso unaufhörliche wie unlösbare Spannung zwischen Bewegungsbedürfnis und Sehnsucht nach Sesshaftigkeit wird seit Kain und Abel in dem Konflikt zwischen Hirte bzw. Jäger und Ackerbauer symbolisiert. Die Juden sind seit der Zeit Abrahams auf Wanderschaft ins ›gelobte Land‹. Salomon Korn (2003) spricht von der »transitorischen, nicht exakt definierbaren Existenz jüdischen Lebens«. Juden frustrieren damit ständig das unbewusste Bedürfnis nach Angekommensein und Ruhe (vgl. Quinzio 1995, S. 14ff.). Janine Chasseguet-Smirgel (1988, S. 125f.) hat auf das Todbringende aller Utopien hingewiesen, die einen guten Zustand mit Gewalt verewigen möchten.

Dem Prozesscharakter jüdischen Denkens (vgl. Quinzio 1995, S. 14) entspricht auch das *Bilderverbot*: »Ihr seid noch nicht zu Ende damit, euch keine Gottesbilder zu verfertigen (...) und keine steinernen Bildnisse aufzustellen« (3 Mos 26, 1). Die Warnung vor dem Errichten von starren Bildern von Gott und den Mitmenschen[14] soll vor der Verführung einer gewaltfördernden Totalisierung und Verabsolutierung, einer endgültigen tödlichen Versteinerung, vor jeglichem Fundamentalismus (vgl. Blumenberg 1996, S. 175 u. FN 43) bewahren. Das freiheitsvermittelnde Bilderverbot spiegelt sich in der Psychoanalyse noch in der »freien Assoziation« (Freud 1895d), in Wilfred Bions (1970, S. 129): »No memory, no desire, no understanding« oder Donald W. Winnicotts (1971) »Potential Space« (Auchter 2004) als Anregungen zur kreativen Nichtfestlegung.

---

13 Einen »primären Wunsch, eine Welt ohne Hindernisse, ohne Unebenheiten und ohne Unterschiede wiederzuentdecken, eine völlig glatte Welt (...) einem Innenraum, zu dem man freien Zugang hat« (Chasseguet-Smirgel 1988, S. 91, S. 113).

14 »›Was tun Sie‹, wurde Herr K. gefragt, ›wenn Sie einen Menschen lieben?‹. ›Ich mache einen Entwurf von ihm‹, sagte Herr K., ›und sorge, dass er ihm ähnlich wird‹. ›Wer? Der Entwurf?‹ ›Nein‹, sagte Herr K., ›der Mensch‹«. (Bertold Brecht: Geschichten vom Herrn Keuner).

»Du sollst dir kein Bildnis machen (...) Es ist bemerkenswert, dass wir gerade von dem Menschen, den wir lieben, am mindesten aussagen können, wie er sei (...) das Nächste, das lange Bekannte (...) Die Liebe befreit es aus jeglichem Bildnis« (Max Frisch, Tagebuch 1946–1949, S. 33)

»Wir wünschen ihm [dem Freunde], dass er sich wandle, o ja. Wir wünschen es ganzen Völkern! Aber darum sind wir noch lange nicht bereit, unsere Vorstellung von ihnen aufzugeben. Wir sind die letzten, die sie verwandeln« (Max Frisch, Tagebuch 1946–1949, S. 33).

»Das rabbinische Judentum« ist für Blumenberg (1997a, S. 1133; 1997b, S. 42; 1996, S. 163) »der lebendige Widerspruch zu jeglicher Heilslehre, die die Konflikthaftigkeit im Diesseits zu leugnen versucht«. Das für die jüdische Geisteshaltung charakteristische »Denken in Gegensätzen, in Konflikten und Polaritäten« (Wurmser 2001, S. 7; Quinzio 1995, S. 14) muss ein Stachel im Fleisch all derjenigen sein, für die das Gesetz oder das Wort ›die Wahrheit‹ sein soll. Eine brennende Wunde für die Orthodoxen, die es unter Juden genauso gibt wie in anderen Gruppen, die aus seelischen Sicherheitsbedürfnissen immer wieder zur Versteinerung von Worten und Bildern, zum Dogmatismus und zum Fundamentalismus neigen. Derzeit müssen wir in Israel mit ansehen, wie die ›Mauer in den Köpfen‹ zu einer in Beton gegossenen Realität um die Palästinensergebiete wird.

Wenn man diese archaische Tendenz, Spannung und Konflikt gegen Null zu bringen, als ›*Todestrieb*‹ bezeichnet, dann könnte sogar ich dieses Konzept akzeptieren! Chasseguet-Smirgel (1988, S. 28, S. 91) hat mit ihrem Begriff der ›*archaischen Matrix des Ödipuskomplexes*‹ den Urwunsch nach einer glatten Welt ohne Unterschiede, ohne Hindernisse und ohne Konflikte konzeptualisiert. Der Narzisst ist bemüht, »jegliche Unterschiede, Besonderheiten und Gegensätze – also Charakteristika jeglichen Lebens – einzuebnen« (Blumenberg 1996, S. 163; Grunberger & Dessuant 2000, S. 59). In dieser Verleugnung stört eine Wirklichkeit, die »prinzipiell mit Unzulänglichkeiten, Konflikten und Begrenztheiten ausgestattet ist (...), triangulierende Verhältnisse abverlangt und den Anforderungen des Realitätsprinzips, der Vernunft und des Wortes Geltung zu schaffen sucht« (Blumenberg 1996, S. 163). »In der antisemitischen Rede vom ›ewigen Juden‹ wird jenes talmudische Denken denunziert, das die Konflikthaftigkeit des menschlichen Lebens als conditio humana anerkennt, sich jeglicher Systematisierung und jeglichem Dogma verweigert« (Blumenberg 1996, S. 175).

6. Das Problem der Instrumentalisierung des Antisemitismus

Eine Untersuchung des Phänomens Antisemitismus wäre m. E. unvollständig, wenn sie das Problem seiner Instrumentalisierung unberücksichtigt lassen würde.

6.1. Instrumentalisierung durch Nichtjuden – das Beispiel Jürgen Möllemann

Die Inhalte des Möllemann-Flugblattes vom September 2002 sind zwar undifferenziert, einseitig, klischeehaft, aber inhaltlich nur relativ begrenzt anfechtbar. Dass er sich, nicht nur in seinem Flyer, ausschließlich als ›Opfer‹ der Attacken von Michel Friedman präsentiert, ohne seine ›Täterschaft‹ als Attackierender zu berücksichtigen, gehört zu häufig benutzten seelischen Mechanismen der Schuldabwehr. Vorzuwerfen ist Jürgen W. Möllemann vor allem die Instrumentalisierung seines im Wesentlichen narzisstisch begründeten Konflikts mit Michel Friedman für politische Zwecke. Sein Flugblatt, eine Woche vor der Bundestagswahl 2002 in NRW zigtausendfach verteilt, zielt gerade auf ›anti-israelische‹ und ›antisemitische‹ Stimmungen bei Wählern, um deren Stimme er buhlt. Mittlerweile sind beide Protagonisten, sowohl Jürgen W. Möllemann als auch Michel Friedman, auf je ihre eigene Weise aus ihrem narzisstischen Himmel herabgestürzt. Die Folgen sind bekannt.

6.2. Instrumentalisierung durch Juden

Der lange Schatten der Shoah darf den Blick nicht verdunkeln auf eine mögliche politische Instrumentalisierung des Antisemitismusvorwurfs.

Henryk M. Broder (1986, 24, 115) kritisiert zu Recht an manchen Deutschen den Versuch der »Entsorgung der Vergangenheit, die sich weniger mit der eigenen Geschichte als mit den Verfehlungen anderer beschäftigt«, beispielsweise durch einen Vergleich zwischen dem Verhalten der Nazis gegenüber den Juden mit dem der Israelis gegenüber den Palästinensern. In seinem Buch »Der ewige Antisemit« bedient sich Broder (1986) im Folgenden jedoch fortwährend selbst genau dieser Denkfigur, die er zuvor angeprangert hatte. Kritik an israelischen Militäraktionen gegen Palästinenser versucht er aufzurechnen gegen »Massaker von PLO-Verbänden«, die Tötung hunderter von Menschen durch »schiitische Milizen« (Broder 1986, S. 37), das Umbringen »tausender von Palästinensern durch Truppen von König Hussein« (Broder 1986, S. 38, S. 114) von Jordanien. Die Landnahme Israels seit 1948 verharmlost er kommentierend: »Es gibt keine Nation (...) die sich nicht irgendwann mal auf Kosten eines anderen Volkes etabliert hätte« (Broder 1986, S. 46).

Der israelische Psychoanalytiker Dan Bar-On (2001, S. 178) stellt die Hypothese auf, »dass die entscheidende Zielgruppe der verschobenen

Aggression jüdischer Israelis, die sich mit dem Holocaust konfrontiert sehen, die Palästinenser sind«. Nach seiner Theorie deutet die »gegen die Palästinenser gerichtete verbale und physische Macht, vergleicht man sie mit dem Mangel an Leidenschaft bzw. der Tatenlosigkeit gegenüber den Deutschen auf einen versteckten Prozess verschobener Aggression« (Bar-On 2001, S. 178) hin. Bar-On meint, dass dieser Aspekt der *Aggressionsverschiebung* von Juden als Folge des Holocaust »aufgrund der schwierigen moralischen und menschlichen Implikationen« jahrelang verschwiegen worden sei (ebd., S. 177). »Bis vor kurzem« fährt Bar-On fort, »wäre ein solches Argument, besonders, wenn es von Nicht-Juden vorgetragen worden wäre, wahrscheinlich sofort als neue Form des *Antisemitismus* abgelehnt und dekonstruiert worden« (ebd., S. 181).

Wir haben am 1. September 2003 neben der palästinensischen Friedenskämpferin Nabila Espanioly den israelischen Friedensaktivisten Reuven Moskovitz, der sich seit Jahrzehnten für eine Aussöhnung zwischen Israelis und Palästinensern einsetzt, mit dem *Internationalen Aachener Friedenspreis* ausgezeichnet. Aus seiner Preisträgerrede möchte ich einige aufrüttelnde Fragen weitergeben: »Wie lange gedenken die deutschen und israelischen Politiker sich einer Politik hinzugeben, die geprägt ist von gefährlichen und instrumentalisierten Schuldgefühlen? Wir lange noch wollen sich viele Israelis auf die Opferdenkstruktur berufen und unter diesem Deckmantel jegliche berechtigte Kritik an der israelischen Politik als Antisemitismus bewerten und abwerten? Wie lange noch sind die Freunde Israels in Westeuropa bereit, sich als Antisemiten bezeichnen zu lassen, nur weil sie den Mut haben, die verbrecherische Politik Israels kritisch zu bewerten und anzuprangern?« (vgl. auch Götz Aly, in: DIE ZEIT 24/2002). Die Gleichsetzung von Kritik an der israelischen Politik mit Antiisraelismus, mit Antizionismus und Antisemitismus verwässert die begriffliche Klarheit der an sich schon schwierigen Termini (Bernstein 1926, S. 15) und ihre diagnostische Schärfe. Diese ist aber dringend notwendig für eine angemessene Bekämpfung der Vorurteilskrankheit ›Antisemitismus‹.

Als Psychoanalytiker wissen wir, dass destruktive Impulse und Tendenzen unvermeidlich zur conditio humana gehören. Weder Selbstidealisierung noch Fremdidealisierung, noch Projektion oder Dämonisierung des Gegners können darüber hinwegtäuschen.

1938 nach seiner von den Nazis erzwungenen Emigration nach London, kurz vor seinem Tod, verfasst Sigmund Freud »Ein Wort zum Antisemitismus«. Er zitiert darin einen unbekannten nichtjüdischen Autor, wobei höchst wahrscheinlich ist, dass Freud selbst der Schreiber ist. Es endet mit dem Gedanken, mit dem auch ich hier schließen möchte: »Hören wir also endlich auf, ihnen [den Juden] Gnaden hinzuwerfen, wo sie auf Gerechtigkeit Anspruch haben« (Freud 1987, S. 780).

Literatur

Ackerman, N. W. & Jahoda, M. (1948): The dynamic base of anti-semtic attitudes. Psychoanalytic Quarterly, 17, 240–260.

Auchter, T. (1990): Das fremde eigene Böse. Zur Psychoanalyse von Fremdenangst und Fremdenfeindlichkeit. Universitas, 45, 1125–1137.

Auchter, T. (1994): Das eigene Böse und das böse Fremde. Zur Psychoanalyse der Gewalt. In: Sommer, N. (Hg.) (1994): Gewalt und Haß – Ursprünge und Auswege. Berlin (Wichern), S. 27–36.

Auchter, T. (1997a): Über die Grenzen des Erinnerns. Wege zum Menschen, 49, 474–484.

Auchter, T. (1997b): Jenseits des Versöhnungsprinzips. Die Grenzen des Erinnerns. Universitas, 52, 230–240.

Auchter, T. (2000): Die seelische Krankheit ›Fremdenfeindlichkeit‹. In: Streeck, U. (Hg.): Das Fremde in der Psychoanalyse. Gießen (Psychosozial Verlag), S. 225–234.

Auchter, Th. (2004): Zur Psychoanalyse des Möglichkeitsraumes »Potential Space«. Freie Assoziation, 7. In Vorbereitung.

Auchter, Th. u. Strauss, L. V. (2003): Kleines Wörterbuch der Psychoanalyse. Göttingen (Vandenhoeck & Ruprecht).

Bar-On, D. (2001): Die ›Anderen‹ in uns. Dialog als Modell der interkulturellen Konfliktbewältigung. Hamburg (edition Körber Stiftung).

Bauer, Y. (2003): Der dritte Totalitarismus. Radikale Islamisten kämpfen um die Weltherrschaft. DIE ZEIT 32/2003, S. 7.

Beland, H. (1992): Psychoanalytische Antisemitismustheorien im Vergleich. In: Bohleber, W., & Kafka, J. S. (Hg.) (1992): Antisemitismus. Bielefeld (Aisthesis Verlag), S. 93–121.

Benz, W. (2002): Vom Antisemitismus zum Antizionismus. In: http://130.149.134.79/ Vortr-Benz-Duesseldorf.htm

Berliner, B. (1946): Einige religiöse Motive des Antisemitismus. In: Simmel, E. (Hg.) ([1946] 1993): Antisemitismus. Frankfurt (Fischer), S. 101–107.

Bernstein, F. ([1926] 1980): Der Antisemitismus als Gruppenerscheinung. Versuch einer Soziologie des Judenhasses. Königsstein (Jüdischer Verlag).

Bion, W. (1970): Attention and Interpretation. London (Tavistock).

Blumenberg, Y. (1996): Psychoanalyse – eine jüdische Wissenschaft? Von den jüdischen Wurzeln der Psychoanalyse und der Abwehr von Tradition und Fremdsein. Forum Psychoanal, 12, 156–178.

Blumenberg, Y. (1997a): »Die Crux mit dem Antisemitismus«. Zur Gegenbesetzung von Erinnerung, Herkommen und Tradition. Psyche, 51, 1115–1160.

Blumenberg, Y. (1997b): Freud – ein ›gottloser Jude‹?. Luzifer-Amor, 19, 33–80.

Bohleber, W. u. Kafka, J. S. (Hg.) (1992): Antisemitismus. Bielefeld (Aisthesis Verlag).

Brockhaus, G. (2003): Psychoanalytische Beiträge zur Nationalsozialismusforschung. In: Gerlach, A., Schlösser, A.-M., Springer, A. (2003): Psychoanalyse mit und ohne Couch. Gießen (Psychosozial Verlag), S. 391–411.

Broder, H. (1986): Der ewige Antisemit. Über Sinn und Funktion eines beständigen Gefühls. Frankfurt (Fischer).

Chasseguet-Smirgel, J. (1981): Das Ich-Ideal. Die Krankheit der Idealität. Frankfurt (Suhrkamp).

Chasseguet-Smirgel, J. (1988): Zwei Bäume im Garten. Zur psychischen Bedeutung der Vater und Mutterbilder. München/Wien (Verlag Internationale Psychoanalyse).

Claussen, D. (1987a): Die Grenzen der Aufklärung. Zur gesellschaftlichen Geschichte des modernen Antisemitismus. Frankfurt (Fischer).

Claussen, D. (1987b): Über Psychoanalyse und Antisemitismus. Psyche, 41, 1–21.

Claussen, D. (1992): Die antisemitische Alltagsreligion. In: Bohleber, W. und Kafka, J. S. (Hg.) (1992): Antisemitismus. Bielefeld (Aisthesis Verlag), S. 163–170

Erb, R. (1995): Der Ritualmord. In: Schoeps, J. H. u. Schlör, J. (Hg.) (1995): Antisemitismus. Vorurteile und Mythen. Frankfurt (Zweitausendundeins), S. 74–79.

Fenichel, O. (1946): Elemente einer psychoanalytischen Theorie des Antisemitismus. In: Simmel, E. (Hg.) ([1946] 1993): Antisemitismus. Frankfurt (Fischer), S. 35–57.

Frenkel-Brunswik, E. u. Sanford, R. N. (1946): Die antisemitische Persönlichkeit. In: Simmel, E. (Hg.) ([1946] 1993): Antisemitismus. Frankfurt (Fischer), S. 119–147.

Freud, S.: Alle Arbeiten von Freud werden gemäß der Bibliographie und Werkkonkordanz von I. Meyer-Palmedo und G. Fichtner, Frankfurt (Fischer) zitiert. Die Seitenangaben beziehen sich auf die Gesammelten Werke.

Freud, S. u. Zweig, A. (1984): Briefwechsel. Frankfurt (Fischer).

Gay, P. (1988): ›Ein gottloser Jude‹. Sigmund Freuds Atheismus und die Entwicklung der Psychoanalyse. Frankfurt (Fischer).

Glenn, J. (1960): Circumcision and Anti-Semitism. Psychoanalytic Quarterly, 29, 395–399.

Grünberg, K. (2000): Liebe nach Auschwitz. Die zweite Generation. Tübingen (edition diskord).
Grunberger, B. (1962): Der Antisemit und der Ödipuskomplex. Psyche, 16, 255–272.
Grunberger, B. u. Dessuant, P. (2000): Narzißmus, Christentum, Antisemitismus. Stuttgart (Klett-Cotta).
Hertzberg, A. (2002): Wer ist Jude? Wesen und Prägung eines Volkes. München (dtv).
Hochheimer, W. (1962): Vorurteilsminderung in der Erziehung und die Prophylaxe des Antisemitismus. Psyche, 16, 285–294.
Horkheimer, M. (1946): Der soziologische Hintergrund des psychoanalytischen Forschungsansatzes. In: Simmel, E. (Hg.) ([1946] 1980): Antisemitismus. Frankfurt (Fischer), S. 23–34.
Huppke, A. (1997): Versuch einer Positionsbestimmung. Was ist jüdisch an der Psychoanalyse? Luzifer-Amor, 19, 81–98.
Korn, S. (2003): Wie deutsch soll's denn sein? Normalität zwischen Juden und Nichtjuden setzt voraus, Unterschiede anzuerkennen. DIE ZEIT 24/2003, S. 11.
Loewenberg, P. (1992): Die »Reichskristallnacht« vom 9. Zum 10. November 1938. In: Bohleber, W. u. Kafka, J. S. (Hg.) (1992): Antisemitismus. Bielefeld (Aisthesis Verlag), S. 39–61.
Loewenstein, R. ([1952]1968): Psychoanalyse des Antisemitismus. Frankfurt (Suhrkamp).
Meghnagi, D. (ed.) (1993): Freud and Judaism. London (Karnac).
Mitscherlich, A. (1962): Die Vorurteilskrankheit. Psyche, 16, 241–245.
Mitscherlich, A. (1964): Zur Psychologie des Vorurteils. In: Mitscherlich, A. (1978): Das Ich und die Vielen. München (Piper), S. 25–37.
Mitscherlich, A, (1978): Das Ich und die Vielen. München (Piper).
Neubauer, P. B. (1992): Die Reaktion auf Fremde und deren Beziehung zur Schuld. In: Bohleber, W., & Kafka, J. S. (Hg.) (1992): Antisemitismus. Bielefeld (Aisthesis Verlag), S. 126–137.
Orr, D. W. (1946): Antisemitismus und Psychopathologie des Alltagslebens. In: Simmel, E. (Hg.) ([1946] 1993): Antisemitismus. Frankfurt (Fischer), S. 108–118
Pott, M. (2002): Schuld und Sühne im gelobten Land. Israels Sonderrolle im Schutz der westlichen Welt. Köln (Kiepenheuer & Witsch).
Quinzio, S. (1995): Die jüdischen Wirzeln der Moderne. Frankfurt (Campus).
Raphael, F. (1995): »Der Wucherer«. In: Schoeps, J. H., & Schlör, J. (1995): Antisemitismus. Vorurteile und Mythen. Frankfurt (Zweitausendundeins), S. 103–118.
Reik, T. (1975): Der eigene und der fremde Gott. Frankfurt (Suhrkamp).
Roazen, P. (1976): Sigmund Freud und sein Kreis. Bergisch Gladbach (Lübbe).

Robert, M. (1975): Sigmund Freud – zwischen Moses und Ödipus. Die jüdischen Wurzeln der Psychoanalyse. München (List).

Schoeps, J. H., & Schlör, J. (Hg.) (1995): Antisemitismus. Vorurteile und Mythen. Frankfurt (Zweitausendundeins).

Semi, A. A. (1993): Psychopathology of everyday antisemitism. In: Meghnagi, D. (Hg.) (1993): Freud and Judaism. London (Karnac).

Silbermann, A. (1962): Zur Soziologie des Antisemitismus. Psyche, 16, 246–254.

Simenauer, E. ([1964] 1989): Freud und die jüdische Tradition. Jahrbuch d. Psychoanalyse, 24, 29–60.

Simmel, E. (Hg.) ([1946] 1993): Antisemitismus. Frankfurt (Fischer).

Tibi, B. (1996): Im Schatten Allahs. Der Islam und die Menschenrechte. München/Zürich (Piper).

Volkan, V. (1988): The need to have enemies and allies. Northvale (Jason Aronson).

Wangh, M. (1962): Psychoanalytische Betrachtungen zur Dynamik und Genese des Vorurteils, des Antisemitismus und des Nazismus. Psyche, 16, 273–284.

Wurmser, L. (2001): Ideen- und Wertewelt des Judentums. Göttingen (Vandenhoeck u. Ruprecht).

Yerushalmi, Y. H. (1999): Freuds Moses. Endliches und Unendliches Judentum. Frankfurt (Fischer).

Östliche Glaubenstraditionen

Kann Glaube heilen oder gibt er nur vor zu heilen?

I. Fragen aus buddhistischer Sicht

Heide Schulze-Schlutius

Einleitung

In was für eine Glaubensära sind wir eingetreten? Diese Frage stellt sich angesichts zahlreicher und unüberschaubarer Suchbewegungen zu den unterschiedlichsten religiösen Lehren hin und auch von ihnen weg. Worauf deutet die Suche und Sehnsucht nach einer Glaubensrichtung hin? Findet so etwas statt wie Globalisierung religiöser Güter, indem auch die religiösen Märkte erschlossen werden? Oder ist der unstillbare Hunger nach immer Besserem, Neuem und Erfolgversprechendem das Suchmotiv?

Es ist andererseits auch deutlich vernehmbar, zunächst ins Gespräch gebracht von theologischer und psychologischer Seite, dann aufgegriffen und untersucht von klinischer und psychotherapeutisch-wissenschaftlicher Seite, dass der religiöse Glaube eine gesundheitsfördernde Heilkraft sei und die Genesung von Krankheiten beschleunige. Im übrigen wurde in anderen Beobachtungsstudien festgestellt, dass die Heilkraft des Glaubens auf *alle* Lebensbereiche eine heilsame Wirkung habe, nicht nur auf Gesundheit. Auch die Lebensbewältigung im Alter gelinge besser bei gläubigen Menschen, ebenso wird ein besseres Sozialverhalten festgestellt, weniger Stressanfälligkeit, weniger Alkohol- sowie Drogenabhängigkeit, Kriminalität und Suizide. Ein erfülltes spirituelles Leben, so die Altersforscher Holt und Dellman-Jenkins, fördert Lebensqualität, Sinn und Selbstwert im Alter, schafft eine tragende existentielle Integration. Der Glaube ist dabei nicht an eine Richtung gebunden – auch der vertrauensvolle Glaube an eine ungenannte höhere Macht wirkt heilsam. Kenneth Pargament, Psychologie-Professor von der Universität Ohio fand allerdings heraus, dass die Wirkung von Religiosität auf die Gesundheit abhängt vom Typus des Glaubens: Als wirksamkeitsrelevant wird eine intrinsische Gläubigkeit erkannt; ein wohlwollendes, nachsichtiges Gottesbild ohne Attribute von Sündenzuschreibung, Strafe, Strenge; eine Geborgenheit bietende Glaubensgemeinschaft.

Der Klinische Psychologe David Larson vom National Institute for Healthcare in Maryland hat alle diesbezüglichen Studien aus psychiatrischen Fachjournalen von 1978 bis 1989 ausgewertet und kam zu dem Ergebnis, dass bei 84% der untersuchten Fälle Religiosität der Gesundheit zuträglich war; für 13% der Fälle spielte Gläubigkeit eine neutrale Rolle; in 3% der Fälle war Gläubigkeit der Gesundheit abträglich.

Seit Beginn des Jahrhunderts haben amerikanische Psychologen Gläubigkeit als Quelle »transmundaner Energien« (überweltliche Energien – Begriff stammt von William James) und als Heilkraft verstanden.

Die Titelseiten von unzähligen Zeitschriften, Magazinen, auflagenstarken Boulevard- und Frauenblättern künden seit etwa fünf Jahren von einem Buddhismus–Boom in Deutschland, führen Titelzeilen wie: »Buddhismus – Glauben ohne Gott«, »Wie Buddha nach Brandenburg kommt« usw. Auch Kinofilme wie *Little Buddha*, *Kundun*, *Living Buddha* und Heinrich Harrers Geschichte *Sieben Jahre in Tibet* haben die Verbreitung des Buddhismus in breiter Öffentlichkeit gefördert. Allein in München gibt es – laut Bekanntgabe der Deutschen Buddhistischen Union – 22 buddhistische Gruppen und Zentren der verschiedenen Schulen. Nach Angaben von 1998 gibt es in Deutschland etwa 50.000 praktizierende Buddhisten, zusätzlich 120.000 asiatischer Herkunft und über 400 Zentren und Gruppierungen (1970 gab es nur 15 Gruppen. Im Vergleich: In USA gab es 1988 427 Lehrzentren, 1998 dann bereits 1.062).

Seitdem zu Beginn des 20. Jahrhunderts eine Woge des Interesses an östlichen Lehren viele Intellektuelle und Künstler aus Europa und Amerika in fernöstliche buddhistische Klöster geführt hat und sie sich entweder als Mönche einweihen ließen oder die Lehre mitbrachten und im Westen buddhistische Zentren gründeten, ist der Einfluss auch auf dem Gebiet der Psychologie nicht zu übersehen. William James, berühmter Psychologe an der Harvard-Universität, meinte um 1900, die buddhistische Psychologie sei die Psychologie der Zukunft. Er erfasste sehr genau die Bedeutung der buddhistischen Lehre und Übungspraxis. Zu jener Zeit bekannten sich auch schon Psychoanalytiker zu ihrem Interesse an östlicher Philosophie und Mystik – Ernest Jones, Otto Rank, Sandor Ferenci, Lou Andreas Salome zählten dazu – und suchten hierfür ein psychoanalytisches Verständnis. Auch Romain Rolland, ein Freund von Freud, verwickelte diesen in eine Diskussion über seine östliche Meditationspraxis. 1930 antwortete Freud ihm brieflich:

> »Ich versuche nun, unter Ihrer Führung in das indische Jungle einzudringen, von dem mich bisher hellenische Maßliebe, jüdische Nüchternheit und philiströse Ängstlichkeit in irgendeinem Mengenverhältnis abgehalten haben. Ich hätte es eigentlich früher wagen sollen, denn die Gewächse dieses Bodens brauchten mir nicht fremd zu sein; ich hatte ein Stück weit ihren Wurzeln nachgegraben. Aber man kommt nicht weit über seine Begrenzungen hinaus.« (Freud 1980)

Neben und nach Freud haben sich Schulrichtungen ausgebildet, die das Freud'sche Entwicklungs- und Menschenmodell aus anderen Blickwinkeln untersucht und erweitert haben (Jung, Fromm, Humanistische Psychologie, Maslow), und interessanterweise haben diese Ansätze sich alle mit buddhistischer Psychologie beschäftigt und Elemente daraus übernommen.

1903 wurde in Deutschland die erste buddhistische Gruppe in Leipzig gegründet; doch führte der Buddhismus ein verborgenes Dasein bis zu seinem Revival in den letzten Jahren.

Grund für das Revival dürfte die allgemein gestiegene Bewusstheit darüber sein, dass materieller Wohlstand, technischer, wirtschaftlicher und wissenschaftlicher Fortschritt sowie vermehrte Freiheitsgrade die Probleme der Menschen nicht lösen können; dass traditionelle Kirchen keine befriedigende Antwort auf existentielle Fragen, Sinnleere und Werteverlust geben und keine Lösungen für immer neue Probleme wissen. Der Buddhismus lehrt eine anspruchsvolle Theorie, bietet eine kundige Meditationspraxis an, benutzt eine didaktisch klare und einfache Sprache für hochkomplizierte Inhalte, mit interessanten Lehrgeschichten und Anweisungen für den Alltag. Figuren wie der Dalai Lama und andere Lamas, Rinpoches, Roshis sind nach der Vertreibung aus Tibet und der Besetzung durch China im Westen bekannt, beliebt und berühmt geworden. Sie haben sich durch Bescheidenheit, Weisheit, Freundlichkeit, Humor und Gewaltlosigkeit in Politik und in allen Lebensbereichen die Zuneigung der Menschen erobert. Buddhistische Ethik wird als fortschrittlich, offen, nachvollziehbar erlebt und nicht als eine Einschränkung, als eine Denkart, die attraktiv ist für Menschen mit aufgeklärten, selbständigen und selbtverantwortlichen Vorstellungen, und die plausibel erscheint. Gewaltlosigkeit (seit jeher mit Verzicht auf aggressives Missionieren), eine Lehre von Mitgefühl und »Nichtverletzen« und eine Philosophie der Vernunft sind kennzeichnend für den Buddhismus und sprechen die Bedürfnisse vieler Menschen an. Der 41. Sakya Trizin, Oberhaupt einer tibetischen Traditionslinie, stellt fest, dass auch in der heutigen Zeit ein Leben ohne Spiritualität keinen Sinn hat, eine Essenz fehlt. Unter den spirituellen Lehren sei wohl die buddhistische Lehre sehr akzeptiert in unserer modernen Gesellschaft. In der Tat fällt bei Durchsicht der buddhistischen Literatur auf, dass ihre Inhalte sich in heiterer Gelassenheit darstellen und auf diffizile Fragen Antworten gewusst werden.

Vorurteile, dass der Buddhismus eine Weltabkehrung und Passivität gegenüber sozialen Problemen nahelege, sind Relikte aus früheren Zeiten, deren Wurzeln im 19. Jahrhundert liegen, als westliches Überlegenheitsdenken jeglichem außereuropäischen Einfluss eine tief- und weitreichende Denktradition absprach. Das Gegenteil bestätigt sich angesichts der Tatsache, dass nach dem *Dalai Lama* und der burmesischen Bürgerrechtlerin Aung San Suu Kyi 1997 Jody Williams und Tun Channareth mit ihrer *Internationalen Kampagne zur Ächtung der Landminen* den Friedensnobelpreis erhielten. Sie alle sind Vertreter eines »engagierten Buddhismus«, der besonders zu der Mahayana–Lehre gehört. Andere weltweit wirkende Vertreter des engagierten Buddhismus sind der vietnamesische Mönch Thich Nath Hanh, der sich aktiv um tiefenökologische, soziale, demokratische, bürgerrechtliche Angelegenheiten kümmert; Sogyal Rinpoche engagiert sich für die Hospizbewegung. Unter Führung von Daniel Goleman und unter Mitwirkung des Dalai Lama gibt es regelmäßig stattfindende neurowissenschaftliche Konferenzen. Dabei soll das Zusammenwirken westlicher und buddhistischer Forscher umfassendere Ergebnisse in Bezug auf hochkomplexe Themen liefern. Z. B. werden aktuell neurophysiologische Korrelate an einem langjährig in der Meditation erfahrenen und kompetenten Meister erforscht, der seine Befähigung zu höchstem Mitgefühl während der Meditation durch bildgebende Verfahren aufzeichnen lässt.

Ganz aktuell für den Bereich Psychologie/Psychotherapie möchte ich zwei Erfolgsautoren erwähnen, die auf dem Hintergrund ihrer buddhistischen Schulung eine breite Leserschaft erreichten: Daniel Goleman mit *Emotionale Intelligenz* (1999) und seinem brandneuen Buch: *Destructive Emotions* (2003). Des weiteren Jon Kabat-Zinn, der seine Studien zu vorbeugenden und heilungsbeschleunigenden Gesundheitsmaßnahmen in dem in Amerika erschienenen Buch *Stressreduktion auf Achtsamkeitsbasis* veröffentlicht hat. In dieser amerikanischen Untersuchung wurde die Effizienz von Achtsamkeitskursen und die Wirkung auf unterschiedlichste Beschwerden geprüft. Die Methode wurde eingeführt und leistet ihren Beitrag zum amerikanischen Gesundheitsvorsorgesystem. Diese Studien haben auch in Deutschland ein Forschungsprojekt an der Freiburger Universität angeregt. Die Veröffentlichung der deutschen Studie auf den Grundlagen von Kabat-Zinns Design lautet *Meditation und Gesundheit* von Markus Majumdar (2000).

Der Glaube im Buddhismus

ist ein offenes System ohne Gottesbild, ohne Institution, ohne Dogmen, Postulate und Moralbegriffe wie Sünde, Strafe oder angstauslösende Drohungen. Glaubensgehorsam gibt es nicht, Abwendung von Gott bei Gesetzesübertretung, Leiden als Strafe – all dies gibt es eher in geschlossenen Glaubenssystemen, nicht im Buddhismus.

Glaube im Buddhismus ist nicht im westlichen Sinne verstandener religiöser Glaube, sondern eher zweckmäßiger Natur, erfahrungsgeleitet und erkenntnistheoretisch gerichtet. Ich möchte diesen Glauben einen Erfahrungsglauben nennen, der entlang der Erfahrungs-Einsichts-Erkenntnislinie verläuft. Die *spürbare* Erfahrung soll auf der entwicklungsgeschichtlich frühesten und elementarsten Ebene ansetzen, nämlich auf der körperlichen Ebene, in der basalen Funktion des Atmens. In der Meditation ist der Körper – mit Achtsamkeit auf den Atem – als wichtiges und geschätztes Instrument ein Medium der unmittelbaren Erfahrung. Das Gelingen oder Misslingen der Meditation hängt wesentlich vom *rechten Atmen* ab. Meditation als Übungsweg und Methode kann, wenn sie als Technik beschrieben werden soll, etwa als eine psycho-physiologische Technik verstanden werden. Karlfried Graf Dürckheim war einer der Ersten, der die ZEN-Meditation nach Deutschland gebracht und in seinem Zentrum Exist-Rütte gelehrt hat. Er stellt fest (vgl. Dürckheim 1974, 1978), dass die Meditation ihren Sinn nur als Übung zur Verwandlung erfüllt: Ver-wandlung zu Durchlässigkeit der Person, damit etwas Neues durch sie hindurchtöne (personare = hindurchtönen). Eine Umwandlung kann geschehen von linkshemisphärisch überbetonten Aktivitäten zur Aktivierung rechtshemisphärischer Möglichkeiten. Das bedeutet gleichermaßen, neue Sichtweisen zu erlangen, die über enge lineare Denkmuster hinausreichen. Solche Sichtweisen erlauben ein umfassenderes, ganzheitlich-vernetztes Denken. Danach ist der Mensch mehr als die Summe von physiologischen, psychologischen, mentalen und sozialen Funktionen. Die einzelnen Erkenntnissysteme lassen sich nur durch gewaltsame Abstraktion aus dem Ganzen extrapolieren. Solche Sichtweisen lassen an die Chaosforschung denken (Sommer 1998).

Die Tradition dieses Erfahrungsglaubens spricht ein reifes, autonomiefähiges Ich an, das ethisch begabt ist und Entwicklungsförderung sucht. Dieses Ich zeichnet sich durch eine unaggressive und vertrauensvolle Grundhaltung aus. Dasselbe Ich kann sich im Lauf der Entwicklung einem größeren Zusammenhang öffnen, sodass eine Dezentrierung des Ichs möglich wird. Es ist anzunehmen, dass eine solche Grundhaltung – bestimmt durch drei vorrangig praktizierte Qualitäten: Mitgefühl, Gewaltlosigkeit, Toleranz – begründet ist in einem tiefen Verständnis über die allgegenwärtige universelle Verbundenheit alles Lebendigen und Gegebenen. Eine Erklärung für dieses Weltgefühl könnte darin zu suchen sein, dass im tibetischen Buddhismus die Mutterbeziehung der Menschen unproblematisch, weil auf einer bindungssicheren Basis fundiert ist. Später gehe ich näher darauf ein. Auch in der japanischen Tradition sind die Bezüge zum Mütterlichen umfassender; das zeigt sich in einem tiefen und verehrungsvollen Verhältnis zur Natur.

Der Buddha hat empfohlen, nicht blind zu glauben, sondern nur dann eine Lehre zu übernehmen, wenn sie als heilsam erkannt und erfahren wird, wenn sie geprüft ist, zu weiteren Erkenntnissen führt und sich positiv auswirkt. Also ausschließlich Empirie und Erkenntnis sind maßgebliche Glaubensleitlinien und Autorität, verbunden mit einem tiefen Zu-trauen (den Erfahrungen zu trauen) und Hingabe. Darin enthalten sind ebenso Gespür und Intuition. Auch hier ist das autonome Ich angesprochen, das selbstverantwortlich denkt, das eine Realitätsprüfung vorzunehmen bereit ist und entsprechend entscheiden und handeln kann. Die buddhistische Lehre versteht sich mit ihren Methoden und ihrer Anwendungspraxis als wissenschaftliches Untersuchungsinstrument. Mit seiner Hilfe kann sie die Gesetzmäßigkeiten des Lebens beobachten und durch logische Analyse erkennen, verstehen und in der Folge das Erkannte im Alltag anwenden.

Dichotomisches Denken ist der buddhistischen Geisteshaltung fremd. So gibt es kein Ausschließlichkeitsdenken gegenüber anderen Religionen, d. h. diese haben ebenso Gültigkeit und Anerkennung. Impulse, die förderlich und heilsam sind, können von überall aufgenommen werden. Woher und durch wie viele Quellen die eigene Erkenntnis kommt, ist unwesentlich. Dichotomie-freies Denken, nach der Lehre, zeigt ein sehr hohes Maß an Toleranz und entbehrt jegliches religiöses Konkurrenzstreben. Es ermöglicht, viele – auch konträre – Aspekte aufzunehmen, zu bearbeiten und zu transformieren. Ambivalenz ist überwunden, und die Fähigkeit zu integrativem Denken auf einer reifen Stufe ist hochentwickelt. Indem der Buddhismus nicht durch eine Institution vertreten und von Dogmen bestimmt ist, gibt es auch keine Exkommunikation, keinen missionarischen Eifer oder Glaubenskreuzzüge und Glaubenskriege. Der Buddhismus ist wohl die einzige Weltreligion, die bis heute keinen Glaubenskrieg geführt hat, sondern die das Prinzip der Gewaltlosigkeit, des Mitgefühls und der Nicht-Verletzung lehrt und lebt. Aus dem Jahr 250 v. Chr. stammt das Edikt des indischen Kaisers Ashoka mit folgendem Text:

»Nicht das Verketzern anderer Religionsgemeinschaften oder das grundlose Geringschätzen derselben, sondern die Achtung anderer Religionsgemeinschaften und Ehrerbietung ihnen gegenüber, wo immer sich Anlaß dazu bietet, ist recht. Wer so handelt, unterstützt seine eigene Religionsgemeinschaft und erweist derjenigen anderer einen guten Dienst. Wer entgegengesetzt verfährt, schädigt die eigene Religion und beleidigt die anderen.« (Reichle 1998)

Es gibt im Buddhismus keinen Gott im Sinne einer persönlichen oder überpersönlichen Figur oder Kraft außerhalb von uns und der Welt. Vielmehr besteht zu allem außerhalb Befindlichen eine gleichwertige freundliche Beziehung, die das Vorfindbare sieht und gelten lässt. Es gibt nur eine Energie, die in allem wirkt. Ob man diese Energie nun Gott nennt, ist unerheblich. Im Buddhismus spricht man von einer Buddhanatur, die in allen fühlenden Wesen und Erscheinungen lebendig ist und die durch Übung entfaltet werden kann. Diese Erkenntnis entspricht auch den Ergebnissen der modernen Physik, wonach es keine Materie gibt, sondern nur vielfältige Strukturen und Anordnungen von Energieteilchen, die sich dann als Materie manifestieren. (Hans-Peter Dürr, Quantenphysiker, Schüler von Heisenberg, Alternativer Nobelpreisträger 1987, lässt als Herausgeber des Buches »Physik und Transzendenz« die großen Physiker unseres Jahrhunderts darüber zu Wort kommen.)

So gibt es auch keine Trennung zwischen einem allmächtigen Gott und dem Menschen, der in seiner Getrenntheit und Andersartigkeit als klein und fehlbar dasteht, ferner auch kein Gefälle zwischen unerreichbaren Über-Ich-Ansprüchen und abhängigem Insuffizienzerleben.

Personifizierung von Gott oder Gottheiten wird im Buddhismus abgelehnt. Ebenso wie in der westlichen Psychologie wird die Externalisierung einer Gottesfigur verstanden als Personifizierung eines psychischen Inhaltes (einer Funktion, Eigenschaft oder Vorstellung, die zur Gestalt wird), und als Projektion des Unbewussten. Es gibt keine Figur, auf die alle idealisierten, hehren und heiligen Gefühle projiziert oder ausverlagert werden, und somit gibt es auch keine Kränkungsmöglichkeit, Angriffsfläche oder Kampfbereitschaft im Kern der Lehre.

Die Lehre

Die Menschen verstehen den Buddha als Verkünder einer Lehre, die ihnen lebenswichtige Einsichten in die menschliche Existenz liefert. Er hat die Ursachen menschlichen Leidens erkannt und damit die Möglichkeit zu deren

Überwindung. Und das geschieht nicht in einer auf Furcht und Distanz beruhenden Beziehung der Verehrung. Der Buddha stellt stets die Lehre in den Mittelpunkt und betont die Vergänglichkeit irdischer Erscheinungen. Nicht ihm, dem Überbringer der Lehre, sollen die Menschen folgen, sondern dem achtfachen Pfad zur Gewinnung eines heilen Geistes. Buddha will mit dieser Empfehlung das Anhaften an seine Person verhindern und betont die globale Besetzung des Prozesses von Werden und Vergehen.

Der Buddha, der einem adeligen und wohlhabenden Hause in einem Dorf an der nepalesischen Grenze entstammte, erfuhr die Wende in seinem Leben mit 29 Jahren. In drei aufeinander folgenden Begegnungen mit einem Altersgebrechlichen, einem Schwerkranken und einem Toten begriff er die Tatsache von Vergänglichkeit und Leiden im Leben. Nach einer vierten Begegnung mit einem Bettelmönch, der in heiterer Gelassenheit irdische Güter hinter sich gelassen hat, sieht er den Ausweg aus seiner traurigen Verfassung. Er beschließt, seine gesicherte Existenz abzulegen und begibt sich mittellos auf die Suche nach einem Lehrer. Alle Suche und Ergebnisse befriedigen ihn nicht. Nach großen Strapazen und der Erkenntnis, dass die bisher begangenen Wege untauglich sind, setzt er sich am Ufer eines Flusses nieder und erlangt in einer tiefen und langen Meditation die Erleuchtung. Er ist zu diesem Zeitpunkt 35 Jahre alt. In seiner ersten Rede spricht er über die vier edlen Wahrheiten und den mittleren Weg.

Nach buddhistischer Lehre ist das Bewusstsein wie eine affektive Verseuchung. Daher zielt ihre Praxis nicht auf individuelle Neurosen und Konflikte ab, im Alltag abweichendes Verhalten oder individuelle Lebensgeschichten spielen keine Rolle. Sie bietet dagegen einen Weg an, der aus der Fehlsteuerung des menschlichen Bewusstseins zu einem aufgeklärten Geist führt. Da sich das Bewusstsein entwicklungsgeschichtlich vom Unbewussten getrennt hat, ist es einseitig vom Intellekt gesteuert und Täuschungen unterworfen. Es nimmt die Objekte mit diskriminierendem Denken, begrenzt, unterschieden, verwesentlicht auf. Dadurch kommt eine Entfremdung von der wahren Natur des Selbst zustande, was zu mentalem Leiden führt.

Die Vorstellung eines Unbewussten im westlichen Sinne gibt es nicht im Buddhismus. Wenn der Begriff doch immer wieder auftaucht, z. B. in den Schriften Suzukis, so deshalb, um sich in einem ost-westlichen Verständnis näherzukommen. Es ist hier eher ein Über-Bewusstsein gemeint, das unendlich weit über die Bereiche des individuellen und kollektiven Unbewussten hinausgeht aber diese Bereiche enthält. Dieses unendlich weite Überbewusste wird benannt als Ort des Nicht-Geistes, des Nicht-Ichs, der Nicht-Wesenhaftigkeit, des Ungeborenen, des Geimnisvollen, Unbekannten, der

Leere. Um sich dieses Unbewussten bewusst zu werden und um es sich nutzbar zu machen, bedarf es der besonderen Schulung und Reinigung des Bewusstseins. Der reife Mensch hat nach buddhistischem Verständnis ein trainiertes Unbewusstes, das alle bewussten Erfahrungen seit seiner Kindheit in sich aufgenommen hat. Das macht seine Ganzheit aus. Wenn das geübte Unbewusste mit dem Bewussten in Verbindung ist und sie wieder aneinander angeschlossen sind, dann sind Höchstleistungen möglich – z. B. in den Kampfkünsten des Schwertkampfes oder des Shaolin. Das trainierte Unbewusste ist dann wie ein Spiegel – ichlos und geistlos –, in dem sich jeder Gedanke von außen spiegelt. Das ist möglich, weil der Intellekt und das Ich aufgehoben sind und nur die reine Intuition aus dem Unbewussten wirkt.

Die zentralen Begriffe und Konzepte des Buddhismus

Die buddhistische Lehre enthält zwar keine Entwicklungslehre in unserem Sinne und keine individuell gültigen therapeutischen oder Problemhilfen. Sie hat aber in ihrer langen Tradition, seit 2500 Jahren, ein umfangreiches psychologisches Wissen über die menschliche Existenz und deren Bedingungen hervorgebracht. Von Alters her hat sie sich durch logische Analyse und erkenntnistheoretische Annäherung der Erforschung menschlichen Bewusstseins zugewendet. Sie macht das Verständnis der Bewusstseinsentwicklung und verschiedener Bewusstseinszustände zu ihrem zentralen Forschungsanliegen. Von daher ist das Wissen um Leiden, Schmerz, Mangel und Begrenzung und die Auswirkungen davon in Lehre und Praxis bekannt und als Tatsache des Lebens vermittelt.

Buddhas Lehre (vgl. Buddha Gautama 1998) sei hier nur in Stichworten skizziert:

1) Es gibt 3 *Kennzeichen des Daseins*
a) *Leiden*
b) *Vergänglichkeit*
c) *Nicht-Wesenhaftigkeit*
Die edle Wahrheit über das Leiden ist:
Geburt ist Leiden; Alter ist Leiden; Krankheit ist Leiden; Tod ist Leiden; mit Unlieben vereint zu sein, ist Leiden; von Lieben getrennt zu sein, ist Leiden; wenn man etwas wünscht und es nicht erhält, ist Leiden.

2) Die *Vier edlen Wahrheiten über das Leiden* sind:
a) Leiden entsteht, weil *Befriedigung* gesucht wird, um das Leiden aufzuheben.
b) Die Befriedigung wird wiederholt und wird zu *Begierde* und Hunger, um zu haben, zu bekommen oder zu zerstören. Dies passiert in einem endlosen Kreislauf von Geburt bis zum Tod.
c) Leiden kann beendet werden. Dies geschieht durch Aufheben der Begierde, des Hungers; durch Ablehnen des negativen Kreislaufs; durch *Nicht-Anhaftung*.
d) Das soll geschehen durch *geschickte Mittel.* Diese sind:
3) *Der Mittlere Weg mit dem achtgliedrigen Pfad*
Es ist der Weg, um den Hunger aufzuheben. Zwischen Gier und Selbstkasteiung liegt der mittlere Weg, der durch Schauen und Wissen höhere Entwicklung bewirkt. Er führt zu Beruhigung des Geistes, zu Einsicht und zu Vergehen des Leidens.

Den zentralen Teil des mittleren Weges bildet der achtgliedrige Pfad:
Nämlich zu üben:

°*Die rechte Sicht*	)
°*Das rechte Denken*	) Als Fundament der *Weisheit*
°*Das rechte Sprechen*	)
°*Das rechte Handeln*	)
°*Die rechte Lebensführung*	) Als *ethisches Fundament*
°*Das rechte Streben*	)
°*Die rechte Achtsamkeit*	) Als mentale Disziplin in der
°*Die rechte Konzentration*	) Meditation

Menschliches Leiden, begründet in der Erfahrung von Verlust, Versagung, Verzicht, Trennung, Krankheit, Alter, Tod, Mangel und die damit verbundenen Angst wird auch von Freud (1968) in *Das Unbehagen in der Kultur* beschrieben. Deren Anerkenntnis ist notwendige Bedingung für den therapeutischen Weg in der Psychoanalyse, ebenso wie in der buddhistischen Lehre. J. Lacan hat – mit Rückgriff auf Freud – vielleicht am deutlichsten und nachdrücklichsten den negativen Kreislauf menschlicher Fehlsteuerung erkannt, indem er den existentiellen und immanenten Mangel des Menschen zum Zentrum seiner Ausführungen macht (Evans 2002). Er sieht und expliziert in seinen Arbeiten das ständig erfahrbare Mangelerleben, die Suche nach Aufhebung desselben und die immer wiederholte Befriedigungssuche. Hierin ist das nie endende Begehren wirksam. So erklärt sich bei Lacan das Verhaftet-Sein in Täuschungen. Es ist der Bereich des Imaginären, der zu erkennen und mit therapeutischer Hilfe aufzugeben ist (vgl. dazu auch das Lebensrad im Buddhismus, ein Modell des neurotischen Geistes).

Buddha führt folgende Hindernisse an, die beeinträchtigend auf dem Mittleren Weg sind: Gier, Hass, Angst, Faulheit, Zweifel, Unwissenheit.

Seine Empfehlungen zum Umgang mit nicht integrierten, fehlgesteuerten Vorstellungen lauten:

> »Wer meditieren will, der soll, je nach Umständen, auf 5-fache Weise seine Vorstellungen überwachen:
>
> 1) Wenn ihm bei einer Vorstellung, die ihm gekommen ist, schlechte, unheilvolle Gedanken aufsteigen, die sich auf Wünsche, Abneigung oder Verblendung beziehen, dann soll er, von dieser Vorstellung ausgehend, eine andere Vorstellung hervorrufen, die sich auf Heilsames bezieht, so daß ihm die schlechten, unheilsamen Gedanken schwinden und vergehen. Dann festigt sich sein Denken, es kommt zur Ruhe, richtet sich auf einen einzigen Gegenstand und sammelt sich.
>
> 2) (...) wenn ihm trotzdem wieder unheilsame Gedanken aufsteigen, dann soll er sie nicht beachten, als wären sie nicht da. Dann schwinden und vergehen sie.
>
> 3) (...) wenn ihm trotzdem wieder unheilsame Gedanken aufsteigen, dann soll er sie nach und nach schwächer werden lassen und schließlich ganz einstellen.
>
> 4) (...) wenn ihm trotzdem wieder unheilvolle Gedanken aufsteigen, dann soll er die Zähne zusammenpressen, die Zunge an den Gaumen anlegen, und sein Denken mit dem Geist niederringen und niederwerfen, so daß die unheilvollen Gedanken schwinden und vergehen.
>
> 5) Wer sein Denken so in die Gewalt bringt, den nennt man Meister der Gedankenüberwachung. Er denkt nur, was er denken will, so hat er den Lebensdurst abgeschnitten, die Fessel abgestreift, den Dünkel ganz überwunden, und dem Leiden ein Ende gemacht«. (Schmidt 1989)

Im Sinne des Durcharbeitens bietet die buddhistische Meditationspraxis bemerkenswerte Methoden an. Wie schon ausgeführt, zielt sie nicht auf Konfliktlösung ab wie die Psychoanalyse, sondern darauf, das Leben unmittelbar besser zu verstehen und bewältigen. Sie wirkt direkt auf das ein, was Freud als das abnorme Ich bezeichnet. Das ist die Entwicklung mentaler Fähigkeiten, um diese »aktuelle Macht der Krankheit«, wie Freud sagt, oder unintegrierte Impulse – wie Buddha sagt –, oder vergebliche Forderung nach Wiedergutmachung aufzulösen.

Etwas durcharbeiten – ein Terminus aus der Psychoanalyse – meint nach buddhistischem Verständnis, die Sicht zu verändern. Das passiert durch die Methode der reinen Aufmerksamkeit, indem

– das jeweilige belastende Gefühl auf das ursprüngliche Bedürfnis zurückgeführt wird,
– narzisstische Forderungen nach Entschädigung und begleitende Gefühle der Empörung erforscht werden,
– Desidentifizierung von den narzisstischen Gefühlen gefordert wird durch Übungen der Konzentration, Achtsamkeit, Aufmerksamkeit – dadurch wird die rechte Sicht (rechte Ensicht, rechtes Wissen) erreicht.

Buddhas Empfehlungen zum Umgang mit fehlgesteuerten Vorstellungen enthalten insgesamt, auf dem Hintergrund mentaler Praxis, Techniken der Gedankenkontrolle, der Desidentifizierung, des Refraimings und Umdeutens, der Desensibilisierung.

Erfahrungsglaube als Entwicklungsweg zur Ganzheit

Im Buddhismus

Glaubenswege institutionalisierter Religionen sind als entsprechende Heilswege bzw Erlösungswege bekannt und treten oft mit dem Anspruch der Ausschließlichkeit und als geschlossene Systeme auf. Der buddhistische Weg des Erfahrungsglaubens versteht sich als Entwicklungsweg und ist kein Heilsweg. Es werden Richtlinien und Empfehlungen ausgesprochen zu rechtem Handeln und Fühlen, Sprechen, Denken, Meditieren, zur Ethik, zur rechten Lebensführung und wie Weiterentwicklung zu erlangen sei. Die Orientierung und das Gerichtet–Sein verläuft entlang der Erfahrungs-Einsichts-Erkenntnislinie.

Wie zuvor schon erwähnt, setzt die spürbare Erfahrung in den Übungen an der entwicklungsgeschichtlich frühesten und elementarsten Ebene an, nämlich der körperlichen, am Atem in der Meditation. Das Gelingen oder Misslingen der Meditation hängt vom rechten Atem und der Achtsamkeit auf den Atem ab.

Der Entwicklungsweg

Das in der Regel von jedermann praktizierte Leben im Alltag ist von vornherein durch Unwissenheit gekennzeichnet – dargestellt im ewig sich drehenden Lebensrad – mit den Unheil-Qualitäten von Verblendung (Ignoranz), Gier (Begierde), Hass und Anhaftendem Denken. Es wird a priori als *ungesund* (d. h. neurotisch) angesehen. Aus diesen Unheil-Qualitäten entsteht ubiquitäres Leiden. Leiden, Vergänglichkeit, Nicht-Wesenhaftigkeit sind immanente Kennzeichen des Lebens und wesentliche Grundlagen der Lehre. Die Entstehungsbedingungen des Leidens und dessen Aufhebung über den Mittleren Weg und den Achtfachen Pfad sind weitere Grundlagen der Lehre. Die Erkenntnis, der Lehre folgen zu wollen, wird aus einem tiefen Bedürfnis heraus als Entwicklungsweg zum Wissen hin, zur Weisheit hin verstanden. Der Weg soll zum Heil-Werden = Ganz-Werden hinführen, aus alltäglicher Ignoranz, Verblendung, Anhaftung, Hass, Gier herausführen. Sasaka Roshi, der älteste heute lebende japanische Zen-Meister, 97 Jahre und bei vollster Gesundheit, hat den Buddhismus eine Religion der Weisheit genannt.

Es ist sehr viel von anzustrebendem und wirkendem Heil die Rede in der buddhistischen Lehre, in Kommentaren und Unterweisungen: Als heilsame Grundqualitäten finden sich in allen Texten ausdrücklich immer wieder Mitgefühl – Toleranz – Gewaltlosigkeit. Dieses Heil wird wiederholt in der Anwendung erklärt und wirkt durch Vorgehensweisen, die mittels Disziplin, Achtsamkeit und Geduld zu trainieren sind: z. B. unheilvolle Gedanken zu kontrollieren und durch heilvolle Gedanken zu ersetzen; wohlwollende Güte statt missbräuchlicher Liebe zu praktizieren; Fürsorge zu bedenken; Denken zu praktizieren, das zu heilender Hinwendung führt – zu Menschen, Tieren, Pflanzen und Objekten (d. i. Karuna, ein zentrales Anliegen). Um solche Qualitäten zu entwickeln, werden bestimmte Techniken und Übungen angewendet. Die Praxis der Meditation ist der wesentliche Weg dahin. Sie enthält Übungen zur Achtsamkeit, Konzentration, der reinen Aufmerksamkeit, die sich auf jeden Focus richten können (Körper, Gefühl, Intellekt, Handlung). Es gibt strukturierte und unstrukturierte Meditationen.

Heilsame Wirkfaktoren

Ich will einige weitere, als hochwirksam geltende Heilfaktoren für den Entwicklungsweg – zur Überwindung von Neurose, Unwissenheit, Anhaftendem Denken – hin zu Einsicht, Erkenntnis und Weisheit aufzeigen:

a) Die ursprünglich klösterliche Gemeinschaft steht heute nicht mehr an erster Stelle wegen der Säkularisierung des Buddhismus. Trotzdem spielt die Sangha (Gemeinschaft) in den Meditationszentren und bei Retreats, für alle Interessierten zugänglich, sowie die gemeinsame Übungs- und Lernpraxis immer noch eine bedeutende Rolle als Ort der Zuflucht.
b) Die lebendige Beziehung zwischen Lehrer und Schüler, die von tiefem Vertrauen und Hingabe gekennzeichnet ist. Für den inneren Heilungsprozess und um die Schmerzen zu heilen, die aus früheren gestörten Beziehungen rühren, ist es wichtig, eine hingebungsvolle und neue, heilsame Beziehung zu einem Lehrer zu entwickeln – Grundlage der inneren Öffnung für *Mitgefühl.* Durch ihn und mit ihm kann ein neues Vertrauen aufgebaut werden. Er ist das Modell dafür, unsere unmittelbare Erfahrung, Abgründe, Leid, mitzutragen, Zeuge zu sein, so dass der Schüler selbst sich zu tragen lernt. Den heilsamen Rahmen bilden Lehre und Lehrer, ebenfalls zwei wichtige Orte der Zuflucht.
c) Das Auffinden eines Sinns für das eigene Leben. Der eigene Auftrag.
d) Meditation – mit besonderer Achtsamkeit auf den Atem. Die Redewendung »einen langen Atem haben« könnte durchaus aus diesem Bereich entlehnt sein. In der Meditation wird der Geist mit einem heilsamen Objekt vertraut gemacht.
e) Die geistige Entwicklung und Einstellung als Ort der Heilung wird als wichtiger erachtet als körperliche Heilung, bzw. diese geschieht sekundär.
f) In Buddhistischen Darstellungen der Kunst wird Buddha immer als der größte Arzt abgebildet – erkennbar an bestimmten Farben, die mit Heilkraft verbunden sind.
g) Chanting – als stimmlicher und rhythmischer Ausdruck, wodurch die Atmung vertieft und die Frequenz der Gehirnwellen verlangsamt werden. Don Campell, der Gründer des Instituts für Musik, Gesundheit und Erziehung in Boulder/Colorado stellt fest, dass der wohltuende Klang der Stimme das Wohlbefinden fördert und Gesundheit erhält. Er beobachtete bei Benediktinermönchen plötzlich auftretende, seltsame Beschwerden von extremer Müdigkeit und Appetitlosigkeit. Nachdem die Mönche einer ausgedehnten ärztlichen Untersuchung unterzogen worden waren, konnte die Antwort gefunden werden: Mit den Reformen des Zweiten Vatikanischen Konzils Anfangs der 70er Jahre veränderte sich das Leben der Mönche erheblich, u. a. wurden auch die mönchischen Gesänge eingestellt. Der Arzt kam zu dem Ergebnis, dass es sich nicht um ein körperliches, sondern um ein auditiv-psychosomatisches Leiden handelte. Auf ärztliche Empfehlung wurden die Gesänge wieder aufgenommen, und

nach sechs Monaten waren alle Mönche geheilt. Die Form der Gesänge und der Klang der Stimmen hatten das geistig-körperlich-seelische Gleichgewicht wiederherstellen können.

Über Meditation

Die Übung oder Arbeitsmethode der Meditation hat das Anliegen der *Be-sinnung*: den Sinn in das Hier und Jetzt zu setzen. Der Schlüssel zu einer Öffnung der Mitte und zur Errichtung einer stabilen Basis ist *Geduld.* Die *Be-sinnung* liegt im Gewahrwerden des Moments der Gegenwart, des *Jetzt.* Ein Mittel dazu ist der Gebrauch der drei Funktionen: *Reine Aufmerksamkeit, in der Achtsamkeit und Konzentration als Übung* enthalten sind. Z. B. Achtsamkeit oder Konzentration auf den Atem, eine Übung, die in der buddhistischen Tradition entwickelt wurde, weil in ihr das Wissen um die Gegenwart enthalten ist. Das Gewahrsein der Gegenwart – durch Achtsamkeit – hebt das Anhaften auf.

Unsere Bedürftigkeit – und damit einhergehendes Begehren – orientiert sich an der Vergangenheit oder der Zukunft, an dem, was man nicht mehr hat oder noch nicht hat. Dadurch wird sehr viel Energie von der Gegenwart abgezogen. Nur etwa 20% unseres Bewusstseins sind mit der Gegenwart verbunden; das bedeutet, dass die Wirklichkeit nur undeutlich und schwach gesehen werden kann. Der Weg in der Meditation ist, in Einheit mit dieser Wirklichkeit zu sein, identisch mit ihr zu sein. Indem man auf dem Weg ist, ist man auch am Ziel. Der Weg geht von der *Achtsamkeit* zur *Konzentration* zur *Einsicht.*

Hierzu kann eine bemerkenswerte Feststellung gemacht werden, die besonders auch unser therapeutisches Denken anregen könnte: Die nach der chinesischen Besetzung aus Tibet vertriebenen Flüchtlinge, die ihre Heimat, ihr Hab und Gut verloren hatten, waren nicht traumatisiert. Aus ihrer buddhistischen Geisteshaltung heraus lagen ihre konzentrierten Anstrengungen in der *Gegenwart*, in der sie ihr Schicksal bewältigen mussten. Diese Haltung vermeidet das Anhaften an dem Gewesenen – und Verlorenen – und zentriert den Geist auf das Gegebene, Aktuelle.

Meditation ist wie ein Übungs-Raum, abgeschieden von äußeren Reizen, Lärm, Ablenkungen; ein Raum der Ruhe und der Sammlung, ähnlich einem mütterlichen Raum, der nährt, schützt, beruhigt, umhüllt. Wie schon erwähnt, ist bei den Tibetern ein wohlwollend-verehrtes Mutterbild kollektiv introjiziert worden, das auf einer herkömmlich liebevollen Mutterbeziehung beruht. Angesichts einer solchen Tradition gibt es bei den Tibetern eine

Meditation, in der alle Wesen als Mütter visualisiert und meditiert werden. Speziell soll dabei geübt werden, alle Wesen als unsere Mütter zu erkennen, ihre Güte zu spüren, diese Güte zu erwidern, sie dafür zu lieben und, Mitgefühl gebend, zu wünschen, dass sie von allem Leiden und dessen Ursachen befreit werden. Aber in der Meditation ist keine Mutter oder elterlicher Schutz vorhanden. Zunächst auch so erlebt, ohne Schutz und Antwort, bietet der Raum sich an, traumatische Früherfahrungen oder die Grundstörung aufkommen zu lassen und erfahrbar zu machen – v. a. bei westlichen Menschen. Hier stellt sich ein Geschehen ein, wo die Meditation nicht weiterhelfen kann, sondern psychotherapeutisch weiterverarbeitet und aufgearbeitet werden muss. Trotzdem ist es ein Ort, ein Raum, in welchem durch fortwährendes Üben falsche Sichtweisen und Täuschungen erkannt und aufgehoben werden können, wenn *Geduld* für die Übung aufgebracht wird. Von erfahrenen Meditierenden wird Meditation häufig wie ein »Nach-Hause-Kommen« erlebt. Der Raum der Meditation ist auch wie ein intermediärer Raum zu verstehen, um den Übergang vom anhaftenden Ich zum befreiten und geweiteten Ich zu finden.

In der Meditation befindet man sich in einem Zustand, dem Schlaf-Wachzustand ähnlich. Volle Aufmerksamkeit ist nach innen gerichtet, abgeschirmt nach außen. An körperlichen Reaktionen ist festzustellen, dass in diesem Zustand Alpha-Gehirnwellen (7–12 Hertz) produziert werden, die Atemfrequenz vermindert sich auf 8–11/ Min., der Puls vermindert sich auf ca. 60 Schläge/ Min. Der Hautwiderstand nimmt zu – manchmal bis zu 400 Prozent. Ein hypometabolischer Zustand stellt sich ein. Die rechte Gehirnhälfte ist aktiver. Das Zeit–Raum–Empfinden ist aufgehoben, mehr als fünf Sinne sind sensibilisiert und verfügbar, d. h. es werden andere Wahrnehmungskanäle aktiviert und Inhalte aufgenommen, die mit den üblichen fünf Sinnen nicht erfassbar sind. Ganzheitliches und synthetisches Denken sind wirksam sowie symbolisches, bildhaftes und kreatives Denken. Die psychologische Wirkung von anhaltender Meditation ist eine Reduzierung von Angst– und Stressempfindungen, Gedächtnis- und Konzentrationsleistungen werden maximiert. Es kommt zum Erfassen einer neuen Wahrnehmungsart und Beziehung zur Welt. Diese Erfahrung erzeugt eine tiefe innere Gelassenheit und Heiterkeit, eine bessere Bewältigung der Realität. In diesem Zustand geistig – seelisch – körperlicher Synchronisierung kann eine Umpolung des Denkens und Fühlens stattfinden, eine geistige Fortentwicklung. Dieser Zustand ist inkompatibel mit Gier, Hass, Ignoranz – den Hauptverursachern menschlichen Leidens. Durch die Atemvertiefung, Atmungsaktivierung, Energieaufladung, Veränderung der Energie- und Schwingungsprozesse wird eine allgemein wohlwollende Grundeinstellung aufgebaut, die sich auch auf Wissenserweiterung und Erkenntnisgewinn bezieht. Indem sich der Widerstand muskulärer Verspannungen reduziert, überträgt sich die Durchlässigkeit auch auf die Psyche, und eine bessere Erkenntnis über sich selbst findet statt. Ja, sogar eine bessere Aufnahme von sachlichem Wissen und Lerninhalten wird möglich.

Über den Atem

Der Atem und seine Funktion begleitet uns schon immer, am längsten, überall hin und bis zum letzten Atemzug. Dann, wenn *es* nicht mehr atmet, ist unser Leben zu Ende. Der Mensch weiß eigentlich nicht, warum er atmet. *Atem* ist also *Leben*. Der menschliche Körper wird erst durch den Atem belebt. Dann ist er *leib-haftig*, ist er *beseelt*. Das Wortfeld *Atem* umfasst Sprachfiguren ähnlichen Inhalts und Wortklangs auch aus anderen Sprachen: *Atman*, *Adam*, *Odem*, *Odin*, *Wotan*. Diese alle haben Bedeutungsnähe zu Leben, Atem, Seele. Wir sehen, dass der Atem seine Arbeit für uns hervorragend und mit solcher Selbstverständlichkeit tut, dass wir ihn kaum beachten, ihn oft zweckentfremdet misshandeln und entsprechend aus Unwissenheit falsch gebrauchen. Folgendes Beispiel soll das verdeutlichen:
Eine frühere Patientin sucht mich in verzweifeltem Zustand auf, um in einer akuten Krisensituation zu entscheiden, ob es sinnvoll sei, noch einmal eine Therapie aufzunehmen oder ob einige Krisensitzungen ausreichen könnten. Sie erlebt sich als aufgelöst in Angst, hat den Boden unter den Füßen verloren, klagt über körperliche Schmerzempfindungen, als ob die Haut sich von ihrem Körper löse. Als sie zur zweiten Sitzung erscheint, schaut sie wieder verstört, hilflos fragend drein, setzt sich und will anfangen zu sprechen. Noch ehe sie beginnen kann, wird sie unruhig, ihr ist schwindelig und sie bittet dringlich um ein Glas Wasser. Ich bringe es ihr, biete ihr an, sich hinzulegen, was sie ablehnt und wartend sitzen bleibt. Nach einiger Zeit frage ich sie, ob sie richtig atmet, und ob sie wohl bis tief hinab atmen könne. Daraufhin atmet sie tief ein und durch, konzentriert sich auf ihr Atmen, dann hellt sich ihr Gesicht auf, und sie sagt spontan: »Ach, das habe ich ganz vergessen, ich weiß es doch.«

In der Tat hatte sie nur ganz flach und hoch geatmet und kaum ausgeatmet. Hier wird der Atem zugunsten eines Schmerzes aus der Vergangenheit, mit dem die Patientin völlig identifiziert ist – ja, sie ist der Schmerz – vernachlässigt, festgehalten, nicht hergegeben. Der Atem wird versagend eingesetzt (die falschen Mittel). Falsches Atmen macht krank – oder umgekehrt: kran-

kes Erleben, krankmachende Gedanken bewirken falsches Atmen. Es wird ihr im wahrsten Sinne des Wortes der Boden unter den Füßen genommen, sie wird aus ihrer Mitte geworfen. Nachdem die Patientin ihre Aufmerksamkeit auf den Atem gerichtet hatte und Achtsamkeit auf die Atembewegung gelenkt war, konnte sie den Atem geschehen lassen und sich wieder auf den natürlichen Atemfluss konzentrieren. Sie war wieder in ihre Mitte und in die Gegenwart zurückgekehrt, wieder angeschlossen an einen lebendigen Kreislauf, der Wandlung zulässt und neue Inspiration (im wörtlichen Sinne = Ein-Atmung) brachte.

In der Meditationspraxis wird nicht auf den Inhalt der Angst eingegangen – im Gegensatz zur psychoanalytischen Praxis – sondern es wird die Struktur der Praxis verändert, um die Angst zu neutralisieren und auszudünnen. Ich habe in dieser Situation eine Meditationspraxis gewählt – Achtsamkeit und Konzentration auf den Atem –, weil die Patientin lange Meditationserfahrung hat und sie früher schon auf achtsames Wahrnehmen von Körperausdruck gut angesprochen hatte. Ich wollte in den wenigen uns zur Verfügung stehenden Sitzungen das regressive Potential begrenzen, um an dem Fokus zu arbeiten, durch den die bedrohliche Krise ausgelöst wurde. Dies war auch im Sinne der Patientin und insofern erfolgreich, als sie nach fünf Sitzungen beruhigt Urlaub machen konnte, wissend, dass auch ich Sommerpause machte, und hinterher mit den Sitzungen fortfahren wollte.

Psychoanalytisch vorgehend würde der Konflikt zwischen passiven Versorgungswünschen und autonomen Strebungen anzusprechen sein und dazu die Angst, dass ihre Wünsche nach Bemutterung nicht gehört, sondern abgelehnt würden. Als Kompromisslösung wählte sie psychosomatisch begründete, drohende Ohnmacht mit akutem Schwindel. – Indem ich ihr in dieser Situation ein Glas Wasser brachte, mich aufmerksam um ihren Körper kümmerte und andere Atembedingungen vorschlug, war ihr Wunsch nach Bemutterung angenommen und verstanden worden, und sie konnte sich beruhigen.

An dieser kurzen Fallvignette können wir sehen, wie der rechte Atem geübt wird, indem man ihm Raum und Achtsamkeit gibt. So führt er einen in die Gegenwart zurück, in die eigene Mitte, gibt den Füßen Halt am Boden und beruhigt den Geist. Karlfried Graf Dürckheim stellt fest, dass jede Meditation misslungen sei, wenn nicht das Rechte Atmen zur Anwendung komme (nämlich die Zwerchfellatmung statt Ersatzmuskulatur einzusetzen. Einatmen und ausatmen in Zeiteinheiten von 1:3. Tiefatmen mit Wölbung der Bauchdecke. Entspannung mit jedem Ausatmen). In der Konzentration auf den Atem wird der Innere Raum geweitet, das Raumerleben kann sich verändern. Die Gegenwart *ist* mit jedem Atemzug eine neue. Wohlbefinden stellt sich ein, ein Empfinden, mit allem verbunden zu sein über den Atem. Und dieser Zustand neutralisiert negative, destruktive Gefühle wie Angst, Hass, Gier, Enttäuschung.

Über Achtsamkeit

Ergänzend zu den vorherigen Ausführungen ist Achtsamkeit (*mindfulness*) das Gewahrsein des Gegebenen in jedem Moment, der Gegenwartbezug, ein Eckpfeiler der Meditation. Achtsamkeit meint die liebevolle, schauende Hinwendung zum Gegenstand der Betrachtung – zu Objekten, zu Lebewesen, zur Natur, zu allem, was in und außer uns ist, zum Körper, zu innerem Geschehen. Es ist keine forcierte Anstrengung oder Konzentration. Die Wahrnehmung gleitet *urteilsfrei* zu der in jedem Moment aufkommenden und vorbeiziehenden Bewegung, die aus dem Atem, dem Körper, den Gedanken, Gefühlen, aus Bewusstsein, Erinnerung, Ichgefühl darüber aufkommt. In dieser Progression richtet sich die Meditation auf immer subtilere Phänomene. Auch Unruhiger Geist, Gedankenplappern sollen urteilsfrei wahrgenommen werden, solange bis sie sich verflüchtigen. In der Achtsamkeitsübung wird das Wahrgenommene gesehen, aufgenommen, akzeptiert – frei von Reaktivität, schon das allein ist heilsam. Und in der Achtsamkeitsübung geschieht die ständige Rückkehr und Hinwendung zum Gewahr-Sein im Hier und Jetzt. Das ist essentiell. Die Achtsamkeit beobachtet alles, was geschieht, was in jedem Moment kommt und geht.

Achtsamkeit ist die Schlüsselerfahrung einer tiefen Veränderung des Selbsterlebens. Es wird die Zeit-Metapher des Ichs erfahren, das ist die Erfahrung des Fließens von vorübergehenden und veränderlichen Bewegungen und Mustern, die sich ständig entwickeln. Dadurch wird es möglich, fixierte und begrenzte Sichtweisen über unser Selbst-Konzept aufzugeben.

Während die Achtsamkeitsübung Allgegenwärtigkeit in jedem Moment beinhaltet, wird durch Konzentration die Aufmerksamkeit beständig auf ein Objekt gerichtet – auf ein Wort, einen Klang, eine Empfindung, ein Bild oder eine Vorstellung. In der einspitzigen oder vertieften Konzentration wird die Unterscheidung zwischen Betrachter und Betrachtungsgegenstand aufgehoben. Unser Selbst, das oft in räumlichen Metaphern gedacht wird (Kern, Schichten, Wurzeln, Mittelpunkt), ist nach buddhistischer Erkenntnis nicht fassbar. Durch die Konzentrationsübungen wird das Denken über das Selbst in fixierten räumlichen Metaphern in Frage gestellt.

In der psychoanalytischen Situation ist der Analysand zum Teil wie in einer Achtsamkeitsübung. Er übt sich, alles Aufkommende urteilsfrei wahrzunehmen und der Assoziationskette zu folgen. Konzentration in der Achtsamkeit wie auch beim freien Assoziieren führt zu tieferen Einsichten. In einer Studie über erfahrene Meditierende wurde festgestellt, dass diese beim freien Assoziieren weniger defensiv reagieren als in der Meditation Ungeübte.

Die dem freien Assoziieren des Analysanden analoge Tätigkeit des Analytikers ist die freischwebende Aufmerksamkeit. Auch diese enthält ein hohes Maß an Achtsamkeit gegenüber allem im therapeutischen Raum Gegebenen. Heute sagen wir mit Bion, dass »no memory, no desire, no understanding« den Wahrnehmungsprozess stören soll. Nach Freuds Empfehlung soll der Analytiker wie ein leeres Gefäß sein, um das Gegebene aufzunehmen, von unbewusst zu unbewusst zu kommunizieren. Freud:

> »Er soll dem gebenden Unbewußten des Kranken sein eigenes Unbewußtes als empfangendes Organ zuwenden, sich auf den Analysierten einstellen wie der Receiver des Telefons zum Teller eingestellt ist.« (Freud 1969, S. 381)

Es folgt eine kurze Zen-Geschichte zur Verdeutlichung des Gebrauchs von Achtsamkeit in der buddhistischen Meditationspraxis und vergleichsweisem Gebrauch der freischwebenden Aufmerksamkeit in der psychoanalytischen Praxis unter Nutzung der Gegenübertragung:

> »Eines Frühlingstages bewunderte Yagyu Tajima-no-kami die blühenden Kirschbäume in seinem Garten. Allem Anschein nach war er tief in seine Betrachtungen versunken. Plötzlich fühlte er, wie ihn von hinten ein Sakki (ein böser Geist; böser Gedanke mit mörderischem Inhalt) bedrohte. Yagyu wandte sich um, sah aber keinen Menschen außer dem Knaben, der gewöhnlich seinem Herrn das Schwert nachträgt. Yagyu konnte den Ursprung des Sakki nicht feststellen. Dies verwirrte ihn ungemein, denn er hatte nach einem langen Training in der Fechtkunst eine Art sechsten Sinn erworben, der ihn sofort das Vorhandensein eines Sakki entdecken ließ.
>
> Er zog sich bald darauf in sein Zimmer zurück und versuchte, das Problem, das ihn sehr beunruhigte, zu lösen. Bisher war es ihm nämlich stets gelungen, einen Sakki zu entdecken und seinen Ursprung genau festzustellen, wenn er sein Vorhandensein spürte. Er war über sich so verärgert, dass alle seine Diener Angst hatten, sich ihm zu nähern und nach dem Grund zu fragen.

Schließlich trat einer von den älteren Dienern vor ihn hin und fragte, ob er sich nicht wohlfühle und irgendeine Hilfe brauche. Der Herr sprach: ›Nein, ich bin nicht krank. Aber ich habe im Garten draußen etwas Seltsames erlebt, das ich nicht verstehen kann, und ich denke darüber nach.‹ Und er erzählte den ganzen Vorfall.

Als es sich unter den Dienern herumgesprochen hatte, trat der Knabe, der dem Herrn gefolgt war, zitternd hervor und bekannte folgendes: ›Als ich Euch so in der Bewunderung der Kirschblüten versunken sah, hatte ich den Gedanken: wie geschickt unser Herr mit dem Schwert auch ist, er könnte sich aller Wahrscheinlichkeit nach doch nicht verteidigen, wenn ich ihn in diesem Augenblick von hinten niederschlüge. Möglicherweise hat der Herr diesen geheimen Gedanken von mir gespürt.‹ Nach diesem Bekenntnis war der Knabe bereit, von dem Herrn für diesen unziemlichen Gedanken eine Strafe anzunehmen.

Damit war das Geheimnis aufgeklärt, das Yagyu so beunruhigt hatte, und er war nicht in der Stimmung, dem unschuldigen, jungen Sünder etwas zu tun. Er war zufrieden damit, dass sein Gefühl nicht getrogen hatte.« (Aus: Fromm u. a. 1971, S. 36)

Interpretation: Der Zen-Meister in der Versenkung. Er ist tief in die Schau der Kirschbäume eingetaucht, nicht wesenhaft, ichlos, eins mit der Natur. Alles hat seine Ordnung. Der Schüler folgt dem Herrn, ist identifiziert mit ihm (zum Guten oder Bösen). Der Meister ist offen für das Gegebene, achtsam gegenüber allem Kommenden und Gehenden. Leerer Geist, frei von Vergangenem, Zukünftigem, frei von Bedürfnissen, Wünschen, Gedanken, Blockaden, Projektionen. D. h. sein Unbewusstes ist mit seinem Bewussten verschmolzen, klar wie ein Spiegel, so klar, dass sich alles Da-Seiende in ihm spiegeln kann. So nimmt er die destruktiven, neidvollen, hasserfüllten Gedanken des unwissenden Schülers – in der Vorstellung eines bösen Geistes – auf. Seine Intuition erkennt den bösen Inhalt klar, spiegelt ihn. Sein Bewusstsein, sein bewusstes Denken erkennt unklar. Es will vielleicht nicht glauben, dass der Schüler das Destruktive in sich denkt. Der Meister fühlt nur Bedrohung. Das bewusste Denken hilft ihm nicht weiter, gibt keine Antwort, die Beunruhigung bleibt. Etwas ist noch getrübt in ihm, dass er das Destruktive nicht erkennt. D. h. das Bewusstsein ist entweder zu idealisierend oder zu naiv oder so fixiert an altgewohnte Denkweisen, dass es deshalb nicht erkennen kann. Es muss eine andere Sicht errungen werden, um die Wirklichkeit zu sehen, jenseits des gewohnten zirkulären Denkens, um dann Probleme zu erkennen und zu lösen.

Die Meditation bewirkt, dass eine andere Wirklichkeit gesehen werden kann.

Dem Zen-Meister ist die Verlässlichkeit seines Unbewussten, die Erkenntnis der Situation der Bedrohung – des letztendlich Seienden – wichtiger als die Entdeckung eines Unrechts, des Destruktiven und seiner Ahndung.

Anstelle von Strafe dürfte die Einsicht des Schülers anlässlich seiner Verfehlung für seinen Entwicklungsweg wirksamer sein.

Diskussion

Obwohl buddhistische Terminologie und östliches Denken den westlichen Menschen fremd anmuten, ist ein zunehmendes Interesse am Buddhismus erkennbar. Dieses dürfte nicht durch Fluchtbewegungen oder Sensationslust zu erklären sein, da die buddhistische Lehre und Praxis keine bequeme und dem Lustprinzip dienende Schule ist. Buddhistischer Erfahrungsglaube, gegründet auf Evidenz, Plausibilität und logischer Analyse der Gesetzmäßigkeiten des Lebens, wie in der Lehre dargelegt, kann das Heilspotential des psychologischen Wissens im Buddhismus aktivieren. Es geht nicht primär um Befreiung von individuell entstandenem Leid, wenn der empfohlene Weg begangen wird. Es geht darum, allgemein existentielles Leiden in Abhängigkeit zu erkennen als menschliche Bedingung, entstanden durch Unwissenheit, und um Überwindung des Leidens. Daher kennt die buddhistische Psychologie keine Entwicklungslehre oder Krankheitslehre. Psychoanalyse und buddhistische Psychologie haben – trotz großer Verschiedenheit – bemerkenswerte Gemeinsamkeiten und können sich gegenseitig befruchten. Freud hat in seinen Schriften verschiedentlich und wiederholt Begriffe gebraucht, die in der Meditationspraxis gängig sind und zur Anwendung kommen, z. B. Begriffe wie Aufmerksamkeit, Geduld, Einsicht, Urteilsfreiheit; auch die Unmöglichkeit dauerhafter Befriedigung führt er aus. In dieser Erkenntnis kommt er dem Buddhismus sehr nahe. Doch der Gebrauch obiger Begriffe bleibt bei ihm peripher, eher implizit, nicht als technisches Mittel vertieft und explizit.

Zum Umgang mit Leiden und Unvollkommenheit beschreibt Freud in *Das Unbehagen in der Kultur* die dafür notwendigen Ablenkungs- und Bewältigungsaufgaben. Diese dienen vorrangig dazu, Unlust und Leiderfahrungen zu umschiffen, dem Schicksal auszuweichen, was aber erkanntermaßen ungesichert bleibt. Dies ist jedoch das konstituierende Wissen des

Buddhismus: menschlichem Leiden, der Unvollkommenheit, dem Schicksal ist mit herkömmlichen Mitteln nicht zu entkommen. Jeder diesbezügliche Versuch führt in die Täuschung. Sie müssen durchlitten, erfahren, anerkannt, transformiert werden, nur dann sind sie zu überwinden, das heißt trotz ihrer All-Gegenwart nicht mehr behindernd. Der Rahmen der Meditationspraxis bietet die Möglichkeit, die diesen Weg begleitenden schweren Gefühle wie Hass, Angst, Gier, Scham, Leere auszuhalten. Das ist die Bedingung, um sie zu integrieren, umzuwandeln und zu überwinden.

Die Meditationspraxis reicht jedoch nicht aus, wo individuelle Entwicklungsirritationen, Traumata, Affektüberflutungen, Beziehungs- und Übertragungskonflikte ausufern. So kann die Meditation viel Erinnerungs- und traumatisches Material heraufbefördern, die Grundstörung im Sinne von »es fehlt mir etwas« zu Tage fördern, auch unbewusste Wiederholungen deutlich werden lassen. Doch Meditationslehrer sind nicht darin geschult, dieses aufzuarbeiten. Individuelle, unbewusste Bedeutungsstrukturen und Defizite zu erfassen sind im Selbstverständnis und in der Praxis der Meditation nicht vorgesehen. Hier kann das psychoanalytische Wissen dienlich sein und Arretierungen beheben. Auch da, wo körperliche Blockaden und Verkrampfungen als internalisierte chronische Abwehr, die sich im Körper versteinert hat, behindernd in der Meditation auftauchen, bedarf es einer Versprachlichung. Das ist das Feld der Psychoanalyse, um Stockungen zu verstehen und den Fluss wieder in Bewegung zu bringen. Umgekehrt bedarf es der Achtsamkeit auf den Körper, wenn die Sprache sich ablöst vom unmittelbaren Gewahr-Sein und nicht mehr authentisch ist.

Buddhistische Lehrer haben erkannt, dass der westlich geprägte Mensch in seinem Grunderleben gefährdet ist durch Selbstentfremdung und ein gestörtes Selbstwerterleben. Zu deren Behandlung werden therapeutische Mittel benötigt, die der westlichen Sozialisation Rechnung tragen und individuelle Ausformungen von Neurosen und frühen Störungen berücksichtigen. Heute entwickelt sich im Westen ein Bewusstsein, das buddhistische Prinzipien und Praxis als hilfreiche Ergänzung und Vertiefung der psychotherapeutischen und psychoanalytischen Arbeit erkennt. In den USA gibt es bereits auf zunehmend breiterer Basis eine Verbindung von buddhistischen Ansätzen und Prinzipien mit psychotherapeutisch-pschoananalytischer Praxis. Es ist anzunehmen, dass es zukünftig weitere Anstrengungen einer Adaptation geben wird.

Literatur

Buddha Gautama (1998): Die vier edlen Wahrheiten. Texte des ursprünglichen Buddhismus. Auswahl und Übers. Klaus Mylius. Stuttgart (Philipp Reclam jun. GmbH).
Dürckheim, K. G. (1978): Hara. Die Erdmitte des Menschen. Weilheim Obb. (Otto Wilhelm Barth).
Dürckheim, K. G. (1974): Zen und wir. Frankfurt/M. (Fischer Taschenbuch).
Dürr, H. P. (1989) (Hg.): Physik und Transzendenz. Die großen Physiker unseres Jahrhunderts über ihre Begegnung mit dem Wunderbaren. Bern und München (Scherz).
Evans, D. (2002): Wörterbuch der Lacanschen Psychoanalyse. Turia und Kant.
Freud, S. (1930/1980): Brief an Romain Rolland vom 19. 1. 1930. In: Briefe 1873–1939, Frankfurt/M (Fischer) 1980.
Freud, S. (1968): Das Unbehagen in der Kultur. GW, Bd. 14. Frankfurt/M (S. Fischer).
Freud, S. (1969): Ratschläge für den Arzt bei der bei der psychoanalytischen Behandlung. GW, Bd. 8. Frankfurt/M. (S. Fischer).
Fromm, E., Suzuki, D. T., & de Martino, R. (1971): Zen-Buddhismus und Psychoanalyse. Frankfurt/M. (Suhrkamp).
Goleman, D. (1999): Emotionale Intelligenz. München (Deutscher Taschenbuch Verlag).
Goleman, D. (2003): Destructive Emotions. How Can We Overcome Them? New York (Random House).
Majumdar, M. (2000): Meditation und Gesundheit. Eine Beobachtungsstudie. Edition forschung. Essen (KVC Verlag).
Reichle, R. (1998): Die Grundgedanken des Buddhismus. Frankfurt/Main (Fischer TB).
Schmidt, K. (1989): Buddhas Reden. Heidelberg (Kristkeitz).
Sommer, J. (1998): Chaostheorie/Chaosforschung. In: Grubitzsch, S., & Weber, K. (Hg.): Psychologische Grundbegriffe. Ein Handbuch. Reinbek (Rowohlt).

Weiterführende Literatur

Brück, M. von (2000): Buddhismus und Christentum. Geschichte, Konfrontation, Dialog. München (C. H. Beck).
Epstein, M. (1995): Thoughts without a Thinker. New York (Harper Collins).

Freud, S. (1982): Erinnern, Wiederholen, Durcharbeiten. In: Schriften zur Behandlungstechnik. Ergänzungsband SA. S. Frankfurt/M (Fischer).

Greenson, R. (1982): Das Problem des Durcharbeitens. In: Psychoanalytische Erkundungen. Stuttgart (Klett-Cotta).

Hanh, T. N. (1998): Schritte der Achtsamkeit. Eine Reise an den Ursprung des Buddhismus. Freiburg (Herder Spektrum).

Hanh, T. N. (1998): Vierzehn Tore der Achtsamkeit. Berlin (Theseus Verlag).

Kornfield, J. (1996): Teachings of the Buddha. Revised and Expanded Edition. Boston und London (Shambala).

Kotler, A. (1999) (Hg.): Mitgefühl leben. Engagierter Buddhismus heute. Frankfurt/M. (Fischer Spirit).

Kurtz, R., & Prestera, H. (1979): Botschaften des Körpers. Bodyreading: Ein illustrierter Leitfaden. München (Kösel-Verlag).

Schulze-Schlutius, H. (1998): Psychoanalyse und Buddhismus. Eine vergleichende Annäherung. Vortrag am Minnesota Institut for Contemporary Psychoanalytic Studies, Minneapolis. Unveröffentlicht.

Thondup, T. (1996): The Healing Power of Mind. Arkana Penguin Books.

Trungpa, T. (1977): Aktive Meditation. Frankfurt (Fischer).

Wadulla, A. (1981): Bewußt Atmen – Besser Atmen. Haldenwang (Irisiana).

II. Fragen aus christlicher Sicht

Eckhard Frick

Vorbemerkungen

Was geschieht, wenn Psychoanalytiker(innen) über den eigenen Glauben und den Glauben ihrer Analysanden sprechen? Diese Frage betrifft keineswegs nur die kulturkritische Reflexion über den Glauben und die Spiritualität oder die Deutung religiöser Haltungen und Praktiken im Sinne von mehr oder minder zwangsneurotischen Symptomen. Vielmehr wollen wir in diesem dialogisch angelegten Doppel-Beitrag fragen, wie wir der eigenen Spiritualität gewahr werden, und wie wir die Frage nach dem spirituellen Glauben aus einer psychoanalytischen Haltung heraus stellen können.

Freud und Jung erscheinen in diesem Zusammenhang als zwei Typen des Umgangs mit der eigenen Glaubenstradition und mit fremden Religionen sowie mit deren kulturellen Kontexten. Freud forscht, behandelt und schreibt in aufklärerischem, religionskritischem Pathos. Das Mystische lernte er vielleicht kennen in der Philippson-Bibel, in den Kirchenbesuchen mit der Kinderfrau, nicht jedoch in dem großen Traditionsstrom des jüdischen Glaubens (etwa der Chassidim). Freud blieb in eigentümlicher Weise auf das Institutionelle der Religion bezogen, identifiziert mit dem Mose des ersten, des so genannten »Alten« Testaments. Insbesondere fühlte er sich ein in den Mose des Michelangelo in San Pietro in Vincoli in Rom (Freud 1914/1946), also im Zentrum der katholischen Kirche.

Ganz anders Jung, evangelischer Pfarrerssohn und zeitlebens mit den Inhalten des christlichen Glaubens ringend, mit dem unreflektierten und im Buchstaben stecken bleibenden Glauben des Vaters. Zum Pfarrerssohn Jung sagte Freud, gewissermaßen in einer väterlichen Gegenübertragung: »Mein lieber Jung, versprechen Sie mir, nie die Sexualtheorie aufzugeben. Das ist das Allerwesentlichste. Sehen Sie, wir müssen daraus ein Dogma machen, ein unerschütterliches Bollwerk.« Jung erinnert sich am Ende seines Lebens, dass Freud »voll Leidenschaft« zu ihm sprach und »in einem Ton, als sagte ein Vater: ›Und versprich mir eines, mein lieber Sohn: Geh jeden Sonntag in die Kirche!‹« Auf Jungs Nachfrage, wogegen sich das Bollwerk richten solle, habe Freud geantwortet: »Gegen die schwarze Schlammflut (...) des Okkultismus« (Jaffé 1961/1972, S. 154f.). Freud und Jung gingen in ihrem Leben,

Forschen und in ihrer ärztlichen Tätigkeit sehr unterschiedlich mit dem »Okkulten« (d. h. mit dem Verborgenen, nicht Aufgeklärten, mit dem abgewehrten Schatten) um: Dem zutiefst abergläubischen Freud blieb das Okkulte zeitlebens »unheimlich« (Freud 1919/1947), während Jung dem Okkulten bereits seine Dissertation gewidmet hatte (Jung 1902/1966) und – freilich durch tiefgreifende schöpferische Krisen – zu einem aktiv-imaginativen Umgang mit archetypischen Inhalten fähig wurde. Nach der mit der Trennung von Freud und mit dem Verzicht auf die wissenschaftliche Laufbahn zusammen fallenden Erschütterung wurde Jung nicht mehr von archetypischen Inhalten überschwemmt. Vielmehr suchte und fand er einen Weg, den Gestalten des Unbewussten dialogisch zu begegnen und in Kontakt mit den inneren Bildern zu gelangen, ohne das Symbolische zu entschlüsseln und in Erklärungen zu übersetzen. Dies betrifft auch den Umgang mit der Religion. Freud steht eher für die psychodynamische Analyse ihres äußerlichen Aspektes; Jung hingegen verkörpert schon durch die Auseinandersetzung mit seiner Herkunft den innerlichen, mystischen Aspekt der Religion. Es kann gerade angesichts der postmodernen Re-Spiritualisierung, angesichts des uns umgebenden und uns in unseren Analysen begegnenden *religious turn* nicht darum gehen, einen dieser Pole fallen zu lassen, etwa die psychoanalytische Religionskritik aufzugeben. Wenn jedoch der religiös-spirituelle Bereich stärker ins Bewusstsein der Psychoanalyse tritt – als Verdrängtes wiederkehrt, wofür der vorliegende Band ein Symptom ist –, dann ist dies Anlass genug, den Gegenstand der Reflexion schärfer zu fassen, nämlich den Glauben im Kontext der Heilungswünsche von Analysanden und Analytikern zu reflektieren.

1. Glaubens-Begriffe (Eine kleine theologische Sprachlehre)

Die Theologie als Glaubens-Wissenschaft kann dabei helfen, die vielfältigen Glaubensbegriffe zu ordnen, die im Kontext unseres Themas ins Gespräch kommen. »Glaube« kann substantivisch verwendet werden und damit objektivierend oder aber verbal. Im letzteren Fall bezeichnet Glauben einen Prozess, etwas, das in Gang ist und zwar parallel zu unserer lebenslangen psychischen Entwicklung. Der substantivische Gebrauch meint hingegen das Fürwahrhalten von Sätzen, die von einer institutionalisierten Autorität normiert werden. Bisweilen wird dieser einseitige Glaubensbegriff sogar auf Inhalte bezogen, die irrational erscheinen, das heißt: Glauben wird in einen

Gegensatz zum aufgeklärten und vor der Vernunft verantworteten Wissen gebracht. Aus dem obigen von Jung berichteten Freud-Zitat wird deutlich, dass es gelegentlich auch in der Psychoanalyse Dogmen, unfehlbare Lehrer und »Glauben« in dem erwähnten substantivischen Sinn gibt.

In welchem Verhältnis stehen aber der substantivische, auf Inhalte bezogene, und der verbale, prozesshafte Glaubensbegriff zueinander? Spirituell kann nur ein Glaubensbegriff genannt werden, innerhalb dessen die beiden skizzierten Aspekte ausbalanciert sind. Was die »Seele« als anthropologischen Ort des Glaubens ausmacht, ist der Atem. Er kann objektiv als göttlicher Wind beschrieben werden (hebräisch *ruach*, griechisch *pneuma*, lateinisch *spiritus*, wovon sich der Begriff Spiritualität ableitet). Von der subjektiven Seite sprechen die Lehrer der Meditation trotz unterschiedlicher Traditionen in Ost und West in vergleichbarer Weise: atmen können, den göttlichen Geist, den göttlichen Atem in uns aufnehmen, Achtsamkeit einüben.

Sehr global und orientierend gesprochen: Im Unterschied zur östlichen Tradition betont der abrahamitisch-westliche (jüdisch-christlich-islamische) Zugang den personalen Glauben. Der hebräische Begriff für Glauben ist *aman* (substantivisch *emuna*), der griechische *pisteuein/pistis*. Das hebräische Verb *aman* kommt im deutschen Wort »Amen« vor. Glauben bedeutet also, in allerdings noch näher zu bestimmender Weise: »Ja und Amen sagen«. Glauben heißt, ich sage dir »Ja und Amen«, weil ich dir vertraue. Biblisch bedeutet dies: sich an Gott binden, sich festmachen an, vertrauen auf, z. B. im Buch Genesis (15,6): Abraham glaubte (*häämin* von *aman*) und Adonai rechnete es ihm zur Gerechtigkeit an, oder in Jesaja 7,9: *lo taaminu ki lo teamenu*. Das Wortspiel zwischen *taaminu* und *teamenu*, beides aus der Wurzel *aman*, übersetzt Luther nachahmend: »Gläubt ihr nicht, so bleibt ihr nicht«. Der politisch-kollektive Kontext dieser Stelle ist die (wankende) Bundestreue des Königs Ahas und seiner Leute. Beide alttestamentlichen Beispiele zeigen, dass »Glauben« nicht individuell-privat verstanden wird, sondern im Sinn einer Bindungssicherheit, die politische und spirituelle Konsequenzen hat.

Im Neuen Testament sind Glauben und Heilung sehr oft inhaltlich verbunden, z. B. bei der Frau mit gynäkologischen Blutungen, die Jesus, entgegen aller Reinheitsvorschriften, berührt (Lukas 8):

> »43 Darunter war eine Frau, die schon seit zwölf Jahren an Blutungen litt und bisher von niemand geheilt [therapeuthênai] werden konnte. 44 Sie drängte sich von hinten an ihn heran und berührte den Saum seines Gewandes. Im gleichen

> Augenblick kam die Blutung zum Stillstand. 45 Da fragte Jesus: Wer hat mich berührt?
>
> 47 Als die Frau merkte, dass sie es nicht verheimlichen konnte, kam sie zitternd zu ihm, fiel vor ihm nieder und erzählte vor allen Leuten, warum sie ihn berührt hatte und wie sie durch die Berührung sofort gesund [iáthä] geworden war. 48 Da sagte er zu ihr: Meine Tochter, dein Glaube [pístis] hat dir geholfen. Geh in Frieden!«

Von dieser Frau heißt es, dass sie viel von den Ärzten geduldet hat, zwölf Jahre lang, und von niemandem geheilt werden konnte. *Therapeuthênai*, das Geheiltwerden der leidenden Frau, ist ein Prozess, den wir hier nicht ausbuchstabieren können. Es handelt sich offensichtlich um eine hilfreiche, erlösende Berührung, die durch den Tabubruch (Berühren des Rabbis durch eine als »unrein« geltende Frau) geschieht. Wie häufig im Neuen Testament, z. B. bei Sabbatheilungen und im Kontakt mit Aussätzigen, riskiert Jesus auch hier, die Grenze des gesetzlich Erlaubten zu verletzen. Doch verwandelt sich die Szene des gesetzesübertretenden Tabubruchs überraschend in eine Szene der Heilung. Die magische *participation mystique* am Mana des Heilers (Freud 1913/1940), das sich über den Haut- bzw. Kleiderkontakt mitteilt, reicht allein nicht. Die diffuse, im »Rücken« Jesu, d. h. unbewusst geschehende Berührung, muss dazu in eine sprachlich vermittelte Begegnung verwandelt werden. Dafür steht deshalb die personale Anrede mit »meine Tochter«. Die Heilung suchende Frau wird als Gegenüber ernst genommen und gleichzeitig in einem Lehrer-Schülerin-Zusammenhang gesehen. Im Kontext der Geschichte der zwölf Jahre blutenden Frau wird die Heilungsgeschichte einer anderen Tochter berichtet. Bei dieser anderen Tochter handelt es sich um die zwölfjährige Tochter des Synagogenvorstehers Jaïrus, die gestorben ist und zu der Jesus unterwegs ist. Auch in dieser Heilungsgeschichte gibt es eine Parallele zwischen dem (zu Jaïrus gesagten) »glaube nur« und dem »dann wird sie gerettet«. Zusammenfassend können wir sagen: Glauben bezieht sich im jüdisch-christlichen Kontext nicht in erster Linie auf Sachen und Sätze oder Dogmen, Autoritäten und die Bibel, sondern auf Personen und auf Wandlungsprozesse.

Glauben kann also exoterisch und esoterisch sein. Ich verwende den Begriff *esoterisch* bewusst im Zusammenhang des Christentums, indem ich auf die ursprüngliche Wortbedeutung zurück gehe, nicht auf den oft negativ oder sektiererisch besetzten Sprachgebrauch. Als »exoterisch« bezeichne ich alle äußeren, institutionell religiösen Aspekte des Christentums. Exoterisch nenne ich also traditionelle Institutionen wie die Kirchen, die Dogmen, Predigten und die offizielle Liturgie. Es gibt aber auch im Christentum eine mystische, spirituelle, esoterische Seite, nämlich in der Meditation, in der religiösen Leidverarbeitung und im Individuationsweg des gläubigen Menschen. Ohne die Balance zwischen der äußeren und der inneren Dimension ist das Christentum nicht lebensfähig. Mit Karl Rahner gesprochen: »(...) der Fromme von morgen wird ein ›Mystiker‹ sein, einer, der etwas ›erfahren‹ hat, oder er wird nicht mehr sein« (Rahner 1966, S. 22). Rahner kennt noch die traditionelle Volksfrömmigkeit mit ihren »selbstverständlichen öffentlichen Überzeugungen und religiösen Sitten« (ebd.), spürt aber bereits, dass die Dressur einer religiösen Erziehung allein nicht zum Glauben führt. Dazu bedarf es Rahner zufolge der »Mystagogie«, der Hinführung zur individuellen mystischen Praxis nicht nur bestimmter Vorzeige-Mystiker, sondern des alltäglich Frommen.

2. Was wirkt, ist die Überraschung

Sowohl der mystisch vertiefte Glaubensweg als auch die psychoanalytische Erfahrung ereignen sich »zwischen Wunder und Zweifel«:

> »Doubt derives from the capacity to make distinctions, rules boundaries, and definition. The medical model demands that gaps where wonder might evolve be filled in. The mystical model actively shuns cognitive forms of knowing which are forms of filling. The mystical model motivated seeker values and treasures gaps and seeks them out.«
>
> (Cooper 2002, S. 116)
>
> (»Zweifel leitet sich von der Unterscheidungsfähigkeit, von Gesetzesgrenzen und der Definition ab. Das medizinische Modell fordert, dass Lücken, wo Wunder auftauchen könnten, ausgefüllt werden. Das mystische Modell vermeidet hingegen aktiv kognitive Wissensformen, die Ausfüllcharakter haben. Der vom mystischen Modell motivierte Suchende würdigt die Lücken, behandelt sie mit Hochschätzung und sucht geradezu nach ihnen«. Übersetzung E. F.)

Der eine dieser beiden Pole (*Wonder*) kann »staunen« heißen, aber auch: wissen wollen, erfahren wollen. Es gibt jedoch nicht nur diesen Pol im psychoanalytischen und im Glaubensprozess, sondern auch den zweiten, das

Zweifeln. Als zentrales Element des medizinischen Modells war das Zweifeln für die Psychoanalyse außerordentlich fruchtbar und hat insbesondere Sigmund Freud als naturwissenschaftlich denkenden Forscher inspiriert. Wer zweifelt, arbeitet sich an den Lücken des Wissens ab, ist mit vorläufigen Antworten nicht zufrieden, formuliert Hypothesen, versucht, die Lücken erklärend durch Definitionen, durch Theorien auszufüllen. Und doch gibt es neben diesem medizinischen Modell auch das mystische Modell. In Anlehnung an Bion fragt Cooper zu Recht, ob das mystische Modell einen Platz in der Psychoanalyse habe. Es zeichnet sich durch einen anderen Umgang mit Lücken und Grenzen aus: nicht definierend (d. h. abschließend eine begriffliche Grenze ziehend), nicht die Lücken füllend, sondern gerade umgekehrt diese akzeptierend. Während der Würzburger Tagung, von der dieser Band berichtet, wurde immer wieder auf W. R. Bion und sein »faith in O« Bezug genommen. Mit »O« bezeichnete Bion andeutend das nicht Gewusste (Bion 1970/1975). Zugunsten des Glaubensaktes, so Bion, müsse sich der Analytiker von Erinnerung und vom Wünschen möglichst freimachen. Michael Eigen zufolge (1981) dachte Bion die Grenze biblisch, kantisch und mystisch. Biblisch können wir Bions Reflexion insofern nennen, als er in seinem Respekt vor dem Anderssein des anderen von dem Bilderverbot Israels (Kristeva 2001) beeinflusst erscheint und »Glauben« für ihn nah an dem personalen Vertrauen der drei abrahamitischen Buch-Religionen ist. Dies entspricht in der Tat eher dem Begriff *faith* als *belief* im Englischen.

Bions Erkenntnistheorie ist insofern kantisch, als nur die vorläufigen Erscheinungen wissbar sind, das Ding an sich jedoch entzogen bleibt. Aber ist Bions *faith*-Begriff deshalb schon als mystisch zu bezeichnen? Der psychoanalytische Erkenntnisprozess, so gibt Hermann Beland (in diesem Band) zu bedenken, muss möglichst viel diesseits der Grenze verstehen, könne über das Jenseits nichts aussagen. Ebenso wie Jacques Lacan warnte auch C. G. Jung den Analytiker eindringlich davor, die Position des Wissenden einzunehmen und sich von dem (teilweise unbewussten) Wunsch des Analysanden nach einer verstehbaren Geschichte leiten zu lassen (Bright 2002).

Brigitte Boothe hat in ihrer Arbeit über das »Dasein als Wunder« (Boothe 2002) den Affekt des Wunderns, des Staunens geradezu zum Kriterium für den echten Glauben gemacht. Die Überraschung, das Wunder, so Boothe, sind eng mit dem Glauben verbunden. Das Sich-Wundern führt zum Staunen, indem sich das Selbst dem Objekt gegenüber offen und leer einstellt. Mit Bion können wir von »Faith in O« sprechen, also von der Anerkenntnis, dass es jenseits der Grenze etwas gibt, das ich nicht definieren kann, denn »Definieren« hängt ja mit Finis zusammen. Was mit »O« bezeichnet wird, kann ich jedoch nicht eingrenzen. Vielmehr mache ich vor der Grenze halt, bin aber doch offen dieser Grenze gegenüber wie auch dem gegenüber, was »dahinter« liegt. So kann ich mich überraschen lassen. Dies ist also die Grundhaltung des gläubigen Menschen, die Überraschung.

Es sei daran erinnert, dass Überraschung auch in der Psychotherapieforschung zunehmend Beachtung findet (Stern u. a. 1998/2001), vor allem in der Beschreibung der *now-moments*, die neurobiologisch und behandlungstechnisch mit der psychoanalytischen Umstrukturierung im Zusammenhang stehen. Das hier Gemeinte hat in der Geistesgeschichte ehrwürdige Vorläufer: Schon die griechischen Philosophen wussten, dass Denken mit dem Staunen anfängt, das bei Platon noch ein Element der Verstörung einschließt und in der Neuzeit, bei Descartes und anderen, geradezu systematisiert erscheint (Haeffner 2002).

3. Leiden und Heilung

Sowohl in der Psychoanalyse als auch im religiösen Erfahren und Glauben gibt es einen Zusammenhang zwischen Leiden und Heilung. Das Leiden kann hilfreich, entwicklungsförderlich sein, beispielsweise jenes neurotische Elend, das die Psychoanalyse in gemeines Elend verwandeln möchte. Es ist letztlich entwicklungsförderlich, weil die Symptome als Ich-Leistung überhaupt den psychoanalytischen Prozess in Gang bringen. Andererseits kann die Verbindung von Leiden und Glauben selbst Ausdruck einer Neurose sein, z. B. einer von christlicher »Selbstlosigkeit« eingefärbten Neurose. Wir brauchen also theologische und psychoanalytische Kriterien, um beides zu unterscheiden, um nicht in unseren Vorurteilen und in jenen unserer Patienten hängen zu bleiben. Auffällig ist in der Copingforschung ein Wandel von der Skepsis gegenüber religiösen Phänomenen hin zu einer Wertschätzung der spirituellen Krankheitsverarbeitung, z. B. bei Susan Folkman (Folkman and Greer 2000).

Die Heilung hat jedoch auch eine Schattenseite, nicht nur im Fall des sich verirrenden, fundamentalistischen Glaubens und der mit derartigen Glaubenssystemen verbundenen Allmachtsphantasien. Vielmehr kann sich der Schattenaspekt des Heilens auf Seiten des Heilers als *furor sanandi*, als Heilen-Wollen um jeden Preis, manifestieren. Die Psychoanalyse steht dann nicht mehr im Dienst eines besseren Kontakts mit dem Unbewussten und einer Neueinstellung zum Unbewussten, sondern im Dienst der Heilung im

Sinne der Symptombeseitigung. Durch die Medizinalisierung der Analyse, auch in sozialrechtlicher Hinsicht, kann ein solcher *Furor sanandi* institutionalisiert werden. Jungianisch gesprochen, gibt es auch einen unbewussten Heilungsschatten, nämlich die Verwundung. Das Nicht-Heilen-Können, das Nicht-Heilen-Wollen, ja sogar der therapeutische Fehler können in der therapeutischen Konstellation von Übertragung und Gegenübertragung zur Heilung führen – in paradoxer Weise gehören diese Gegensätze zur psychischen Ganzheit des Heilungsarchetyps (Frick 1996). Ich denke an Ursula H.-W., deren Therapiegeschichte insgesamt von einer Stabilisierung und Nachreifung, aber auch von Scheitern und von Gegenübertragungs-Widerständen ihrer Behandler gekennzeichnet ist.

Fallbeispiel 1: Ursula H.-W.

Die 42jährige verheiratete Lehrerin bat mich beim Frühstück nach einem von mir geleiteten Osternachts-Gottesdienst um einen Gesprächstermin in meiner Praxis. In früheren Jahren war sie ambulant verhaltenstherapeutisch und bioenergetisch und auch in einer verhaltenstherapeutisch ausgerichteten psychosomatischen Klinik behandelt worden. Eine psychoanalytische Therapie hatte sie wegen zunehmender suizidaler Phantasien abgebrochen, um sich in eine psychiatrische Klinik zu begeben, wo man ihr die Psychoanalyse »verboten« habe. Der Psychoanalytiker hingegen habe ihre Suizidalität als hysterisches Agieren deuten wollen. Frau H.-W. kommt nun mit den skizzierten therapeutischen Vorerfahrungen und klagt im Erstgespräch über Fresssucht, emotionale Instabilität und Druckempfindungen im Bauch (»als ob ein Messer im Inneren kratzt«). Das Elternhaus war von der bigotten Religiosität der zwanghaft-reinlichen Mutter geprägt, in deren Weltbild Höllenstrafen, die Spaltung zwischen gut und böse sowie eine permanente Sexualisierung des Denkens und der Sprache eine große Rolle spielten. Zwei jüngere Brüder verstarben früh. Schon als achtjähriges Kind wurde die Patientin als Schlampe, Hexe, Hure oder falsches Kind tituliert, das der Satan der Mutter untergeschoben habe. Von ihrem geliebten Vater wurde die Patientin nicht verteidigt, erhielt vielmehr nur den Rat, die mütterlichen Beleidigungen der Gottesmutter »aufzuopfern«. In der Pubertät träumte die Patientin davon, einzige Teilnehmerin an einer Messe zu sein:

> *»(...) dann bin ich die Priesterin am Altar und schließlich das Opfer, das am Altar dargebracht wird. Ich bin die Schwester Jesu, die Tochter Gottes, die mit ihrem Selbstopfer das erlöst, was Jesus noch nicht erlöst hat, zum Beispiel unsere Familie«.*

Seit dieser Zeit rang Ursula darum, die sie beunruhigenden und erschreckenden sexuellen Wünsche mit ihrer spirituellen Sehnsucht »zusammen zu bringen«. Sie meditierte regelmäßig und schloss sich einer kirchlichen Bewegung an, wo ihr geraten wurde, einen religiösen Therapeuten zu suchen, um Spiritualität und Sexualität zu »integrieren«. Die Patientin selbst wählte jedoch eine in religiösen Dingen skeptische Therapeutin, die ihr zu verstehen gab: »Wenn Sie aufhörten, religiös zu sein, dann wären Sie gesund«. Die Therapeutin sei am Ende darüber »enttäuscht« gewesen, dass sie »wichtige Therapieziele (Orgasmus und Geschlechtsverkehr) nicht erreicht« habe.

Trotz der zahlreichen unaufgelösten Verstrickungen mit früheren Therapeuten spürt die Patientin durchaus, dass sie von den bisherigen Behandlungsversuchen profitiert hat. Sie lebt jetzt in einer auch in sexueller Hinsicht zufrieden stellenden Ehe. Allerdings leidet sie unter der (in der Infertilität des Ehemannes begründeten) Sterilität. In den beiden für sie zentralen Konfliktfeldern – Spiritualität und Sexualität – sucht sie nach für sie selbst stimmigen, nicht nur von außen übernommenen Lösungen. Die auffälligen äußerlichen Aspekte (vor allem das schützende Übergewicht und die spirituell-sexuelle Thematik) scheinen eine tiefer gehende, auch strukturell bedeutsame Brüchigkeit des Selbsterlebens zu verdecken. Offenbar kommt sie mit dem teilweise unbewussten Wunsch, die in einem Teil der Vorbehandlungen reinszenierten Spaltungen der Kindheit zu bearbeiten.

4. »The Birth of the Living God« (A. M. Rizzuto)

C. G. Jung und A. M. Rizzuto sprechen vom Gottesbild, das sowohl zum Innen (mystische Gottesgeburt) als auch zum Außen (»objektive« Gottesbilder) gehört. Das Gottesbild, sagt Rizzuto (1979), ist ein Übergangsobjekt. Es gehört in jenen intermediären, von Donald Woods Winnicott beschriebenen Raum, wo wir nicht fragen sollten: »Did you conceive of this or was it presented to you from without?« (»Hast du das erfunden, oder ist es dir von außen gezeigt worden?«) (Winnicott 1953/2001, S. 217). Objektbeziehungstheoretisch denkende Psychoanalytiker wie Ana María Rizzuto und William W. Meissner haben die Anregungen Winnicotts aufgenommen und interpretieren das Gottesbild als Übergangsobjekt, das sich aus frühen Beziehungserfahrungen speist und in späteren Lebensphasen wieder bedeutsam werden oder aber wieder »in die Ecke geworfen« werden kann wie der alte Teddybär. Wahl (Wahl 2000) merkt kritisch an, das Übergangsobjekt sei unveränderlich, während das Gottesbild doch gerade einem Wandlungsprozess unterworfen sei. Demgegenüber ist daran zu erinnern, dass Winnicott vom zerstörerischen »Gebrauch« des geliebten Objektes spricht, das die aggressive Zerstörung überlebt. Gemeint ist eine Aggression, die mit Liebe und Entwicklung in Einklang steht, etwa das Picken des aus dem Ei schlüpfenden Hühnchens. Aggression ist für das konventionelle religiöse Bewusstsein möglicherweise noch problematischer und stärker von Schuldgefühlen beladen als die von der Sexualität herrührende Verunsicherung. Insofern ist die Unzerstörbarkeit des getöteten Jesus ein »Gebrauch« des Gottes, der sich in unsere Hände gibt (Hopkins 2001) und der damit geschichtlich und veränderbar wird – eine Zumutung nicht nur für metaphysische Theorien über Gott, sondern auch für das psychisch wirksame Gottesbild.

Winnicotts Grundhaltung gegenüber dem Übergangsbereich erscheint mir in einer Situation hilfreich, die ich als Priester und ärztlicher Psychoanalytiker immer wieder erlebe, wie gerade an Ursula H.-W. dargestellt: Der Wunsch nach einer »christlichen« oder »spirituellen« Psychotherapie und die Klage oder Angst darüber, dass Glauben, Gebet, Religion vom Psychotherapeuten zerredet, nicht ernst genommen, ja: zerstört werden könnten. Beide, der Wunsch und die Angst, scheinen mir zwei Seiten desselben Phänomens zu sein. Gewiss gibt es Psychotherapeuten (auch analytisch ausgerichtete), die mit religiös gebundenen Menschen nicht umzugehen wissen oder gar religionskritisch »missionieren« wollen. Dennoch trifft die Angst, dass die Therapeutin oder der Therapeut »das Religiöse«, letztlich Gott zerstören könnte, eine wichtige psychische Realität, die Winnicott mit dem Begriff des Objektgebrauchs bezeichnet hat: Es ist die eigene und die am anderen erlebte Tendenz, das geliebte Objekt zu zerstören, verbunden mit der Erleichterung darüber, dass es überlebt und »aufersteht«.

> »God, like a forlorn teddy bear, is left in a corner of the attic, to all appearances forgotten. A death, great pain or intense joy may bring him back for an occasional hug or for further mistreatment and rejection, and then he is forgotten again«. (Rizzuto 1979, S. 179)

Das Gottesbild als zur Seite geworfener oder wieder hervorgeholter Teddybär: Wenn die Auseinandersetzung mit der institutionellen Religion erfolgt ist, kann sich ein neuer Erfahrungsweg nach innen öffnen, der die mystische Erfahrung im fremden kulturellen Horizont sucht oder auch – und warum nicht? – im eigenen jüdisch-christlichen.

Fallbeispiel 2: Monika K.

Monika K. ist eine Ärztin und Psychotherapeutin, die seit vielen Jahren meditiert und die ich in einem Meditationskurs kennen lerne, der auch psychodramatische Elemente umfasst. In einer dieser Psychodrama-Einheiten spielt sie sich selbst als Kind in einer Barockkirche. Durch Gegenstände und Mitspieler wird die Einrichtung der Kirche sorgsam auf der psychodramatischen Bühne vergegenwärtigt, bevor das eigentliche Spiel beginnt: Im Chorraum ein Tisch als Altar, eine glänzende Altarglocke, die abgrenzende Balustrade. Die Protagonistin sitzt im Kirchenschiff, schaut versonnen nach oben, zählt die Engel und fragt sich: »Was ist das für ein Gott?«. Getrennt davon befindet sich in einiger Entfernung, hinter der Protagonistin und an einen griechischen Theaterchor erinnernd, eine Gruppe von Erwachsenen: Schwester Laetitia, die Musiklehrerin, der Religionspädagoge Dr. Gabriel, Schwester Paula, die Deutsch-, und Mutter Winifred, die Mathematiklehrerin. Alle Erwachsenen reden in unterschiedlichen Variationen und rhythmisch von »Demut«. Daneben, etwas abseits bei der Pietà, steht Monikas Mutter, die dort, wie so oft auch jetzt, den Rosenkranz zur Sühne mitbetet, auch für die Protagonistin betet: »Kind, du sollst nicht so viel fragen und denken! Musst du immer deine Intelligenz zeigen? Die Männer mögen das nicht«. Die Szene wird auf Monikas Wunsch einige Male durchgespielt, auch die Frage: »Was ist das für ein Gott?«.

Aus dem Zusammenhang wird klar: Am Anfang steht die Szene in der Barockkirche für eine traditionelle Religiosität, von der die Protagonistin sich räumlich, gedanklich und emotional distanziert hat. Unverkennbar ist sie jedoch gefühlsmäßig berührt und mit Teilen der Szene, die subjektstufig als Selbstanteile aufgefasst werden können, identifiziert. Im Spiel selbst und in der anschließenden Auswertungs- und Deutungsphase in der Gruppe fallen Wandlungsphänomene auf: Der zunächst kritische Chor wird zu einem Geborgenheit vermittelnden rhythmischen Rosenkranzgebet. Die Protagonistin äußert den Wunsch, eine Zeitlang in der Pietà-Ecke zu bleiben, um die dort gehörten Worte »im Herzen zu bewahren«. Eine Mitspielerin kleidet dies in die Formulierung: »Wie gut dir das tut, obwohl du doch heute weißt, dass das alles nicht stimmt (...)«. Durch die psychodramatische Inszenierung war es Monika möglich, Tuchfühlung mit ihrer frühen religiösen Geschichte aufzunehmen und mit Hilfe ihrer erwachsenen Ressourcen zwischen deren destruktiv-neurotisierenden und entwicklungsfreundlichen Aspekten zu differenzieren.

5. Schluss

Ich möchte abschließend den Eindruck formulieren, dass es noch immer eine vordergründige Tabuisierung des spirituellen Glaubens in der deutschsprachigen Psychoanalyse gibt. Die bloße Tatsache, dass über Psychoanalyse des Glaubens diskutiert und publiziert wird, ändert daran nichts, jedenfalls nicht notwendigerweise. Die Thematisierung des Phänomens könnte auch eine Abwehr darstellen.

Es gibt aber auch eine spirituelle Suche bei vielen Kolleginnen und Kollegen, wie ich aus zahlreichen persönlichen Gesprächen weiß. Dafür ein letztes Beispiel:

Beispiel 3: Richard M.

Auch der 37jährige Richard M. nahm, noch während seines Psychologiestudiums, mit mir Kontakt auf, um an einem Meditationskurs teilzunehmen. In den regelmäßigen Begleitgesprächen während des Kurses verstrickten wir uns häufig in Autoritäts- und Machtprobleme. Es war für Richard äußerst wichtig, die eigene Autonomie und die Unabhängigkeit des Urteils zu wahren, auch was seine Gebets- und Meditationspraxis anging. Nach Abschluss des Studiums und während der Vorbereitung auf die Niederlassung als Verhaltenstherapeut suchte mich Richard erneut auf, diesmal mit dem Wunsch nach einer psychoanalytischen Behandlung. Während der zunächst bewilligten 160 Stunden kristallisierte sich eine recht zählebige, nicht leicht zu bearbeitende »Beichtvaterübertragung« (Frick 2002) heraus, ähnlich der von Takemoto (Taketomo 1989) beschriebenen Lehrer-Übertragung. Diese Übertragung zeichnete sich streckenweise durch Idealisierung und Verehrung (Davidson 2001) aus, dann aber auch wieder durch meist untergründiges und nur latent-aggressives Rivalisieren. Während der Analyse trennte sich der Patient von seiner langjährigen Freundin. Unter heftigen Schuldgefühlen leidend, bat er mich um die priesterliche Absolution und reagierte recht ungehalten, als ich mich anschickte, dieses Ansinnen im Kontext der Übertragung, aber auch als Widerstandsphänomen zu deuten. Schließlich gelang ihm die Trennung sowie die Wiederbelebung der Beziehung zu einer früheren Freundin, die er schließlich heiratete. Am Ende des ersten Bewilligungsschrittes zögerte er mit der Antragstellung. Einerseits äußerte er seine Wut über die »den Analytikern« zugestandenen Stundenkontingente. Andererseits sei die Antragsverlängerung sein gutes Recht als Versicherter. Es kam zu einer mehrwöchigen Unterbrechung der Behandlung und schließlich (etwa zeitgleich

mit Heirat und Geburt eines ersten Kindes) zum Abschluss. Diese letzte, im Sitzen durchgeführte, Phase der analytischen Therapie bezahlte Herr M. aus eigener Tasche.
Es kann sein, dass der Analysand von seinen religiösen Bindungen und Handlungen erzählt, gleichzeitig aber phantasiert, all dies bedeute seinem Analytiker nichts oder werde als Ausdruck seiner Neurose beargwöhnt. Der Analytiker selbst zögert mit der Thematisierung aus Abstinenz- und Tabugründen, obwohl er möglicherweise jeden Morgen meditiert, bevor er zur Praxis aufbricht. Im Fall der analytischen Behandlung Richards haben wir es mit der besonderen Situation zu tun, dass der Patient mich aus einem spirituellen, vor-analytischen Kontext kannte. Offenbar bildete diese Vorerfahrung den Kern für die analytische Übertragung.

In anderen therapeutischen Konstellationen kann die Überraschung gegenseitige Blockierungen in Bezug auf die spirituelle Dimension auflockern. Vielleicht geht es dann dem Analytiker oder der Analytikerin wie Jesus in der erwähnten Heilungsgeschichte: Berührt zu werden durch einen aus dem Unbewussten aufsteigenden Einfall, eine Frage, eine Konstellation. Wie in der zitierten biblischen Heilungsgeschichte kommt es darauf an, diese Berührung in Sprache zu wandeln, sodass die abgespaltene Spiritualität von der Neurose differenziert wird und ihren Platz in der therapeutischen Beziehung findet. Das Affektsignal Überraschung/Sich-Wundern begleitet derartige spirituelle *now moments*. Sie können echte Heilungs- und Wandlungsprozesse gegenüber dem ausdrücken, was sich von jenseits der Grenze zeigen mag. Die Grenze denken wir uns oft als Ende und Schlusspunkt. Sie kann aber auch der uns entzogene, nicht bewusst kontrollierbare Eingang sein. C. G. Jung schrieb sich über den Türsturz seines Küsnachter Hauses: »Vocatus atque non vocatus, Deus aderit.« (»Ob nun Gott gerufen oder nicht gerufen ist, er wird da sein.«) Die Psychoanalyse muss weder Gott noch den Glauben herbeirufen, sei es durch Anleihen bei der Theologie oder durch ein Gegenübertragungs-Agieren angesichts individueller oder kollektiver »religious turns«. Es genügt die Leidenschaft des Nicht-Wissens, um ein wahrnehmender, gläubiger Analytiker im Sinne Bions zu sein.

Ich danke den erwähnten Personen für ihre Zustimmung zur Publikation.

Literatur

Bion, W. R. (1970/1975): Attention and interpretation. A scientific approach to insight in psycho-analysis and groups. London Sydney Toronto Wellington (Tavistock Publications).

Boothe, B. (2002): Das Dasein als Wunder. Die Entfaltung religiösen Erlebens. In: W. Ruff (Hg.) (2002): Religiöses Erleben verstehen. Göttingen (Vandenhoeck und Ruprecht), S. 91–111.

Bright, G. (2002): Dangers de la compréhension psychanalytique. In: Cahiers Jungiens de Psychanalyse, S. 61–78.

Cooper, P. (2002): Between wonder and doubt: psychoanalysis in the goal-free zone. American Journal of Psychoanalysis, 62, 95–118.

Davidson, L. (2001): Idealization and reverence. Journal of the American Academy for Psychoanalysis, 29, 127–136.

Eigen, M. (1981): The area of faith in Winnicott, Lacan and Bion. International Journal of Psycho-Analysis, 62, 413–433.

Folkman, S. & Greer, S. (2000): Promoting psychological well-being in the face of serious illness: when theory, research and practice inform each other. Psycho-Oncology, 9, 11–19.

Freud, S. (1913/1940): Totem und Tabu. Einige Übereinstimmungen im Seelenleben der Wilden und der Neurotiker. London (Imago).

Freud, S. (1914/1946): Der Moses des Michelangelo. London (Imago).

Freud, S. (1919/1947): Das Unheimliche. London (Imago).

Frick, E. (1996): Durch Verwundung heilen. Zur Psychoanalyse des Heilungsarchetyps. Göttingen, Zürich (Vandenhoeck & Ruprecht).

Frick, E. (2002): Zwischen Schuldgefühl und Selbstwertproblematik. Psychiatrisch-psychotherapeutische und theologische Überlegungen zum Thema Schuldbewältigung. In: M. P. Heuser, H. P. Kapfhammer, H. J. Möller & A. U. Walther (Hg.) (2002): »Die Sünde« ... Von der Schuld zum Wahn, von der Sühne zur Therapie ... Innsbruck (Verlag Integrative Psychiatrie), S. 299–306.

Haeffner, G. (2002): Über das Verhältnis von Staunen und Erkennen. In: R. Esterbauer (Hg.) (2002): Orte des Schönen. Phänomenologische Annäherungen (FS Günther Pöltner). Würzburg (Königshausen und Neumann), S. 13–36.

Hopkins, B. (2001): Jesus and object use: A Winnicottian account of the resurrection myth. In: D. Capps (Hg.) (2001): Freud and the Freudians on religion. A reader. New Haven London (Yale University Press), S. 230–239.

Jaffé, A., Editor (1961/1972). Erinnerungen, Träume, Gedanken von C.G. Jung. Zürich: Buchclub Ex Libris.

Jung, C. G. (1902/1966): Zur Psychologie und Pathologie sogenannter occulter

Phänomene. In: M. Niehus-Jung, L. Hurwitz-Eisner & F. Riklin (Hg.) (1902/1966): Psychiatrische Studien (GW 1). Zürich Stuttgart (Rascher.

Kristeva, J. (2001): Reading the bible. In: D. Capps (Hg.) (2001): Freud and the Freudians on religion. A reader. New Haven London (Yale University Press), S. 335–344.

Rahner, K. (1966): Schriften zur Theologie. Bd. VII: Zur Theologie des geistlichen Lebens. Einsiedeln, Zürich, Köln (Benziger).

Rizzuto, A.-M. (1979): The birth of the living God. A psychoanalytic study. Chicago London).

Stern, D. N., Bruschweiler-Stern, N., Harrison, A. M., Lyons-Ruth, K., Morgan, A. C., Nahum, J. P., Sander, L. & Tronick, E. Z. (1998/2001): Die Rolle des impliziten Wissens bei der therapeutischen Veränderung. Einige Auswirkungen entwicklungspsychologischer Beobachtungen für die psychotherapeutische Behandlung Erwachsener. Psychotherapie Psychosomatik medizinische Psychologie, 51, 147–152.

Taketomo, Y. (1989): An american-japanese transcultural psychoanalysis. Journal of the American Academy for Psychoanalysis, 17.

Wahl, H. (2000): Selbst- und objektbeziehungstheoretische Überlegungen zur Religions- und Pastoralpsychologie. In: M. Bassler (Hg.) (2000): Psychoanalyse und Religion – Versuch einer Vermittlung. Stuttgart Berlin Köln (Kohlhammer), S. 67–91.

Winnicott, D. W. (1953/2001): Transitional objects and transitional phenomena. In: D. Capps (Hg.) (1953/2001): Freud and Freudians on religion. A reader. New Haven London (Yale University Press), S. 211–219.

Mystik und psychoanalytische Entwicklungstheorie

Walter Längl (Bamberg)

Sicherlich kann es nicht mein Anliegen sein, hier und heute Wesentliches zur Mystik zu sagen. Hierfür wäre ich nicht kompetent. Was ich jedoch vermag, ist Sie zu einem Blick über den Zaun einzuladen: zu einem Blick aus der Ihnen vertrauten Perspektive analytischer Entwicklungstheorie auf jenen Gegenstand, um den sich das Denken und Streben der Mystiker seit Jahrtausenden dreht.

Zunächst muss ich jedoch darlegen, woran ich denke, wenn ich hier von »Mystik« spreche: Es ist dies die »šhahada« – das islamische Glaubensbekenntnis. Sie alle kennen es: »La ilaha illa 'llah« (»Es gibt keinen Gott außer Gott«). Ich denke an dieses Glaubensbekenntnis jedoch nicht in jener Weise, wie es oberflächlich als Bekenntnis zum Monotheismus verstanden wird. Ich meine vielmehr die von den Mystikern des Islam so bezeichnete »Essenz« dieses Bekenntnisses: Denn es enthält im ersten Teil (»la ilaha ...«) eine Negation. Eine dezidierte Abwendung von jenen Vorstellungen von »Gott«, bei denen einer außerhalb des eigenen Selbst liegenden Instanz Denken, Fühlen und Wollen und andere uns selbst eigene Attribute zugeschrieben werden. Der wahre Muslim, der wahre »Gottesergebene«, findet sich im zweiten Teil des Bekenntnisses wieder, das die Bekräftigung der Überzeugung enthält, dass es außer Gott nichts gibt. Hier sind traditionelles islamisches Glaubensbekenntnis und die Essenz nicht nur der islamischen Mystik eins: Die Letzte Wahrheit des Mystikers ist seine Überzeugung von der Einheit des Seins, in der es nichts anderes gibt außer Gott.

In diesem Sinne schreibt der den meisten von Ihnen bekannte persische Mystiker-Dichter Maulānā Jalāluddin Rūmi in seinem Dīwān-i kabīr:

> »Wenn der Sufi sagt: ›Ich bin Gott‹, meinen die Leute, das sei ein überheblicher Anspruch. ›Ich bin Gott‹ zeugt von ungeheurer Demut, denn jener, der da sagt: ›Ich bin Gottes Knecht‹ weist zwei Leben nach: sein eigenes und Gottes Leben.

> Aber jener, der ›Ich bin Gott‹ sagt, hat sein Leben ausgelöscht. Das heißt, er sagt: ER ist alles; es gibt nichts außer IHM; ich bin ganz von IHM umfangen. Hierin liegt größere Demut, und das wird von den Menschen nicht begriffen.«

Soweit Rumi, zitiert nach A. Schimmel (1985). Nun vielleicht noch ein weiterer kurzer Exkurs, diesmal in das Bagdad des beginnenden 10. Jahrhunderts:

> »Es war Meister Junaids Tür in Bagdad gewesen, an die der Mystiker Hallaj geklopft hatte. Als Junaid gefragt hatte, wer draußen sei, hatte es von draußen geantwortet: ›Ana'l-Haqq!‹
>
> Viele von Ihnen kennen diesen berühmtesten aller Sufi-Aussprüche. Eng übersetzt bedeutet ›ana'l-haqq‹: ›Ich bin die Absolute Wahrheit‹. Etwas freier übersetzt: ›Ich bin die wahre Realität‹. Das Wort kommt aus dem Mund von Hallaj. Aber es ist nicht Hallaj, der die Einheit Gottes bekennt. Hallaj hören wir nur sagen: ›Wisse, dass der Mensch, wenn er Gottes Einheit bekennt, sich selbst bestätigt. Und wer sich selbst bestätigt, begeht verborgene Abgötterei. Gott der Erhabene ist es, der selbst Seine Einheit bekennt durch die Zunge eines Seiner Geschöpfe, das Er wählt. Wenn Er sich selbst als Einer bekennt durch meine Zunge, so ist Er Er, und es ist Seine Sache; sonst – was habe ich mit dem Einheitsbekenntnis zu tun?‹«

Das war Hallaj, zitiert nach A. Schimmel (1995). Lässt man weitere Texte der Mystik aus verschiedensten Zeiten und Kulturen – oder noch besser: wirklich spirituelle Menschen – auf sich wirken, so bleibt ein relativ konsistenter Eindruck zurück, den ich so beschreiben möchte:

Den »Wanderer auf dem mystischen Pfad«, wie er oftmals genannt wird (vgl. hier und im Nachfolgenden z. B. Vaughan-Lee 1993), kennzeichnet eine große Sehnsucht nach etwas, das er verloren zu haben glaubt. Ihn quält das schmerzhafte Gefühl, von etwas Wesentlichem getrennt zu sein, abgeschnitten zu sein von etwas, das er als dem eigenen Selbst zugehörig erlebt *und* als dessen Bestandteil er das eigene Selbst *gleichzeitig* empfindet (eine vordergründig widersprüchlich wirkende Aussage, denn der Teil eines Ganzen kann doch eigentlich nicht gleichzeitig das Ganze als Teil enthalten. Das lässt sich jedoch klären. Aber davon später ...). Der Mystiker erlebt sich als einen Liebenden, der eine tiefe Bindung an den Geliebten empfindet. Diese sei erfahrbar in den Seufzern der Seele und in einer übergroßen Sehnsucht des Liebenden nach dem Geliebten. Die Sehnsucht enthalte nicht nur den Schmerz des Getrenntseins von Ihm, sondern auch das Wissen um Ihn. Ziel eines jeden mystischen Pfades sei es, zu diesem »ursprünglichen Wissen« zurückzukehren (vgl. weiterhin Vaughan-Lee 1993; warum die letzte Formulierung nicht nur schwer verständlich, sondern möglicherweise auch unzutreffend ist, möchte ich im Nachfolgenden noch belegen). In den glücklichen Momenten mystischer Erfüllung erlebt der Mystiker das Wieder-eins-Sein mit jenem, wovon er sich als getrennt empfunden hatte. Dies erfährt er als etwas Gewaltiges und Wunderbares. Die mystische Erfahrung selbst gilt jedoch als nicht beschreibbar, als etwas, das jenseits der Begrifflichkeiten, der Bilder und Symbole ausschließlich erlebt werden kann. »Worte bleiben an der Küste«, sagen die Sufis. Der 965 verstorbene irakische Mystiker ʻAbdul Jabbā Niffarī schreibt in seinem Mawāqif: »Gedanken sind in Buchstaben enthalten, und Vorstellungen in Gedanken; das aufrichtige Gedenken an Mich ist jenseits von Buchstaben und Gedanken, und Mein Name ist jenseits des Gedenkens« (Nr. 55/20, zit. n. Schimmel 1985).

Die mystische Erfahrung ist somit im wahren Sinne »leer« – ohne definierbare Eigenschaften, Merkmale und Bestandteile – und wird sehr unterschiedlich benannt: Der in einer lebendigen religiösen Tradition verwurzelte Mystiker wird sie »Gott« nennen, da dies für ihn das Wort für die Höchste Wirklichkeit ist. Andere werden sie als »die wahre Natur des Seins« oder als die »tiefe kosmische Einheit aller Dinge« bezeichnen. Von einer »direkten Erfahrung Gottes« ist hier jedoch nicht die Rede. Diese Formulierung wäre zu objekthaft, zu sehr von dieser Welt. Der Suchende erfährt sich vielmehr umfasst von diesem Höheren und fühlt sich grenzenlos in etwas geborgen, das er als zeitlos, als ortlos, als ein Aufgehobensein der Gegensätze beschreibt.

Selbstverständlich lassen uns Psychoanalytiker die gerade eben genannten Attribute mystischen Erlebens aufhorchen: Zeitlosigkeit, Ortlosigkeit, Aufhebung der Gegensätze ... Wir ergänzen sofort assoziativ: Verschiebung und Verdichtung, Primärprozess, Ozeanisches Gefühl ...

Ich meine, es darf nicht ausschließlich als Ausdruck neurotischer Abwehr verstanden werden, wenn wir den Versuch unternehmen, mystisches Erleben zunächst einmal im Rahmen dessen, was wir uns vorstellen können, zu begreifen – solange wir es nicht unmittelbar erfahren können. Was ich im Nachfolgenden tun möchte, ist daher – wie ich es nennen möchte – nach »mystischen Äquivalenten« zu suchen. Mit dieser etwas eigenartigen begrifflichen Konstruktion meine ich mögliche Entsprechungen des oben umrissenen mystischen Erlebens, die sich möglicherweise im Alltagsleben oder – wie ich es heute im Rahmen dieses kurzen Vortrages tun möchte – im so vermuteten Erleben des Säuglings oder Kleinkindes wiederfinden könnten.

Lassen Sie uns zu diesem Zweck die Konzepte der modernen Säuglingsforschung, vor allem die ihres prominentesten Vertreters – Daniel N. Stern – daraufhin untersuchen, ob sie zum Verständnis mystischen Erlebens Erhellendes beitragen können. (Ich werde im Nachfolgenden die Arbeiten von D. N. Stern in der Regel nicht einzeln, sondern in der Gesamtheit der im Literaturverzeichnis aufgeführten Titel zitieren.) Hierbei liegt es nahe, ähnlich, wie es damals S. Freud tat, zu fragen, ob man eine »Entwicklungsphase« finden könnte, die in ihren kennzeichnenden Merkmalen mystischem Erleben gleichzusetzen wäre. Und noch weiter: ob und vor allem wie der in mystisches Erleben Eintauchende dorthin dann »regrediert«. Warum sich eine solche Frage letztendlich als doppelt falsch gestellt erweisen wird, möchte ich im Folgenden begründen – sowohl im Hinblick auf das Konzept einer »Phase« als auch im Hinblick auf die Vorstellung einer »Regression« dorthin.

Zunächst jedoch zur Frage nach der »Entwicklungsphase«. Lassen Sie uns einen Blick auf die von D. N. Stern so beschriebenen »Arten des Selbstempfindens« werfen. Sie alle kennen sie: Für den Zeitraum von der Geburt bis zum Alter von zwei Monaten postuliert D. N. Stern die Phase eines sogenannten »Auftauchenden Selbstempfindens« (hierzu gleich mehr), in der Zeit vom 3. bis zum 7. Monat steht für ihn die Entwicklung eines »Kern-Selbstempfindens« im Vordergrund; das Empfinden eines von ihm so genannten »Subjektiven Selbst« entwickelt sich zwischen dem 9. und dem 15. Monat. Die Zeit danach mit ihrem sichtbar werdenden Vorrat an persönlicher Welterkenntnis und Lebenserfahrung, vorrangig jedoch mit ihrer nun zur Verfügung stehenden Möglichkeit, dieses Wissen durch Symbole zu objektivieren und – vor allem – die Bedeutung dieser Symbole nun sprachlich mitteilen zu können, nennt er die Phase des Empfindens eines »Verbalen Selbst« bzw. später die Zeit eines »Narrativen Selbstempfindens«.

Jeder dieser sich entwickelnden Bereiche stellt eine andere, neue Qualität des Selbstempfindens und damit auch der sozialen Bezogenheit dar. Die Herausbildung erfolge sukzessiv. Die bis dahin im Vordergrund stehende Form des Selbsterlebens werde jedoch nicht ersetzt, sondern lediglich in den Hintergrund gedrängt.

Soweit dieser kurze Überblick. Behalten wir unsere Fragestellung nach einer Entwicklungsphase mit möglicherweise dem Mystischen äquivalenten Erlebens-Merkmalen im Auge, so werden wir die Zeit nach dem Spracherwerb mit ihrer ab dann in den Vordergrund tretenden Möglichkeit der Verwendung von Symbolen gleich beiseite tun müssen. Wir suchen einen Erlebensmodus, der Symbol und Sprache noch nicht kennt.

Auch die Zeit der Herausbildung jenes von D. N. Stern so genannten »Subjektiven Selbstempfindens« mit seiner Entdeckung der subjektiven mentalen Zustände unseres Gegenübers und damit der neu hinzugekommenen Möglichkeit, Gefühlszustände, Motive und Absichten erfassen zu können, die »hinter« körperlichen Aktionen des Gegenübers zu stecken scheinen, ist wohl ebenfalls nicht das, wonach wir Ausschau halten.

Eine wirkliche Annäherung an das, was wir zu finden hoffen, bringt auch die noch frühere Phase der Herausbildung eines Kern-Selbstempfindens nicht: Hier steht bereits die Wahrnehmung eigener Handlungsfähigkeit, eigener Affektivität und vor allem das Erleben einer zeitlichen Kontinuität im Vordergrund. Ein subjektives Erleben eines Eins-Seins, wie wir es beim Mystiker finden, wird auf dieser Stufe erfahren als das »Gelingen einer aktiven Organisation des Zusammenseins mit dem Anderen« (Stern 1986) – mit einem Anderen, der als körperlich getrennt erfahren wird sowie als Gegenüber mit eigenem affektiven Erleben und eigener Geschichte. Das ist qualitativ immer noch etwas vollkommen anderes als das mystische Eins-Sein, nach dessen Entsprechungen wir suchen.

Somit bleibt uns nur noch die erste Entwicklungsphase nach D. N. Stern, die Phase des »auftauchenden Selbstempfindens«, wenn wir bei unserer Suche nach mystischen Äquivalenten im Rahmen moderner psychoanalytischer Entwicklungstheorie nicht leer ausgehen wollen.

Gestatten Sie mir eine Zwischenbemerkung: Die bisherige Ergebnislosigkeit unserer Suche liegt jedoch auch in der Natur unseres Untersuchungsgegenstandes begründet. Was D. N. Stern und auch andere Autoren bei der Formulierung ihrer Konzepte sicherlich mitbedenken – jedoch nicht immer explizit machen – ist die Tatsache, dass wir es bei der Entwicklung neuer Qualitäten des Selbstempfindens grundsätzlich mit einem Konglomerat unterschiedlicher Aspekte zu tun haben, deren Elemente es zumindest konzeptionell zu trennen lohnt.

Was ich damit meine, möchte ich an einem Beispiel verdeutlichen: Der Säugling macht unter vielem anderen die Erfahrung, dass er mit wachsender Kontrolle über die Muskulatur des Mundraumes plötzlich neue Töne erzeugen kann. Hier hätten wir nun eine von vielen neu zur Verfügung stehenden Qualitäten, die zunächst ganz und gar unmittelbar und mit großer Intensität erlebt wird. Beinahe zeitgleich wird sie jedoch als eingebettet in den interaktionellen Kontext mit den frühen Bezugspersonen erfahren. Hierbei erhält die neu hinzugekommene Qualität sofort Funktion und damit Bedeutung, da der Säugling z. B. beobachtet, dass er mit den neuen Lautäußerungen gezielt bestimmte Reaktionen bei seiner Bezugsperson hervorrufen kann. Wir haben in dieser beispielhaften Sequenz somit mindestens drei Elemente, vermutlich mehr: eine unmittelbar und vermutlich mit großer Intensität erlebte neue Erfahrung, ihre Einbettung in den frühen interaktionellen Kontext und als weiteres die ab hier einsetzende Arbeit an einer Repräsentation dieser Erfahrung in einer zeitlich überdauernden Struktur. Letztere führt, nach D. N. Stern, zum »Gerinnen« der unmittelbaren Erfahrung in jener »Organisation«, die er mit dem Selbstempfinden gleichsetzt.

Das Selbsterleben als »Organisationsprinzip« ist eben *nicht* identisch mit der jeweils unmittelbaren Erfahrung. Im Hinblick auf meine Fragestellung werden diese Unterschiede bedeutsam: Das Erleben eigener Affekte und die Erfahrung eigener Affektivität sind nicht identisch; das eigene Handeln und die Erfahrung eigener handlungsbezogener Autorenschaft (als neuen Aspekt z. B. eines Kern-Selbstempfindens) sind nicht dasselbe; unser Sprechen und das Erleben des Zur-Verfügung-Stehens von Sprache (mit all ihren Implikationen im interaktionellen Kontext mit den frühen Bezugspersonen – hier zum Beispiel mit dem nun vorhandenen Wissen um die Mitteilbarkeit von persönlichem Wissen) sind nicht einfach gleichzusetzen.

Wie sieht es nun konkret in der von D. N. Stern beschriebenen ersten Entwicklungsphase aus, die er der Zeit von der Geburt bis zum Alter von zwei Monaten zuordnet und für die er ein »Auftauchendes Selbsterleben« postuliert? Das Alter von zwei Monaten markiert bekanntermaßen eine Schwelle, hinter der es (in Richtung Geburt blickend) für unsere Fragestellung interessant zu werden beginnt. Ungefähr mit acht Wochen machen Säuglinge eine in ihrer neuen Qualität deutlich sichtbare Veränderung durch: Sie beginnen direkten Blickkontakt aufzunehmen; sie beginnen häufiger zu lächeln und ein Lächeln zu erwidern. Man hatte früher angenommen (so beschreibt es auch D. N. Stern mehrfach), dass sich das Kind bis zu jenem Zeitpunkt in einer als »präsozial« bzw. »präkognitiv« bezeichneten Phase befunden hatte, in der es noch keine Organisation von Erfahrung gegeben hatte. Vergegenwärtigt man sich jedoch die experimentell gewonnenen Ergebnisse der modernen Säuglingsforschung, so kann diese Ansicht nicht länger aufrecht erhalten werden. D. N. Stern geht davon aus, »(...) dass der Säugling während der ersten zwei Monate aktiv ein Empfinden seines auftauchenden Selbst entwickelt. Es ist das Empfinden einer im Entstehen begriffenen Organisation, und es ist ein Selbstempfinden, das während des gesamten weiteren Lebens aktiv bleiben wird« (vgl. Stern 1986).

Ein übergreifendes Selbstempfinden ist seiner Darstellung nach in dieser Phase noch nicht erreichbar – nur ein »auftauchendes Selbstempfinden«. Was vor allem für *diese* Entwicklungszeit angenommen werden darf, ist eine Fülle in ihrer Intensität vermutlich überwältigender Eindrücke und Empfindungsqualitäten.

Für den nach mystischen Äquivalenten Suchenden muss vor allem der in dieser Zeit gut zu beobachtende Zustand der »wachen Inaktivität« von großem Interesse sein, so wie ihn Wolff (1966) zuerst beschrieben hat. In diesem Zustand ist der Säugling körperlich ruhig, wach und wirkt so, als ob er vor allem damit beschäftigt wäre, Eindrücke, die er aktiv sucht, zu verarbeiten. Vielleicht handelt es sich hier auch nicht vorwiegend um äußere Eindrücke, wie es oft beschrieben wird, sondern um das Erleben des Zusammenspiels zwischen von außen kommendem Reiz und innerer Reaktion. Wir wissen es nicht genau.

Was wir auf jeden Fall beim Säugling beobachten können, ist ein beständiges und mindestens seit Geburt bestehendes Bemühen, seine Welt – und das ist im Wesentlichen eine soziale Welt – rasch nach übereinstimmenden und kontrastierenden Mustern, Ereignissen, Zusammenhängen und Erfahrungen zu kategorisieren. Die invarianten Merkmale eines Erlebnisses werden dabei als das Wesentliche Eingang finden in eine sich auf seine Gedächtnisleistung stützende Struktur – dem Auftauchenden Selbstempfinden D. N. Sterns. Einzelne, unverbundene Erlebnisse werden so in eine zusammenhängende Perspektive integriert und machen es möglich, Erwartungen auszubilden und damit die Komplexität zukünftiger Beziehungsereignisse zu reduzieren. Ein Prozess, den wir offenbar als enorm hilfreich vor allem im interaktionellen Kontext mit den frühen Bezugspersonen erleben. Das Selbsterleben wird von D. N. Stern hierbei als der Prozess *und* das Resultat dieser Integrationsleistungen verstanden.

Im Rahmen all dieser Tätigkeiten wird jedoch eines – fast unbemerkt – sichtbar. Und hier wird es für mich wesentlich: *Neben* dem Auftauchen von Organisation bleibt – wohl ein Leben lang – ein Bereich erhalten, dessen kennzeichnende Merkmale jenen sehr ähneln, die ich weiter oben als Merkmale mystischen Erlebens beschrieben hatte. Ich möchte diesen Bereich des Erlebens in Ermangelung einer geeigneter erscheinenden Bezeichnung den *»Zwischenbereich eines Auftauchenden Selbsterlebens«* nennen. Er umfasst, wie dargestellt, jene Erlebensbereiche, die *nicht* von der Herausbildung psychischer Strukturen im sich immer weiter entwickelnden Sinne betroffen sind, sondern erhalten bleiben – zum Beispiel als die Möglichkeit zu einem Fühlen ohne Verbindung zu einem interaktionellen Kontext, zu einem Denken ohne ein Bewusstsein des Denkens und damit »ohne einen Denker« (vgl. Epstein 1995).

Wir dürfen in diesem »Zwischenbereich eines Auftauchenden Selbsterlebens« mit einiger Berechtigung Wahrnehmungen von großer Klarheit vermuten genauso wie auch ein Fühlen und Empfinden von großer Intensität. Da die in diesem Erlebensbereich auftretenden Ereignisse zeitlich nicht verknüpft sind und somit nicht in ein Vorher-Nachher eingeordnet werden, können wir von einer Zeitlosigkeit des Erlebens ausgehen – nicht jedoch von einem »Empfinden von Zeitlosigkeit«, denn dieses wäre bereits wieder organisierte Erfahrung. Mit derselben Begründung können wir etwas postulieren, das wir »Ortlosigkeit« nennen dürfen, da auch das Empfinden einer räumlichen Beziehung von Objekten als Teilaspekt des Auftauchenden Selbsterlebens hier nicht existiert. Darüber hinaus kann vermutet werden, dass in diesem Bereich »zwischen« dem sich entwickelnden Auftauchenden Selbstempfinden der Säugling sich als Teil seines unmittelbaren Gegenübers – der Welt – erfährt *und gleichzeitig* diese Welt als einen Teil seiner selbst wähnt.

Mit den oben angeführten Vermutungen nehme ich Bezug auf die Theorie von der »Bi-Logik« unserer Psyche, wie sie der zu Beginn unseres Jahrhunderts in Chile geborene und erst vor einigen Jahren in Rom verstorbene Psychiater und Psychoanalytiker Ignacio Matte Blanco formuliert hat. Er ist im deutschen Sprachraum so gut wie unbekannt (eine Ausnahme bildet K.-H. Witte 1998), seine Hauptwerke (1975 bzw. 1998, 1988) sind nicht ins Deutsche übersetzt. Obwohl international vielfach zitiert, kann man sich nicht einmal auf einheitliche Lebensdaten dieses Autors einigen. Leider kann ich an dieser Stelle aus Zeitgründen nicht ausführlicher auf ihn eingehen. Nur ganz kurz: Matte Blanco geht davon aus, dass die Funktionsweisen bestimmter mentaler Bereiche, die er jeweils »... un modo de ser« (eine »Art des Seins«) nennt (vgl. Ojeda 2001), durch die »klassische« Aristotelische Logik nicht hinreichend beschrieben und erklärt werden können. Besonders für den von ihm so genannten »ser simétrico« – den Bereich des »symmetrischen Seins« – gelte eine andere Form von Logik als die klassische. Bei jenen mentalen Prozessen, die durch die symmetrische Logik am besten beschrieben werden können, sind die Beziehungen der betrachteten Elemente symmetrisch. So ist z. B. die Zeitlichkeit von Ereignissen aufgehoben: Wenn die Beziehung zwischen den Ereignissen A und B symmetrisch ist, kann das Ereignis B dem Ereignis A genauso folgen wie das Ereignis A dem Ereignis B. Die Räumlichkeit ist insofern aufgehoben, als A sich genauso gut links von B befinden kann wie B als links von A verortet werden kann. Die Beziehung zwischen dem Ganzen und seinen Teilen ist ebenfalls symmetrisch. Das Ganze A schließt hier den Teil B genauso ein wie der Teil B das Ganze A. Das Ganze und die Teile sind austauschbar. Angewandt auf unseren Bereich der Mystik hieße das, der Teil B – mein sogenanntes Selbst – wäre Teil des Ganzen A, Teil Gottes. Und umgekehrt. Gott und mein Selbst sind somit Eines.

Bei Matte Blanco's Theorie handelt es sich jedoch nicht um ein starres System zweier Ebenen geistiger Tätigkeit, die einfach unterschiedlichen Gesetzen folgen, sondern um ein Kontinuum unendlicher Schichtungen mentaler Prozesse, die zwischen dem Pol purer Symmetrie und dem Pol reiner Asymmetrie angesiedelt wären (vgl. hier und im Folgenden Rayner 1995). Dabei würde die Symmetrische Logik vor allem die mentale Nicht-Existenz von Zeitlichkeit, von Räumlichkeit sowie von Unterschieden zwischen den Teilen und dem Ganzen beschreiben. Matte Blanco und alle mir bekannten Autoren, die seine Theorien aufgreifen, setzen jedoch diesen »ser simétrico« mit dem Unbewussten gleich, was ich dezidiert *nicht* tun möchte. Ich wende vielmehr sein Postulat von der Gültigkeit einer »symmetrischen« Logik konkret auf den von mir anvisierten »Zwischenbereich eines Auftauchenden Selbsterlebens« an, da ich der Meinung bin, dass die dort angesiedelten mentalen Prozesse mit Hilfe dieser symmetrischen Logik besser abgebildet werden können als mit Hilfe der Klassischen Logik – vor dem Hintergrund der Tatsache, dass diese Prozesse zu einem großen Teil bewusst oder bewusstseinsfähig sind. Es gibt m. E. keine überzeugende Begründung dafür, dass die durch eine symmetrische Logik adäquater beschreibbaren psychischen Phänomene vor allem im Unbewussten zu finden wären – und nicht ebenso im Rahmen neurotisch oder psychotisch genannter (bewusster) Erlebnisqualitäten wie auch im Rahmen künstlerischen Schaffens oder meditativer Erfahrung.

Die Kategorie »bewusst-unbewusst« bzw. die Trennlinie zwischen dem Bewussten und dem Unbewussten kann damit für unsere »Verortung« des Mystischen meiner Meinung nach keine Rolle spielen. Jener »Zwischenbereich eines Auftauchenden Selbstempfindens« liegt nicht zwangsläufig außerhalb des Bewusstseins. Er gerät uns lediglich mit der zunehmenden Ausdifferenzierung unserer psychischen Organisation »aus dem Blick«. Unser mentales System »stützt« sich von Geburt an auf die Herausarbeitung von Strukturen und unsere weiterentwickelten Fähigkeiten werden dann später selbst zum Gegenstand abstrahierender, symbolbildender Prozesse. Der »Ur-Grund« unserer Seele, wie ihn die Mystiker nennen, existiert einfach weiter – großenteils unbemerkt und in der Regel außerhalb jenes Bereiches, auf den unsere Aufmerksamkeit gerichtet ist. Im Rahmen oft lebenslanger meditativer, kontemplativer, mystischer Schulung scheinen wir dann schließlich doch den Versuch einer geistigen Kurskorrektur unternehmen zu wollen – angetrieben von dem nagenden Gefühl, den Zugang zu etwas Wesentlichem verloren zu haben.

Nun jedoch noch zu weiteren Merkmalen jenes »Zwischenbereiches eines Auftauchenden Selbstempfindens«: Ein weiteres charakteristisches Merkmal für das Erleben des Säuglings sind die von D. N. Stern so genannten »Vitalitätskonturen« – Resultanten eines (hoffentlich) geglückten Zusammenspiels mit den Bewegungen der jeweiligen Bezugsperson. Jene Empfindungsqualitäten, wie z. B. »aufwallend«, »verblassend«, »explosiv«, »anschwellend«, »berstend« u. a., die D. N. Stern diesen Vitalitätskonturen zuschreibt, finden sich zuverlässig in der mystischen Literatur. Gibt es denn überhaupt ein Merkmal mystischen Erlebens, das in dieser Auflistung der Merkmale des »Zwischenbereiches eines Auftauchenden Selbsterlebens« noch fehlen würde?

Als ein weiteres Merkmal jenes »Zwischenbereiches eines Auftauchenden Selbsterlebens« könnte außerdem gelten, dass unsere Fundstelle zudem jenseits der Kategorien von »Wissen« liegt. Was ich damit meine, möchte ich im Folgenden kurz darlegen: Moderne Entwicklungstheorie beschreibt verschiedene Arten von »Wissen«. D. N. Stern und andere Autoren unterscheiden ein explizites, deklaratives Wissen von einem impliziten, prozeduralen Wissen. Ersteres ist bewusst, verbal, symbolhaft. Letzteres ist in der Regel unbewusst, stellt den Niederschlag unserer Beziehungserfahrungen mit unseren frühen Bezugspersonen dar, ist somit ein »Handlungswissen« in Form gespeicherter Interaktionsmuster (daher die Bezeichnung »prozedurales« Wissen oder »Prozesswissen«). Bei diesem impliziten Wissen lässt sich nach D. N. Stern zudem noch als Teilbereich ein »implizites Beziehungswissen« hervorheben, das auf unsere frühen Interaktionspersonen bezogen ist.

Obwohl gerade das implizite Wissen als nicht-sprachlich, nicht-symbolisch und vor allem unbewusst konzipiert ist, liegt der Gegenstand unserer Suche nach den entwicklungspsychologischen »Urgründen« der Mystik exakt *außerhalb* dieses Wissens. Denn begreifen wir »Wissen« als »geronnene« Erfahrung, als Produkt unserer Abstraktionsfähigkeiten, beschreibt der Bereich des Wissens – explizites oder implizites, bewusst-deklaratives oder unbewusst-prozedurales – sozusagen einen mystischen »Un-Ort«. Ich hoffe, damit begründet zu haben, warum ich jene eingangs zitierte Formulierung von dem »Wiederentdecken eines uralten Wissens« für problematisch halte.

Damit sind wir bei der Frage angelangt, wie wir uns diesen Zwischenbereich eines Auftauchenden Selbsterlebens wieder erschließen können, so dass der Zugang zu ihm nicht von glücklichen Umständen bzw. dem Zufall abhängig bleibt. Die Vorstellung von einer »Regression auf eine frühe Entwicklungsphase« – die dann mit mystischem Erleben gleichzusetzen wäre – muss vor dem Hintergrund des oben Dargestellten endgültig verworfen werden. Bereits das Konzept der »Phase« (oder »Periode«) im traditionellen Sinn existiert in dem von mir gewählten theoretischen Bezugrahmen nicht mehr. D. N. Stern hat sukzessiv sich herausbildende Arten des Selbstempfindens konzipiert, deren Entstehung zwar zeitlich in etwa umrissen ist, die jedoch als »simultane Bereiche des Selbsterlebens« ein Leben lang erhalten bleiben. (Er nennt das »Emergenz«, ein Begriff aus der neueren englischen Philosophie, wonach höhere Seinsstufen durch neue auftauchende Qualitäten aus niederen entstehen.) Für einen Tausch der im Vordergrund stehenden Erfahrungs- bzw. Erlebensweise und damit für einen Wechsel des dominanten Selbstempfindens bedürfe es daher auch keiner außergewöhnlichen Umstände oder Vorgänge, wie sie im Begriff der Regression gefasst sind. Entsprechendes müsste dann auch für das Erreichen jenes »Bereiches zwischen einem Auftauchenden Selbsterleben« gelten.

Geißler (2001) leistet einen umfassenden Überblick über verschiedenste Konzepte und Definitionen des Begriffs »Regression«, die seiner Darstellung nach beinahe so zahlreich sind wie die Personen, die sich dieses Begriffes bedienen. Auf zwei Dimensionen des Begriffs stößt er im Rahmen seiner Analyse jedoch immer wieder: auf eine zeitliche Dimension und auf eine formale Dimension. Der zeitliche Aspekt des Begriffs, so Geißler (ebd.), beinhalte die Vorstellung von einem Zurückschreiten. Der formale Aspekt beinhalte die Vorstellung von einer Strukturrückbildung, bei der eine komplexe Struktur durch eine weniger komplexe ersetzt werde.

Meine Frage ist nun, wie der Prozess, der zum Erreichen jener Bereiche »zwischen einem Auftauchenden Selbsterleben« führt, nun anders als mit dem Begriff der »Regression« beschrieben werden kann. Darf das geglückte Produkt lebenslanger Bemühungen um eine meditative Praxis, um eine spirituelle Weiterentwicklung tatsächlich angesehen werden als »(...) ein generelles und sektorielles Außerkrafttreten oder Zusammenbrechen des aktualen, kognitiven, emotionalen und behavioralen Differenzierungsniveaus (...) über einen kürzeren oder längeren Zeitraum« (Geißler ebd.)? Wir benötigen einen neuen Begriff, der sich – ähnlich wie das mystische Erleben selbst – nicht in Dichotomien von »vorwärts-rückwärts«, »später-früher«, »elaboriert-archaisch« oder »bewusst-unbewusst« verwickelt.

An einer guten Idee mangelt es noch. Eine kleine Anleihe aus dem Ostasiatischen Denken wäre jedoch zu machen. Erlauben Sie mir einen weiteren kurzen Exkurs. Vielleicht kann er uns weiterführen:

Bestandteil asiatischer Kampfsportarten ist, wie Sie alle wissen, ein Rangsystem aus verschiedenfarbigen Gürteln (Kyûdan bzw. Ôbi), die den Ausbildungsstand des Adepten signalisieren. Die hell-bunten Gürtel werden von den Anfängern, die dunkler werdenden Gürtel von den Fortgeschrittenen getragen. Auch wer mit Budô (dem Weg des Kriegers) nicht vertraut ist, kennt noch »den« schwarzen Gürtel als äußeres Merkmal des Meister-Grades. Der erste Dan markiert jedoch nur eine Stufe, auf der die technischen Grundlagen gemeistert sind, und nicht mehr. Erst wenn man weiter übt, wird man zunehmend in der Lage sein, auch den Geist des Budô zu begreifen. Ein Spruch aus dem mir persönlich am vertrautesten Shôtôkan karaté-dô heißt: »Karaté-dô (also: der Weg der Leeren Hand) beginnt dort, wo die Technik aufhört«. Ein weiteres Voranschreiten auf diesem Weg wird äußerlich markiert durch ein Verblassen der schwarzen Gürtelfarbe und oft durch das Auftauchen der Farbe Rot. Früher oder später wird der Gürtel jedoch mit wachsender Vervollkommnung wieder weiß (vgl. z. B. Bittmann 2000 oder Reid & Croucher 1983). Die Farben sind somit in einem symbolhaften Kreis angeordnet: Der wirkliche Budo-Meister gelangt an einen Ort, wo er als Anfänger begonnen hatte. Er ist wieder dort und doch *gleichzeitig* auf einer um vieles höheren Stufe: Als Anfänger hatte er nur wenige unklare Vorstellungen gehabt im Hinblick auf Budô. Auch ansonsten hatte er wenig gekonnt und gewusst. Als Meister hat aufs Neue nur noch sehr wenige Ideen und Vorstellungen und seine Technik hat er »vergessen« – signalisiert durch den weißen Ôbi. Als wirklicher Meister *lebt* er den Karaté-dô. Er, sein Weg und sein Ziel sind eins geworden. Vielleicht können wir uns den Unterschied zwischen einem Mystiker und uns Mystik-Interessierten genauso vorstellen?

Erlauben Sie mir, noch einmal M. J. Rumi (n. Schimmel 1985) in seinem Dīwān-i kabīr: zu zitieren:

> »Siehst Du denn nicht, wie weit der Weg der Weintraube war, um süß zu werden? Aber ihr Weg ist nicht kenntlich. Erst wenn sie reif geworden, zeigt sich, wie weit sie gehen musste, um diesen Zustand zu erreichen.«

Zum Abschluss meines Vortrages möchte ich zusammenfassen:
Der »Weg des Wanderers auf dem mystischen Pfad« lässt sich meiner Darstellung nach als ein mühsam erarbeiteter Zugang zu den »Zwischenbereichen eines Auftauchenden Selbstempfindens« beschreiben – hin zur Unmittelbarkeit der Erfahrung *vor* der Konzeptbildung, die aus der Abstraktion von Erfahrung entstanden war. Unsere angeborene »Begeisterung« für die Herausbildung von Strukturen (wobei an oberster Stelle die Bildung von Interaktionsrepräsentanzen steht), in deren Schaffung wir soviel Energie stecken und denen wir so hohen heuristischen Wert und damit Funktionalität bei der Lebensbewältigung zusprechen – genau jene Strukturen

scheinen uns auf schmerzliche Weise von der Un-Mittelbarkeit unserer Erfahrung, von der Möglichkeit zum Erleben eines Eins-Seins zu trennen.

Und ein letztes Mal M. J. Rumi (zit. n. Schimmel 1985):

> »Trinke den Becher des Fühlens, auf dass Du nicht die Scham der Selbstbewusstheit empfindest.« ...

und

> »Verwende dein Leben zur Erforschung deines Zustandes; verschwende es nicht in der Erforschung des Zustandes der Welt.
> Ist die Kenntnis Gottes tief?
> Du Narr! Du bist tief!
> Wenn es eine Tiefe gibt, dann ist es die deine!«

Literatur

Bittmann, H. (2000): Die Lehre des Karatedô. Ludwigsburg, Kanazawa (Bittmann).

Geißler, P. (2001): Mythos Regression. Gießen (Psychosozial).

Epstein, M. (1995): Thoughts Without a Thinker. New York (HarperCollins).

Matte Blanco, I. (1975): The Unconscious as Infinite Sets. An Essay in Bi-Logic. London (Duckworth).

Matte Blanco, I. (1988): Thinking, Feeling, and Being (New Library of Psychoanalysis Vol. 5). Clinical reflections on the fundamental antinomy of human beings and world. Hg. D. Tuckett. London (Routledge).

Matte Blanco, I. (1998): The Unconscious as Infinite Sets: An essay in Bi-Logic. With a new foreword by E. Rayner. London (Karnac Books).

Ojeda, C. (2001): Ignacio Matte Blanco, Armando Roa Rebolledo y Juan Marconi Tassara: tres creadores en la psiquiatria chilena. Rev. Chil. Neuro-Psiquiat., 39, 183–194.

Rayner, E. (1995): Unconscious Logic: An Introduction to Matte-Blanco's Bi-Logic and Its Uses (New Library of Psychoanalysis Vol. 21). London (Routledge).

Reid, H., & Croucher, M. (1983): The way of the warrior. The paradox of the martial arts. London (Eddison/Sadd Editions ltd.).

Rūmi, Jalāluddīn (1985): Diwān-i kabīr. In: Schimmel, A. (1985): Mystische Dimensionen des Islam. Köln (Diederichs).

Schimmel, A. (1985): Mystische Dimensionen des Islam. Die Geschichte des Sufismus. Köln (Diederichs).

Schimmel, A. (1995): Al-Halladsch – »O Leute, rettet mich vor Gott«. Freiburg u. a. (Herder), Neuausgabe 1995.

Stern, D. N. (1986): Die Lebenserfahrung des Säuglings. Stuttgart (Klett-Cotta, dt. 1992).

Stern, D. N. (1991): Tagebuch eines Babys. Was ein Kind sieht, spürt, fühlt und denkt. München (Piper)

Stern D. N. (1998): »Now-moments«, implizites Wissen und Vitalitätskonturen als neue Basis für psychotherapeutische Modellbildungen. In: Trautmann-Voigt, S., Voigt, B. (Hg.): Bewegung ins Unbewusste. Beiträge zur Säuglingsforschung und analytischen KörperPsychotherapie. Frankfurt/M (Brandes & Apsel), S. 82–96.

Vaughan-Lee, L. (1993): Der Liebesbund. Psychologische und spirituelle Aspekte des mystischen Weges. Interlaken (Ansata).

Witte K.-H. (1998): Das »Unbewusste« – die »mystische« Seite des Rationalen? Zeitschrift für Individualpsychologie, 23, 356–374.

Wolff, P. H. (1966): The causes, controls and organization of behavior in the neonate. Psychological Issues, 5, 17.

Buddhismus und Psychoanalyse

Jochen Schade

Der Vortrag konzentriert sich auf eine eng gefasste Aufgabe: auf das Problem des Leidens und der Erlösung vom Leiden, die Buddha in den Mittelpunkt seiner Lehre stellte. Die Vorschläge Buddhas werden mit psychoanalytischen Augen gelesen. Andererseits sollen auch die Grundannahmen der Psychoanalyse durch buddhistische Auffassungen hinterfragt werden. Die Interpretation beschränkt sich weitgehend auf Texte des Palikanon aus der Theravadatradition, den man früher abwertend Hinajanabuddhismus, den »Buddhismus des kleinen Fahrzeuges«, nannte. Seine Anhänger glauben aber, dass ihre Texte den ursprünglichen Verkündigungen Gautama Buddhas am nächsten kommen. Die religiösen und spirituellen Komponenten des Buddhismus, die einige seine Ausprägungen zweifellos haben (Keown 2001, S. 10 ff.), werden nicht berücksichtigt. Der Streit, ob der ursprüngliche Buddhismus überhaupt Religionscharakter hat oder ob es sich bei ihm um eine Lebenslehre oder gar, wie Nietzsche provozierend formuliert, eine »Hygiene« (Nietzsche 1888, S. 1077) handelt, wird nicht berührt. Er ist für die Problemstellung des Vortrages unerheblich. Die Lektüre ist durch und durch diesseitig und pragmatisch. Es soll erprobt werden, ob ein Denken, das sich vollständig der westlichen Aufklärung verpflichtet fühlt, buddhistisches Denken rezipieren kann, ohne dessen radikalen Anspruch zu verfehlen und ohne es auf Mittelmaß zurechtzustutzen.

Kann sich der Mensch von den unvermeidlichen Leiden des Lebens befreien? Freud war skeptischer als Buddha. Er hielt es lediglich für möglich, »hysterisches Elend in gemeines Unglück zu verwandeln« (Breuer und Freud 1895, S. 312). Gegen das gemeine Unglück schien ihm kaum ein Kraut gewachsen. Diese Ansicht hielt er aufrecht, wie an seinem späten Text *Das Unbehagen in der Kultur* (Freud 1930) unschwer zu sehen ist. Die klinische Psychoanalyse konzentriert sich deshalb auf das individuelle Leid der Neurotiker. Buddha befasst sich mit den überindividuellen, universellen, systematischen Quellen des Leidens und lehrt Methoden, sich von diesem Leid zu befreien. Freud hätte diesen Bemühungen wohl skeptisch gegenüber gestanden.

Im Zentrum des Vortrages stehen die vier edlen Wahrheiten des Buddhismus und die von ihm beschriebenen drei Daseinsmerkmale. Die erste Wahrheit ist die Wahrheit vom Leiden:

»Geburt ist leidhaft, Alter ist leidhaft, Krankheit ist leidhaft, Sterben ist leidhaft; Trauer, Jammer, Schmerz, Gram und Verzweiflung sind leidhaft, mit Unliebem vereint, von Liebem getrennt sein ist leidhaft; Begehrtes nicht erlangen ist leidhaft (...)« (Schuhmann 2001, S. 63). Es ist die radikale Aussage eines großen Psychologen. Es gibt zahlreiche Interpretationen dieser Wahrheit. Einige weitverbreitete, wie: ›Leiden ist unvermeidlich. Leiden ist ein integraler Bestandteil der conditio humana‹, scheinen sie eher abzuschwächen. Die Übersetzung des Sanskritwortes Dukkha mit ›durchdringender Unzulänglichkeit‹ kommt seiner Bedeutung wohl nah. Buddha sagt nicht: Alles ist Leiden. Er war Realist genug, die Möglichkeit von Lebensfreude anzuerkennen, aber er besteht in radikaler Weise auf der Aussage, dass Leben im Wesentlichen Leiden ist, unter anderem, weil das Glück und das Gute vergänglich sind. Buddha hat es so elegant und grundsätzlich formuliert, dass Widerspruch schwer fällt. Leiden ist: mit Unliebem vereint sein, von Liebem getrennt sein, etwas Gewünschtes nicht erlangen. Befindet sich nicht jeder von uns, jederzeit, in grundsätzlich jedem dieser Fälle?

Freud schreibt: »Das Leben, das uns auferlegt ist, ist zu schwer für uns, es bringt uns zu viel Schmerzen, Enttäuschungen und unlösbare Aufgaben. Um es zu ertragen, können wir Hilfsmittel nicht entbehren« (Freud 1930, S. 432). Im weiteren Text weist Freud dann aber die Unzulänglichkeit dieser Hilfsmittel überzeugend nach. Er führt die Ursache des Leidens im Wesentlichen auf die Notwendigkeit der Triebunterdrückung zurück und gesteht dem Gegenmittel, der Sublimierung, nur ein geringes Potential zu. Sogar in der Natur des Sexualtriebes selbst scheint ihm etwas »dem Zustandekommen der vollen Befriedigung nicht günstig« zu sein (Freud 1912, S. 89). In anderen Zusammenhängen verweist er allerdings auf differente Quellen des Leidens, auf die »Beeinträchtigung des Selbstgefühls als narzisstische Narbe« (Freud 1920, S. 19), die durch die Abhängigkeit des Kleinkindes und seine sexuelle Frühreife entstehen.

Die zweite Wahrheit ist die Wahrheit vom Entstehen des Leidens.

»Es ist die Wiedergeburt bewirkende wohlgefällige, mit Leidenschaft verbundene Gier, die hier und dort Gefallen findet, nämlich: Die Gier nach Lust. Die Gier nach Werden, die Gier nach Vernichtung« (Schuhmann 2001, S. 82). Inhaltlich würde der Trieblehrer Freud wohl umstandslos dieser Wahrheit Buddhas zustimmen. Auch nach seiner Lehre sind die Triebe und ihre Abkömmlinge die mächtigsten Kräfte, die uns an das Leben binden.

Fügen wir die narzisstischen Wünsche nach großartiger Existenz und nach Selbstverkleinerung und die destruktiven nach Selbstvernichtung hinzu, so erhalten wir ein vollständiges Panorama menschlicher Antriebe. Buddha und Freud verzichten vollständig auf die Annahme anderer ›wertvollerer‹ Antriebsquellen wie Sehnsucht nach Transzendenz, Sehnsucht nach Gott und gehen davon aus, dass lediglich ableitbare seelische Leistungen wie die Sublimierung oder die Sehnsucht nach Erlösung vom Leid und das Mitgefühl mit den Anderen Erleichterung schaffen können.

Nach Buddha sind die Begierde, der Hass und das Unwissen Quellen unseres Unglücks. Können Psychoanalytiker ihm da widersprechen?

Der Terminus der Wiedergeburt, die in der zweiten Wahrheit eine zentrale Position einnimmt, verweist auf die altindische Reinkarnationslehre. Sie war für Buddha so natürlich und unverzichtbar wie das Atmen. Sie stellte für ihn eine unhinterfragbare Grundlage dar, die ihn herausforderte und beflügelte. Viele moderne, besonders europäische Buddhisten verzichten wie selbstverständlich auf diese metaphysische Voraussetzung. Nach ihrer Überzeugung wird der Kern des buddhistischen Denkens durch Verzicht auf die Reinkarnationslehre nicht angetastet.

Die dritte Wahrheit ist die Wahrheit von der Aufhebung des Leidens. Die Aufhebung wird möglich durch »die restlose Aufhebung, Vernichtung, Verwerfung das Freilegen (und) Ablegen eben dieser Gier« (Schuhmann 2001, S. 97).

Skeptische Einwände der Psychoanalyse gegen die Radikalität der Formulierung liegen nahe. Sie bezweifeln die Erfüllbarkeit der Forderung und halten ihr Ansinnen für unvereinbar mit der Triebnatur des Menschen. Wahrscheinlich ist ein realistischer Zugang zu diesem Anspruch nur möglich, wenn er relativiert wird und die Forderung sich nicht auf ein gänzliches Vergehen jedes Begehrens, sondern auf eine allgemeine Tendenz zur Minderung und Reduktion der Lebensgier richtet. Nach Tugendhat (2003, S. 125) gehört der Buddhismus einer Form der Mystik vollständiger Weltverneinung und vollständiger Entsagung vom Wollen an, die seine zentrale Rezeptionsschwierigkeit ausmachen (Tugendhat 2003, S. 111–149).

Von dieser Verringerung oder dem Vergehen des Lebensdurstes handelt die vierte Wahrheit über den Weg, der zur Aufhebung der Leiden führt. Es ist der edle achtfache Pfad, der da heißt: »Rechte Ansicht, rechter Entschluss, rechte Rede, rechtes Verhalten, rechte Lebensführung, rechte Anstrengung, rechte Achtsamkeit, rechte Meditation« (Schuhmann 2001, S. 99).

Der achtfache Pfad umfasst also das ethische Verhalten, die Weisheit und als spezifisches Element des Buddhismus die Meditation, auf die sich der Vortrag konzentriert.

Die drei Daseinsmerkmale oder Drei Kennzeichen – Vergänglichkeit; Leidhaftigkeit; Nicht-Seelenhaftigkeit – sind knapp formuliert, bieten aber dem Verständnis größere Schwierigkeiten als die vier edlen Wahrheiten.

Buddha hat gesagt: »Dieses Dharma, das ich verkündet habe, ist wirklich tief, schwer wahrzunehmen, schwer zu verstehen, ruhig, erhaben, nicht in der Sphäre der Logik, subtil und soll vom Weisen verstanden werden (...)« (Epstein 2002, S. 54), und wirklich verlangt er für das Verständnis der Daseinsfaktoren große Anstrengungen, da seine Ideen oft unserer Alltagsintuition entgegenstehen. An diesen Stellen beginnt die wirkliche Herausforderung buddhistischen Denkens.

›Alles ist vergänglich‹. Das ist eine grundsätzliche und damit nicht triviale Aussage. Sie beruht auf der reinen Beobachtung unseres Geistes und geht davon aus, dass alle authentisch und unmittelbar wahrgenommenen Empfindungen, Phantasien und Gefühle kommen und gehen, entstehen und vergehen. Hinter diesen flüchtigen und vergänglichen Bildungen unseres Geistes gibt es nichts Festes, Stabiles, Zeitüberdauerndes. Alle Gedanken, die den ursprünglichen Wahrnehmungen Dauer und Eigenständigkeit zuschreiben, sind Folge einer Täuschung und deshalb eine Illusion.

Buddha verkündet keine dogmatische Wahrheit, er verkündet in gewissem Sinn auch keinen empirischen Tatbestand. Er weiß wohl, dass es stabile Persönlichkeitsmerkmale gibt, die den Eindruck des Dauerhaften erwecken. Aber gibt es wesenhaft, unbedingt Dauerhaftes? Unbedingt und wesenhaft ist der ständige Wechsel, das ständige Entstehen und Vergehen. Die Aussage kann aber auf einer tieferen Ebene empirisch wahr werden, denn wenn unsere Denkfixierungen aufgehoben sind, die Illusion eines stabilen Wesenskerns aufgelöst ist, wird die Flüchtigkeit aller Vorgänge offen zutage treten. Gelangen wir zu einer vertieften Achtsamkeit in der reinen Beobachtung unseres Geistes, dann wird die Hypothese Buddhas zu einer lebendigen neuen Erfahrung.

Um es mit einer transzendentalen Argumentation zu formulieren: Die gewöhnlichen Bedingungen der Möglichkeit, etwas zu erfassen, verlocken zu der Ansicht, dass es neben dem Flüchtigen und Ephemeren auch das Festgefügte, dauerhaft Gegründete gäbe. Wenn wir die Möglichkeit ergreifen, den Geist rein und achtsam wahrzunehmen, fließt alles, und wir können nicht zweimal in denselben Fluss steigen.

Die Auffassung Buddhas über die Flüchtigkeit und Vergänglichkeit ist dialektisch und paradox. Einerseits liefert sie ihm die Teilbegründung, dass das unerlöste Leben Leid ist, weil jedes Glück und jeder Genuss vergänglich ist.

Andererseits eröffnet gerade diese durchdringende und systematische Vergänglichkeit aller Dinge und aller geistigen Tatbestände die Möglichkeit der Erlösung. Gäbe es einen festen unvergänglichen Kern, dann gäbe es keine Erlösung. In untrennbarem Zusammenhang mit der Vergänglichkeitsbehauptung steht die dritte These.

Aus der Nicht-Seelenhaftigkeit oder Leere folgt: Es gibt keinen wesenhaften Kern einer Erscheinung. Auf uns bezogen bedeutet es: Es gibt kein stabiles, überdauerndes, eigenständiges Selbst mit substantieller Identität. Bei diesem Gedanken handelt es sich wahrscheinlich um eine Weiterentwicklung und grundsätzlichere Formulierung der Aussage: Es gibt keine unsterbliche Seele (Schuhmann 2001, S. 69 f). Buddha opponierte gegen zwei Grundgedanken der hinduistischen Religion: die Existenz einer unsterblichen Seele und eines unsterblichen Gottes. Sein Genie zeigte sich darin, dass er die Konsequenzen seiner entgegengesetzten Intuition lebenslang untersuchte. Er wollte *einer* dogmatischen Einsicht keine andere entgegensetzen. Nach seiner Ansicht reichen die Konsequenzen der Annahme von ewigen, im Wesen unveränderlichen Gegebenheiten bis tief in unser Denken hinein. Der Glaube an eine unsterbliche Seele verführt uns zu Annahmen über unveränderliche Grundeigenschaften unserer Seele, die den Kern unseres Wesens und seinen besonderen Wert ausmachen. Er leugnet nicht die Möglichkeit relativer Stabilität, aber besteht auf einer radikal anderen Wertung von vergänglichen und relativ stabilen Eigenschaften. Wenn wir das Phänomen der Flüchtigkeit und Sterblichkeit aller Erscheinungen nicht als Bedrohung erleben, sondern akzeptieren, kann es therapeutisch wirken.

Buddha betrachtete sich nicht als Philosoph, sondern als ›Erlösungspragmatiker‹, als Einen, der Antwort auf die Frage der Erlösung vom Leiden gibt.

»Wie das große Meer nur einen Geschmack hat, den des Salzes, so hat auch diese Lehre und diese Disziplin nur einen Geschmack, den Geschmack der Erlösung« (Schuhmann 2001, S. 62).

Die zentrale Methode der buddhistischen Selbstbeobachtung ist die Einsichtsmeditation – Vipassanameditation. Die Satipatthana-Sutta (Mylius 1983, S. 109–125), in der Buddha diese Methode der »Vergegenwärtigung der Achtsamkeit« präzise und erhellend beschrieben hat, ist ein Wunder an psychologischer Intuition. Sie fordert eine genaue Beobachtung unserer körperlichen und geistigen Aktivitäten. Sie beginnt mit der Beobachtung der Atmung und der Körpersensationen und endet bei der Wahrnehmung von »Geisteszuständen« und »Natürlichen Wahrheiten« (Gruber 2001, S. 38 ff).

Sie konzentriert sich auf das Wahrnehmen der augenblicklichen geistigen Vorgänge in ihrer vollen Präsenz. Der Geist beobachtet sich bei der Arbeit.

Er stellt in jedem Moment neue Geistesbildungen fest; er beurteilt sie nicht, er verurteilt sie nicht, er begegnet ihnen ohne Wunsch, sondern lediglich mit der aufmerksamen Absicht, sie voll zu gegenwärtigen, ihr Entstehen, ihr Vergehen, ihr Auftauchen in neuer Gestalt, ihr erneutes Vergehen – lacanianisch gesprochen: das Gleiten der Signifikanten.

Ihnen wird auffallen, wie tief diese Technik reiner Achtsamkeit mit der gleichschwebenden Aufmerksamkeit Freuds verwandt ist. Diese verlangt, dass ich meine Reaktionen auf die verbalen und nonverbalen Äußerungen des Patienten aufmerksam registriere, ihnen ohne Vorurteil, ohne Zwang zur Erkenntnis, ohne Erinnerung und ohne Wunsch begegne, eine Erkenntnis, die idealerweise unmittelbar, offen, direkt und spontan ist. Zwiebel (2001, S. 17) beschreibt erhellend die Bipolarität dieses Vorganges, wobei ein Pol die absichts- und gedankenlose Wahrnehmung unseres seelischen Geschehens im analytischen Prozess (reverie), der andere Pol aber das distanzierende Reflektieren und gezielte Nachdenken ist. Er beschreibt das ständige Oszillieren zwischen beiden Polen (Ferenczi 1928), die einander komplementär sind. Das Oszillieren macht die unmittelbare Fruchtbarkeit der Methode aus.

Buddhistische Meditation ist durch drei zentrale Merkmale beschrieben: Konzentration, Achtsamkeit und Einsicht. Bei einer bestimmten Stufe der Vipassanameditation, die als Weisheitsmeditation bezeichnet wird, tritt zu der achtsamen Wahrnehmung der Geistesbewegung ein kritisches reflektierendes Moment, in dem man diese Gegenwartswahrnehmung zu den Einsichten Buddhas über Vergänglichkeit und Nichtwesenhaftigkeit in Beziehung setzt, und sich z. B. klarmacht, dass Kategorien wie »das wahre Selbst« unnötig sind, das Gleiten der Gedanken und Gefühle in ihrer unmittelbaren Wirklichkeit zu verstehen. Sie bilden nicht den Geist ab, sondern falsche Anschauungen über den Geist. Diese Technik erfordert ein ähnliches Oszillieren zwischen zwei geistigen Einstellungen wie die gleichschwebende Aufmerksamkeit.

Die beschriebenen Meditationsformen sind besonders geeignet, Verfälschungen unserer Selbstwahrnehmung durch Wunschdenken und Idealisierung zu zerstören.

Nicht selten wird die Meditation als regressives Geschehen aufgefasst. Nach dem oben Gesagten müssen wir differenziertere Fragen darüber stellen. Es gibt Meditationstechniken, die eine Regression zur Selbstvergessenheit anstreben und das berühmte »ozeanische Gefühl« Rolands (Freud 1930) hervorrufen wollen, die »Regressionen zu uralten, längst überlagerten Zuständen des Seelenlebens« (Freud 1930, S. 431) oder die Wiederbelebung einer Art undifferenzierter Seligkeit. Das sind Meditationen, in denen

Erleuchtung als Vergessen definiert wird und das Abstreifen aller Fesseln das Ziel ist (Epstein 2002, S. 118–170). Buddha hat einen anderen Weg verfolgt. Er hat das Schwergewicht ganz auf die Ausbildung und ständige Übung der inneren Achtsamkeit gelegt, auf das hellwache Gewahrwerden der Arbeit unseres Geistes. Andere Möglichkeiten kannte er, aber er bewertete sie nicht hoch, ja warnte vor ihnen. Seine Meditation gleicht eher einer Methode, das Ich zur Beobachtung und Bändigung seiner eigenen Manifestationen zu gebrauchen. Sie legt höchsten Wert auf das systematische Gewahrwerden aller Gefühle, besonders der unliebsamen. Die Gefühle sollen nicht kritiklos ausgelebt, verdrängt oder kontrolliert werden, sondern ohne Zorn und Eifer registriert werden. Die Ähnlichkeit zum analytischen Ideal ist hier unverkennbar.

Freuds impliziter Vergleich der Regression im Yoga mit dem Eintauchen in das Meereswasser, aus dem der Taucher befreit wieder auftaucht (Freud 1930, S. 431), gilt nicht für die buddhistische Meditation. Buddha hat seine Lehre mit einem Floß verglichen, und wir können buddhistische Meditation eher mit dem Gleiten eines Floßes über die Wellenbewegungen unseres Geistes vergleichen, als mit dem atemraubenden Eintauchen in die Tiefe der Seele (Epstein 2002, S. 116 f.).

Es ist schwierig, die gleichschwebende Aufmerksamkeit und ihr Gegenstück, die freie Assoziation, zu verwirklichen. Und jeder Meditierende weiß, wie außerordentlich schwierig es ist, die innere Achtsamkeit zu realisieren. Diese Schwierigkeiten stammen aus gemeinsamen Wurzeln, deren Untersuchung für die Psychoanalyse und die buddhistische Psychologie eine lohnende Aufgabe sein könnte.

Der Meditierende registriert in jedem Moment, wie prekär es ist, sich auf den Augenblick zu konzentrieren. Er bemerkt, wie sein Geist vorauseilt oder sich zur Vergangenheit wendet. Er entdeckt, dass das Vorauseilen des Geistes durch Angst, Sorge und Gier erzwungen wird und die Wendung zur Vergangenheit, durch Grübeln über Kränkungen und erlittenes Leid und Schuldgefühle.

Wir suchen Sicherheit und Kontrolle über die Vergangenheit, Gegenwart und Zukunft und leiden unter der bedrängenden Einsicht, diese Kontrolle nicht ausüben zu können. Wir registrieren bekümmert die zwanghafte Wiederholung von alten Ängsten und Denkfixierungen. Buddhistische Beobachter sagen uns jetzt: Für jede dieser Aktivitäten gibt es eine Voraussetzung, die du nie hinterfragst. Das ist die Voraussetzung eines stabilen überdauernden Ich, das morgen auf die gleiche Art nach Befriedigung sucht und Unheil befürchtet. Hinterfrage diese Vorstellungen systematisch! Das

Leiden ist nicht Folge des Lebens, sondern des gierigen Anhaftens am Leben. Dieses quälende Anhaften wiederum ist im Wesentlichen eine Folge des Anhaftens an einer falschen Vorstellung von einem substantiellen überdauernden Ich. Die Vorstellung von einem wahren Selbst, das darauf wartet, befreit zu werden, ist auch ein Abkömmling der illusionären Ich-Vorstellungen. Winnicott weiß das wohl, wenn er sagt: »Es hat wenig Sinn, eine Idee vom wahren Selbst zu formulieren, es sei denn, um zu versuchen, das falsche Selbst zu verstehen« (Winnicott 1984, S. 189). Man kann vermuten, dass an dieser Stelle ein entscheidendes Nadelöhr für den Zugang zu buddhistischem Denken zu finden ist. Denn die Phantasien von »Ichhaftigkeit« und »Meinhaftigkeit« sind Folge habitueller unbewusster impulsiver Prozesse (Zwiebel 2001, S. 3) von großer Kraft und Evidenz, denen wir uns nicht per Entschluss entziehen können. Wir hören die Botschaft, allein: Sie überzeugt uns nicht.

Möglicherweise kann uns die Psychoanalyse Werkzeuge zum Verständnis der Macht unbewusster Vorgänge liefern, der Macht, die diese habituellen Selbstvorstellungen erzeugt. Dazu folgen hier einige Überlegungen, die völlig am Beginn stehen und nur einen ersten Orientierungsversuch darstellen.

- Die neurotische Fixierung bindet uns an nicht gelöste seelischen Konflikte, die uns an der freien Entfaltung unseres Seelenlebens hindern, uns immer die gleichen Phantasien aufzwingen und repetitive Muster des psychischen Geschehens ausbilden.
- Identifikationsvorgänge veranlassen uns, das augenblickliche Gefühl nicht rein wahrzunehmen, sondern uns mit dem Gefühl zu identifizieren. Wir sind nicht traurig, sondern empfinden uns als traurigen Menschen und ängstigen uns vor einer Fortdauer der Traurigkeit. Diese Angst ist dann viel bedrängender als das ursprüngliche Gefühl.
- Die narzisstischen Bedürfnisse dringen gebieterisch auf eine Aufrechterhaltung der Illusionen über das Selbst, denn der Genuss, den wir anstreben, scheint uns nur durch die Prolongierung genau dieser Ich-Vorstellungen möglich: Wer soll genießen, wenn nicht dieses vorgestellte Ich? Wir vergessen dabei, dass auch niemand leiden kann als eben dieses Ich – und so werden unsere Befriedigungsquellen gleichzeitig Brutstätten unserer Qualen.
- Auf einer tieferen begrifflichen Ebene können wir den Wiederholungszwang, einen Abkömmling des Todestriebes ausmachen, den Freud als einen Hauptschuldigen an unserem Leid erkannte. Er zwingt uns zu einem ständigen Haften an den alten Verletzungen, ungelösten Konflikten und autoaggressiven Phantasien.

- Und schließlich müssen wir die Allmachtsphantasien nennen, die einen frühen Abwehrmechanismus gegen unerträgliches Leid darstellen (Bion 1962; Beland 2003). Sie haben uns ständig in ihrer Gewalt, da sie uns die Möglichkeit eines leidfreien Zustandes vorgaukeln, eines Zustandes, in dem wir kraft unserer Allmacht jedes Leid vernichten, z. B. indem wir das Leid weg- und das Glück herbeihalluzinieren. »So erweist sich die Allmacht der Gedanken (...) als unbeschränkt wirksam im Affektleben des Neurotikers« (Freud 1912, S. 107). Beland (1994, S. 46) unterscheidet zwischen der normalen und der pathologischen Allmacht. Zum Begriff der normalen Allmacht gehören unter anderem die libidinöse Überbesetzung des Denkens, der Körpernarzissmus, die Überschätzung der primären Objekte, die Verliebtheit und das Selbstgefühl. Die pathologischen Allmachtsphantasien neigen zu destruktiven Manifestationen und führen zum exzessiven Gebrauch der projektiven Identifizierung und zum psychotischen destruktiven Narzissmus. Wahrscheinlich würde Buddha genau am Sinn dieser Unterscheidung zweifeln. Er würde zu zeigen versuchen, dass in der Akzeptanz der normalen Allmachtsphantasien die Bedingungen für unsere Ich-Illusionen geschaffen werden. Wir wollen die glückverheißenden Allmachtsphantasien nicht aufgeben und müssen die destruktiven mit in Kauf nehmen. Wir könnten uns fragen, ob die Allmachtsphantasien wirklich allmächtig sind und wir ihnen unauflösliche Macht über uns zugestehen wollen. Unsere grandiosen Selbstvorstellungen sind Folgen und Träger dieser verführerischen Allmacht. Die Vorstellungen von Unsterblichkeit, ewiger Seligkeit und Vereinigung mit dem allmächtigen Gott scheinen mächtige kulturelle Projektionen eben dieser Allmachtsphantasien.

Diese Überlegungen haben nur Sinn, wenn wir nicht kategorial zwischen normalen und pathologischen Mechanismen unterscheiden wollen. Nach meiner Überlegung sind es die ubiquitären »normalen« Wiederholungszwänge, narzisstischen Bedürfnisse und Allmachtsphantasien, die zu der Entstehung unseres habituellen Ich-Gefühls führen. Sie unterscheiden sich nur im Grad, nicht im Wesen von den pathologischen Phänomenen, können aber an diesen besser studiert werden. Psychoanalytiker gehen davon aus, dass die Macht der pathologischen Phänomene durch psychoanalytische Arbeit gemindert werden kann. Buddhisten hoffen auch auf eine Beeinflussung der grundlegenden Prozesse, die zu unserer substantiellen Ich-Wahrnehmung führen.

Bei diesen Problemen differieren buddhistische Meditation und Psychoanalyse nur im Maß, nicht in der Tendenz. Ist es nicht ausdrückliches Ziel der Psychoanalyse, neurotische Fixierungen aufzulösen, die Macht des

Wiederholungszwanges zu mindern und die Folgen von Allmachtsphantasien einzudämmen? Auch die Hoffnung auf eine Vergrößerung der Fähigkeit zur Sublimierung, »durch welche die Energie infantiler Wunschregungen nicht abgesperrt wird, sondern verwertbar bleibt, indem den einzelnen Regungen statt eines unbrauchbaren, ein höheres, eventuell nicht mehr sexuelles Ziel gesetzt wird« (Freud 1910, S. 141), entspricht der Auflösung von Begierde, deren Möglichkeit von Freud sonst eher skeptisch gesehen wird. Die Sublimierung ist wahrscheinlich derjenige Theoriebestandteil Freuds, der die größte Nähe zu buddhistischen Überzeugungen hat, und sie verdient eine nähere Untersuchung.

Die Differenzen bleiben aber groß. Der Buddhismus drückt seine Zielstellungen ungleich radikaler aus. Ihm geht es nicht um ein Reduzieren des Haftens, der Ich-Illusion, des Leidens, sondern um deren Auflösung. Möglicherweise ist die buddhistische Perspektive für uns Europäer besonders fremd, weil wir in den abendländischen Kulturvorstellungen stärker befangen sind, als wir wahrhaben wollen. Ist der habituelle zwanghafte Prozess, der uns zu den gewohnten Vorstellungen über unser Ich zwingt, vielleicht doch nicht ausschließlich naturwüchsig, sondern auch kulturell produziert in der leidenschaftlichen abendländischen Geschichte der Herausbildung und Idealisierung von Persönlichkeit, Individualität und dem tragischen Menschen? Das buddhistische Heilsversprechen des Nirwana könnte in keinem größeren Gegensatz zu typischen europäischen Idealen wie der großen Persönlichkeit, ihrer Fortdauer in irgendeiner Gestalt oder der ewigen Seele stehen. Denn es zielt auf die Auflösung der Persönlichkeit. Es zielt auf die Vernichtung der Illusion, nicht auf deren Dauer.

Über den Begriff des Nirwana ist in der Geschichte des Buddhismus viel gestritten worden. Wahrscheinlich hat Buddha das Nirwana nicht positiv bestimmt, sondern lediglich den Zustand nach der Beendigung des Leidens damit bezeichnet (Schuhmann 2001, S. 112 ff.). Diese Abstinenz hat seine Anhänger nicht immer glücklich gemacht. Die Sehnsucht nach einer positiven Bestimmung des Nirwana als einem Zustand höheren Glücks hat viele seiner Anhänger nicht losgelassen und führte im Mahajanabuddhismus zu glänzenden und glücksverheißenden Beschreibungen des Nirwana. Nach Ansicht der Theravadin hätte Buddha ihnen nicht zugestimmt.

Ein großer Systematiker der buddhistischen Literatur Nagarjuna hat eine klassische Formulierung geprägt: Nirwana ist Samsara (Das Nirwana liegt also im leidvollen Lebensstrom) (Gruber 2001, S. 262). Die Erlösung findet nicht im Jenseits, in einem himmlischen oder transzendenten Bereich statt, sondern vielleicht immer wieder hier und jetzt im ständigen Fluss des

Lebens, vielleicht im Rahmen der rechten Einsicht und der rechten Meditation. Niemand wird das Nirwana wohl dauerhaft bewohnen, aber es bietet sich uns ständig als Chance und Hoffnung.

Nach Zwiebel (2001, S. 3) ist das buddhistische Denken wegen der Ablehnung äußerer Autorität, wegen eines rational begründeten Denksystems und wegen einer Praxis, die in eigener Aktivität und Selbstverantwortung gründet, attraktiv Diese Einschätzung verweist auf Verwandtschaften beider Denker: Sie arbeiten nicht dogmatisch. Sie setzen nicht auf Autorität, sondern auf Erfahrung. Sie sagen: Wenn du sehen willst, wie Psychoanalyse funktioniert, dann mache eine! Überzeuge dich selbst! Wenn du wissen willst, ob die Buddhaworte erlösende Wirkung haben, dann meditiere! Du sollst es überprüfen. Beide setzen auf Selbstverantwortung und predigen das Ende der Illusion.

Literatur

Beland, H. (1994): Psychische Struktur – ein dynamischer Strukturbegriff zwischen epigenetischer Stabilität und wahnhafter Härte. In: Die Wiedervereinigung im Psychotherapeutischen Prozess. Zweites Symposion der Kommission Ost-West der DPV in Stadtlengsfeld im September 1994. S. 27–57.

Beland, H. (2003): Selbst-Bestimmung. Zum Mechanismus der kritischen Einsetzung herrschender Bedeutungen (Strukturen). Jahrb. Psychoanal., 47, 33–64.

Bion, W. R. (1962 (1990)): Eine Theorie des Denkens. In: Melanie Klein heute. Bd. 1, hg. von E. Bott Spillius. S. 225–235. München und Wien (Verlag Internationale Psychoanalyse).

Breuer, J., Freud, S. (1895): Studien über Hysterie. In: Freud, S.: GW I, S. 75–312 Frankfurt (Fischer).

Epstein, M. (2002): Gedanken ohne Denker. Das Wechselspiel von Buddhismus und Psychotherapie. Frankfurt am Main (Fischer Taschenbuch).

Gruber, H. (2001): Kursbuch Vipassana. Wege und Lehrer der Einsichtsmeditation. Frankfurt am Main (Fischer Taschenbuch).

Ferenczi, S. (1928): Die Elastizität der psychoanalytischen Technik. In: Bausteine zur Psychoanalyse. Bd. 3. S. 380–398. Leipzig, Wien, Zürich (Psychoanal. Verlag).

Freud, S. (1910): Über Psychoanalyse. In: GW VIII. S. 1–60. Frankfurt (Fischer).

Freud, S. (1912): Über die allgemeine Erniedrigung des Liebeslebens. In: GW VIII. S. 78–91. Frankfurt (Fischer).

Freud, S. (1912/13): Totem und Tabu. In: GW IX, S. 1–161. Frankfurt (Fischer).
Freud, S. (1920): Jenseits des Lustprinzips. In: GW XIII. S. 1–69. Frankfurt (Fischer).
Freud, S. (1930): Das Unbehagen in der Kultur. In: GW XIV. S. 419–506. Frankfurt (Fischer).
Keown, D. (2001): Der Buddhismus. Eine kurze Einführung. Stuttgart (Reclam).
Mylius, K. (Hg.) (1983): Die vier edlen Wahrheiten. Leipzig (Reclam).
Nietzsche, F. (1888): Ecce Homo. Bd. 2, S. 1063–1161 In: Schlechta, K. (Hg.): Werke in drei Bänden. München 1977 (Hanser).
Schuhmann, H. W. (2001): Buddhismus. Stifter Schulen und Systeme. Creuzlingen (Diederichs).
Tugendhat, E. (2003): Egozentrizität und Mystik. Eine anthropologische Studie. München (C. H. Beck).
Winnicott, D. W. (1984): Ich-Verzerrung in Form des wahren und des falschen Selbst. In: Reifungsprozesse und fördernde Umwelt. S. 182–199. Frankfurt/M (Fischer).
Zwiebel, R. (2001): Zen und die Praxis der Psychoanalyse. Vortrag gehalten am 8. 9. 2001 im DPG-Institut in Berlin. Manuskript des Autors.

Ungewöhnliche Glaubensphänomene

Zur Psychodynamik des Aberglaubens

Bernd Horn

»Wo ihr Ideale seht, sehe ich Menschliches, ach nur Allzumenschliches«.
Friedrich Nietzsche

Vorspiel

Nach einer Ankündigung im Internet gab es viele Anhänger für eine neue Heilmethode: Die Kristallhomöopathie. Die Begründung für dieses Verfahren war, dass in jahrtausendlanger Entstehung kleinste Mengen verschiedener Mineralien von den Kristallen aufgenommen wurden, die mit der Kristallhomöopathie durch ein besonderes Verfahren in homöopathischen Dosen abgegeben werden können. Ein Benutzer der Web-Seite kritisierte dieses Angebot als sicher wirkungslos. Darauf gab es massenhaft Protest der Anhänger der Kristallhomöopathie. Der Zweifler meldete sich noch mal und versuchte mit wissenschaftlichen Argumenten die Ankündigung der Heil-Wirkung der Kristalle zu widerlegen. Er überzeugte nicht. Es kamen noch mehr wütende Verteidiger zu Wort.

In einem dritten Anlauf »outete« sich der Kritiker als Erfinder der Kristallhomöopathie. Er hatte das Manual selbst ins Netz gestellt, hatte den Versand mit den bestellten Kristallen betrieben, um zu beweisen, was heute auf dem Psychomarkt alles geglaubt wird (New Scientist, 2003).

Aberglaube war und ist ein Massenphänomen. Wieso glaubten und glauben so viele an die Heil- und Wunderkraft von allem Möglichen und Unmöglichen? Wir hören heute z. B. von Geistheilern, von Schamanen, von Esoterik, von Gesundbetern, von Wünschelrutengängern, von Psychokinese, von Telepathie, von Kartenlesern, von Außerirdischen, von Magie, von Astrologie usw.

Ein Feld des leichtsinnigen Aberglaubens ist der Glaube an das ›positive Denken‹. Es gibt heute zahlreiche Techniken um das positive Denken, bei dem ein Einfluss von der formulierten Absicht auf Einstellungen und auf das Verhalten unterstellt wird.

Die Methoden des positiven Denkens sind ähnlich. Die Anbieter machen große Versprechungen: »Alles ist möglich«, oder: »Glaube an dich, und alles gelingt«; »Erfolg ist ein Naturgesetz«.

Schon Abraham hat über das damalige positive Denken, die Methode Cou'e (»... mit jedem Tag geht es mir in jeder Beziehung immer besser und besser ...«), geschrieben:

> »(...) Indem der Patient ein Gehabe annimmt, das uns an jenes der Zwangskranken erinnert, vertauscht er die bisherige Krankheit gegen eine milde Zwangsneurose, ohne sich dessen bewußt zu werden. Das Gefühl der Allmacht, das mit der ›Selbstbemeisterung‹ verbunden ist, ist lustvoll genug, um seinen Blick für etwaige Nachteile der Methode zu trüben«. (Abraham 1969, S. 432)

Genauso erschreckend erlebe ich die Sekten, die immer wieder – meist Jugendliche – anlocken und verführen.

Ich konnte die Strukturen einiger Sekten genauer kennen lernen, da ich einige Ehemalige mit schweren Symptomen als Folge der längeren Sektenteilnahme behandelte.

Die Regeln in der sogenannten »Aktions-Analytischen Organisation« (AAO) z. B. entstanden aus privatem Frustempfindungen des Gründers aus isolierten psychotherapeutischen (nach Reich und Perls) und populärmarxistischen Gedanken (Abschaffung des krankmachenden Eigentums). Eine täglich praktizierte Psycho-Technik dieser Sekte war die ›Selbstdarstellung‹. Die Ehemaligen erzählten von der überfallsartigen Zerlegung einzelner Teilnehmer durch öffentliche Kritik an ihrer »sexuellen Unwilligkeit« oder ihrer »persönlichen Verschlossenheit«. Diese »Palaver« führten zu psychischen Zusammenbrüchen und zu hilfloser Abhängigkeit von der Gemeinschaft.

Otto Mühl, der Sektenguru der AAO, bezeichnete sich konsequenterweise als den größten und besten Künstler und Therapeuten aller Zeiten (Ammon mit seiner Bürgerinitiative für Günther Ammon und eine menschenwürdige Psychiatrie lässt grüßen).

Mein Ansatz

Meine Hypothese nun zum Thema: Von Aberglauben kann man dann reden, wenn ein Zusammenhang über Wirkungen von etwas (Sachen, Methoden) auf Einstellungen und Verhalten behauptet wird, der nicht wirklich hinterfragt werden soll. Die Begründung für die unterstellte Beziehung ist dabei entwaffnend naiv: Die Wirkung sei unerklärlich, magisch, geheimnisvoll. Abraham zitiert Cou'e: »Es ist besser nicht zu wissen, von wannen ein Übel, es aber dennoch zu vertreiben, als zu wissen und es dabei nicht los zu werden« (Abraham 1969, S. 432). So entstehen spekulative Ideologien und die scheinen immer wieder zu verlocken.

Ich gestehe freimütig: Dass ich zu diesem Thema gekommen bin, liegt daran, dass ich offen für spirituelle, metaphysische Erfahrungen bin. Die Phänomene des Glaubens, auch der vermeintlichen Wunder, haben mich früh gefesselt. Ich habe sehr gehofft, dass es da etwas anderes gebe, dass da eine Welt ist, die mehr sein könnte als die langweilige Wirklichkeit. Bei aller Bereitschaft, etwas zu finden, habe ich jedoch immer versucht, ehrlich zu bleiben. Das Resümee scheint bis jetzt, dass physikalisches und psychisches Erklären keinen Raum für etwas Hintergründiges, etwas Höheres lässt.

Im Briefwechsel Freud – Ferenczi bietet Ferenczi an, Gedankenübertragungen auf unerklärlichen Wegen untersuchen zu wollen. Freud antwortete: »Ich fürchte, Sie haben da eine große Sache zu erkennen begonnen, aber die Verwertung wird auf die ärgsten Schwierigkeiten stoßen« (Freud, Ferenczi, 1993, S. 145). Sie sehen, ich maße mir mehr an: Die Verwertung wird nichts als das Vertraute zeigen. Ich möchte es mit Grunberger halten: »Psychoanalyse ist Entmystifizierung. Sie versucht auf Klarheit zu reduzieren: Es ist nur (...)« (Grunberger 1976, S. 10). Das ist angebracht, weil die Menschen in vielfältiger Weise für Selbstbetrug, für Glaubenssysteme, prädestiniert scheinen. Ein Ziel der Psychoanalyse sollte es sein, zu helfen, auf tröstliche Illusionen verzichten zu können, die Ursachen für den Selbstbetrug aufzudecken und zu beseitigen zu helfen. Auch wenn das nur zu ernüchternden Erfahrungen führt. Es sollte zu mehr Gelassenheit führen können, Gefühl mit Verstand gebrauchen zu können und nicht irgendwelchen Glaubensideologien folgen zu müssen.

Zum Versuch der Erklärung abergläubischer Methoden gibt es verschiedene Ansätze; weil ich nicht auf alle eingehen kann, beziehe ich mich hauptsächlich auf die Konzepte vom Narzissmus, von der Regression und vom unbewussten Seelenleben.

Zum Narzissmus

Zunächst zum Narzissmus. Ein Hintergrund für Anfälligkeit zu abergläubischer Erlösungshoffnung ist die aus narzisstischen Defiziten verursachte Orientierungssuche in einer sinnloser gewordenen Welt. Das reale Leben heute ist narzisstisch defizient, die Persönlichkeitsstrukturen sind es zunehmend auch. Die Menschen generell (nicht nur Patienten) haben grandiose Hoffnungen, die sich nicht erfüllen lassen und sie klagen dann: »Ich bin nichts wert, ein Versager, das Leben ist leer, sinnlos geworden«. Viele werden depressiv, wenn die kompensatorische Fassade erschüttert wurde. Wir kennen die Klagen: »Sie können mir auch nicht helfen, dass ich nicht weiß, wozu ich da bin«. In der neueren psychoanalytischen Theorie spricht man von einer allwissenden Verzweiflung. Grunberger (1976) führt die narzisstische Sehnsucht auf die einmal erlebte pränatale Situation und auch auf die nachgeburtliche Versorgungsillusion zurück. Hier deckt sich Grunbergers Ansatz mit dem von Heinz Kohut (1979, 1989). Die verständliche Ursache für die Religion, auch für die esoterischen Praktiken, ist die bleibende Sehnsucht nach diesem einmal erlebten Zustand. Narzisstische Paradiese in der Mythologie sind verdächtig säuglingshaft, auch die Paradiesvorstellung in der christlichen Mythologie. Bei spiritueller Erlösung herrscht dann ein Appell an unrealistische Bedingungen. Es wird vollkommene Gesundheit, Erlösung angeboten. Diese auch noch einfach und rasch.

Eine Ehemalige einer Sekte erzählte anschaulich, wie sie durch Auftritt der begeisterten »Kommunarden« verführt wurde, alle familiären und beruflichen Beziehungen zu verlassen und einfach dort mitleben zu wollen, weil das so schön geborgen klang. Bei den Opfern der spirituellen Rattenfänger hört man dann: »Da wurde ich endlich ernstgenommen«.

Wir wissen aus der psychotherapeutischen Praxis, dass für die Menschen ein Resonanzbedürfnis wichtig ist, und zwar vom Lebensanfang an. Das war wohl schon immer Inhalt der Psychoanalyse, pointierter ist es das heute in der Selbstpsychologie (z. B. Kohut 1989). Zur illusionären Befriedigung dieses Bedürfnisses wird bei den esoterischen Praktiken damit nicht therapeutisch gearbeitet, sondern es wird dessen selbstverständliche Erfüllung vorgespielt.

Das Problem ist, das die Realität dabei ignoriert wird. Dem Gläubigen scheint alles möglich. Ein Programm aus dem Positiven Denken heißt: »Thinking big – von der Vision zum Erfolg«; und da wird locker versprochen: »Jedes Ziel ist zu erreichen«. Die Heilslehre ersetzt die Realität.

Mir leuchtet Grunbergers vertiefender Hinweis auf die praktizierte Illusion der narzisstischen Welt durch Opposition zur Realität ein. Es herrscht bei narzisstischer Allmacht geradezu eine Lust auf das Irreale. Als Beispiel können die verlockenden Jesusworte dienen:

»Wer nicht sät, wird trotzdem ernten«. »Die letzten werden die ersten sein«. »Ich bin einzig gekommen, die Sünder zu rufen, nicht die Gerechten«.

Die Regeln, die sonst für das Denken gelten, sind so aufgehoben. Hier liegt ein Bezug zur Illusion der narzisstischen Phase (Grunberger 2000). Im Unbewussten gibt es keine Gegensätze; und die narzisstische Sehnsucht äußert sich durch primärprozesshaftes Unbewusste.s

Ich kann nun meine obige Hypothese differenzieren: Ich meine, dass Glaube, Aberglaube, nicht Fakten darstellt, sondern Bewertung, Interpretation von Fakten. Aberglaube ist nicht rational begründbar. Zu seiner Rechtfertigung werden aber fälschlicherweise naturwissenschaftliche Begriffe wie Energie, Feld und Strahlung verwendet. Der Zusammenhang zwischen wissenschaftliche Welt und dem subjektiven Erleben wird nicht ausdiskutiert, z. B. durch die Frage: Was ist objektiv aussagbar, was ist emotional empfunden? Das Rationale und das Subjektive werden so miteinander vermischt. Die vermeintliche Begründung (Erdstrahlung) bleibt Spekulation. Dabei werden auch noch Begriffe (Kraft, Magnetismus ...) verwendet, die doch nur wissenschaftlich überprüfbar wären.

Als Beispiel will ich den gerade aktuellen Mondphasen-Aberglauben anführen. Eine Pseudobegründung dafür ist der objektive Einfluss auf Ebbe und Flut. Mond und Erde haben eine wechselseitige Anziehung, die die Bewegung sehr großer Wassermassen verursacht. Daraus wird unterstellt, dass dadurch auch die Konsistenz von etwas beeinflusst werden kann. Wie aber soll das geschehen? Selbst die Wasserbewegung ist, nebenbei erwähnt, nur bei Ozeanen, nicht mehr bei Seen beobachtbar. In der Badewanne wurden noch nie Ebbe und Flut bemerkt; in dieser ist aber mehr Wasser als im menschlichen Körper.

Genauso ist es mit dem unterstelltem Einfluss der Mondphasen. Diese sind doch nur Lichteffekte der Sonnenbestrahlung. Der Mond als Neumond, Halbmond oder Vollmond hat die gleiche Masse. Dass der angestrahlte Mond anderen Einfluss auf irgendetwas habe, ist eine fragwürdige Hypothese. Die größere Helligkeit des angestrahlten Mondes beeindruckt den Beobachter und verführt so leicht zu Wirkungszuschreibungen, die aber nicht ursächlich nachgewiesen sind.

Nicht Tatsachen beschäftigen gläubige Narzissten – sondern Interpretationen und Illusionen, und die scheinen unerschütterlich.

Heinrich Heine dichtete in seiner treffenden Art über diese Haltung:

»(...) Der kranke Sohn und die Mutter,
Die schlafen im Kämmerlein;
Da kam die Muttergottes
Ganz leise geschritten herein.

Sie beugte sich über den Kranken
Und legte ihre Hand
Ganz leise auf sein Herze,
Und lächelte mild und entschwand.

Die Mutter schaut alles im Träume,
Und hat noch mehr geschaut;
Sie erwachte aus dem Schlummer,
Die Hunde bellten so laut.

Da lag dahingestrecket
Ihr Sohn, und der war tot;
Es spielt auf den bleichen Wangen
Das lichte Morgenrot.

Die Mutter faltet die Hände,
Ihr war, sie wusste nicht wie;
Andächtig sang sie leise:
›Gelobet seist du, Marie!‹«

(So lauten die letzten Verse aus
»Die Wallfahrt nach Kevelaar«, Heine 1972, S. 161)

Ein weiteres Kapitel aus der narzisstischen Bedürftigkeit ist das Spiegelungsbedürfnis (Kohut 1989; Grunberger 1976).

Ein Mangel an Spiegelung führt zur Verunsicherung des Selbstwertgefühles. Der beklagte Mangel an Zuwendungs-Aufmerksamkeit ist heute ein allgemeines Problem. Ist das eine Ursache der Flucht in den neuen einfachen Glauben, in spirituelle Sicherheiten? Einen Grund kann man darin vermuten, dass die rationale Welt emotional zu kalt geworden ist. Der Mensch bleibt mit seinen gefühlsmäßigen Sehnsüchten auf der Strecke. Das scheint zu seltsamer Beachtungsbedürftigkeit zu verführen. Ich bin immer wieder überrascht, wenn ich höre, was da praktiziert wird. Da werden z. B. die Hände auf den Kopf gelegt und natürlich spürt der Betroffene etwas, zumindest den Druck der Hände. Interpretiert wird dann, dass so ein Chakra geöffnet wurde und dass nun Aura-Soma Energie eindringen kann. Natürlich weiß der Berichter nicht wie, aber eine Wirkung wird behauptet.

Aus der neueren psychoanalytischen Entwicklungstheorie wissen wir auch, dass wir Spiegelung lebenslang brauchen. Die Gefahr ist, dass Betroffene mit narzisstischen Defiziten zu sehr auf Spiegelung fixiert bleiben. Sie können dann nicht genug hören, dass sie einzigartig sind. Genau diese Bedürftigkeit befriedigen Sekten und spirituelle Angebote. Da heißt es dann: »Du bist ein Werkzeug höherer Macht, du bist auserwählt«. Ein Sprichwort sagt: Willst du leicht Gewinn machen, kaufe einen Menschen für das, was er wert ist. Verkaufe ihn dann so hoch, wie er sich selbst einschätzt. Zur Spiegelung gehört die Vorstellung vom Gegenüber als Selbstobjekt (Kohut 1989).

Selbstobjekt-Bezug definiert die Umwelt nach einem Gebrauchsaspekt. Von dieser Warte aus fragt man nur: Ist der andere zur Erfüllung meiner Bedürfnisse geeignet? Ein Selbstobjekt hat keine eigenen Bedürfnisse zu haben, es existiert nur für den Anderen. Das ist ein geeignetes Modell für die esoterische Praxis. Da werden magische Helfer gesucht; diese Helfer sollen allmächtig, aber ohne Eigenleben sein. Das können auch Dinge sein, »energetisch« besetzte Steine, magische Bücher, kultische Plätze oder Räume usw.

Interessant ist auch, wie die narzisstische Sehnsucht sich zum Triebleben verhält. Die Triebwelt wird zumeist in ihrer Bedeutung negiert. »Das schönste Sexualobjekt auf der Welt kann mir nicht geben, was ich suche«, heißt es bei einem Dichter. Es ist die Suche nach der Insel der Seligen. »Ich kenne ein Reich, wo alles rein ist, es hat einen Namen, das Totenreich«, heißt es bei von Hofmannsthal (in: Grunberger & Dessuant 2000). Grunberger & Dessuant (2000) meinen lapidar: Für narzisstisch Gläubige liegt das Glück vor der Geburt und nach Tod, nicht im Leben selbst, weil Leben Unvollständigkeit, reale Mühsal bedeutet. Da die Ebene der triebhaften Begegnung als zu anstrengend erlebt wird, weicht der narzisstisch Reagierende vor diesem Erleben aus. Er fühlt sich bei nicht genitaler Zärtlichkeit sicherer. Narzisstische Illusion geht von Bedürfnislosigkeit aus, z. B. von der Illusion, keinen Wunsch haben zu müssen und keinen Körper, um den man sich kümmern müsste. Es ist die Sehnsucht nach undifferenzierter Hochstimmung, nach fötalem Glück. In dieser Phase war das Erleben zeitlos, noch nicht durch konkrete Bedürfnisse organisiert. Narzisstische Hochstimmung, die »erhebende Erhabenheit« (Grunberger 1976, S. 113) kann hin und wieder so bewegen, dass es zu Wunderheilungen kommen kann. Auch bei einer psychotherapeutischen Beziehung kann anfangs eine narzisstische Hochstimmung herrschen. Die macht empfänglich für spontane Ich-Stärke, für Symptomreduzierung. Sie bringt aber keine strukturelle Änderung.

Auch die Euphorie bei intensiven Anfangs-Kontakten wird von abergläubischen Techniken ausgenutzt. Der Glanz in den Augen der Bekehrten ist dann unübersehbar. Sie vermitteln eine traumwandlerische Zufriedenheit. Es ist eine Illusion des narzisstischen Glückes in dem vermeintlich gefundenen Gefühl großer Geborgenheit. Von Unverwundbarkeit erzählen ja auch die Mythen, von unverwundbaren Helden, auch von paradiesischen Lebensumständen. Die Sexualität, die auf dieser Ebene vorkommt (meist auch noch als Missbrauch), ist noch nicht genital. Sie hat überwiegend die Funktion der Stimulierung. Um sich zu spüren, kann man auch diese Erregung gebrauchen. Das ist kennzeichnend für die Sexualität bei Frühgestörten. Es kommt zur Libidinisierung der narzisstischen Bedürfnisse. Das wurde auch in den Behandlungen deutlich, die ich erlebte: Da wurde lange von Nähewünschen ohne Genitalität gesprochen. Partnerprobleme kreisten um das Thema Sexualität und/oder Zärtlichkeit. Patientin X verstand nicht, warum sie nach der Sektenzeit mit dem ›normalen‹ Freund keinen Sex haben konnte. Sie suchte sexuellen Kontakt mit Ex-Kommunarden oder mit Fremden. Dieser Kontakte waren beziehungslos, eher aggressiv. Zärtlichkeit ohne Sexualität suchte sie beim Freund.

Ein wichtiges Kapitel ist die aus narzisstischer Kränkung entstehende Aggression. Wenn narzisstische Illusion gestört erlebt wird, wird die Ursache dafür außen gesucht. Enttäuschungen führt zur Projektion der Affekte, zu archaischer Wut. Es kommt dann zur Entwertung der anderen Umwelt. Das Draußen ist teuflisch. Spirituelle Sekten sind gekennzeichnet durch Verdammen der Nicht-Gläubigen. Das kann durch handgreifliches Ausgrenzen oder durch lebhaftes Beschimpfen geschehen. Sektenanhänger sind eindrucksvoll unempfindlich für Kritik. Sie lassen nicht mit sich reden. Wenn es zum Gespräch kommt, hört man schablonisierte Antworten. Die Gläubigen hören nur das, was in ihr Weltbild passt. In der esoterischen Welt legt man auf Aufklärung keinen Wert. Da wird die Übertragung missbraucht, statt sie zu erkennen und aufzulösen.

Aus Erfahrungen in der Therapie weiß man, dass vor allem ichschwache Menschen Übertragungen nicht auflösen wollen. Das Erlebnis, endlich eine lenkende starke Person gefunden zu haben (eine Idee von guten Eltern), hat eine große Verführungsmacht. Alle spirituellen Gruppierungen fördern und verteidigen die Abhängigkeit in einer Übertragungsbeziehung. Sie wehren sich vehement gegen deren Auflösung.

Die Frage, ob ihre Theorie nicht ein Irrtum sein könnte, ist ein unerlaubtes Verbrechen, das mit Ausschluss, Verdammnis, am liebsten mit Auslöschung beantwortet wird. Natürlich herrscht dieser Mechanismus bei allen Religionen und Ideologien, den sektenartigen und den offiziellen.

Zur Regression

Mit dem Aberglauben korrespondiert auch der Gebrauch von regressiven Zuständen. Regressionen können in therapeutischer Absicht verwendet und bei esoterischem und spirituellem Hokuspokus missbraucht werden. Für regressives Erleben sprechen z. B. Symbolisierungen von prä- und perinatalen Bewusstseinszuständen. Anhänger der Bedeutung von vorgeburtlichen Erlebnissen meinen z. B., dass die Faszination von dunklen, höhlenartigen Räumen mit der Symbolisierung des Schutzes im Mutterleib zu tun hat. Manche von uns sind in der Kindheit gern durch dunkle Röhre gekrochen, haben lichtlose Höhlen im Wald geliebt, so dass man die regressive Kraft durch den Aufenthalt in dunklen Räumen nachvollziehen kann. Auch mythologisch haben diese Ur-Höhlen eine Bedeutung. In vielen Mythen ziehen sich die Helden dahin zurück, um Kraft für neue Lebensabschnitte zu suchen. In manchen Märchen und Sagen gewinnen die Helden durch das Eintauchen in das Wasser des Lebens Kraft für neue Taten. Die Analogie zum lebensspendenden Fruchtwasser steht hier für eine symbolische Wunderkraft. Auch das Eintauchen bei der Taufe lebt vom Glauben an die symbolische Kraft des Wassers. Diese Vorstellungen sieht man dann in unreflektierter Form beim esoterischen Kult wieder. So treffen sich Sekten auch gern in lichtlosen Hallen oder feuchten Kellerräumen. Diese Räumlichkeiten scheinen die Sehnsucht nach der eben beschriebenen Regression zu verstärken. Es passt zur Bedeutung von Regression, dass abergläubische Methoden einen rituellen Rückzug auf frühere Erlebnisweisen praktizieren. Schon die Schamanen der Naturvölker kannten die Möglichkeiten dieser regressiven Erfahrungen. Sie sprachen von ›Reisen‹ in eine andere Welt. Nachdem sich die Medizinmänner in einen Trance-Zustand versetzt hatten, wirkten sie verändert. Sie träumten oder sprachen wirr, zeigten verzückte Körperbewegungen. Sie beeindruckten durch diesen anderen Bewusstseinszustand. In den Berichten darüber spricht man dann symbolisch vom Tod des realen Ichs. Die Regression kann in einen so unbewussten Zustand übergehen, dass dieser wie ein »Sterben«, genauer ein vorübergehendes Todsein, erscheint. In diesem veränderten Zustand kann der Schamane andere Wahrnehmungseinfälle haben, sich geheimnisvoll äußern, seltsame Handlungen vollziehen, die den Suchenden oder Kranken beeindrucken und oft auch beeinflussen können. Das regressiv Geschaute muss danach gewöhnlich übersetzt werden.

Die Phantasien in der Regression sind also wie Träume übersetzbar. Auch die manchmal bizarren Traumbilder können von einigen intuitiven Autoren in der Literaturgeschichte eindrucksvoll interpretiert werden. Ich erinnere nur an die Traumdeutungen, von denen die Bibel berichtet. Es gibt aber einen Unterschied zwischen intuitiver und therapeutischer Trauminterpretation. Bei gläubigen Deutungen kommt es zu belehrenden Erklärungen, bei therapeutischer Deutung kann durch assoziative Arbeiten eine individuelle Bedeutung der Traumbilder herausgearbeitet werden.

Die Gefahr bei esoterischem Gebrauch von Regressionen besteht darin, dass es geschehen kann, dass die Regressionen nicht kontrolliert werden können. Das regressive Erleben, das auch durch Hilfsmittel ausgelöst wurde, kann überwältigend und nicht mehr beherrschbar werden. Das kann man bei Künstlern erleben; aber viel häufiger bei den weniger talentierten Konsumenten der esoterischen Szene. Allzu viele erleben dabei klinisch behandelbare Zusammenbrüche.

Beispielhaft dafür sind Berichte wie dieser: »Sektenmitglieder willenlos gemacht«. Da wird beschrieben, dass die Mitglieder einer Sekte durch eine Art ›Gehirnwäsche‹ so willenlos gemacht wurden, dass sie zum kollektiven Selbstmord bereit waren. Die meditativ begabte Therapeutin (eine Frau Fittkau-Garthe) hatte zum Beispiel ihren berauschten Anhängern verkündet (wie viele andere Sektenführer es ähnlich immer wieder tun), dass die Welt untergehen werde und die »edleren« Menschen sich vorher umbringen müssten, damit ihre Seelen von einem UFO aufgenommen und in eine andere Dimension zum Planeten Sirius transportiert werden könnten. Inspiriert fühlte sich die Sektenmutter zu diesem Wahnsystem durch eine Indienreise.

Ein weiteres Beispiel für den Missbrauch regressiver Phänomene ist z. B. die Rebirthing-Therapie. Beim Rebirthing wird durch Hypnose dem Klienten eingeredet, er gehe auf eine frühere Existenzform zurück. Diese Methode unterstellt, dass wir als andere Person schon existiert haben. Die Behauptung einer früheren Existenz soll dann dazu beitragen, die aktuelle Lebenssituationen verständlich zu machen, sogar besser lösen zu können. Aus Indien kennt man den Glauben an eine Wiedergeburt. In der hinduistischen Kultur ist mit der Idee der Wiedergeburt der Glaube an eine Abtragung von Lebenssünden verbunden. Der »Böse« muss so oft wiedergeboren werden, bis er durch sein Leiden seine Sünden abgetragen hat. Die sogenannten Wiedergeburtserlebnisse aus der spirituellen Szene sind dabei recht phantasielos. Die Zeitreisenden erleben sich als Ritter oder Dienerinnen von Königinnen – genauso, wie wir das aus alten Kinofilmen kennen. Die erzählten Erlebnisse haben den Wissenstand von vereinfachtem Geschichtswissen. Es tauchen in den Erzählungen keine unbekannten Personen oder Ereignisse auf.

Zum Unbewussten

Spirituelle Therapie hat auch einen Bezug zum Konzept von unbewusstem – die Szene nennt es »unterbewusstes« (z. B. Murphy 1962) – Seelenleben. Sicher hat die zunehmende Rationalität der modernen Zeit die Sehnsucht nach etwas Irrationalem verstärkt. Die moderne Lebenserfahrung war und ist verwirrend. Zunächst schien alles technisch machbar. Die unausgesprochene Folge war, dass der Mensch sich von seiner Triebwelt abgespalten, entfremdet fühlen musste. So kam es zunehmend zu einer romantischen Wiederbelebung des Unbewussten. Der Fortschritt der Medizin kumuliert heute in der Apparatemedizin. Alles scheint medizinisch machbar. Aus dem kranken Menschen wurde ›der Ulcus‹ von Zimmer 7. Der Mensch als leidende Person bleibt auf der Strecke. Er fühlt sich nicht verstanden. Dazu kommt, dass der nur rationalen Medizin auch Grenzen gesetzt sind, dass sie nicht alles heilen kann. Die enttäuschte Hoffnung auf die vermeintlich allmächtige Technik schlägt in irrationale Hilflosigkeit um.

Es gibt unbewusstes Seelenleben. Aber wie wird das in der esoterischen Literatur verkauft? Ein bekannter Anfang waren die Bücher von Murphy (z. B. 1962). Murphy und allzu viele Nachfolger reden über eine konkrete Kraft des ›Unterbewussten‹, die einfach zu gebrauchen sei. Da wird unterstellt, dass es eine direkte Beeinflussungsmöglichkeit dieses mächtigen Bereiches im Menschen gebe. Es wird behauptet, dass man mit simplen Formeln das Unbewusste zu seinem Vorteil beeinflussen könne. »Sie erteilen die Befehle – und Ihr Unterbewusstsein wird gehorchen« (Murphy 1962, S. 31). Die Bücher und die Gebrauchsanweisung bestehen aus allzu einfachen Hoffnungen.

Das Wissen über unbewusstes Seelenleben kann sicher die Möglichkeit von unbemerkter zwischenmenschlicher Beeinflussung erklären. Bestimmte absichtliche und unbeabsichtigte Suggestionen können uns beeinflussen, ohne dass das Bewusstsein das gleich registriert. Die Versuchung scheint groß, diese unbemerkte Beeinflussung für das Werk von Geistern und Göttern zu halten. Es war aber doch nur unter der Bewusstseinsschwelle und bleibt erklärbar. Weil etwas geheimnisvoll ist, bedeutet das nicht, dass es einen höheren Sinn hat, aus einer anderen Welt kommt. Dieser Beeinflussungswahn, dass etwas von außen auf uns wirkt, erklärt sich auch aus der – kulturgeschichtlich gesehen – frühen Anthropomorphisierung der lebendig vorgestellten Umwelt. Zunächst war es für die Menschen eine Herausforderung, um sich herum etwas anderes wahrzunehmen, nämlich die Natur. Ihrer Wahrnehmungsmöglichkeit gemäß vermuteten die frühen Menschen, dass die Umwelt mit dem gleichen Bewusstsein ausgestattet sei wie sie selbst. Der Mensch blickte auf die Natur und glaubte, sie blicke ebenso auf ihn. So erfand er sich eine belebte Umwelt, letztendlich die Götter. Psychodynamisch reden wir von der animistischen Phase. Es scheint, dass die Esoterik nach diesen Regeln archaischer Projektion funktioniert. Ich möchte hier auf das eindrucksvolles Modell von den Stufen der Entwicklung des Wirklichkeitssinnes von Sandor Ferenczi hinweisen. Ferenczi (1970) beschreibt eine Periode der magisch halluzinatorischen Allmacht, eine Periode der Allmacht mit Hilfe der Gedanken und eine Periode der magischen Gedanken und magischen Worte. Genau das beschreibt die abergläubischen Techniken anschaulich. Sie sind die Regression auf die Allmachtsphantasien, die die unrealistischen Methoden des Aberglaubens kennzeichnen. Auch Ferenczi sieht eine Fixierung auf dieser Stufe als einen Versuch, die ursprünglich genossene Allmacht der narzisstischen Phase wieder zu erlangen.

Schon Freud weist in ›Totem und Tabu‹ darauf hin, dass das infantile Denken durch »außerordentliche Überschätzung der psychischen Akte« gekennzeichnet ist. Auch Freud sieht dies als einen Beleg für eine »narzißtische Organisation, die die psychische Realität für die faktische« hält (Freud 1913, S. 110). Freud folgert in *Totem und Tabu*,»daß für den Wilden und den Neurotiker« die Trennung »zwischen Denken und Tun, wie wir sie ziehen, nicht vorhanden« ist. Ich sehe das als eine noch immer zutreffende Beschreibung des infantilen, abergläubischen Denkens, das eben aus der animistischen Phase stammt.

Nachspiel

Als Resümee möchte ich noch einmal auf die am Anfang entwickelte These zurückkommen: Das Glück der Anhänger des Aberglaubens gleicht der Fabel von Don Quichotte. Don Quichotte sehe ich als Symbol für einen Menschen, der allein seine individuelle Weltsicht für richtig hält. Don Quichotte hat dabei edle Motive. Er ist beeindruckt von den Tugenden der Ritterromane. Er übernimmt deren Einstellungen und Glaubenssätze. Er versucht, ganz danach zu leben. Dabei verliert er den Kontakt zur Realität. Köstlich, wie Cervantes ausmalt, dass ein Mensch, der verblendet ist, Windmühlen für zu bekämpfende Riesen halten kann. So lässt sich die Welt der Esoterik, des positiven Denkens ganz gut beschreiben. Gläubige leben wie Don Quichotte in einer Privatwelt. Solange kein ernsthafter Widerstand besteht, mag das eine Zeitlang komisch sein und irgendwie funktionieren. Sobald aber die Realität deutlicher auftritt, kommt es zu Verwirrungen, auch zur Unsicherheit. Die Burg des Träumers ist dann eine Gaststätte. Das Ende des narzisstischen Helden Don Quichotte wird mit psychologischer Einfühlung geschildert. Don Quichotte soll von seinem Wahn geheilt werden. Also stellt sich eine Gruppe von Helfern mit mannsgroßen Spiegeln vor ihm auf. Im letzten Gefecht scheitert der Held an seinem wirklichen Spiegelbild, dem Bild des verkleideten Narren. Die Folgerung wäre: Man soll versuchen, den verblendeten Sprüchegläubigen einen Spiegel vorzuhalten. Wenn sie dann sehen, wer sie wirklich sind, sollten illusionäre Annahmen verunsicherbar sein. Ein Spiegel, z. B. die Reaktionen der Umwelt, könnte die Leichtgläubigen auf die Widersprüche hinweisen. Die Enttäuschung nach dem Versagen der unreflektierten Glaubenshaltung ist dann ein Chance für Auseinandersetzungen.

Literatur

Abraham, K. (1969): Psychoanalytische Studien I und II. Frankfurt/Main (Fischer).

Anonymous (2003): Feedback. New Scientist (2384), 92.

Boyd, D., Rolling Thunder (1981): Erfahrungen mit Schamanen der neuen Indianerbewegung. München (Trikont-dianus Verlag).

Campbell, P., & McMahon, E. (1992): Biospiritualität. Glaube beginnt im Körper. München (Claudius).

Ferenczi, S. (1970): Schriften zur Psychoanalyse. Frankfurt/Main (Fischer).

Freud, S. (1913): Totem und Tabu. GW, Bd. IX.

Freud, S. (1923): Eine Teufelsneurose im 17. Jahrhundert. GW, Bd. XIII.

Freud, S. (1930): Das Unbehagen in der Kultur. GW, Bd. XIV.

Freud, S., & Ferenczi, S. (1993): Briefwechsel, Bd. I.

Grunberger, B. (1976): Vom Narzissmus zum Objekt. Frankfurt/Main (Suhrkamp).

Grunberger, B., & Desuand (2000): Narzissmus, Christentum, Antisemitismus. Eine psychoanal. Untersuchung. Stuttgart (Klett).

Heine, H. (1972): Werke und Briefe, Bd. 1. Berlin/Weimar (Aufbau-Verlag), S. 161.

Holl, A. (Hg.) (1987): Die zweite Wirklichkeit: Esoterik, Parapsychologie, Okkultismus, Grenzerfahrungen, Magie, Wunder. Wien (Überreuter Verlag).

Kohut, H. (1975): Die Zukunft der Psychoanalyse. Frankfurt/Main (Suhrkamp).

Kohut H. (1979): Die Heilung des Selbst. Frankfurt/Main (Suhrkamp).

Kohut, H. (1989):Wie heilt die Psychoanalyse. Frankfurt/Main (Suhrkamp).

Kraft, H. (1995): Über innere Grenzen – Initiation, Schamanismus, Kunst, Religion und Psychoanalyse. München (Diederichs).
Murphy, J. (1962): Die Macht ihres Unterbewusstseins. München (Ariston).
Nordhausen, F., & Billerbeck, (1997): Psychosekten. Die Praktiken der Seelenfänger. Berlin (Links Verlag).
Schmid, G. (2000): Sehnsucht nach Spiritualität. Stuttgart (Kreuz Verlag).
Schlothauer, A. (1992): Diktatur der freien Sexualität. Wien (Verlag für Gesellschaftskritik).
Tracy,B, (1998): Thinking Big –Von der Vision zum Erfolg. Offenbach (Gabal).
Wolf, H. (1978): Jesus als Psychotherapeut. Stuttgart (Raduis).

Stigmatisierungen und andere wundersame Körpererscheinungen – heute kein Thema mehr?

Bertram von der Stein

Einleitung

In den vergangenen Jahren haben sich viele Autoren (Eckhardt 1988; Hirsch 1989; Khan 1963; Paar 1987; Pao 1969; Plassmann 1987; Sachse 1989 u. a.) mit dem Phänomen der offenen und heimlichen Selbstbeschädigung beschäftigt. Häufig wurde bei den Patienten eine Borderline-Persönlichkeitsstruktur mit pathologisch narzisstischen Zügen diagnostiziert. Auch multiple und kumulative Traumatisierungen in der Symbiose, eine Parentifizierung und Realtraumata wurden angenommen. Bei zahlreichen Falldarstellungen und Untersuchungen zu diesem Thema gerieten die Fälle mit ungewöhnlichen Körperphänomenen wie Stigmatisierungen und Spontanheilungen mit religiösem Hintergrund aus dem Brennpunkt der Betrachtung.

Inwieweit dies mit der Erosion traditioneller religiöser Milieus zusammenhängt, kann nur vermutet werden. Bei vielen Patienten und Therapeuten besteht eine Hemmung, innerhalb einer Psychotherapie oder Psychoanalyse religiöse Themen anzusprechen. Gleichzeitig besteht auf Seiten der Patienten die Vorannahme, dass Analytiker religiöse Phänomene im Bereich des Pathologischen und des Infantilismus ansiedeln. Auch heute noch ist die Einstellung vieler Analytiker von der traditionell atheistischen Haltung beeinflusst, obgleich die grundsätzliche Vereinbarkeit religiöser Überzeugungen und psychoanalytischer Identität von vielen Autoren betont wird (Chasseguet-Smirgel 1984; Kernberg 2000).

Die Äußerungen und die persönliche Einstellung Freuds zur Religion im Einfluss des positivistischen Wissenschaftsverständnisses des 19. Jahrhunderts verstärken derartige Vorannahmen ebenso wie eine psychoanalysefeindliche Populärpolemik in fundamentalistischen religiösen Kreisen.

Die schamhafte Ausklammerung religiöser Motive, die oft von Therapeuten als Störfaktoren empfunden werden, führt dazu, dass ihr Einfluss unterschätzt wird, sie ein unintegriertes Eigenleben führen und somit für die Patienten ein unnatürlicher, oft verleugneter Zwiespalt entsteht.

Auch kirchenferne und religiös indifferente Patienten sowie solche aus nichtchristlichen Traditionen können durch primärprozesshafte, regressive und affektive Elemente traditioneller Volksfrömmigkeit – beispielsweise in Wallfahrtsorten – stark berührt werden. Die Suche nach einem Neubeginn, die bilanzierende Betrachtung der eigenen Biographie, das regressionsfördernde Klima in einer psychotherapeutischen Klinik und die Wirkung der Großgruppe im Rahmen von Massenveranstaltungen an Wallfahrtsorten machen nicht wenige für religiöse Themen empfänglich.

Manchmal, wie beispielsweise bei einer 18jährigen, aus einer Inzestbeziehung stammenden Patientin, die in Kindheit und Jugend kumulativen Traumatisierungen und Deprivationen ausgesetzt war und die in einer Schwellensituation eine psychogene Lähmung entwickelte, tritt eine Symptombesserung nach dem Besuch eines Wallfahrtsortes ein. Das Argument »nicht die Therapie, sondern Maria hat geholfen« kann bei Therapeuten Kränkungen und Befremden hervorrufen.

Unter Stigmatisierten versteht man Personen, bei denen periodisch und kontinuierlich das Erscheinen der Wundmale Christi in Form von Hautblutungen und Wunden beobachtet werden kann. Neben offener und heimlicher Selbstbeschädigung wird von Ärzten vieler Fachrichtungen, vor allem aber Dermatologen (Borelli & Fürst 1960) und Internisten, eine Vielzahl von körperlichen Pathomechanismen diskutiert, die kein einheitliches Bild ergeben und hier nicht weiter vertieft werden.

Innerhalb der katholischen Kirche zählt man über 330 Fälle, darunter etwa 60 in Selig- und Heiligsprechungsprozessen; die Dunkelziffer dürfte erheblich höher liegen. Im Rahmen der mittelalterlichen Kreuzesmystik (Bernhard v. Clairvaux) in ihrem Drang nach Identifikation und Verähnlichung mit dem Gekreuzigten durch Selbstentsagung, Selbstpeinigung und Selbstverstümmelung kommt es zu einer Häufung von Berichten über Stigmatisationen (Franz von Assisi, September 1224). Seit dieser Zeit reißen Berichte über Stigmatisation nicht ab. Im Kontext der Herz-Jesu-Verehrung des 19. Jahrhunderts haben derartige Fälle offenbar wieder zugenommen. Die prominentesten Fälle des 20. Jahrhunderts sind die Italienerin Gemma Galgani (1878–1903), der kürzlich selig gesprochene Pater Pio und die »Resl von Konnersreuth« genannte Therese Neumann (1898–1962). Der letzte Fall ist trotz unzureichender wissenschaftlicher Untersuchungen recht gut dokumentiert (Bekh 1998; Hanauer 1989) und reicht in unsere Zeit hinein.

Therese von Konnersreuth

Therese Neumann wurde angeblich Karfreitag 1898 in Konnersreuth/Oberpfalz als erstes von zehn Kindern eines Schneidermeisters und einer Hausfrau geboren. Als Älteste habe sie frühzeitig die überlastete Mutter unterstützen müssen. Wegen der Armut der Eltern habe sie trotz guter Begabungen und Schulleistungen Dienstmagd werden müssen. Ihre religiösen Kenntnisse bezog sie aus dem Religionsunterricht und der Lektüre von Heiligenlegenden und religiösen Kleinschriften. Über einen angeblichen Vergewaltigungsversuch in der Jugend wird berichtet. Als 20jährige sei sie beim Löschen eines Brandes mehrfach gestürzt. Infolge dessen sei sie jahrelang blind und gelähmt gewesen und habe sich von ihrer Familie pflegen lassen. Am 29. 4. 1923, am Tag der Seligsprechung der von ihr verehrten Theresia von Lisieux, einer schwärmerischen Mystikerin des 19. Jahrhunderts, die sich als mystische Braut Christi bezeichnete, konnte sie nach 4 1/2jähriger Blindheit wieder sehen und am 17. 5. 1925, dem Tag der Heiligsprechung ihres Idols, nach 6 1/2jähriger Lähmung wieder gehen. Die intensive Beschäftigung Thereses mit dem Leben Anna-Katharina Emmerichs (1174–1884), bekannt als die »Seherin von Dülmen«, die ebenfalls Stigmatisierungen aufwies, ist bekannt. In der Fastenzeit 1926 traten Stigmata an Thereses Händen und Füßen auf, die bis zu ihrem Tod nicht mehr weggingen. Sie berichtete, dass sie über siebenhundertmal als visionäre Zeugin und durch Bluten und Schmerzen der Stigmata am eigenen Leibe die Passion Christi miterlebt habe. Dabei habe sie in Trancezuständen Aramäisch gesprochen. Sechsunddreißig Jahre lang habe sie (bei deutlicher Adipositas) nur von der täglichen Kommunion gelebt und keine Körperausscheidungen mehr gehabt. War aus irgendwelchen Gründen ein täglicher Kommunionempfang nicht möglich, entwickelte sie starke Unruhezustände. Von nun an stand ihr Leben im Brennpunkt der Öffentlichkeit. Ihre Anhänger verteidigten missionarisch und aggressiv das »Wunder von Konnersreuth« nach außen. In den dreißiger Jahren des 20. Jahrhunderts entbrannte ein heftiger, polarisierender Streit über die Echtheit der Phänomene. Zeitgenössische Ärzte bezeichneten Therese Neumann als unglaubwürdige Hysterica. Berichte über einzelne Begebenheiten aus dem Leben Therese Neumanns erinnern stark an Freuds frühe Patientinnen. Eine wissenschaftlichen Kriterien entsprechende Untersuchung hat bis zum Tode der Visionärin 1962 nicht stattgefunden. Noch heute spaltet sie über den katholischen Raum hinaus Gegner und Anhänger, zumal letztere ein Gesuch über eine Seligsprechung eingereicht haben.

Während meiner Tätigkeit in psychosomatischen Kliniken und in meiner Praxis sind mir mehrfach Fälle religiös motivierter Selbstbeschädigung begegnet, die Ähnlichkeit mit historischen Fällen aufweisen. Ein solcher Fall soll im Folgenden dargestellt werden:

Krankengeschichte

Kindheit und Jugend des 33 Jahre alten, allein lebenden Patienten waren durch eine broken home-Situation geprägt. Sein Vater, ein türkischer Schlosser, in der Autoindustrie als Fließbandarbeiter tätig, war eine konfliktreiche, von gegenseitiger körperlicher Gewalt geprägte Beziehung mit einer deutschen Kellnerin eingegangen. Der Patient war das erste uneheliche Kind seiner Eltern. Die Mutter habe erwogen, die Schwangerschaft abzubrechen. Sie wurde als lieblos, gefühlskalt, dominant, rigide und zu Willkür und Gewalt neigend charakterisiert. Auch zum alkoholkranken Vater habe keine tragfähige Beziehung bestanden, dieser habe die jüngeren Geschwister bevorzugt. Im siebten Lebensjahr des Patienten zogen seine Eltern in die Türkei, da sich der Vater einer Haftstrafe entziehen wollte. Dort seien weitere Geschwister geboren worden. Der Patient kam zu den Großeltern mütterlicherseits, die ihn äußerst streng und lieblos erzogen hätten. Erst Anfang 2002 habe er von Eltern und Geschwistern gehört. Die noch tragfähigste Beziehung habe er zur Großmutter gehabt. Sie habe ihn gelegentlich liebkost, aber auch willkürlich zurückgestoßen und geschlagen. Lebhaft habe er ihre blutrünstigen Erzählungen aus der Bibel und von großen Märtyrern in Erinnerung. Der Großvater, ein Alkoholiker, habe ihn oft ohne Grund geschlagen und eingesperrt. Als der Patient 12 Jahre alt wurde, starben beide Großeltern. Da die Eltern unauffindbar waren, kam er in ein von Nonnen geführtes Kinderheim, wo er bis zum Beginn seiner Schlosserlehre verblieb. Hier habe eine sowohl rigide, als auch Halt gebende Atmosphäre geherrscht. Die Nonnen hätten sich um ihn bemüht. Sie hätten den Kindern die Lebens- und Leidensgeschichte Jesu nahe gebracht. Gott, der allmächtige Vater, habe »Halbheiden« wie ihn besonders lieb. Schon früh habe er sich beeindruckt gefühlt von einer in der Waisenhauskirche stehenden »Ecce homo«-Figur. Hierbei handelt es sich um die Darstellung der frühesten Passionsszene, in der Jesus mit dem Spottszepter in der Hand, von Schmerzen überwältigt und von Blut überströmt, von Pilatus dem Volk vorgeführt wird. Im katholischen Raum ist dies ein gängiges Bildmotiv, erstmals im frühen Mittelalter in der Abtei Reichenau entwickelt. Bei quälenden Einsamkeitsgefühlen habe sich der Patient in die Kirche zu den »himmlischen Eltern« zurückgezogen. Auch eine Pieta als Darstellung einer idealen Mutter-Kind-Beziehung habe ihn sehr beeindruckt. Schon in der beginnenden Pubertät habe er häufig Tagträumen nachgehangen, in denen er bedeutend und mächtig war. Intensives Bodybuilding bis über die Schmerzgrenze hinaus verband er mit Phantasien von Leiden und grenzenlosem Erfolg. Während der Pubertät hatte er wechselnde homosexuelle Kontakte. Mehrere Annäherungsversuche zu jungen Frauen seien kläglich gescheitert. Nach erfolgreicher Schlosserlehre, in der er sich »bedingungslos« den Forderungen des Meisters und der Gesellen untergeordnet hätte, arbeitete er insgesamt drei Jahre als Schlosser, zuletzt bei einem Schlüsseldienst. Nach der Entlassung aus dem Heim, in dem er als »gut führbar« und erfolgreich gegolten habe, sei es ihm nicht gelungen, tragfähige Beziehungen zu entwickeln. Das Verlassenwerden durch eine erste Freundin habe er nicht verkraftet. Er habe sich vermehrt in eine Welt des Substanzmissbrauchs von Alkohol, Cannabis und Amphetaminen und religiösen Phantasien zurückgezogen und verlor seine Stelle. Mit 23 Jahren wegen Einbruchs und mit 25 Jahren wegen Körperverletzung straffällig, erhielt er Bewährungsstrafen. Seit dem 26. Lebensjahr war der Patient wiederholt in stationärer psychotherapeutischer Behandlung. Danach kam es während einer vierjährigen Partnerschaft mit einer fünf Jahre älteren, von ihm als überprotektiv geschilderten Frau zu zahlreichen Trennungen und Wiederannäherungen, bis die Beziehung schließlich wegen der häufigen impulsiv ausgelebten Untreue des Patienten auseinanderbrach. Die Instabilität im affektiven Bereich äußerte sich durch ausgeprägte Stimmungsschwankungen von einer als gleichgültig beschriebenen Grundstimmung zu Depression und aggressiver Reizbarkeit, wobei diese Zustände gewöhnlich einige Stunden andauerten. Wie der Patient zögerlich und verschämt angab, benutzte er oberflächliches Hautritzen und gelegentlichen Alkoholmissbrauch als Mittel, um die starke Wut auf seine Eltern, insbesondere auf seine Mutter, die in schuldhaft erlebten Tötungsphantasien gipfelten, zu bekämpfen. Es kam zu wiederholten Suizidgedanken und -ankündigungen und einer gehäuften Unfallneigung. Eine ausgeprägte und andauernde Identitätsstörung manifestierte sich in Form von Unsicherheit in mehreren Bereichen:

Sein Selbstbild schwankte zwischen Größenphantasien bis hin zur Vorstellung, christusähnlich zu sein, und den damit verbundenen stigmataähnlichen Automutilationen und extremen Selbstentwertungen. Deshalb sei er berufen, einen eigenen religiösen Orden oder eine eigene Konfession zu gründen. In seinem Erleben als entwerteter Versager tauchten regelmäßig negative Introjekte auf: Er fühlte er sich als »Türkenbastard« und »Müll und

Schrott«. Er äußerte die Sorge, sein Gesicht könne auf andere als teufels- und affenartig wirken, andererseits stelle er bei sich christusähnlich verklärte mediterrane Gesichtszüge fest.

Seine sexuelle Identitätsunsicherheit manifestierte sich in einem Schwanken zwischen homosexueller und heterosexueller Objektwahl einerseits und einem Verhaftetsein an rigiden, religiös überfrachteten Idealen von Keuschheit und Enthaltsamkeit andererseits.

Seine beruflichen Ziele oszillierten zwischen den Wünschen, in ein Kloster einzutreten, Priester zu werden, in die Türkei in die Nähe seiner wieder gefundenen Eltern zu ziehen und dort als Schlosser zu arbeiten oder als Küster in Deutschland zu bleiben und eine Familie zu gründen. Zuletzt arbeitete er in einer katholischen Gemeinde als Hilfsküster.

Der Patient artikulierte mehrfach, ein chronisches Gefühl von Leere und Langeweile zu spüren, und gab an, verzweifelt nach Menschen zu suchen, die ihm helfen könnten, seine Einsamkeit zu überwinden.

Nach einem schweren Autounfall, der im zeitlichen Zusammenhang mit einem enttäuschenden Wiedersehen mit seinen Eltern in der Türkei stand, entwickelte der Patient ausgehend von Schürfwunden an Händen und Füßen auffällige, an Stigmata erinnernde Hautveränderungen, die offensichtlich zusätzlich durch das Ausdrücken brennender Zigaretten verschlimmert wurden. Der Patient kam teils aus eigenem Antrieb, aber auch auf Empfehlung seines Pfarrers in eine tiefenpsychologisch fundierte Psychotherapie. In einer anfänglichen Therapiephase, in der der Patient mich mit Monologen über seine Größenideen überschwemmte und ich mir wie ein Satellit vorkam, wurde deutlich, wie sehr das Niveau der Über-Ich-Entwicklung der präödipalen Zeit entsprach. Entsprechend waren auch seine religiösen Vorstellungen: Einer strengen sadistischen Norm verpflichtet, fühlte er sich auserwählt, alles Böse in der Welt auslöschen zu müssen. Hierbei wurde sein äußerst fragmentiertes und inkohärentes Selbstbild durch nicht integrierte, teilweise idealisierte Identifikationen mit Partialobjekten (der allwissende Gott, der perfekte Therapeut, die versagenden Elternfiguren) deutlich. Sein Bedürfnis, mit dem grandiosen, nur guten Globalobjekt zu fusionieren, wurde überdeutlich spürbar. Trotz überwertiger Ideen und psychosenaher Zustände war die Fähigkeit zur Realitätsprüfung weitestgehend nicht beeinträchtigt. Aspekte der Ichstärke wurden deutlich in den Feldern Intelligenz, Verbalisierungsfähigkeit und zielgerichtetem Handeln. Nach anfänglicher Prüfung meiner Stabilität begann mich der Patient zu idealisieren. Erst allmählich konnte er dann vorsichtig negative Übertragungsaspekte äußern, die er zunächst indirekt durch kritische Anmerkungen gegenüber seinen religiösen

Idealen andeutete; ich unterließ jedoch Übertragungsdeutungen vor allem in der Anfangsphase der Therapie. In wechselnden Sequenzen begegnete mir in der Gegenübertragung ein kleiner schutzloser vernachlässigter Junge, ein identitätsunsicherer pubertierender Jugendlicher und ein harter, unerbittlicher religiöser Eiferer, der, getrieben von paranoiden Projektionen, einen Präventivkrieg gegen seine Mitmenschen und das vom eigenen Selbst abgespaltene Böse führen muss. Unter dem Schutz der Therapie konnte der Patient ansatzweise Abstand nehmen von überwertigen Größenideen. Auch war es ihm möglich, die narzisstische Funktion seiner Stigmatisierungen zu erkennen und den therapeutisch wichtigen Schritt von der heimlichen in eine offene Selbstbeschädigung mit geringeren Frequenzen zu vollziehen. Parallel dazu veränderten sich die religiösen Themen: von regressiven, paranoid-schizoider Aufteilung der Menschheit in Gut und Böse, Selbstidealisierungen – christusähnlich und sichtbar auserwählt zu sein – gleichzeitig mit der vermeintlich notwendigen Erfüllung strenger Moralregeln rationalisiert, grausamen Phantasien der Entmenschlichung und Vernichtung ungläubiger Feinde, zu reiferen Formen der Religiosität, die, wie Kernberg (2000) formulierte, durch Toleranz, Hoffnung, Vertrauen in das Gute ohne Verleugnung des Bösen und einen Sinn für Verantwortung gegenüber einer höheren moralischen Instanz gekennzeichnet sind. In diesem Sinne übernahm er mehr Verantwortung für sein Leben, hatte mehr Freude an der Arbeit als Küster und setzte dort seine handwerklichen Fähigkeiten kreativ ein. Ein Rückgang narzisstischer Motive und das Abheilen der Wunden erfolgten gleichzeitig. Nach 190 Stunden ist noch ein langer Weg zurück zu legen.

Diskussion

Die Behandlung der oben genannten Phänomene kann auf verschiedene innere und äußere Widerstände stoßen: Wie der Fall Konnersreuth gezeigt hat, geht eine radikale Fundamentaltheologie katholischer Provenienz davon aus, dass Stigmatisierungen sich nicht durch natürliche Ursachen erklären lassen, sondern auf das direkte Einwirken Gottes zurückgehen. Somit hätten sie Beweiskraft als entscheidendes Offenbarungskriterium und Zeichen der besonderen Zuwendung Gottes vor allem für die betroffenen Personen. Da man hiermit unmittelbar die Bedeutung wundersamer Körpererscheinungen für den Patienten berührt und sich unreflektiert mit diesem in eine destruktive religiöse Debatte verwickeln kann, bedarf es einer analytischen Haltung, die die unbewusste Natur religiöser Überzeugungen als einen wesentlichen

Aspekt beim Menschen respektiert, sich aber nicht zur Frage des Wirkens Gottes in ungewöhnlichen oder alltäglichen Ereignissen wertend äußert. In derartigen Glaubensfragen stößt, wie Kernberg (2000) formulierte, »die Psychoanalyse an die Grenze zur Philosophie und läuft Gefahr zur Weltanschauuung zu werden.« Die Psychoanalyse kann ein religiöses Phänomen gegebenenfalls dynamisch deuten und erklären; sie überschreitet ihre Grenzen, wenn sie das Wirken Gottes darin kategorisch ausschließt.

Hilfreicher ist, die Symptomhandlungen im Sinne Winnicotts einzuordnen und die illusionäre Übergangswelt, die den Ursprung von Kreativität, Phantasie, Kunst und Religion darstellt, als Übergangsobjekte des Patienten therapeutisch zu nutzen und nicht mit voreiliger Entmythologisierungshaltung vorzeitig deutend und das therapeutische Bündnis gefährdend gegen die defensive Selbstidealisierung des Patienten bilderstürmerisch vorzugehen.

Im Sinne des Körpers als Übergangsobjekt (Hirsch 1989), das triebhafte Liebe wie Hass und reine Aggression überlebt, kann gerade der stigmatisierte christusähnliche Leib ausgeprägte Allmachtsphantasien garantieren. Er ist ein mütterliches Objekt, das einen nicht verlassen kann und dem man nicht hilflos ausgeliefert ist. Der Patient beherrscht den Körper, wie Gottvater Christus beherrscht. Hiermit werden vernichtende und Angst auslösende Ohnmachtserfahrungen abgewehrt und letztlich die Trennung durch den Tod verleugnet.

Bei Wundern und Wunden befinden wir uns nicht im Bereich des Triebhaften und des Ödipalen, sondern im Bereich des Narzissmus und Masochismus. Nach Stolorow (1975) liegt eine enge Verbindung zwischen masochistischen und narzisstischen Phänomenen vor. Frühe präödipale Traumata hinterließen auch im narzisstischen Sektor ihre Spur, indem sie die Entwicklung einer stabilen Selbstrepräsentanz behindern. Stolorow betont, dass masochistische Aktivitäten u. a. verfehlte Versuche darstellten, eine Selbstrepräsentanz wiederherzustellen, auszubessern und zu stützen, die durch verletzende Erfahrungen während der frühen präödipalen Phase, wenn sie am verwundbarsten ist, beeinträchtigt wurde. Verschiedene Autoren (Reich 1933; Fenichel 1945; Stolorow 1975) wiesen auf den exhibitionistischen Charakter der Darbietung von Leiden und Märtyrertum bei masochistischen Personen hin. Nach Kohut (1971) suchen solche Patienten eine spiegelnde Bestätigung von Seiten des Publikums; es gebe zwei Möglichkeiten, ein brüchiges Selbst zu stabilisieren: einmal durch Verschmelzung mit einem vergrößerten allmächtigen Objekt (idealisierte Elternimago) oder durch eine Aufblähung primitiver narzisstischer Selbstvorstellungen (grandioses oder Größenselbst). Im Falle des Patienten bietet eine stigmataähnliche Selbstschädigung Stabilisierung in mehrfacher Weise: Durch die Identifikation mit Christus vor allem im Ecce-homo-Motiv wird illusionär die gravierende Zurückweisung durch beide Eltern verleugnet und seiner Existenz ein höherer, die realen Verhältnisse transzendierender Sinn gegeben. Gleichzeitig wird im Sinne des Größenselbst die Vorstellung von eigener Bedeutung gestärkt in Abwehr gegen vernichtende Ohnmachtsgefühle, nicht zuletzt in der Vorstellung, als ein besonderer Mensch auserwählt und berufen zu sein. Durch die Fusion mit einem allmächtigen Objekt – Gott bzw. Gott und Maria im Sinne einer idealisierten Elternimago – und in Identifikation mit dem leidenden Christus als deren außergewöhnlichem Sohn wird masochistisch gefärbt eine gravierende Niederlage am Beginn des Lebens in einen großartigen Triumph verwandelt, wobei die Wunden eine spiegelnde Beachtung durch das Publikum garantieren. In destruktiven Partnerschaften und der Tendenz, sich bei Delikten erwischen zu lassen, wird die Affinität des Patienten zum Masochismus, durch Niederlage zum Triumph zu kommen, deutlich. Schließlich wird klar (Wöller 1994),

> »daß das letztendliche Ziel des Masochisten nicht darin besteht, Schmerz, Leiden und Unglück zu finden, sondern daß diese Qualitäten nur Stationen auf dem Weg zu einem anderen Ziel sind, das höherwertiger als die Suche nach Lust ist und das ohne Leiden nicht erreichbar scheint, das in jedem Falle aber der Aufrechterhaltung des Wohlbefindens und des Sicherheitsgefühls dient. Dieses Ziel kann … aber auch in der Suche nach einem großen und mächtigen, idealisierten symbiotischen Objekt, das zusätzlich eine rudimentäre Selbst-Objekt-Abgrenzung gewährleistet und so vor schwerer Pathologie schützt, erreicht werden.«

Rohde-Dachser (1986) versteht masochistische Darbietungen, z. B. demonstratives Leiden und Martyrium, als »Ringen um Empathie« mit dem Wunsch, von einem allmächtigen Objekt gespiegelt zu werden.

Häufig sind dies narzisstische Restitutionsversuche und eine Neuinszenierung einer Kindesmisshandlung (Plassmann 1987). Laut Sachse (1989) kann das fließende Blut Leben, Pulsieren und Wärme vermitteln. Durch die Symptomhandlung wird ein verhasstes zu einem guten Objekt. Manche Patienten inszenieren ihre Selbstbeschädigung wie eine rituelle, magische oder sakrale Handlung (Eckhard 1988). Sie treten in eine magische Transformation ein. Dies gilt besonders für Patienten, die ihre Selbstbeschädigungen unmittelbar mit Glaubensinhalten verbinden.

Therapeutische Konsequenzen

– Religiöse Einflüsse nicht als lästige Konkurrenten in der Therapie empfinden.
– Den Abwehrcharakter der Symptome berücksichtigen und den Patienten bei nicht lebensgefährlichen Selbstschädigungen die Symptomhandlungen zunächst lassen.
– Keine detektivischen Aktionen und abrupte Konfrontation bei der religiös motivierten heimlichen Selbstschädigung.
– Abwertende Interpretationen des Artefakts unterlassen.
– Keine suggestiven Ratschläge.
– Vermeiden von Agieren der negativen Gegenübertragung (Empörung, Scham, Verurteilung) angesichts der Kombination von Automutilation und narzisstisch-masochistisch gefärbten religiösen Vorstellungen.
– Es ist hilfreich, wenn ein Therapeut grundsätzlich die Möglichkeit des Metaphysischen in Psychotherapien anerkennt.
– Kein (negatives) Urteil über die Existenz Gottes oder die Gültigkeit religiöser Systeme im Allgemeinen abgeben.
– Nicht mit Abscheu oder Spott reagieren, wenn Wunder angesprochen werden.
– Keine voreilige Entmythologisierung von konkret verstandenen Glaubensinhalten.
– Berücksichtigung der Persönlichkeitsakzentuierung im Kontext der Affinität des Patienten zu bestimmten Glaubensformen.
– Vorsichtige psychodynamische und psychogenetische Aufarbeitung der Erlebnisse und Symptome.
– Keine frühzeitigen Übertragungsdeutungen, wenn die idealisierte Beziehung zu Gott oder religiösen Gestalten im Vordergrund steht.
– Patienten zu reifer Religiosität verhelfen: d. h. Überwindung paranoid-schizoider Spaltungen in Gut und Böse und Betonung von Werten wie Toleranz, Hoffung, Vertrauen in das Gute, ohne das Böse zu verleugnen und abzuspalten.

Fazit

Masochistische und selbstschädigende Tendenzen können in religiöse Vorstellungen narzisstisch verwoben sein. Wenngleich die beschriebenen Phänomene überwiegend im christlichen, besonders im katholischen Umfeld beschrieben werden, weisen sie doch in mehrfacher Hinsicht darüber hinaus: Sie unterstreichen den Einfluss schamhaft abgewehrter primärprozesshafter religiöser Motive, die transgenerationell und kollektiv transportiert werden und beträchtlichen Einfluss auf den Behandlungsprozess nehmen können. Um diese zu verstehen, bedarf es mitunter spezifischer Kenntnisse. Dieser Aspekt ist um so bedeutender, als im Zuge von Migration und Globalisierung vermehrt Patienten aus unserem Kulturkreis fremden Religionen und Konfessionen psychoanalytische und psychotherapeutische Hilfe aufsuchen.

Literatur

Bekh, J. W. (1998): Therese von Konnersreuth oder die Herausforderung des Satans. München (Comoran).

Borelli, S, Fürst, R. (1960): Die Stigmatisation – das extreme Beispiel einer psychischen Dermatose. Praxis. Schweizerische Rundschau für Medizin, 16, 389–395.

Chasseguet-Smirgel, J. (1984): Creativity and Perversion. New York (Norton).

Eckhardt, A. (1988): Vortrag: Pain-experience, body-image and factitious disorder. 17th European Conference on Psychosomatics Marburg.

Fenichel, O. (1945): Psychoanalytische Neurosenlehre , Bd I–III. Olten Freiburg (Walter).

Freud, S. (1927): Die Zukunft einer Illusion. Ges. Werke XIV, S. 325–389. Frankfurt (Fischer) 1972.

Hanauer, J. (1989): Der Schwindel von Konnersreuth – ein Skandal ohne Ende? Eigenverlag.

Hirsch, M. (1989): Der eigene Körper als Übergangsobjekt. In: Hirsch, M. (Hg.): Der eigene Körper als Objekt. Zur Psychodynamik des selbstdestruktiven Körperagierens. Berlin –Heidelberg (Springer), S. 9–32.

Kernberg, O. (2000): Einige Überlegungen zum Verhältnis von Psychoanalyse und Religion. In Baseler, M. (Hg.): Psychoanalyse und Religion – Versuch einer Vermittlung. Stuttgart, Berlin, Köln, S. 107–134.

Khan, M. (1963): Das kumulative Trauma. In: Khan, M.: Selbsterfahrung in der Therapie. 3. Aufl. Frankfurt a. M. (Klotz) 1997.

Kohut, H. (1971): Narzissmus. Eine Theorie der psychoanalytischen Behandlung narzisstischer Persönlichkeitsstörungen. Frankfurt/Main (Suhrkamp).

Paar, G. H. (1987): Selbstzerstörung als Selbsterhaltung . Eine Untersuchung von Patienten mit artefiziellen Störungen. Mat Psychoanal, 13, 1–54.

Pao, P. (1969): The syndrome of delicate self-cutting. Br J Med Psychol, 42, 195–206.

Plassmann, R. (1987): Der Arzt, der Artefakt-Patient und der Körper. Psyche, 41, 883–899.
Reich, W. (1933): Chararakteranalyse. Köln (Kiepenheuer & Witsch) 1971.
Rohde-Dachser, C. (1986): Ringen um Empathie. Ein Interpretationsversuch masochistischer Inszenierungen. Forum Psychoanal, 2, 44–58.
Sachse, U. (1989): Blut tut gut. In Hirsch, M. (Hg.): Der eigene Körper als Objekt. Zur Psychodynamik des selbstdestruktiven Körperagierens. Berlin – Heidelberg, S. 94–117.
Stolorow, R. J. (1975): Die narzisstische Funktion des Masochismus und Sadismus. In: Grünert, H. (Hg.) Leiden am Selbst. Zum Phänomen des Masochismus. München (Kindler) 1981.
Wöller, W. (1994): Neuere Auffassungen zur Funktion masochistischer Phänomene. Forum der Psychoanalyse, 10, 162–174.

Forum für Kinderanalyse

Es ist besser in der Welt eines grausamen Gottes, als in der Welt eines unberechenbaren Teufels zu leben

Die perverse Abwehr von Trauer eines neunjährigen Jungen und das Auftauchen religiöser Motive im therapeutischen Prozess

Doris Mauthe-Schonig

> Jeder Text wendet sich,
> indem er geschrieben wird,
> zurück an seinen Verfasser,
> um ihm den Schmerz zu erklären,
> der zu seiner Entstehung geführt hat.
> Wilhelm Genazino 2003, S. 48

Vorbemerkung

Mit Dorian werde ich einen Jungen vorstellen, der seine Mutter bei einem Autounfall verloren hat, und der zu einer Untergruppe schwer behandelbarer Patienten gehört, die unfähig sind, seelischen Schmerz zu ertragen – weder auf der paranoid-schizoiden noch auf der depressiven Position kann der Schmerz gehalten werden.

Von Schmerz überwältigt flüchten diese Patienten aus der Welt nährender, realer Beziehungen und suchen ›Orte des seelischen Rückzugs‹ auf, in denen sie sich verstecken können, an denen gleichwohl der Schmerz weiter besteht.

»Orte des seelischen Rückzugs«, so John Steiner (1999) in seinem gleichnamigen Buch, dienen der Entlastung von Angst und seelischem Schmerz. Er beschreibt die perverse Weise, in welcher diese Patienten in derartigen Rückzugszuständen narzisstische, masochistische und sadistische Befriedigung finden können. Dies gelingt ihnen durch die Errichtung verschiedener, ineinander greifender Abwehrmechanismen, wie omnipotente Kontrolle und Verleugnung, sowie durch den Gebrauch verschiedener Formen von Spaltung und projektiver Identifikation. Da der Patient, den ich vorstellen will, keinen Gebrauch von einer liebenden Welt machen kann, wird die ›Güte pervertiert‹, wie Brenman (1990, S. 337) so treffend in seinem Aufsatz ›Grausamkeit und Engstirnigkeit‹ schreibt. Die Güte wird von diesen Patienten pervertiert und auf »die Seite der Grausamkeit entführt, um dieser Kraft zu verleihen und Katastrophen zu verhindern. Diese Perversion wird als Religion verehrt.«

In Anlehnung an diesen Gedanken habe ich im Titel des Beitrags vom ›grausamen Gott‹ gesprochen, einem Gott der Vernichtung, der berechenbarer ist, als die Willkür einer teuflischen Macht. Seinem grausamen Überich entsprechend, schafft sich der Patient einen grausamen Gott, um der Unberechenbarkeit, die in sein Leben eingebrochen ist, zu entgehen. Dabei interessiert mich im Zusammenhang mit dem Tagungsthema das Auftauchen religiöser Motive in der Therapie dieses Jungen.

Wir werden sehen, wie die Analyse dieses Jungen zu einem Ringen um die Befreiung des kindlichen Selbst aus der Macht dieser wahnhaft omnipotenten narzisstischen Organisation wird (Steiner 1999, S. 80).

Ich habe dem Buch von John Steiner viel zu verdanken. Mir wurde möglich, die beunruhigende Stagnation, die den Behandlungsprozess dieses Kindes über weite Strecken charakterisierte, und die technischen Schwierigkeiten, denen ich mich gegenübersah, wenigstens nachträglich besser zu begreifen. Ein großes technisches Problem ist die Gefahr, sich in die perverse Welt des Patienten allzu stark einzufühlen. Man muss es tun und wird auch gezwungen, eine Rolle in der omnipotenten Phantasie des Patienten zu übernehmen, aber dadurch fungiert man als Teil seines Abwehrsystems. Das kann zu einer Kollusion mit der inszenierten perversen Organisation führen und in die Sackgasse einer sado-masochistischen Verstrickung.

Vorgeschichte

Dorian ist neun Jahre alt, als ich ihn kennen lerne. Er ist ein »richtiger Junge«, groß- gewachsen, hübsch, mit dunklen Haaren, braunen, ausdrucksvollen Augen und abstehenden Ohren. Sie geben ihm etwas Pfiffiges, aber in der Schule fühlt er sich deswegen permanent angegriffen und verspottet.

Ich weiß über Dorian, der zusammen mit seinem Vater und dessen Lebensgefährtin Evelyn kommt, dass er drei Monate zuvor einen schweren Autounfall mit seiner Mutter hatte. Sie waren zu zweit auf dem Weg von Berlin nach Hamburg. Dorian, hinten im Auto, langweilte sich und wollte eine Kassette von der Mutter haben, die diese nicht gleich fand. Sie reagierte offenbar ärgerlich und verlor dabei die Gewalt über ihr Fahrzeug. Dorian überlebte den Unfall. Er hatte eine Gehirnerschütterung. Seine Mutter dagegen starb. Er hat sie auf der Straße liegen sehen, blutend. Sie wurde von einem Krankenwagen weggebracht und starb auf dem Weg in die Klinik. Dorian wurde in eine andere Klinik gebracht. Dort wurde ihm gesagt, seiner Mutter gehe es gut.

Der Vater wurde von der Klinik informiert und eilte nach Hamburg. Er musste Dorian sagen, dass seine Mutter tot war.

Ich sollte kurz schildern, in welcher persönlichen Situation ich mich damals befand, als ich die Geschichte vom Schicksal dieses Kindes hörte. Mein Mann war damals bereits seit einem Jahr schwer erkrankt und musste sich kurz vor meiner Begegnung mit Dorian einer zweiten Krebsoperation unterziehen. Diese Operation verlief gut, aber unmittelbar im Anschluss erlitt er einen schweren Herzinfarkt. Sein Leben schien von einem zum anderen Augenblick ausgelöscht. Diese Plötzlichkeit hatte etwas Traumatisches. Aber es kam anders: Mein Mann überlebte diese Krise durch ein künstliches Koma und wir hatten danach noch zwei Jahre gemeinsame Lebenszeit.

Durch die eigene Erfahrung mit der Plötzlichkeit des möglichen Todes fühlte ich mich Dorian besonders nah. Ich hatte erlebt, wie die Überwältigung von Schmerz zu einer Erstarrung und Verzweiflung führt, die ohne Worte ist. Wie ein Kind hatte ich einen Moment lang das Bedürfnis gehabt, den Ausgang dieses Schreckens – welchen Ausgang auch immer – in fremde Hände legen zu können, in die Entscheidung einer überpersönlichen Macht, zu der man beten könnte. Dorian musste annehmen, dass er schuld am Tod seiner Mutter war. Auch wenn mir klar war, dass eine Richtigstellung ihn von diesem quälenden Gedanken nicht würde erlösen können, hatte ich den Wunsch, ihm bei unserer ersten Begegnung zu sagen, dass jedes Kind der Welt das Recht hat, seine Mutter um eine Kassette zu bitten und dass es dann in der Verantwortung der Mutter liegt, ob und wie sie ihm diese Bitte erfüllt. Sie hätte ihm sagen müssen, dass es gerade nicht gehe, weil sie auf den Verkehr achten müsse, und dass sie den nächsten Parkplatz ansteuern werde und er sich noch gedulden müsse.

Vor dem Unfall hatte Dorian bei seiner allein erziehenden Mutter gelebt. Seine Eltern hatten sich getrennt, als er drei Jahre alt war. Nach der Scheidung hatte der Vater den Sohn regelmäßig für ein bis zwei Tage die Woche gesehen. Dorian zieht jetzt zu ihm und wird in einer neuen Schule angemeldet. Mit Evelyn lebt der Vater, ein freundlicher, aber fast wortloser Mann, bereits seit drei Jahren zusammen. Sie wirken als Paar wie frisch verliebt. Evelyn kann im Kontrast zu ihrem Partner ihr Glück in Worte fassen: Er sei so liebevoll, so weich und freundlich. Ohne ihn könne sie nicht einschlafen. Evelyn hat einen eigenen Sohn aus erster Ehe, der zu ihrem tiefen Kummer nach der Trennung beim Vater geblieben ist. So bekommt dieses Paar, das sich gefunden hatte und sich selbst genügte, von einem auf den anderen Tag einen Sohn – den Sohn des Vaters und nicht den verloren gegangenen Sohn von Evelyn.

Selbst wenn sie wollte und könnte, kann Evelyn die Stiefmutterrolle nicht ohne weiteres annehmen, denn es gibt noch eine zusätzliche Verwicklung: Evelyn war jahrelang die beste Freundin von Dorians Mutter Anna. Nach Evelyns Liäson mit Dorians Vater gab es ein tiefes Zerwürfnis zwischen den beiden Freundinnen. Evelyn arbeitete und arbeitet bis heute in der Firma, deren Chefin Dorians Mutter war. Evelyn bewunderte Anna, sie war so effizient, so redefähig, zupackend und hatte Erfolg bei Männern. Anna hatte die ehemalige Freundin gewarnt, Dorian an sich zu binden. Wenn sie das täte, würde es sie umbringen, sagte sie ihr.

So stehen beide, Dorian und Evelyn, unter dem Verbot, sich gegenseitig zu nähern. Aber anfangs sind sich beide in ihrer Verzweiflung und in ihren verschiedenartigen Schuldgefühlen sehr nah. Evelyn – mit esoterischen Praktiken vertraut – spricht viel mit Dorian, kauft ihm eine Engel-Kassette, gibt ihm zum Schutz magische Steine mit auf den Weg und versucht, auf seine drängenden Fragen, wo seine Mutter jetzt sei, zu antworten. Evelyn wundert sich, dass er nicht weint, woraufhin Dorian ihr sagt: »Ich stelle mir einfach vor, ich war schon immer bei euch.« Diese Verleugnung ist Teil des normalen Trauerprozesses bei Kindern. Durch die Verleugnung wird das Objekt am Leben erhalten. Wegen der Identifikation mit dem Objekt glaubt der Trauernde nämlich selbst sterben zu müssen. Wenn er also selbst überleben will, muss der Verlust geleugnet werden.

Nach einer kurzen Phase großer Nähe zu Evelyn schlägt die Stimmung um. Dorian verschließt sich, lehnt die Stiefmutter ab und provoziert sie ohne Ende durch seine Unordentlichkeit, Nachlässigkeit und seine Unsauberkeit. Alle Essenssituationen gestalten sich zu dritt unerträglich und enden in Streit, Tränen oder Wortlosigkeit. Von Dorians Vater ist Evelyn enttäuscht: Er ist zu lasch und sagt nichts. Diese mangelnde Fähigkeit, sich mitzuteilen, sei mit ein Grund für seine Trennung von Anna gewesen, sagt er. Er sei seiner ersten Frau zu wenig ehrgeizig gewesen. Seine Verbindung zu Dorian sind das

Fußballspiel und Computerspiele, bei denen offenbar beide ihre ausgeprägten Omnipotenzillusionen befriedigen.

Zu dem Vermächtnis von Dorians Mutter an Evelyn: »Du darfst meinen Sohn nicht als Deinen Sohn annehmen« und an Dorian: »Du darfst mich nicht durch Evelyn ersetzen« – ein Vermächtnis, das zu Lebzeiten galt, nun aber über den Tod hinaus fort geschrieben wird – kommt noch etwas weiteres hinzu, das die Mutter verfügt hat: eine anonyme Bestattung. So gibt es kein Grab, keinen Grabstein, keinen bezeichneten Ort, sondern nur eine große Wiese auf dem Friedhof, wo die Urne mit der Asche von Dorians Mutter vergraben wird.

Vorstellungsgrund

Die Gründe, weshalb Dorian zu mir gebracht wird, sind vielfältig und zum Teil schon genannt. Was seine Stiefmutter Evelyn besonders beunruhigend findet, ist die Tatsache, dass Dorian nach der Bestattung seiner Mutter kein weiteres Mal auf den Friedhof gehen will. Er fährt mit dem Fahrrad weite Umwege, um nicht am Friedhof vorbei zu müssen, als ob von diesem Ort eine Bedrohung für ihn ausginge. Als er von Evelyn weiter bedrängt wird, wehrt er sich verzweifelt störrisch und empört: »Da soll ich hingehen ... wo sie mit hundert anderen Männern liegt ...?«

Hier zeigt sich in der Frühgeschichte des Jungen bereits eine Prädisposition für pathologische Trauer, die immer dann eintritt, wenn die Trauer mit starker Ambivalenz zum verlorenen Objekt einhergeht. Ich weiß aus der Genese von Dorian, dass er wechselnde Männerbeziehungen seiner Mutter erlebt hatte. An einen dieser Ersatzväter hatte er sich fester gebunden, aber er durfte ihn und die anderen nach der Trennung nicht wiedersehen. Er durfte nicht um die Ersatzväter trauern. Gefühle der Verlassenheit und der Wut auf die Mutter mussten eingefroren werden. Man kann sich gut vorstellen, wie Dorian in einer unaufgelösten ödipalen Situation gefangen bleibt. In seiner kindlichen Allmachtsphantasie hat er diese »hundert« Männer umgebracht.

So leidet er schon als Kleinkind an motorischer Unruhe und Schlafstörungen. Die Gewohnheit, Sachen zu verlieren, bringt er ebenfalls aus seiner Frühgeschichte mit.

Was nach dem Tod der Mutter neu hinzugekommen ist, sind Bauchschmerzen, ein störrisches, unfreundliches Benehmen, Lügen. Er verstreut seine Sachen über die ganze Wohnung, räumt nicht auf und hinterlässt die Toilette kotverschmiert. Beim Essen ist er voller Unruhe und isst – wie Evelyn es drastisch ausdrückt – wie ein Schwein. In der Schule wird darüber geklagt, dass er sich von Streitereien magisch angezogen fühlt und andauernd in Kämpfe verwickelt ist. Er kommt häufig mit Blessuren nach Hause.

Wenn ich mir den Therapieverlauf dieses Patienten vor Augen halte, so wird meine Vermutung bestätigt, dass die sadistische Freude und das Erkalten seiner Gefühle früheren Ursprungs sein müssen als das Trauma des Unfalls. Schon früh muss sich Dorian als verlassenes Kind gefühlt haben. Mit dem fehlenden oder mangelhaften Containing konnten die Hassgefühle in ihm zu intensiv werden. Die Gefühle erkalten und es entsteht perverse Lust, die als ›defensive Strategie gegen das Gefühl innerer Leblosigkeit‹ eingesetzt wird, wie Ogden (2001) in seinem Buch *Analytische Träumerei und Deutung* beschreibt.

Zur Unterstützung meiner These, dass es sich bei Dorian um ein früh traumatisiertes Kind handelt, greife ich vor und berichte eine kurze Spielsequenz aus dem späteren Verlauf seiner Therapie. Sie gestattet einen Einblick in seine kannibalistischen Phantasien aus der oralen Phase und können eine Erklärung dafür sein, warum er sich beim Essen so chaotisch verhält.

Er füllt eine kleine Kuchenform mit Sand und sagt, er wolle in der Backröhre des kleinen Puppenofens einen Kuchen backen. Ich registriere, dass er diese Stunde – ein dreiviertel Jahr nach Therapiebeginn – anders beginnt als die vorangegangenen, in denen er fast ausschließlich tödliche Kämpfe im Sandkasten inszeniert hatte. Ich denke an einen Geburtstagskuchen und auch an den Mutterkuchen und bin neugierig, wie es weitergehen wird. Aber aus dem Kuchen wird nichts, jedenfalls nichts Gutes. Er wird vergessen und verbrennt. Danach setzt er ein zweites Mal an: Diesmal soll es Grießbrei werden, wie er verheißungsvoll sagt, aber auch der wird verdorben, wird ›Matsche‹ und ›Scheiße‹, wie er sagt. In diese Matsche rührt ›das Kind‹, wie er sich ausdrückt, seine ›abgehackten und abgebissenen Finger‹ hinein. Ich bin erschrocken und begreife, dass er sich zerstückelt fühlt, wenn er nicht bei der Übertragungsmutter sein kann, er aber lacht abwehrend maliziös und ist in ausgelassener Stimmung, als habe er einen guten Witz gemacht. Ich denke, dass sich in der aktuellen Essenssituation zu Hause, die Evelyn so katastrophal beschreibt, diese grässlichen Phantasien melden, die Dorian in verständliche Panik versetzen: der Zappelphilipp am Tisch, der Messer und Gabel fallen lässt und das Essen verdirbt und unbrauchbar macht. Er wehrt sich hier beim Essen vermutlich gegen die Re-Inkorporation der zerstückelnden und zerstückelten Mutter.

Frühe Traumen – beschreibt Küchenhoff (1990, S. 25) – greifen folgenreicher in die psychische Entwicklung ein als späte, weil sie inkorporiert werden. Sie bleiben ein Fremdkörper im seelischen Erleben des Kindes. Zur Inkorporation kommt es, wenn das Ich noch nicht so weit entwickelt ist, dass es Abwehrmechanismen zum Schutz des Selbst einsetzen könnte. So kann das Trauma vom Ich nicht abgewehrt werden, sondern bleibt ein Fremdkörper und es kommt zu einer Störung des Selbst.

Bei Kindern, die den Tod eines Elternteils verkraften müssen, spielt die Auseinandersetzung mit dem inneren Bild des Verstorbenen – im Sinne der Objektbeziehungstheorie – eine herausragende Rolle. Das Bild, das Dorian von seiner Mutter in sich trägt, mit den entsprechenden Selbstrepräsentanzen, enthüllt sich partiell bereits bei unserer ersten Begegnung.

Erste Begegnung

Dorian hat ein Tierbuch über Wale mitgebracht und zeigt mir darin Seiten, auf denen die Jagd auf Wale als blutiges Abschlachten dargestellt ist. Ich kann mit ihm darüber sprechen, dass ich dabei an das Blutige denken muss, das er erlebt hat ... und dass er denken könnte, er sei daran schuld, wegen der Kassette ... und dass er deshalb nicht mehr auf den Friedhof gehen wolle ... und dass er ja außerdem vielleicht gar nicht genau wisse, wo das Grab seiner Mutter sei ...

Von wegen, dass er nicht weiß! Er malt mir bereitwillig die Wiese auf, in die die Urne mit der Asche seiner Mutter versenkt wurde. Er weiß 4den Ort noch genau, orientiert sich an den Bäumen des Friedhofs und bezeichnet den Platz mit einem Kreuz. Später übermalt er das Kreuz mit brauner Farbe und sagt dazu »Kacke«.

Das starke Ressentiment, das in diesem Wort zum Ausdruck kommt, zeigt sich gelegentlich auch zu Hause: Wenn er zum Beispiel wütend darüber ist, dass er Flöte spielen soll, bezeichnet er seine verstorbene Mutter als »Kackmutter«, weil sie es war, die darauf bestanden hatte, dass er Flöte spielen lernt. Dass er sich selbst – in Identifizierung mit der Mutter – als ›Kackkind‹ sieht, bestätigt er durch sein Verhalten in der Toilette.

Durch die Inkorporation der negativen Mutter kann sich Dorian nicht als einen guten Behälter erleben, der Inhalte aufnehmen und entschlacken kann, sondern er nimmt nur auf, um die »beschissenen« Inhalte dann triumphierend aus sich heraus zu schleudern und an die Wände zu schmieren. Die

Qualität dieser Beziehung ist Verachtung. In der Übertragung suche ich nach Anzeichen dieser ›Kackmutter‹. Aber in der Gegenübertragung spüre ich die Verachtung nicht wirklich, nur in indirekter Form. Er scheint mich beispielsweise als Person nicht wahrzunehmen, wenn er kommt. Ohne Begrüßung fängt er sofort zu spielen an. Und er überhört auch meine Interventionen, so dass ich annehmen kann, dass er auch meine Worte für ›beschissen‹ hält. Trotz dieser Missachtung des Objekts spüre ich Sympathie.

Dennoch fällt es mir schwer zu spüren, was ich eigentlich empfinde – außer dem tiefen Mitgefühl und dem gelegentlichen Erschrecken. Ich erkläre mir das so, dass er selbst nicht spüren will und ich nicht spüren soll, damit diese Gefühle nicht zu einer Realität werden, die er noch nicht aushalten kann. Deutlich wird hier das Hauptziel der Therapie: Die Mutter, die er geliebt hat, muss wieder gefunden werden, nur dann kann er auch ein positives Bild von sich selbst erreichen.

Im Fortgang der ersten Begegnung überdeckt Dorian dann sein Bild mit verschiedenen Farben: mit schwarz, blutrot und himmelblau. Er benutzt die Stifte dabei mit solcher Energie, als würde er das Papier attackieren, und sagt erklärend: »Ich will ein Rubbelbild daraus machen.« Ich verstehe die Bedeutung nicht auf Anhieb. Denke zuerst an die Auslöschung des Bildes und an ein Ungeschehenmachen im Sinne einer Verleugnung und überlege, ob ich ihn überfordert habe, ihm zuviel Angst gemacht habe, als ich über seine Mutter sprach. Der Erinnerungsversuch kann wegen des Flash-back-Effekts zum ›traumatic reminder‹ werden wie Igreja und Riedesser (2002, S. 258) schreiben und entsprechende Gegenbewegungen auslösen, wie Verleugnen und Blockierung der Phantasie. Ein Rubbelbild – was ist das?

Durch die Oberflächenabdeckung wird verborgen, was darunter ist – ein Gewinn – eine Niete? Durch Rubbeln könnte man das Nicht-Sichtbare freilegen, die Mutter wieder zum Vorschein bringen …? Aber was von ihr, solange er sie als eine ›Kackmutter‹ erlebt? Er bricht sein Vorhaben, das Bild durch Rubbeln wieder freizulegen, dann begreiflicherweise ab. Die Trauer muss überdeckt bleiben und dennoch – so verstehe ich es – zeigt er mir mit diesem Rubbelbild sein Therapieziel: die mögliche Freilegung und Offenbarung eines vollständigen Bildes von seiner Mutter. Aber soweit ist es noch lange nicht, er wechselt die Tätigkeit und geht zum Sandkasten.

Der Abbruch einer Tätigkeit und der Wechsel zu etwas anderem im therapeutischen Kontext zeigt mir an, dass das Kind den Punkt seiner größten Angst berührt hat. Dorian kann sich nicht der Tatsache ausliefern, dass seine Mutter wirklich tot ist, aus der Überzeugung heraus, dass er diesen Verlust selbst nicht überleben würde. Zusätzlich könnte für Dorian beim

Herstellen des Rubbelbildes auch die Angst vor dem Nicht-Sichtbaren und dennoch Anwesenden berührt worden sein. Denn es ist ein Paradox, dass der Tote so überwältigend anwesend ist, obwohl er doch tot und abwesend ist. Diese Anwesenheit bei gleichzeitiger Abwesenheit, die ich auch kennen gelernt habe, hat etwas Tröstliches, kann aber auch sehr quälend schmerzhaft sein. Dieser Schmerz kann sich im Alltagsleben in alle einzelnen Verrichtungen drängen und zu allen Tageszeiten präsent sein. Dorian kann aber weder Trost noch Schmerz als Gefühl in sich halten, sondern erlebt dieses Sich-Hineindrängen der Toten in sein Leben als Angriff und Verfolgung. Er meidet den Friedhof, hat Bauchschmerzen, ist – in Identifikation mit dem Aggressor – in Schlägereien verwickelt und kann nicht schlafen, weil er Angst hat, die Mutter könne als Geist durch die Wände gehen – eine Information der Stiefmutter. So fühlt er sich von dem toten Objekt verfolgt.

Zurück zu dem angekündigten Spielwechsel: Dorian geht zum Sandkasten, nimmt Indianerfiguren, Dinosaurier und Bären vom Regal und lässt sie gegeneinander kämpfen. Er gerät in eine fieberhafte Euphorie, alle kämpfen, stürzen, fallen, jeder kämpft gegen jeden, der Sand spritzt auf, ein einziges Gemetzel. »Es gibt keine Sieger«, sagt er, »alle müssen sterben.« Er sagt dies nicht bedauernd, sondern mit einem Anflug von Genugtuung. Hier ist er der Herr des Geschehens, der Herr über Leben und Tod.

Der Anblick des Schlachtfeldes, dieses Massengrabes, gekoppelt mit Dorians klammheimlicher Freude, macht es mir schwer zu reagieren. Mitgefühl, Empörung oder Schrecken zu äußern, wäre hier fehl am Platz. Es geht um gewollte Vernichtung, an der er seine Freude hat. In der Gegenübertragung erlebe ich mich lahmgelegt und etwas durcheinander, obwohl ich zu verstehen glaube. So nehme ich dieses Gegenübertragungsgefühl auf, wenn ich sinngemäß zu ihm sage: »Es geht hier alles drunter und drüber, man weiß nicht, wer Freund und wer Feind ist. Aber das Wichtigste ist doch hier wohl, dass Dorian die Fäden in der Hand hat.«

Ich spreche in meiner Intervention den Patienten nicht mit ›Du‹ an, sondern wähle eine Sprechweise, die uns ermöglicht, uns einen Teil seiner Persönlichkeit anzusehen. Einen anderen Teil zeigt er mir dann bei der zweiten und dritten Begegnung der Vorgespräche, als er als Baumeister, der er selber einmal werden will, statisch komplizierte Gebilde aus Holzbausteinen über dem Sandkasten und dem Spülbecken errichtet, Konstruktionen mit Türmen und Brücken, deren Stabilität er konzentriert und geduldig sichert: »Man soll darüber fahren, ohne dass die Brücke einstürzt.«

Es wird lange dauern, bis Dorian an diese konstruktive Seite wieder anknüpfen kann. Vorerst wird alles auf Eis gelegt. Er bestreut seine großartigen, phallischen Gebilde mit Zuckersand, den er von oben aus seiner Hand rieseln lässt. »Sieht wie eingefroren aus,« kommentiere ich. »Schnee!«, sagt er bestätigend. Eine kleine Katze, der er ein Heim im Turm gegeben hat, wird ebenfalls eingeschneit. Ich erfahre später, dass Dorian Katzen liebt und auch eine Katze in seinem neuen Zuhause bekommen wird. Seine Mutter hatte eine Katze weggegeben, als Dorian fünf Jahre alt war, weil diese Katze zu wild geworden war.

Hätte ich die Protokolle von Dorians Therapie zwei Jahre nach der Beendigung nicht erneut gelesen, aus der Erinnerung hätte ich behauptet, dass er über den Zeitraum seines gesamten ersten Therapiejahres nichts weiter gemacht hätte als zu zerstören – in ermüdender Gleichförmigkeit. Aber die Erinnerung war falsch. Ich denke, sie entstand aus meiner erlebten Ohnmacht gegenüber der Macht des Chaos und dem Druck, den der Patient auf mich ausübte, mich in den Ort seines seelischen Rückzugs hinein zu ziehen. Ein eindrucksvolles Wirken der projektiven Identifikation! Obwohl in dieser Zeit auch Gutes passiert und sich die Beziehung zwischen uns festigt, konnte es offenbar weder von mir, noch von ihm gedacht und wahrgenommen werden.

Vier Szenen aus der Behandlung

a) Die Burgritter und die Feldritter

Eine Möglichkeit, das Chaos zu ordnen, besteht darin, dass der Patient versucht, die Dinge in Gegensätze einzuteilen. Einen solchen Versuch, der allerdings scheitert, können wir bereits in der ersten Stunde seiner Therapie beobachten, als er die Feldritter gegen die Burgritter antreten lässt. Ich sehe eine Chance in dieser Einteilung und versuche mit ihm zu erforschen, wer hier wen überfällt und auf welcher Seite er stehen könnte. Er erklärt: »Die Feldritter wollen denen die Burg wegnehmen, aber die Burgritter waren vorher die Räuber und hatten die anderen vertrieben, ihnen auch die Burg weggenommen.« Zu wem soll man da halten, frage ich mich halblaut. Beide Parteien sind Räuber und beide sind daher illegitim. Wer hatte denn ursprünglich ein Heimatrecht? Wer hat denn ursprünglich in der ›Burg‹ gewohnt? Das wäre die entscheidende Frage. Als ursprünglicher Bewohner der Burg, der Mutter, kann doch vermutlich der Patient gelten. So hätte er vielleicht aus seiner Frühgeschichte die Vorstellung eines Wohnrechts – so wie die kleine Katze in seinem Turm.

Aber jede Differenzierung und Klärung wird in manischer Abwehr vom Patienten zurückgewiesen oder überhört. Er will das längst beschlossene Vernichtungswerk vollführen, ohne von mir gestört zu werden. Er wirkt getrieben und wechselt im Spiel permanent die Seiten. Er lacht auf, wenn jemand getroffen zu Boden geht. Diese mentale Perversion erlebe ich stark sexualisiert. In vielen nachfolgenden Stunden ist es nicht anders. Wenn er kommt, vergisst er die Begrüßung, als hätte es keine Trennung gegeben, die Schnürsenkel sind offen, er hat Schrammen im Gesicht, ist schlapp und wirkt wie ein erschöpfter Krieger. Er geht wortlos zum Sandkasten, greift sich Figuren und beginnt zu zerstören. Er ist wie süchtig nach diesem seelischen Rückzugsort. Auch Sanitäter im Rot-Kreuz-Wagen sind ohnmächtig oder gebärden sich plötzlich wie Angreifer, so dass auch sie am Ende sterben müssen. Das Schicksal aller liegt in Dorians Hand. Würde der Verlust der Helfer oder ihre Ohnmacht – die meiner Person eingeschlossen – bedauert werden können, würde er seine Omnipotenz verlieren, die er noch nicht aufgeben kann. Ich fühle mich in der Gegenübertragung so, wie Kernberg (1988, S. 192) es in Bezug auf einen ebenfalls schwer gestörten Erwachsenenpatienten ausdrückt: »Ich fühle mich als Zeuge einer Untergangsorgie, in der ich zu einer seltsamen, tatenlosen Duldung dieser Situation verführt werde.«

b) Hitler und Wassergott

Die beschriebenen Vernichtungskriege mit dauernden Seitenwechseln und Loyalitätsbrüchen werden bis zu einem Punkt geführt, wo sich ab der vierzigsten Stunde die Parteien zu unterscheiden beginnen und wo Schutzzonen aufgebaut werden. Dennoch kommt es durchbruchsartig auch hier immer wieder zu Stunden, in denen das Chaos Oberhand gewinnt – vornehmlich am Ende der Stunden, wenn die Trennung ansteht.

Ich deute ihm diesen Zusammenhang und als ich ihm im Zuge seiner Vergeltungszüge auch einmal sage, ich fände es beunruhigend, dass wieder niemand eine Chance hat zu überleben und ich könnte mir vorstellen, dass ihm das – ganz im Geheimen – auch manchmal unheimlich sei, spricht er erstmalig über sich und vertraut mir an, dass er gerne Filme über Hitler sehe, worüber sich die anderen Leute wundern würden, dass er so etwas Brutales möge.

In diesem »Sich-Wundern« der Anderen lässt der Patient erstmalig ein Denken über sich zu und gibt preis, dass seine Grausamkeit mit phantasierten Beziehungen zu grausamen, machtvollen Objekten wie Hitler in Verbindung steht, mit denen er sich identifiziert.

In der nachfolgenden Stunde – nach dem Eingeständnis seiner Hitler-Faszination – bringt er einen imaginären Gefährten mit, den er mit verstellter, tief kehliger Stimme sprechen lässt. Da sei heute noch jemand mitgekommen, der aus Dorian so unheimlich spreche, kommentiere ich. »Ja, der Wassergott«, platzt es aus ihm heraus. Er führt bizarre Verrenkungen auf, benimmt sich wie ein monströser Roboter und kündigt an, dass er hier alles zerstören, zerstampfen und zerhacken wolle. Hämisch drohend singt er das Weihnachtslied: »Morgen, Kinder, wird's was geben«.

Ich hätte gehofft, dass Dorian für seine Identifikation weniger bizarre Objekte wie Hitler und Wassergott hätte finden können, frage mich aber auch, ob ihm der Wassergott trotz seiner düsteren Aspekte nicht auch gute Dienste leisten könnte. Ist ihm mit dieser Kreation nicht endlich die Spaltung gelungen, die notwendig ist, um die guten Aspekte seiner Objekte und seines Selbst von den bösen, zerstörerischen Aspekten getrennt zu halten, um damit die guten Seiten schützen und retten zu können? Und ist diese Gestalt, die an seiner Statt das Böse tut, darüber hinaus nicht vielleicht ein erster Hinweis darauf, dass er nicht länger der allein Schuldige sein will? Mit der Fähigkeit, Schuldgefühle zu erleben, würde sich seine paranoid-schizoide Welt, in der – wie wir gesehen haben – keine Schuld und keine Trauer existiert, sondern nur Gleichgültigkeit, Zerstörung, Vergeltung, Angst und Verzweiflung, öffnen zur depressiven Position hin. Dieser Erwägung ist zuzustimmen, denn in der Zwischenzeit konnte mit Dorians Gefühlen von Scham und seiner Unfähigkeit zu glauben, dass er kein ›Kackkind‹ ist, konstruktiv gearbeitet werden.

Dass der Wassergott auch für den alttestamentarischen Gott, der keine Gnade kennt, stehen könnte, ist aus der folgenden Spielsequenz zu entnehmen. Dorian geht zum Sandkasten und formt mit seinen Händen zwei Seen im Sand. Sie sehen aus wie die Hohlräume zweier mit Flüssigkeit gefüllter Brüste. Er nimmt zwei Dinosaurier-Figuren, die er kämpfen lässt. Der Sand spritzt auf, die beiden Seen verlieren ihre Konturen. Das alte Durcheinander. Einen Bauern lässt er auch auftreten, der in den Kampf verwickelt wird, aber der eigentliche Sinn bleibt mir verborgen, weil das Spiel wieder wild und ungezügelt ist. Da ich das Material instinktiv für äußerst wichtig halte, bitte ich Dorian im Anschluss, mir die Geschichte zu erzählen, damit ich sie notieren kann, wie einen Traum. Er sagt wörtlich:

»Im Sand sind zwei Seen. Die Saurier gehören in den einen See und kämpfen, ihnen geht es gut. Das Kämpfen macht ihnen Spaß. Aber sie haben auch den See, der dem Bauern gehört, zerstört, und sie haben den Bauern umgebracht. Jetzt kommt der Wassergott und nimmt Rache. Er zerstampft alle, die im Wasser sind und sagt: ›Ihr habt mein Wasser verschmutzt. Das müsst Ihr mit dem Tod bezahlen‹!« Ich hatte nicht sofort verstanden, was hier mit dem Tod bezahlt werden muss. Die Saurier sind mit ihrer ungezügelten Aggression nicht in ihrem Bereich geblieben, der einen Hälfte (der Brust), sondern sind auch in die andere – gute – Hälfte eingedrungen, die dem Bauern gehörte. Der Bauer (er selbst) hatte ja wohl ein Lebensrecht (wie die Burgritter), bevor ihn die Dinos getötet haben. So verstanden, würde der Wassergott, der die Verunreinigung der beiden Seen, ›der guten und der bösen Brust‹ (Melanie Klein), rächt, eine notwendige, eine gott-gegebene Ordnung wiederherstellen, wie der alttestamentarische Gott durch die Sintflut. (Diesen Hinweis verdanke ich Herrn Wieland Knobbe.)

Ein tiefer gehendes Verständnis für die anale Zerstörungslust des Patienten fand ich im Beitrag von Meltzer über › Die Beziehung der analen Masturbation zur projektiven Identifizierung‹ (Meltzer 1990, S. 130). Meltzer geht von der Gleichsetzung der mütterlichen Brust in den Phantasien des Babys mit seinem Gesäß aus. So kommt es zu einer narzisstischen Überbewertung der Fäzes in den analen Phantasien des Patienten. Das Gesäß des Babys und das der Mutter wird verwechselt und beide werden mit den mütterlichen Brüsten gleichgesetzt. Meltzer sieht den Fortschritt der Analyse garantiert, wenn der Patient in der Übertragung die Fähigkeit entwickelt, die analytische Brust zur projektiven Erleichterung zu benutzen (ebd., S. 141). Dieser Fortschritt scheint in der Analyse von Dorian erreicht, denn unmittelbar im Anschluss an die Stunde, in der der Wassergott die Verunreinigung der Seen gerächt hat, kommt Dorian in die Regression, der er bisher – als tapferer Soldat – standhaft ausgewichen ist.

c) Die Stimme der Mutter

Kaum im Zimmer angekommen, geht er, der Kindersoldat, in die Knie und wird zum Flaschenkind. Er krabbelt wie ein kleiner Junge am Boden, braucht eine Flasche, ich summe ein Wiegenlied. Er fühlt sich krank (angeblich war Dorian zuvor nie krank) und lässt zu, dass ich ihn umsorge.

»Dodo«, sagt er unvermittelt, als er so mit seiner Flasche eingekuschelt in den Kissen liegt. Ich glaube, mich verhört zu haben, ist es doch mein Kleinkindname, mit dem er mich hier anspricht und den nur meine Familie kennt. Aber es ist natürlich vor allem sein eigener frühkindlicher Kosename, den er mir als Stichwort gibt: ›Der kleine Dodo‹. Über die Wiegenlieder, die ich für ihn singe, scheint sich eine Verbindung zur verloren gegangenen Mutter wiederherzustellen, denn er erzählt mir zum ersten Mal etwas von der Mutter. Es geht um die Lieder, die sie mit ihm gesungen hat. Später spielt er

Melodien auf dem Xylophon und bringt ein Liederbuch der Mutter mit. Die tote Mutter hatte in den Liedern eine Stimme bekommen.

Allmählich konnte diese Stimme lauter und differenzierter werden. Ein Teil der guten Mutter war wiedergefunden. Der traumatisch unterbrochene Dialog konnte wieder aufgegriffen werden. Das Kind – die kleine wilde Katze, die von der Mutter weggegeben worden war, der Dorian aber in seinem Turm ein Winterquartier gegeben hatte – hatte im therapeutischen Raum ein Heim gefunden. So wie Brenman (1990, S. 337) schreibt: »Die Therapeutenmutter gibt dem Baby in ihrem Inneren ein Heim, und das Baby gibt der realen Mutter in seinem Inneren ein Heim. Damit können die guten Aspekte des ursprünglichen Heims im Denken des Patienten untergebracht werden. Eine verbannte Mutter kehrt zurück, wird zur Verbündeten der Güte und mildert die Grausamkeit.« Die Wiederherstellung versöhnlicher Bilder unterbricht Dorians pathologischen Trauerprozess und ermöglicht ihm gesunde Trauer. Er bringt ein Fotoalbum von sich und seiner Mutter mit und hängt ihre Fotos an sein Bett.

Der Krieg seiner Einsamkeit geht zu Ende. So können jetzt Spiele gespielt werden, die wir zusammen spielen, bei denen die Figur des Schiedsrichters eine zentrale Bedeutung gewinnt, den er in der Regel allerdings austricksen will. Aber der »Schiri«, wie er ihn vertraulich nennt, ist eine deutlich weniger strafende, archaische Instanz als der Wassergott. »Der Wassergott? Wo ist der eigentlich?«

»Tot, ach nein, verreist, ausgewandert nach Mallorca«, sagt er humorvoll.

d) Die sixtinische Kapelle

In den Wochen vor dem Ende seiner Therapie wird Dorian wieder zum Baumeister. Wie Gott bei der Erschaffung der Welt, schafft auch er eine neue Welt durch seine groß angelegten Konstruktionen. Er trennt Wasser und Sand, bevölkert die verschiedenen Bereiche mit Tieren und Menschen, baut Häfen und trennt sie von den Becken ab, in denen Krokodile schwimmen. Er errichtet darüber eindrucksvolle Gebäude, wobei es ihm der schiefe Turm von Pisa besonders angetan hat, auch er erschüttert, aus der Balance gebracht, aber nicht umgefallen.

In dieser späten, konstruktiven Phase kann er auch mit sehr kleinen Ziegelsteinen, die ihm zur Verfügung stehen, etwas anfangen. Mit Mörtel hatte er daraus bereits einen Backofen und einen Brunnen gebaut. Kurz vor seinem Therapie-Ende geht er mit diesen Ziegelsteinen zum Sandkasten und baut wortlos ein etwa 10 x 20 cm großes Rechteck, auf das er Stein für Stein legt, so dass eine Art Sarkophag zu entstehen scheint. Wir sprechen nicht viel. Ich weiß nicht, wie er es hinkriegt, aber das rechteckige Gebilde, das nun etwa 15 cm hoch gebaut ist, bekommt ein schräg abfallendes Dach. »Ah, ein Gebäude, «sage ich. »Die sixtinische Kapelle«, antwortet er.

Der Turm der Kapelle, an das Rechteck angrenzend, ist schnell gebaut. Wie geschickt er das macht – nichts von einem hypermotorischen Kind, nichts stürzt ein. Er ist bei der Sache, und die Angst überwältigt ihn jetzt nicht, so dass er jetzt zugleich auch bei sich selbst ist und nicht außer sich. Am Ende wird noch ein umfriedeter Bereich, der von einer Steinmauer umgeben ist, an den Komplex gebaut. »Sieht aus wie ein Kirchhof«, sage ich. Daraufhin stellt Dorian wortlos Grabsteine auf und baut noch einen Brunnen dazu. Der Toten symbolisch ein Heim geben, denke ich, auch in der äußeren Realität. Die Ordnung auch hier wiederherstellen, anknüpfen an den Totenkult und die Riten, die in unserem Kulturkreis gelten.

Wir sprechen erst in einer der nächsten Stunden über die anonyme Bestattung seiner Mutter. In dieser Stunde wurde wenig gesprochen. Dorian machte erst gar nicht den Versuch, etwas mit Worten zu sagen. Wir schauten beide auf das, was sich in seinem Inneren geformt und was er hier nach außen gebracht hatte. Er hatte die sixtinische Kapelle auf einer Reise mit seiner Mutter besucht, so konnte er ein bereits vorhandenes Bild – eine Pilgerstätte für die gesamte Welt – benutzen, um der spirituellen Erfahrung oder Hoffnung einer Verbundenheit von Himmel und Erde, von Sichtbarem und Unsichtbarem, von Toten und Lebenden Ausdruck zu geben.

Die Kapelle aufzubauen schien die einzige Stellungnahme zu sein, die Dorian für mitteilbar hielt.

»Dieser leidenschaftliche Wunsch, mit dem ganzen Universum in Kontakt zu treten, kommt in der Spiritualität junger Menschen ständig zum Ausdruck«, schreibt Robert Coles (1992, S. 135), der ein wunderbares Buch zur religiösen Bilderwelt der Kinder unter dem Titel *Wird Gott nass, wenn es regnet?* geschrieben hat. Und dies gilt interessanterweise auch für Kinder, die aus agnostischen, nicht religiös gebundenen Familien kommen, wie das bei Dorian der Fall war.

Wie Robert Coles (1992, S. 93) anhand seiner Gespräche mit Kindern auf der ganzen Welt zeigt, kann Gott psychologisch gesehen, fast jede Gestalt annehmen: »Er kann ein Freund sein oder ein potentieller Feind (...) eine Quelle der Ermutigung oder aber der Angst, Furcht, sogar Panik.« Freud verstand Gott und die Religion als kindliche Wunschvorstellung und Illusion, die es zu überwinden gilt (*Die Zukunft einer Illusion*). Menschen können aber ohne Illusion nicht leben. Die Art der Illusion, für die wir uns entscheiden (Wissenschaft, Religion oder etwas anderes), spiegelt unsere persönliche Lebensgeschichte. Niemand hat diesen menschlichen Zwischenbereich für Spiel und Illusion, ohne den es keine psychische Wirklichkeit gibt, treffender beschrieben, als Winnicott (1971, S. 121ff), der sich zeitlebens psychoanalytisch wie philosophisch mit dem ›potentiellen Raum‹, in dem Phantasie und Kreativität entstehen können, befasst hat. Im potentiellen Raum, der zwischen äußerer und innerer Realität angesiedelt ist, hält sich auch Dorian auf, wenn er die sixtinische Kapelle baut. Dorians Entwicklung zeigt mir, dass religiöse Vorstellungen Teil unseres kulturellen Lebens sind, wie Musik, Kunst und Wissenschaft. Kreativität und Phantasie halten uns innerlich lebendig, wenn die äußere Realität schwer annehmbar ist. Diese Erfahrung teile ich mit Dorian.

Literatur

Brenman, E. (1990): Grausamkeit und Engstirnigkeit. In: Bott Spillius, W. (Hg.) (1990): Melanie Klein heute. Bd. 1. Wien (Verlag Internationale Psychoanalyse), S. 320–338.

Coles, R. (1992): Wird Gott nass, wenn es regnet? Die religiöse Bilderwelt der Kinder. Hamburg (Hoffmann und Campe).

Genazino,W. (2003): Eine Frau, eine Wohnung, ein Roman. München, Wien (Hanser).

Igreja, V., Riedesser, R. (2002): Traumatischer Elternverlust bei Kindern und Jugendlichen und ihre Behandlung durch traditionelle Heiler in Mosambik. Kinderanalyse, 3, 253–262.

Kernberg, O. F. (1988): Innere Welt und äußere Realität. Anwendungen der Objektbeziehungstheorie. München, Wien (Verlag Internationale Psychoanalyse).

Küchenhoff, J. (1990): Die Repräsentation früher Traumata in der Übertragung. Forum der Psychoanalyse, 6, 15–31.

Meltzer, D. (1990): Die Beziehung der analen Masturbation zur projektiven Identifizierung. In: Bott Spillius, W. (Hg.) (1990): Melanie Klein heute. Bd. 1. Wien (Verlag Internationale Psychoanalyse), S. 130–147.

Ogden, Th. (2001): Analytische Träumerei und Deutung. Berlin, Heidelberg, New York (Springer Verlag).

Steiner, J. (1999): Orte des seelischen Rückzugs. Pathologische Organisationen bei psychotischen, neurotischen und Borderline-Patienten. Stuttgart (Klett-Cotta).

Winnicott, D. W. (1971): Vom Spiel zur Kreativität. Stuttgart 1979 (Klett-Cotta).

Umgang mit Verlusterfahrungen bei Kindern und Jugendlichen – psychoanalytische und theologische Annäherungen

Rüdiger Haar

»Sie ist bloß angefahren, das ist bestimmt nicht schlimm, oder?«, so sagt es Tina nach dem lauten Krachen hinter ihr und dem seltsam verrenkten Liegenbleiben ihrer Zwillingsschwester auf der Straße des Todes. In dem Jugendbuch, in dem Peter Pohl (1992) die Aufzeichnungen von Kinna Gieth verarbeitet hat – der »Tina« des Buches –, wird die Verarbeitung des grausamen Verlustes veranschaulicht, den eine Vierzehnjährige erlitten hat. Der Versuch der Verleugnung des Todes wird einige Male wiederholt, auch als Tina schon im Kopf weiß, dass Cilla tot ist. Nachdem sie sich von der Toten verabschiedet hat, kehrt diese als ein »alter ego« im Spiegelbild wieder. Tina beginnt mit ihr Zwiesprache zu halten. Sie stellt auch manchmal den schockierten Klassenkameraden die Gespräche mit Cilla so dar, dass diese glauben, Tina sei verrückt geworden. Aber sie kann so ihre vielen Fragen an die tote Schwester stellen, ihre Schuldgefühle darüber, dass sie selbst lebendig geblieben ist und dass sie nicht immer zu ihr gestanden hat, nennen, ja ihre Angst vor Cillas Rache aussprechen. Cilla erscheint fast jede Nacht und in den Alpträumen streiten sie miteinander. Und dann beginnt Tina die Sachen von Cilla zu sortieren, auch ihr geheimes Tagebuch und sie stellt sich den Sorgen und Enttäuschungen, die Cilla – auch an ihr – erlebt hat und beginnt sie wirklich zu verstehen, und sie hört die Stimme ihrer Schwester sagen: »Alles, was mein ist, ist auch dein.« Sie kennt bald alle schriftlichen Notizen ihrer Schwester, weiß um ihre Liebe zu ihr. Sie trägt zur Aufführung ihres Theaterstücks und ihrer Musik bei. Die Freundinnen und Lehrer müssen ihr deutlich machen, dass sie nicht Cilla ist, sondern ihre Schwester, weil es zwischenzeitlich nur noch in der vollkommenen Verschmelzung mit dieser möglich ist, den Schmerz des Verlustes verschwinden zu lassen. Es ist tröstlich für sie, wenn ihre Freundinnen ihr sagen, dass Cilla ein Engel oder ein Stern ist und alles genau so versteht, wie es gemeint war, dass sie niemandem böse ist, ja, dass sie nun ihr Schutzengel ist. Bei dem Psychologen, der ihr in einer analytischen Therapie Gespräche bietet, schafft sie es, all ihre Gedanken über die Schwester und ihren alltäglichen Kummer in Worte zu fassen, auch das Hässliche zwischen ihr und der Schwester zu benennen. Mit diesen Gesprächen und über das Schreiben von Gedichten bekommt sie wieder Zugang zu sich. Selbst nach diesem langen Weg aber schreibt sie an Cilla: »Ich hoffe, du siehst und hörst alles, was ich denke und an dich schreibe, Cilla. Sonst wäre es so sinnlos (...) Wenn der Tod tatsächlich der Tod wäre, dann wäre das Leben sinnlos. Aber ich weiß, daß du lebst. ›Der Tod‹, das heißt doch nur, daß du woanders lebst.«

Bewältigung von Verlusterfahrungen in der Beratungsstelle

In dieser Geschichte habe ich vieles wiedergefunden, was Kinder und Jugendliche bewegt, die wegen des Verlusts eines Angehörigen, vor allem aber dem eines Geschwisterkindes trauern. Sie sind großenteils stiller und älter geworden in ihrer Trauer. Sie schlagen sich mit den unsicheren Reaktionen ihrer Umwelt herum, sind wütend auf Lehrer, die keinen Weg zu ihren Gefühlen finden. Sie machen sich Sorgen um den stummen Vater und die dauernd weinende Mutter und sind doch auch zornig und enttäuscht, weil diese für sie keinen Raum haben zum Verstehen und Trösten. Sie können das auch nicht mit Worten ausdrücken, das macht noch einsamer. Sie lassen mit ihren Leistungen in der Schule nach, zeigen Hyperaktivität und Großmäuligkeit, um allen weichen und sie weich machenden Gefühlen zu entgehen. Sie stürzen sich als Jungen in die Arbeit (wie ihre Väter) und stopfen als Mädchen das Essen in sich hinein, um die Leere zu füllen. Sie wechseln die Freunde und suchen neue aus, die zuhören können und ähnlich schmerzhafte Dinge erlebt haben. Sie lassen sich von anderen bestätigen, dass sie an etwas glauben können: dass die verstorbene Schwester, der verstorbene Bruder an einem Platz in dieser Welt ist – sei es als ein Stern am Himmel, ein Engel, eine Blume – und dass sie Beziehung behalten zu ihnen. Diese Beziehung wird im Laufe der Zeit verschieden dargestellt.

Laura, die Fünfjährige, die ihre große Schwester verlor, hat mir ihre Phantasien ein Jahr lang erzählt und gezeigt. Sie stellt sich vor, dass die Schwester in einem Traumhaus in einem großen Park lebt, und sie stellt im Sandbild diesem Schloss aus Pappe ein festes Haus aus Ton gegenüber, an dem der Autoverkehr einer Stadt vorbeifließt, auf dessen Dach aber auch eine große schwarze Fliege hockt. In diesem festen Haus wohnt sie und zwischen den Häusern ist der Marienkäfer vergraben, von dem sie sagt, dass er das Zeichen für Leben ist und dass er immer wieder vorkommen kann. Sie glaubt an ein Leben mit der Schwester.

So schafft sie eine Welt, in der sie gemeinsam mit der Toten wohnt, mit ihr das Leben teilt. Sie tut das auch sonst, indem sie den Platz ihrer Schwester in Anspruch nimmt, ihr Kuscheltier abends in den Armen wiegt und ihren Marienkäferring am Finger trägt. Und wie Tina schreit sie nachts in Alpträumen auf, weil sie die tote Schwester wieder vor sich sieht, als sei diese lebendig, und weil sie nicht mehr weiß, was wahr ist. Sie zeigt Verlorenheit und Ratlosigkeit, erstaunt ihre Eltern aber auch mit ihrer wachsenden Reife und mit einer Übernahme von Verhaltensweisen, Aussprüchen und Gestik der älteren.

Auch die Geschwister von drei jugendlichen Unfallopfern, die ein renommiersüchtiger Gleichaltriger an den Baum gefahren hat, versuchen in Beziehung zu den Verstorbenen zu bleiben. Sie glauben an ein Leben in dieser Beziehung. In der Trauergruppe, die ich mit ihnen mache, teilen sie sich das mit. Der Jüngste hat beschlossen, dass er den Kampfsport des älteren Bruders weiterführen wird. Ein anderer macht schon wieder die alten Späße. Er will den Eltern zeigen, dass seine Schwester das so gewollt hätte. Der Abiturient will seiner Schwester zeigen, dass er nicht aus der Bahn geworfen wird, sondern für sie mit die Pläne für das Leben verwirklicht. Das einzige Mädchen erzählt, dass es sich häufig im Zimmer des Bruders aufhält, um im Studium seiner Sachen ihm nahe zu sein, seine Gedanken zu teilen. Alle versammeln sich regelmäßig, um der Geschwister zu gedenken. Sie finden sich dafür nicht auf dem Friedhof ein, sondern an der Stelle der Straße, an der die Geschwister ihr Leben verloren und an der jetzt Kreuze und Lichter und Blumen an sie erinnern. Sie sind alle davon überzeugt, dass sie in Beziehung stehen zu den Geschwistern und dass sie sie wiedersehen werden. In der Gruppe bei mir wird versucht, Worte zu finden für die Empfindungen gegenüber dem verlorenen Geschwisterkind, aber auch Lösungsphantasien für die entstandene narzisstische Wunde.

Wie geht das? Welche Lösungen gibt es nach dem Verlust?

Rüdiger Haar

Einverleibungsphantasien und Übergangsobjekte und ihre Verwendung zur Bewältigung von Verlusterfahrungen

Die sprachliche Aufarbeitung der inneren Leere und des narzisstischen Verlusts kann eine Verinnerlichung, eine Introjektion bewirken, die hilfreich für die Trauerarbeit ist. Dabei werden Objekte oder Teilobjekte, insbesondere positive Qualitäten des Anderen in das eigene Selbst aufgenommen (S. Freud, nach Laplanche & Pontalis 1972, S. 236). Solche Introjektionen werden auch von den trauernden Kindern ausgedrückt. Sie nehmen beispielsweise ohne Zögern die Aussage einer Unfallmutter an, dass der große Bruder da – in dem Sarg – nicht mehr drin ist, sondern jetzt »in uns« ist. Andere Kinder sagen, dass sie die Kräfte ihrer Geschwister haben und so wie diese weiterleben wollen, ihr Werk vollenden wollen etc.

Häufig aber ist diese sprachliche Aufarbeitung bei Kindern und Jugendlichen nicht möglich (z. B. wenn eine Schamproblematik in der Beziehung zum zu betrauernden Objekt verborgen ist) oder genügt nicht. Dann kommen Einverleibungsphantasien zum Tragen, die es ermöglichen, ohne die Bewältigung von Scham-, Wut- oder Triebimpulsen gegenüber dem vermissten Objekt, dieses oder ein Teil von diesem aufzubewahren und in sich einzuschließen. Solch eine Inkorporation wirkt wie eine magische »Heilung« und erspart die schmerzhafte Mühsal der Verarbeitung (vgl. Abraham & Torok 2001, S. 545–559). Auch Küchenhoff (1991) hat die Bedeutung der Krypta im Ich als Versuch des Melancholikers verstanden, Trauer durch eine bleibende ambivalente Einbindung des Objekts zu ersetzen, bei der dieses Objekt ebenso geschützt wie vernichtet wird (ebd., S. 34). Ich denke allerdings, dass bei Kindern und Jugendlichen die Möglichkeit zur Verarbeitung von Ambivalenz so unreif ist, dass die beschriebene Verinnerlichung des Objekts nicht als Ausdruck von Melancholie bezeichnet werden muss, sondern eine entwicklungsabhängige vorläufige Lösung auf dem Weg zur Trauerarbeit ist. »Die unsagbare Trauer errichtet im Inneren des Subjekts eine *geheime Gruft.* In der Krypta ruht das aus Erinnerungen an die Wörter, die Bilder, die Affekte wiederhergestelle objektale Korrelat des Verlusts als vollständige, lebendige Person (...)« (Abraham & Torok 2001, S. 545–559).

Die Bedeutung von Inkorporationen setzt an der körperlich verstandenen (z. B. oralen) Aneignung eines Objekts an, das so in den eigenen Körper eingeführt, festgehalten wird. Das Objekt kann dann bewältigt, auch zerstört werden. Man kann sich so die Qualitäten des Objekts aneignen, indem man es in sich aufbewahrt. Das erinnert an kannibalische Inkorporationen.

In einer bedrückend realistischen Form ist uns das durch den sexuell motivierten Kannibalismus vor Augen geführt worden, der in diesem Jahr in Nordhessen aufgedeckt wurde. Kannibalische Inkorporationen gehen ansonsten aber über die sexuelle Lust an der postmortalen Vereinigung hinaus. Sie sind von Anthropologen als Möglichkeit der Bewältigung von Verlusten und ihre positive Verwertung für die eigene Regeneration bei Angehörigen primitiver Völker beschrieben worden. S. Freud (1912–13, S. 426) hat die Identifizierung eng an die orale oder kannibalische Phase der Libidoentwicklung angelehnt und das Bild der Urhorde beschrieben, in der die Söhne im Akte des Verzehrens die Identifizierung mit dem Vater durch setzten. Die positive therapeutische Wirkung von Inkorporation und Identifikation hat z. B. U. Sachse (1994) für die therapeutische Aufarbeitung von Missbrauchserlebnissen beschrieben. Er zeigt, wie wichtig es für die Schließung der narzisstischen Wunde ist, positive Objekte zu erinnnern und zu reinkorporieren. Sie schaffen Sicherheit und geben ein Gefühl der Ganzheit des durch narzisstische Kränkung und Verlust eines geliebten Objekts geschädigten Selbst.

Sie sind natürlich auch regressive Wiederbelebungen positiver frühkindlicher Erfahrungen. Das kindliche Saugen und die Nahrungsaufnahme stellen eine Wiederholung früherer Geborgenheits- und Sicherheitssituationen dar. Es handelt sich dabei um die Wiederherstellung idealer Zustände, die früher einmal real oder in der Phantasie erlebt worden sind.

(Auch bei den Missbrauchsopfern werden die Erinnerungen zusammen mit den traumatischen Momenten, die die Trauer unsagbar gemacht und die Introjektion verhindert haben, in einer geheimen Gruft aufbewahrt. Erst durch die Aufdeckung der Einverleibung kann das Selbst sich der uneingestehbaren Trauer annähern, die durch eine schambefleckte Objekterfahrung abgekapselt war.)

Die Einverleibung ist die Matrix der Introjektion und schließlich der Identifizierung als Voraussetzung der Individuation. Im Prozess von der Melancholie zur Trauer wird die (nur) körperliche Einverleibung zu einer psychischen Introjektion, die auch sprachlich zu vermitteln ist.

Introjektion als Teilhabe an einem großen Ganzen: Der Glaube Tinas und die christliche Lehre von Tod und Auferstehung

An dieser Grenze befindet sich die oben zitierte Zwillingsschwester Tina: Über ihre größte Angst spricht sie nicht, obwohl sie das vielleicht tun müsste. Diese Angst handelt von den Augenblicken, in denen sie entdeckt, dass Cilla in ihr drin steckt, Augenblicke, in denen sie Cillas Gefühle hat und Cillas Gedanken denkt, Augenblicke, in denen sie tatsächlich nicht weiß, wer sie ist, Cilla oder Tina (ebd., S. 217). Sie fürchtet sich davor, »als Cilla auf Erden zu wandeln und von allen Tina genannt zu werden« (ebd., S. 218).

> »Noch schwerer zu ertragen ist der Gedanke, dass diese gefürchtete Verwandlung ausgerechnet jener Erklärung von Leben und Tod und dem Sinn des Lebens verwirrend ähnlich sieht, von deren Wahrheit Tina so gern überzeugt sein möchte. Wenn wir alle Teile ein und derselben Einheit sind, wenn alle in ihrer kosmischen Tiefe derselbe Geist und dieselbe Materie sind, dann darf zwischen Cilla und Tina kein Unterschied gemacht werden, dann bist du in mir und ich bin in dir, dann gibt es zwischen uns keine Grenze. (...)« (ebd., S. 218)

Dann – so erkennt Tina schließlich – »ist der Körper nur das zufällige Gewand für unseren Anteil am größeren Ganzen, in dem alles enthalten ist, unser Leben, ja das Leben aller, ja, alles (...)« (ebd., S. 250).

Tina erkennt also – getragen von ihrer Bindung an die Schwester und den Glauben an die Fortdauer der Beziehung – einen weitergehenden Glauben. Sie glaubt an eine große Einheit, obwohl sie vorher Gott abgelehnt hat, weil sie ihn als personifizierte Größe sogleich schuldig erklären musste.

Diese Erkenntnis von Tina geht weit über das hinaus, was in der Regel von Trauernden empfunden, gehofft und geglaubt wird, die die Beziehung zum Verstorbenen erhalten, aber auch eine sehr konkrete gestaltliche Erinnerung bewahren möchten. Es geht auch über das hinaus, was im Sinne einer Seelenwanderung von den Angehörigen der Verstorbenen geglaubt wird, dass nämlich die Seele aus dem Leib heraus in den Himmel fährt. Die christliche Theologie stützt diese Auffassung nicht. Sie hat eher Ähnlichkeit mit Tinas Auffassung.

In der christlichen Religion wird der Tod als Vollendung geglaubt. Der christliche Begriff der Auferweckung meint ein die Dimensionen von Raum und Zeit sprengendes, völlig anderes Leben im unsichtbaren, unbegreifbaren göttlichen Bereich, der symbolisch ›Himmel‹ genannt wird. Nicht eine

Wiederbelebung des Leichnams, sondern eine neue »geistliche Leiblichkeit« wird von Paulus im Neuen Testament gelehrt. Sie findet zum Beispiel Ausdruck in der Abendmahlslehre. »Ein Brot ist's: So sind wir viele *ein* Leib, weil wir alle an *einem* Brot teilhaben« (1. Kor. 10, 17) heißt es bei Paulus im 1. Korintherbrief. In der Einverleibung des Brotes und des Weines haben die Gläubigen mit Christus eine Gemeinschaft des Blutes und des Leibes, die Anteil gibt an einem größeren Ganzen, das alle Gläubigen einschließt. Im religiösen Ritual wird die Inkorporation zu einem festen Bestandteil des Weges zu Introjektion und Identifizierung mit dem geglaubten Messias in der Nachfolge. Solche rituellen Einverleibungs- und Vereinigungszeremonien könnten also (wie schon Zauner [1980, S. 88] gezeigt hat) einer kultischen Wiederbelebung latent bereitliegender Bedürfnisse aus Erinnerungsspuren archaischer Verschmelzungserlebnisse entsprechen. Das Abendmahl ist Ausdruck der Sehnsucht nach der Ersetzung des Defizits und der Wiederherstellung einer »heilen« Welt in Sicherheit und Geborgenheit. Im Neuen Testament leitet das Abendmahl den Abschied des Messias von den Jüngern, also den Verlust ein und gibt eine Grundlage für seine Bewältigung in der Gemeinschaft.

Die neue »geistliche Leiblichkeit« stellt Leben als eine über den Tod hinausgehende Qualität dar: In Gott gibt es Leben, das über das irdische Existieren hinausgeht. Auch dies wird durch die Einverleibung von Brot und Wein als Materialisierung des Messias nach seinem Tod im wiederkehrenden Ritual ausgedrückt. Wir leben in dauernder Gemeinschaft mit ihm, so sagen die Glaubenden. Und dieser Messias wird deshalb auch als der »Tod des Todes« gesehen, als einer, »der dem Tod die Macht genommen und Leben und ein unvergängliches Wesen ans Licht gebracht hat durch das Evangelium« (2. Tim. 1, 10).

Ich habe jetzt einen Ausdruck traditioneller christlicher Lehre und Praxis in Vergleich gesetzt zu Tinas Glauben, weil beide Darstellungen in der Verinnerlichung, der Inkorporation des vermissten Objekts gipfeln und weiterführen zu einer Öffnung für eine größere Verschmelzung mit »dem Ganzen«, für eine Einheit vieler. Aber während das Abendmahl öffentlich gelehrt und zelebriert wird, bleibt der Glaube Tinas im Verborgenen, wie ihre Inkorporation der Schwester, die nicht sagbar ist, weil die Umwelt sie bald zu einem Erleben erklären wird, das über die Grenze geht. Da scheiden sich die Geister, wenn dieses Erleben gesagt wird, da erschrecken die Anderen, da wird man zu einer Verrückten.

Tina schreibt ihren Glauben in das Tagebuch. Mit ihrem Psychotherapeuten aber redet sie über ihre Verliebtheit, die sie in eine schwärmerische (letztlich enttäuschende) seelische und körperliche Verschmelzung mit einem hübschen Jungen führt. Obwohl solche Verliebtheitsgefühle sonst auch von

Scham begleitet werden, kann sie sie eher ausdrücken als die tief im Inneren verborgenen religiösen Empfindungen und Gedanken.

Gehört es zum Glauben, dass er tief im Inneren aufbewahrt wird?

Bei Tina scheint es so und nach allem, was wir wissen, wird in psychoanalytischen Therapien auch gar nicht über das in der Krypta verborgene religiöse Empfinden gesprochen. Ich halte es für möglich, dass dieser privatisierte Glaube von Kindern und Jugendlichen wie von Erwachsenen vor der Analyse geschützt wird, weil er ihnen »heilig« ist.

Gerade eine Glaubensüberzeugung oder Hoffnung, die Vorgänge wie Inkorporation und Introjektion beinhalten, sind als persönliche Gedanken unsagbar. Wenn sie gesagt würden, würden sie von anderen Menschen ja als kindlich oder platt oder verrückt bezeichnet werden und so werden sie mit Schamgefühlen im Verborgenen gehalten.

So gibt es transzendentes Erleben bei vielen Menschen, aber nur wenige mögen darüber sprechen.

Kirchliche Rituale geben einen Ausweg in das Bekenntnis, das durch seinen Öffentlichkeitscharakter vor Schamgefühlen schützt. Sie drücken aber den privaten Glauben nie hinreichend aus.

Tina hat einen Glauben gefunden, der sie aus der Introjektion und Verschmelzung mit Cilla entlässt. Sie schafft es, sich in eine kosmische Einheit zu wagen und sich per Identifikation an dem festzuhalten, was die tote Schwester ihr an Begabungen, Gefühlen und Defiziterleben hinterlassen hat. Der Weg in die Individuation ist ihr noch einmal gelungen.

Literatur

Abraham, N., & Torok, M. (2001): Trauer oder Melancholie. Introjizieren – inkorporieren. Psyche, 6, 55. Jg. Juni 2001, 545–559.

Freud, S. (1912–13): Totem und Tabu. Studienausgabe, Bd. 9.

Küchenhoff, J. (1991): Eine Krypta im Ich. Forum Psychoanal, 1991/7, 31–46.

Laplanche, J., & Pontalis, J.-B. (1972): Das Vokabular der Psychoanalyse I. Frankfurt (Suhrkamp).

Pohl, P., & Gieth, K. (1992): Du fehlst mir, du fehlst mir! München (dtv).

Sachse, U. (1994): Selbstverletzendes Verhalten. Göttingen (Vandenhoeck & Ruprecht).

Zauner, J. (1980): Einverleibung und Individuation. In: Josuttis, M., & Marti, G. M. (1980) (Hg.): Das heilige Essen. Stuttgart (Kreuz-Verlag).

Zur Religiosität und zur psychischen Entwicklung der Menschen

5 Thesen zur Religiosität und Lebenssinnsuche des Menschen

Kurt Brylla

Von dem russischen Schriftsteller Dostojewski erinnere ich das Zitat: »Die Ameise kennt die Formel ihres Ameisenhaufens, die Biene kennt die Formel ihres Bienenstocks, nur der Mensch kennt seine Formel nicht.«

Egal, ob wir es so oder anders ausdrücken:

Die Frage nach dem WOHER, WOZU und WOHIN von Leben, die Sinnfrage ergreift uns alle, ausdrücklich oder – nicht selten – indirekt, und zwar

- in manchen Lebensphasen deutlicher, vehementer,
- in anderen scheinbar gar nicht,
- doch sie begleitet uns immer.

Sie ist nicht nur eine Begleiterscheinung von Krisen, sondern sie kann Menschen gleichermaßen in Krisen führen – oftmals gar nicht so laut und dramatisch anmutend, eher leise an der Lebensfreude und dem Selbstgefühl nagend.

Beeindruckend entdecke ich die Sinnsuche in den adoleszenten Ausdrucksformen von Jugendlichen und jungen Erwachsenen bei der Suche nach Übersinnlichem, Überweltlichem, Jenseitigem, also bei der Suche nach Transzendenz, dies oft aus Scham verheimlicht, oder nur vorsichtig offen – oft indirekt, zuweilen verspielt, aber auch bedrohlich und/oder selbstmörderisch: beim Experimentieren mit Drogen, in Extremsportarten, U-Bahn-Surfen etc.

So erwidert z. B. ein Jugendlicher in einem Anamnesengespräch auf die Frage nach »Drei Wünschen« u. a. »eine Todeserfahrung ... damit ich weiß, was nach dem Sterben kommt.«

Ein anderer, 16-jähriger Patient erinnert sich im Blick auf Weihnachten an gemütliche Familienfeste, doch der eigentliche Sinn sei doch wohl ein anderer. Früher hätten die Menschen die Welt als Scheibe gesehen ... heute könne doch wohl keiner – der nachdenkt – mehr richtig an Weihnachten oder Ostern glauben. »... Irgendwann wird man alles erklären können ...« Dann mit großem Eifer: Sein Freund und er würden manchmal stundenlang intensiv über den Sinn von Religion nachdenken und streiten – auch warum man lebt!

Materielle Befriedigungen (Computer, Markenklamotten etc.) reichen offensichtlich bei der Suche nach Identität, Lebensperspektiven und Sinnhaftigkeit nicht aus.

Es muss im Leben mehr als alles geben ist ein kurzes Märchen von Maurice Sendak über die Hündin Jennie überschrieben (Sendak 1969).

Die Geschichte lautet:

»Einst hatte Jennie alles. Sie schlief auf einem runden Kissen im oberen und auf einem viereckigem Kissen im unteren Stockwerk. Sie hatte einen eigenen Kamm, eine Bürste, zwei verschiedene Pillenfläschchen, Augentropfen, Ohrentropfen, ein Thermometer und einen roten Wollpullover für kaltes Wetter. Sie hatte zwei Fenster zum Hinausschauen und zwei Schüsseln für ihr Futter. Und sie hatte einen Herrn, der sie liebte.

Doch das kümmerte Jennie wenig. Um Mitternacht packte sie alles, was sie besaß, in eine schwarze Ledertasche mit einer goldenen Schnalle und blickte zum letzten Mal zu ihrem Lieblingsfenster hinaus. ›Du hast alles‹, sagte die Topfpflanze, die zum selben Fenster hinaus sah. Jennie knabberte an einem Blatt. ›Du hast zwei Fenster‹, sagte die Pflanze. ›Ich habe nur eins‹. Jennie seufzte und biss ein weiteres Blatt ab. Die Pflanze fuhr fort: ›Zwei Kissen, zwei Schüsseln, einen roten Wollpullover, Augentropfen, Ohrentropfen, zwei verschiedene Fläschchen mit Pillen und ein Thermometer. Vor allem aber liebt er dich.‹ ›Das ist wahr‹, sagte Jennie und kaute noch mehr Blätter. ›Warum gehst du dann fort?‹ ›Weil ich unzufrieden bin‹, sagte Jennie, und biss den Stengel mit der Blüte ab. ›Ich wünsche mir etwas, was ich noch nicht habe. Es muss im Leben noch mehr als alles geben!‹

Die Pflanze sagte nichts mehr. Es war ihr kein Blatt geblieben, mit dem sie etwas hätte sagen können.«

Es muss im Leben noch mehr als ›Alles‹ geben!?

Etwas geht über den Modus des Habens hinaus – sei es materielles Haben oder ein Haben im Blick auf Beziehungen: im Festhalten- und Besitzenwollen von Menschen.

Das Verlassen alter Sicherheiten – nicht nur aus Mangel, Not, Leid oder Kümmernis, sondern auch in der Suche nach dem »Mehr«, nach Identität und Individualität – oder vielleicht besser: nach dem Sinn, der hinter allem steht.

Da soll eben eine »andere« Art Leben ins Leben. Manchmal reicht es nicht, dass mein Leben einfach läuft – sondern ich suche eine Bestimmung, einen Grund – den Sinn meines Daseins.

Dieser Suche begegnen wir nicht nur in persönlichen Krisen. Wir begegnen ihr auch in den Fragen nach der Zukunft, z. B. im Blick auf die ökologischen Katastrophen, auf den Bruch des Generationsvertrages, auf die täglichen kollektiven Sadismen. Oder, eben ganz privat, in den Fragen nach dem Tod, der Endlichkeit unseres Sein.

Diese Fragen berühren schließlich unsere Spiritualität oder, sagen wir, unsere Frömmigkeit, im Sinne von »das was ›fromt‹, das was gut ist«. Egal, wie wir diese Spiritualität, diese Frömmigkeit leben, egal, wo wir im Einzelnen unsere Antworten finden.

Thesen

Ich möchte nun im Folgenden thesenhaft einige Gedanken vorstellen, die sich mit der Sehnsucht des Menschen nach einem Lebenssinn, nach Sinnhaftigkeit, Transzendenz auseinandersetzen. Diese Thesen verstehe ich konstitutiv im Blick auf unser menschliches Sein, unsere menschliche Entwicklung.

These I:

Die Sehnsucht und Suche eines Menschen nach einem Lebenssinn, die sogenannte ›Seins-Frage‹, ist in jedem Menschen ›angelegt‹.

D. h.: Es gibt eine dem Menschen wesenhaft zukommende »religiöse Anlage«, ein »religiöses Apriori« (vgl. Brylla 1975). Ich verstehe hier *religiös* anders als Sigmund Freud. Freud meinte, vereinfacht ausgedrückt (denn die Fülle der kritischen Schriften zur Religion würden den Rahmen sprengen), in der Religion insgesamt eine Illusion zu erkennen, und beurteilte u. a. die rituellen Tabus und Gesetzesvorschriften der Religion als Symptome einer kollektiven Neurose (vgl. Klosinski 1985), die bestenfalls das Individuum vor der Entwicklung einer individuellen Zwangsneurose bewahren könnte, da er Ähnlichkeiten zwischen den Zwangshandlungen neurotischer Patienten und den religiös geprägten zeremoniellen Handlungen gläubiger Menschen erkannt hatte (vgl. Freud 1912 und 1927).

»Nach diesen Übereinstimmungen und Analogien könnte man sich getrauen«, so Freud 1907 wörtlich, »die Neurose als individuelle Religiosität und die Religion als universelle Zwangsneurose zu bezeichnen« (Freud 1907, S. 14).

In den verschiedenen kritischen Schriften entlarvt er die religiösen Lehren als gefälschte Etiketten für uneingestandene, unerkannte Triebe.

Im Rückblick auf die prähistorische Menschheitsentwicklung vermutet er, dass der von seinen Söhnen ermordete Urvater letztlich als idealisierte Ahnenfigur zum Gott-Vater überhöht wurde – gespeist durch Schuldgefühle und Sehnsucht (Totemmahlzeit als Erinnerung an die Tat und den Ahnen ... vgl. Freud 1982a).

So gesehen gründete sich nach Freud alle Religion wesentlich aus der Zwiespaltigkeit von Angst und Sehnsucht gegenüber dem erschlagenen Urvater. »Die Anzeichen dieser Ambivalenz des Vaterverhältnisses sind in allen Religionen tief eingeprägt« (Freud 1982b, S. 127). Aus dem drängenden Bedürfnis nach dem Urvater schafft der Mensch sich Götter.

Ich möchte es hierbei belassen. Die freudsche Religionskritik ist beachtenswert und auch heute ist zu fragen, ob nach wie vor die Vatersehnsucht auch die innere Dynamik für religiöse Motivationen und die Gestaltung von Glaubensgemeinschaften liefert.

Ich komme wieder zu meiner These und meinem Verständnis zurück:

Religiös-Sein bedeutet für mich, die mitunter leidenschaftliche Frage nach dem Sinn unseres Existierens zu stellen.

Diese Bedrängnis des Menschen, die Frage nach dem eigenen Wesen und der Bestimmung des Daseins zu stellen, wird von vielen Religionswissenschaftlern und Sozialpsychologen als »Religiosität des Menschen« bezeichnet (vergl. Halbfas 1969).

Religiosität gilt als die tiefste Kraft des Menschen, mit der er in all seinen geistigen Ausdrucksformen nach dem WOHER, WOZU, WOHIN, von Ich, von Leben, von Gesellschaft und von Welt fragt. Ähnlich bezeichnet Paul Tillig Religiosität als »die Entschlossenheit für die Dimension der Tiefe im Menschen« als »das Ergriffensein von dem, was uns unbedingt angeht«. Dieses Ergriffensein ist in allen Menschen angelegt (Tillig, in Fraas 1973, S. 62).

Entgegen den eben genannten Auffassungen meinen viele Menschen, Religion gebe es nur innerhalb von Religionsgemeinschaften, oder setzen Religion und Christentum (oder Glauben an Gott) gleich. Dies scheint auch für die Religionskritik von Ludwig Feuerbach, Karl Marx und andere kennzeichnend zu sein: Sie kritisieren die christliche Überlieferung ihres kulturellen Erfahrungsraumes und verallgemeinern diese Christentumskritik zur Religionskritik (vgl. Brylla 1975).

DOCH: Kritische Vernunft und Religiosität schließen sich nicht aus. Erwachsene Religiosität führt nicht in frommen Wahn, blinden Gehorsam oder trostspendendes Wunschdenken.

In unserem Sinne ist Religiosität nicht identisch mit dem Glauben an bestimmte Götter oder eine einzige Gottheit. Sie hängt auch nicht von Handlungen und Veranstaltungen im Dienste dieser Götter oder eines Gottes ab. Kurz gesagt: Religiosität ist weder an Glaubensvorstellungen noch an gottesdienstliches Tun gebunden, sondern sie gründet sich im Verhältnis des Menschen zur Transzendenz seines eigenen Wesens. Der Psychoanalytiker Klosinski erklärt: »Religiosität hat etwas zu tun mit dem ›Wissen‹ um eine innerseelische und außerirdische, kosmische Heimat, mit einem Aufgehobensein und Getragenwerden« (Klosinski 1985, S. 29).

Dagegen wird zu Recht immer wieder bemerkt, dass Religion an der menschlichen Angst, der menschlichen Schwäche und dem menschlichen Nicht-Wissen anknüpft. Auf diesem Hintergrund werde Gott oder anderen Gottheiten die Rolle des Lückenbüßers zugewiesen.

Gleichfalls kritisch muss gesagt werden, dass die Bereitschaft zu dogmatischen Antwortsystemen und die Anpassung an traditionelle Kultbetriebe in unseren Volksreligionen nicht die Zunahme, sondern das Absterben von ursprünglicher Religiosität bedeuten kann.

Erich Fromm (1976) fordert in einem ähnlichen Zusammenhang eine ›nicht theistische Religiosität‹, und im Blick auf die Transzendenz der Seinsfrage erklärt er an anderer Stelle: »Der Mensch hat ja gerade die paradoxe Aufgabe im Leben, seine Individualität zu verwirklichen und sie gleichzeitig zu überschreiten um zur Erfahrung der Universalität zu gelangen« (Fromm, 1962, S. 203, in: Klosinski 1985, S. 27).

Ich fasse noch einmal zusammen: Wie immer sich der Mensch nun auch in seiner Existenz verstehen mag, so lange er offen ist für alles, was dem menschlichen Leben Sinn geben kann – oder, anders ausgedrückt: so lange er in seiner Existenz – bewusst oder unbewusst – die Frage nach der Bestimmung des Daseins mit letztem Ernst stellt, ist er religiös.

G. Klosinski macht darauf aufmerksam, dass das bereits erwähnte »Wissen« – und ich ergänze Ahnen und Sehen des Menschen – um eine innerseelische und außerirdische kosmische Heimat in frühesten Beziehungserfahrungen wurzelt und für das Kleinkind ein Sich-Verlassen auf das Urvertrauen ist.

These II:

Die Sinnfrage des Menschen hat deutlich eine Beziehung zur ersten Lebensphase, zur Bildung des ›Urvertrauens‹, als dem tragenden Grund des Lebensgefühls. Sie wurzelt in frühesten Beziehungserfahrungen.

Die Fähigkeit und die Art und Weise, sich mit der Frage nach dem Sinn des Lebens auseinanderzusetzen, wächst m. E. aus der Summe des Vertrauens, welches ein Kind schon am Anfang seines Lebens gewinnt: dem Urvertrauen.

Der Begriff des ›Urvertrauens‹ ist besonders von E. H. Erikson geprägt worden: Mit Urvertrauen meint er ein »Sich-Verlassen-Dürfen in Bezug auf die Glaubwürdigkeit anderer und die Zuverlässigkeit seiner selbst« (Erikson 1953, S. 266 ff).

Dieses Urvertrauen (so Klosinski 1985, S. 29) »baut sich durch eine genügend lange, d. h. konstante positive Beziehung in Abhängigkeit von einem sorgenden und versorgenden Du« auf. Dieses Vertrauen wächst aus der Erfahrung der Geborgenheit, des Gehaltenwerdens, der zunehmenden Selbstbestimmung und der erlebten Solidarität, die mir gestattet, ›einfach zu sein‹, und zwar auch ganz unmittelbar z. B. im Vollzug des Ruhens und Bewegens (als Säugling). Diese Grunderfahrung schafft jenen Vertrauenshorizont, in dem das Kind sein Selbst, seine Identität entwickeln kann, und erschließt jene Dimension der Menschwerdung, die wir letztlich religiös nennen.

Die Bedeutung des sozialen Mutterschoßes bzw. die Beziehung des Säuglings zur ersten Beziehungsperson wird auch von Alexander Mitscherlich herausgestellt. Er betont den Zusammenhang zwischen primärer Liebe (M. Balint) und einem sozialen Urvertrauen. »Die Mutter muss bei Unlusterfahrung jederzeit als Refugium (Zufluchtsort) verfügbar sein (...), sonst wächst Misstrauen. (...) Nur durch die Sättigung seiner Bedürfnisse in diesem Verhältnis primärer Liebe zwischen Mutter und Kind erwirbt sich das Kind Grunderfahrungen des sozialen Urvertrauens als älteste Grundlage seines

Welterlebens« (Mitscherlich 1963, S. 83).

Andere Tiefenpsychologen stellen zugespitzt die Behauptung auf, dass die Mutter (in der Regel) als »der erste Gott des Kindes« oder (weniger missverständlich) als erstes Gottessymbol verstanden werden kann (Fraas 1973, S. 93).

Wie ist das zu verstehen?

Das erste Objekt der kindlichen Libido ist in der Regel die Mutter. Für Schüler von C. G. Jung bedeutet das im Blick auf die Religiosität, dass die psychische Energie, die sich in Religiosität manifestiert, sich aus der Mutterlibido entwickelt hat und somit die Mutter tatsächlich als ›der erste Gott des Kindes‹ oder als ›erstes Gottessymbol‹ verstanden werden kann und dass spätere Gottesbilder Züge dieser ersten Beziehungserfahrung tragen können. Der Jungianer E. Neumann hat die arche-typische Bedeutung der Mutter eingehend untersucht und ist zu der Vorstellung gelangt, dass in der Mutter zuerst der Arche-Typ der »großen Mutter« erfahren wird, »die Wirklichkeit eines allmächtigen, numinosen Weiblichen« (Neumann 1956 in Fraas 1973, S. 94).

Ich greife noch einmal auf, wie dieser Entwicklungsprozess idealtypisch aussehen könnte: Die mütterliche oder elterliche Pflegehaltung erweckt ein Gefühl des Angenommenseins und der Geborgenheit, das die negativen Erfahrungen (die zu jeder Entwicklung gehören) mit der Mutter oder einer früheren Bezugsperson überstrahlen. Dieses positive Gefühl wirkt bekanntermaßen in die weitere Lebensentwicklung hinein. D. h. im Blick auf unser Erwachsensein: Wenn das Kind mitmenschliches, in der Regel noch mutterbezogenes Vertrauen auf ein religiöses, sinnstiftendes Lebensgefühl transponiert hat, wird es als Jugendlicher und als Erwachsener bei menschlichen Vertrauenskrisen und -brüchen nicht so schnell verzweifeln, weil eben sein Vertrauen auch ein transzendentales geworden ist, unabhängig von den zufällig wechselnden innerweltlichen Bezugspersonen. Ob es sich dabei um christliches Gottesvertrauen oder Vertrauen in die Welt, in die Natur oder um Positivismus oder unreflektierten Optimismus äußert, ist vom affektiven Bezugsrahmen her sekundär (vgl. Fraas 1973, S. 105).

Wir haben bisher hauptsächlich – im weitesten Sinne – das Urvertrauen des Menschen vor Augen gehabt.

These III:

Der Grundwunsch nach Sicherheit und Schutz einerseits und nach Freiheit und nach Individuation andererseits scheinen konstitutiv für die Sinnsuche des Menschen und für seine Religiosität.

Um zu einer vollen personalen Existenz zu gelangen, muss das Kind das erste Libidoobjekt transzendieren, d. h. vorher loslassen, so wie Hänsel und Gretel die Hexe verbrennen müssen, so wie Rotkäppchen vom Wege abgehen muss und Jennie die anheimelnde Wohnung verlassen muss, um frei und selbst zu werden.

Transzendieren in diesem Sinne heißt, dass ich die primäre Libido auf eine andere Ebene übertrage.

Im eben genannten Zusammenhang scheint mir im Blick auf die Erziehung unserer Kinder folgende Bemerkung wichtig: Um eine reife Auseinandersetzung mit der Frage nach dem Sinn des Lebens zu ermöglichen, ist die Erziehung zur *Selbstbestimmung* unumgänglich. Denn:

Ein orales Fixiertsein, das Festhalten in der Symbiose, das Fixieren auf frühere Entwicklungsphasen führt zu Konformismus in Weltreligionen, zu Abhängigkeit von Gurus, zu einem ewigen suchtartigen Suchen bzw. zur Sucht nach harmonischer Abhängigkeit.

Diesem notwendigen Streben nach Selbstbestimmung stehen bedauerlicherweise oft die kleinhaltenden Zwänge der Volkskirchen oder Glaubensgemeinschaften gegenüber, die mit ihren mystischen und theologischen Konstrukten Herrschaftsautorität legitimieren, zu Unterdrückung und Unmündigkeit beitragen und mit ihrem System von Angst und Schuldgefühlen die Selbstbestimmung verwehren.

Viele von uns können hier Erfahrungen aus der eigenen religiösen, meist kirchlichen Sozialisation beisteuern, denen zufolge religiöse Erziehung sie eher unkritisch und autoritätsabhängig gemacht und gehalten hat.

Sie hat keineswegs zur Emanzipation beigetragen.

Im Blick auf eine selbstbestimmte, reife Religiosität und Sinnsuche spielt gleichermaßen die ›gesunde‹ Loslösung von der Mutter, die Individuation des Menschen eine wesentliche Rolle!

These II und III zeigen, dass Religiosität und das Erleben der Sinnhaftigkeit des Menschen nicht vom Schicksal seiner leibseelischen Entwicklung zu trennen ist.

Entsprechend bemüht man sich von Seiten verschiedenster Wissenschaften – in Anlehnung an das jeweilige psychologische bzw. tiefenpsychologische Theorieverständnis –, Zusammenhänge, z. B. zwischen der psychosexuellen Entwicklung, der Ich-Entwicklung oder der narzisstischen Entwicklung und den Ausdrucksformen der Religiosität herzustellen.

Manche Ausführungen diesbezüglich muten mitunter eher spekulativ und konstruiert an. Dennoch sind sie ausgesprochen nachdenkenswert und anregend.

Ich möchte mich angesichts meiner früheren Erfahrungen als kirchlicher Mitarbeiter hier auf zwei Phänomene beschränken:

Auf die Abhängigkeit der Religiosität und der oralen Entwicklung macht Hans-Jürgen Fraas (1975) ausdrücklich aufmerksam: »Die orale Abhängigkeit kann auf das Religiöse angewandt, zu unreifem Konformismus führen, kann aber auch als ›negative Fixierung‹ die lebenslängliche Ablehnung jeglicher transzendentalen Abhängigkeit bedingen« (ebd., S. 98).

Gleichermaßen disponierend kann sich die psychische Entwicklung in der sogenannten analen Phase (ich nehme hier weiter die Triebtheorie auf) auf das religiöse Schicksal des Menschen auswirken: Das Festhalten und Loslassen, das der Säugling bereits in seinen Analfunktionen übt – so hat es Erikson sehr gut beschrieben –, hat eine prägende Wirkung auf viele spätere Lebensbereiche. Hat z. B. ein Kind eine gelöste Einstellung zu seinen Analfunktionen, so kann aus dieser Gelöstheit Hingabe und Liebesfähigkeit erwachsen, die die Freiheit zum Nehmen und Geben beinhaltet.

Anders kann ein ursprünglicher Zwang zum Festhalten zu einem zerstörenden und grausamen Besitz- und Zwangsverhalten führen, zu der Neigung, im Erwachsenenleben den Buchstaben statt den Geist walten zu lassen.

Eine überbetonte Verbindlichkeit von Tradition und Autorität könnte in diesem Zusammenhang auf dem Hintergrund einer Analproblematik zu sehen sein (vgl. Fraas 1973, S. 99).

Nachdem ich auf den Zusammenhang zwischen psychischer Entwicklung und Sinnsuche sowie Religiosität hingewiesen habe, komme ich zu der Frage: »Wann stellt sich dem Menschen bevorzugt diese Sinnfrage?«

These IV:

Die Sinnfragen stellen sich Menschen bevorzugt in Umbruchs- und Krisensituationen, in der Orientierungs- und Identitätssuche.

Ich beschränke mich hier auf eine kurze Skizzierung. Aus meiner Erfahrung als Seelsorger fallen mir – neben den unterschiedlichen Entwicklungskrisen – drei Lebensphasen ein, in denen der Mensch in besonderer Weise auf die

Frage nach dem Sinn des Lebens stößt:
1. in der Adoleszenz,
2. in den sogenannten ›mittleren Jahren‹,
3. im Alter, am Ende des Lebens in der Vorbereitung auf den Tod.
Das schließt natürlich nicht aus, dass sich der Mensch auch zu anderen Zeiten mit der Sinnfrage befasst bzw. von ihr ergriffen ist, und das aus ganz unterschiedlichen Gründen.

In den eben herausgestellten Phasen ist die Auseinandersetzung mit der Sinnfrage notwendig, weil er hier auf die Frage nach seiner Identität eine Antwort neu finden muss:

In der *Adoleszenz* geht es explizit um die Findung einer Identität als zukünftig erwachsene Frau und zukünftig erwachsener Mann. In den sogenannten ›mittleren Jahren‹ geht es einerseits gewissermaßen um die Erweiterung und Neuorientierung, um Integrität, wie Erikson es in seinem Buch ›Identität und Lebenszyklus‹ beschreibt, andererseits um die Synthese und Akzeptanz der bisherigen verschiedenen Lebenserfahrungen.

Im Alter geht es um die Behauptung der Integrität, in der Auseinandersetzung mit der Verzweiflung im Blick auf die Endlichkeit, indem der Mensch »die Würde der eigenen Lebensform gegen alle psychischen und wirtschaftlichen Bedrohungen« verteidigt (Erikson 1973, S. 119).

Neben den eben genannten Lebensphasen mit ihrer Orientierungs- und Identitätssuche stellt sich die Frage nach dem WOHER, WOZU und WOHIN zuweilen auch – das kennen wir aus therapeutischen Prozessen –, wenn Menschen unter Selbstzweifeln leiden, sich von anderen abgelehnt oder sich vom Schicksal schlecht behandelt fühlen:

Sinnkrisen gehen u. a.
- mit dem Verlust der sozialen Stellung,
- mit dem Ausscheiden aus dem Beruf und dem Gefühl, nicht mehr gebraucht und anerkannt zu werden,
- durch den Verlust der Selbstachtung und des Selbstvertrauens,
- mit süchtiger Verbundenheit oder dem Fortschreiten innerer Einengung und Depression,
- aber auch durch Mitleid mit dem Elend der Welt, in dem man letztlich sein eigenes Leid potenziert erleben kann,

einher.
Oft bricht die Sinnfrage in besonderen Lebenssituationen auf:

Angst, Krankheit, Alter, Sterben, Krieg, Liebeskummer, Schuld, zerstörte Umwelt ... (und vieles mehr).

Die Zuspitzung in diesen Krisen kann dann bedeuten, dass ich die Frage nach dem Sinn des Lebens folgendermaßen umformuliere: »Hat mein Leben *noch* einen Sinn?«

Hier ist das Fundament des Lebensgefüges selbst erschüttert. Menschen, die geliebt werden, selbst lieben, fragen weniger nach dem Sinn des Lebens, sie haben ihn (diesen Sinn) in ihrem befriedigtem Lebensgefühl, d. h. ihr Fundament bleibt und heißt: Ich werde geliebt, beachtet, gehalten und akzeptiert – und sei es transzendent.

Unabhängig der bisher angedeuteten Lebenshintergründe und Lebensphasen bleibt der Mensch von früher Kindheit bis ins hohe Alter ein Fragender, als »homo religiosus«.

These V:

Die Sinnfrage, und in diesem meinem verstandenen ›Sinn‹: die Religiosität eines Menschen ist prozesshaft, ein Weg, nicht Ziel (»homo viator«), zu ihrem Wesen gehört letztendlich nicht die gefundene Antwort, sondern die Unruhe offenbleibender Fragen.

Der Religiosität entspricht somit *nicht* die Ruhe eines geschlossenen Systems, sondern eher die Dynamik des Prozesses, die immer wieder alle Ordnung, Grenzen und Antworten sprengt, weil nichts die Antwort gibt. Auch im Infragestellen aller bisherigen Werte und Vorstellungen bleibt die Sehnsucht nach psychischer Heimat »und die Hoffnung, dass auch hinter den Absurditäten des Daseins doch noch ein verborgener Sinn stehen möge« (vgl. Klosinski 1985, S. 29).

Abschluss

Wir wissen, dass Probleme der Isolation, der Einsamkeit und das Gefühl der persönlichen »Unwirklichkeit«, eben auch Sinnkrisen, aus zwischenmenschlichen Beziehungserfahrungen entspringen.

Gleichermaßen kann es durch eine Begegnung mit einem Gegenüber, einem Du oder einer Selbstbegegnung im weitesten Sinne (z. B. in einer Therapie oder in einer anderen Sinns- oder Seinserfahrung) zu einem Wiederfinden des Gefühls von Aufgehobensein bzw. Sinnhaftigkeit kommen.

Was heißt das?

Mit anderen Worten, ohne es pathetisch ausdrücken zu wollen: So, wie durch zwischenmenschliche Beziehungserfahrungen Leere, Einsamkeit und Sinnlosigkeit in uns entstehen, haben wir Menschen gleichermaßen die Chance, durch neue korrigierende zwischenmenschliche Erfahrungen, Geborgenheit, Halt und den Sinn des Lebens neu wieder zu entdecken und zu erfahren. Ich will sagen: Ein Mensch, der die Erfahrung macht, sich angenommen und geliebt zu fühlen – sei es in einer Liebeserfahrung oder in einer haltenden therapeutischen Situation – entdeckt die Grunderfahrung für die Sinnhaftigkeit des Lebens *wieder*, denn damit kommt eine neue Dynamik in sein bisheriges Selbst- und Lebensbild. Ein Kollege aus der seelsorgerischen Zusammenarbeit bebilderte mir diese Dynamik, indem er den Vorgang mit einem wirren Haufen von Eisenspänen verglich, der auf einer Glasplatte liegt und in den plötzlich die strukturierende Dynamik eines magnetischen Spannungsfeldes eingreift (viele von uns erinnern sich an dieses schulische Experiment). Es entsteht ein neues Bild. Es sind zwar noch dieselben Eisenspäne wie vorher, aber etwas entscheidend *Neues* ist hinzugekommen: das Moment der Strukturierung. Auf die Gedanken bezogen heißt das für mich: Die Struktur der Sinnhaftigkeit des Lebens/der Religiosität entsteht gewissermaßen durch die Dynamik des Geliebtwerdens.

Literaturverzeichnis

Brylla, K. (1975): Was verstehen wir heute unter religiöser Erziehung, und worin unterscheidet sie sich von der traditionellen Erziehungspraxis. Diplomarbeit Hannover.

Erikson, E. H. (1973): Identität und Lebenszyklus. Frankfurt a. M. (Suhrkamp).

Fraas, H.-J. (1973): Religiöse Erziehung und Sozialation im Kindesalter. Göttingen (Vandenhoeck).

Freud, S. (1907): Zwangshandlungen und Religionsausübungen. In: Studienausgabe Band VII, Frankfurt a. M. (Fischer) 1982.

Freud, S. (1912): Totem und Tabu. In: Studienausgabe, Frankfurt a. M. (Fischer) 1982.

Freud, S.: Der Mann Moses und die monotheistische Religion. In: Studienausgabe Band IX, Frankfurt a. M. (Fischer) 1982.

Freud, S. (1927): Die Zukunft einer Illusion. In: Studienausgabe Band IX, Frankfurt a. M. (Fischer) 1982.

Freud, S.: Das Unbehagen in der Kultur. In: Studienausgabe Band IX, Frankfurt a. M. (Fischer) 1982.

Halbfas, H. (1969): Fundamentalkatechetik. Düsseldorf (Patmos).
Klosinski, G. (1985): Warum Bhagwan? Auf der Suche nach Heimat, Geborgenheit und Liebe. München (Kösel).
Mitscherlich, A. (1963): Auf dem Wege zur vaterlosen Gesellschaft. München (Piper).
Neumann, E. (1956): Die Große Mutter. Der Archetyp des Großen Weiblichen. Zürich (Rhein).
Sendak, M. (1969): Higgelti Piggelti Pop. Zürich (Diogenes).
Tillich, P. (1959): Gesammelte Werke. Stuttgart (de Gruyter).

Weiterführende Literatur

Erikson, E. H. (1953): Wachstum und Krisen der gesunden Persönlichkeit. Stuttgart (Klett).
Funke, D. (1986): Im Glauben Erwachsen werden. Psychische Voraussetzungen der religiösen Reifung. München (Pfeiffer).
Halbfas, H. (1972a): Revision der religiösen Erziehung. Informationen zum Religionsunterricht. 4. Jahrgang, 1/1972.
Halbfas, H. (1972b): Revision der religiösen Erziehung II. Informationen zum Religionsunterricht 4. Jahrgang, 1/1972.

Forschungsforum

Psychotherapeutische Berufstätigkeit. Ergebnisse der DGPT-Therapeutenerhebung

Sabine Stehle

»Psychoanalyse des Glaubens« lautete das Tagungsthema, nicht »Psychoanalyse und Glaube« – was mehr ein Nebeneinander der Tagungsinhalte impliziert hätte –, auch nicht »Psychoanalyse als Glaube«, was – auch eingedenk einer vielleicht immensen Heilkraft des Glaubens oder eingedenk der Wichtigkeit des Glaubens an die eigene Methode als nachgewiesener unspezifischer Wirkfaktor von Psychotherapien (vgl. Frank 1981) – doch einer gewissen Selbstentwertung gleichkäme und eher als provokante Kritik aus dem Lager der Analyseskeptiker zu erwarten wäre. Psychoanalyse will keine Frage des Glaubens sein. Ihre Wirksamkeit und Wirkungsweise soll nicht nur theoretisch verstehbar und in der Praxis erfahrbar, sondern auch in der Realität, außerhalb der analytischen Dyade, nachvollziehbar und überprüfbar sein. Dies hat sich die empirische Psychotherapieforschung zur Aufgabe gemacht.

Im vorliegenden Beitrag geht es um eine empirische Untersuchung der psychoanalytischen Berufstätigkeit auch in Hinblick auf die behandelten Patienten und den erreichten Therapieerfolg. Im Dezember 2000 und im darauffolgenden März 2001 wurde bundesweit an alle DGPT-Mitglieder mit dem Mitgliederrundbrief ein mehrseitiger Erhebungsbogen verschickt. Die Adressaten wurden um differenzierte Angaben zu verschiedenen Bereichen ihrer beruflichen Tätigkeit gebeten; Anonymität blieb dabei in jeder Hinsicht gewahrt. Der Hintergrund dieser Erhebung steht im Zusammenhang mit der Praxisstudie Analytische Langzeittherapie (PAL), die 1997 von der DGPT in Auftrag gegeben und in Berlin und Heidelberg durchgeführt wurde. Eine Schweizer Gruppe in Zürich beteiligte sich mit einer modifizierten Fragestellung. Die Studie hatte zum Ziel, Effektivität und Effizienz analytischer Langzeittherapien zu untersuchen, wobei ein besonderes Augenmerk auf der persönlichkeitsstrukturellen Entwicklung der Patienten lag (vgl. Rudolf u. a. 2001). Um die Ergebnisse der PAL-Studie verallgemeinern zu können, war es notwendig, die Repräsentativität der daran teilnehmenden Analytikerinnen und Analytiker sowie der untersuchten Patientinnen und Patienten in

Hinblick auf zentrale Variablen zu überprüfen. Hierzu diente die erwähnte bundesweite postalische Befragung aller DGPT-Mitglieder, an die jedoch ein weiteres Erkenntnisinteresse angeknüpft wurde:

Angesichts des Mangels an aktuellen Daten über psychoanalytische Berufstätigkeit – durchgeführte Erhebungen liegen entweder lange zurück (etwa die Prognosstudie von Schmidt u. a. 1987) oder fokussieren nicht auf analytischen Therapien bzw. wurden nur begrenzt auf einige Bundesländer durchgeführt (wie die Arbeiten von Löcherbach u. a. 2000 oder Zepf u. a. 2001) – entstand im Berliner Zentrum die Idee, den Anlass der Repräsentativitätsüberprüfung zu nutzen und weitergehende Informationen über das psychoanalytische Berufsfeld zu erheben. Ziel war es, anhand einer möglichst breiten Datenbasis die sogenannte Struktur- und Ergebnisqualität psychoanalytischer Tätigkeit zu evaluieren. Die Begriffe »Struktur- und Ergebnisqualität« gehen zurück auf Donabedian, den Begründer der Qualitätssicherung in der Medizin (Donabedian 1982). Strukturqualität beinhaltet die Rahmenbedingungen und Standards der Aus- und Weiterbildung, die technische, räumliche und personelle Ausstattung, die Organisation und Dokumentation des Arbeitsablaufes sowie die Struktur des Versorgungsangebotes. Ergebnisqualität beinhaltet die durch den therapeutischen Prozess erreichte Besserung, Linderung oder Heilung des Patienten und befasst sich mit der Entwicklung von Kriterien, um die Wirksamkeit der Therapie zu überprüfen. (Die Untersuchung der Prozessqualität, die nach Donabedian das komplexe Interaktionsgeschehen zwischen Therapeut und Patient, die Vorgänge der Diagnostik, der Verlaufsplanung und die Art der Interventionen umschreibt, war aus inhaltlichen und methodischen Gründen explizit nicht Gegenstand der Erhebung.)

Die DGPT-Therapeutenerhebung zentrierte (neben der hier nicht weiter betrachteten Repräsentativität) auf drei Hauptfragestellungen:

1. *Wie sehen Strukturmerkmale der Therapeuten und der durchgeführten Behandlungen aus?*
   Untersucht wurden u. a. Altersstruktur, Grundberufe, Qualifikation und Weiterbildung, institutionelle Anbindung, Arbeitszeiten und Tätigkeitsbereiche, Teilnahme an Supervision oder Intervision, angewandte Behandlungsformen und Stundenfrequenzen, Verteilung der Kostenträger – auch in Hinblick auf die Berufsgruppenzugehörigkeit –, jährliche Therapieabschlüsse, Berufszufriedenheit.
2. *Wie sehen Merkmale der Patienten aus?*
   Untersucht wurden u. a. Altersstruktur, Geschlechterverteilung, geschlechtsspezifische Therapeutenwahl, Diagnosegruppen, Behand-

lungsdauer –, auch in Abhängigkeit von Diagnose und Geschlecht –, Wartezeiten auf einen Behandlungsplatz, Art und Häufigkeit von Vorbehandlungen, Dauer der Leitsymptomatik.

3. *Wie wird therapeutenseitig der Therapieerfolg eingeschätzt?*
   Untersucht wurde die therapeutenseitige Einschätzung des Behandlungserfolges, sowohl global betrachtet als auch hinsichtlich differenzierter psychoanalysespezifischer Kriterien. Des weiteren wurden Unterschiede zwischen den Behandlungsverfahren Psychoanalyse und tiefenpsychologisch fundierte Psychotherapie betrachtet, und zwar auch in Hinblick auf unterschiedliche Besserungsraten bei verschiedenen Diagnosegruppen.

Methodik

Mittels eines fünfseitigen, standardisierten Erhebungsbogens wurden alle Psychoanalytiker, die zum Befragungszeitpunkt der DGPT angehörten, zu den o. g. Merkmalen und Rahmenbedingungen der psychoanalytischen Berufstätigkeit befragt. Der Therapieerfolg sollte, bezogen auf den jeweils letzten abgeschlossenen Behandlungsfall – egal ob eine Analyse, Psychotherapie oder eine andere Behandlungsform angewendet wurde –, anhand 5-stufiger Skalen von »sehr gut gebessert« bis »verschlechtert« eingeschätzt werden. Durch diesen sogenannten exemplarischen Fall konnte eine Art Zufallsstichprobe an Patienten innerhalb der Therapeutenerhebung realisiert werden. Zusätzlich wurde eine unmittelbar vergleichende Einschätzung von Psychoanalysen und Psychotherapien dadurch vermieden.

Datenbasis

Der Erhebungsbogen wurde allen 2.865 DGPT-Mitgliedern zugesandt. Die Rücklaufquote betrug 25,4% (729 Bögen), 32 Bögen gingen nach der Deadline ein, so dass 697 Bögen die Datenbasis bildeten.

Beteiligungsquote an der Erhebung im Vergleich zur Verteilung innerhalb der DGPT (Vergleichsgröße ist die DGPT-Mitgliederstatistik vom Oktober 2000)

Diejenigen Analytiker, die »nur« der DGPT angehören, beteiligten sich zu 35 % an der Umfrage und sind damit im Vergleich zum Anteil innerhalb der DGPT (50,8%) etwas unterrepräsentiert. Alle anderen, die zusätzlich zur DGPT einer weiteren Fachgesellschaft angehören, beteiligten sich überdurchschnittlich häufig an der Befragung.

Fachgesellschaften	Datenbasis Erhebung (N = 697)	DGPT-Statistik (N = 2865
DGPT	34,9 %	50,8 % (davon 15,4 % a.o.M.)
DPV	22,2 %	18,6 %
DPG	25,4 %	17,1 %
DGAP	9,5 %	7,1 %
DGIP	8,0 %	6,4 %
Gesamt	100 %	100 %

Abb. 1

In der DGPT sind Frauen mit 53% und Männer mit 47% vertreten. An der Umfrage nahmen 57% Frauen und 43% Männer teil, letztere sind somit leicht unterrepräsentiert. Das Berufsgruppenverhältnis innerhalb der DGPT beträgt 59% Psychologen und 41% Mediziner; an der Erhebung nahmen 65% Psychologen, 32% Mediziner und 3% sonstige Berufe (in der DGPT-Statistik nicht ausgewiesen) teil. Schwankungen hinsichtlich Fachgesellschaftszugehörigkeit, Alter und Beruf sind zwar vorhanden, insgesamt wurden die DGPT-Mitglieder mit der Umfrage jedoch hinreichend gut abgebildet.

Angaben zur Versorgungsstruktur

Nachfolgend wird dargestellt, welchen quantitativen Stellenwert die psychoanalytisch arbeitenden Therapeuten im Rahmen der kassenärztlichen Versorgung in der Bundesrepublik überhaupt haben, auch um zu verdeutlichen, auf welchen Anteil an Leistungserbringern sich die durchgeführte Erhebung bezieht.

Zahlenquellen sind Statistiken der KBV, ausgehend von den Stichtagen 30. 06. 1997 und 31. 12. 2000.

Im Jahr 1997, kurz vor Etablierung des PthGs, waren bundesweit 15.458 Leistungserbringer zugelassen (8.023 Ärzte, davon nur 22% ausschließlich pth. tätig, und 7.435 Psychologen).

Im Jahr 2000, ein Jahr nach Inkrafttreten des PthGs, waren es bundesweit 22.994 psychotherapeutische Leistungserbringer. Diese Zahl beinhaltet alle Richtlinienverfahren. Von den Zugelassenen waren 9.841 Ärzte (3.896 ausschließlich pth. tätig, 5.945 nicht ausschließlich pth. tätig) und 13.153 Psychologen. Im Zeitraum von 1997 bis 2000 ist somit ein Gesamtzuwachs von 48,5% registrierter psychotherapeutischer Leistungserbringer zu verzeichnen.

Von den 23.000 Leistungserbringern insgesamt (im Jahr 2000) verfügten 5.550 (24%) über die Abrechnungsgenehmigung 877. Diese 5.550 Analytiker setzen sich zusammen aus 1.140 Kinder- und Jugendlichenpsychotherapeuten (davon 520 mit Doppelzulassung), 1.830 Psychologen und 2.580 Ärzten (davon 1.450 ausschließlich und 1.130 nicht ausschließlich pth. tätig). Von den genannten 5.550 Analytikern waren (im Dezember 2000) wiederum 2.865 Mitglied in der DGPT (also 52% aller zugelassenen Psychoanalytiker). Der Anteil der DGPT-Mitglieder an allen Leistungserbringern beträgt somit 12 %.

Ausgewählte Ergebnisse der Therapeutenbefragung

Merkmale der Therapeuten und der durchgeführten Behandlungen

Alter, Geschlecht, institutioneller Rahmen

Das Durchschnittsalter beträgt 52,4 Jahre (bei Frauen 51,6 Jahre, bei Männern 53,5 Jahre) mit einem Range von 32 bis 89 Jahren. 82% der Mitglieder sind im Alter zwischen 40 und 60 Jahren. Werden die noch in der Weiterbildung befindlichen außerordentlichen Mitglieder (= 9%) nicht berücksichtigt, erhöht sich der Altersdurchschnitt auf 53 Jahre. Die Weiterbildung wird im Mittel mit 42 Jahren abgeschlossen.

Über 94% der Mitglieder sind in eigener Praxis niedergelassen tätig, nur 6% sind in Kliniken, Beratungsstellen oder anderen institutionellen Einrichtungen beschäftigt. 11% der Befragten üben Psychoanalyse oder Psychotherapie nur in Nebentätigkeit aus.

Arbeitszeiten und Tätigkeitsbereiche

Die nachfolgenden Angaben zu den Arbeitszeiten und Tätigkeitsbereichen basieren ausschließlich auf Angaben der *niedergelassenen* Analytiker, auch um einen Vergleich mit aktuellen Zahlenangaben zur ambulanten psychotherapeutischen Versorgungslage in der BRD zu ermöglichen (vgl. hierzu z. B. Zepf u. a. 2001 und Löcherbach u. a. 2000). Im Durchschnitt leisten die Befragten eine 45-Stunden-Woche (Standardabweichung: 12,5; Range: 5 bis 82 Stunden). Davon werden 63% der Arbeitszeit (27,6 Stunden) im direkten Patientenkontakt gearbeitet, 9,6% werden aufgewendet für Büro- und Organisationstätigkeit, 8,8% für das Erstellen von Berichten im Gutachterverfahren, 5,3% für Supervision oder Intervision und insgesamt knapp 20% der Arbeitszeit wird investiert in Lehrtätigkeit, eigene Weiterbildung und andere berufsbezogene Tätigkeiten.

Bemerkenswert ist das hohe Engagement für die Qualität der therapeutischen Arbeit. 9% nehmen gelegentlich, 85% aus eigener Initiative regelmäßig, im Schnitt 14-tägig, an einer Form der Supervision oder Intervision teil. 6% verneinten eine Supervisionsteilnahme. Bei dieser kleinen Gruppe handelte es sich jedoch um Analytiker mit einem Altersdurchschnitt von über 62 Jahren und einer durchschnittlich fast 30-jährigen Berufserfahrung.

Behandlungsmerkmale (Verfahren, Frequenz)

Im Mittel wenden die Behandler im Einzelsetting bei 61% ihrer Patienten Psychoanalyse an, bei 27% tiefenpsychologisch fundierte Psychotherapie, bei 9% Kurzzeittherapie und bei 3% eine andere, nicht näher spezifizierte Behandlungsform. Angegeben sind die Prozentwerte, da es zwischen den Therapeuten erhebliche Unterschiede darin gibt, wieviel Patienten sie jeweils in Behandlung haben. Im Mittel sind es 16,5 Patienten (Standardabweichung: 7,3; Range: 1 bis 50), Gruppentherapien nicht mitgerechnet.

Die durchschnittliche Verteilung der Behandlungsfrequenzen, unabhängig vom Verfahren, sieht folgendermaßen aus: 42% ihrer Patienten werden von den Befragten einstündig behandelt, 37% ihrer Patienten zweistündig,16% werden dreistündig behandelt und nur bei 4% der Patienten kommen vierstündige Behandlungen zur Anwendung.

Erwartungsgemäß gibt es zwischen den Fachgesellschaften erhebliche Unterschiede: Einstündige Behandlungen werden bevorzugt von Adlerianern angewendet (bei 55% ihrer Patienten), 2-stündige Settings von Jungianern (bei 48% ihrer Patienten). 3-stündige Behandlungen wenden DPG-Mitgliedern bei immerhin 24% der Patienten an, 4-stündige Behandlungen wenden – verglichen mit den anderen Fachgruppen – am häufigsten DPV-Mitglieder an, allerdings auch nur bei 12% ihrer Patienten. Die nachfolgende Tabelle zeigt die Verteilung im Einzelnen (angegeben ist der prozentuale Anteil der jeweils in Behandlung befindlichen Patienten):

Frequenz	DGPT (N = 211)[1]	DPV (N = 132)	DPG (N = 134)	DGAP (N = 57)	DGIP (N = 47)
1-stündig	44,6 %	35,9 %	40,5 %	40,4 %	55,3 %
2-stündig	38,6 %	30,9 %	33,4 %	48,4 %	40,1 %
3-stündig	16,0 %	21,2 %	23,7 %	10,6 %	4,5 %
4-stündig	0,8 %	12,0 %	2,5 %	0,5 %	0,2 %

[1] ausschließlich DGPT-Mitglieder, keiner weiteren Fachgesellschaft angehörend.

Abb. 2

Abschlüsse, Abbrüche, Berufszufriedenheit

Jährlich werden durchschnittlich knapp sechs Patienten aus der Behandlung verabschiedet (Range: 0–44, SD 4,7). Diese Zahl beinhaltet auch die Therapieabbrüche: Im Mittel beendet pro Jahr und pro Behandler ein Patient vorzeitig die Behandlung.

Erfreulich positiv erscheint die Berufszufriedenheit der Befragten: 40% beschreiben sich als sehr zufrieden mit dem Beruf, 50% als zufrieden. Knapp 7% sind unentschieden und weniger als 4% sind mit dem gewählten Beruf unzufrieden oder sehr unzufrieden. Auch bei den Zufriedenen fanden sich in den Fragebögen jedoch häufig kritische Anmerkungen zur Vergütungssituation. Vor eine erneute Berufswahl gestellt, würden 80% diesen Beruf wieder ergreifen, 12% waren unschlüssig und etwa 7% würden wahrscheinlich oder sicher einen anderen Beruf wählen.

Merkmale der Patienten

Alter, Geschlecht, Diagnosegruppen

72% der Patienten sind weiblichen Geschlechts, 28% männlichen Geschlechts – ein häufig gefundenes Verhältnis. Der Altersdurchschnitt bei Therapiebeginn beträgt 37 Jahre. Patientinnen begeben sich – bezogen auf das Lebensalter – durchschnittlich fünf Jahre früher in Behandlung als Patienten. Beide Geschlechter bevorzugen einen gleichgeschlechtlichen Therapeuten: 66% der Patientinnen gehen bei einer Analytikerin in Behandlung, 59% der Patienten bei einem männlichen Analytiker.

Die Einteilung in die Diagnosegruppen erfolgte in Anlehnung an die ICD-9, angegeben werden sollte die therapieindikative Hauptdiagnose. Die Diagnosegruppen verteilen sich folgendermaßen: 50,7% Psychoneurosen, 30,6% Persönlichkeitsstörungen, 4,6% Essstörungen, 3,2% funktionelle Störungen, 2,6% Psychosomatosen, 1,1% Psychosen, 1,1% Suchterkrankungen. Geschlechtsspezifische Unterschiede zeigten sich partiell: Essstörungen wurden ausschließlich bei Frauen diagnostiziert, Psychosomatosen bei Frauen zweimal häufiger als bei Männern, funktionelle Störungen bei Männern dreimal häufiger als bei Frauen. Bei den übrigen Diagnosegruppen ergaben sich keine nennenswerten Unterschiede.

Behandlungsdauer

Die durchschnittliche Behandlungsdauer, bezogen auf alle Verfahren, ist mit 38 Monaten und 249 Stunden Gesamtdauer (Standardabweichung: 188,8) hoch und liegt über der Normstundenzahl der Richtlinien. Ein Einflussfaktor ist die Zugehörigkeit zur Diagnosegruppe. Patienten mit Persönlichkeitsstörungen und Psychosomatosen verweilen mit durchschnittlich über 250 Stunden am längsten in Behandlung, Patienten mit funktionellen Störungen oder Suchtzügen mit durchschnittlich 155 oder 88 Stunden am kürzesten.

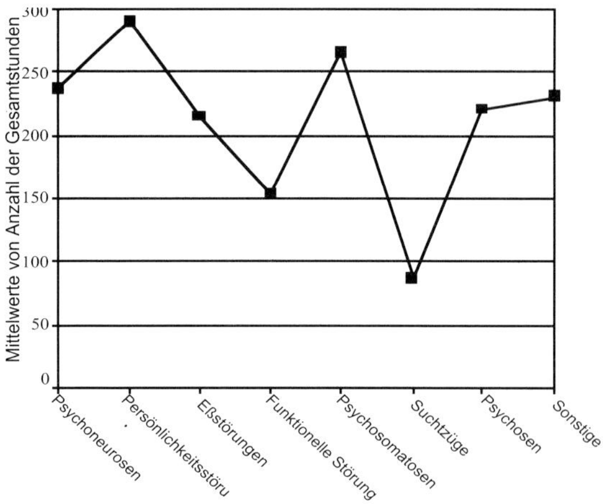

Abb. 3

Ein weiterer Aspekt ist die Geschlechterkonstellation: Bei Analytikerinnen ergibt sich kein relevanter Unterschied, ob sie Männer oder Frauen behandeln – die Therapien dauern in beiden Fällen durchschnittlich etwa gleich lange (251 Stunden mit Patientinnen, 247 mit Patienten). Anders jedoch bei Analytikern. Hier unterscheidet sich die Behandlungsdauer deutlich in Abhängigkeit des Patientengeschlechtes. Die Behandlungen von männlichen Patienten dauern durchschnittlich 212 Stunden, die Behandlungen von Patientinnen dauern 269 Stunden. Das ist ein auch statistisch signifikanter Unterschied von immerhin 57 Stunden (Mann-Whitney-U, $p \leq 0{,}05$). Diese Diskrepanz lässt sich nicht auf etwaige Unterschiede hinsichtlich der Zugehörigkeit der von Analytikerinnen bzw. Analytikern behandelten Patienten zu bestimmten Diagnosegruppen zurückführen, da es diesbezüglich keinen nennenswerten Unterschied gibt.

Diagnosen	Stunden (Mean)	N	SD
Psychoneurosen	237	328	171,3
Per.störungen	290	198	215,5
Essstörungen	215	29	130,3
Funkt. Störung	155	20	193,4
Psychosomatosen	265	17	194,7
Suchtzüge	88	7	51,3
Psychosen	221	7	310,7
Sonstige	231	19	133,6
Gesamt	249	625	188,8

Abb. 4

Sexus Analytiker	Sexus Patienten	Mittelwert (Stunden)	N	Standardabweichung
weiblich	weiblich	251,3	301	153,14
	männlich	247,0	70	213,02
	Insgesamt	250,5	371	165,77
männlich	weiblich	268,8	153	247,92
	männlich	211,9	102	165,01
	Insgesamt	246,0	255	219,97

Abb. 5

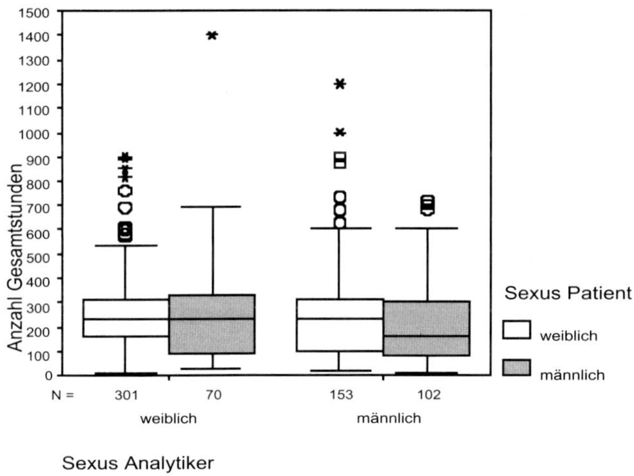

Abb. 6

Zum Therapieerfolg

Die Datenbasis zur Bewertung der Ergebnisqualität bildet die therapeutenseitige Einschätzung des letzten abgeschlossenen Behandlungsfalles. Es sollte also nur ein Patient, der zuletzt verabschiedete, in Hinblick auf den globalen Therapieerfolg und in Hinblick auf folgende sechs Kriterien (Outcomekriterien) beurteilt werden: 1. Besserung der Symptomatik, 2. Entwicklung der Persönlichkeitsstruktur, 3. Zuwachs an Ich-Funktionen, 4. Wiederherstellung der Arbeitsfähigkeit, 5. Verbesserung der Beziehungsfähigkeit und 6. Verbesserung der Lebensqualität.

Die Auswahl der Kriterien orientierte sich an den Kriterien, die bereits in der Berliner Jung-Studie (Keller, Westhoff & Dilg 2001) angewendet wurden. Dieser Kriterienkatalog ist das Ergebnis von umfangreichen Diskussionen darüber, wie Analytiker in der Praxis die Entwicklungsprozesse ihrer Patienten erfassen.

Zentrale Untersuchungshypothesen zum Therapieerfolg waren:

1. Der Erfolg wird global als gut eingeschätzt
2. Die einzelnen Outcomekriterien zeigen unterschiedliche Besserungsraten
3. Vergleicht man die Outcomekriterien von PA und Pth, schneidet PA positiver ab
4. Die Wirksamkeit von PA und Pth wird diagnosebezogen unterschiedlich eingeschätzt

Die Hypothesen haben sich weitgehend bestätigt.

Globale Erfolgseinschätzung

26,6% der Befragten schätzten den Therapieerfolg als »sehr gut gebessert« ein, 61% als »gut gebessert«, 12% als »etwas gebessert« und nur 0,5% als unverändert oder verschlechtert

Differenzierte Einschätzung

In Hinblick auf die differenzierten Outcome-Kriterien ergaben sich erwartungsgemäß deutliche Unterschiede: Arbeitsfähigkeit und Symptomreduktion wurden mit durchschnittlichen Besserungsraten von 1,8 und 1,9 am positivsten beurteilt. Die Entwicklung der Beziehungsfähigkeit und der Persönlichkeitsstruktur erzielten die geringsten Besserungsraten von jeweils 2,2.

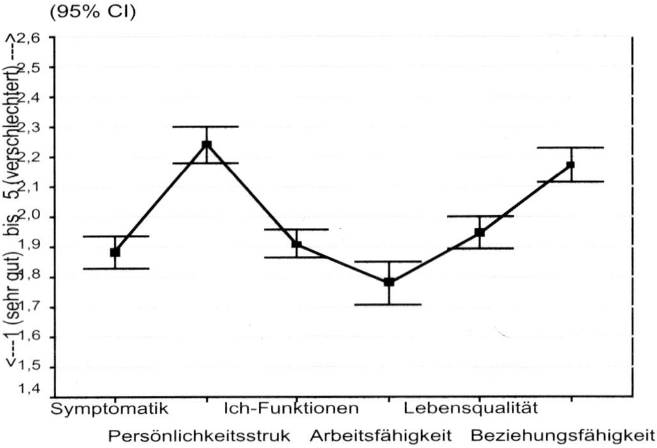

Abb. 7

Einschätzung	Verbesserung der Symptomatik (%)	Entwicklung der Pers. struktur (%)
Sehr gut gebessert	28,6	13,4
Gut gebessert	56,3	55,8
Etwas gebessert	13,6	24,9
Unverändert	1,4	5,3
verschlechtert	0,2	0,6

Abb. 8: Die Tabelle zeigt die Einschätzung der Kriterien Symptomatik und persönlichkeitsstrukturelle Entwicklung im Einzelnen:

Besserungsraten bei Psychoanalysen und Psychotherapien im Vergleich

Stellt man Psychoanalyse und Psychotherapie vergleichend gegenüber, ergibt sich folgendes Bild: Die oben gezeigte unterschiedliche Beurteilung der einzelnen Outcomekriterien findet sich auch innerhalb der beiden Verfahren Psychoanalyse und Psychotherapie wieder, es zeigen sich ähnliche Profile. Im Verfahren der Psychoanalyse wurden jedoch Verbesserung der Symptomatik, Entwicklung der Persönlichkeitsstruktur, Zuwachs an Ich-Funktionen, Arbeitsfähigkeit und Beziehungsfähigkeit positiver beurteilt als im Verfahren der Psychotherapie. Statistisch signifikant ist der Unterschied hinsichtlich der Entwicklung der Persönlichkeitsstruktur und des Zuwachses an Ich-Funktionen (Mann-Whitney-U, $p < 0{,}001$).

Die Lebensqualität dagegen schneidet in der Psychotherapie geringfügig besser ab.

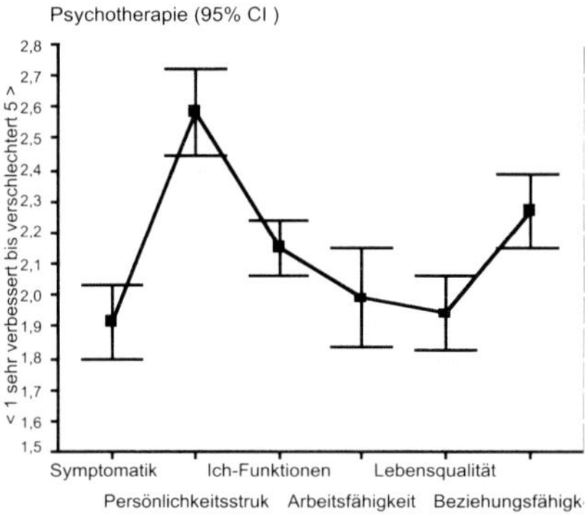

Abb. 9

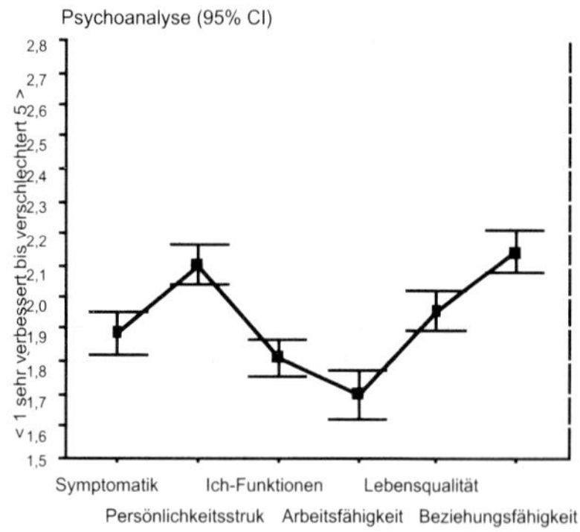

Abb. 10

Besserungsraten bei Psychoanalysen und Psychotherapien bezogen auf Diagnosegruppen

Neben der spezifischen Wirkungsweise der Verfahren ist die Zugehörigkeit der behandelten Patienten zu einer Diagnosegruppe ein weiterer Faktor, der den Therapieerfolg beeinflussen kann. Empirisch gesicherte Indikationskriterien für ein bestimmtes Behandlungsverfahren liegen nicht vor, die Frage der Indikation oder Kontraindikation für PA/Pth wird bis heute kontrovers diskutiert. In der Praxis finden sich durchaus Unterschiede hinsichtlich der Verteilung der Diagnosegruppen in den beiden Verfahren. Die Verteilung sieht folgendermaßen aus:

Psychoanalysepatienten (N = 440): 50 % Psychoneurosen, 36% Persönlichkeitsstörungen, 14% Restgruppe mit überwiegend somatoformen Störungen.

Psychotherapiepatienten (N = 165): 54% Psychoneurosen, 20% Persönlichkeitsstörungen, 26% Restgruppe.

Im psychoanalytischen Verfahren wurde der Behandlungserfolg bei allen drei Diagnosegruppen tendenziell besser beurteilt ab als im psychotherapeutischen, wobei die Besserungsraten sowohl innerhalb als auch zwischen den Diagnosegruppen wesentlich geringer streuten. Die Outcomeunterschiede zwischen neurotischen, persönlichkeitsgestörten und sonstigen Patienten waren im analytischen Verfahren also erstens deutlich geringer als im psychotherapeutischen, zweitens waren innerhalb der Diagnosegruppen die Unterschiede in den Outcomekriterien nicht gravierend.

Anders im psychotherapeutischen Verfahren: Hier streuten die Besserungsraten sowohl innerhalb als auch zwischen den Diagnosegruppen erheblich. So profitierten Patienten mit Persönlichkeitsstörungen insgesamt weniger von der Behandlung als psychoneurotische oder sonstige Patienten, ferner streuten die Besserungsraten innerhalb der Gruppen beträchtlich. Vor allem die Entwicklung der Persönlichkeitsstruktur und die Verbesserung der Beziehungsfähigkeit erwiesen sich – verglichen mit PA – als deutlich schwerer erreichbar als die anderen Kriterien. Bei persönlichkeitsgestörten Patienten wurden sie im Mittel als nur »leicht gebessert« eingeschätzt (in der PA als »gut gebessert«). Das Kriterium »Zuwachs an Ich-Funktionen« – bei Psychoanalysen hinsichtlich aller Diagnosegruppen als gut bis sehr gut beurteilt und an zweiter Stelle stehend – stand bei Psychotherapien – ebenfalls bei allen Diagnosegruppen – erst an vierter Stelle. Gegenüber einer Verbesserung in den Ich-Funktionen, der Beziehungsfähigkeit und der Persönlichkeitsstruktur waren in der Psychotherapie also vorrangig Symptomreduktion, Wiederherstellung der Arbeitsfähigkeit und Verbesserung der Lebensqualität erreichbar. Bei der Gruppe der Psychoneurosen wurde die Symptomreduktion im psychotherapeutischen Verfahren sogar etwas positiver eingeschätzt als im psychoanalytischen.

Aufgrund der Komplexität der Untersuchungsergebnisse lassen sich die Nuancen am deutlichsten in der grafischen Darstellung erkennen:

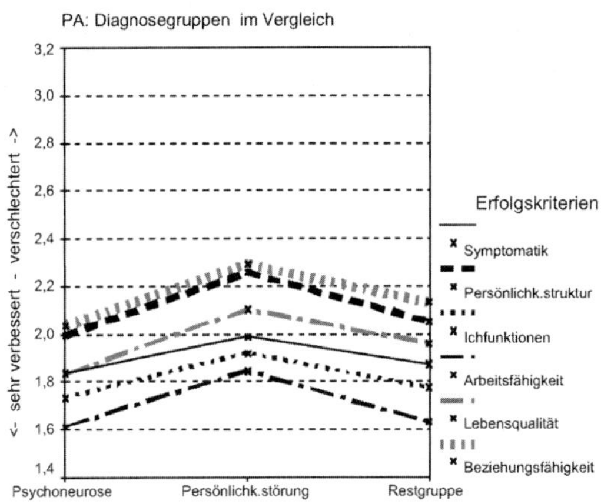

Abb. 11

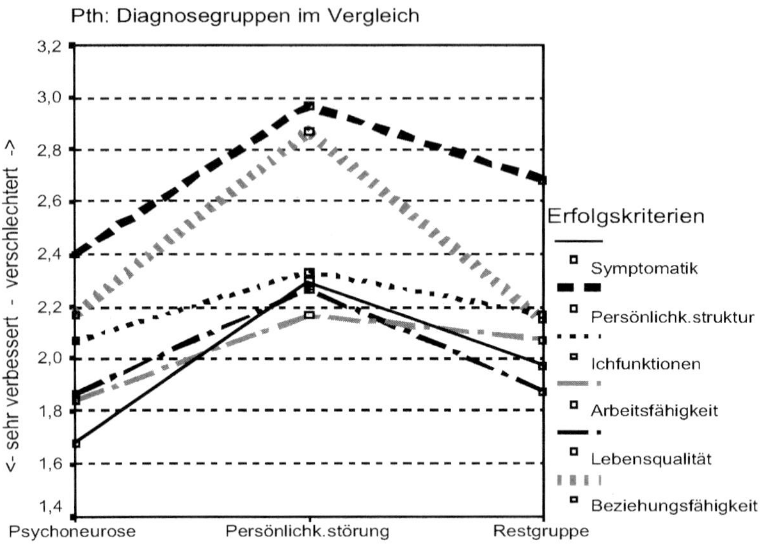

Abb. 12

PA wurde signifikant positiver beurteilt als Pth (Mann-Whitney-U, 2-seitig, $p \leq 0{,}001$)	
Bei:	Hinsichtlich:
Psychoneurosen	Entwicklung der Persönlichkeitsstruktur Zuwachs an Ich-Funktionen
Persönlichkeitsstörungen	Entwicklung der Persönlichkeitsstruktur Zuwachs an Ich-Funktionen Verbesserung der Beziehungsfähigkeit
Restgruppe	Entwicklung der Persönlichkeitsstruktur Zuwachs an Ich-Funktionen

Abb 13: Die Tabelle zeigt die statistisch signifikanten Unterschiede im Überblick:

Für alle drei Diagnosegruppen ergab sich zwischen PA und Pth *kein* signifikanter Unterschied hinsichtlich der Symptomreduktion, der Verbesserung der Lebensqualität und der Wiederherstellung der Arbeitsfähigkeit.

Zusammenfassung und Diskussion

Mittels einer bundesweiten postalischen Befragung aller DGPT-Mitglieder wurden objektivierbare Einzelinformationen über das psychoanalytische Berufsfeld erhoben und zu allgemein gültigen Aussagen verdichtet. Ziel war es, die Struktur der Mitglieder und der Patienten sowie Leistungs-, Tätigkeits- und Erfolgsmerkmale abzubilden. Die Ergebnisse sind für sich genommen von relevanter Aussagekraft. Für den niedergelassenen Therapeuten mag es von Interesse sein, sich angesichts der repräsentativen Daten mit der eigenen Tätigkeit im Berufsfeld zu verorten; darüber hinaus liefert die Erhebung eine Wissensgrundlage für weiterführende Bewertungen und Schlussfolgerungen. Bezüglich der Aussagen zum Therapieerfolg ist anzumerken, dass die therapeutenseitige Einschätzung nur *eine* Perspektive der komplexen Erfolgsfrage abbildet und die Datengrundlage keine Angaben zu den angewandten Behandlungstechniken erlaubt. Inwieweit spezielle Techniken und Zielsetzungen, ein höheres Stundenkontingent oder ein Zusammenspiel aus beidem das positivere Abschneiden der Psychoanalyse bewirkten, bleibt offen Die hier dargestellten Ergebnisse korrespondieren jedoch gut mit der zentralen Aussage der bereits genannten Praxisstudie Analytische Langzeittherapie, die mit einem multiperspektivischen Verlaufsdesign zeigen konnte, dass Psychoanalysen sehr viel mehr als Psychotherapien eine Umstrukturierung der Persönlichkeit begünstigen oder überhaupt erst ermöglichen.

Literatur

Donabedian, A. (1982): Explorations in quality assessment and monitoring. Vol II: The criteria and standards of quality. Ann Arbor (Health Administration Press).

Frank, J. D. (1981): Die Heiler. Stuttgart (Klett).

ICD-9, Internationale Klassifikation der Krankheiten (1988). 9. Revision, Köln (Kohlhammer).

KBV Versorgungsstrukturstatistik (Stand 31. 12. 2000): Schriftliche Mitteilung von der Kassenärztliche Bundesvereinigung, Referat Bedarfsplanung.

Keller, W., Westhoff, G., & Dilg, R. (2001): Wirksamkeit und Kosten-Nutzen-Aspekte ambulanter jungianischer Psychoanalysen und Psychotherapien – Eine katamnestische Studie. In: Stuhr, U., Leuzinger-Bohleber, M., Beutel, M. (Hg.): Langzeitpsychotherapie. Perspektiven für Therapeuten und Wissenschaftler. Stuttgart (Kohlhammer).

Löcherbach, P., u. a. (2000): Indikatoren zur Ermittlung des ambulanten psychotherapeutischen Versorgungsbedarfs. In: Band 125 Schriftenreihe des Bundesministeriums für Gesundheit (Hg.). Baden-Baden (Nomos Verlagsgesellschaft).

Rudolf, G., u. a. (2001): Strukturelle Veränderungen in psychoanalytischen Behandlungen – Zur Praxisstudie psychoanalytische Langzeittherapie (PAL). In: Stuhr, U., Leuzinger-Bohleber, M., & Beutel, M. (Hg.): Langzeitpsychotherapien – Perspektiven für Therapeuten und Wissenschaftler. Stuttgart (Kohlhammer), S. 238–259.

Schmidt, R., Jaschke, H., Schmidt, E. H., & Zell, U. (1987): Psychoanalytische Tätigkeit in der Bundesrepublik Deutschland. Ergebnisse einer empirischen Erhebung im Auftrag der Deutschen Gesellschaft für Psychotherapie, Psychosomatik, Tiefenpsychologie e. V. – Praxisstudie. Köln (Prognos-Institut).

Zepf, S., Mengele, U., & Marx, A. (2001): Zur ambulanten psychotherapeutischen Versorgungslage in der Bundesrepublik Deutschland. Gießen (Psychosozial-Verlag).

Schlussfolgerung für die Qualitätssicherung

Wolfram Keller

Welche Schlussfolgerungen für die Qualitätssicherung können wir aus den hier vorgetragenen Umfrageergebnissen ziehen?

Die Therapeutenerhebung mittels des von uns für Forschungszwecke ausgearbeiteten Fragebogens hat Ähnlichkeit mit Maßnahmen, wie sie auch die Qualitätssicherung vorsieht.

Dies weist auf Gemeinsamkeiten hin. Beide Begriffe zielen jedoch auf Unterschiedliches:

Die (empirische) Forschung hat das Ziel, aus der praktischen Erfahrung eine Theorie bzw. eine oder mehrere Hypothesen zu entwickeln. Diese Hypothesen werden dann wiederum mittels geeigneter Untersuchungsverfahren überprüft. Die dadurch gewonnenen neuen Erkenntnisse fließen wieder (so hoffen die Wissenschaftler wenigstens) ein in das praktische Handeln. Aus diesem Erkenntniszuwachs entstehen neue explorative Hypothesen, die dann wiederum empirisch überprüft werden.

Qualitätssicherung hingegen hat unterschiedliche Zielsetzungen, je nach Institution und Interessenlage:

1. Einen Managementaspekt
- Quantitative und qualitative Information über Versorgungsstruktur und Bedarf – z. B. Psychotherapeutische Versorgung – für zukünftige Planungen zu erhalten.
- Information über das Verhältnis von Aufwand und Nutzen zu erhalten (Kostenersparnis).
- Kontrolle der Effektivität individueller Therapeuten (wenn die Daten in die falschen Hände geraten).

2. Den Forschungsaspekt

3. Qualitätssicherung im engeren Sinne
– Orientierung und Vergleich mit dem Durchschnitt anderer Therapeuten

- Individuelle Erfolgskontrolle am Einzelfall bei Therapieende oder im Verlauf durch das QS DOKU-System.
- Individuelle Erfolgskontrolle am Einzelfall durch das Gutachterverfahren.
- Individuelle Erfolgskontrolle am Einzelfall durch Qualitätszirkel.

Das Prinzip der QS ist: die Erkennung eines Problembereiches, Erarbeitung von Problemlösungsvorschlägen, Überprüfung der Veränderung des Problembereiches durch die Anwendung des Lösungsvorschlages.

Seitens der Analytiker wird immer wieder angeführt, dass Qualitätssicherung bereits im Rahmen der gültigen Psychotherapierichtlinien – gemeint ist das Gutachterverfahren – und an der freiwilligen Teilnahme an Intervisions- oder Supervisionsgruppen dem Anspruch von Qualitätssicherung mehr als genügen würden, zumal ähnliche Verfahren bisher in anderen Gebieten nicht oder in dem Maße durchgeführt würden wie in der Richtlinienpsychotherapie.

Aus den Ausführungen von Frau Stehle wird ja auch der hohe Arbeitsaufwand für Verwaltung und Dokumentation und die hohe Teilnahmefrequenz an Intervision deutlich. Dies ist richtig und wird auch nicht in Abrede gestellt.

Es fehlen jedoch an dieser Art von Qualitätssicherung einige wichtige Aspekte, die insbesondere einer Selbsttäuschung entgegenwirken können und über die bei dem gegenwärtigen berufspolitischen Stand der Qualitätssicherungsdiskussion in den einzelnen Gremien Konsens besteht:

- Es fehlt bei Behandlungsende die Sichtweise der Patienten
- Es fehlt die orientierende Vergleichsmöglichkeit mit anderen Therapeuten, Verfahren und Diagnosegruppen anhand standardisierter und damit vergleichbarer Fragen bzw. Antworten.
- Es fehlt am Ende der Behandlung die Rückmeldung der Therapeuten an den Gutachter zur Einschätzung des Behandlungsergebnisses
- Es fehlen für die Bedarfsplanung wichtige Daten, z. B. wie sieht die aktuelle psychotherapeutische Versorgungslage aus gegenüber dem epidemiologisch festgestellten Behandlungsbedarf oder: Fehlt es beispielsweise an vergleichbaren Informationen, die den Aufwand einer Langzeitbehandlung anhand der Krankheitsschwere verdeutlichen?

Seit einigen Jahren besteht innerhalb der DGPT zum Thema Qualitätssicherung eine Konsensuskonferenz und eine Arbeitsgruppe Qualitätssicherung, die inzwischen ein konsensfähiges Dokumentationssystem entwickelt hat, welches einerseits dem Anspruch genügt, Daten zur Versorgungslage zu erheben, andererseits verfahrensspezifische Erhebungsinstrumente beinhaltet, die die uns wichtigen psychoanalytisch bedeutsamen Veränderungsaspekte abzubilden vermag.

Weiterhin hat sich innerhalb der DGPT-Gutachter unter der Leitung von Prof. Rudolf eine Arbeitsgruppe gebildet, die das aktuelle Gutachterverfahren überarbeitet.

Wie Sie ja wahrscheinlich wissen, ist das Gutachterverfahren ein wichtiger Pfeiler zur Erhaltung der Psychoanalyse im kassenärztlichen Versorgungssystem.

Aktuell werden in verschiedenen Bundesländern Modellprojekte zur Qualitätssicherung durchgeführt. Diese Modellversuche und die unterschiedliche Dokumentationssysteme haben wiederum unterschiedliche Zielsetzungen je nach beteiligter Institution: z. B. Krankenkassen, Ärztekammern, Kassenärztlichen Vereinigungen, das Institut für Qualitätssicherung, der Fachgesellschaften. Erwähnt sei die Techniker Krankenkasse, die mit großem politischen Druck gegenwärtig in Hessen und Baden Württemberg ein Modellprojekt umzusetzen versucht, das aus methodischen Gründen die Psychoanalyse gegenüber symptomorientierten Verfahren wie der Verhaltenstherapie erheblich benachteiligt hätte. Unter dem Einfluss der DGPT gelang es schließlich doch noch, verfahrensspezifische Instrumente (OPD) einzubringen. Im Auftrag der DGPT hat gegenwärtig Frau Piechotta in Zusammenarbeit mit Prof. Rudolf ein eigenes Dokumentationssystem erarbeitet. Die Diskussion über die richtige Systematik und Tragweite des Dokumentationssystems, über den benötigten Zeitaufwand für die Erhebung und das Problem der fraglichen Bezahlung ist in den Fachgesellschaften und unter den Delegierten der beratenden Ausschüsse kontrovers und stark berufspolitisch und durch den ökonomischen Spardruck der Kassen bestimmt.

Bisher ungelöst und problematisch ist:

- Wer hat das Zugriffsrecht auf die Daten, insbesondere auf die sensiblen Daten?
- Wie kann ein Missbrauch der Daten verhindert werden, Datenschutz des Patienten und Therapeuten gewährleistet werden?
- Wie können Therapeuten vor externer Kontrolle, z. B. durch die Krankenkasse, geschützt werden?

Effektivität und Effizienz psychoanalytischer Langzeittherapie: Die Praxisstudie analytische Langzeitpsychotherapie[1]

Gerd Rudolf, Reiner Dilg, Tilman Grande, Thorsten Jakobsen, Wolfram Keller, Bärbel Krawietz, Monika Langer, Sabine Stehle, Claudia Oberbracht

Einleitung: Therapieforschung im analytischen Bereich

Berufsgruppen wie Lehrer, Pfarrer oder Psychotherapeuten tun sich bekanntlich schwer mit einer realitätsgerechten Einschätzung ihres Wirkens. Sie sind bemüht, menschliche Entwicklungsprozesse der Gesundung, der Bildung, der Persönlichkeitsreifung zu fördern und stoßen dabei immer wieder auf die Frage, wie unterschiedlich solche Prozesse eigentlich verlaufen können und was die Kriterien eines günstigen Verlaufs sind. Die genannten Berufsgruppen sind in der Regel nicht nur professionell bemüht, sondern meist idealistisch engagiert, d. h. sie haben hohe Erwartungen an sich selbst und an die Anderen, was es ihnen nochmals erschwert, die Ergebnisse eigener Arbeit zu beurteilen. Wenn hier gelegentlich systematische Untersuchungen erfolgen, kann es geschehen, dass einzelnen Berufsgruppen ein Pisa-Erlebnis zuteil wird, derart, dass manche Schüler das Lesen hierzulande doch nicht recht lernen, während es anderswo leidlich gelingt und anderes mehr; das ist immerhin eine Diskussionsgrundlage.

Was nun speziell Psychoanalyse betrifft, so versichern viele, dass es schlechterdings unmöglich sei, deren Verläufe und Ergebnisse adäquat zu erfassen und zu bewerten. Ein solches Ziel auf empirischem Wege erreichen zu wollen, wird nach ihrer Ansicht der Sache nicht gerecht und führt auf den positivistischen Holzweg. Die Gründe dafür sind oft genannt. Dazu gehört:

- die Einmaligkeit des intersubjektiven Geschehens, dem keine standardisierte Messung gerecht wird;

[1] Gefördert durch DGPT, Robert Bosch Stiftung, DFG.

- die Unbewusstheit therapeutischer Prozesse, die sich jeder messenden Wahrnehmung entzieht;
- die Eigengesetzlichkeit psychodynamischer Vorgänge, die nur in der psychoanalytischen Situation erlebt und nicht von außen gesehen werden kann;
- die Störbarkeit der sensiblen therapeutischen Prozesse durch Forschungsinterventionen; und letztlich
- die Unmöglichkeit, psychische Gestörtheit und Gesundheit klar voneinander abzugrenzen.

Zum Trost wird Freuds Junktim vom Heilen und Forschen zitiert, von dem allerdings John Bowlby sagt, es sei das größte Missverständnis in der Psychoanalyse und habe großen Schaden angerichtet.

So bleibt ein Dilemma: Der Therapeut darf nicht zweifeln, sonst ist er therapeutisch nicht überzeugend; der Forscher, der sich auf seinen Glauben verlässt, ist selber nicht glaubwürdig. Wenn die beiden dennoch versuchen, miteinander zu kooperieren, müssen sie viel Wohlwollen füreinander aufbringen. Von einer solchen Kooperation wird heute die Rede sein. Als Senior der Forschergruppe ist mir die Ehre zuteil geworden, Erstautor dieses Beitrags zu sein. Ich werde kein Wort darüber verlieren, dass dies das aufwändigste, mühseligste und schlecht bezahlteste Unternehmen meines Berufslebens war, in dessen Verlauf meine jungen Mitarbeiter heirateten, Kinder kriegten und graue Haare bekamen. Freilich war es auch das aufregendste Projekt jenseits der OPD-Entwicklung. Ich werde also ganz nüchtern in dem zur Verfügung gestellten Rahmen einige wichtige Ergebnisse zur Diskussion stellen. Es sind Befunde, die zum gegenwärtigen Zeitpunkt des Projekts vorliegen. Die Auswertung bezieht sich auf die abgeschlossenen Therapien (Stand Sept. 2003), während die Erhebung von Einjahres- und Dreijahreskatamnesen erst begonnen wurde. Die außerordentlich wichtigen methodischen Fragen des Designs sowie der Reliabilität und Validität von Ergebnissen werden in diesem Bericht nur am Rande behandelt und sind Gegenstand eigener Darstellungen.

Bezüglich des Designs und der Instrumente verweisen wir auf frühere Veröffentlichungen (Grande u. a. 1997, 2000; Leising u. a. 2003; Rudolf u. a. 2000, 2001a,b,c; Wilke u. a. 2001).

Die Praxisstudie analytische Langzeittherapie

Wir berichten heute erstmals offiziell über Ergebnisdaten eines Projekts, das vor zehn Jahren von einem entschlossenen DGPT-Vorstand auf den Weg gebracht wurde mit dem Ziel, »die Effektivität und Effizienz höher frequenter psychoanalytischer Langzeittherapie« zu überprüfen. Effektivität meint bekanntlich Wirksamkeit, während Effizienz die Wirksamkeit im Verhältnis zu Aufwand an Zeit und Kosten untersucht. Die Frage lautet also vereinfacht: Ist Psychoanalytische Langzeittherapie wirksam und, wenn ja, wie bedeutsam sind diese Wirkungen; was im aktuellen Kontext vor allem heißt: wie wirtschaftlich bedeutsam sind sie? Es gibt im internationalen Feld einige Studien zu dieser Fragen –Leichsenring (2004) hat dazu gerade einen aktuellen Überblick erarbeitet, aber es sind doch sehr wenige, verglichen mit anderen Psychotherapieverfahren, und es sind extrem wenige bei lang dauernden und frequentem Vorgehen. Psychoanalytiker müssen daher immer aus der Defensive argumentieren, wenn sie z. B. in der öffentlichen Diskussion über die Zweckmäßigkeit und Angemessenheit ihres Verfahrens sprechen.

Es kann daher dem damaligen Vorstand gar nicht genug Respekt gezollt werden für seinen Mut, die Frage nach der Wirkung analytischer Therapien empirisch anzugehen, und den folgenden Vorständen für ihre Loyalität, mit der sie die Studie weitergefördert haben. Mut und Loyalität waren erforderlich, weil es, wie schon ausgeführt, für Psychoanalytiker keine Selbstverständlichkeit ist, ihr Handeln selbstkritisch zu untersuchen und erst recht nicht, es auf empirischem Wege zu überprüfen. Empirisch heißt in diesem Falle prospektiv, das bedeutet eine begleitende Untersuchung von Behandlungsbeginn bis Behandlungsende und darüber hinaus bis zu den Katamnesezeitpunkten; d. h. aber auch ohne die psychoanalytisch übliche Sicherheit der retrospektiven Falldiskussion, bei der die Sache im Nachhinein immer irgendwie verstanden und interpretiert werden kann, ganz zu schweigen von der Möglichkeit der Selektion geeigneten Materials.

Für die Bereitschaft, sich darauf einzulassen, muss auch den Therapeuten herzlich gedankt werden, die bereit waren mitzuarbeiten. Sehr viele haben erwogen mitzumachen, viele waren nahe daran und 35 Therapeuten in der Region Heidelberg und Berlin haben schließlich Behandlungen eingebracht. Ich will es bei der Andeutung belassen, dass es schwer war, die Therapeuten zu gewinnen und zu halten, dass es schwierig war, die verabredeten Fallzahlen zu gewinnen, insbesondere bei den Psychotherapien, und dass sich aufgrund der verzögerten Erhebung der ohnehin umfangreiche Zeitraum weiter erheblich in die Länge zog. Die Therapeuten, die gewonnen und gehalten werden konnten, hatten den Mut, sich beim Therapieren zusehen zu lassen, und die Disziplin, über Jahre hinweg regelmäßig umfangreiche Dokumentationen zu erstellen und an uns weiter zu geben. Sie haben sich damit in ganz besonderer Weise verdient gemacht.

Da ich schon beim Danksagen bin, ist mir auch ein Bedürfnis, die Projektmitarbeiter zu erwähnen, die über Jahre und Jahre hinweg mit viel idealistischem Einsatz und wenig Entgelt das Vorhaben am Leben erhielten, d. h. Interviews durchführten, Videoaufzeichnungen rateten, Datenorganisation und Auswertung vornahmen, Fördermittel aquirierten oder in unendlichen Gesprächen und Telefonaten mit Praxen, Patienten und Zentren den zeitgemäßen Ablauf und die Organisation sicherstellten.

Praxisstudie Analytische Langzeittherapie (PAL): Mitarbeiter

Koordination:
- Prof. Rudolf, Dr. Grande (Univ. Heidelberg)

Datenorganisation:
- Dipl.-Psych. Jakobsen (Univ. Heidelberg)

Zentrum Heidelberg:
- Prof. Rudolf, Dr. Grande, Dipl.-Psych. Jakobsen, Dipl.-Psych. Krawietz, Dipl.-Psych. Langer, Dipl.-Psych. Oberbracht

Zentrum Berlin:
- Dr. Keller, Dipl.-Psych. Dilg, Dipl.-Psych. Reindl, Dr. Stehle

Kooperationsgruppe Zürich:
- Dr. Mattanza, Lic. Phil. Fischer, Lic. Phil. Hurt, Lic. Phil. Jagmetti, Dr. Junghan

DGPT Förderzeitraum 1997–2002

Besonders zufrieden und dankbar sind wir auch angesichts der Tatsache, dass die Teilgruppen des multizentrischen Vorhabens in Berlin und Heidelberg und darüber hinaus eine kooperierende Gruppe in Zürich über alle die Jahre hinweg einen produktiven Austausch und eine konstruktive Zusammenarbeit realisiert hatten. Auch das ist wahrscheinlich eher eine Ausnahme.

Bezüglich des Studiendesigns und der Instrumente verweise ich auf frühere Vorstellungen; hier soll nur so viel wiederholt werden, dass die Ergebnisse verstanden werden können. Als Kontrollbedingung für die analytisch frequenten Langzeittherapien wurden Psychotherapien mit einer Wochenstunde definiert. Die zentrale Frage lautet:

Welchen Einfluss haben Dauer und Frequenz psychoanalytischer Therapien auf das Behandlungsergebnis im Symptombereich und jenseits der Symptomatik?

Definition der Verfahren

	PA	PT
Frequenz	3 stg	1 stg
Setting	Couch	Sitzend
Mindestdauer	150 Sitzungen	25 Sitzungen
Th. Zielsetzung	Übertragung, Widerstand Umfassend aufdeckend	Aktualisierte Konflikte fokal aufdeckend
Faktische Dauer	43,5 Mo (SD 13,6)	23,3 Mo (SD 7,5)
Stundenzahl	296 (SD 69)	71 (SD 22)

Abb. 1

Da es sich um eine Praxisstudie unter naturalistischen Bedingungen handelt, können wir die therapeutische Situation nicht experimentell variieren; wir beschreiben sie so, wie sie in den Praxen durchgeführt werden. Da also eine randomisierte Zuweisung nicht möglich ist, wurde ein matching vorgenommen, welches sicherstellen sollte, dass die höher- und niederfrequente Gruppe bezüglich Krankheit, Schwere und soziodemographischer Daten vergleichbar ist.

Die Therapien wurden in viertel- und später halbjährigen Abständen auf vier Beobachtungsebenen untersucht:

- Ebene der Patientenselbsteinschätzung
- Ebene der Psychoanalytikereinschätzung
- Ebene der Untersuchereinschätzung
- Ebene des Versorgungssystems (Krankenkassendaten)

Einen Überblick über die in die jetzige Auswertung eingegangen Behandlungen gibt Abb. 2.

Studienpatienten

	PA	PT	Misch.	Abbr.	Gesamt
Anzahl Therapien	**32**	**27**	3	9	71
(Kat. 1)	(39)				
(Kat. 3)	(8)				

Abb. 2

Die 2–4 Jahre dauernden Therapien wurden zunächst vierteljährlich, dann halbjährlich durch die Projektmitarbeiter begleitet. Dabei wurden 460 rund einstündige Patienteninterviews durchgeführt, auf Video aufgezeichnet und durch je zwei Rater ausgewertet. Der Auswertungsaufwand pro Interview beträgt ca. 12 Stunden.

Die Voraussetzungen der vergleichenden Untersuchung

Zunächst gilt es, die Voraussetzungen der Therapeuten und Therapien zu prüfen. Der Beitrag von Frau Stehle gab einen Überblick über die Therapien der DGPT-Analytikerinnen und -Analytiker. Die bei uns beteiligten Therapeuten und Patienten sind repräsentativ dafür. Es wurde sorgfältig dokumentiert, welche Patienten von den Therapeuten in die Studie eingebracht wurden, um sicher zu stellen, dass nicht Selektionseinflüsse über Gebühr wirksam werden.

Die zweite Voraussetzung neben Repräsentativität von Therapeuten und Patienten betrifft die Vergleichbarkeit der beiden Patientengruppen (sichergestellt durch das Matching-Verfahren). Auch diese Voraussetzung wurde erfüllt:

- Die beiden Patientengruppen unterscheiden sich vor Behandlungsbeginn nicht in klinischen und soziodemographischen Daten.
- Es handelt sich in beiden Gruppen um schwer ausgeprägte Störungen (BSS 6,4 / 6,7).
- Die schwerwiegende Diagnose Persönlichkeitsstörung findet sich in 53% bzw. 52% der Patienten.
- Das durchschnittliche Strukturniveau bei Behandlungsbeginn beträgt 2,1 bzw. 2,2, d. h. etwas weniger als mäßig integriert. Wichtig scheint auch die Beobachtung, dass es keine Unterschiede im Bezug auf den initialen Grad der Umstrukturierung zwischen beiden Gruppen gibt, die Gruppendurchschnittswerte betragen 2,2 bzw. 2,1 auf der Umstrukturierungsskala.
- In beiden Gruppen findet sich eine hohe Quote chronifizierter Symptombildung (über 5 Jahre).
- In beiden Gruppen und gehäuft bei den Psychoanalysepatienten finden sich zahlreiche der für das Gesundheitssystem teuren »High Utilizer«, d. h. Patienten mit zahlreichen Krankschreibungen, Klinikaufenthalten und Arztbesuchen.

Es werden also in beiden Gruppen schwer beeinträchtigte Patienten von gut qualifizierten Psychoanalytikerinnen und Psychoanalytikern behandelt. Die anfängliche Vorgabe, dass jeder Therapeut einen psychoanalytischen und einen psychotherapeutischen Fall einbringt, konnte nicht zu 100% realisiert werden: Es war nicht möglich, eine ausreichende Zahl von Psychoanalytikern zu finden und zum Mitmachen zu gewinnen, die in ihrer Praxis gleichermaßen psychoanalytisch und psychotherapeutisch arbeiten.

Erste Hauptfrage: Die Wirksamkeit der Therapien bezüglich der Symptomreduzierung

Ich erspare Ihnen die Zahlentabellen und formuliere das wichtigste Ergebnis:
- Beide Verfahren sind wirksam bezüglich einer signifikanten Symptomreduzierung.
- Es gibt keinen signifikanten Unterschied der Symptomreduzierung zwischen den beiden Gruppen.
- Da die beiden Gruppen sich nicht signifikant unterscheiden, können wir im Weiteren das Ausmaß der Symptomreduzierung für beide Gruppen gemeinsam betrachten.

Th. Jakobsen hat eine Typologie der Symptomverläufe erstellt, indem er die Symptombewegung zu Beginn, in der Mitte und am Ende der Behandlung verglich.

Symptomverlauf (Pat. Einschätzung vorher-nachher, PSKB-Se, SCL-90)

	PA	PT
Kompletter Symptomrückgang	71,8%	59,3%
Sy. (teilweise) persistierend	21,9%	29,6%
Sy. bei Th. Beginn gering	6,2%	3,7%
Nicht klassifizierbar		7,4%

Abb. 3

Das Ergebnis ist insofern sehr interessant, als es grundsätzlich Vergleiche mit anderen Therapieverfahren erlaubt, die sich in ihrer Ergebnisbeurteilung auf die Symptomreduzierung beschränken. Auch die rückblickende Einschätzung der Patienten lässt wenig Unterschiede zwischen den Verfahren erkennen. In beiden Therapieformen bestätigen die Patienten zu 80–90%, dass sie in der Therapie viel über sich gelernt haben, dem Leben besser gewachsen sind oder dass ihnen geholfen wurde, ihre Gefühle in Worte zu fassen. Auch die negativen Äußerungen werden ähnlich gewichtet: 10–15% der Patienten sind vom Behandlungsergebnis enttäuscht. Häufiger als die Psychotherapiepatienten betonen die Psychoanalysepatienten, dass sie die Behandlung schon hätten früher machen sollen und dass sie ohne die Therapie im Leben gescheitert wären.

Zweite Hauptfrage: Therapeutische Veränderungen jenseits der Symptomatik

Damit komme ich zur zentralen Hypothese der Studie, welche annimmt, dass es jenseits der Symptomreduzierung wichtige therapeutische Effekte im Sinne der Umstrukturierung der Persönlichkeit gibt.

Wir haben – wie schon an anderer Stelle berichtet – eine Umstrukturierungsskala entwickelt, auf welcher die Rater anhand eines jeweiligen Patienteninterviews eine Einschätzung von der Tiefe der therapeutisch bewirkten Persönlichkeitsveränderung vornehmen können.

Die beiden unabhängigen Untersucher geben auf der Grundlage der vierteljährlich bzw. halbjährlich durchgeführten Patienteninterviews eine Einschätzung darüber ab, in welchem Grad die von ihnen ausgewählten Problemfoki umstrukturiert werden konnten.

Für die hier vorgenommene Untersuchung haben wir eine Dreiteilung der Umstrukturierungsergebnisse zu Therapieende (bzw. letztem Messzeitpunkt) nach folgender Klassifikationslogik vorgenommen.

Definition der Umstrukturierung

Definition der Umstrukturierung
(zu Therapieende bzw. letztem Messzeitpunkt)

U 5 Umstrukturierung:	Mindestens 2 der 5 Foki haben Stufe 5 erreicht
U 4 Bewältigung:	Mindestens 2 der 5 Foki haben Stufe 4 erreicht
Non 4:	Ein oder kein Fokus hat Stufe 4 erreicht

Abb. 4

Alle nun folgenden Auswertungen beziehen sich auf diese Dreiteilung. Das zentrale Ergebnis der Studie findet sich in der folgenden Abbildung:

Quoten der erzielten Umstrukturierung

	PA	PT
Umstrukturierung U5	59,4%	11,1%
Bewältigung U4	25,0%	51,9%
Non U4	15,6%	37%

Abb. 5

Eine signifikante strukturelle Veränderung findet sich in beiden Therapieformen, jedoch erreichen Patienten in Psychoanalysen häufiger als in Psychotherapien Veränderungen im Sinne einer Umstrukturierung.

Das Ergebnis (60% Umstrukturierung in Psychoanalysen) relativiert zugleich idealisierende Vorstellungen von den Leistungen der Psychoanalyse. Es identifiziert eine Gruppe von 16% der Patienten ohne Umstrukturierungsveränderung und eine weitere Gruppe von 25% mit Veränderungen auf dem Niveau der Bewältigung. Nach unserer Einschätzung sind diese Ergebnisse stimmig und zufriedenstellend.

Was bedeuten diese Umstrukturierungsveränderungen aus der Sicht von Untersuchern, Psychoanalytikern und Patienten? Letztlich meint Umstrukturierung Veränderungen des Patienten, die seine Möglichkeiten der Regulierung von inneren und äußeren Anforderungen erweitern und ihn damit in den Stand versetzen, Schwierigkeiten im Leben, im Rahmen seiner Möglichkeiten zu meistern und seine eigenen Chancen zu nutzen. Das ist freilich zunächst einmal eine prognostische Aussage, die erst in den katamnestischen Untersuchungen geprüft werden kann. Diese liegen jetzt erst bei einem Teil der Fälle vor und sind noch nicht Gegenstand der systematischen Auswertung. Die Frage ist, ob wir schon zu diesem Zeitpunkt des Therapieabschlusses Hinweise finden können, die diese Annahmen stützen. Ich gebe Ihnen einige Beispiele von Auswertungen, welche die Art der Veränderungsprozesse in den drei Stufen der Umstrukturierung kennzeichnen.

Strukturniveau: Ausgangswerte und ther. Veränderung

	U5	U4	Non 4
Vor Therapie	2,1	2,1	2,5
Nach Therapie	1,8	2,0	2,7

Abb. 6

Je höher die Umstrukturierung, desto deutlicher ist die Verbesserung des Strukturniveaus im Therapieverlauf. Von einer prädiktiven Bedeutung ist aber auch die Tatsache, dass die nichtumstrukturierten Patienten auf dem niedrigsten Strukturniveau beginnen und bei Ende noch schlechter eingeschätzt werden.

Wenn es so ist, dass das Strukturniveau bei Behandlungsbeginn darüber mitentscheidet, welche Persönlichkeitsveränderungen im Therapieverlauf möglich sind (und wir haben dafür eine Menge Belege aus den Einzelfalluntersuchungen und den Gruppenvergleichen), dann müssen Psychoanalytiker und Psychotherapeuten diesem Behandlungsaspekt ganz besondere Aufmerksamkeit zukommen lassen (»Strukturbezogene Psychotherapie«). Dass dies so ist, zeigt eine Auswertung von Grande, die belegt, dass mit Techniken, welche psychoanalytische und psychotherapeutische Ansätze kombinieren, höhere Quoten der Umstrukturierung erreicht werden als mit rein analytischen oder rein psychotherapeutischen.

Wie schätzen die behandelnden Analytiker bei Abschluss der Behandlung die Prozessentwicklung bei den Patienten mit unterschiedlicher Umstrukturierung ein?

Psychoanalytiker: Abschließende Einschätzung der Prozessentwicklung

	U5	U4	non4
Regressive Bewegung	65%	24%	31%
Reifere Abwehr	85%	52%	39%
Aneignung Lebensgeschichte	80%	62%	31%
Selbstanalyt. Fähigkeiten	85%	38%	39%

Abb. 7

Der Prä-Postvergleich von Beschwerdeeinschätzungen durch die Patienten lässt bei den Patienten mit Umstrukturierung im Vergleich zu denen mit wenig Umstrukturierung ein signifikant höheres Maß der Besserung erkennen bezüglich:

- Seel. Gesundheit (TPF)
- Interpersonelle Probleme (IIP)
- Symptomatik (SCL-90)
- Symptomatik (PSKB-Se)

Nehmen wir als letztes Beispiel die rückblickende Einschätzung der Patienten, so sind auch hier die Einschätzungen bei den am besten umstruktierten Patienten am positivsten.

Patienten Rückblick: Einschätzung von Beschwerden und Lebensqualität

	U5	U4	non4
Psych. Beschwerden	95%	74%	56%
Bez. zu Menschen	90%	67%	44%
Selbstwert	91%	76%	44%
Lebenszufriedenheit	86%	71%	55%

Abb. 8

Patienten: Rückblick auf die Behandlung

	U5	U4	non4
Globaler Behandlungserfolg	95%	81%	44%
Relation Aufwand- Nutzen	81%	74%	44%

Abb. 9

Die verschiedenen Maße zusammen genommen verweisen auf einen höheren Grad der seelischen Gesundheit bei den besser umstrukturierten Patienten.

Dritte Hauptfrage: Effizienz der analytischen Psychotherapie

Diese Frage kann hier nur gestreift werden, da erst die Katamnesenauswertungen eine Aussage über den nachhaltigen Nutzen der hohen Therapieaufwendungen erlauben werden. Einen ersten Hinweis finden wir bei der Untersuchung des Krankheitsverhaltens anhand der Krankenkassendaten. Für 47 der 59 Patienten liegen solche Daten für den Vergleich vor und während der Therapie vor. Auch hier zeigt sich kein Unterschied zwischen den beiden Behandlungsverfahren, aber eine deutliche Reduzierung der Arbeitsunfähigkeitstage im Zweijahreszeitraum vor der Therapie verglichen mit den ersten beiden Jahren der Behandlung.

AU Tage vor Therapie (2 Jahre) und während Therapie (2 Jahre)

	PA	PT
AU Tage pro Jahr vor Therapie	24,6	28,3
AU Tage pro Jahr während Therapie	6,8	9,3

Abb. 10

Fazit

Folgendes sind die wichtigsten Ergebnisse: In analytischen Therapien erfolgt Symptomreduzierung im gleichen Umfang wie in anderen Psychotherapien. Auf dieser Ebene lässt sich die Auswirkung spezifischer psychoanalytischer Therapiefaktoren nicht von denen allgemeiner Therapiefaktoren unterscheiden (unterstützende Beziehung, Hoffnung und Ermutigung, Problemlösung).

Eine über die Symptombesserung hinausgehende Umstrukturierung der Persönlichkeit jedoch (operationalisiert als relevante Veränderungen der fokalen Problembereiche auf der Umstrukturierungsskala) wird bei den intensiveren und längeren analytischen Psychotherapien bei 60% der Behandlungen beobachtet, hingegen nur bei 10% der weniger intensiven Psychotherapien.

Nimmt man die persönlichkeitsstrukturellen Veränderungen auf der Ebene der Bewältigung hinzu, so lassen sich bei den analytischen Psychotherapien 85%, bei den Psychotherapien 63% Besserungen jenseits der Symptomatik erkennen. (Hierzu gibt es verständlicherweise keine Vergleichsdaten aus anderen Therapieverfahren).

Dass die deutlich umstrukturierten Patienten ein weitaus höheres Maß an seelischer Gesundheit erlangt haben, wird aus dem Zusammenhang mit den positiven Einschätzungen aus verschiedenen Perspektiven erkennbar: mehr Lebensqualität und weniger Symptomatik aus Sicht der Patienten, intensivere Therapieprozesse und bessere Ergebnisse aus der Sicht der Psychoanalytiker; weniger interpersonelle Probleme und besseres Strukturniveau aus der Sicht der Untersucher; die Krankenkassendaten stehen noch aus. Ein wesentliches Kriterium wird erst in der Katamneseuntersuchung geprüft werden können: Die erhoffte größere Nachhaltigkeit dieser Besserung über die therapiefreie Zeit hinweg.

Ich will nicht schließen, ohne auf eine wichtige Auswirkung der Studie hinzuweisen; sie betrifft den Bereich der Qualitätssicherung in der ambulanten Psychotherapie. Hier konnte die Studie selbst, die in ihr entwickelten Instrumente und ihre erprobte Praktikabilität wesentlich dazu beitragen, dass die empirische Begleitung von Psychotherapien, die Dokumentation von Verläufen, Prozessen und Ergebnissen heute eine deutlich größere Akzeptanz findet, als das noch vor einigen Jahren der Fall war. Zumindest gilt das für die Analytiker der DGPT, die ich im Laufe der Jahre als eine der liberalen und pragmatischen Institutionen schätzen gelernt habe.

Literatur

Grande, T., G. Rudolf, Oberbracht, C. (1997): Die Praxisstudie analytische Langzeittherapie. Ein Projekt zur prospektiven Untersuchung struktureller Veränderungen in Psychoanalysen. In: Leuzinger-Bohleber, M., Stuhr, U. (Hg.): Psychoanalyse im Rückblick. Gießen (Psychosozial-Verlag), S. 415–431.

Grande, T., Rudolf, G., Oberbracht, C. (2000): Veränderungsmessung auf OPD-Basis: Schwierigkeiten und ein neues Konzept. In: Freyberger, H. J., u. a. (Hg.): Was leistet die OPD? Bern (Huber), S. 148–161.

Leichsenring, F. (2004): Studien zur Wirksamkeit von psychoanalytischen Therapien bei Erwachsenen. In: Hau, & Leuzinger-Bohleber, M. (Hg.): Psychoanalytische Therapie (Stellungnahme der DGPT).

Leising, D., Rudolf, G., Stadler, K., Jakobsen, Th., Oberbracht, C., & Grande, T. (2003): Do interpersonal behavior and emotional experience change in the course of successful longterm psychoanalytic therapies? Psychotherapy Research, 13, 461–474.

Rudolf, G., Grande, T., Oberbracht, C. (2000): Die Heidelberger Umstrukturierungsskala. Ein Modell der Veränderung in psychoanalytischen Therapien und seine Operationalisierung in einer Schätzskala. Psychotherapeut, 45, 237–246.

Rudolf, G., Grande, T., Dilg, R., Jakobsen, Th., Keller, W., Oberbracht, C., Pauli-Magnus, C., Stehle, S., Wilke, St. (2001a): Strukturelle Veränderungen in psychoanalytischen Behandlungen – Zur Praxisstudie analytischer Langzeittherapien (PAL). In: Stuhr, U., Leuzinger-Bohleber, M., & Beutel, M. (Hg.): Langzeitpsychotherapie. Perspektive für Therapeuten und Wissenschaftler. Stuttgart (Kohlhammer), S. 238–259.

Rudolf, G., u. a. (2001b): Therapeutische Umstrukturierung im analytischen Prozess: Modellbildung und Verlaufsbeobachtungen. In: Schlösser, A., & Gerlach, A. (Hg.): Kreativität und Scheitern. Gießen (Psychosozial-Verlag), S. 463–476.

Rudolf, G. (unter Mitarbeit von T. Grande, R. Dilg, T. Jakobsen, W. Keller, C. Oberbracht, C. Pauli-Magnus, S. Stehle und St. Wilke) (2001c): Wie können strukturelle Veränderungen in analytischen Langzeitpsychotherapien empirisch erfasst werden ? In: Bohleber, W., Drews, S. (Hg.): Die Gegenwart der Psychoanalyse – die Psychoanalyse der Gegenwart. Stuttgart (Klett-Cotta), S. 546–566.

Wilke, S., Pauli-Magnus, C., Oberbracht, C., Grande, T., Jakobsen, Th., & Rudolf, G. (2001d): Psychoanalytiker kommentieren ihre Behandlungen. Ein Beitrag zur qualitativen Psychotherapieprozessforschung. Psychother Soz 3, 2, 143–159.

Autorengespräch am Freitag, dem 12. September 2003

»Ein Verein auf der Suche nach seiner Identität«

Ulrich Ehebald im Gespräch mit Holger Schildt, beide Hamburg

Schildt:
Lieber Herr Ehebald, ich freue mich, dass gerade ich dieses Gespräch führen darf. Nicht, weil wir beide aus Hamburg stammen, sondern weil Sie es waren, der mich 1979 als damals 35-jährigen aus den Klauen eines Ölmultis erlöst und für die DGPT eingekauft hat. Da waren Sie nämlich Vorsitzender der DGPT, und meine Existenz in der DGPT beruht im Wesentlichen auch auf Ihrer Entscheidung. Ich muss dazu sagen, ich habe es nie bereut. Die meisten Zuhörer werden Sie kennen aus Ihren Veröffentlichungen zur Theorie und Technik der Psychoanalyse, insbesondere zur Traumdeutung und Delinquenz, und zur Berufspolitik natürlich. Sie sind Mitglied der DPV, Lehranalytiker DPV, Mitglied des DGPT-Ehrenpräsidiums. Sie sind Gutachter der KBV, und waren Gutachter und Obergutachter bei der Beihilfe und arbeiten noch in freier Praxis in Hamburg. Sie gelten als impulsiv, streitbar und apodiktisch. So gelten Sie, aber wir werden heute, denke ich, noch etwas mehr erfahren von Ihnen.

Ehebald:
Herr Schildt und ich haben uns so ein bisschen abgestimmt, und da fiel ihm das Wort apodiktisch zu mir ein. Dann dachte ich erst mal, das ist ein harter Knüller, wo kommt das wohl her? Innerhalb der DGPT, denke ich mir, mag das nicht so entstanden ein. Dann fielen mir allerdings zwei Dinge ein wo es durchaus hingehört. Das eine ist die Psyche-Kontroverse, »Psychoanalyse unter Hitler« und das andere, da kommt sicher das »apodiktisch« her, mein Vortrag »Der Arzt und die Angebote des Psychomarktes«, in Lübeck gehalten. Hier handelte es sich um die Veranstaltungen der Allgemeinen Ärztlichen Gesellschaft für Psychotherapie – Li–La–Lü – genannt nach den Orten Lindau, Langeoog, Lübeck. Ich habe an diesen Veranstaltungen immer gern teilgenommen. Nach dem Vortrag in Lübeck wurde ich jedoch nicht mehr

eingeladen. Man hielt diesen Vortrag wahrscheinlich für zu apodiktisch. Jedenfalls in diesem Zusammenhang kann ich dieses Wort gut akzeptieren.

Schildt:
Ich meine, wir können jetzt natürlich einen Sprung machen in die Geschichte rein, wir können uns aber auch so ein bisschen historisch vorantasten.

Ehebald:
Machen wir es historisch.

Schildt:
Grundlage Ihrer psychoanalytischen Ausbildung war ja das Medizinstudium. Wollten Sie eigentlich immer von Anfang an Arzt werden?

Ehebald:
Es war eigentlich keine Frage. Mein Vater war Arzt, Chirurg und Orthopäde, 1865 geboren, und hat hier in Würzburg sein medizinisches Staatsexamen in den 80-er Jahren des vorherigen Jahrhunderts abgelegt. Er fuhr nach dem Staatsexamen neun Jahre als Schiffsarzt zur See. Das hat mich natürlich als Knaben sehr beeindruckt, wobei ich ihn – er starb 1929, da war ich acht Jahre – als eine sehr gütige, aber doch ferne Gestalt, die oben in der Klinik in unserem Haus arbeitete, in Erinnerung habe. Aber von dort her war immer klar, es gab gar keine Alternative. Ich muss dann auf eine wichtige Zeit in meinem Leben kommen. Nach dem Tod meines Vaters zogen meine Mutter, meine Schwester und ich an den Bodensee, weil sich dort meine Eltern auf der Insel Reichenau kennen gelernt hatten, nach Allensbach. Und in Allensbach kriegte meine Mutter mit den Nazis sofort Schwierigkeiten. Sie ist eine streitbare Dame gewesen.

Schildt:
Das haben Sie also von ihr.

Ehebald:
Ein bisschen, denke ich. Da waren die berühmten Wahlen 1933, da kriegte jeder, der gewählt hatte, eine Plakette, auf der stand »Ja«. Sie gab die Plakette zurück und sagte: »Woher wissen Sie denn, dass ich mit Ja gewählt habe?« Das gab natürlich einen Mordsaufstand, weil sie damit deklarierte, dass sie nicht mit Ja gewählt hatte. Es gab im Bodensee-Kurier einen Artikel: »Den Saboteuren ins Stammbuch«, und sie hatte es in Allensbach seit dieser Zeit

ziemlich schwer. Immer mal wieder waren zum Beispiel Kothäufchen vor der Tür, so dass wir schließlich Allensbach aufgaben und auf die andere Seite des Bodensees zogen, nach Meersburg. Ich fuhr damals von Allensbach nach Konstanz zur Schule, das war ein Jahr nach dem Tod Hindenburgs, da war in meinem Aufgabenbuch ein Nachruf auf ihn drin, darunter stand: »Heil Hitler«. Dieses »Heil Hitler« strich ich durch. Damals wurde ich schon bespitzelt, weil ich einen Freund hatte, der in der Schweiz wohnte und auch in Konstanz zur Schule ging. Unser Geschichtslehrer, Allgeier hieß er, kam von der Ordensburg in Sonthofen. Er griff während der Geschichtsstunde in meinen Ranzen und holte das Aufgabenbuch heraus: »Hier ist einer unter Euch, ...« und wegen dieses durchgestrichenen »Heil Hitler« wurde ich zwei Monate von der Schule »relegiert«, wie das hieß, dann kam der Oberschulrat. Wenn Sie sich vorstellen, wie das möglich war, aus Karlsruhe kam er nach Konstanz, es gab eine große Verhandlung. Lehrer Allgeier sagte, wenn der Ehebald bleibt, gehe ich. Ich durfte bleiben, und tatsächlich verschwand der Lehrer von der Schule. Ich bekam sechs Stunden Karzer. In diesen sechs Stunden musste ich einen Aufsatz über Horst Wessel schreiben. Ich war nicht im Jungvolk und auch nicht in der HJ, machte also am Wochenende immer den »staatspolitischen Unterricht« mit, mit den »Kapaunern«, das waren die katholischen Konviktangehörigen aus Konstanz, die nicht in das Jungvolk durften. So bekam ich einiges vom Nazi-Regime mit. Zum Beispiel auf der Fahrt von Allensbach nach Konstanz: Im Zug erschienen plötzlich zwei Männer im Abteil, in dem ich mit meinem Freund saß; wir schrieben gegenseitig rasch unsere Schularbeiten ab. Die beiden fingen furchtbar an zu schimpfen auf Hitler. Wir haben uns geduckt und nichts gesagt. Zwei Tage später wurde ich zur Kreisleitung bestellt: »Du bist doch dann und dann mit dem Zug nach Konstanz gefahren, und da sind doch zwei Männer hereingekommen, die haben geschimpft auf Hitler. Warum hast Du nicht was dagegen gesagt?« Ich antwortete: »Das waren doch zwei erwachsene Männer!« Ich war damals 14 Jahre alt. »Also das nächste Mal, wenn Du zu feige bist einzugreifen, stehst Du auf und gehst raus«. So war die Atmosphäre, in der man schulisch sich bewegte. Das waren die frühesten Eindrücke. Später, bei der Marine, schrieb ich gegen Ende – 1941, gut ein Jahr vor Stalingrad – einen Brief an einen Freund in Berlin, den ich nach einer Hitlerrede verfasste hatte. In ihm deutete ich an, man müsste Hitler doch beseitigen. Diesen Brief schrieb ich handschriftlich zehnmal ab und schickte ihn an Freunde. Das war ein ziemlich massiver Brief, eben apodiktisch. Mein Freund ließ den Brief in Berlin auf dem Schreibtisch liegen, das Dienstmädchen fand ihn und brachte ihn zur Gestapo, die daraufhin von der Marine meine Auslieferung verlangte. Was das geheißen hätte, ist ja klar. Es gab eine Reihe von Verhandlungen mit Offizieren, die mit mir redeten; schließlich zwei, die nach langen Gesprächen für mich bürgten, wobei sie immer wissen wollten, ob ich in einer konspirativen Vereinigung sei oder ob es nur so eine postpubertäre Aufwallung war. Tatsächlich hat die Gestapo auch nie einen Fuß über die Schwelle der Marineakademie gesetzt. Es gab noch zwei Leute, die bei der »Weißen Rose« waren, die waren auch geschützt. Es war dann kurz vor Kriegsende, ich machte mein Staatsexamen im November 1944 in Tübingen. Da feierten wir auf unserer Bude ein bestandenes Examen. Spät kam einer der Offiziere, die für mich gebürgt hatten, herein und hörte, wie wir redeten, und zog daraufhin seine Bürgschaft zurück. Damals hatte ich wohl das einzige Mal in meinem Leben tatsächlich Angst. Der Kommandeur der Marineakademie konnte aber Weiterungen verhindern.

Schildt:
Gibt es einen Bezug zwischen diesen frühen Erlebnissen aus der Zeit des Dritten Reichs und Ihrer späteren Haltung zu den Auseinandersetzungen um Müller-Braunschweig und danach um Scheunert anlässlich des Internationalen Kongresses der IPA in Hamburg?

Ehebald:
Um es zusammenzufassen: Diese ganzen Erfahrungen haben mich veranlasst, in die Müller-Braunschweig-Debatte, die in der »Psyche« entstand, einzugreifen und zu sagen: »Jemand, der diese Zeit nicht selber erlebt hat, hautnah erlebt hat, kann darüber nicht urteilen, wie Dahmer das tut«. Das Ergebnis dieser Überlegung war eben dieser Brief an Dahmer. Eine wichtige Erfahrung, die ich hier herein bringen wollte, eben wegen des »Apodiktischen«.

Schildt:
Sie machten dann Ihr Staatsexamen in Medizin. Gab es schon irgendwelche Verbindungen zur Psychoanalyse zu der Zeit?

Ehebald:
Ich lernte gegen Ende des Krieges Carlo Schmid kennen und war da oft im Hause. Carlo Schmid hatte jeden Dienstag einen kleinen Kreis, da las er Gedichte vor oder man diskutierte über Politik, aber eben auch über Psychoanalyse. Er gab mir von Carl Gustav Jung »Die Beziehung zwischen dem Ich und dem Unbewussten« und von Freud »Die drei Abhandlungen zur Sexu-

altheorie«. Ich las diese Bücher, es war der Sommer 1945. Ich muss sagen, damals fand ich Jung viel aufregender. Über die Mythen der ganzen Welt, die man in sich herumträgt, und das »Amplifizieren« von Träumen. Wenn im Traum irgendwelche Symbole auftauchen, wälzt man entsprechende Bücher und entdeckt etwa den »Archetypus des alten Mannes« oder »der großen Mutter«. Das ist schon aufregend in diesem Alter damals, und sowieso war ich eher jünger, als es meinem Alter entsprach, das gibt so ein bisschen eine narzisstische Aufblähung, jedenfalls habe ich das später so identifizieren können. Die drei Abhandlungen gefielen mir damals gar nicht.

Carlo Schmid sagte mir, dass unten in der Unterstadt jemand wohnte, der aus Berlin gekommen sei und in Psychoanalyse ausbilden würde. Das war Frau Buder, die dort tatsächlich in einer Kellerwohnung hauste. Bei ihr machte ich das, was man heute Zulassungsinterview nennt. Sie nahm mich zur »Lehranalyse« an. Ich begann diese zunächst im Sitzen, Archetypen entdeckend. Manche haben wir gerodet, manche haben wir stehen lassen. Die ersten zwei Jahre arbeitete sie jungianisch mit mir, die folgenden zwei Jahre freudianisch auf der Couch. Frau Buder war eine Anhängerin dieser Art von Lehranalyse. So fing es an. Mir wurde bald klar, dass ich für das Metier des Analytikers den Facharzt für Psychiatrie brauchte. Das habe ich auch später nie bereut. Wenn jemand heute zu mir kommt, der noch die Möglichkeit hat zu wählen, welche Vorausbildung er machen soll, sage ich immer Medizin – Facharzt für Psychiatrie; ich sage nie Psychologie.

Schildt:
Heute wäre es wohl wahrscheinlich der Facharzt für Psychotherapeutische Medizin. Auch wenn Herr Janssen nicht da ist, aber wir müssen das mal erwähnen.

Ehebald:
Nein, ich würde sagen: »Mach Du Deinen richtigen Facharzt für Psychiatrie und dann entscheide, was Du dann machen willst«.

Schildt:
Sie sind dann zu Kretschmer gegangen?

Ehebald:
Ja, ich ging zu Kretschmer, der damals der Psychiatrie-Papst in Tübingen war, er stand in der vollen Blüte seiner »Typenlehre«, die ich entsetzlich fand. Ich habe ihm bei meinem Vorstellungsgespräch gesagt, dass ich Lehranalyse

machen würde und Psychoanalytiker werden wollte, und dass ich dazu den Facharzt für Psychiatrie benötigen würde. Ich bekam damals eine Stelle, natürlich unbezahlt an seiner Klinik und hatte durch mein offenes Bekenntnis zur Psychoanalyse gleichsam Narrenfreiheit. Oben unter dem Dach der Klinik konnte ich mir einen kleinen Raum ausbauen, in dem ich Psychotherapie betrieb. Nach einem Jahr Lehranalyse bekam ich von Frau Buder meinen ersten »Kontrollfall«, und den habe ich da oben behandelt, neben anderen Patienten im Dachgeschoss der Nervenklinik. Zur Supervision fuhr ich nach Stuttgart zu Schottlaender. Was damals ziemlich schwierig war, da man einen Passierschein benötigte, um von Tübingen nach Stuttgart zu kommen. Ich überredete fünf Assistenten der Nervenklinik, die auch alle in Lehranalyse zu Frau Buder gingen. Diese hatte so auf einmal eine volle Praxis, fünf Leute, darunter auch den Sohn von Kretschmer.

Schildt:
Sehr zu Kretschmers Freude wahrscheinlich.

Ehebald:
Der Fehler, den die fünf machten: Die haben das heimlich getan, weil die genau wussten, der Alte würde das nicht zulassen als strikter Gegner der Psychoanalyse. Mein Oberarzt kriegte das schließlich irgendwie spitz, er postierte seinen Privatassistenten im Winter 1947 vor der Praxis von Frau Buder, und er schrieb alle Assistenten der Klinik, die dort spät abends Lehranalyse machten, auf. Alle fünf kamen am nächsten Tag zum Rapport und wurden fristlos entlassen. Nur der Sohn, der vorher die offene Frauenabteilung hatte und Psychotherapie machte, wurde strafweise auf die geschlossene Frauenabteilung versetzt. Das war für den Sohn eine Katastrophe, für Frau Buder auch eine Katastrophe, weil sie mit einem Schlag mit mir zusammen also sechs Lehranalysanden weniger hatte, was schließlich dazu führte, dass sie in Tübingen nicht mehr überleben konnte. Das war mit einer der Gründe weshalb sie das Angebot, an der Nervenklinik in Bremen bei Prof. Schulte zur arbeiten, annahm. So ging es damals zu. Mir konnte nichts passieren, ich hatte ja gesagt, dass ich Psychoanalytiker werden wolle. Mir wurde nur mitgeteilt: »Sie können so lange an der Klinik bleiben, wie Sie wollen, aber eine bezahlte Stelle kriegen Sie nie«.

Dann lernte ich bei Carlo Schmid Mitscherlich kennen, der ihn besuchte wegen seiner Berichterstattung über den Nürnberger Ärzteprozess. So kam es, dass Mitscherlich mir ein Angebot machte, ob ich nicht nach Heidelberg wollte. Ich sagte zu, und so fing 1949 die Heidelberger Zeit an.

Schildt:
Sie haben so ein bisschen was erzählt über Mitscherlichs Eigenheiten. Ließ es sich gut arbeiten unter ihm?

Ehebald:
Zunächst muss ich sagen: »Es war eine unglaubliche Chance, Psychoanalyse zu lernen, wo hätte man die sonst gehabt?« Mitscherlich war ein sehr impulsiver Chef, vielleicht war er auch ein bisschen apodiktisch. Das zeigte sich auch in Äußerlichkeiten: Der Abstand zwischen der Couch und dem Sessel hinter der Couch wurde genau gemessen: 50 cm, und man musste einen weißen Kittel tragen. Durch die Rockefeller-Stiftung hatte Mitscherlich Gelder, um auswärtige Analytiker einzuladen. Ich erinnere eine Arbeitstagung mit Müller-Braunschweig und Schultz-Henke, Berlin. Dann kamen Bally, René Spitz und Erikson. Damals schon lernte ich Parin und Morgenthaler aus Zürich kennen und konnte regelmäßig an deren »Kränzli« in Zürich teilnehmen. Eigentlich war Zürich für mich damals das Mekka der Psychoanalyse.

Ich war angesetzt auf die Tuberkulose mit der Frage, ob dies eine Psychosomatose sei. Ich habe hier viel Arbeit investiert, auch in Sanatorien. Ich hielt übrigens meinen allerersten Vortrag im Rahmen der DGPT auf einer Tagung in Hannover über das Thema »Tuberkulose und Depression«. Dann kam jedoch die Ära der Tuberkulostatika und das Forschungsprojekt entfiel.

Schildt:
Die Zeit in Heidelberg hat Sie sehr geprägt?

Ehebald:
Ich denke schon ja. Aber schließlich wollte ich Heidelberg verlassen. Ich wollte meine Freiheit haben und schaute mich um, überlegte: München oder Hamburg? Ich bekam dann Nachricht, dass in Ochsenzoll in der Psychiatrie in Hamburg eine Abteilung für Psychotherapie frei werden würde, die von Mauz vor einigen Jahren gegründet worden war. Mauz folgte einem Ruf nach Münster, und Büssow, Oberarzt von Bürger-Prinz, sollte die Klinik übernehmen, wobei die Gesundheitsbehörde allerdings die Auflage machte, dass die Psychotherapie-Station weitergehen müsse. Ich habe einmal – unvergesslich – eine Visite mitgemacht von Mauz auf dieser Psychotherapie-Station. Er ging mit allen Assistenten in die engen psychiatrischen Krankenzimmer, da lag dann der Psychotherapie-Patient und wurde nach seinen Träumen befragt, in Gegenwart aller Schwestern und Ärzte. Und dann gab

Mauz seine Deutung. Als ich mich bei Büssow bewarb, sagte mir dieser: »Wissen Sie, ich verstehe nichts von Psychotherapie, ich halte auch nichts davon, aber machen Sie mal!«. Da habe ich mir gesagt: »Das ist mein Mann, der redet dir nicht herein«. Und so war es auch, Büssow blieb immer sehr kollegial, überwies mir sogar ab und zu Patienten. Als ich eine Chefarzt-Stelle wollte, sagte er allerdings: »Nur über meine Leiche; dann kommen alle anderen Oberärzte auch und wollen eine Chefarztstelle, das kann ich nicht machen«. Damals streckte auch der Internist Prof. Jores die Fühler nach mir aus, ob ich nicht eine psychotherapeutische Klinik von ihm übernehmen wolle. Mir war aber sofort klar: »Der redet mir herein mit ›Krankheit ist Schuld‹ und anderen Vorstellungen.« So zog ich mit dem Krankenhausreferenten Dr. Nachtrab in Hamburg von Klinik zu Klinik, auf der Suche nach einer geeigneten Bleibe. Die fand sich dann im Haus 8 des Krankenhaus Barmbek. Im Vorstellungsgespräch mit dem Chefarzt des Krankenhauses, Prof. Kroetz, sagte der: »Wissen Sie, ich bin mal mit dem Freiherrn von Hattingberg (Daseinsanalytiker) über einen See gerudert, und da wurden wir uns einig: Bei Frauen Psychotherapie, das ist noch ganz annehmbar, aber bei Männern ist das Beste: Tritt in den Arsch. Im übrigen haben meine Chefärzte ihr Königreich, können machen, was sie wollen.« Da dachte ich, das ist auch mein Mann!

Schildt:
Sie hatten schon sehr früh die Absicht, irgendwie in Hamburg ein Ausbildungsinstitut zu gründen. Aber Sie waren ja noch nicht einmal fertig als Analytiker!

Ehebald:
Ja, mir fehlte noch ein Jahr. Aber ich war eben auch durch die Heidelberger Erfahrungen vorgeprägt. Und ich hatte große Hilfe von einem Kollegen, mit dem ich damals befreundet war, Grodzicki, Lehranalysand von Frau Buder, die inzwischen in Bremen von Tübingen kommend, sich niedergelassen hatte. Grodzicki und ich beendeten unsere Ausbildung zusammen in Berlin mit regelmäßiger Supervision einmal die Woche. Das war damals insofern schwierig, als die Fahrt durch die »Zone« gelegentlich problematisch war. Das Berliner Institut der DPV befand sich damals in der Sulzaer Straße, es war ein kleines familiäres Institut. Bereits 1955 wurden wir als »Psychoanalytische Arbeitsgruppe Hamburg der Deutschen Psychoanalytischen Vereinigung« anerkannt.

Schildt:
Die DGPT-Anerkennung erfolgte 1962. Mir ist aufgefallen, dass Sie offenbar schon in diesen Anfangszeiten viele bekannte Analytiker nach Hamburg ziehen konnten. Ich denke da an die Tagungen Ende der 50er Jahre. Wie ging das? So ein kleines Institut im Aufbau, wie kriegte man solche Koryphäen nach Hamburg?

Ehebald:
Das ging erst mal überhaupt nicht, weil wir kein Geld hatten. Diese ganze Entwicklung begann schon 1956, anlässlich der 50-Jahr-Feier des Wiener Psychoanalytischen Institutes. Das ist ein Markstein insofern, als dort zu dieser Feier eingeladen waren: Hoffer aus London, van der Leeuw aus Amsterdam und Solms aus Wien, Scheunert aus Berlin und Grodzicki und ich aus Hamburg. In Wien lernten wir Hoffer kennen, der uns sehr liebenswürdig und freundlich begegnete. Er zeigte uns das Haus, in dem Freud in der Bergstraße praktiziert hatte – das war damals noch kein Museum – und auch das Haus seiner eigenen Praxis. Ich fragte Hoffer, wenn wir ihn einladen würden, nach Hamburg zu kommen, ob er dann käme. Hoffer sagte sofort zu. Wir fragten ihn auch, ob wir Anna Freud einladen dürften. Er sagte, sie wird nicht kommen, aber laden Sie sie ein, sie wird sich darüber freuen, und dies war in der Tat so. Auch van der Leeuw stellte sein Kommen in Aussicht. So war diese Jubiläumsveranstaltung für uns Hamburger der Startschuss für eine erste Arbeitstagung. Da kamen dann Bally aus Zürich, Rubinstein aus London, Riemann aus München, van der Leeuw und van der Sterren aus Amsterdam. Und vor allem das erste Mal Parin und Morgenthaler aus Zürich; die kamen für relativ wenig Honorar. Wir haben Umlagen gemacht; einmal erhielt ich vom Auswärtigen Amt 2.000 DM. Man musste schon einiges in Bewegung setzen. Die eingeladenen Kollegen haben dann immer ihre Supervision gemacht und waren hinsichtlich der Honorare sehr entgegenkommend.

Zur zweiten Arbeitstagung kamen wieder Hoffer und Balint. Balint hatte damals Schwierigkeiten mit der Londoner Psychoanalytischen Gesellschaft, die sich seiner wegen Streitigkeiten um die psychoanalytische Theorie entledigen wollte. Hoffer fragte mich damals, ob ich wisse, dass ich da zwei Kontrahenten eingeladen hätte. Ich sagte ihm, dass uns die Streitigkeiten in London nicht interessieren würden, wir fänden sie beide gut. So kam der erste Kontakt mit Balint zustande, der dann regelmäßig zu Vorträgen und Supervisionen nach Hamburg kam.

Schildt:
Der ganz große Einschnitt kam dann ja wohl, als Ihr Institut längst anerkannt war, es war schon Ihr Institut. Sie waren Chefarzt in Barmbek und Institutsleiter, es hieß damals noch nicht Michael-Balint-Institut, sondern Hamburgisches Psychoanalytisches Institut, glaube ich. Dann kam der große Einschnitt, jedenfalls wirkt das so auf mich, 1974, die staatliche Eingemeindung.

Ehebald:
Das habe ich der Jugendsenatorin, Frau Keilhack, zu verdanken. Da hielt ich mal einen Vortrag über »Der Wandel in Erziehung und Erziehungsberatung«. Mich hat es immer wieder sehr erstaunt, wenn man gebildeten interessierten Laien in verständlichem Deutsch psychoanalytische Gedanken nahe bringt, wie leicht die angenommen werden. Das war also gar kein großes Problem. Frau Keilhack fragte mich, ob ich nicht die Räume in der Averhoffstraße haben wollte, sie würden frei werden. Aber mit der Anerkennung des Ausbildungsinstitutes als staatliche Einrichtung, das hat lange gedauert, bis das durch die Bürgerschaft ging, das waren drei, vier Jahre Arbeit. Auch mit einigen der niedergelassenen Analytiker, die bis heute noch eine Phobie haben, »mit dem Staat gemeinsame Sache zu machen«, so hieß das damals, als sei es der Teufel selber, gab es Schwierigkeiten. Man sollte das man lieber nicht tun. Die Engländer halten es ja heute noch so. Ich halte das für ganz falsch, man sollte es tun!

Zum Beispiel die Einführung der Richtlinien-Psychotherapie in die Beihilfeverordnung des Bundes. Eines Tages rief mich der Leiter der Postbeamtenkrankenkasse in Hamburg an, mit der Frage, ob dies nicht zu bewerkstelligen sei; man wisse nicht, was machen mit den Anträgen für Psychotherapie. Er verschaffte mir eine Einladung, einen Vortrag zu halten in der zuständigen Bund-Länder-Konferenz des Innenministeriums. Das habe ich getan, in Berlin. Es folgten zwei Gespräche in Bonn mit Ministerialrat Roderburg, ein aufgeschlossener und interessierter Beamter. Ergebnis: Aufnahme der Richtlinien-Psychotherapie in das Beihilferecht.

Schildt:
1974 gingen Sie in den Geschäftsführenden Vorstand der DGPT. Was brachte so einen Superorthodoxen – wie Sie es aus meiner Sicht damals waren – dazu, sich in die Niederungen der Berufspolitik zu begeben?

Ehebald:
Ich würde da meine Orthodoxie nicht ansiedeln, wenn Sie so wollen. Es war eine DGPT-Tagung in Heidelberg. Ich ging zu den wissenschaftlichen Vorträgen, für Berufspolitik hatte ich noch kein Interesse – damals noch nicht. Da begegnete mir im Flur Haarstrick. Er packte mich am Schlips, den ich damals noch trug, und sagte: »Hiergeblieben, Freundchen«. Wir kannten uns schon so ein bisschen, er fing dann an, mir etwas von Berufspolitik zu erzählen und mich langsam dafür zu gewinnen. Das ging nicht so rasch. Aber bis dahin hatte ich gedacht, die Berufspolitik, das macht der Verein, dem ich bis dahin eher ferner gestanden hatte. Langsam stieg ich da ein und fand Berufspolitik dann enorm wichtig.

Schildt:
Wir tasten uns jetzt so langsam zu dem Thema unseres Gesprächs vor, das als Motto im Programmheft steht (»Ein Verein auf der Suche nach seiner Identität«).

Ehebald:
Vielleicht, ja. Mal sehen, vielleicht finden wir die Identität.

Schildt:
Hat Ihnen selbst diese Arbeit im Geschäftsführenden Vorstand, das war ja von 1974 bis 1979, etwas gebracht? Sie haben während dieser Zeit die Gesellschaft geprägt. Hat diese Arbeit auch Sie geprägt?

Ehebald:
Das waren ja sechs Jahre insgesamt, mit jeweils wechselnden Mitgliedern im Geschäftsführenden Vorstand, dessen Vorsitzender ich zwei Jahre lang war. Das prägt schon, jedenfalls wenn man sich untereinander gut versteht, und wir waren alle miteinander gut befreundet. Beese war übrigens Jahrgangskamerad aus der Marine. Dann waren da Appy, Bach und schließlich Frau Weigeldt. Ja, diese Gruppe war das. Besonders mit Appy verstand ich mich sehr gut, das war schon eine phantastische Zeit. Man fand seine Freunde und eine sinnvolle Arbeit, die man allein gar nicht hätte machen können. Ich habe fast jeden Abend Appy angerufen, und Frau Appy sagte schon: »Willst du Gottfried wieder ein Gute-Nacht-Küssle geben?« Immer gab es irgendwas zu besprechen.

Schildt:
Beispielhaft für den aktuellen Geschäftsführenden Vorstand?

Ehebald:
Ich weiß es nicht. Jedenfalls möchte ich heute nicht in seiner Haut stecken. Ich glaube, das ist sehr viel schwieriger geworden oder anders geworden, das weiß ich nicht, anders wahrscheinlich. Das war damals im Stil sehr persönlich. Dann kamen die Berufspolitischen Seminare in Königstein dazu. Das war auch wichtig, die Einbindung des Justitiars in das Metier. Der gegenseitige Austausch, das war eine wichtige Erfahrung.

Schildt:
Bei der Aufzählung der Vorstandsmitglieder haben wir etwas vergessen, was Sie vielleicht besser deuten können als ich: Es gab ja auch noch den »Referenten für Fachpsychologen«, damals Herr Langhans.

Ehebald:
Hier kann ich mich nur wiederholen: Natürlich gab es in der DGPT damals schon viele Psychoanalytiker, die im Vorberuf Psychologen waren. Das sind aber jetzt Analytiker, die aus jeweils verschiedenen Gründen Psychologie vor ihrer psychoanalytischen Ausbildung studiert hatten. Ich bin immer noch der Meinung, es wäre besser, wenn sie Medizin hätten studieren können und dann Psychiatrie. Aber das ist nun mal so, damit müssen sie und wir leben. Zusammen sind wir Analytiker. Sie verstehen, wie ich das meine.

Aber noch eins, was wir ganz vergessen haben: die Überwindung des Schulenstreites. Das war ja noch zur Zeit meines Vorsitzes, da war der Schulenstreit noch im heftigen Gange, besonders Herr Baumeister war einer, der konnte fechten. Meine Güte, wenn der loslegte – aber das, was Haarstrick als Solidarität bezeichnet hat, blieb doch immer erhalten. Nach außen hin gegenüber der Öffentlichkeit hielt man doch zusammen. Man war eben der DGPT-Club. Nach innen schlug man sich noch gewaltig. Dieser Schulenstreit erlosch, als es gelang, die »Richtlinien-Psychotherapie« zu entwickeln und die Anerkennung der Neurose als Krankheit im versicherungsrechtlichen Sinne durchzusetzen. Damit war eine völlig neue Atmosphäre geschaffen.

Schildt:
Würden Sie sagen, dass die Sicherung der beruflichen Existenz diese theoretischen Streitereien und Unterschiede praktisch beiseite gewischt hat?

Ehebald:
Langsam immer mehr an den Rand gedrängt hat. Es gab jetzt zunächst ganz andere Ziele, das ganze System der Richtlinien-Psychotherapie musste aufgebaut werden mit dem dazugehörigen Kommentar und der Bestellung von Gutachtern durch die KBV.

Schildt:
Ich würde gern noch einmal auf unser Motto im Programmheft kommen. Der Themenvorschlag stammt ja von Ihnen: »Ein Verein auf der Suche nach seiner Identität«. Offenbar haben Sie insoweit doch gewisse Vorbehalte. Ich habe mir mal die Festschrift für unsere Jahrestagung 1974 zum 25-jährigen Bestehen der DGPT herausgesucht. Da hat Herr Brocher die identitätsbildende Wirkung der DGPT darin gesehen – ich muss das jetzt ablesen, weil ich das sonst nicht rüberbringen kann –, dass sie Menschen unter ihrem Dach vereinigte, die trotz wissenschaftlich verschiedener Auffassungen ein gemeinsames Ziel hatten, nämlich den Wiederaufbau einer verlorenen, bewusst zerstörten Wissenschaft. Und das im Wissen, die Verwirklichung dieses Zieles selbst u. U. nicht mehr erleben zu können. Sehen Sie das auch so? Ist das die oder zumindest eine identitätsbildende Wirkung der DGPT?

Ehebald:
Ich würde die Brocher'sche Formulierung nicht aufgreifen wollen, nämlich »Wiederaufbau einer zerstörten Wissenschaft«. Das kann man nicht wieder aufbauen, was so zerstört worden ist. Das geht nicht.

Schildt:
Um was ging es dann? Also aus meiner Sicht wohl in erster Linie um die Sicherung der beruflichen Existenz, wie auch heute noch. Wenn wir z. B. um den Erhalt der analytischen Psychotherapie als Regelleistung kämpfen oder permanent um angemessene Honorare. Ein zweites identitätsstiftendes Merkmal würde ich darin sehen, dass die DGPT eine Vielzahl von Einrichtungen zur Verfügung stellt, angefangen mit den Jahrestagungen, mit den berufspolitischen Seminaren, mit den Ethikleitlinien usw. Würden Sie dem zustimmen?

Ehebald:
Ja insofern, als die Sicherung der finanziellen Existenz als eine Voraussetzung anerkannt werden muss. Wenn man kein Geld hat, kann man nichts machen. Aber zunächst einmal muss sich jeder von uns, woher er auch kommen mag

– Medizin oder Psychologie – die Grundlagen der Psychoanalyse mühsam erarbeiten. Da ist zuerst das Wissen um die typischen Konflikte des Unbewussten zu nennen. Der Satz gilt, dass der psychisch Gesunde sich vom psychisch Kranken lediglich dadurch unterscheidet, dass der eine seine Konflikte lösen kann, der andere nicht. Ich würde denken, die Erfahrung eigener, bis dahin unbewusster Konflikte in der Lehranalyse bereitet einen weiteren Schritt unserer späteren Identität vor. Dann kommt die Erfahrung in den ersten eigenen – noch supervidierten – Behandlungen, die natürlich in gleicher Weise identitätsbildend ist. Da heißt es in den Richtlinien – bitte erlauben Sie mir dieses Zitat – »Die analytische Psychotherapie umfasst jene Therapieformen, die zusammen mit der neurotischen Symptomatik den neurotischen Konfliktstoff und die zugrunde liegende neurotische Struktur des Patienten behandeln und dabei das therapeutische Geschehen mit Hilfe der Übertragungs-, Gegenübertragungs- und Widerstandsanalyse unter Nutzung regressiver Prozesse in Gang setzen und fördern« (siehe B I 1.1.2 Richtlinien). Die Notwendigkeit einer psychoanalytischen Ausbildung zwingt dann zur Zusammenarbeit mit anderen Psychoanalytikern. Ich habe das am Beispiel Hamburgs erläutert, und schließlich entsteht die Notwendigkeit eines berufspolitischen Zusammenschlusses wie der DGPT, der somit ihre psychoanalytische Identität zuwächst. Es ist die Kraft dieser Identität, die nach meiner Ansicht der DGPT die Dynamik verleiht, die sie benötigte, um über die Jahrzehnte hin innere und äußere Konflikte zu bewältigen. Ich sage es noch einmal: Die ständig sprudelnde Quelle unserer psychoanalytischen Identität ist die Erfahrung, die wir alle täglich mit unseren Patienten in der Bearbeitung des Unbewussten machen.

So hat sich die DGPT einerseits das Anrecht, sich um die Ausbildung an den einzelnen von ihr anerkannten Instituten zu kümmern, erworben, was andererseits auch die Verpflichtung nach sich zog, im berufspolitischen Feld dafür zu sorgen, dass ihre Mitglieder tatsächlich auch psychoanalytisch tätig werden konnten.

Mir fällt hier meine Tätigkeit als Gutachter der Kassenärztlichen Bundesvereinigung ein. In jetzt 35 Jahren habe ich einige 10.000 Gutachten gemacht, konkret: Ich hatte täglich vier, fünf Anträge auf Kostenübernahme durch die Krankenkassen zu bearbeiten. Diese Tätigkeit war einerseits spannend, gelegentlich freilich auch eine elende Plagerei. Aber man hat die Hand am Puls und sieht, wo es lang geht. Da gibt es gleichsam einen Hauptstrom mit der Gefahr der Verflachung auf der einen Seite, der Orthodoxie auf der anderen Seite. Ich greife die Orthodoxen heraus, die immer wieder versucht sind, sich in den Elfenbeintürmen ihrer Wissenschaft einzuschließen, um sich so der alltäglichen Auseinandersetzung, etwa in den »Niederungen« der Berufspolitik zu arbeiten, zu entziehen. Da ist etwa die Versuchung, in der Woche vier bis fünf Stunden mit dem Patienten zu arbeiten, statt sich im Rahmen der Kassenärztlichen Versorgung auf drei Stunden zu beschränken. In meinen Gesprächen, auch mit den führenden Vertretern der IPA, fand ich keinen, der tatsächlich die Notwendigkeit einer Frequenz von fünf Sitzungen pro Woche beweisen konnte. Da sagte mir ganz aufrichtig Frau Groen-Prakken im Gespräch über die Frequenz: Vier bis fünf Stunden mit den Patienten in der Woche zu arbeiten, sei einfach bequemer als etwa drei Stunden. Ich denke, sie hat Recht. Ich sage meinen künftigen Patienten in den ersten Gesprächen: Vier Stunden in der Woche ist optimal, mit drei Stunden geht es auch, mit zwei Stunden ist es recht schwierig, mit einer Stunde kann ich jedenfalls nicht arbeiten. Ich bin in dieser Indikation ganz flexibel.

Schildt:
Stichwort »Frequenzdebatte« also, in die Sie ja stark involviert waren! Sind nicht überhaupt auch die Psychotherapie-Richtlinien generell eine identitätsbildende Einrichtung?

Ehebald:
Richtlinien können befruchtend, sie können auch absolut tödlich abwürgend sein. Das ist nach wie vor eine heiße Geschichte. Es kommt drauf an, wie man sie handhabt. Ich denke an meinen eigenen Verein, die DPV: Je strenger und unerbittlicher Richtlinien gehandhabt werden, desto steriler wird die ganze Geschichte und desto unerträglicher. Hier hat mir Hoffer in London sehr geholfen. Ich habe früh über diese Problematik mit ihm gesprochen und ihm mein Leid geklagt über die Strenge der Richtlinien. Er sagte: »Also lieber Herr Ehebald, nehmen Sie die Richtlinien als ein Prinzip, dann können Sie damit leben«. Und er hat Recht: dann kann man damit leben. Prinzipien kann man und muss man verändern. In der Tat gibt es da die sechs Jahre andauernde Debatte um die Frequenz mit der DPV, die in der Kassenärztlichen Bundesvereinigung geführt wurde. Damals wurde ein »Schwesterverein« der DGPT, eben die DPV, veranlasst, die Solidarität mit der DGPT zu brechen. Die Vertreter der DPV sind zur KBV hingegangen und haben gesagt, die Begrenzung auf drei Stunden in der Woche für analytische Therapie machen wir nicht mit. Wir brauchen deren vier. So kam es zum berühmten Sündenfall der DPV mit der Kasseler Erklärung.

Schildt:
Ich glaube, das müssen Sie erläutern, der Begriff Sündenfall – in diesem Zusammenhang – ist wahrscheinlich nicht allen geläufig.

Ehebald:
Der Sündenfall bestand darin, dass die DPV unter Bruch der berufspolitischen Solidarität mit der DGPT mit der KBV direkt verhandelt hat um die Anerkennung der vierten, möglichst auch der fünften Stunde, als Regelleistung für psychoanalytische Psychotherapie. Im Mai 1991 begründete die DPV ihr Ansinnen mit einem Beschluss auf einer Tagung in Kassel, dessen zentralen Satz ich mir für dieses Gespräch hier doch aufgeschrieben habe:

> »Die analytische Situation, die Reinsetzung der Gültigkeit der analytischen Grundregeln, bedeutet somit das Angebot einer Beziehung, in der die Notwendigkeit der Aufrechterhaltung des Selbstschutzes entfällt ... In der analytischen Situation übernimmt der Analytiker stellvertretend für den Patienten die Aufgabe seines Selbstschutzes. Eine derartige Suspendierung des Selbstschutzes, die Bereitschaft, das Wagnis einzugehen, sich derart einem anderen, einem Objekt anzuvertrauen, setzt notwendig die Einsetzung, die Vereinbarung von Rahmenbedingungen voraus«.

Mit diesen Rahmenbedingungen ist die Sitzungsfrequenz gemeint. Auf diese Weise versuchte man, deren Notwendigkeit zu begründen. Ich denke, dies ist eine ganz unerträgliche Festlegung, die nie korrigiert wurde. Das war einfach ein Fehlschritt, das moderte so vor sich hin, und das finde ich empörend.

Ich hatte, als ich anfing zu arbeiten, auch meine »orthodoxe Zeit«, wenn Sie so wollen. Ich bestand auf einer Frequenz von vier Sitzungen wöchentlich. Eines Tages sagte mir Haarstrick: »Sieh doch mal nach, wie viele Kassenpatienten Du vierstündig behandelt hast. Ich mache eine Wette, Du hast nicht einen einzigen vier Stunden durchgehend behandelt«. Ich habe nachgesehen, und Haarstrick hatte Recht. Nicht einen einzigen Kassenpatienten habe ich vier Stunden behandelt. Mir war natürlich klar, dass man die mögliche Inanspruchnahme der Kassenleistung für 300 Sitzungen zeitlich ausdehnen müsse. Die Erfahrung lehrte mich, dass die Qualität der psychoanalytischen Arbeit durch eine niedrigere Sitzungsfrequenz keineswegs leidet.

Schildt:
Übrigens, wenn es Voten aus dem Publikum gibt, wir können jetzt auch, denke ich, öffnen. Wenn Sie sich also beteiligen wollen an dem Gespräch, gern. Wir haben noch eine gute Viertelstunde.

Ehebald:
Da will ich gerne den Facharzt reinbringen, wenn wir das noch schaffen.

Schildt:
Doch, das schaffen wir bestimmt noch. Und vorher vielleicht noch kurz die Frage des finanziellen Opfers des Patienten, gegen das Sie damals sehr gewettert haben. Das führte zu Ihrem Vortrag in Estoril, 1978. Vielleicht erzählen Sie uns auch darüber auch noch etwas.

Ehebald:
Das kann ich ganz rasch machen. In Estoril gab es eine Tagung der mitteleuropäischen psychoanalytischen Vereinigungen. Ich hielt einen Vortrag über das Thema: »Der Psychoanalytiker und das Geld – oder die Ideologie vom persönlichen finanziellen Opfer des Patienten«. Vor mir saß Grunberger, der Pariser Analytiker. Es gab fast einen Aufschrei. Er stand auf, packte mich auch am Schlips – das war das zweite Packen am Schlips – und sagte: Das kann doch nicht Ihr Ernst sein! Da habe ich gesagt, das ist mein Ernst. Das war übrigens der Beginn einer guten Freundschaft mit Grunberger.

Schildt:
Offenbar war das Thema damals hoch umstritten.

Ehebald:
Die DPV wird bis heute gebeutelt von Zweifeln: Ist es richtig, oder ist es nicht richtig, dass die Krankenkasse analytische Psychotherapie bezahlt? Noch immer gibt es einige, die da nicht mitziehen. Und die versuchen mit allerlei Tricks, zu einer höheren Sitzungsfrequenz zu kommen.

Die Facharztdebatte kam auf dem Ärztetag in Mannheim 1978, das war die Zeit meines DGPT-Vorsitzes, zu ihrem Höhepunkt und vorläufigen Abschluss.

Schildt:
Es ging um den »Facharzt für Psychoanalytische Medizin«.

Ehebald:
Ja, so war der Name, und wir haben es geschafft, den Antrag zur Abstimmung in den Ärztetag zu bringen. Herr Schmitt hat darüber berichtet: »Am 11. 01. 1978 kam es zu einer nahezu als spektakulär zu bezeichnenden Anhörung aller Fachgesellschaften ... (und sie) sprachen sich einmütig für die Einführung einer Gebietsbezeichnung ›Psychoanalytische Medizin‹ aus, einmütig, alle miteinander. Der PPP-Ausschuss war nahezu perplex, da die Mehrzahl von dessen Mitgliedern offensichtlich andere Geneigtheiten hatte. Damals gelang es dem Geschäftsführenden Vorstand der DGPT, Ehebald, Appy, Bach, mit einem unwahrscheinlich anmutenden Arbeits- und Zeitaufwand, alle irgendwie beteiligten Fachgesellschaften zur Zustimmung zu bewegen«.

Und trotzdem: In diesem Fall war es aber doch wieder die mangelnde Solidarität unter den eigenen Leuten, die mitentscheidend war, dass es dann doch nicht klappte: Es gab einen Brief von Herrn Loch an Herrn Sewering, in dem er sich dezidiert gegen den Facharzt aussprach.

Schildt:
Das scheiterte also am Vorstand der Bundesärztekammer und – wie man weiß – auch an der AWMF, die sich ebenfalls einmütig gegen diesen Facharzt aussprach.

Ehebald:
Na ja, wenigstens kam die Zusatzbezeichnung »Psychoanalyse« heraus, mit der wir ganz gut leben konnten.

Schildt:
Also diese Facharztgeschichte würde ich z. B., nachdem wir jetzt eher die innerverbandlichen Seiten besprochen haben, als Ereignisse von außen ansehen, die eine Identität auch bedrohen können. Den Facharzt für Psychoanalytische Medizin haben wir nicht bekommen. Wir haben aber den Facharzt für Psychotherapeutische Medizin, der um sein Profil ringt und aus meiner Sicht auch zu neuen Identitäten führt, was dann wieder zu Abgrenzungen, auch z. B. in unserer Stammmitgliedschaft, führt. Oder das Psychotherapeutengesetz, auch ein Ereignis von außen, was auch zu neuen Identitäten führt. Also die Identität, die man nun mühsam durch interne Maßnahmen und Einrichtungen zu schaffen versucht hat, die kann durch solche Außenereignisse auch bedroht werden.

Ehebald:
Ja, und ob sie bedroht wird. Ich habe vorhin versucht zu zeigen, wie psychoanalytische Identität entsteht und wie sie tagtäglich durch unsere psychoanalytische Arbeit mit den Patienten gefestigt und weiterentwickelt wird. Ich versuchte zu zeigen, wie sich diese Identität dann durch den Zusammenschluss von Analytikern im berufspolitischen Feld auswirkt. Zu diesen Auswirkungen gehört zentral die Anerkennung der Neurose als Krankheit im versicherungsrechtlichen Sinne, gehören die Psychotherapie-Richtlinien und der dazugehörige Kommentar.

Dieses ganze Werk muss als identitätssichernd bezeichnet werden. Aber natürlich gibt es massive Störungen von außen. Da ist jetzt das Psychotherapeutengesetz über uns gekommen, das mich bei Herrn Schildt eine volle Buddel des allerbesten Calvados gekostet hat. Wir hatten vor zehn Jahren gewettet: Ich nannte das Psychotherapeutengesetz immer »Katelbach«. Damals gab es einen Film, der hieß: »Wenn Katelbach kommt« Das war ein Mörder, der mit seinem drohenden Kommen eine Gruppe ordentlicher Leute in Angst und Schrecken versetzte, aber eben nie kam. Das war der Kick dieses Filmes. Und die Leute wurden trotzdem verrückt.

Herr Schildt und ich sprachen im Laufe der Jahre also über Katelbach, wobei Herr Schildt von Anfang an meinte, er kommt, bis ich schließlich soweit war, eine Wette abzuschließen darüber, dass er nicht käme. Manchmal glaubt man so an gewisse magische Fähigkeiten. Es half aber nichts, Katelbach ist gekommen. In meinen Augen eine totale Katastrophe, weil mit einem Schlag sämtliche »Erstattungstherapeuten«, die nichts von Psychoanalyse haben lernen können, mit drin sind in der »Richtlinien-Psychotherapie«. Ich betone: Lernen *konnten*! Die Psychologen, die da reinbugsiert werden, die können ja nichts dazu. Aber ihre Professoren, die sie über Psychoanalyse nicht zureichend unterrichten. Ich denke etwa an Herrn Tausch. Ich habe Tausch in Hamburg gehört, gleichzeitig mit Bondy. Bondy hat die Psychoanalyse in seiner Lehre, die er den Psychologen nahe brachte, mit drin gehabt. Tausch hatte davon keine blasse Ahnung – es war fast nicht erträglich, zuzuhören. Da bin ich aus einer Vorlesung rausgelaufen. Also schön, die sind jetzt mit in der Richtlinien-Psychotherapie, und wir müssen das verarbeiten.

Schon 1980 hatte ich auf einer Tagung der Allgemeinen Ärztlichen Gesellschaft für Psychotherapie in Lübeck einen Vortrag gehalten über »Der Arzt und die Angebote des Psychomarktes«. Damals wetterte ich gegen die Erlebnispsychotherapien, von denen heute kaum mehr gesprochen wird. Also Logotherapie, Psychodrama, respiratorisches Feedback, Transaktionsanalyse, Primärtherapie. Man könnte das verlängern. Von manchen Psychotherapie-Arten wird heute gar nicht mehr gesprochen. Jedenfalls erschreckte dieser Vortrag die Organisatoren der Li-La-Lü-Psychotherapie-Wochen ziemlich, weil ich ihnen so viel aus ihrem »Bauchladen« wegnehmen würde.

Wenn jetzt die Gesprächspsychotherapie in die Richtlinien-Psychotherapie mit herein kommt, dann stehen wir vor einem Problem. Dann kommen hunderte und aberhunderte von Lehrern z. B., die regelmäßig ausgebildet werden, auf uns Gutachter zu, das ist unübersehbar. Deswegen sage ich ja, dass man als Gutachter die Hand am Puls habe. Das schießt wie Pilze aus dem Boden. Ich erwähne als neuestes die »Traumatherapie«. Da gibt es dann Anträge auf Kostenübernahme der abenteuerlichsten Art. Z. B. explodierte eine Gasflasche auf einem Campingplatz, ein Zelt brannte ab. Und jemand hat sich ein wenig verbrannt. Ein Zuschauer erschrak besonders, er bekam ein Trauma und kam zur Traumatherapie, die dann von der Krankenkasse bezahlt werden sollte. Wenn jetzt dieser Druck, der mit dem Psychotherapeutengesetz entstanden ist, und nach Entwicklung solcher Therapien irgendwann zu groß wird, dann bricht unser Bollwerk dagegen – die Richtlinienpsychotherapie und der dazugehörige Kommentar – zusammen.

Schildt:
Herr Ehebald, ich würde Sie ja so gern schonen, aber leider muss ich Ihnen sagen, dass die KBV vor einigen Tagen beschlossen hat, beim Bundesausschuss zu beantragen, sich intensiv mit der Einführung der Gesprächstherapie als Richtlinien-Verfahren zu beschäftigen.

Ehebald:
Das weiß ich, und wenn das eingeführt wird, werde ich an die KBV schreiben und sagen: Ich gebe meinen Job auf. Man kann dann nicht mehr verantwortlich dazu schriftliche Stellungnahmen abgeben. Als Gutachter geben wir ja den Segen dafür, dass das Geld der Versichertengemeinschaft nicht rausgeschmissen wird. Da kann ich dann nicht mehr mitmachen.

Schildt:
Also, für mich schließt sich jetzt der Kreis. Wenn ich mir selbst jetzt noch mal die Frage stelle nach der Identität des Vereins, die wir ja versucht haben herauszuarbeiten, dann denke ich insbesondere auch daran, neben den Innervereinsdingen, die wir da machen, dass die DGPT es über 50 Jahre hinweg ausgehalten hat, Zerreißproben zu überstehen und sie auch positiv zu verarbeiten. Ich denke an die heftigen Facharztdiskussionen, an unsere Mitglie-

derversammlung in Lindau 1990, die wir dann 1991 in Hannover fortsetzen mussten, wo es ja zum Eklat kam, wo ein designierter Vorsitzender zurücktrat, weil er die Politik der DGPT nicht mehr mittragen konnte, all' das kommt mir in den Sinn. Oder auch an den jahrelangen Streit um das Psychotherapeutengesetz, um das Für und Wider usw. Das hat zu wahnsinnigen Zerreißproben geführt – und die DGPT existiert immer noch! Ich glaube, das macht *auch* ihre Identität aus, dass sie solche Sachen überstehen kann. Das wollte ich nur mal sagen, bevor ich Ihnen jetzt – unsere Zeit neigt sich dem Ende zu – noch mal Gelegenheit gebe zu einem Schlusswort, zu einem Etwas-mit auf-den-Weg-geben vielleicht.

Ehebald:
Ich hoffe, es ist mir geglückt, Ihnen das, was ich meinte mit dem Titel: Ein Verein sucht seine Identität, zu vermitteln. Ich versuchte dies, in diesem Interview zu bearbeiten; ich habe mich vorher nicht völlig festgelegt. Unser Fundament ist natürlich die Wissenschaft der Psychoanalyse und die aus ihr abgeleiteten Behandlungsverfahren. In meiner sich über ein halbes Jahrhundert erstreckenden Tätigkeit hat sich die Erfahrung verfestigt, dass es so etwas wie einen Mainstream gibt, aus dem wir immer wieder die Kraft schöpfen, um allen möglichen Anforderungen gerecht zu werden. Die Erfahrungen an den Rändern dieses Stromes sind es, die uns jeweils Sorgen machen und Gefährdungen erkennen lassen. Die eine ist die Gefahr der Verflachung und der Verkümmerung der Theorie und der Technik in der Behandlung. Die andere Gefahr geht von der Orthodoxie aus, ich zitiere hier Haarstrick, der meinte, dass die Akzeptanz der Richtlinien-Psychotherapie für viele Analytiker den nicht immer leichten Schritt aus dem oft erwähnten Elfenbeinturm einer von elitären Gefühlen nicht freien Isolierung in den Sog konkreter Patientenversorgung kennzeichnet. Ich habe diese Gefahr am Beispiel des Sündenfalls der DPV aufgezeigt. Diese ganze Frequenzdebatte ist übrigens mit einer eher beiläufigen Mitteilung der südamerikanischen psychoanalytischen Gesellschaften in aller Stille begraben wurden und betrifft auch die Lehranalysen. Die Südamerikaner haben mitgeteilt, dass sie ihren Ausbildungskandidaten die entstehenden Kosten schlicht nicht mehr zumuten könnten. Seither heißt es, dass vier bis fünf Stunden nicht mehr notwendig seien, sie seien lediglich »wünschenswert«. Wünschenswert ist vieles, aber das, was dann konkret machbar ist, das ist die andere Frage. Wäre diese Mitteilung früher erfolgt, hätte wir uns diese ganze Sechs-Jahres-Debatte um den Unsinn der Frequenz ersparen können.

Schildt:
Also ist das die Botschaft? Dass es z. B. keinen Wert hat, auf der apodiktischen Einhaltung von Regeln zu bestehen, dass man sie flexibel handhaben, dass man ihren Geist erfassen muss?

Ehebald:
Sie sagen es, und ich sage noch einmal: »Wehrt Euch gegen orthodoxen Zwang!« Psychoanalyse kann nur in einer Atmosphäre der Freiheit lebendig bleiben. Natürlich hat freiheitlicher Geist nichts mit Beliebigkeit zu tun. Ich zitiere noch einmal Hoffer: »Betrachten Sie die Richtlinien als ein Prinzip, dann können Sie damit leben!« Das ist eine Art Segelanweisung: Man muss sich darauf verlassen können, in einem sicheren Boot zu sitzen und den Kurs – Mainstream – genau zu kennen, um Untiefen auszuweichen, unerwarteten Strömungen gerecht zu werden oder gar Stürmen rechtzeitig begegnen zu können.

Verzeichnis der Autor/innen

Mohammad Ebrahim Ardjomandi, Dr. med., geb. 1932, Facharzt für Psychiatrie, Neurologie und Psychotherapeutische Medizin, Psychoanalytiker (DPG; DGPT) und Gruppenanalytiker (DAGG), Lehranalytiker (DPG) in Göttingen, Herausgeber des *Jahrbuchs für Gruppenanalyse und ihre Anwendungen*. 1981 bis 1997 leitete er den Funktionsbereich für *klinische Psychotherapie Erwachsener* in der Klinik Tiefenbrunn bei Göttingen. Seit 1997 in eigener Praxis tätig. Zahlreiche Veröffentlichungen zu Psychoanalyse der orientalischen Moslems und zu Migration.

Thomas Auchter, Dipl. Psych., Psychologischer Psychotherapeut und Psychoanalytiker (DPV/IPA, DGPT, DAGG), Dozent und Lehrtherapeut der Psychoanalytischen Arbeitsgemeinschaft Köln-Düsseldorf, umfangreiche Vortrags- und Publikationstätigkeit. Schwerpunkte: Frühstörungen, Traumatisierungen, Anwendungen der Psychoanalyse, intensive Auseinandersetzung mit dem Werk von D. W. Winnicott. Publikation: zusammen mit L. V. Strauss »Kleines Wörterbuch der Psychoanalyse«, Göttingen 2003, 2. Auflage.

Hermann Beland, Psychoanalytiker in eigener Praxis; Lehranalytiker der DPV am Karl-Abraham-Institut in Berlin; ehemaliger Vorsitzender der DPV (1988-90); zahlreiche Veröffentlichungen zur Theorie und Theoriegeschichte der Psychoanalyse, zur Behandlungstechnik, zur Ausbildung, zu narzisstischen Störungen, zur Psychosomatik, zur psychoanalytischen Theorie des Antisemitismus; Interpretationen von Werken der Klassik und der Moderne.

Yigal Blumenberg, Jg. 1950, Dipl. Psych., niedergelassener Psychoanalytiker in freier Praxis (Einzel- und Gruppenpsychotherapie); Veröffentlichungen:
– Freud – ein »gottloser Jude«? Zur Frage der jüdischen Wurzeln der Psychoanalyse. Luzifer-Amor (1997) 19: 33–80.
– »Vatersehnsucht« und »Sohnestrotz« – ein Kommentar zur Freuds Totem und Tabu. Psyche (2002) 2: 97–136.

Eduard Bolch, Dipl. Soz., Dipl. Psych., geb. 1946, Psychoanalytiker DPV, IPA, DGPT, Niederlassung in eigener Praxis als Psychoanalytiker. Arbeit als Supervisor in verschiedenen Tätigkeitsfeldern; Seminartätigkeit am Frankfurter Psychoanalytischen Institut, dort auch Mitglied im Vorstand und Mitglied im Beirat der DGPT; Dozent am Saarländischen Institut für Psychoanalyse und Psychotherapie (DPG); Vorträge und Veröffentlichungen zu Theorie und Praxis der Psychoanalyse.

Kurt Brylla, geb. 1952, Diplom-Religionspädagoge/Diakon, Tätigkeiten in der evangelischen Jugendarbeit und in der evangelischen Erwachsenenbildung, Ausbildung in der Klientenzentrierten Gesprächsführung sowie in Gesprächspsychotherapie, Lehraufträge im Fachbereich Religionspädagogik an der Evangelischen Fachhochschule (Jugendseelsorge, Krisen im Kindes- und Jugendalter), seit 1986 Dozent und später Fortbildungsleiter am Winnicott Institut Hannover, Evangelische Fachhochschule Hannover (Schwerpunkte: Tiefenpsychologische Fortbildung für Pädagogen und Sozialarbeiter, Suizidalität im Kindes- und Jugendalter u. a.).

Michael B. Buchholz, Dipl.-Psych., Dr. phil., apl. Prof. Universität Göttingen, privat in psychoanalytischer Praxis. Schwerpunkte: Qualitative Forschung in der Psychotherapie, Metaphernanalyse, Familientherapie und Probleme der psychoanalytischen Profession. Zahlreiche Veröffentlichungen; im Psychosozial-Verlag erschienen zuletzt: »Metaphern der Kur« sowie »Neue Assoziationen« (beide 2003).

Ulrich Ehebald, Dr. med., Nervenarzt, Psychotherapie, Psychoanalyse. DPV, DGPT. Direktor des *Michael-Balint-Institutes der Freien und Hansestadt Hamburg* a. D., Lehranalytiker der DPV, Mitglied des Ehrenpräsidiums der DGPT.

Arbeitsschwerpunkte: Behandlungstechnik, Traumtheorie, Delinquenz, Psychoanalyse und staatliche Institutionen.

Gisela Eife, Dr. med., Fachärztin für Psychotherapeutische Medizin, Psychoanalyse (DGPT, DGIP), niedergelassen in eigener Praxis. Lehranalytikerin, Dozentin und Leiterin der Erwachsenenambulanz des Alfred-Adler-Instituts München. Veröffentlichungen zur Individualpsychologie und Psychoanalyse.

Eckhard Frick, geb. 1955, Studium der Medizin, Philosophie und Theologie, Weiterbildung zum Facharzt für Psychiatrie und Psychotherapie sowie zum Facharzt für Psychotherapeutische Medizin. 1986 Eintritt in den Jesuitenorden, Magisterprüfungen in Philosophie und Theologie. Psychoanalytische Weiterbildung (DGPT/DGAP). Leitung des Bereichs Psychoonkologie (Abteilung für Psychotherapie und Psychosomatik, Klinikum der Universität München), Dozent an der Hochschule für Philosophie München.

Alf Gerlach, Dr. med. Dipl.-Soz., als Psychoanalytiker in eigener Praxis in Saarbrücken niedergelassen. 2001–2003 Vorsitzender der DGPT. Veröffentlichungen zur klinischen Praxis und zur ethnopsychoanalytischen Forschung, u. a. »Die Tigerkuh. Ethnopsychoanalytische Erkundungen« (Psychosozial-Verlag 2000).

Klaus Grabska, geb. 1952, Diplom-Psychologe, Psychoanalytiker (DGPT, DPG, IPV), Dozent am DPG-Institut für Psychoanalyse und Psychotherapie Hamburg e. V. Veröffentlichungen zur gleichschwebenden Aufmerksamkeit, zur Deutung und zur Desobjektalisierung des Analytikers. Arbeitsschwerpunkt: Unbewusste Austauschprozesse zwischen Analysand und Analytiker.

Rüdiger Haar, Pfarrer, Pastoralpsychologe, analytischer Kinder- und Jugendlichenpsychotherapeut, Leiter der Psychologischen Beratungsstelle für Ehe-, Familien- und Lebensfragen (Erziehungsberatungsstelle) der Evangelischen Kirche von Kurhessen-Waldeck, stellvertretender Vorsitzender des Instituts für Psychoanalyse und Psychotherapie Kassel (DPG) e.V. Veröffentlichungen über Trauererleben von Kindern, Gruppenpsychotherapie mit Kindern und Jugendlichen, Therapeutische Beziehung und Erziehungsberatung.

Bernd Horn, geb. 1942. Studium der Psychologie, Politologie und Philosophie. Tätigkeiten als Psychologie- und Methoden-Dozent an der Fachhochschule für Sozialwesen München sowie an der Psychiatrischen Universitätsklinik München und in der Abteilung für Psychotherapie und Psychosomatik. Psychoanalyseausbildung (Fachpsychologe für Psychotherapie u. Psychoanalyse), seit 1988 in eigener Praxis in München. Zusätzlich als Dozent, Lehrtherapeut der BLÄK und Vorstand im ärztlichen Weiterbildungskreis (ÄWK München) aktiv.

Sudhir Kakar, Prof. Dr., geb. 1938 in Nainital (Indien). Lebt als Psychoanalytiker und Schriftsteller in Goa (Indien). Interessengebiete. Kulturpsychologie, Religionspsychologie. Publikationen in deutscher Übersetzung: Schamanen, Heilige und Ärzte (München, 1984), Kindheit und Gesellschaft in Indien (Frankfurt, 1988), Der Heilige und die Verrückte (München, 1993), Intime Beziehungen (München, 1994), Die Gewalt der Frommem (München, 1997) sowie die Romane Kamasutra oder die Kunst des Begehrens (München, 1999) und Der Mystiker oder die Kunst der Ekstase (München, 2001).

Wolfram Keller, geb. 4. 1. 1944; Dr. med.; Chefarzt der Abteilung für Innere Medizin und Psychosomatik der Kliniken im Theodor-Wenzel-Werk Berlin; Lehranalytiker am C. G. Jung-Institut Berlin (DGAP); Forschungsschwerpunkt: Psychosomatik, Langzeitpsychotherapie/Psychoanalyse; Qualitätssicherung.

Joachim Küchenhoff, Prof. Dr., Arzt für Psychiatrie, Arzt für Psychotherapeutische Medizin, Psychoanalytiker (DGPT, DPV), Leitender Arzt der Abteilung Psychotherapie und Psychohygiene der Psychiatrischen Universitätsklinik Basel, Professor für Psychosomatik und Psychotherapie. Veröffentlichungen im Psychosozial-Verlag: Solidarität und Selbstverwirklichung (2001), Selbstzerstörung und Selbstfürsorge (1999).

Hermann Lang
Hermann Lang, geb. 1938, Prof. Dr. med. Dr. phil., Vorstand des Instituts für Psychotherapie und Medizinische Psychologie der Universität Würzburg. Psychiater, Psychoanalytiker und Facharzt für Psychotherapeutische Medizin. Zahlreiche Veröffentlichungen.

Uwe Langendorf, Dr. med. geb. 1941, Psychoanalytiker, niedergelassen in freier Praxis in Berlin (DGAP,DGPT). Dozent am Institut für Psychotherapie Berlin. Forschungsschwerpunkte und Veröffentlichungen: Migration, Ethnologie, Psychohistorie und Probleme der Zeitgeschichte, Theorieentwicklung der Analytischen Psychologie.

Walter Längl, Dipl. Psych., geb. 1958, niedergelassen als Psychoanalytiker (DPG, DGPT) in Bamberg. Lehr- und Kontrollanalytiker (BLÄK, DPG, DGPT) am Institut für Psychoanalyse (DPG) Nürnberg sowie am Institut für analytische Kinder- und Jugendlichenpsychotherapie Nürnberg. Interessensschwerpunkt: Psychoanalyse in ihren Verbindungen zur Orientalistik.

Roman Lesmeister, Jahrgang 1949. Langjährige Tätigkeit in der Erwachsenenbildung, seit 1987 in privater psychoanalytischer Praxis in Hamburg. Supervisor und Lehranalytiker DGPT. Aktivitäten in der Deutschen Gesellschaft für Analytische Psychologie (DGAP), der Arbeitsgemeinschaft für Integrative Psychoanalyse, Psychotherapie und Psychosomatik Hamburg (APH/DGPT-Institut im Aufbau) und dem C. G. Jung-Institut München. Zahlreiche Veröffentlichungen zur Ideen- und Rezeptionsgeschichte der Analytischen Psychologie C. G. Jungs, zu metapsychologischen Aspekten psychoanalytischer Theoriebildung und zu Fragen der Destruktivität und des Bösen.

Doris Mauthe-Schonig, Dipl.-Päd., Analytische Kinder- und Jugendlichenpsychotherapeutin (VAKJP) in eigener Praxis in Berlin. Im Vorberuf Grundschullehrerin. Publikationen zu Themen des Schulanfangs und des Lesenlernens. Leitung von Supervisionsgruppen für Lehrerinnen und Lehrer. Dozentin und Kontrolltherapeutin am Berliner Institut für Psychotherapie. Leiterin der »Arbeitsgruppe Psychoanalyse und Pädagogik« am gleichnamigen Institut.

Caroline Neubaur, geb. 1941, Dr. phil. Religionswissenschaftlerin und freie Autorin. Veröffentlichungen zu kulturwissenschaftlichen und psychoanalytischen Themen, u. a. über Winnicotts Zivilisationstheorie und die Rolle von Religion in der NS-Propaganda. Langjährige Lehrtätigkeit an der FU und Mitarbeiterin von FAZ, Süddeutscher Zeitung und fachübergreifender Zeitschriften für den Schwerpunkt psychoanalytischer Berichterstattung.

Jörg Rasche, Dr. med, geb. 1950, Facharzt für Psychotherapeutische Medizin, Psychoanalyse, Psychotherapie, Sandspieltherapie, Dozent am C. G. Jung Institut Berlin, Vorsitzender der Deutschen Gesellschaft für Analytische Psychologie (DGAP). Derzeit Fachbereichsleiter für Jugendgesundheit beim Jugendamt Charlottenburg-Wilmersdorf. Analytiker in freier Praxis. Im Erstberuf Kirchenmusiker. Veröffentlichungen über Symbolik, Mythologie, Musik. Einiges davon frei über: www.opus-magnum.de .

Horst-Eberhard Richter, geb. 1923; Dr. phil. und Dr. med.; 1973 bis 1992 Geschäftsführender Direktor des Zentrums für Psychosomatische Medizin in Gießen und anschließend Leiter der Sigmund-Freud-Institutes in Frankfurt a. M. bis 2002, Mitbegründer und Vorstand der Deutschen Sektion der Internationalen Ärzte für die Verhütung des Atomkrieges (IPPNW).

Gerd Rudolf, Prof. Dr. med., geb. 1939, Direktor der Psychosomatischen Universitätsklinik Heidelberg, Arzt für Psychotherapeutische Medizin, Psychiater, Psychoanalytiker, Mitherausgeber der Zeitschrift für Psychosomatische Medizin und Psychotherapie, Mitbegründer der OPD, Arbeitsschwerpunkt Psychotherapieforschung.

Wilfried Ruff, Dr. med. et theol., Lehr- und Vertrauensanalytiker der DPG. 1987 gründete er das DPG-Institut Siegen-Wittgenstein. Bis 2002 Ärztlicher Direktor der Klinik Wittgenstein in Bad Berleburg. Seit 1999 Leitung der Arbeitsgemeinschaft »Psychoanalyse und Religion«. Zahlreiche Veröffentlichungen zur Stationären Psychotherapie, zu ethischen Grundfragen, sowie zum Verhältnis zwischen Religion und Psychoanalyse, zuletzt: Heilsame Begegnungen (Göttingen 2000) und Religiöses Erleben verstehen (Göttingen 2002).

Rüdiger Safranski, geb. 1945, Dr. phil., Philosoph und Schriftsteller, lebt in Berlin. Auszeichnungen: Friedrich-Märker-Preis für Essayisten (1995) Wilhelm-Heinse-Medaille der Mainzer Akademie (1996) Ernst-Robert Curtius-Preis für Essayistik (1998) Friedrich Nietzsche-Preis (2000). Internationale Nietzsche-Preis von Palermo (2003). Mitgliedschaften: Deutsche Akademie für Sprache und Dichtung (Darmstadt) Pen-Club Deutschland. Veröffentlichungen in 17 Sprachen. Zusammen mit Peter Sloterdijk Gastgeber in der ZDF-Sendung »Philosophisches Quartett«.

Jochen Schade, Dr. med., Psychoanalytiker (DPV, DGPT) in eigener Praxis in Leipzig. Lehranalytiker der DGPT und beauftragter Lehranalytiker der DPV. Arbeitsschwerpunkte: Literatur und Psychoanalyse, Psychoanalytische Untersuchungen gesellschaftlicher Prozesse in der DDR und in der Wendezeit.

Holger Schildt, geb. 1944. Rechtsanwalt in Hamburg, zunächst als Syndikus der ESSO-AG. Seit 1979 Geschäftsführer und Justitiar der DGPT.

Anne-Marie Schlösser, Diplompsychologin, Psychoanalytikerin in eigener Praxis in Göttingen. Dozentin und Lehranalytikerin am Lou-Andreas-Salomé-Institut Göttingen (DPG). Gründungsmitglied des Institutes für Psychoanalyse und Psychotherapie e. V. Kassel (DPG). 1997–2001 Vorsitzende der DGPT, seither Stellvertretende Vorsitzende.

Heide Schulze-Schlutius, Dipl.-Psych., Psychologische Psychotherapeutin. Als Psychoanalytikerin niedergelassen in eigener Praxis. Beschäftigung mit Buddhismus seit 15 Jahren. Interessenschwerpunkte: Arbeits- und Lernstörungen; Buddhismusforschung; Sprachforschung. Vortragstätigkeit und Veröffentlichungen über Psychoanalyse und Buddhismus und über Gebrauch von Sprache und Sprechfunktion.

Anne Springer ist Diplompsychologin, Psychoanalytikerin, Lehranalytikerin, Dozentin und seit 2003 Vorsitzende der DGPT.

Sabine Stehle, geb. 1963, Dipl. Psych., Dr. rer. medic., Psychologische Psychotherapeutin, niedergelassen in freier Praxis in Berlin. Von 1997 bis 2003 als klinische Psychologin und wissenschaftliche Mitarbeiterin für die Psychosomatische Abteilung des Universitätsklinikums der Freien Universität Berlin tätig. Seit 1996 wissenschaftliche Mitarbeiterin in der DGPT-geförderten »Praxisstudie Analytische Langzeittherapie«.

Bertram von der Stein, Dr. med., Arzt für Psychotherapeutische Medizin, Arzt für Psychiatrie und Psychotherapie, Psychoanalytiker (DGPT) und Gastdozent am Institut für Psychoanalyse und Psychotherapie Düsseldorf . 1998 bis 2003 Oberarzt in Psychosomatischen Kliniken u. a. in der Gelderlandklinik Geldern, Erfahrungen in psychosomatischer Rehabilitation. Seit Mai 2003 Leitender Arzt für Psychoanalyse und Psychotherapie der Klinik Wersbach und niedergelassener Psychoanalytiker in eigener Praxis. Veröffentlichungen v. a. in den Bereichen ich-strukturelle Störungen, Alkoho lismus, autodestruktives Verhalten und Kriegstraumatisierungen.

Heinz Weiß, Prof. Dr. med., Jg. 1955, Psychoanalytiker (DGPT, DPV), Chefarzt der Abteilung für Psychosomatische Medizin am Robert-Bosch-Krankenhaus, Stuttgart. Zuvor Oberarzt am Institut für Psychotherapie und Medizinische Psychologie der Universität Würzburg. 1992/93 visiting scientist an der Tavistock Clinic, London. Guest Member der British Psychoanalytical Society. Veröffentlichungen zur Theorie, Geschichte und Behandlungstechnik der Psychoanalyse sowie zur neurologischen Psychosomatik (u.a. Mitherausgeber der Buchreihe »Perspektiven Kleinianischer Psychoanalyse«).

Herbert Will, geb. 1951, Dr. med., niedergelassener Psychoanalytiker, Gruppenanalytiker, Facharzt für Psychotherapeutische Medizin, Lehranalytiker und Supervisor der Akademie für Psychoanalyse und Psychotherapie in München (DGPT), Mitglied der DPG und IPA. Zahlreiche Veröffentlichungen zur Konzeptgeschichte von Psychoanalyse und Psychosomatik, zur Theorie, Klinik und Behandlung depressiver Störungen und zur psychoanalytischen Behandlungstechnik sowie aktuell über die Entwicklung der psychoanalytischen Therapie und Technik: »Was ist klassische Psychoanalyse? Ursprünge, Kritik, Zukunft« (Kohlhammer 2003).

Siegfried Zepf, Univ.-Prof. em. Dr. med., Jg. 1937, vormals Direktor des Instituts für Psychoanalyse, Psychotherapie und Psychosomatische Medizin der Universitätskliniken des Saarlandes, Facharzt für Innere Medizin und Psychotherapeutische Medizin, Lehranalytiker (DPG, DGPT). Zahlreiche Publikationen zu Fragen der Psychoanalye, Psychosomatik und Sozialpsychologie. Zuletzt u. a.: Zepf, S. (2000): Allgemeine psychoanalytische Neurosenlehre, Psychosomatik und Sozialpsychologie. Gießen: Psychosozial-Verlag.

2004 · 231 Seiten · gebunden
EUR (D) 29,90 · SFr 52,20
ISBN 3-89806-349-6

Warum fasziniert uns die romantische Liebe? Warum macht sie uns aber zugleich Angst? In seiner wegweisenden Studie über die Hauptkomponenten der romantischen Liebe – Sex, Idealisierung, Aggression, Selbstmitleid, Schuldgefühle und Bindung – haucht Stephen Mitchell unseren Träumen neues Leben ein, widmet sich aber auch den Fallstricken, denen wir in der Liebe ausgesetzt sind.

Laut gängiger Überzeugung ist die Liebe zerbrechlich und vergänglich. Mitchell hingegen behauptet, dass in langfristigen Beziehungen die Romantik nicht notwendig abnimmt. Vielmehr wird sie zunehmend gefährlicher. Nicht die Gewohnheit tötet die Liebe, sondern unsere Angst vor zu starker Abhängigkeit. Was wir als Vergänglichkeit der Liebe bezeichnen, ist in Wahrheit Risikomanagement: Indem wir Liebe und Begehren trennen, unsere Erwartungen an die Beziehung herunterschrauben und unsere Abhängigkeit vom Anderen einschränken, ersticken wir die Glut unserer Liebe.

PSV
Psychosozial-Verlag